세상을
알라

철학하는 철학사 1

세상을
알라

고대와 중세 철학

리하르트 다비트 프레히트 지음
박종대 옮김

열린책들

ERKENNE DIE WELT – EINE GESCHICHTE DER PHILOSOPHIE
(BAND 1: ANTIKE UND MITTELALTER)
by RICHARD DAVID PRECHT

일러두기
• 각주는 옮긴이주다.

이 책은 실로 꿰매어 제본하는 정통적인 사철 방식으로 만들어졌습니다.
사철 방식으로 제본된 책은 오랫동안 보관해도 손상되지 않습니다.

세상 이치에 밝고 교양을 갖춘
이란 출신의 많은 쾰른 택시 운전사들에게 바친다.

우주는 원자가 아닌 이야기로 이루어져 있다.

— 뮤리엘 루카이저

차례

모든 철학자들의 스승, 모세! / 신을 닮아라! /
플라톤의 이상 국가에서 명상에 빠지다

아우구스티누스, 또는 신의 은총

예수, 파울루스, 기독교와 그 초기 신봉자들 / 새로운 종교의 생성 /
의심, 독서, 지어낸 체험 / 원죄와 은총 / 시간, 의식, 사랑, 계시 /
천상의 나라와 지상의 나라 / 로마의 몰락과 위안

중세 철학

교회의 그림자

수도사, 교황, 성자 / 남과 북에서의 국가 건설 /
에리우게나 또는 자유 의지 / 논리학과 신앙 /
신을 증명할 수 있을까? / 아벨라르 / 장미의 이름

창조의 의미와 목적

아리스토텔레스가 돌아오다! / 기독교적 시간, 물리학적 공간 /
알베르투스 마그누스 / 토마스 아퀴나스 / 새로운 신 증명

세계의 탈주술화

기술의 찬양 / 의식이 존재를 규정하다 / 의지와 개성 /
오컴의 면도날 / 필연적인 것은 없다 /
우리 안에서 생각하는 질료

신들의 황혼

권력의 그늘 / 지배의 정당성 / 정체된 사회 /
피지배자들의 권리 / 인간 속의 신적인 것 / 새로운 좌표들

들어가는 글

이 책을 펼쳐 든 당신을 정말 진심으로 환영한다. 물론 아직은 여러분이 철학의 어떤 방대하고 모험적인 여정에 올랐는지 정확히 모를 것이다. 방금 들어선 이 길을 계속 걸어갈 생각이라면 여러분은 앞으로 정말 변화무쌍한 정신의 중심부를 지나게 될 것이다. 소아시아의 아름다운 해안가에 위치한 서양 철학의 근원지에서부터 수도원과 강의실, 중세 후기의 교회와 대학에 이르기까지. 이어질 두 권의 책은 유럽 전역을 관통해 여러분이 사는 현재 세계로 안내할 것이다.

나는 이 여정을 서양 철학으로 한정할 것이다. 페르시아, 중국, 인도와 다른 문화권에도 그들 고유의 철학사가 있음을 잘 알지만, 그에 관한 글을 쓰려면 그 문화를 상세히 알아야 하고 언어도 장악해야 한다. 게다가 그런 프로젝트는 끝을 알 수 없는 무한한 작업으로 흐르기 십상이다. 서양으로만 한정하더라도 독자들이 자료의 홍수 속에서 전체에 대한 개괄적 맥락을 놓치지 않게 하는 것은 엄청난 도전이다.

나는 여러분의 수많은 물음에 대해 고정불변의 확고한 답을 줄 수 없다. 사실 철학의 모든 거대한 물음은 언제나 열려 있다. 모든 대답이 곧장 새로운 질문을 만들어 낸다는 말이다. 그런 측면에서 철학사의 다양한 단초와 이념, 논증, 사변을 다루는 사람에게는 여전히 프랑스의 위대한 회의론자이자 인문주의자인 미셸 드 몽테뉴의 다음 말이 유효하다. 〈우리를 행복하게 하는 것은 향유이지 소유가 아니다.〉 현명한 생각들을 공부하고, 그 과정을 똑같이 밟아 보고, 그것을 이해하고 계속 발전시켜 나가는 것은 정신의 미식가적 활동이다. 책을 읽는 것은 남의 뇌로 생각하는 것이다. 하지만 읽은 것을 소화하는 과정은 우리 자신과의 지속적인 대화다. 여기서 예전보다 좀 더 현명하고 논리적으로 세상에 대해 깊이 생각해 볼 가능성이 생긴다.

이 철학사는 용어 사전도 백과사전도 아니다. 또한 위대한 철학자들의 역사도 아니다. 그런 사전은 지금도 충분하고, 탁월한 참고 문헌도 무수하다. 거기다 철학사를 전체적으로 조망한 책들도 수두룩하고, 그중에는 각자의 방식으로 저술한 훌륭한 저서도 많다. 물론 이 모든 저술은 아무리 시대를 뛰어넘는 척해도 항상 자신의 시대적 관점에서 철학사를 관찰할 수밖에 없다. 가령 19세기 초 게오르크 빌헬름 프리드리히 헤겔은 철학을 자신의 저서와 함께 그 절정에 이른 상승선으로 이해했다. 그러나 그의 젊은 경쟁자 아르투어 쇼펜하우어만 해도 벌써 그처럼 자기 위주로 철저히 해석한 철학사를 격하게 반대했다. 모든 것을 그런 식으로 평가한 책을 읽는 것은 마치 〈자기가 먹은 음식을 남들에게 씹게 하려는 것〉과 비슷하다는 것이다.

헤겔에 비하면 이후의 철학사가들은 좀 더 조심스러웠다. 그들은 자신들의 기호에 따라 역사를 세세한 부분까지 완벽하게 구성하려는 계획을 포기했다. 그럼에도 철학사를 진리로 나아가는 영원한 진보의 역사로 보는 시각은 이전의 많은 역사가들과 마찬가지로 여전히 그들의 내면에 깊이 자리하고 있었다. 이런 낙관주의는 20세기에 들어서야 서서히 낯설어졌다. 철학적 사유를 이어간다는 것이 반드시 진리를 밝히고 드러내는 것을 의미하지는 않는다는 것이다. 오늘날의 우리에게는 진리라는 개념 자체가 이미 여러모로 의심스럽다. 우리는 많은 점에서 예전보다 더 똑똑해졌지만, 그렇다고 더 지혜로워진 것은 아니다. 작가 로베르트 무질은 다음과 같이 말한다. 〈우리는 헤매면서 나아간다!〉

철학사 집필에는 특별한 어려움이 하나 있다. 철학이 무엇이냐를 두고 오늘날에도 여전히 논쟁이 자주 벌어진다는 점이다. 어떤 이에게 철학은 언어 논리학처럼 일종의 〈정밀과학〉이고, 또 어떤 이에게는 〈사유의 기술〉, 즉 근사하고 지적인 명제를 사유하는 정신의 곡예술과 같다. 이 두 견해 사이의 진폭은 크다. 대립하는 두 관점의 배경에는 철학 속에 얼마나 많은 과학이, 혹은 프리스타일이 담겨 있거나 있어야 하는지에 대한 지극히 상이한 견해가 숨어 있다. 철학적 논거의 설득력은 자연 과학처럼 논리적이어야 할까? 아니면 예술처럼 미적이어야 할까?

양쪽 다 타당한 논거가 있고 전통도 있다. 이 두 전통의 창시자인 플라톤과 아리스토텔레스에게 철학은 올바른 삶에 대한 질문이다. 올바른 삶을 살려면 많은 것을 알아야 한다. 확실한 앎은 오직 훌륭하게 논증되고 그로써 〈참으로〉 밝혀진 견해를 통해서만 도달할 수 있다. 따라서 고대의 전통에서 철학은 앎의 학문이다. 아리스토텔레스는 철학에 논리적 추론을 도입했고, 그로써 과학적 사고를 위한 전제 조건을 만들었다. 이 위대한 두 그리스 철학자를 필두로 거의 모든 철학자들이 19세기까지 철학을 학문으로, 또는 심지어 다른 모든 학문들에 대한 〈상위 학문〉으로 이해했다. 즉, 다른 모든 특수 학문들을 집처럼 안전하게 덮어 주는 지붕으로서 그 학문들이 스스로를 올바로 이해할 수 있도록 도와주는 꼭대기 학문이라는 것이다.

헤겔 시대에 이르기까지 거의 모든 철학자들이 이 세상에 확고한 수학과 물리학이 존재하듯 확고한 학문으로서의 철학이 존재한다는 사실에서 출발한 것도 같은 맥락이다. 그런 출발점을 토대로 헤겔은 최초의 철학사 범주에 드는 자기만의 철학사를 마

치 철학이라는 사유의 건축물이 세상에 객관적으로 존재하기라
도 하는 것처럼 쓸 수 있었다. 여기서 전체 건축물을 결합시키는
접합제는 〈이성〉이라는 이름의 재료였다. 이마누엘 칸트와 헤겔
같은 위대한 철학자들은 이 이성 역시 철학과 마찬가지로 영원하
고 객관적이라 믿었다. 따라서 철학자의 작업은 이 세계를 이성으
로 파헤쳐 영원히 참된 것이 드러나게 하는 데 그 본질이 있었다.

그런데 오늘날엔 철학과 이성에 대한 그런 믿음이 생경해
졌다. 늦어도 우리는 20세기 초에 이르러 그런 이성이란 없다는
사실을 자각할 수밖에 없었다. 칸트가 말한 〈이성의 보편적 원천
들〉은 많은 개별적 물웅덩이로 말라 버렸다. 뭔가를 이성적으로
파고들려는 사람은 이제 단어와 문장으로 파고든다. 이 사람은
논리학뿐 아니라 문법을 따른다. 또한 시대를 초월하는 언어가
아닌 문화적 조건과 색채가 담긴 언어를 사용한다. 물론 이런 변
화된 징후 속에서도 철학이 학문이어야 한다는 요구는 계속 유지
될 수 있다. 다만 이제 철학은 더는 앎의 학문이 아니라 세계에 대
한 인간들의 주장을 담은 논리적이거나 비논리적인 문장들의 학
문이다. 이런 학문은 세상을 〈설명〉하지 않고 〈묘사〉한다. 고틀로
프 프레게와 루트비히 비트겐슈타인이 앞장선 강력한 분석 철학
이 그 길을 걸었다.

반대 입장은 철학을 사유의 기술로 보는 이념이다. 이는
헤겔에 대한 비판에서 시작되었다. 아르투어 쇼펜하우어는 이성
에 대한 믿음과 그에 근거한 모든 철학을 분노에 차서 파괴했고,
프리드리히 니체의 시도는 그보다 훨씬 더 과격했다. 19세기가
흐르는 동안 우리가 점점 더 자주 마주치게 된 것은 〈세계 건축
물〉이 아니라 각각의 〈세계관〉이었다. 철학자는 더는 세계를 인
식하지 않고 자기만의 특별한 주관적 시선으로 세계를 바라본다.
그는 무언가에 중점을 두고, 평가 내리고 논박하고 첨예화하고,

세계와 삶에 대한 자기만의 윤리적 또는 미학적 입장을 강력히 주장한다. 같은 시기에 예술에서 일어난 일도 다르지 않다. 예술도 더는 보이는 것을 객관적으로 재현하려 하지 않고 대상을 주관적으로 드러내고자 했다.

쇼펜하우어와 니체의 철학은 문학적으로 형상화되어 독자를 미적으로 매혹시킨다. 우리는 똑같은 현상을 학문적이라기보다 에세이에 가까운 18세기 프랑스 철학에서 만날 수 있다. 루소와 디드로, 또는 볼테르는 확고한 체계 속에서 사유하지 않는다. 그들은 철학 대신 사유 조각상, 사유 인물, 또는 〈철학 학설〉을 만들어 냈다. 이로써 예술도 다양한 방향의 양식과 사조로 변하듯이 철학도 다양한 세계관의 철학으로 변했다. 이제는 거대한 집을 짓는 것이 아니라 하나의 사고 양식을 주조해 내고, 그 세계관이 상표가 된다. 이런 전통은 오늘날까지도 이어져 오고 있는데, 특히 그 출발지인 프랑스가 그렇다.

철학을 학문으로 이해하건 사고의 기술로 이해하건, 철학사를 연구하는 것이 얼마만큼 의미가 있는지에 대해선 다들 의견이 무척 다르다. 분석 철학자들은 대체로 철학사 연구를 별로 쓸데없는 짓으로 여긴다. 앞서 언급했듯이 그들은 철학을 정밀과학에 버금가는 하나의 학문으로 이해하기 때문이다. 또한 주지의 사실이지만 그들이 관심을 보이는 것은 현재적 문제들과 현재적 인식 상황 일반이다. 이제 막 의사가 된 사람이 의학의 역사에 대해 많이 알아야 할 이유가 있을까? 물리학자가 르네상스나 바로크 시대의 물리학적 오류와 사변에 대해 굳이 이런저런 것들을 알 필요가 있을까? 뉴턴 이후 지금까지도 타당성을 잃지 않고 있는 중력 법칙은 제외하고 말이다.

이런 관점에서 보면 철학사는 오늘날 대체로 언어 분석학적 경향으로 흘러가는 철학적 상황과는 더는 맞지 않는 이론과 가설들의 집합으로 보인다. 나 자신도 대학 시절에는 철학사에 특별한 관심이 없었다. 나는 역사가가 될 생각이 없었고, 그저 〈옳은 것이 무엇인지 알고 싶었을〉 뿐이다. 또한 철학의 자료실에서 나온 각양각색의 역사 대신 시대를 뛰어넘는 진리를 찾으려 했다. 가령 역사는 변증법적 과정일까? 인권은 논리적 근거를 가지고 있을까? 진리나 정의 같은 것이 존재하고, 그것을 세계 안에서 실현할 수 있을까?

그런데 이런 중요한 물음들도 당시 나를 가르치던 교수들에겐 대체로 주변부 문제에 지나지 않았다. 그건 플라톤, 아리스토텔레스, 데카르트, 칸트, 헤겔, 니체 등을 다루는 독일 대학의 수많은 강의 목록에서도 그대로 드러난다. 역사가 명백히 현재를 지배하는 양상인 것이다. 따라서 조심스레 결론 내리자면, 많은 교수들은 철학사에서 새로운 사상가의 등장으로 이전 철학자들의 철학이 의미 없이 소멸하지는 않는다는 견해를 갖고 있다. 그들은 오히려 철학을 시대를 뛰어넘는 가치를 지닌 일종의 문화적 저장고로 여긴다. 철학을 공부하는 학생이라면 철학적 인식 능력을 얻기 위해 일단 철저하게 파헤치고 들어가야 할 보고로 말이다.

내 길의 핵심은 두 가지 요구를 모두 고려하는 것이다. 이 책은 철학이 아니다. 그렇다고 단순히 철학의 역사도 아니다. 칸트의 표현을 빌리자면 〈철학하는 철학사〉다. 거기다 이 책은 되도록 누구나 알기 쉽게 썼고, 긴 이야기의 옷을 입혔다. 여기서 다루어질 철학자와 그들의 사유는 한편으론 그들이 살았던 시대의 문맥 속에서 소개되고 논의될 것이다. 정치, 사회사, 경제사와의 관련성을 고려하지 않는 사상과 관념은 상당 부분 밀교적일 수밖에 없다. 철학자들의 삶은 책 속에 있지 않다. 또한 철학적 사유는 후계자들이 선행자들과 토론을 벌이는 비시간적 진공 상태에서 생겨나는 것이 아니다. 예컨대, 고대 그리스는 주로 플라톤과 아리스토텔레스 철학으로만 이루어진 것이 아니었다. 사회적 삶과 경제적 삶도 어떤 형태로건 존재했다. 인간의 삶과 사고는 그런 사회적·경제적 상황에 오히려 더 큰 영향을 받았다. 철학도 그런 시대 속에 어떤 형태로건 존재한 것일 뿐이다.

물론 단순히 역사적 상황과 시대사적 특색을 기술하는 것만으로는 독자를 만족시킬 수 없다. 고대 세계의 거의 모든 물음은 여전히 우리 시대의 물음과 통한다. 좋은 삶이란 무엇인가? 진리는 무엇인가? 정의는 존재하는가? 존재한다면 어떻게 가능할까? 삶에 의미는 있을까? 자연과 우주에서 인간의 위치는 어디일까? 신은 존재할까? 이것들은 인류의 기나긴 성찰 과정에서 끊임없이 반복된 근원적인 물음이다. 이 물음들에 제대로 대응하려면 이전 철학자들의 관점을 오늘날의 관점에서 분류하고 평가하고 장단점을 구분하는 과정이 불가피하다. 때문에 발전의 교차점에서는 언제나 지난 시대의 이론들에서 현재의 사고로 이어지는 연결선이 그어진다.

그 과정에서 고대와 중세, 르네상스, 바로크, 계몽주의 철학자들을 특정 철학 사조나 학파의 대변자로 보는 위험에 빠지기 쉽다. 앞서 말했듯이 그들은 스스로를 결코 그런 특정 학파나 사조의 대변자로 생각한 적이 없다. 그들은 후대 철학자들과 마찬가지로 자신들에게 어떤 레테르가 붙을지, 어떤 역사적 정체성이 부여될지 고민한 것이 아니라 오직 세계 전체와 씨름했을 뿐이다. 플라톤은 플라톤학파가 아니고 플라톤주의자도 아니다. 데카르트는 데카르트주의를 주조하지 않았고, 대안이 없다고 여긴 세계를 정신적으로 헤쳐 나가려고 애썼을 뿐이다. 이 말은 곧 철학사를 쓰는 사람이라면 철학자들에게 레테르를 붙이고 분류하는 것을 극도로 조심해야 한다는 뜻이다. 체계주의자의 범주적 시각은 원래 자신이 발굴하고자 했던 것을 너무 쉽게 덮어 버릴 때가 많기 때문이다.

역사 기술의 가장 큰 어려움이라면 아마 선택과 주안점일 것이다. 그건 이 프로젝트가 세 권으로 계획되어 있는 점을 고려하면 더더욱 그렇다. 그런 철학사는 완벽하지 않고, 완벽을 기하고자 하지도 않는다. 대신 나는 매번 특정한 관점을 결정한다. 역사를 쓴다는 것은 선택하고 관련시킨다는 것을 의미한다. 주안점의 결정은 설령 그럴 의도가 없다고 해도 필경 지극히 주관적일 수밖에 없다. 모름지기 일반화란 사실들의 개별성에 부당함을 가하고 사유와 사상의 개성을 해친다. 따라서 본 철학사는 그저 철학에 대한 하나의 역사일 뿐이다. 또한 모든 철학사들이 그렇듯 대략적으로 기술하거나 소홀하게 취급한 부분이 있을 수밖에 없다.

이 철학사의 가장 중요한 관심사도 모든 중요한 철학자들을 되도록 하나도 빠뜨리지 않고 조명하는 것이 아니다. 그러려면 정말 중요한 철학자들이 누구누구인지 알아야 하는데, 문제는 그것을 명확하게 알 길이 없다는 점에서부터 시작된다. 철학사에서는 오늘날까지 그저 중요 인물로 알려져 있다는 이유만으로도 중요하게 취급되는 철학자들이 있다. 또한 한때는 철학에서 무척 중요했지만 지금은 별 주목을 받지 못하는 철학자도 있다. 거기다 고전적 철학사에서는 별다른 주목을 받지 못하다가 오늘날의 관점에서는 엄청난 영감을 주고 흥미롭게 여겨지는 철학자와 담론도 있다. 특히 쇼펜하우어나 니체처럼 자신들의 시대에서는 완전히 찬밥이었던 철학자들도 잊어선 안 된다. 니체는 오늘날엔 당대의 가장 중요한 철학자로 여겨지지만, 정작 그 거대한 명성은 사후에 얻었다. 반대로 한때는 시대정신이 막대한 의미를 부여했지만 지금은 영향력을 상실한 철학자들도 있다. 그리고 카를 마르크스, 고틀로프 프레게, 니클라스 루만처럼 스스로 생각하기 엔 철학자가 아니었지만 세상에 강한 영향을 끼친 철학적 사상가들도 있다. 이들은 어떻게 다루어야 할까?

　　상황이 이렇다 보니 선택된 철학자들을 그냥 연대순으로 기술하는 것은 적절치 않아 보인다. 이 책에서 주안점을 두고 조명하는 것은 항상 개별적인 문제들이다. 그리고 이 책은 그때그때 새로운 시대적 환경의 옷을 입고 있지만 항상 동일한 거대 물음들을 던지는 연재소설과 비슷하다.

　　그럼에도 이런 식의 〈역사〉 집필은 언제나 까다로운 시도일 수밖에 없다. 자칫 도미니카 공화국의 해안가에 위치한 고급 리조트에서 휴가를 보내고는 그 나라를 잘 안다고 주장하는 여행객 꼴이 될 수 있기 때문이다. 그래서 결국엔 철학의 역사를 쓴 것이 아니라, 그저 오늘날까지 우리가 각 시대들에 대해 갖고 있는 이미지에 영향을 주는 전승의 오솔길에 또 하나의 발자국을 남긴 것뿐이라는 사실에 만족해야 할지 모른다.

　　친애하는 독자 여러분, 여러분이 이 책을 읽는 동안 철학이 단순히 지식 영역이나 특수 분과로 느껴지지 않는다면 그것만으로도 이 철학사의 목적은 이루어진 셈이다. 철학은 단순히 전문 지식을 얻는 것이 아니기 때문이다. 1900년까지 대다수 위대한 사상가들은 전문 학자도 철학 교수도 아니었다. 루트비히 비트겐슈타인은 이렇게 말한다. 〈철학은 이론이 아니라 행위다.〉 철학적 행위, 즉 철학하기는 삶과 공동생활에서의 의심스러운 전제와 주장들에 대해 우리의 머리를 깨운다. 그 목표도 더는 예전처럼 진리가 아니다. 진리를 사랑하는 사람은 진리를 가질 수 있다는 환상에 빠지지 않는다. 그 목표란 우리의 생각과 삶의 틀을 넓히는 것이다. 철학하기란 우리 인간의 유한한 시간을 좀 더 생동감 있게 체험하려는 희망 속에서 우리의 사고 기관을 날카롭게 벼리는 것이다. 그게 단지 우리가 아무것도 모른다는 사실을 알기 위한 것일지라도.

2015년 7월 쾰른

리하르트 다비트 프레히트

아테네 학당

철학의 비현실적 마법에 관하여

아테네의 어느 아름다운 여름날, 구름도 없는 하늘은 지중해처럼 새파랗다. 둥근 소란 반자 천장 네 개로 이루어진 화려한 홀 안으로 햇빛이 쏟아져 들어온다. 이 석조 학당의 계단 위에 그리스 남자 쉰여덟 명이 서거나 앉거나 누워서 세상에서 가장 멋진 일에 전념하고 있다. 철학을 하고 있는 것이다!

그들은 크고 작은 몸짓으로 토론하고, 사색하고, 글을 쓰거나 계산하고, 논리를 짜내고 논쟁을 벌인다. 얼굴에서는 감탄과 놀람, 호기심, 의심, 믿기 어려움, 숙고의 흔적이 엿보인다. 우리의 문화적 기억 속에 철학이 무엇이고, 철학자들이 무엇을 하는 사람인지 가장 극명하게 새겨진 이미지가 있다면 바로 이 그림이다.

이 그림은 스탄차stanza, 즉 교황 율리오 2세의 바티칸 개인 방들에 있는 프레스코 벽화다. 원래는 제목이 없지만, 이 그림이 무엇을 묘사하고 있고 제목이 무엇인지는 우리 모두 한눈에 알아본다. 바로 〈아테네 학당〉이다. 이것은 1509년부터 1511년까지 이 그림을 그린 라파엘로가 붙인 제목이 아니라, 그로부터 100년도 더 지나 이탈리아 화가 가스파레 첼리오가 붙인 제목이다.

당시 라파엘로는 스물일곱 살이었다. 그는 혜성처럼 떠오른 스타로서 예술적으로 훨씬 더 중요한 도시였던 피렌체를 떠나 로마로 갔다. 바티칸 궁전의 새 관저 2층 방들에 벽화를 그리기 위해서였는데, 이것이 교황을 위한 그의 첫 작업이었다. 최고 권력으로부터 받은 극히 까다로운 주문이었다. 율리오 2세는 마르틴 루터의 〈흡혈귀〉 발언으로 역사에 오른 인물로서 교황의 권력을 조금씩 강화해 나간 무자비하고 호전적인 성직자였다. 그렇다면 성좌의 이 폭력적 권력자는 도대체 무슨 이유로 자신의 개인 방에 철학자들의 그림을 갖고 싶어 했을까?

몹시 어려운 계획이었다. 라파엘로는 철학에 대해 아는 것이 많지 않았다. 탁월한 손 기술만 있으면 되는 화가였기 때문이다. 당시에 회화는 아직 대학에서 가르치지 않았고, 개인적으로 장인에게서 배우는 것이었다. 라파엘로가 그림을 그려야 할 공간은 율리오 2세의 방대한 개인 도서관으로 예정된 곳이었다. 물론 나중에는 〈서명의 방Stanza della Segnatura〉으로 개명되어 후임자들이 여기서 종교 재판을 열거나 결재를 했다. 라파엘로가 벽에 그려야 할 또 다른 주제는 신학, 법, 미덕, 예술이었다. 세상 만물을 통합하려는 교회의 요구와 교황의 자기중심적 이해에 따라 세상의 모든 지식과 예술을 한 공간에 결집시키려고 한 것이다.

그런데 철학이 여기에 어울릴까? 그림에 묘사된 그리스 철학자들 중엔 누구도 기독교의 신을 믿지 않았다. 그럼에도 고대 철학, 특히 플라톤 철학은 바티칸의 신학자들이 볼 때 기독교와 전혀 모순되지 않았다. 플라톤주의에 바티칸 입궐 자격을 갖춰준 사람은 피렌체 출신의 철학자 마르실리오 피치노와 조반니 피코 델라미란돌라였다. 그것도 바티칸의 마음에 쏙 들 정도로 말이다. 이렇듯 그들은 철학이야 무엇을 잃건 상관없이 모세와 예수를 모셔 놓은 선조 갤러리에 입장을 허용함으로써 플라톤을 기독교의 선구자로 만드는 작업을 강력한 의지로 추진했다. 나중에는 아리스토텔레스와 플로티노스까지.

라파엘로는 프레스코 벽화에 바로 이런 점들을 담아내야 했다. 그림 중앙에는 플라톤과 아리스토텔레스가 성자의 풍모를 물씬 풍기는 초인적 인물로 등장한다. 훗날 네덜란드의 한 동판화에서는 심지어 후광까지 부여함으로써 두 사람을 베드로와 바울로 비치게 했다. 두 남자는 그리스 철학과 학문을 대표하는 다른 걸출한 남자들에 둘러싸여 있다. 피타고라스는 왼편 앞쪽에 무릎을 꿇은 채 책을 쓰고 있고, 디오게네스는 계단에 비스듬히 누워 있다. 에우클레이데스(아니면 아르키메데스일까?)는 오른편 앞쪽에서 컴퍼스로 열심히 작업을 하고 있고, 짙은 갈색 옷을 입은 들창코 소크라테스는 긴 머리의 군인에게 무언가 몸짓을 하고 있다.

다른 어떤 시대보다 특히 19세기 미술사가들은 이 쉰여덟 명 남자들의 정체를 밝히려고 무던히 애썼다. 그러나 그들의 추측은 공론(空論)에 지나지 않았다. 실제로 우리는 세 사람만 더 확인할 수 있을 뿐인데, 모두 그리스 철학자가 아니다. 그건 분명하다. 대개 헤라클레이토스로 해석되는 전면의 어두운 인물은 여러모로 라파엘로의 위대한 경쟁자인 미켈란젤로와 비슷해 보인다. 라파엘로 자신도 오른편 앞쪽 가장자리에 등장한다. 창백한 천사 같은 얼굴에 짙은 두건을 쓴 라파엘로 옆에는 흰 옷을 입은 조수 소도마가 서 있다.

역사적 모티브를 담은 그림에서 화가가 동시대인을 슬쩍 집어넣는 것은 르네상스에서건 그전의 중세에서건 흔히 있는 일이었다. 플라톤조차 고대의 그 유명한 흉상을 보고 그린 것이 아니었다. 당시 사람들은 플라톤의 신체적 특징에서 레오나르도 다 빈치의 얼굴을 쉽게 알아보았다. 그건 다빈치가 나이 들수록 스스로를 그리스 철학자로 표현했기에 더더욱 어렵지 않았다. 다만 그는 겉으로만 플라톤 쪽으로 기울었을 뿐 실제 그의 철학적 우상은 아리스토텔레스였다.

라파엘로는 철학자들로 북적거리는 학당에 우연히 들렀다

가 그 일상을 지켜보는 방문객의 시선으로 그렸다. 16세기 초에는 매우 혁신적인 기법이었다. 당시에는 철학을 주제로 그림을 그릴 경우 은유적인 여성의 형태로 표현하는 것이 일반적이었다. 그에 반해 라파엘로의 그림은 플라톤의 대화록 『프로타고라스』에 나오는 한 대목을 생생하게 보는 듯하다. 〈안으로 들어섰을 때 우리는 앞쪽 주랑을 서성이는 프로타고라스를 만났다. 그 옆 한쪽에는 히포니코스의 아들 칼리아스, 페리클레스의 아들 파랄로스, 글라우콘의 아들 카르미데스가 있었고, 다른 쪽에는 페리클레스의 또 다른 아들 크산티포스, 필로멜로스의 아들 필리피데스, 멘데 출신의 안티모이로스가 함께 거닐고 있었다. (……) 다른 사람들은 뒤를 따르며 대화 내용에 귀를 기울였는데 대부분 외지인처럼 보였다. 오르페우스에 버금갈 만한 마법의 입을 가진 프로타고라스가 들르는 도시마다 그 마법으로 홀려 따르게 한 사람들이었다. 그러나 현지인도 그 무리에 몇몇 끼어 있었다. 나는 뒤따르는 이들의 모습에서 큰 기쁨을 느꼈다. 앞서가는 프로타고라스의 길을 방해하지 않으려고 조심조심 뒤따르는 모습이 얼마나 아름답던지! 프로타고라스 일행이 방향을 틀어 예의 바르고 질서 있게 양쪽으로 흩어질 때마다 이들도 방향을 바꾸고 나중에 질서 있게 다시 합류하는 모습은 또 얼마나 근사하던지!〉[1]

　　프로타고라스의 말을 경청하는 많은 청중에 대한 묘사는 거의 끝없이 이어진다. 그로써 그 철학자가 중심이 된 화려한 홀의 거대한 무대가 탄생한다. 그런데 이 장면에는 굉장히 반어적인 어조가 깔려 있다. 플라톤은 프로타고라스를 좋아하지 않았기 때문이다. 그래서 이 〈위대한 철학자〉를 둘러싼 그런 호들갑스러운 장면은 관객에 의해 지나치게 과대평가된 유명인의 허영기를 드러내기 위한 장치였을 뿐이다.

　　라파엘로가 플라톤의 대화록을 외관상의 모델로 삼아 다

른 목적으로 변형한 것은 그 자신의 아이디어가 아니었을 것이다. 젊은 화가였던 그는 그리스어를 전혀 몰랐고 라틴어도 거의 몰랐기 때문이다. 그래서 얼마 전부터 미술사가들은 바티칸의 유력 신학자 비테르보의 에기디우스를 이 벽화의 배후 인물로 추정하고 있다. 에기디우스는 당대 최고의 플라톤 전문가들 중 한 사람이었고, 여러 저서에서 플라톤의 『프로타고라스』를 자주 인용했던 것이다. 어찌 됐건 라파엘로는 에기디우스든 누구든 전문적인 지원을 받았을 테고, 그 도움하에 고대의 인물적 보고(寶庫)를 폭넓게 빌려 바티칸의 벽에 가상의 아테네를 묘사했다.

이 철학적 가상 공간은 오늘날 철학에 대한 우리의 일반적인 이미지에 결정적인 영향을 주고 있다. 라파엘로의 그림처럼, 철학은 수백, 수천 년을 넘어 진리를 추구하는 사유들이 짝짓기하는 잠자리 떼처럼 요란하게 만나는 영원한 낙원이자 정신의 공간으로 비추어질 때가 너무 많다. 그래서 「아테네 학당」 안에 그려진 철학자와 학자 들 사이에 수백 년의 시간적 간극이 존재한다는 사실도 전혀 문제되지 않는다. 그들 중에서 실제로 같은 시기, 같은 공간에 살았던 사람은 열 명이 채 되지 않는다. 게다가 실제로는 아무 일이 일어나지 않는데도 마치 무슨 큰 사건에 동참하고 있는 것 같은 관찰자의 호들갑스러운 태도도 결코 문제되지 않는다.

어쩌면 바로 이런 성스러운 비현실화가 오늘날까지도 그 그림에 특별한 아우라를 부여하고 있는지 모른다. 그러니까 이 그림은 역사적 인물과 사상을 묘사하고 있으면서도 이상하게 역사적 맥락에서 자유로운 비역사적인 역사화처럼 보이는 것이다. 이렇듯 그들은 알레고리와 그럴듯하게 꾸민 현실 사이에서 이리저리 어른거린다. 1527년의 로마 대약탈 때처럼 약탈 용병들이 그 벽화를 마구 긁어내는 일만 없다면 그들은 앞으로도 계속 거기서 철학을 하고 있을 것이다.

그림 속의 환상과는 달리 고대 철학은 첫눈에 보이는 것만큼 이해하기가 쉽지 않다. 한편으로 고대 철학은 놀라울 정도로 우리와 가깝고 현재적이다. 그건 축하 연설에서 즐겨 인용되는 〈민주주의의 요람〉이라는 말만 들어도 알 수 있다. 그뿐이 아니다. 심리학, 이념, 실용주의, 정치처럼 우리가 요즘 일상적으로 쓰는 개념들도 대부분 〈프시케psyché〉, 〈이데아idea〉, 〈프라그마pragma〉, 〈폴리테이아politeia〉 같은 그리스 철학의 핵심 용어에서 왔다. 그래서 우리의 현 문화는 기독교적 중세를 지나는 동안 틈틈이 업데이트된 고대 그리스의 지속적인, 어쩌면 논리적인 연속처럼 보이기도 한다.

다른 한편으론 이러한 관점이 고대 철학에 대한 우리의 시선을 얼마만큼 왜곡하고 있는지 자문해 보아야 한다. 오늘날의 통념에 따르면 고대 철학은 서양 사상의 기원이고, 서양 사상은 고대 철학의 변화무쌍한 연장이다. 하지만 정작 고대 철학의 주인공인 이오니아, 남부 이탈리아, 아테네 철학자들에게 철학하기란 결코 2,500년 동안 이어져 온 성공사와 문제사의 기원이 아니었고, 그중 누구도 스스로를 선구자나 선행자로 여기지 않았다. 또한 자신들의 사상에서 어떤 것이 〈영원한〉 철학적 이념으로 여겨져야 하고, 어떤 것이 그러지 말아야 할지 결정 내린 적도 없었다. 그게 설득력이 있건 없건 간에 말이다. 게다가 헤라클레이토스는 훗날 많은 이들이 그의 사상적 핵심으로 여기는 것처럼 자신의 철학을 정말 〈만물은 흐른다!〉라는 짧은 문장으로 요약했을까? 또 엠페도클레스는 정말 정신 분열증처럼 어떤 때는 〈물리학자〉로, 어떤 때는 〈예언자〉로 의식 상태가 분열되었을까? 그 둘 사이에 무엇이 놓여 있는지 우리가 모른다는 이유로? 〈이데아론〉은 정말 플라톤 사상의 핵심 요소일까? 아니면 〈플라톤주의〉의 입장에서만 그럴까?

　　참으로 놀라운 일들 중의 하나이지만, 우리는 고대 그리스의 문헌 자료가 아직도 그렇게 다양하게 남아 있다는 사실에 의구심을 가지지 않을 때가 많다. 원전이 아니라 중세 필사본이라 하더라도 말이다. 이 문헌들이 걸어온 길은 불투명하고 의심스럽다. 우리가 오늘날 그 존재를 알게 되기까지 문헌들은 얼마나 자주 파피루스나 양피지에 필사되고, 많은 지역으로 옮겨 다니고, 생각이 다른 사람들로부터 보호되기 위해 숨겨져야 했을까? 또한 다른 한편으론, 얼마나 많은 고대 문헌이 화재와 침략, 교회 검열이라는 의도적인 파괴의 제물이 되었을까?

　　오늘날 우리가 갖고 있는 텍스트는 2,000년 이상 중요하게 여겨진 데다가 행운까지 더해져 살아남은 것들이다. 보이지 않는 우연의 손에 의해 어떤 것은 전해지고 어떤 것은 전해지지 않았다는 말이다. 서기 500년 이전의 고대 도서관 기록들을 통해 우리는 고대 그리스와 로마 시대 저자들을 3,000명 정도 알고 있다. 하지만 그중에서 오늘날까지 저술이 전해지는 사람은 400여 명뿐이다. 알렉산드리아 도서관만 해도 기원전 47년에 50만~70만 개의 문서 두루마리를 소장하고 있었다고 전해지는데, 그중 대부분이 영원히 사라졌다.

　　추산하자면, 고대의 비기독교 문헌은 1,000권 중 한 권꼴로만 살아남았고 그렇게 해서 남은 것은 총 3,000여 권에 불과하다. 도서관 목록에 기재된 150여 명의 고대 그리스 비극 작가들 중에서 우리가 현재 아는 사람은 겨우 셋뿐이다. 플라톤과 아리스토텔레스 이전에 책을 쓴 그리스 철학자들에 대해서도 예외 없이 단편적인 내용만 알려져 있다. 프로타고라스는 기원전 5세기 아테네에서 왕성하게 활동했음에도 우리는 그의 수많은 저서에 대해 전혀 모른다. 그래서 결국 플라톤에 의해 전해진 단 한 문장으로만 철학사에 기록되었다. 한번 생각해 보라. 스피노자, 루소, 칸트, 헤겔, 사르트르, 비트겐슈타인에 대해 우리가 아는 것이 단 한 문장뿐이라면 얼마나 해괴하고 공상적인 판단들이 난무할지!

우리는 플라톤의 거의 모든 대화록을 갖고 있지만 지금까지도 그게 무슨 의도로 쓰였는지를 두고 논쟁이 끊이지 않는다. 〈진짜〉 플라톤은 혹시 그 교육용 대화록이 아닌 〈쓰이지 않은 학설〉에 숨겨져 있는 것이 아닐까? 그에 반해 아리스토텔레스의 경우는 출간할 뜻이 전혀 없던 텍스트, 그러니까 그의 강의 내용을 받아쓴 텍스트만 전해진다. 아리스토텔레스가 출간한 저서는 거의 전부 없어졌다. 헬레니즘 시대의 다른 많은 철학자들도 극히 일부의 저서만, 혹은 후대의 요약본만 전해지는 경우가 많다. 플로티노스와 같은 소수의 예외를 제외하면 그 시대의 철학자들 중에서 자신의 텍스트를 완벽하게 다 남긴 사람은 없다. 중세도 본질적으로 크게 달라 보이지 않는다. 부족하고 불완전한 텍스트가 많았고 내용이 풍부하거나 완전한 것은 드물었다.

상황이 이렇다 보니 철학사의 저자가 누구를, 어떤 내용을 선택해서 관심 있게 다룰지는 더더욱 주관적일 수밖에 없다. 이 1권의 중점은 주로 흥미진진한 정치적·경제적 문제들과 자연 철학적 물음이다. 다른 문제들, 예를 들어 논리학 같은 문제는 많은 독자들이 이해하기 쉽지 않은 점을 감안해서 부득이 등한시될 것이다. 그래서 플라톤의 경우는 인식론과 윤리학을 중심에 두고, 다른 흥미로운 것들은 슬쩍 훑고 지나갈 생각이다. 같은 이유로 아리스토텔레스의 『형이상학』은 단편적으로만 다루고, 『시학』은 구성상의 이유로 2권에서 언급할 것이다. 프로클로스와 심플리키오스 같은 후기 신플라톤주의자들은 생략했다. 오리기네스와 알렉산드리아의 클레멘스 같은 교부들도 자세히 언급하지 않을 생각이다. 중세에선 라바누스 마우루스, 생빅토르의 후고, 페트루스 요하네스 올리비, 토머스 브래드워딘이 충분히 다루어지지 않을 것이고, 라몬 율도 분명 뒷전으로 밀려날 것이다. 그 밖에 삼위일체론이나 롬바르두스의 신학 명제론 해석 같은 많은 신학적 논의도 제외했다. 다양한 지식인의 복잡한 철학이나 아리스토텔레스적 형이상학의 몇몇 후속 문제도 마찬가지다.

그런데 문제는 선택에만 있는 것이 아니다. 고대와 중세 철학에 관한 책을 쓸 경우 자신이 쓰는 시대를 전체적으로 조망할 수 있는 사람은 없다. 또한 그림 「아테네 학당」이 관객을 그럴듯하게 현혹시키는, 빛으로 넘실대는 명쾌함이 우리에겐 없고, 우리가 아득히 멀리서 철학의 초기 시대를 바라볼 때 그 시선을 물들이는 열정도 비장함이 넘치는 시대에는 그 버팀목을 찾기 어렵다. 그러니 서양 철학의 정신적 기원이 아닌 매우 인간적인 기원을 찾아가는 것으로 우리의 여행을 시작하자. 그래서 안타깝게도 후대가 〈소크라테스 이전의 철학자들〉로 거칠게 한데 묶은 사람들을 먼저 만나 보자. 당연히 본인들은 결코 그렇게 생각한 적이 없겠지만 후대인들은 아직 위대한 사상이 아닌 것처럼 취급한 그 사람들을.

고대 철학

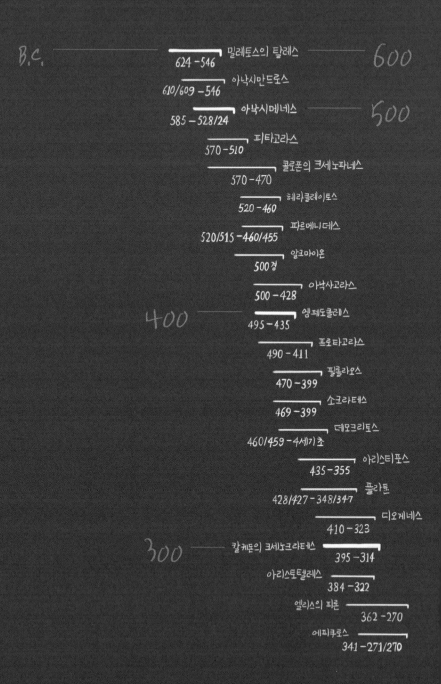

B.C.

밀레토스의 탈레스
624 - 546
600

아낙시만드로스
610/609 - 546

아낙시메네스
585 - 528/24
500

피타고라스
570 - 510

콜로폰의 크세노파네스
570 - 470

헤라클레이토스
520 - 460

파르메니데스
520/515 - 460/455

알크마이온
500경

아낙사고라스
500 - 428

400

엠페도클레스
495 - 435

프로타고라스
490 - 411

필롤라오스
470 - 399

소크라테스
469 - 399

데모크리토스
460/459 - 4세기 초

아리스티포스
435 - 355

플라톤
428/427 - 348/347

디오게네스
410 - 323

300

칼케돈의 크세노크라테스
395 - 314

아리스토텔레스
384 - 322

엘리스의 피론
362 - 270

에피쿠로스
341 - 271/270

키티온의 제논
333/332 - 262/261
아르케실라오스
315 - 241
크리시포스   200
281/276 - 208/204
에라토스테네스
276/273 - 194
로도스의 파나이티오스   100
185 - 110
아스칼론의 안티오코스
140/125 - 68
아파메이아의 포세이도니오스
135 - 51
마르쿠스 툴리우스 키케로
106 - 43

A.D.   알렉산드리아의 필론
10/15 - 40
루키우스 안나에우스 세네카
1 - 65
플루타르코스
45 - 125
100   마르쿠스 아우렐리우스
121 - 180
200   플로티노스
205 - 270
포르피리우스
233 - 301/305
300   히포의 아우구스티누스
354 - 430

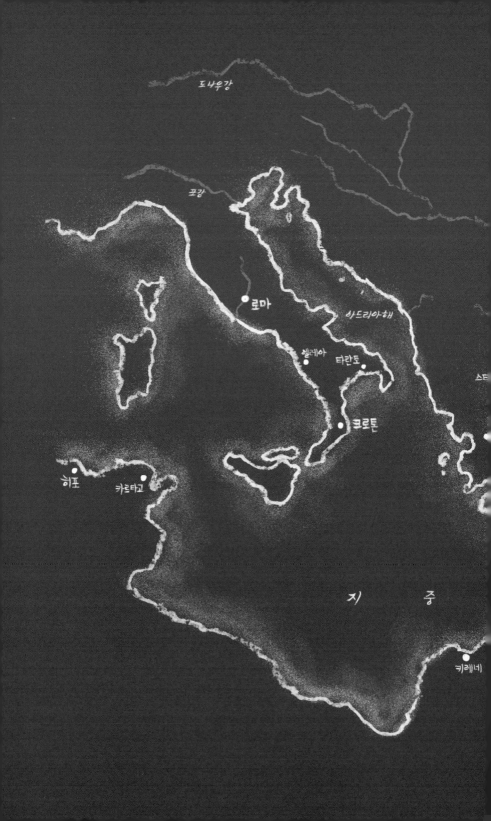

도나우강

흑　해

콘스탄티노플

라

페르가몬

해

에페소스

사모스

밀레토스

타

안티오키아

예루살렘

알렉산드리아

옛날 옛날 이오니아에서는

서양의 일식

서양 철학은 정말 어느 아름다운 5월 저녁 오늘날의 터키 땅에서 시작되었을까? 더 정확히 말하자면, 기원전 585년 5월 28일 밀레토스의 사이프러스와 올리브나무, 포도나무 아래에서 시작된 것일까? 초여름 지중해의 열기에 달구어진 바람이 부는 목마른 나무 아래서? 이날 초저녁 소아시아의 하늘에서는 개기 일식이 일어났다. 그 불가사의한 현상은 6분 뒤에 끝났지만 그 파급 효과는 엄청났다. 신들의 섭리에 놀라움과 두려움을 느낀 적대국 메디아와 리디아 병사들이 무기를 내려놓고 5년간의 전쟁을 끝낸 것이다. 단 한 사람만 이 모든 것에 미동도 하지 않았다. 현자 밀레토스의 탈레스였다. 전설에 따르면 그는 일식을 정확하게 계산하고 예언했다고 한다.

이 사실을 보고한 역사가는 다른 세기의 사람이었다. 구체적으로 고대 역사 기술의 아버지 할리카르나소스의 헤로도토스가 100여 년 뒤 이 사건을 기록한 것이다. 물론 그는 탈레스가 계산한 정확한 일식 날짜를 언급한 것이 아니라 연도만 기록했다.[2] 탈레스의 예언을 보고한 두 번째 출처는 더 의심스럽다. 일식 후 800년도 더 지난 서기 3세기에 나왔으니 말이다. 두 번째 출처의 저자는 세상의 온갖 이야기와 일화 수집에 공을 들인 고대 철학사가 디오게네스 라에르티오스였다. 그는 이렇게 썼다. 〈여러 저자들의 보고에 따르면, 탈레스는 최초로 천문학을 연구하고 일식을 예언하고 지점(支點)을 확정했다고 한다. 또한 처음에는 지점에서 지점으로 움직이는 태양 궤도를, 다음에는 그때그때 궤도 둘레에 대한 태양과 달의 지름을 1대 720으로 규정했다. 탈레스는 최초로 달의 마지막 날을 《30》일로 표기했고 자연 이론적 문제들을 논구했다.)[3]

그렇다면 후대의 연대기 저자들이 천문학 분야에서 그처럼 엄청난 선구자적 업적을 남겼다고 주장하는 탈레스는 누구일까? 우리가 탈레스의 삶에 대해 알고 있는 것은 거의 대부분 디오게네스의 손에서 나왔다. 물론 신뢰성이 높지 않은 것으로 악명이 높은 출처이기는 하다. 어쨌든 그에 따르면 탈레스는 기원전 624년에 태어났다. 밀레토스의 한 귀족 가문에서 태어난 것으로 추측되지만, 밀레토스로 이주한 페니키아 출신일 수도 있다. 에게해의 좁고 길쭉한 반도에 위치한 밀레토스에는 네 곳의 항구가 있었고, 기원전 6세기에 벌써 파란만장한 역사를 갖고 있었다. 예를 들어 크레타섬의 미노스인들이 밀려와 성공적으로 정착했고, 히타이트인들에게 점령당했으며, 또한 리디아인들이 호시탐탐 노리기도 했다. 그래서 도시는 반복해서 파괴되었다. 하지만 탈레스가 살던 시기의 밀레토스는 최고의 번성기를 구가하고 있었다. 기름과 양모, 의류를 실은 상선들이 소아시아의 들쭉날쭉한 해안에서 지금의 이탈리아 땅에 위치한 에트루리아를 비롯해 시리아와 이집트로 쉴 새 없이 오갔다. 또한 인근에 개척한 70여 곳이 넘는 식민지 덕분에 밀레토스는 지중해 동부의 중요한 권력 중심지로 부상했다.

탈레스가 이 교역의 중심 도시에서 정확히 무슨 일을 했는지는 알려져 있지 않다. 탈레스에 관한 진실은 우리가 그에 관해 어떠한 진실도 모른다는 것이다. 그가 쓴 글은 전해져 내려오는 것이 없고, 아리스토텔레스의 짤막한 요약 외에는 그의 사상에 대해 알려진 것도 거의 없다. 탈레스는 엔지니어로서 강의 물줄기를 바꾸었다고 한다. 어쩌면 실제로 나일강의 범람을 자연법칙으로 설명하고 피라미드의 높이를 계산했을지 모른다. 또한 이오니아인들에게는 그 지역 중심부의 테오스에 모든 도시를 총괄하는 정부 소재지를 설립해 하나의 권력 중심지를 만들라고 조언했다고도 한다.

디오게네스에 따르면 탈레스는 그리스 철학과 수학, 천문학의 창시자였다. 유명한 스승 없이 혼자 독학한 사람으로서 이집트에 머물며 기하학과 천문학의 주요 이론들을 배워 고향으로 돌아왔다고 한다. 이런 점들을 고려해 볼 때 자연에 관한 지식으로 동시대인들에게 깊은 인상을 준 것 같기는 하다. 그러나 일식의 예언은 당시 이집트의 천문학적 지식으로는 충분하지 않았다. 설령 바빌로니아인들의 천체 연구에 관한 내용을 알고 있었다고 하더라도 기원전 6세기에 일식의 시간과 장소를 정확히 예언하기란 불가능하다. 태양력의 1년도 정확한 길이가 아직 알려지지 않을 때였다.

그럼에도 탈레스가 일식에 대해 예언한 말이 어떤 식으로건 정확히 맞아떨어졌을 거라고 생각하는 역사가들이 여전히 존재한다. 그들은 후세의 사람들이 그런 천문학적 기적으로 탈레스의 활동을 한층 더 돋보이게 했을 거라는 합리적 의심을 받아들이지 않는다. 탈레스의 후계자들도 그와 비슷한 자연 과학적 기적을 예언한 능력이 있는 것으로 그려진 것을 감안하면 더더욱 그런 의심이 가능할 텐데 말이다. 예를 들어 그 후계자들은 지진과 운성 추락까지 예언하고 계산했다고 하는데, 그것은 21세기인 지금도 정확히 예측하는 것이 불가능하다.

탈레스의 예언에 관한 전설이 고대 이후의 철학사에서 그렇게 중요한 이유는 무엇이었을까? 아마 그런 전설이 철학사에 아주 근사하게 잘 어울렸기 때문일 것이다. 신앙과 미신을 벗어

던지고 자연의 진정한 법칙을 인식하기 시작한 한 남자와 한 시대의 이미지를 만들어 냈으니 말이다. 만일 탈레스가 일식을 예언했다고 한다면 그것은 일식을 하나의 단순한 자연적 사건으로 받아들인다는 것을 의미한다. 모든 자연 현상과 마찬가지로 일식은 똑똑한 자연 연구자에 의해 인식되고 계산될 수 있다. 그로써 점성술가나 예언가 대신 더는 허무맹랑한 헛소리나 해대지 않는 독립적인 학자, 그것도 객관적이고 이성적으로 자연과 자연법칙을 연구하는 냉철한 최초의 합리주의자가 등장한 셈이다. 이것은 실제로 후대의 철학사가들이 탈레스와 이오니아 철학에 부여한 특징이기도 하다. 따라서 탈레스의 예언과 관련한 메시지가 말하고자 하는 바는 분명하다. 그 예언이 사실이라는 것이 아니라 자연과 세계에 대한 특정한 입장과 태도를 대변하고 있다는 것이다. 다시 말해 그로써 자연 과학과 학문적 사고의 태동, 거기서 더 나아가 서양의 탄생 시간을 표현하고자 한 것이다.

최초의 철학자?

서양 철학이 일식과 함께 시작했는지에 대한 물음을 좀 더 깊이 파고들기 전에 우리는 먼저 탈레스 같은 그리스인이 살았던 시대를 잠시 들여다볼 필요가 있다. 그런데 〈그리스인graecus〉이라는 말 자체에는 어폐가 있다. 이 표현은 훨씬 이후의 로마인들이 만들어 낸 말이기 때문이다. 기원전 6세기와 7세기에 지금의 그리스 땅에 살던 사람들은 스스로를 문화적 통일체로 이해하지 않았다. 대신 상당히 자주적인 작은 도시 국가들이 다수 존재했고, 그 중에서 밀레토스가 가장 강성했다. 주민 대부분은 도시에 살지 않았고, 시골에서 포도 농사를 짓거나 올리브와 무화과를 키우며 자급자족했다. 그들은 숲을 개간하고 늪을 매립했으며, 대부분 메마른 불모의 땅을 새로운 경작지로 만들었다. 그 밖에 양과 염소를 키웠다. 이 동물들은 가축 중에서 키우기가 가장 쉬웠고 거친 산악 지대도 거침없이 올라갔다. 귀족들만 소를 살 수 있었고, 자신들의 목초지를 말 사육장으로 사용했다. 귀족들의 토지는 수백 년이 지나는 동안 끊임없이 늘어났고, 소농들의 땅은 점점 줄어들었다. 그럼에도 대규모 영지를 소유한 강력한 왕들은 나오지 않았다. 험한 고산과 바다, 많은 섬들이 큰 나라의 형성에 걸림돌로 작용한 것이다. 그래서 그리스인들은 큰 나라 대신 곳곳에 산재한 공동체로 이루어진 많은 도시 국가를 건설했다.

탈레스의 시대는 이런 사회들에 커다란 변혁이 일어난 시기였다. 지중해 동부에서 무역이 번성하면서 밀레토스와 같은 도시들은 무역에 필요한 상선을 건조할 필요가 있었다. 그 결과 이 지역 도시들은 해상 강국으로 발돋움했다. 선단과 식민지 보호를 위해 점점 더 큰 전함이 만들어졌는데, 노 젓는 벤치가 세 줄씩 있는 배들이었다. 또 이 시대에는 〈피시코이physikoi〉, 즉 탈레스 같은 엔지니어와 토목 기술자라는 새 직업군이 생겨나기도 했다. 그들의 임무는 도로와 요새, 항구 등 인프라를 구축하는 일이었다. 부의 증가와 함께 주민 수가 늘어나면서 이들을 먹여 살리는 일이 중요해졌다. 아울러 물도 안정적으로 공급되어야 했다. 많은 지역에서 왕국이 무너졌고, 반면에 귀족 계층은 서서히 권력을 확대해 나갔다. 밀레토스도 귀족 가문들이 지배했다. 그들은 일부 전제 군주와 일반 백성, 또는 리디아인과 페르시아인 들에 격렬하게 맞서 자신들의 부를 지켜 나갔다. 반면에 토지를 소유하지 못하는 사람들의 수는 점점 증가했다. 이들은 일을 찾아 떠도는 유목민으로서 도시 국가와 항구 도시 들을 전전했는데, 다들 시민권이 없는 이방인이었다. 사회의 중노동은 모두 이들과 여자, 노예들의 몫이었다.

사회적·경제적·군사적 문제가 뚜렷이 부각되었고, 그로 인해 혼란의 시대가 예고되었다. 기원전 6세기 소아시아의 해변은 아무 걱정 없는 아르카디아*가 아니었다(실제 그 지역에 존재하는 아르카디아조차 근심 걱정 없는 낙원이 아니었다는 말이다). 고대의 가장 중요한 두 철학자인 아리스토텔레스와 플라톤이 탈레스에 관해 보고한 유명한 일화들은 그런 배경 속에서 펼쳐진다. 또한 두 사람의 이야기는 당시 한 〈철학자〉의 사회적 위상을 어느 정도 엿보게 한다.

아리스토텔레스의 이야기는 자부심으로 넘쳐 난다. 그도

---

* 그리스 펠로폰네소스 반도에 있는 목가적인 지역으로 후대에 대자연의 풍요로움이 가득한 유토피아로 묘사된 곳이다.

그럴 것이 이 이야기를 철학적 오성의 폭넓은 이지력과 실용적 효용성에 대한 증거로 내세우고 있기 때문이다. 〈사람들이 탈레스가 가난하다는 이유로 철학이 아무짝에도 쓸모없다며 비난하자 그는 자신의 천문학 지식을 토대로 올해는 올리브 수확이 풍년이 될 거라고 예언했다. 그러고는 겨울에 자신이 가진 얼마 안 되는 돈을 계약금으로 걸고 밀레토스와 키오스에 있는 기름 짜는 기계를 모두 싼값에 빌렸다. 당연히 그보다 비싼 가격을 부른 사람은 없었다. 그런데 수확할 시기가 다가와 갑자기 한꺼번에 기름 짜는 기계가 필요해지자 그는 원하는 만큼 비싼 값에 기계들을 다시 빌려주었고, 그런 식으로 많은 돈을 벌었다고 한다. 마음만 먹으면 철학자들에게 부자가 되는 건 쉬운 일이지만 그들이 원하는 건 결코 그게 아니라는 사실을 보여 주기 위해서였다.〉[4]

이 일화가 말하고자 하는 것은 아마 역사적 인물로서 현자 탈레스의 행적이라기보다 철학자를 겸손한 만능 천재로 보는 아리스토텔레스의 시각일 것이다. 그럼에도 이 일화는 오늘날까지도 여전히 흥미롭게 들린다. 직접적인 경제적 성공에 비해 철학적 박학다식함을 경시하는 태도는 우리 시대에도 전혀 변하지 않고 있기 때문이다. 그런 측면에서 고대 철학자들도 세속적으로 쓸모없어 보이는 자신들의 활동을 정당화할 필요가 있었던 게 분명하다. 이것은 고대 그리스 세계에서 종종 저속하게 느껴질 정도로 높이 평가된 정신적 삶에 대한 이미지와는 어울리지 않는 상황이다.

경제에 조예가 깊었다는 탈레스의 이야기를 읽으면서 나는 제임스 조이스의 대표작 『율리시스』를 번역하느라 7년을 매달린 작가 한스 볼슐래거가 떠올랐다. 그는 극도로 까다롭고 힘든 이 번역 작업이 사회적으로 충분히 존중받지 못한다고 느껴 이런 말을 한 적이 있다. 〈거짓말이 아닙니다. 아름다운 예술 작품을 세상에 내놓을 수 있는 사람은 푸딩 공장도 경영할 수 있어요.)[5] 그는 자신처럼 창의력이 풍부하고 지력이 높은 사람은 하잘것없는 경제 세계에서도 원하기만 하면 얼마든지 성공할 수 있다고 말하고 싶었을 것이다. 나는 매우 섬세하고 약간 부끄러움을 타는 이 남자에게 정말 기업인이나 사업가로 성공할 수 있을 것 같으냐고 물었다. 그러자 약간의 망설임 끝에 그가 답했다. 〈솔직히 말하자면…… 아마 못하겠지요!〉

현인 탈레스의 활동에 대한 플라톤의 이야기도 마찬가지로 솔직하고 가차 없다. 〈전해져 오는 이야기에 따르면 (……) 탈레스는 천문 관찰을 위해 하늘을 올려다보다가 우물에 빠졌는데, 그걸 본 재치 있고 매력적인 한 트라키아 출신의 하녀가, 눈과 발 앞에 있는 것도 알지 못하면서 하늘의 일을 알려고 애쓴다며 조롱했다고 한다.〉[6]

단순해 보이는 플라톤의 이 일화는 철학사에서 많은 골칫거리를 낳았다. 탈레스를 만능 재주꾼으로 묘사한 아리스토텔레스의 영웅담과는 달리 플라톤의 일화에서는 그가 바보 멍청이처럼 나쁘게 그려졌기 때문이다. 트라키아 하녀의 조롱은 어떻게 이해되어야 할까? 그것은 일상적인 삶조차 장악하지 못하는, 현실과 동떨어진 이론가에 대한 비웃음이 분명하다. 훗날의 철학자들은 당연히 이런 비웃음에 맞설 수 있는 이런저런 그럴듯한 이야기들을 만들어 냈다. 예를 들어, 인간은 하늘을 관찰함으로써 우주 속에서 자신의 진정한 위치를 깨닫고, 그와 함께 우물처럼 유익한 것을 만드는 데 도움이 되는 자연법칙을 깨달을 수 있다는 것이다. 따라서 트라키아 하녀의 비웃음은 눈에 보이는 것만 쫓는 어리석은 짓이라는 소리다. 그러나 아무리 우주적 사유에 빠져 있어도 발밑의 땅을 놓쳐선 안 된다는, 철학자들에 대한 플라톤의 경고는 결코 허투루 넘길 일이 아니다.

고대 그리스에서도 자연법칙을 규명하고 우주에 관한 사변적 이론을 연구하는 데 전념한 사람은 극소수였을 것으로 추정된다. 삶은 희극 작가 아리스토파네스가 비웃으면서 묘사했듯이 〈구름 위의 뻐꾸기 나라〉, 즉 공상의 나라가 아니니까 말이다. 그래서 세계에 대한 철학적 관찰은 예로부터 어느 정도는 저명한 아웃사이더들의 일이었다.

그렇다면 탈레스의 이론들은 당시의 사고를 대변하고 있을까? 그중 가장 유명한 이론은 물을 모든 생명의 근원으로 보는 견해였다. 아리스토텔레스는 그에 대해 이렇게 썼다. 〈탈레스는 (……) 물hydor을 (……) 원소arché라 칭한다. 때문에 땅도 물 위에 있다고 가르친다. 이런 견해에 이르게 된 계기는 아마 모든 존재의 양분은 축축하고, 열 자체도 거기서 생겨나 지탱되고 있다는 관찰일 것이다. 결국 모든 것이 거기서 나오니 물이 곧 만물의 근원이라는 것이다. 이것 말고 또 다른 계기가 있다면 그건 아마 모든 존재의 씨에는 축축한 성질이 있고, 물은 모든 축축한 성질의 원리라는 인식이었을 것이다.〉[7]

아리스토텔레스가 자기 필요에 따라 솜씨 있게 전시한 선조 갤러리에서 탈레스는 세계 최초의 철학자였다. 탈레스가 처음으로 자연의 모든 현상을 단 하나의 원인으로 환원시켰다는 것이다. 그러나 물이 세상 모든 생명과 존재의 근원이라는 생각은 사실 탈레스 훨씬 이전부터 있어 왔다. 아리스토텔레스도 당연히 그 사실을 알고 있었다. 〈원초적 인간들〉의 견해, 즉 바다와 강과 모든 샘의 아버지인 오케아노스와 그 아내 테티스를 〈세계 생성의 창시자〉로 여기는 신화를 알고 있었던 것이다. 이들에 관해 얘기한 사람은 시인 호메로스와 알크만이었다. 하지만 오늘날의 역사가들은 그보다 더 오래된 출처들을 제시한다. 바빌로니아의 창조 신화에서는 세계보다 더 오래된 근원수(根源水)에 관한 이야기가 나온다. 담수 〈아프수Apsu〉와 바다 〈티아마트Tiamat〉가 그 것이다. 이집트인들의 세계 생성에 관한 이야기에서도 비슷한 내용이 발견된다. 게다가 바빌로니아에서 포로 생활을 할 때 지배자들의 신화를 자기 모델로 삼은 히브리인들도 세계 창조 전에 신의 정신이 〈물들 위〉에 떠 있었다고 기록했다.

따라서 세상 모든 생명의 근원을 물로 본 탈레스의 견해는 특별히 세간의 주목을 끌 만한 것이 아니었다. 그런데 아리스토텔레스가 그 견해에 굉장히 새로운 질적 변화를 부여했다. 그러니까 탈레스는 만물이 물에서 생성되었을 뿐 아니라 그 후에도 여전히 물로 이루어져 있다고 생각했다는 것이다. 탈레스가 정말 그런 생각을 갖고 있었다면 그건 좀 독창적이라고 할 수 있었다.

그러나 아리스토텔레스가 여기서 기술한 것이 정말 탈레스의 생각인지, 아니면 히폰의 견해인지는 불분명하다. 레기온의 히폰은 탈레스보다 150여 년 뒤에 살았던 철학자로서 아리스토텔레스보다 먼저 탈레스가 물을 만물의 근본 원리이자 근원 물질로 규정했다고 주장한 인물이다.

물이 정말 다른 모든 것, 즉 공기, 흙, 동식물, 인간을 이루는 가장 기본적이고 변하지 않는 본질적 요소일까? 지금 우리의 지식에 따르면 생물은 살아 있지만, 공기와 흙, 그리고 근원 물질이라는 물조차 살아 있지 않다. 그렇다면 이 모순은 어떻게 설명할 수 있을까? 탈레스는 어떤 성질 때문에 물을 만물의 근원 물질로 보았을까? 물 자체가 살아 있지 않다면 물을 움직이게 하는 건무엇일까? 생성과 발전은 어떻게 이해될 수 있을까? 물은 왜 단순히 물로 남아 있지 않고, 전 우주라는 형태를 띠고 있을까?

이 질문에 대한 좋은 답은 없다. 아리스토텔레스도 그에 대해 침묵한다. 물론 우리에게 〈탈레스는 모든 것에 신들이 가득하다고 생각했다〉[8]고 말하기는 한다. 하지만 그 신들이 누구를 말하는지, 다시 말해 실제 신들의 실체가 있는지 아니면 만물에 깃든 보편적인 영혼을 말하는 것인지는 밝히지 않았다. 그럼에도 후자 쪽이 좀 더 개연성이 높아 보인다. 아리스토텔레스에 따르면 탈레스는 자철석이 철을 움직이는 힘을 가졌기 때문에 〈영혼이 깃든〉 것으로 여겼다고 한다.[9] 자철석에 영혼psyché이 있다면 자연 만물을 이루는 물에 영혼이 없을 이유가 있을까? 아니, 거기서 한걸음 더 나아가 물 자체가 혹시 형체를 이루고 움직이는 모든 것을 주관하는 영혼 물질이 아닐까? 탈레스는 신화 속의 신들을 믿었을까? 만물에 영혼이 깃들어 있다고 생각한 범신론자였을까? 아니면 그 어떤 초감각적인 것도 인정하지 않고 오직 자연력만 인정한 역사상 최초의 유물론자였을까?

옛 이야기들

앞의 물음에 답하려면 이렇게 자문해 보아야 한다. 탈레스 시대의 그리스인들은 어떤 생각을 하고 무엇을 믿었을까? 그들은 어떤 옛이야기와 전통에 신뢰를 보냈을까? 그리고 그 이유는 무엇이었을까?

실제로 기원전 8세기부터 6세기까지 그리스인들에게는 세상을 올바로 헤쳐 나가도록 도와준 문헌들이 있었다. 물론 극소수의 사람들만 읽을 수 있었을 테지만. 그럼에도 그 내용들은 입소문으로 널리 퍼졌을 것이다. 가장 중요한 문헌은 트로이를 둘러싼 전쟁 이야기인 호메로스의 『일리아스』였다. 호메로스가 운문으로 쓴 이 서사시는 로마 시대에 이르기까지 고대의 가장 성공한 작품이었다. 지금은 비록 호메로스가 진짜 어떤 사람이고 그가 쓴 것으로 여겨지는 모든 작품이 실제로 그의 손에서 탄생한 것인지 자신 있게 말할 수 있는 사람이 없지만, 고대의 그리스인들에게 이 서사시는 굉장히 큰 의미가 있었다. 『일리아스』와 그보다 조금 인기가 떨어지는 『오디세이아』는 그들에게 소아시아의 도시 트로이를 둘러싼 그 옛 전쟁에 대해 실제로 많은 것을 알려 주지는 않았지만, 오랫동안 세상을 설명해 주는 역할을 해온 것이 사실이다.

이 문학 작품들에서는 신과 영웅 들의 이야기로 가득한 우주가 열린다. 이 우주 안에서 부유하고 고결하고 힘 있는 남자들은 풍속과 관습, 도덕이 무엇인지를 몸으로 보여 준다. 서사시들은 그리스가 기원전 8세기보다 더 찬란하고 윤택했던 한 시대에 대해 이야기한다. 이 시대의 주인공들은 왕과 영웅 들이다. 이들은 우정과 신의, 명예를 중시하지만 동시에 오만하고 자제력이 없고 무절제할 때도 많다. 한마디로 경쟁과 전쟁, 간통과 파경의 경향이 무척 짙은 오만한 귀족들이다. 올림포스산을 가득 채운 신들도 호메로스의 세속적 영웅들과 별반 다르지 않다. 지극히 인간적이고 세속적인 신의 모습이다. 그래서 제우스의 하늘에서건 아가멤논의 대지에서건 일어나는 일은 상당히 비슷하다.

기원전 8세기부터 세계에 대한 그리스인들의 생각을 좀 더 복잡하게 만든 또 하나의 문헌이 있다. 헤시오도스의 문학 작품이다. 그리스인들은 그의 대표작 『신통기』와 교훈시 『노동과 나날』을 통해 세계와 인생에 대해 다양한 설명을 얻었다. 『신통기』에서는 인간이 하늘과 시간, 땅과 물, 전쟁과 평화, 사랑과 죽음에 대해, 그리고 마지막엔 자신이 어디서 왔는지를 이해하기 위해 알아야 할 모든 것이 이야기된다. 헤시오도스는 카오스, 가이아, 타르타로스, 에로스, 에레보스, 닉스* 같은 태초의 신들에서부터 현존하는 신들에 이르기까지 그 태생과 기능을 망라한 신들의 계통도를 그렸다. 그 훨씬 이전부터 많은 모호한 이야기들 속에서 언급된 내용들이 이제야 선명한 디자인과 확고한 체계를 얻은 것이다.

반면에 『노동과 나날』은 멜로드라마적 요소가 좀 적어 보인다. 여기서는 『신통기』에서 인류를 각성시킨 인물로 나오는 프로메테우스의 신화가 다시 언급된다. 또한 판도라 이야기도 재등장하는데, 여기서 판도라는 인간의 모든 악덕과 못된 속성이 담겨 있는 그 유명한 상자를 연다. 그런데 『노동과 나날』에서는 세계의 생성과 관련한 흥미로운 섹스와 범죄 이야기들 대신 시대들의 우울한 작별에 관한 이야기가 노래된다. 그러니까 세계는 찬란한 황금시대에서 출발해서 은과 청동의 영웅시대를 거쳐 기원

* 타르타로스는 지하 세계의 신, 에레보스는 어둠과 암흑의 신, 닉스는 밤의 여신이다.

전 8세기의 척박한 철기 시대에 이르렀다는 것이다. 그리스인들이 세계를 정의의 제국과 〈히브리스Hybris〉*의 제국으로 나눈 것도 헤시오도스 덕분이었다. 하지만 이런 것들보다 더 중요한 것은 아마 농부들에 대한 수많은 조언이었을 것이다. 가축을 키우는 방법, 씨 뿌리는 방법, 추운 겨울을 대비하는 방법 등 많은 실용적 지침들이 거기에 담겨 있었다. 오늘날의 역사가들이 당시 수많은 소농들의 고단한 삶에 대해 알고 있는 것도 무엇보다 헤시오도스 덕이 크다. 『일리아스』와 『오디세이아』가 전쟁이나 즐기는 한가한 귀족들의 윤리를 이해하는 데 중요한 원전이라면 헤시오도스는 『노동과 나날』을 통해 평생 등골 빠지게 일해야 하는 가난한 남자들의 윤리 같은 것을 제시했다.

    기원전 8세기에서 6세기까지의 그리스인들에게 신화는 삶의 지극히 당연한 일부였다. 체계적으로 정교하게 다듬어진 호메로스와 헤시오도스의 신화만 있었던 것이 아니라 그들의 삶 자체에 성담과 이야기들이 스며들어 있었다. 하루하루와 일과는 제식과 예배, 신탁, 전례, 종교적 축제로 이루어져 있었다. 사람들은 신화에서 삶을 지탱하는 버팀목을 찾았고, 우주에서 자신들의 위치를 알게 해주는 세계 지식을 얻었다. 그 과정에서 가장 권위 있는 이들은 시인이었던 것으로 보인다. 그들은 삶의 의미와 중요성을 설명했고, 어떤 규칙에 따라 살아야 하는지 알려 주었다.

    그러다 그 시대 언제쯤에 무언가 아주 독특하고 이상한 일이 일어났다. 이 점에 있어서는 어떤 역사가도 이견이 없는데, 올리브나무 숲과 포도밭, 염소들의 바위산, 번창하는 무역 도시들로 이루어진 견고한 신화적 세계 한가운데에서 언제부턴가 사유의 두 번째 흔적인 〈로고스logos〉가 태동한 것이다. 기본적으로 로고스는 〈말하기〉, 〈구두 전달〉, 〈단어〉, 〈문장〉이라는 뜻이지만,

---

* 오만과 불의의 여신.

〈물건〉, 〈규정〉, 〈계산〉, 〈가치 평가〉처럼 전혀 다른 몇 가지 뜻도 있다. 하지만 아무리 의미가 다양해도 오늘날 우리가 이 그리스어 단어를 어떤 의미로 사용하는지 파악하기는 어렵지 않다. 즉 세계를 〈이성적으로〉 파고들자는 뜻이 담겨 있는 것이다.

이 두 번째 흔적이 정확히 언제, 무슨 이유로 시작되었는지는 알 수 없다. 탈레스의 예에서 알 수 있듯이 세계에 대한 최초의 〈논리적〉 이해들은 단순하지 않았다. 하지만 그 시기의 문헌이 거의 없기에 우리는 후대의 평가에 의지할 수밖에 없다. 어쨌든 기원전 6세기에 자연 현상들을 신화적으로 설명하지 않고, 〈자연주의적〉 또는 〈합리적〉으로 설명하려는 구상이 탄생했다. 이는 최소한 자연에 관한 부분만이라도 신들이나 그럴듯하게 꾸민 이야기들, 검증되지 않는 전통에 기대지 않고 설명하려는 시도였다.

그런데 신화와 다른 이러한 새로운 사고 형식의 탄생을 설명하려는 시도 및 전승된 이야기 자체가 신화적일 때가 많았다. 탈레스의 예언에 관한 전설을 떠올려 보라. 혹은 19세기 말부터 널리 퍼진 〈그리스의 기적〉에 관한 언급들을 생각해 보라. 우리는 자연주의적 영감에 사로잡힌 초기 사상가들의 몇 안 되는 문헌을 번역하는 일에서부터 엄청난 문제를 안고 있다. 그들의 개념은 우리 개념과는 다르다. 그들이 머릿속으로 떠올리는 세계가 오늘날 우리가 떠올리는 세계와 같지 않기 때문이다. 우리는 기원전 6세기 지중해 북동부에서 〈합리적〉이거나 〈논리적〉이라 부를 수 있는 사유의 흔적이 글로 기록되었다고 그저 짐작할 뿐이다. 그것은 최소한 단초일 뿐일지언정 자연을 선입견 없이 이성의 힘으로 이해하려는 생각이었다. 옛 신들이 차지하고 있던 자리에 신적인 범주로 높이 격상된 추상적 〈원리들〉이 등장했다. 이 사유가 훗날 〈학문〉이라고 불리게 되는 것들에 자극을 주었다. 물론 기원전 6세기에는 거기까지 가려면 아직 갈 길이 한참 멀었지만.

우주로 향한 시선

우주의 〈정의〉란 존재할까? 이를테면 우주의 힘의 균형 같은 것 말이다. 어쨌든 이 견해는 밀레토스에서 오늘날까지 전해져 오는 것 중에서 가장 오래된 철학적 명제에 나오는 말이다. 그에 따르면, 세상 만물의 생성과 소멸은 〈책임에서 비롯된다. 만물은 시간적 질서에 따라 자신들이 저지른 불의에 대해 서로 속죄하고 배상하기 때문이다〉.[10]

이 문구를 쓴 저자는 탈레스와 가까운 사이로 알려진 밀레토스의 아낙시만드로스다. 일각에서는 이 남자를 최초의 〈철학자〉로 보기도 한다. 우리가 아는 한 탈레스보다 좀 더 분명하게 자연을 추상적 원리로 설명했기 때문이다. 그는 기원전 610년 혹은 609년에 태어나 탈레스와 마찬가지로 기원전 546년에 세상을 떠났다고 한다. 우리가 아낙시만드로스에 관해 아는 내용의 출처도 대부분 아리스토텔레스다. 사실 아낙시만드로스는 아리스토텔레스가 자기주장의 극적 효과를 위해 사전에 깔아 둔 포석이었다. 다시 말해 자연을 각각 상이한 근원 물질로 설명한 몇몇 남자들을 먼저 등장시킨 뒤 마지막에 가서 아리스토텔레스 자신이 직접 나타나 참된 연관성을 논구하고자 했던 것이다.

탈레스가 만물의 근원을 물이라고 했다면 아낙시만드로스에게 만물의 근원은 구체적 물질이 아니라 완전히 비물질적인 물질인 아페이론apeiron이었다. 이 말은 원래 〈경계가 없고 무한한 것〉이라는 뜻이다. 상상할 수 없을 정도로 넓게 뻗어 있고, 죽지 않고 파괴될 수 없는 것으로서 아페이론의 반(反)물질은 존재하는 모든 것이다. 이 영원한 원소는 정지해 있지 않다. 그 안에서는 오히려 서로 대립하는 힘들이 이리저리 움직이고, 각각 우위를 점하려고 시도한다. 다시 말해 불, 물, 바람, 공기, 또는 좀 더 추상적으로 뜨거운 것, 습한 것, 차가운 것, 건조한 것들이 지상의 계절 변화처럼 우주에서 서로 싸운다. 그러나 자연법칙은 보이지 않는 위대한 심판관처럼 언제나 균형을 유지한다. 불이 나면 재가 남고, 물은 마르고, 차가운 것은 다시 따뜻해진다. 어느 하나의 힘이 너무 커지면 그 〈벌〉로서 다른 것에 의해 억제된다. 오직 변화만이 영원하고, 영원한 변화가 우주를 안정시킨다.

　　여기서 눈에 띄는 것은 자연력의 균형에 대한 이 중심 개념이 기술이나 자연 자체의 관찰이 아닌 판결에서 유래하고 있다는 사실이다. 그리스인들이 헤시오도스의 『노동과 나날』을 통해 알게 된 제우스의 숫처녀 딸이자 정의의 여신인 디케가 여기서는 추상적인 우주의 정의로서 세계의 조화를 감시한다. 정의는 아낙시만드로스가 사회적 영역에서 우주적 영역으로 확장한 균형의 절대적 원리다.

　　정의를 인간 세계에서 우주로 이동시킨 것은 굉장한 사건이다. 그럴 경우 세계의 균형은 인격화된 신 없이도 얼마든지 가능하기 때문이다. 기원전 6세기에는 〈정의〉에 관한 선입견 없는 〈합리적〉 관념이 아직 걸음마 수준이었음을 감안하면 이는 더더욱 주목할 만하다. 아낙시만드로스가 말한 판결은 실제적인 판결을 말하는 것이 아니다. 오히려 그는 모든 존재를 아우르는 전 우주적 정의론을 염두에 둔 것처럼 보인다. 그에 따르면 모든 물리적 과정은 하나의 내적인 의미에 의해 결정되고 하나의 엄격한 규범에 종속된다. 우주의 물리적 법칙과 도덕적 법칙이 하나인 것이다. 우리는 이 구상을 나중에 철학사에서 다시 만나게 될 것이다. 고트프리트 빌헬름 라이프니츠는 18세기 초에 이것을 〈신의 정의Theodizee〉라고 불렀다.

아낙시만드로스는 하나의 유일한 세계만 상정했을까, 아니면 우리의 세계를 아페이론 내부의 많은 세계들 중 하나로 보았을까? 그건 명확히 알 수 없다. 다만 그는 우리 세계만을 위한 세분화된 우주 생성론을 설계했다. 그에 따르면 우주의 탄생 때 차고 습한 것은 한 덩어리로 뭉쳐졌고, 반면에 뜨겁고 건조한 것은 밖으로 밀려나 마치 불화환처럼 차고 습한 것 둘레에 포진했다(이는 물리적 관성의 법칙에 대한 첫 관념이다). 화염은 나무껍질이 나무를 둘러싸듯 차고 습한 것을 에워쌌다. 불에 갇힌 차고 습한 것은 점차 말라 증발하기 시작했다. 안개와 공기 덩어리가 퍼지면서 불화환이 흩어졌다. 그 과정에서 서로를 에워싼 불 바퀴 세 개가 만들어졌고, 그 바퀴들은 바퀴 테두리의 자전거 튜브처럼 어두운 대기에 둘러싸였다. 바퀴 테두리 내부에는 불이 숨을 내쉬는 작은 구멍들이 형성되었다. 우리는 그 구멍들을 통해 내부의 불을 조금 볼 수 있는데, 가까이 있는 고리는 별, 두 번째 고리는 달, 가장 바깥쪽 고리는 태양처럼 보인다. 두 번째와 세 번째 고리의 구멍이 막힐 때 나타나는 현상이 일식이나 월식이다.

지구는 원래의 차고 습한 것에서 남겨진 것인데, 세 개의 고리 한가운데에 항상 동일한 간격으로 자유롭게 떠 있다. 지구의 형태는 지름이 높이의 세 배인 원기둥과 비슷하다. 바다는 불화환에 의해 아직 다 마르지 않은 습한 것의 잔해다. 햇빛이 땅의 습기를 증발시키면 습기는 비가 되어 땅으로 돌아온다. 바람도 증발된 습기에서 생겨나고, 태양과 달의 지점들도 마찬가지다.

생물학자들은 아낙시만드로스를 높이 평가한다. 그의 우주 생성론에 〈진화론적〉이라고 할 만한 사유가 포함되어 있다고 생각하기 때문이다. 그는 동물과 인간의 유래를 공통 조상론으로 설명한다. 그에 따르면 모든 생명은 원래 습기로 이루어진 바다에서 생겨났다. 초기 인간도 물에서 태어났다. 처음에는 가시가 있는 외피에 둘러싸인 물고기 비슷한 생명체이지만, 성체가 될 시기에 외피를 벗고 마른 땅으로 올라온다는 것이다. 아낙시만드로스는 오늘날의 진화론처럼 인간이 물고기에서 단계적으로 발전했다고는 믿지 않았다. 그보다는 초기에 모든 인간은 물고기 단계에서 인간 단계로 정체를 드러낸다고 믿었다. 물론 이것은 나중엔 더 이상 필요치 않은 과정이었다. 아낙시만드로스 시대엔 인간이 더 이상 바다에서 물고기로 태어나지 않는다는 사실은 누가 봐도 쉽게 알 수 있었기 때문이다. 어쨌든 그는 바다를 모든 생명의 기원으로 인식했고, 자연의 모든 종은 본래 불변의 존재가 아니라고 가정했다.

이오니아 자연 철학자로 묶이는 세 번째 인물은 아낙시메네스다. 그는 아낙시만드로스보다 약 25년 뒤인 기원전 585년에 태어났고, 기원전 528년과 524년 사이에 죽은 것으로 추정된다. 후대의 연대기 저자들은 그를 아낙시만드로스의 젊은 〈도반(道伴)〉으로 기술했다. 아낙시메네스에 관한 자료도 그 선행자처럼 아주 열악하다. 그는 한 권의 책을 썼다고 알려져 있지만 그 책에서 전해지는 것은 단 하나의 인용문뿐이다.

아리스토텔레스에 따르면 밀레토스의 위대한 세 철학자 중 마지막 인물인 아낙시메네스는 아낙시만드로스가 말한 아페이론이 비물질로 이루질 수 없다고 확신했다. 비물질에서는 물질이 나올 수 없기 때문이다. 따라서 그는 아페이론의 원소를 〈공기 aer〉로 보았다. 공기는 농축되면 물로 변하고, 더 농축되면 흙과 돌이 된다. 반면에 공기가 희박해지면 불이 된다. 그리스 저술가이자 철학자인 플루타르코스는 이렇게 썼다. 〈아낙시메네스는 수축되고 농축된 물질을 차다고 하고, 희박하고 성긴 것은 (……) 따뜻하다고 설명했다.)[11] 또한 물질은 변할 수 있고, 종국적인 정체 상태에 있는 것이 아니라고 가정했다. 신적인 것의 영역도 근원 물질과 다른 세계에 존재하는 것이 아니라 공기로 이루어져 있다고 했다. 달리 표현하자면 공기 자체가 신적이라는 말이다. 그 때문에 공기는 스스로를 다른 무언가로 바꾸는 힘이 있다. 예컨대 불이나 물로 바뀌는 능력 말이다. 게다가 아낙시만드로스도 같은 생각이었지만, 인간의 영혼도 스스로 형태를 만들어 내는 공기로 이루어져 있다고 했다. 아낙시메네스는 말한다. 〈공기로 이루어진 영혼이 우리를 지배하듯 숨과 공기가 전 우주를 감싸고 있다.〉[12]

아낙시만드로스가 지구를 키 작은 원통으로 보았다면 아낙시메네스는 접시 같은 원반으로 보았다. 또한 평평한 천체와 마찬가지로 지구도 공기 중에 둥둥 떠다닌다. 바빌로니아의 옛 우주 생성론에서처럼 지구 위에는 반구형의 하늘이 둥글게 펼쳐져 있고, 천체와 달과 태양은 지구 주위를 맴돈다. 저녁에 태양이 평평한 지구 북단의 높은 산 뒤로 넘어가면 지구는 어두워진다.

아낙시메네스의 죽음과 함께 밀레토스의 초기 자연 철학 전통도 끝난다. 그 세 명의 자연 철학자들 외에 세계의 탄생과 원리, 성질을 연구한 또 다른 사람들이 있었는지는 아무도 모른다. 어쨌든 우리에게 알려진 밀레토스의 철학적 사변은 그 도시의 점진적인 몰락과 함께 종지부를 찍는다. 밀레토스는 기원전 6세기 위대한 지리학자 헤카타이오스의 지도에선 그때까지 알려진 세계의 중심이지만 기원전 494년에 파국을 맞는다. 페르시아는 기원전 591년 소아시아를 침략하면서도 밀레토스에는 관용을 베풀었다. 그런 밀레토스가 기원전 499년 그때까지 무척 호의적인 통치 전략을 쓰던 점령 세력에 맞서 이른바 〈이오니아 봉기〉를 일으켰다. 그러자 페르시아 왕 다리우스 1세는 밀레토스로 쳐들어가 도시를 파괴하고 많은 주민을 추방해 버렸다. 이 사건을 소재로 아테네 출신의 비극 작가 프리니코스는 『밀레토스의 함락』이라는 희곡을 쓰기도 했다. 물론 비극을 무대에 올렸다는 이유로 엄청난 벌금을 물기는 했지만. 어쨌든 빠른 재건에도 밀레토스는 예전의 영광을 되찾지 못했다. 전쟁은 이겨냈지만 항구들이 서서히 쇠락하는 것까지 막을 수는 없었다. 이후 권력의 장난감으로 전락한 밀레토스는 처음엔 아테네 동맹에 속해 있다가 나중엔 스파르타 동맹에 편입되었고, 이후 다시 페르시아 수중에 들어갔다가 알렉산드로스 대왕에게 정복된 뒤에는 훗날 로마의 아시아 식민지 일부가 되었다.

신앙의 가내 수공업자들

세계에 대한 학문적 연구는 이오니아 자연 철학과 함께 시작되었을까? 과거에는 많은 역사가들이 그렇게 주장했다. 탈레스, 아낙시만드로스, 아낙시메네스가 했다는 말 속에서 로고스, 즉 세계에 대한 이성적이고 〈합리적〉인 탐구의 시작을 본 것이다. 그런 역사가들의 주장에 따르면 이성적 탐구는 밀레토스에서 개선 행렬을 시작한 이후 계속 발전해서 오늘날 이성 중심의 서양 문화로까지 이어졌다고 한다.

그러나 이런 주장은 불확실하다. 우리는 밀레토스인들의 견해가 얼마나 독창적인지 정확히 모른다. 밀레토스는 활발한 무역 중심지로서 페니키아, 리디아, 페르시아, 이집트, 바빌로니아와 밀접한 관계를 유지하고 있었다. 그래서 아리스토텔레스도 다음과 같이 솔직히 인정한다. 〈수학 기술(학문)이 맨 먼저 발달한 곳은 이집트였다. 그곳의 사제 계층에겐 시간적 여유가 있었기 때문이다.〉[13]

천문학 연구가 활발했던 곳도 이집트였다. 물론 그보다 더 활발했던 곳은 바빌로니아였지만. 어쨌든 이 두 지역의 천문학적 지식은 기원전 6세기 당시 그리스인들의 수준을 훨씬 뛰어넘었다. 그래서 15세기부터 17세기까지의 거의 모든 유럽 사상가들은 철학이 그리스 도시들이 아닌 중동의 사막과 북유럽의 숲, 즉 피라미드 사제들과 켈트족의 사제 드루이드들에게서 탄생했을 거라고 생각했다.

밀레토스 사상가들의 〈자연 과학적 인식〉은 당시 완전히 새로운 것은 아니었던 것으로 보인다. 하지만 세계의 근원 물질과 원리의 탐색에 긍정적으로 작용한 사회적 인자 중에서 그리스 땅에만 있는 것이 있었다. 모든 사회적 힘을 통제하고 옭아매는 종교의 부재가 그것이었다. 물론 그리스의 전 지역 사람들은 호메로스와 헤시오도스의 작품뿐 아니라 신들의 전체 목록도 잘 알고 있었지만, 신들을 모시는 방법이나 숭배 의식, 예배 의식은 지역마다 큰 차이를 보였다. 모든 신은 특정한 예배 장소가 따로 있었고, 일부 신은 다른 지역들보다 어느 한 지역에서 더 중요하게 다루어지기도 했다. 아르카디아, 테살리아, 크레타섬에서 종교적으로 중요했던 것이 밀레토스에서는 그렇지 않았을 수도 있었다. 또한 각 지역 안에서조차 사람들은 궁정의 신들과 가정의 여신들처럼 각자 좋아하는 신을 스스로 고를 수 있었다. 이런 점에서 그리스인들은 신앙의 가내 수공업자들이었고, 그들의 창의성엔 어떤 한계도 없었다. 이집트나 바빌로니아와는 달리 그리스에는 강력한 사제 계급이 없었다. 또한 신들을 어떤 식으로 경배하는지, 종교적 관점에서 세계를 어떻게 보는지 감시하는 사람도 없었다. 그래서 이오니아 자연 철학자들이 우주 생성론에 신을 끼워 넣어야 할지, 넣는다면 어떻게 넣어야 할지는 모두 그들 재량에 맡겨져 있었다. 이것이 자연 철학적 창의성과 관련해서 그들을 해방시킨 장점이었다.

그런 점에서 아리스토텔레스는 그리스인들이 모든 연구자와 세계 해석자들 중에서 처음으로 〈오직 자연 그 자체를 위해〉 자연에 관한 인식을 추구한 사람들이라는 결론을 끄집어냈다. 하지만 그렇게 확신하는 근거를 정확히 밝히는 것은 잊어버렸다. 왜냐하면 우리는 탈레스와 아낙시만드로스, 아낙시메네스가 어떤 맥락에서 세계에 관해 그런 진술들을 했는지 전혀 모르기 때문이다. 세계를 근원 물질과 우주 생성론으로 설명하려는 시도 뒤에는 목적에서 자유로운 지식 추구와는 전혀 다른 의도가 숨어 있을 수도 있다. 예를 들어 우주 속에서 자신의 위치를 좀 더 분명히 느끼려고 설명할 수 없는 것을 설명할 수 있는 것으로 만들려는 것일 수도 있기 때문이다. 이 경우 자연 철학은 이전의 종교적 기능과 비슷하다. 여하튼 탈레스와 아낙시만드로스, 아낙시메네스의 주장들을 가리켜 지극히 논리적이라고 할 수는 없다. 그저 적잖이 설득력 있는 사변들일 뿐이다.

아낙시만드로스와 아낙시메네스가 자신들의 생각을 텍스트로 기록한 것은 주목할 만한 일이다. 남아 있는 것이 겨우 몇 문장에 그치더라도 말이다. 기원전 6세기에는 소수의 그리스인들만 글을 알았다. 알파벳은 그리스인들의 발명품이 아니라 페니키아에서 건너왔다. 페니키아 사람들은 무엇보다 교역을 위해 문자를 만들어 사용했는데, 페니키아와 경제적·문화적 교류가 활발했던 그리스인들이 기원전 8세기 무렵 이 알파벳을 받아들여 계속 발전시켰을 것으로 추정된다.

이 새로운 그리스 문자에는 장점이 몇 가지 있었다. 먼저 페니키아 문자보다 배우기가 쉬웠다. 이집트의 상형문자와는 비교조차 되지 않았다. 게다가 그리스어의 음절과 낱말로는 추상적인 것도 비교적 잘 표현할 수 있었고, 형용사와 동사도 쉽게 명사화할 수 있었다. 그래서 본질적인 문제는 아니지만, 이런 문자적 특성이 그리스에서 철학과 학문이 탄생하기 좋은 전제 조건으로 작용한 것도 사실이다. 오늘날의 유럽에도 아직 그대로 남아 있는 고대 그리스어의 유구한 성공은 상당히 인상적이다. 일례로 〈사이버네틱스Cybernetics〉, 〈사이버스페이스Cyberspace〉, 〈누스페어Noosphere〉 같은 디지털 세계의 개념들조차 그리스어에 뿌리를 두고 있다.

밀레토스의 철학자들은 결코 오늘날과 같은 자연 과학적 관점에서 세계를 바라보지 않았다. 아낙시만드로스와 아낙시메네스가 세계와 천체의 생성과 성질에 관해 말한 거의 모든 것은 관찰과 측정의 결과가 아니었다. 그렇다면 오늘날의 관점에서 보면 말도 안 되는 소리다. 다만 새로운 것은 인식이 아닌 시선이었다. 그들의 시선은 사물 그 자체로 향했다. 흥미롭고 다채로운 이야기 대신 말이다. 그들이 제기한 아르케와 코스모스 같은 개념들은 이후에도 더 이상 없어서는 안 될 개념어가 되었다. 우주는 정체되어 있지 않고 끊임없이 움직인다. 우주에는 엄청난 힘들이 작용하고 있고, 그 힘들은 영원한 법칙을 따른다. 그들의 이런 관점은 신화의 종말을 알리는 서막이었을까? 신화적 사고에 반기를 든 이성적 개선 행진의 출발이었을까?

신화의 힘

당신의 친한 친구가 교통사고를 당했다고 생각해 보라. 고속 도로에서 타이어가 터지는 바람에 차가 구르다 전복되어 친구가 죽었다. 그 소식을 들었을 때 당신은 제정신이 아니고, 너무 놀라 깊은 충격에 휩싸인다. 어떻게 그런 일이 일어날 수 있단 말인가? 이런 상황에서 어떤 지인이 당신에게 사고 상황을 설명해 준다. 타이어는 얼마든지 터질 수 있다. 그렇다면 그런 일로 사고가 일어나는 건 정상 범주에서 충분히 일어날 수 있는 일이다. 타이어 압력이 너무 낮거나, 유리 조각 또는 못 같은 이물질이 박혔을 수도 있다. 아니면 타이어 휠이 고장 났을지도 모른다. 그럴 경우 타이어가 터지는 건 〈정상적〉이다. 게다가 통계적으로 봐도 20만 킬로미터마다 타이어가 터진다. 하지만 당신은 이런 설명에 전혀 관심을 보이지 않을 것이다. 오히려 그런 상황에서 〈합리적〉인 논거와 설명은 몰인정하고 잔인하게 느껴진다. 당신의 머릿속에 떠오르는 건 다음 질문들이다. 〈이런 비극적인 사고가 왜 하필 내 친구에게 일어났을까?〉〈그 친구는 왜 평소처럼 기차를 타지 않고 차로 갔을까?〉〈운명은 왜 예고도 없이 그토록 무자비하게 그 친구를 불행으로 몰고 갔을까?〉

　이런 상황에서 지인의 논리적·기술적 설명은 당신에게 아무 도움이 되지 않는다. 심지어 방해가 되는 것처럼 느껴진다. 왜냐하면 어떤 일이 어떻게 일어났느냐는 질문에 대한 답은 왜 일어났느냐에 대한 답과 일치하지 않기 때문이다. 세계의 논리적 관찰은 세계 그 자체가 아니다. 그건 그저 세계에 대한 논리적 관찰일 뿐이다. 건강한 정신을 가진 사람이라면 로고스의 세계를 세계 자체로 여기지는 않을 것이다. 반대로 세계를 항상 철저한 논리와 합리로만 설명하려는 사람은 얼마 안 가 그 세계 때문에 미쳐 버릴 것이다. 삶의 전 영역이 이성적 논리에서 완전히 벗어나 있는 것처럼 보이기 때문이다. 사랑, 우정, 예술, 꿈, 종교의 영역이 그렇다. 그런데 인간은 대부분 바로 이런 영역들에서 삶에 의미와 가치를 부여할 뭔가를 찾는다. 우리의 삶을 소중하고 가치 있게 만들어 주는 것은 우리가 알거나 안다고 생각하는 것이 아니라 우리가 느끼고 예감하고 희망하고 믿는 것이기 때문이다. 우리는 사랑이 논리적이지 않음을 안다. 만일 사랑이 논리적이라면 〈나는 너를 사랑한다〉라는 문장에 이어 〈그렇다면 너도 나를 사랑해야지〉 하는 문장이 나와야 할 것이다. 가는 게 있으면 오는 게 있어야 한다는 논리다. 그러나 사랑에서는 그런 논리가 통하지 않는다. 대신 우리는 시선과 신호, 암시와 짐작, 왜곡과 억측 사이를 넘나든다. 이처럼 복잡한 감정들의 실타래를 논리적 규칙(또는 최근에는 생화학적 분석)으로 풀려는 이론은 모두 잘못된 길로 빠지고 만다.

믿음도 앎만큼이나 인간적 요소에 속한다. 일상적인 삶에서 그 둘은 아주 이상하게 결합될 때가 많다. 그래서 우리는 무언가가 사실이 아님을 잘 알면서도 그것을 사실처럼 믿기도 한다. 예전에 한 친구가 이런 말을 했다. 〈당연히 난 귀신을 믿지 않아. 하지만 귀신이 무서워!〉 이처럼 많은 사람들이 본래는 별자리가 무의하다는 것을 알면서도 〈어쩐지 별자리 안에 뭔가가 있을 거〉라고 믿는다.

반대로 인간은 분명히 알고 있는데도 믿지 않기도 한다. 유럽인이라면 거의 누구나 인류가 처한 현재의 재앙과 미래의 재앙에 대해 잘 안다. 다시 말해 선진국들에 의한 무분별한 자원 착취와 개발 도상국들의 과도한 인구 증가, 또 거기서 비롯된 환경적·사회적 재앙을 잘 알고 있다는 말이다. 하지만 그 사실을 알면서도 우리는 여전히 지금까지 살아온 대로 살아간다. 삶의 방식과 소비 태도를 완전히 바꿔야 하는데도 말이다. 그렇다. 우리는 그 모든 것을 알면서도 어찌된 일인지 믿지 않는다. 〈지금까지도 잘돼 왔으니 앞으로도 잘되겠지!〉 하는 막연한 희망에 기댄 채.

앎과 믿음, 합리성과 신화적 사고, 설명과 의미 부여는 우리 삶에서 불가분의 관계로 연결되어 있다. 하나가 다른 하나보다 본질적으로 〈더 나은〉 것은 아니다. 다만 각각 다른 욕구에 이용될 뿐이다. 자연 과학적 설명은 도덕적 가치나 정치적 확신과는 기능이 다르다. 인간은 고도의 합리적·논리적 사고로 똑똑해질 수는 있으나 결코 현명해지지는 않는다. 논리적 사고에는 우리가 〈감성 교육〉이라고 부르는 마음의 지혜, 또는 아름다운 구식 표현으로 〈마음 수양〉이라는 다른 반쪽이 없기 때문이다.

이런 성찰은 서양 역사에 대한 초기 그리스 철학의 의미를 이해하는 데 도움이 된다. 왜냐하면 여러모로 볼 때 이오니아 자연 철학자들의 경우도 신화적 사고와 논리적 사고가 불가분의 관계로 섞여 있기 때문이다. 바로 이러한 그리스적 혼합에서 우리가 〈철학〉이라고 부르는 〈지혜에 대한 사랑〉이 탄생했다. 따라서 우리가 오랫동안 믿어 온 것처럼 철학의 등장을 신화적 사고로부터의 단계적 분리로 보아서는 안 된다. 오히려 신화와 로고스를 결합시키려는 시도로 보아야 한다. 달리 풀이하자면, 그리스 철학은 자연과 자연 속의 과정을 종교적 선입견 없이 〈합리적〉으로 풀어내고, 그러면서도 의미와 가치에 대한 욕구를 충족시키는 설명이었다.

이런 의미에서 철학의 전 역사는 〈마음의 시〉와 〈관계의

산문〉 사이의 연결선이다. 왜냐하면 서양 철학의 오랜 역사에서
는 거의 모든 철학자들이 각자 다른 방식으로, 다양한 요소에 중
점을 두고 세계를 이성적으로 설명하고자 하면서도 동시에 의미
와 가치 부여에 대한 요구를 포기하지 않았기 때문이다. 20세기
에 이르러서야 분석 철학과 함께 하나의 새로운 방향이 정립되었
다. 즉 의미 부여를 명시적으로 포기하고, 지금까지 철학의 일이
라 여기던 것을 학문으로 바꾸고자 한 시도였다. 하지만 학문들,
심지어 자연 과학조차 철저하게 논리적이거나 합리적이지 않다.
학문 활동이 컴퓨터가 아닌 인간에 의해 이루어지는 한, 학문은
인간의 의도에 따라 통제되고, 여러 우연과 허영심, 장려 수단, 다
른 비합리적인 요소들에 좌우될 수밖에 없다.

　　탈레스, 아낙시만드로스, 아낙시메네스와 함께 시작된 것
은 로고스를 통한 신화의 대체가 아니었다. 로고스는 제2의 사고
형태로 서서히 신화적 사고에 추가되었을 가능성이 높다. 특히
그런 사고가 안성맞춤인 영역에서. 〈합리적〉 설명은 그전까지 커
다란 공백으로 남아 있던 영역으로 거침없이 밀고 들어갔을 것이
다. 호메로스와 헤시오도스의 저작들은 기원전 6세기에 풀어야
할 문제들에 더는 만족할 만한 답을 주지 못했다. 예를 들어 시장
에서 〈상품들〉을 제대로 처리하는 문제라든지, 욕구와 필요를 구
분하는 문제라든지, 떠돌이 일꾼들을 어떻게 다루어야 할지, 또
임금은 얼마나 줘야 할지 등의 문제에서 말이다. 그뿐이 아니다.
늪지에서 어떻게 물을 빼고, 수로는 어떻게 설치하고, 다른 문화
는 어떻게 대하고, 식민지는 어떻게 건설하고, 상업은 어떻게 체
계화하고 법적 안전장치를 만들고, 도시의 빈곤은 어떻게 퇴치하
느냐 등의 문제도 마찬가지다. 기원전 6세기부터 이런 새로운 기
술과 자연 과학, 무역, 법, 정치 영역으로 점차 로고스가 진입하기
시작했다. 특정한 일들에 대한 논리적이고 이성적인 설명이나 근

거 제시의 시도로서.

하지만 그런 로고스도 사적인 삶의 영역으로는 진입할 수 없었다. 도시 국가, 즉 〈폴리스polis〉의 공적인 삶에서는 이성적 조정 기능이 작동할 때가 많았지만, 사적인 살림인 〈오이코스oikos〉에서는 대체로 그것이 아무 영향을 주지 못했다. 두 영역의 분리는 그 역사가 상당히 오래되었다. 오이코스는 주로 여자와 노예, 아이들에게 맡겨졌고, 반면에 폴리스는 남자들의 세계였다. 경제적이고 사적인 영역과 이념적이고 정치적인 영역의 분리는 여성적 본성과 남성적 본성과 동일시될 정도로 엄격했다. 게다가 로고스가 폴리스의 세계로 점점 더 깊이 진입할수록 남성적·여성적 본성 사이의 구분은 점점 더 공고해졌다. 한쪽은 추상적이고 이념적이고 합리적인 영역으로, 다른 쪽은 구체적이고 물질적이고 비합리적인 영역으로 확고하게 자리 잡았다. 이러한 분열은 막대한 사회적 파장을 불러일으켰는데, 이 부분에 대해서는 향후 좀 더 집중적으로 다루게 될 것이다.

하지만 이런 남자들 밑에서도 고대 그리스는 합리적 사회로 바뀌지 않았다. 폴리스에서는 수백 년 동안 제물과 제식, 종교적 축제가 거행되었고, 중요한 결정을 내릴 때도 델포이의 신탁을 받았다. 또한 탈레스가 정확한 계산으로 일식 날짜를 맞추었음에도 일식과 월식에 대한 사람들의 두려움은 사라지지 않았다. 역사가 투키디데스는 기원전 413년 펠로폰네소스 전쟁 와중에 아테네 군이 패배할 위험에도 불구하고 시라쿠사 앞에서 꿈쩍도 하지 않았다고 보고했다. 많은 병사들이 월식을 두려워했기 때문이다. 결국 원정군 장수 니키아스와 그 군대는 진격의 발목을 잡은 그 〈신들의 징표〉로 인해 군사적 파멸에 이르고 말았다.

수백 년 동안 지속된 신화와 미신의 영향력은 융성하는 교역 도시와 시골 내륙 지역 사이에 심한 편차를 보였다. 지금까지 알려진 고대의 철학 문헌들 중에서 시골 지방에서 나온 것은 거의 없다. 게다가 획기적인 발명이나 발견도 없었다. 지방에 사는 그리스의 많은 농부들에게는 새로운 사고 형태로 해결해야 할 사회적 문제점들이 존재하지 않았던 게 분명하다. 다시 말해, 소아시아와 남부 이탈리아, 아테네, 또는 코린트에서 기존의 사고 형태를 보완하기 위해 나타난 합리적 사고가 지방에서는 필요치 않았던 것이다. 따라서 〈그리스의 기적〉은 전 지역이 아닌 몇몇 지역에서만 일어났고, 그것을 가능케 한 것은 특정한 경제적·사회적 분야의 연쇄적인 발전이었다. 그중에서도 사회와 사고에 대변혁을 일으킨 중요한 요소는 돈이었다!

만물의 척도

죄와 빚

기원전 6세기 그리스 사람들의 삶에서 가장 큰 혁명은 무엇이었을까? 그것은 새로운 학문적 사고의 초기 흔적이나 그리스 문자가 아니라 우리가 〈돈〉이라고 부르는 음험한 욕망의 대상이었다. 돈은 모든 것을 변화시켰다. 사회적 관계와 개인적 교류 방식, 권리와 지위, 도덕, 권력 관계, 지성과 사고까지 변화하지 않은 것이 없었다. 심지어 철학의 역사도 화폐 경제의 역사와 밀접하게 연결되어 있다.

동전을 발명한 것은 그리스인들이 아니었다. 전해 오는 이야기에 따르면 그것은 페니키아인들이었다고 한다. 그런데 시인 네스트로이의 말에 따르면 그들 사회에서는 유통시킨 동전의 양이 너무 적었다고 한다. 그래서 최초의 동전을 만든 공적은 동전을 충분히 유통시킨 리디아인들에게로 돌아갔다. 기원전 6세기 중반 밀레토스까지 예속시킨 소아시아의 패권자였다.

리디아에서는 기원전 650년에서 기원전 600년 사이에 벌써 동전이 사용되었다. 시작은 이른바 〈엘렉트론Elektron〉이라고 부르는, 금과 은의 혼합물로 만든 약간 일그러진 작은 금속 조각이었다. 동전 주조는 알리아테스 2세 때 시작되었음에도 국제적인 화폐 경제는 일반적으로 크로이소스 왕(B.C. 595~B.C. 546) 때 시작된 것으로 간주된다. 그의 금고에 산더미처럼 쌓인 동전은 전설처럼 알려져 있고, 아타르네우스와 페르가몬 사이의 광산에서 채굴한 금은 영원히 고갈되지 않을 것처럼 보였다. 리디아의 금화 〈크로이세이오스Kroiseios〉는 단시간에 지중해 동부 지역의 기준 통화로 자리 잡았다. 그 비슷한 시기에 밀레토스에서도 처음으로 엘렉트론이 주조되기 시작했고, 에게해 주변의 다른 도시들도 곧 그 뒤를 따랐다. 아이기나에서는 기원전 550년 무렵 최초의 은화가 만들어졌고, 이어 코린트와 아테네도 은화를 주조하기 시작했다.

고대 그리스에서 동전을 통한 삶의 변혁은 엄청났다. 화폐 경제는 불과 수십 년 만에 무역, 사회적 위계질서, 전쟁 방식, 기존의 도덕관념을 변화시켰다. 『일리아스』와 『오디세이아』를 보면 호메로스의 영웅들은 누구건 할 것 없이 돈이 아니라(물론 당시엔 아직 화폐가 없었다) 〈티메timé〉, 즉 명성과 명예를 추구했다. 당시 누구나 갈망하던 삶의 목표는 만인으로부터의 사랑, 용맹성, 많은 수의 종자와 가축, 남들 앞에서 우쭐할 수 있는 몇몇 귀중품이었다. 그 세계에서는 아직 교역이 자리 잡지 못했고, 모든 게 일대일 교환으로 이루어졌다. 기원전 700년경 지불 수단으로 은 조각obulos이 최초로 등장하기도 했지만, 그렇다고 기존의 상황이 크게 달라지지는 않았다. 그 뒤에도 주로 물건과 가축이 지불 수단으로 사용되었기 때문이다. 그중에서도 가장 가치가 높은 것은 소였다. 기원전 7세기 무렵 귀족들이 세력을 확장하고 점점 더 많은 토지를 손에 넣게 되자 에게해 주변의 소농들은 부채로 인해 노예 상태에 빠지고 말았다.

채무자들의 상황은 상상할 수 없을 정도로 비참했다. 기원전 7세기의 채권법은 무자비하고 잔인했기 때문이다. 남에게 빚을 진다는 것은 경제적 몰락과 동시에 도덕적 몰락을 의미했다. 〈죄〉와 〈빚〉이 아직 개념적으로 분리되지 않을 때였다.* 당시에

---

* 독일어에서 〈빚Schulden〉은 죄Schuld에서 유래한다. 남에게 빚을 진다는 것은 곧 죄를 짓는 것이라는 의식이 깔려 있다.

재물의 소유자가 바뀌는 경우는 대체로 약탈과 교환, 또는 선물을 통해서였다.

소유자 교체의 마지막 두 방법이 특히 관심을 끈다. 전염병으로 소를 잃은 농부가 다른 사람에게 소를 몇 마리 빌리면 나중에는 그 고마운 임대인에게 자신이 궁핍할 때 빌린 것보다 더 많은 것을 돌려주는 것이 관례였다. 빌려주는 것은 자발적인 아량에서 비롯되지만 돌려주는 것은 의무이기 때문이다. 이러한 불균형을 도덕적으로 해소하기 위해 헤시오도스는 나중에 갚을 때 감사한 마음으로 더 얹어 줄 것을 권한다. 그런데 좋은 뜻으로 시작되었던 이 일이 원칙적으로 임대인이 빌려준 것보다 더 많은 것을 돌려받기를 원하면서 불행한 구조가 생겨났다. 호의에서 비롯된 일이 임대인에게 좋은 사업이 되어 버린 것이다. 그래서 빌려준 사람은 채권자가 되고, 빌린 사람은 채무자가 된다. 채무자가 빚을 덤과 함께 갚을 수 없으면 빚은 그만큼 계속 더 늘어난다. 법은 채무자의 악용을 막기 위해 채권자에게 전권을 보장한다. 채무자는 자신과 자신의 재산을 채권자에게 저당 잡혀야 할 뿐 아니라 그 가족도 함께 빚으로 엮인 예속 상태에 빠지고, 채권자는 채무자와 그 가족을 노예로 삼을 수 있다.

〈빚〉에 대한 이런 고대적 관념에서 특히 고약한 것은 빚을 개인적인 것으로 보지 않았다는 것이다. 빚을 진 사람은 공동체 내에서 인격 자체가 배척되었다. 그의 잘못된 행동은 세상과 신들에 대한 객관적인 죄악으로 비쳤고, 그로써 인격 자체가 더럽혀진 것으로 여겨졌다. 이렇게 더럽혀진 사람의 죄는 그 가족들에게로 전이되고 상속될 수 있었다. 원죄와 상속 채무로서.

기원전 7세기 말에서 6세기 초 대지주 귀족들에게 빚을 진 소농들의 위기가 급속도로 고조되었다. 그에 대한 가장 유명하고 시사성이 큰 보기가 아테네와 그 주변 지역의 상황이었다. 아테네는 밀레토스와 비교해서 기원전 6세기 초엔 아직 강국이 아니었다. 그런데 막 비상하던 아테네에 내전의 위기가 닥쳤다. 채무노예들로 인한 사회적 대립이 걷잡을 수 없이 격화된 것이다. 수천 명의 소농이 예속 상태에 빠지고 법적 권리를 박탈당했다. 그들의 궁핍과 심적 피폐함은 폴리스를 짓누르는 위험 요소였다.

이런 상황은 조정자로 투입된 솔론(B.C. 640?~B.C. 560)이 기존의 모든 채무 관계를 폐지해야 할 정도로 심각했다. 솔론은 들판과 경작지, 포도밭에 세워 놓은 저당 표석들을 보며 이렇게 한탄했다고 한다. 〈이것들이 어머니 대지의 기름진 땅을 무수히 포박하고 있구나!〉 솔론 자신의 진술에 따르면 그는 들판 위의 저당 표석을 모두 뽑아 버리라고 지시했다고 한다. 그러고는 귀족들의 탐욕과 무분별함을 호되게 비난하면서 모든 빚을 없애 버렸다. 노예가 된 채무자들은 다시 풀려났고 재산도 돌려받았다. 그 이후로는 어떤 채무자도 자신이나 가족의 목숨을 담보로 빚을 질 것을 걱정할 필요가 없어졌다. 하지만 그런 솔론도 토지를 공평하게 재분배하라는 소농들의 요구는 들어주지 않았다. 소유 관계는 이전과 다름없이 유지되었고, 채무 관계만 좀 더 우호적인 규칙 속에서 진행되었다.

도시의 정치 질서에도 동일한 것이 적용되었다. 솔론의 개혁 이후 아테네 시민의 영향력은 사회적 위치, 즉 경제적 성공에 좌우되었다. 개혁이 단행된 정확한 시점에 대해선 논란의 여지가 있지만, 어쨌든 기원전 6세기 초의 아테네에는 아직 동전이 만들어지지 않았기에 전통적인 귀족들의 부는 곡식과 기름, 포도, 말, 그리고 전쟁에 필요한 장비들을 얼마큼 소유하고 있느냐에 따라 평가되었다. 게다가 눈여겨볼 것은 이러한 새로운 질서가 〈티모크라시timocracy〉라는 개념으로 역사에 기록되었다는 사실이다. 티모크라시는 〈가장 명예로운 자들의 통치〉라는 뜻인데, 여기서 명예와 재산은 동일시되었다. 명예를 뜻하던 옛 귀족의 단어 티메가 은근슬쩍 뜻이 바뀐 것이다. 그로써 명예로운 것은 재산이 있는 것이고, 재산이 있으면 명예로운 것으로 간주되었다. 이것은 솔론의 개혁을 통해 공식적으로 굳어진 방정식이었다. 재산이 많으면 〈명예롭게도〉 정치적 영향력이 커졌고, 재산이 적으면 영향력도 작아졌다. 전 세계 어느 나라에서도 원칙적으로 변하지 않는 사회적 상황이었다.

돈의 본질

솔론의 개혁 반세기 뒤 동전이 등장하자 한쪽은 돈을 빌려주는 것으로 수익을 거두고, 다른 쪽은 채무 상태로 묶이는 것이 이제는 새로운 일이 아니었다. 처음 보기에 돈은 상당히 실용적인 발명처럼 보였다. 새로운 동전은 교역에서 굉장히 유용한 지불 수단으로 사용되었고, 또 그를 통해 이제는 벌금과 비용을 계산하고, 세금과 배상금을 납부하고, 용병들에게 봉급을 지급하는 것이 한결 간편해졌다. 게다가 침략한 땅을 약탈하고 파괴하는 대신 돈의 형태로 계속 세금을 거둘 수도 있었다. 그로써 은행가라는 직업이 생겼고, 환전소가 설치되었으며, 돈을 투자하고 돈으로 물건 값을 치렀다. 또한 신용 거래와 대부 제도가 생겨났고, 금광과 은광을 차지하려는 전쟁이 벌어졌다.

그런데 이런 표면적인 변화만으로는 화폐 경제가 단기간 내에 인간의 의식을 근본적으로 바꾼 이유를 설명하지 못한다. 그것을 설명하려면 돈의 본성을 철학적으로 고찰해야 한다. 그림이 그려진 꽃병을 황금 동물 조각상과 교환하는 것은 그만큼 둘다 물건으로서의 가치가 충분하다는 것을 의미한다. 그래서 이 두 물건을 지불 수단으로 사용할 수도 있지만, 그건 물건으로서의 가치 다음의 부차적인 영역일 뿐이다. 반면에 동전을 〈돈〉으로 여긴다는 것은 이제부터 그 가치를 기능 면에서 오직 지불 수단으로만 본다는 것을 뜻한다. 따라서 돈은 자체로 가치가 있는 물건으로서의 의미는 전혀 없고, 오직 목적을 위한 수단이 될 뿐이다. 추상적인 물건으로서 돈은 그 자체로 논리적 모순을 안고 있다. 추상적인 물건은 기체 형태의 척추동물처럼 자연에는 존재하지 않기 때문이다.

만일 아이 둘이 동전이 도입되기 이전 시대의 사람들처럼 장난감을 서로 교환하려 한다면 각자가 가진 소방차 장난감과 축구공은 단순히 물질적 가치만 있는 것이 아니다. 그보다는 오히려 두 아이가 소방차나 축구공에 대해 갖고 있는 개인적인 의미가 더 본질적인 가치다. 거기에는 그 물건들에 대한 좋은 기억이라든지, 특별한 사람에게 선물 받은 물건이라든지 하는 개인적인 모티브가 중요한 역할을 한다. 이런 이유에서 그 같은 물건은 다른 물건과의 교환이 불가능하다. 반면에 소방차와 축구공을 상점에서 살 경우 개인적인 모티브가 개입할 여지는 없다. 돈과 돈의 가치가 결정적으로 작용하는 곳에서는 다른 모든 것은 도외시된다. 말뜻 그래도 다른 것은 따지지 않는다는 말이다. 이런 식의 교환에서 돈은 귀중한 물건으로서가 아니라 오직 추상적 상징으로만 기능한다. 한 문화가 추상적 상징을 더 많이 취급할수록 지적인 요구는 점점 커진다. 가치 관계는 비례성에 따라 가늠되어야 하고, 가치 상승도 정확히 산정되어야 한다. 예를 들면 이런 것들이다. 내년에는 무엇이 더 비싸질까? 포도주일까 곡물일까? 어떤 사업이 전망이 밝고, 어디다 투자하는 게 유망할까? 또 그에 대한 조짐으로 어떤 것들이 있을까?

돈은 본질상 특성이 없고, 사회 규범과 관습, 전통과 가치를 전혀 고려하지 않는다. 〈상품〉으로 간주될 수 있는 모든 것은 다른 상품과 비교 가능하고, 제삼자인 돈에 의해 평가된다. 돈이 지배하는 곳에서는 모든 것이 사물화된다. 돈이 인정하는 유일한 가치는 가격이다. 다시 말해 돈이 많이 책정되느냐, 적게 책정되느냐에 따라 가치가 결정된다는 것이다. 19세기에 카를 마르크스와 게오르크 지멜이 강조한 것처럼 돈은 오롯이 양에 의해서만 질이 평가되는 유일한 사물이다. 돈의 도덕적 논리학, 즉 좋고 나쁨의 구분은 놀랄 정도로 단순하다. 돈이 많으면 좋은 것이고, 적으면 나쁜 것이다. 이것은 극소수의 사람들만 진지하게 의심하는 도덕으로서 그에 대한 토론조차 허용하지 않을 정도로 설득력이 있어 보인다.

　　돈의 무자비한 객관성은 기원전 6세기 말부터 그리스 도시 국가들에 하나의 혁명을 일으켰고, 세계에 대한 지극히 새로운 관점을 서서히 확립시켜 나갔다. 물론 땅과 토지, 가축, 재물을 더 많이 소유하려는 것은 여전히 누구나 바라는 일이었다. 하지만 토지나 가재도구와 달리 돈은 그야말로 확장을 강요한다. 돈은 아무것도 하지 않으면 가치가 떨어진다. 이것은 우리 시대에 들어서 발생한 일이 아니라 고대부터 그랬다. 그런데 이보다 더 중요한 것은 이제부터는 자신의 사업을 정확히 산정하고, 산정해야 한다는 점이다. 그전에는 개인의 소관이 아니었던 삶의 많은 부분이 계산의 영역으로 들어왔다. 돈을 능수능란하게 다루려면 지혜가 아니라 온갖 술책과 융통성, 양심 없는 뻔뻔함 같은 새로운 능력이 필요했다. 한마디로 똑똑함이 아닌 교활함이 요구되었던 것이다.

　　전 사회가 근본적인 변혁에 처했고, 각각의 그리스 도시 국가들은 새로운 문제와 도전에 직면했다. 가령 기원전 6세기 스파르타의 전설적인 입법자 리쿠르고스는 금화와 은화를 모두 금지시켰다고 한다. 물론 공기 펌프로 바람의 방향을 바꾸려는 가당찮은 시도였다. 왜냐하면 기원전 5세기부터는 거의 모든 상행위가 돈으로 이루어졌기 때문이다. 〈아고라Agora〉는 공적인 토론과 민회의 공간인 동시에 장터였다. 바로 여기서 폴리스의 정치적·지적 공간이 계산과 교활함으로 무장한 새로운 사고와 합쳐졌다. 두 세계는 뒤섞이면서 서로를 고무했다. 〈이성적〉 제도의 문제에서건 판결의 공정한 기준에 관한 문제에서건. 관건은 항상 사물을 추상화하고 객관화하고 측정하고 올바른 기준을 찾고 계산하는 것이었다. 그런데 무언가를 측정하고 그에 따라 평가하려면 수와 계산에 대한 상당한 추상적 지식이 필요했다.

피타고라스

숫자로 자연을 계산할 수 있다는 사실을 알았을 때 초기의 수학자들은 얼마나 숭고한 감정에 사로잡혔을까! 계산 문제나 방정식을 풀었을 때의 기쁨과 충만감은 또 얼마나 컸을까! 지금껏 세계를 덮고 있던 장막이 벗겨지면서 갑자기 자연의 비밀스러운 논리학과 법칙, 합법칙성을 마주한 것 같은 느낌이 들지 않았을까! 수학과 철학에 엄청난 자극을 준 사람으로 역사에 기록된 그 남자도 그런 감정과 자부심에 휩싸였을 것이다. 그 주인공은 피타고라스다. 그런데 〈피타고라스의 정리〉라는 수학 명제로 오늘날에도 널리 알려진 인물이지만, 실은 그를 둘러싼 다른 많은 일들처럼 그 정리도 피타고라스의 산물이 아니었다. 그럼에도 중요 인물임에는 틀림없다. 그와 관련된 이야기들 중 일부만 진실이라고 하더라도.

피타고라스는 기원전 570년 사모스섬에서 태어났다. 밀레토스에서 탈레스와 아낙시만드로스의 활동이 절정에 달한 시기였다. 마흔 살 무렵 피타고라스는 소아시아 해안 앞의 그 섬을 떠날 수밖에 없었다. 거기엔 당연히 그럴 만한 이유가 있었다. 고대 그리스의 지배자들 가운데 가장 악랄하게 폭정을 일삼은 사람이 누구냐고 물으면 상당히 많은 유력 후보들이 줄을 서겠지만, 사모스섬의 폴리크라테스도 당연히 그 대열에서 빠질 수 없을 것이다. 그는 강대국 이집트와 페르시아 사이의 권력 다툼에서 줄타기를 잘한 기회주의적 전제 군주였다. 역사에 기록된 그의 면면을 들자면 형제 살인, 해적질, 배신, 음모, 소유욕, 돈에 대한 탐욕이 눈에 띈다. 이런 사람이 후대에 유명해진 것은 프리드리히 실러의 발라드「폴리크라테스의 반지」덕도 있었지만, 그보다 훨씬 더 큰 요인은 명성 면에서 이 남자를 수백 배는 더 뛰어넘는 피타고라스와의 갈등 때문이었다.

기원전 538년 폴리크라테스가 권좌에 올랐을 때 성정 면에서 완전히 다른 이 두 남자 사이에서는 충돌이 생겨날 수밖에 없었다. 결국 피타고라스는 기원전 530년경 사모스섬을 떠나 남부 이탈리아의 부유한 도시 크로톤으로 건너갔다. 들쭉날쭉한 해안에 위치한 남부 이탈리아의 도시들은 소아시아의 상업 중심 도시들과 비슷하게 지중해 동서부 지역과 활발하게 무역을 했다. 피타고라스는 이미 오래전부터 그리스인들이 이주해 있던 그곳에 수도원과 비슷한 공동체 형태의 철학 학교를 세웠다. 그와 함께 곧 도시에서 영향력 있는 인물로 부상했고, 정치에 주도적으로 개입했고, 꽤 많은 신봉자들이 주변에 몰려들었다.

피타고라스 학설의 핵심은 무엇일까? 어떤 이들은 피타고라스를 본인이 직접 만든 밀교적 철학의 구루이자 샤먼, 혹은 사이비교 지도자로 여기고, 어떤 이들은 수학과 자연 과학, 음악 이론에 결정적 자극을 주고 논리적 사고를 진척시킨 깨어 있는 천재로 여긴다. 또 일각에서는 그의 수학적 자연 과학적 인식이 실은 그에게서 나온 것이 아니라고 하고, 다른 일각에서는 그를 합리적 사고의 선구자로 보기도 한다. 그래서 후자에 따르면 피타고라스학파는 현실을 단순히 경험으로만 해석한 것이 아니라 이론적 개념들의 도움을 받아 해석하고자 한 최초의 학파였다.

피타고라스는 신봉자들에게 어떻게 보였을까? 그들은 스승을 경탄하거나 초인적인 존재로 숭배했을까? 그에 관한 증거들은 모두 주로 훨씬 이후의 고대 로마에 뿌리를 두고 있었다. 게다가 그 문헌들 가운데 제자들이나 후대의 신봉자들이 아닌 진짜 피타고라스 본인이 직접 쓴 글이라고 확신할 만한 것은 단 한 건도 없었다. 그런 점에서 역사가들은 대개 피타고라스를 자신들이 〈보고 싶은 대로〉 조립해 왔다. 피타고라스가 산술과 기하학을 연구한 것은 분명해 보이지만, 그조차도 오늘날의 관점에서 보면 상당히 비과학적인 방식이었다. 그에게 수학 법칙은 비밀스러운 논리학과 상징적인 관계에 따라 체계화된 신비한 우주의 일부였다. 이것은 피타고라스를 무엇보다 냉철한 자연 과학자로 보고자 하는 숭배자들에게는 꽤 심각한 고민거리였다. 반대로 피타고라스를 구루로 간주한 사람들은 그의 수학 연구 전체를 〈밀교〉로 낙인찍으려고 무던히 노력했다.

기원전 6세기의 사상가가 크로톤 같은 상업 도시에서 수와 수학을 연구했다는 건 결코 이상한 일이 아니다. 수 연구에서 어떤 부분은 밀교적인 냄새가 나기도 하지만, 수를 철학적으로 다루는 것은 실생활과 아주 밀접한 관계가 있었다. 기원전 4세기 타란토의 아리스토크세누스는 피타고라스의 수리 철학이 〈상인의 실무 경험에서 유래했다〉고 썼다. 그 밖에 피타고라스는 도량형을 개선했고, 신봉자들과 함께 폴리스의 세속적인 일상 업무에 적극 개입했다. 당시는 정치인과 상인, 수학자, 철학자의 세계가 아직 분리되지 않았을 때였다.

수학이 피타고라스와 그 학파로부터 중요한 자극을 받은 건 틀림없다. 돈과 마찬가지로 수는 지극히 추상적이다. 수에서도 유일한 질은 곧 양이다. 사계절은 네 명의 복음서 저자 및 네 명의 머스킷 소총병과는 아무 상관이 없지만 〈4〉라는 수로 연결된다. 만물은 숫자를 통해 양적으로 표현될 수 있다. 그것도 그 질에 전혀 구애받지 않으면서. 수에 대한 연구는 화폐 경제와 더불어, 또는 아주 밀접하게 연결되어 삶의 양적인 차원에 초점을 맞춘다. 〈수arithmos〉에 대한 연구는 곧 산술arithmetic이 된다. 공간이 기하학적으로 나누어지는 것처럼 시간은 수학적으로 나눌 수 있다. 흔히 피타고라스에게로 소급되는 〈만물의 근원은 수〉라는 말이 후대에 누군가 다른 사람의 입에서 나온 말이라고 해도 최소한 피타고라스학파가 수에 대한 관점을 더욱 세련되게 담금질한 것은 분명하다.

피타고라스학파는 십진법에 특별한 관심을 기울였다. 손가락 열 개로 계산을 잘 할 수 있다는 것은 실생활에서 큰 장점이었다. 십진법은 고대 이집트에서 이미 사용되었는데, 피타고라스 아니면 그 제자들(후자의 가능성이 훨씬 높다)이 십진법으로 일종의 신비학을 만들어 냈다. 1, 2, 3, 4를 더하면 10이 나온다. 다른 수와 합성되지 않은 가장 큰 수이다. 피타고라스학파에서 10은 성스러운 수다. 전 우주를 관장하고, 수학적 합법칙성에 따라 우주에 질서를 부여하는 수라는 말이다. 피타고라스학파는 양 속에 질이 표현되어 있다고 생각한다. 또한 그들에게 짝수는 여성적이고 무제한적이고, 홀수는 남성적이고 제한적이다.

피타고라스학파는 수학으로 종교를 만들고, 종교로 수학을 만들었을까? 당시에는 두 세계가 아직 확실하게 분리되지 않았던 것을 고려하면 수수께끼의 일부는 풀린다. 수학적 법칙성과 같은 냉철한 인식을 상위의 우주적 법칙과 연관시키는 것은 전적으로 그 시대의 정신과 맞아떨어졌다. 오늘날의 우리처럼 그 둘을 분리하는 것이 오히려 기원전 6세기의 그리스인들에게는 생경했을 것이다. 그래서 천문학은 점성술과 불가분의 관계로 맺어졌고, 화학도 오랫동안 연금술과 결합되었다. 이후 점성술과 연금술은 2,000년 넘게 자연 과학보다 더 신비스러운 기술이라는 지위를 누리게 되었다.

피타고라스는 이집트와 바빌로니아에서 유학하면서 지식

을 얻었던 것으로 보인다. 이 두 고등 문화에서는 수학과 천문학 연구가 주로 성직자들에 의해 이루어지다 보니 종교 및 신비학과 긴밀하게 연결될 수밖에 없었다. 바빌로니아와 이집트 사람들은 피타고라스 정리라 불리는 직각삼각형에 관한 명제를 이미 알고 있었다. 피타고라스가 그 명제를 수학적으로 증명했다는 것은 지어낸 이야기일 가능성이 높다. 마찬가지로 천문학에 대한 피타고라스의 기여도 의심스럽고, 세부적으로 어떤 기여를 했는지 불확실하다. 사실 한 사고의 독창성에 대한 특별한 권리는 훨씬 이후에나 나타나는 특징이다. 즉 특허나 저작권이 존재하는 산업사회나 서비스사회에서나 큰 의미가 있을 뿐이다.

우리가 피타고라스의 천문학에 관해 알고 있는 것은 대부분 필롤라오스의 저술에 나오는 내용이다. 그는 기원전 460년경, 그러니까 피타고라스가 죽고 얼마 지나 태어난 것으로 추정되는 인물이다. 필롤라오스가 기록한 내용들이 피타고라스의 사상인지는 확실하지 않지만, 어쨌든 그에 따르면 세계는 〈규정된 것〉과 〈규정되지 않은 것〉, 또는 〈제한된 것〉과 〈무제한적인 것〉의 두 원칙으로 이루어져 있다. 이 둘은 근본적으로 다르고 〈조화〉를 통해 연결되고 균형을 이룬다. 조화는 세계를 가장 깊숙한 곳에서 한데 뭉치게 하는 힘이다.

이러한 조화는 수의 관계를 통해 인식될 수 있다. 다시 말해 그것은 수학적으로 인식되고 계산될 수 있다는 뜻이다. 그렇다 보니 수에는 어마어마한 의미가 부여된다. 〈수 없이는 무언가를 생각 속에서 파악하고 인식하는 것이 불가능하기 때문이다.〉[14] 그런데 모든 점을 고려해 보았을 때 피타고라스는 수를 통해 단순히 우주를 계산할 수 있다고만 생각한 것이 아니라 우주 자체가 수로 〈이루어져 있다〉고 여겼다. 아리스토텔레스의 기록을 신뢰한다면 피타고라스에게 수는 객관적이고 물리적인 실재로서 인간 정신의 단순한 보조 수단을 훨씬 뛰어넘는 무엇이었다.

필롤라오스는 이런 전제에서 우주 생성론을 펼쳤다. 우주 한가운데에 〈중심 불〉이 있고, 그 주위를 공 모양의 지구가 돈다. 지구가 구의 형태라는 말이 나온 것은 이 저서가 처음이다. 심지어 필롤라오스는 지구가 세계의 중심이 아니라는 말도 했다. 굉장히 충격적인 발언이다. 니콜라우스 코페르니쿠스보다 무려 2,000년이나 앞서기 때문이다. 아무튼 지구와 마찬가지로 태양과 달, 수성, 금성, 화성, 목성, 토성도 중심 불 주위를 돈다.

우주 생성론의 나머지 부분은 별로 미래지향적이지 않고 사변적이기만 하다. 필롤라오스는 지구가 축을 중심으로 자전한다는 사실을 올바로 인식했지만, 그것을 사람들이 중심 불을 보지 못하는 이유로 설명하는 데 그쳤다. 중심 불은 항상 지구 다른 쪽에서만 빛나고 있기 때문이라는 것이다. 그렇다면 필롤라오스는 지구의 한쪽에서만 사람이 살 수 있다고 생각한 것이 분명하다. 반면에 달에는 사람이 살 거라고 가정했다.

앞서 말했듯이 이와 같은 우주 생성론이 얼마만큼 피타고라스에게 소급될 수 있는지는 불분명하다. 다만 피타고라스학파의 또 다른 생각, 즉 천체의 조화에 관한 생각은 스승에게서 유래한 것이 명확해 보인다. 하늘의 건물은 조화와 수로 이루어진 구조물이다. 필롤라오스도 우주가 조화를 통해 접합되어 있다는 데서 출발한다. 피타고라스는 이 조화를 물리적으로뿐 아니라 음향적으로도 상상했다. 그에 따르면 행성들은 선회하면서 소리를 내고, 그것들이 어울려 하나의 우주적 화음을 만들어 낸다. 하지만 인간은 우주의 음악을 듣지 못한다. 그 음악은 한순간도 쉬지 않고 계속 울리기 때문이다. 우리의 귀에는 우주의 화음을 들을 수 있는 감관(感官)이 없다. 각종 조명으로 환하게 밝혀진 대도시에서는 밤중에 별을 볼 수 없는 것과 같은 이치다. 우주의 화음들은 야밤의 그런 빛 공해처럼 일종의 소리 공해를 일으키고 있기 때문이다.

피타고라스학파는 수학적 인식을 다른 모든 인식 영역과 삶의 영역으로 전이시켰다. 필롤라오스는 이렇게 쓴다. 〈우리는 수의 본성과 그 힘이 신들의 세계뿐 아니라 인간의 모든 활동과 말, 모든 기술적 영역, 그리고 음악에서도 작용하는 것을 볼 수 있다.〉[15] 사실 음악에서 수에 관한 사유는 무척 생산적으로 작용한다. 피타고라스학파는 음들 사이의 조화로운 간격이 수의 비율로 표현될 수 있음을 인식했다. 한 악기의 현 길이를 절반으로 줄이면 8도 음정이 나온다. 2대 3의 비율로 줄이면 5도 음정, 3대 4의 비율에서는 4도 음정이 나온다. 다시 말해 음 높이는 진동하는 현의 길이에 좌우된다는 것이다. 그것도 정확히 수학적 비례에 따라. 이처럼 하늘의 수학은 우주 행성들의 음을 미리 규정해 놓았듯이 악기에도 똑같은 것을 정해 놓았다. 물론 피타고라스는 무슨 음향 이론을 세우려고 이런 음들의 문제를 언급한 것이 아니었다. 그가 말하고자 한 것은 신들과 인간, 하늘과 땅이 보편적 질서, 즉 우주 안에서 서로 결합되어 보편적 우정을 맺고 있다는 사실이었다.

권력 집단

피타고라스학파는 서양 최초의 현실적인 학파였다. 앞으로 살펴보겠지만 그들의 영향력은 엄청났다. 그들은 이전의 많은 지식들을 받아들였다. 그건 그들이 수용한 이집트와 바빌로니아의 수학적·천문학적 지식만 봐도 알 수 있다. 그런 기존의 인식들을 토대로 많은 개인적 특성이 가미된, 영적이면서 동시에 수학적인 학파가 탄생했다. 그러니까 피타고라스학파의 구성원들은 누구건 할 것 없이 각자 자신들만의 영약을 거기다 섞어 넣은 것이다.

피타고라스 공동체에서 우정이 차지하는 높은 위상은 지극히 비수학적이지만 전설적이다. 프리드리히 실러의 발라드 「담보Bürgschaft」는 낭만적인 격정으로 그 우정을 이야기한다. 시라쿠사의 전제 군주 디오니시오스를 암살하려다 실패해 사형을 선고받은 다몬은 죽기 전에 왕에게 여동생의 결혼식에 참석할 수 있도록 사흘간의 말미를 청한다. 그러면서 자신의 친구를 왕에게 담보로 제공한다. 다몬은 중간에 온갖 우여곡절이 있었음에도 마침내 정확한 날짜에 돌아와 친구를 구하고, 그 우정에 음험한 통치자조차 깊이 감동한다. 이 이야기의 거의 모든 내용은 허구이지만, 전설로 내려오는 피타고라스학파의 이상적 우정에 뿌리를 두고 있다. 이 우정 뒤에는 하나의 철학적 구상이 숨어 있다. 우주가 조화롭게 체계화되어 있는 것처럼 인간도 타인들과 조화롭게 살려고 노력해야 한다는 것이다. 여기서 우정은 자기 자신과 배우자, 자녀, 친구, 동시대인들에 대한 관계를 모두 아우른다. 대립적인 것과 충돌을 일으키는 것들은 어디서건 우정의 조화를 통해 화해해야 한다는 것이다.

그럼에도 피타고라스학파는 동시대인들과 심한 갈등에 빠질 때가 많았다. 피타고라스를 비롯해 남부 이탈리아 도시들의 많은 제자들은 결코 은둔의 삶을 살지 않았다. 반대로 그들은 끊임없이 분쟁에 시달릴 정도로 정치에 적극 관여했다. 피타고라스학파의 귀족주의적 태도가 그 원인이었다. 검소한 생활 방식을 이상으로 삼았음에도 그들은 평민들보다 부자들에게 호의적이었다. 그런 태도는 결국 시기를 불렀고, 피타고라스학파에게 매혹으로 작용했던 엘리트적인 것과 신비스러운 것이 남들에겐 수상쩍은 것으로 비쳤다. 결국 크로톤과 훗날 다른 도시들에서 자리 잡은 피타고라스학파는 하나의 권력 집단으로 여겨졌다. 스승은 크로톤이 이웃한 경쟁 도시 시바리스와 벌인 전쟁에서 주도적인 역할을 했다고 하는데, 이 전쟁에서 크로톤이 승리를 거두었음에도 그는 왕의 미움을 받아 많은 신봉자들과 함께 메타폰티온으로 몸을 피해야 했다. 장화 모양의 이탈리아 땅에서 헤라클레아와 타란토 사이의 움푹 들어간 곳에 위치한 그리스 식민지였다. 여기서 피타고라스는 계속 지지자들을 모으며 활동을 계속해 나갔다. 스승이 죽고 수십 년이 지난 기원전 6세기 말 또는 5세기 초에 피타고라스학파는 남부 이탈리아에서 심한 박해와 탄압을 받았다. 결국 타란토에서만 기원전 4세기까지 명맥을 이어갔다. 필롤라오스도 그리스로 이주할 수밖에 없는 상황으로 내몰리기 전까지 거기 살았다.

우리는 피타고라스를 구루로 보아서도 안 되고, 그런 역할을 단호하게 거부한 수학자로 보아서도 안 된다. 그건 수리 철학이 〈상인의 실무 경험〉에서 유래했다는 아리스토크세누스의 말만 생각해 봐도 알 수 있다. 아리스토크세누스는 피타고라스학파의 영향력 아래 있던 타란토에서 태어나 피타고라스학파의 사상가 밑에서 배웠다. 당시 사회는 수리 철학, 비례론, 수학, 경제와 긴밀하게 연결되어 있었을 것이다. 하나가 다른 하나에 영향을 주었고, 그런 식으로 합리적 논리적 사고의 위상을 변화시켰다. 물론 그와 함께 그리스 문화도 바뀌었다. 흥미롭게도 피타고라스는 고대의 동전에 새겨진 유일한 철학자였다. 그것도 두 번씩이나 동전의 모델이 되었다. 즉 수리 철학자로서 그의 얼굴은 기원전 430년부터 420년까지 압데라 시의 동전에 새겨졌고, 그로부터 수백 년 뒤에는 사모스섬이 그를 자신들의 잃어버린 아들로 받아들이면서 왕홀을 든 통치자의 모습으로 동전에 새겨 넣었다.

새로운 화폐 경제는 산술, 비례, 계산의 새로운 지식과 손잡고 로고스의 위상이 급속히 비상하는 데 기여했다. 그런데 계산과 비례, 논리적 세계 질서에는 매우 세속적인 차원이 하나 더 있었다. 〈측정〉과 〈비례성〉, 그리고 〈정의로운〉 세계 질서가 그것이다. 이성적 방식으로 우주를 하나로 접합시키는 요소는 인간들 사이의 이성적 질서도 결정해야 한다. 인간의 모든 행위와 비행(非行)의 척도는 법이기 때문이다.

헤라클레이토스

사모스와 밀레토스에서 멀지 않은 곳에 에페소스라는 도시가 있었다. 페르시아에 정복당한 이 도시도 교역의 중심지였는데, 피타고라스의 가장 중요한 철학적 적대자가 태어난 곳이기도 하다. 바로 헤라클레이토스다. 기원전 520년, 그러니까 크로톤의 위대한 스승이 태어나고 50여 년이 지나 태어난 헤라클레이토스는 피타고라스와 실질적인 경쟁 관계에 있지는 않았다. 하지만 피타고라스에 대한 경멸은 이탈리아 남부에서 에페소스까지 널리 퍼져 있던 피타고라스의 명성만큼이나 컸다. 헤라클레이토스는 평생 아무것도 측정하거나 계산하지 않았고, 자연을 연구하지도 않고 발견한 것도 없지만 정말 혹독하게 피타고라스를 비판했다. 물론 피타고라스가 〈다른 누구보다 많은 공부를 했다〉는 점은 인정했다. 그러나 피타고라스의 가르침 중 많은 것들이 그 자신의 성과물이 아니라고 못 박았다. 헤라클레이토스가 볼 때 박수갈채를 받는 현자 피타고라스는 〈고등 사기꾼〉이고, 그의 〈박식함〉은 그저 그가 언급한 대상들을 무척 피상적으로만 이해한 것을 감추려는 도구일 뿐이라는 것이다.

　　경쟁자의 이런 가혹한 질책에서는 언제나 그렇듯 비난당하는 자뿐 아니라 비난하는 자의 일면도 드러나게 마련이다. 여기서는 한쪽이 다른 쪽의 명성을 질투한 게 분명하다. 사실 우리에게 알려진 바로만 보면 헤라클레이토스라는 인물은 그다지 호감이 가지 않는다. 그는 귀족 가문에서 태어나 신들에게 제물을 바치는 왕실 사제로서의 중요한 자리를 거부했다고 한다. 동시대인들에 대한 태도는 다음의 금언을 통해 전해진다. 〈에페소스의 남자들은 모두 스스로 목을 매달고, 미성년들에게 도시를 맡겨야 한다. 이 도시에서 가장 뛰어난 남자인 헤르모도로스를 내쫓으며 이렇게 말한 사람들이다. 《우리 중에서는 누구도 가장 뛰어난 사람이 있어선 안 된다. 설령 그런 자가 있다면 다른 데로, 다른 사람들에게로 가야 할 것이다.》》[16] 헤르모도로스는 지방의 유명 정치인이었던 것으로 보인다. 헤르모도로스 말고 불평꾼 헤라클레이토스의 칭찬을 받은 사람은 딱 하나 더 있었다. 탈레스 시대의 전설적인 위정자 프리에네의 비아스이다. 그 밖의 다른 모든 유명 권위자들은 헤라클레이토스에 의해 어둡고 어리석은 인간들로 책망받았다. 호메로스는 경쟁에서 배제하고 채찍으로 징계해야 한다고 했고, 시인 헤시오도스는 밤낮조차 구분하지 못한다고 했으며, 철학자 크세노파네스와 지리학자 헤카타이오스는 배운 건 많지만 이해하는 건 별로 없다고 비난했다.

헤라클레이토스의 등장과 함께 언쟁과 인간 혐오가 철학 속으로 진입했지만, 로고스의 유의미한 확장과 상승도 있었다. 다른 한편으론, 철학의 한 주요 대표자가 지금까지 숭고한 전통으로 여겨져 온 모든 것에 대해 독설을 퍼붓는 그 사기충천한 철학적 자의식이 놀랍기도 하다. 그런데 헤라클레이토스는 그의 말이 무슨 뜻인지 정확히 파악하기 곤란할 때가 많다는 것이 문제였다. 그의 말들은 단편적으로만 전해져 오는데, 플라톤과 아리스토텔레스, 알렉산드리아의 클레멘스, 로마의 히폴리투스, 디오게네스 라에르티오스 같은 후대의 저자들이 인용하고 수집한 것들이다. 그 말들은 수수께끼 같고 다의적일 때가 많다. 또한 엄청나게 압축되어 있고 대부분 역설적이다. 그래서 고대부터 헤라클레이토스를 〈모호한 자〉라고 칭한 것은 놀랍지 않다. 그는 언어유

희와 이중적 의미를 자주 사용한다. 그의 문장들은 언어적으로 까다롭고, 예언자의 예언처럼 불분명하고 애매하다. 오늘날 우리들의 눈에 헤라클레이토스는 점술가이면서 의미론자이고, 예언자이면서 개념의 곡예사로 비친다.

그의 단편적인 말 중에서 특히 의미가 있는 것은 〈법〉의 개념이다. 서양 철학자가 〈법률〉이라는 의미에서 〈노모스nomos〉를 언급한 것은 헤라클레이토스가 처음이다. 물론 앞에서 살펴보았듯이 아낙시만드로스도 우주의 영역과 법의 영역을 결합시켰고, 피타고라스학파도 동시대인들과 우애롭게 살고자 하는 사람은 누구나 폴리스의 법을 충실히 따라야 한다고 설파했다. 하지만 법과 법률이 초월적인 이성에 대한 지상의 짝으로서 땅과 하늘 사이에 확고한 자리를 차지한 것은 헤라클레이토스에 이르러서였다.

그에게 로고스는 이 세상 것이 아니었다. 논리학과 이성은 신의 영역, 즉 절대적인 것의 세계에 속한다. 그런 로고스를 인식하고 이해할 수 있는 사람은 안타깝지만 소수에 그친다. 물론 헤라클레이토스도 〈인간이라면 누구나 (……) 스스로를 인식하고 이성적으로 생각할 능력〉이 있다고 전제하지만, 동시대인들 대부분이 그 능력을 사용하지 않는다고 단언한다.[17] 사고는 모든 인간에게 허락되어 있지만, 많은 사람들이 그냥 묻어만 두고 있다는 것이다. 따라서 대부분의 사람은 사적인 관점과 개인적인 의견으로 이루어진 희뿌연 세계에 갇혀 산다. 세상 모든 일에 의견을 하나씩 갖고 있지만, 세계의 크고 명확한 진리에 대해서는 아는 것이 없다. 그 상태를 극복하는 가장 우선적인 계율은 사적인 의견의 영역을 떠나 모두에게 공통적인 객관성에 몰두하는 것이다. 〈따라서 공통의 것을 따라야 한다. 모두에게 공통되는 것은 세계법칙(로고스)임에도 자기만의 사고력을 가진 것처럼 살아가는

사람이 많다.〉[18]

　　　로고스는 초개인적이다. 로고스를 연구하는 사람은 현실 전체(우주)를 연구하는 사람이고, 우주를 연구하는 사람은 헤라클레이토스처럼 자신에 대해 이렇게 말해도 된다. 〈나는 나 자신을 철저하게 연구한다.〉 그리스인들에게 〈세계〉에 대한 사유는 언제나 인간과 연결되어 있었고, 세계 인식과 자아 인식은 일치했다. 인간 삶에서 로고스의 세속적 표현은 법과 법률이다. 법과 법률은 상위의 이성으로서 모든 인간이 개인적 의견과는 무관하게 복종해야 할 일반 보편적인 것이다. 지난 수백 년 동안은 법이 대지주 귀족들의 폭정에 좌지우지되어 왔다면, 헤라클레이토스 시대에는 에페소스뿐 아니라 다른 곳에서도 모든 시민들에게 똑같이 적용된 보편적 재판이 있었던 것으로 보인다. 물론 지금과 같은 의미의 독립적인 법원은 아니었겠지만. 헤라클레이토스는 자신의 가장 유명한 한 단편에서 이렇게 요구한다. 〈백성은 도시의 성곽을 지키려고 싸우듯 법을 위해 싸워야 한다.〉[19] 그리스 도시들은 원래 벽으로 자기 영토를 에워쌈으로써 도시 국가가 되었다. 도시의 외벽이 적으로부터 폴리스의 존립을 지켜주는 것처럼 헤라클레이토스는 법이 폴리스를 내적으로 결집시키는 역할을 해야 한다고 보았다. 다음 말도 같은 맥락이다. 〈도시가 법에 기반을 두고 있는 것처럼 우리는 모든 공통적인 것에 한층 더 확고하게 뿌리내려야 한다.〉[20]

　　　그런데 헤라클레이토스가 상사기관으로 언급한 신적인 로고스와 인간의 법은 결코 평화롭지 않고, 편안한 조화의 관계도 아니다. 피타고라스학파가 설파한 만물과의 조화, 화해, 우정은 헤라클레이토스의 눈엔 선한 인간주의라는 의심을 사기에 충분하다. 반면에 그 자신의 로고스, 세계 법칙, 심지어 법과 법률에 대한 관념은 전투적이다. 로고스, 그러니까 세계 전체가 서로 뒤

엉켜 싸우는 대립으로 이루어져 있다는 것이다. 〈우리는 알아야 한다. 투쟁은 우리 모두에게 공통적인 것이고, 법은 싸움이고, 모든 일은 다툼과 필연성을 통해 일어난다는 사실을.〉[21] 헤라클레이토스는 말한다. 〈싸움은 만물의 아버지〉[22]라고.

　　그는 대립적인 것들의 충돌을 통해 세계의 통일성이 나온다고 보았다. 〈차가운 것은 따뜻해지고 따뜻한 것은 차가워지고, 축축한 것은 건조해지고 건조한 것은 축축해진다.〉[23] 그는 이렇게 가르친다. 〈대립하는 것들은 하나로 통합되고, 대립된 것(소리들)에서 가장 아름다운 화음이 나오고, 모든 일은 다툼의 과정에서 생겨난다.〉[24] 〈그와 똑같은 것이 사물들 속에 삶과 죽음, 깨어 있음과 잠듦, 젊음과 늙음으로 현시되어 있다. 후자는 변화를 거쳐 전자가 되고, 전자는 다시 후자로 변하기 때문이다.〉[25] 이런 사유에도 새로운 화폐 경제가 영향을 끼쳤다. 물건은 돈으로 바뀌고 돈은 다시 물건으로 바뀌기 때문이다. 헤라클레이토스는 존재하는 모든 것은 그 반대되는 것으로 제한되는 동시에 반대되는 것자체를 자기 속에 품고 있다고 주장한다. 이는 플라톤에 의해 〈변증법적〉 사고라는 개념으로 철학사에 수용되어 큰 성공을 기대할 유력한 사유였다. 특히 엘레아의 제논(B.C. 490?~B.C. 430)은 위대한 변증론자로서 두각을 나타내면서 유명한 역설을 여럿 제시했다.

　　세계가 그 본성상 변증법적이라면 헤라클레이토스의 문체가 모호한 것도 그리 이상하지 않다. 그의 많은 금언들은 내용적으로만 변증법을 주장하는 게 아니라 언어라는 형식을 통해서도 드러나기 때문이다. 추측컨대, 헤라클레이토스는 절대적인 로고스와 스스로 하나라고 느끼면서 세계를 있는 그대로 서술하고 있다고 생각했을 것이다. 현대 철학자의 관점에서 보자면 엄청나게 오만불손한 태도가 아닐 수 없다. 하지만 스스로의 인식 능력에 대한 비판적 성찰을 요구하기엔 기원전 500년 무렵은 아직 너무 이른 시기였다. 헤라클레이토스는 은유 속으로 도피할 때가 많았다. 서기 3세기 초 로마의 히폴리투스가 전한 헤라클레이토스의 경구를 들어 보자. 〈세계와 세상 만물에 대한 심판은 불로 이루어질 것이니…… 다가오는 불이 모든 것을 바로잡고 움켜쥘 것이기 때문이다.〉[26] 헤라클레이토스에게 불은 파괴와 부활, 생성과 소멸의 상징이었다. 그러나 불이 만물의 근원이라는 것은 아마 아리스토텔레스의 독단적인 해석이었을 것이다. 플라톤이 헤라클레이토스 사상의 정수로 여긴 〈만물은 흐른다〉는 유명한 말도 마찬가지다.

모든 것이 상호간의 대립에서 생성되고 소멸된다면 법에서도 서로 날카롭게 나누어지는 힘, 즉 선과 악은 있을 수 없다. 헤라클레이토스가 생각하는 신적인 것과 같은 법은 불을 통한 심판이다. 불은 개별 소송에서건 폴리스의 법 제정에서건 주장과 반박을 통해 해결될 때까지 전투적으로 계속 타오른다. 이해관계가 충돌하고 싸움이 일어난다. 그런데 폭력적으로 번질 때가 많은 그런 싸움의 결과 새 법질서가 탄생한다. 민주적인 법은 헤라클레이토스와는 거리가 멀다. 그에게 법의 원천은 다수의 의지가 아닌 〈하나의 신성(神性)〉[27]이기 때문이다. 이 하나의 신성은 후대의 많은 철학자들이 주장한 것처럼 선하고 도덕적인 것이 아니라 〈선과 악의 상쇄할 수 없는 대립〉이다. 이것은 19세기 말 헤라클레이토스의 숭배자인 프리드리히 니체를 사로잡은 이념이기도 하다.

헤라클레이토스는 로고스가 세계 속에 객관적으로 존재한다고 확신했다. 또한 비록 인간의 손에 만들어지는 것일지언정 법과 법률도 객관적이라고 여긴 듯하다. 객관적인 법질서에 대한 그런 믿음은 오늘날의 우리에겐 낯설다. 대신 우리는 싫든 좋든 우리 사회에 법을 받아들이는 것으로 만족한다. 어쨌든 우리는 법을 신적인 것으로 여기지 않는다. 인간의 판단은 신의 판단이 아닌 것이다.

헤라클레이토스의 업적은 무엇일까? 그는 변증론자로서 조화로운 우주에서 인간의 불화가 어디서 나왔는지 피타고라스보다 훨씬 잘 설명할 수 있었다. 인간의 모든 악이 흘러나왔다는 헤시오도스의 판도라 상자는 이미 오래전에 신뢰성을 잃었다. 피타고라스의 우정 낙관주의도 허술하기 짝이 없다. 반면에 모든 대립에서 통합이 이루어지고 세상의 모든 모순이 지극히 자연스러운 것이라는 주장은 한층 미래지향적으로 보인다.

하지만 이런 평가의 반대편에는 헤라클레이토스가 철학계에 지속적으로 마법을 걸어 온 악령이 숨어 있다. 그의 모든 단편은 지극히 교의적이다. 그의 글엔 어떤 의구심도 없어 보이고, 로고스가 다른 누군가가 아닌 왜 하필 헤라클레이토스에게 전해졌는지에 대한 고민이 전혀 없다. 또한 일상적 경험 저편의 절대적인 세계가 어떻게 그의 뇌에 선명하게 걸어 들어왔는지에 대한 성찰도 없고, 자신의 주장을 어떻게 설득력 있게 증명할 수 있을지에 대한 숙고도 없다. 긍정적으로 표현하자면 헤라클레이토스는 세상을 꿰뚫어 본 자의식 강한 은둔자의 전형이다. 철학에서 자주 모방되곤 하는 본보기상이다. 이런 면에서 그는 어쩌면 최초의 전형적인 철학자일지 모른다. 그러나 부정적으로 표현하자면 헤라클레이토스와 함께 철학의 오만이 시작된다. 이오니아 철학자들, 아니 어쩌면 피타고라스학파조차 우주와 우주적 현상들에 대해 납득할 만한 설명을 찾으려고 노력했다면 헤라클레이토스는 너무도 확고한 자신감으로 세상에 대해 판단을 내린다. 그의 글들은 파피루스에 쓰였음에도 마치 돌에 새겨진 것처럼 단정적이다. 헤라클레이토스는 초기의 다른 로고스 대변인들이나 수학자들, 어쩌면 성공한 상인들처럼 스스로를 일종의 우월한 종으로 여긴 듯하다. 그런 자부심으로 가득한 사람은 쉽게 대중을 멸시하는 경향을 보인다. 그로써 로고스를 숭배함에도 불구하고 헤라클레이토스 철학은 반계몽적 성향을 강하게 띤다. (헤라클레이토스가 열세 편의 단편적인 글에서 주장한 것처럼) 동시대가 어차피 그리 어리석다면 세상을 실제로 계몽할 생각은 들지 않을 것이다. 그런 철학자는 사회와 정치를 너무 아둔하게 여기는, 자만심으로 가득 찬 아웃사이더가 될 수밖에 없다.

파르메니데스

피타고라스학파의 철학은 기원전 5세기의 그리스 문화에서 척도, 수, 비례가 어떤 새로운 의미를 차지하고 있는지를 이야기했다. 반면에 헤라클레이토스는 법의 개념이 어떤 의미 변화를 겪었는지 보여 주었다. 가부장적인 자의적 횡포 대신 법이 새로운 질서의 중심으로 등장한 것이다. 법은 인간의 구체적인 법률들(노모스) 속에 현시된 세계 법칙(로고스)이다. 그런 법은 모든 사람에게 공통되고 객관적이어야 할 책무가 있다. 태양조차 거기서 예외일 수는 없다. 태양이 분수를 넘으면 〈디케의 조력자들〉인 에리니에스(복수와 징벌의 여신들)가 태양을 붙잡으려 한다.[28]

　피타고라스는 당연히 화폐 경제의 철학자만이 아니었다. 헤라클레이토스 철학도 오직 법 주변만을 맴돌지 않았다. 가령 그의 다음 말에서는 동전과 상품의 교환이 등장한다. 〈만물은 불이 바뀐 것이고, 불은 만물이 바뀐 것이다. 상품이 금으로, 금이 상품으로 교환되는 것처럼.〉[29] 두 철학자는 우주건 인간의 공동생활에서건 세계의 척도와 규칙을 밝히려 했다.

　헤라클레이토스가 에페소스에서 생성과 소멸의 변증법, 우주의 로고스와 인간 법의 유사성을 생각하는 동안 피타고라스학파의 활동 범주에서 멀지 않은 남부 이탈리아에서는 전혀 새로운 차원의 사고가 등장한다. 오늘날 살레르노의 남부에 해당하는 도시 엘레아는 캄파니아 지역에 건설된 그리스의 신생 식민지였다. 지금은 사람이 별로 살지 않는 초라한 곳이지만, 기원전

520년의 고대 세계에선 매우 경이로운 철학자 한 명이 바로 여기서 태어났다. 그의 이름은 파르메니데스였다. 하지만 고대의 모든 인물이 그렇듯 우리는 그의 삶에 대해 아는 것이 거의 없다. 알려진 것이라고는 교훈시 한 편뿐이다. 파르메니데스의 이 작품은 헤라클레이토스가 주장한, 모든 것이 영원히 생성되고 소멸된다는 논점의 반대편에 서 있다. 엘레아 출신의 이 남자에겐 생성도 소멸도 없고, 오직 존재만 있기 때문이다.

그의 단편은 마치 신화 속의 이야기처럼 시작된다. 여신들이 〈영예의 길〉로 데려다준 파르메니데스는 말을 타고 〈낮과 밤의 길을 열어 주는 문으로 간다〉. 정의의 여신 디케가 그 문을 열자 파르메니데스는 여신에게 다가간다. 여신은 그를 반갑게 맞는다. 그를 〈이 길로 이끈 것은 나쁜 운명이 아니라 법(테미스)과 정의(디케)〉[30]이기 때문이다. 디케가 낮과 밤의 문을 지킨다는 사실은 기원전 5세기에 법의 역할을 말해 주는 또 다른 정황 증거이다. 아낙시만드로스와 헤라클레이토스처럼 파르메니데스도 이 주제를 우주의 질서에 긴밀하게 연결시켰다.

정의의 여신이 파르메니데스에게 전한 말의 핵심은 이렇다. 대부분 사람들의 그릇된 생각과는 반대로, 이 세상에는 존재하는 것만 있다. 존재하지 않는 것은 결코 있을 수 없다. 존재하는 것은 변하지도 파괴되지도 않는다. 오직 정지된 상태로 완성되어 있다. 그런 존재의 형태는 하나의 구처럼 완벽하다. 그럼에도 존재하는 것이 변한다고 말하는 사람은 비이성적인 것을 주장하고, 터무니없는 헛소리를 지껄이는 것뿐이다.

파르메니데스는 철학적 사고에 새로운 관념을 도입했다. 그에 따르면 세상에는 변하지 않는 것이 존재한다는 것이다. 이는 엄청난 결과를 불러온 중대한 혁신이다. 이 변하지 않는 것은 역사가 흐르는 동안 수많은 이름을 얻게 되는데, 그중에서 가장 큰 성공을 이룬 이름은 실체, 본질로 해석되는 라틴어 〈수브스탄티아substantia〉이다. 〈무언가를 이루고 있는 것〉이라는 뜻이다.

파르메니데스의 글은 첫눈에 보기엔 신화적 장식으로 허점을 가린 사변처럼 들린다. 〈모든 것은 끊임없이 변한다〉는 주장 대신 〈어떤 것도 변하지 않는다〉는 반대 주장만 펼치고 있기 때문이다. 그럼에도 이 문제에는 지금까지의 모든 견해와 사변을 월등하게 뛰어넘는 매우 현대적인 포인트가 있다. 파르메니데스가 이 세상엔 존재하는 것만 있고 존재하지 않는 것은 없다고 말한 이유는 무엇일까? 존재하지 않는 것은 머릿속에 떠올릴 수가 없기 때문이다. 존재하는 모든 것은 〈내가 머릿속으로 떠올릴 수 있는 무엇〉이다. 그래서 거기엔 존재하지 않는 것이 들어갈 자리가 없다. 우리는 존재하지 않는 것은 생각할 수 없고, 오직 뭔가 존재하는 것만 생각할 수 있다. 따라서 존재하는 것은 곧 생각하는 것과 동일하다.

이런 사유의 영향은 엄청났다. 파르메니데스와 함께 완전히 새로운 사고가 철학으로 걸어 들어왔기 때문이다. 인식 대상(세계)뿐 아니라 인식 주체(나의 의식)에 대한 성찰이 이루어진 것은 파르메니데스가 처음이었다. 현대적으로 표현하자면, 존재하는 모든 것은 일단 내 머릿속에 있는 것이다. 대상은 세계 내의 독립적인 〈즉자(卽自)〉로서가 아니라 내 의식의 내용으로서 의미가 있다는 것이다.

이 생각은 분명 선구적이면서 올바르다. 파르메니데스는 두 번째 단계에서 이런 결론을 내린다. 내가 생각하기 위해선 세계 내에 뭔가 실제적인 대상이 있어야 한다. 그렇지 않으면 내 의식은 텅 빌 것이다. 무에서는 아무것도 고안되지 않는다. 따라서 내 생각에 상응하는 실제 사물들의 세계, 즉 존재하는 것은 있다. 그런데 이 두 번째 단계는 첫 번째처럼 그리 논리적이지 않다. 내

의식이 세계를 올바르게 파악하고 있는지 누가 내게 말해 줄 수 있을까? 열에만 반응하는 감각을 가진 눈먼 뱀의 머릿속에서는 인간 같은 〈시각 동물〉과는 전혀 다른 세계가 펼쳐진다. 〈존재하는 것〉도 절대적이지 않고 관점에 따라 좌우되는 것이다. 이것은 오랜 세월 철학을 움직인 흥미진진한 사안이다. 여기서는 이 문제를 상세히 다루지 않겠다. 다만 앞으로 자주 이 문제로 다시 돌아오게 될 것이다.

세계에 관한 모든 앎이 내 생각에 의해 결정된다면 그 앎은 나의 감각적 인지적 인식 도구에 의해서도 제한받을 수밖에 없다. 하지만 파르메니데스는 이 문제를 제기하지 않는다. 다만 자신의 진리가 신적이라고만 주장한다. 존재하는 것에 대한 앎은 최고의 심급에서 내려오는 것이지, 인간의 감각 세계에서 올라오는 것이 아니라는 말이다. 따라서 그 앎은 객관적이고 절대적이다. 파르메니데스도 헤라클레이토스와 마찬가지로 로고스의 신성, 즉 소수의 사람들에게만 전해진다는 고차원의 이성을 믿는다. 따라서 진리는 일반인들에게는 접근을 허락하지 않는 지극히 배타적인 소유물이다. 그에 비해 대부분의 인간은 감각적으로 현혹된 것을 믿는다. 그들의 세계는 허상의 세계이고, 그들의 사고는 온갖 오류의 집합이다. 이런 오만한 철학의 영향은 대단했다. 헤라클레이토스와 파르메니데스에서 출발해서 2,000년 넘게 철학사에서 계속 어른거렸으니까.

그렇다면 파르메니데스 사상의 정수는 무엇일까? 내가 생각할 수 있는 것만 존재한다고 한다면, 반대로 내가 생각할 수 있는 것도 존재해야 한다. 바로 여기서 파르메니데스는 언어 논리학의 덫에 빠진다. 내가 떠올리고 파악할 수 있는 것만 내 머릿속에 존재한다는 말은 맞다. 그런 파악의 통상적인 형식은 내가 어떤 대상에 해당하는 단어를 찾아내는 것이다. 나는 〈의자〉나 〈시〉

라는 단어로 현실 속의 사물을 개념화한다. 다시 말해 손으로 사물을 만지는 것처럼 단어로 그 사물을 〈파악〉하거나 〈이해〉한다.

하지만 우리는 현실에 실제로 존재하지 않을 것 같은 사물도 분명 단어로 파악할 수 있다. 예를 들어 현실에선 그 존재를 찾을 수 없는 『반지의 제왕』의 마법사 간달프나 해리 포터에 대해서도 우린 말할 수 있다. 이들은 허구적인 상상으로만 존재할 뿐이다. 이런 허구적 대상은 남들도 이해한다는 측면에서 〈세계 내에〉 존재한다고 할 수 있지만, 그럼에도 실제로 존재하는 것은 아니다. 〈해리 포터는 실제로 살아 있다〉는 말에 동의하는 사람은 극소수일 것이기 때문이다. 맥락에 따라 각자가 조금씩 다르게 떠올리는 단어들도 마찬가지다. 나는 〈휴가〉 하면 스페인에서 보낸 마지막 휴가가 떠오른다. 반면에 어떤 독자는 자신이 최근에 다녀온 발트 해안을 떠올릴지 모른다. 그건 곧 〈휴가〉라는 대상이 결코 즉자적으로 존재하지 않는다는 뜻이다. 남들은 그 단어의 뜻을 정확히 이해한다고 하더라도 개인은 누구나 현실의 다른 단면을 떠올리기 마련이다.

오늘날의 우리에게 생각과 단어, 현실은 결코 동일한 것이 아니다. 본질적으로 이 세계에 생성과 소멸이 없다는 주장도 대체로 낯설다. 그럼에도 파르메니데스의 주장을 과소평가할 수는 없다. 지금까지 전해진 모든 고대 문헌들 중에서 〈사고 그 자체〉를 성찰한 글은 그가 처음이기 때문이다. 그의 두 핵심 발언도 유럽 철학사에 아주 큰 족적을 남겼다. 그 첫 번째 문장은 〈존재하는 것은 하나다!〉이고 두 번째 문장은 〈존재하는 것은 사고하는 것과 동일하다!〉는 것이다.

이제 세계는 아무 의심 없이 받아들여야 할 공고한 대상이 아니라 인간 의식에 의해 규명되어야 할 무언가로 비쳤다. 파르메니데스는 인간의 지혜 대신 신적인 지혜에서 피난처를 찾았음에도 기원전 5세기의 그리스에서 만물의 척도는 돈과 수학과 법만이 아니라, 헤아리고 계산하고 측정하고 평가하는 인간의 의식 자체이기도 했다. 물론 이제 막 주저하듯이 발을 내디딘 것에 불과하지만. 어쨌든 이 인간 의식은 세상의 다른 모든 생명들과 어떤 관계일까? 인간의 영혼과 동식물의 영혼을 구분하는 것은 무엇일까? 우리는 자연의 일부일까, 아니면 로고스의 입맞춤으로 깨어나 자연 위에 신들처럼 군림하는 존재일까?

인간의 본성

로고스의 소재지 / 떠도는 영혼 / 잃어버린 낙원 /
영혼의 질료 / 적절하게 조절된 영혼 / 모든 것은 물질이다!

로고스의 소재지

서양에서 영혼 불멸성의 관념이 탄생한 곳은 아름다운 세계였다. 1년 중 320일 동안 기온이 40도까지 오르는 햇빛 찬란한 곳이었다. 야생의 자연은 2,000미터 높이의 아스프로몬테산까지 습곡을 이루었다. 수령을 가늠할 수 없는 너도밤나무와 소나무 숲이 티레니아 해안과 이오니아 해안 양편에 늘어서 있었고, 바다에서 수직으로 솟아오른 암석 위에는 여우와 늑대, 들고양이가 살았으며, 붉은 석양이 하늘을 수놓을 무렵이면 레몬나무와 아가베나무 위로 보넬리 독수리가 선회했다.

지금은 이탈리아에서 가장 가난하고 인구도 가장 희박한 지역인 칼라브리아와 시칠리아도 한때는 자부심에 찬 도시들을 거느리고 있었고, 그곳 거리를 그리스 상인과 선원, 수공업자, 농부, 철학자 들이 활보했다. 그런 지역에 지금은 세월의 무게를 이겨 내지 못한 건물 벽과 신전의 기둥 동강들이 과거의 기념비처럼 파리하게 서 있을 뿐이다.

이곳 이탈리아 남부 지역은 서양 사상의 기원에서 정말 중요한 곳이었다. 종교가 서양 사상에서 차지하는 중요성도 그보다는 못할 것이다. 어쨌든 그곳은 피타고라스와 그 제자들이 활동하던 지역이자 다른 많은 철학자들의 고향이었다. 또한 이오니아의 사유 전통이 영적인 영향을 비롯해 다른 영향들과 결합한 곳이기도 했다. 그로써 새로운 인간 영혼의 상과 세계상이 탄생했다. 그에 따르면 추상적인 것과 보이지 않는 것, 초감각적인 것과 보편적인 것, 이상적인 것과 영원한 것은 참된 세계인 반면에 경험 세계는 저급한 것, 본래적이지 않고 거짓된 것으로 여겨졌다.

피타고라스나 헤라클레이토스 같은 사상가는 그 전까지 신화가 지배하던 땅에서 합리적인 성찰을 가르쳤다. 그 때문에 그들의 사상은 신학에서 자유롭지 못했다. 오히려 그들은 종교적인 것을 무수한 신이 존재하는 감각 세계에서 초감각적인 영역으로 옮겨 놓았다. 게다가 이전에는 신들이 인간처럼 행동하던 곳에서 이제는 인간이 신의 진선미를 지향하게 되었다. 그런 신적인 영역의 표현은 영원한 로고스였고, 헤라클레이토스에 따르면 〈모든 일은 이 로고스에 따라 일어난다〉. 그러나 안타깝게도 로고스는 정말 똑똑한 사람들에게만 전해진다. 〈철학 이전과 철학 외적인 사고 및 행동 방식〉으로는 로고스에 이르지 못한다. 그래서 대부분의 인간은 실재란 현실 대상 그 자체라고 생각한다. 그러나 철학자는 안다. 실재란 대상이 〈실제로〉 존재하는 방식임을.

이성의 척도로 세계를 계량화하는 것은 세계를 원래의 모습에서 벗어나게 한다. 그렇다면 그 똑똑한 철학자는 〈많은 사람들〉보다 무엇을 더 갖고 있어서 로고스 자체를 인지하고 인식하는 것일까? 그는 어떤 방식으로 로고스와 접속할까? 나는 어떻게 영원한 것과 참된 것이 감각적으로 나타나지 않는 세계에서 그것을 경험할 수 있을까? 나의 육체로는 로고스를 인지할 수 없고, 오직 사유로만 인지할 수 있는 것으로 보인다. 하지만 감각적으로 경험할 수 있는 세계에서는 경험 불가능한 것을 사유는 어떻게 생각해 낼 수 있을까? 이러한 사유는 어떤 과정으로 이루어질까? 로고스의 절대적인 것과 소통하려면 나의 영혼은 어떤 속성을 갖고 있어야 할까? 영혼은 내 유기적 육체의 일부일까, 아닐까? 만일 아니라면 영혼은 어디에 존재할까?

우리는 헤라클레이토스에게서 이렇게 듣는다. 〈로고스는

영혼의 고유 속성이고〉,〈스스로 번식한다〉.[31] 애매한 문장이다. 로고스가 본질상 보편적이고 절대적이라면, 그러니까 명백하게 인간적인 것이 아니라면 〈고유 속성〉이라는 말은 무슨 뜻일까? 또 다른 단편은 영혼의 근거를 밝히려는 시도(영혼과 로고스의 독특한 관계를 밝히려는 시도까지 포함할 수도 있다)를 가당치 않은 짓으로 선언한다. 〈모든 방법을 다 찾아본다 한들 너는 영혼의 경계를 알지 못한다. 영혼의 본질은 그만큼 심오하다.〉[32] 영원한 로고스를 소유한 영혼 자체가 영원한지, 즉 불멸인지 아닌지 계속 묻고 싶은 마음이 굴뚝같지만, 헤라클레이토스는 〈모호한 자〉라는 고대의 별칭에 걸맞게 이 질문에 모호함을 유지한다. 〈죽음 후에 인간을 기다리는 것은 생전에 몽상이나 망상으로 꿈꾸지 못하던 것이다.〉[33] 죽음과 불멸에 대한 얇은 범부의 영역이 아니라는 뜻으로 들린다.

　　헤라클레이토스 시대를 비롯해 그 이전 수백 년 동안 그리스인들은 〈영혼〉과 〈몸〉을 어떻게 이해했을까? 우리는 분명 로고스와 함께 아주 새로운 인간학적 문제에 부딪힌다. 호메로스와 헤시오도스의 세계에는 몸과 영혼의 대립이 없었다. 〈몸〉이든 〈영혼〉이든 그것을 가리키는 단어조차 없었다. 호메로스의 주인공들은 기껏해야 일종의 우주적·보편적 생명력인 프시케(호흡, 숨, 혼)를 갖고 있을 뿐이었다. 프시케는 인간과 동물의 생명을 유지시키고, 생명체가 죽는 순간에 빠져나온다. 이어 죽은 이의 입이나 상처에서 나와 지하 세계로 흘러들어 그곳의 어둠 속에서 절망적으로 계속 살아간다. 『오디세이아』의 열한 번째 노래에서 죽은 이의 혼은 흐릿한 그림자로 등장한다. 다시 말할 수 있으려면 피를 마셔야 하는 그런 그림자로. 그런 점에서 죽은 이의 프시케는 힘없는 뱀파이어와 비슷하다. 피를 먹지 못하면 간신히 목숨만 부지한 채 시름시름 살아갈 뿐이다.

그렇다면 한 인간의 성격을 이루는 것은 프시케가 아니다. 프시케는 나의 감정이나 생각을 관장하는 것이 아니라 모터를 돌리는 연료에 지나지 않는다. 영혼에 대한 이런 생각은 오늘날의 우리에겐 퍽 낯설다. 그것은 빌헬름 부슈의 풍자화 「신앙심 깊은 헬레네」에서 사후에 흐릿한 무언가가 몸에서 빠져나가 굴뚝을 통해 하늘로 올라가는 헬레네의 영혼을 떠올리게 한다. 특이하게도 헤시오도스와 그 동료 시인 핀다로스는 뱀에게도 프시케가 있다고 여긴다. 뱀이 허물을 벗으면 빈껍데기를 남기고 영혼은 재생된 뱀 속에서 계속 살아간다. 영혼은 나의 성격을 관장하는 것이 아니라 거의 내 몸 전체, 즉 나의 가슴, 나의 힘, 나의 의지, 나의 감각, 마지막으로 나의 정신까지 관장한다. 이것들은 다양한 관할과 많은 차이 속에서 내 기분과 감정, 심정, 상상의 세계와 생각을 만들어 낸다.

호메로스의 서사시와 헤시오도스의 신화에서 인간은 머리와 몸통, 팔다리를 갖고 전쟁터로 나가거나 삶을 살아가지만, 뭔가 전체적인 것으로서 몸을 갖고 있지는 않았다. 프시케가 떠나고 남은 몸, 즉 죽은 육신에만 〈소마sóma〉라는 이름이 있었다. 따라서 기원전 8세기와 7세기 그리스인들의 관념 세계에서 인간의 영혼은 두 개였다. 하나는 생명력을 관장하는, 몸과 상관없는 영혼이고, 다른 하나는 몸의 여러 기관에 배분되어 〈자아〉와 자아의 성격을 관장하는 몸의 영혼이었다.

이런 생각은 다음 시대에서 점점 깨지기 시작했다. 일종의 보편적 이성으로서 로고스가 비상하면서 다음의 질문이 제기되었기 때문이다. 로고스는 실제로 인간 속 어디에 존재할까? 비록 로고스가 신에게서 유래한 것이라고 하더라도 어떤 식으로건 〈인간 속〉 어딘가에서 인간을 만나야 한다. 그러나 순수 기계적 삶의 에너지든 개별 신체 기관이든 로고스가 있을 만한 적합한 장소는 보이지 않는다. 앞의 물음은 우주 생성론과 자연 설명을 배경으로 서서히 희미하게 떠오르기 시작했고, 그와 함께 인간과 자연에 대한 완전히 새로운 관찰도 시작되었다. 육체로부터 영혼의 해방은 이후 2,000년 동안 이어질 개선 가도에 올랐다. 그와 함께 서양 철학에서 어쩌면 가장 클지도 모르는 오류가…….

떠도는 영혼

다시 한 번 소아시아의 아름다운 해안가에 위치한 밀레토스로 돌아가 보자. 기원후 1세기의 한 원전에 따르면 아낙시만드로스도 인간의 영혼에 대해 숙고했다고 한다. 〈아낙시만드로스는 영혼의 본성(실체)이 공기와 같다고 주장했다.〉[34] 심지어 아낙시메네스는 이렇게 가정했다고 한다. 〈생물은 단순하고 단조로운 공기로 이루어져 있다.〉[35] 〈공기인 영혼〉이 우리를 지배한다.[36] 여기서 아낙시메네스가 영혼을 나타내는 말로 쓴 단어는 프시케다. 만일 프시케가 정말로 우리를 〈지배〉한다면 그것은 단순히 우리 몸을 위한 연료의 의미에 그치지 않는다. 아낙시메네스는 프시케를 〈실체〉 같은 것으로 이해했을까? 그로써 호메로스나 헤시오도스보다 더 명확하게 프시케를 이해했을까?

   같은 시기에 매우 독특한 움직임이 나타난다. 일종의 밀교로서 그리스의 여러 지역에서 선풍적인 인기를 끈 오르페우스교가 그것이다. 트라키아에서 시작된 것으로 추정되는 이 종교는 신화 속 가상의 시인 오르페우스가 창시했다고 한다. 그래서 경전도 시의 형태로 작성되었다. 시구 중에는 영혼의 불멸과 정화, 구원을 다룬 것이 많았다. 오르페우스교가 하나의 잘 조직된 시대적 흐름인지, 아니면 고유의 관념과 전통을 가진 많은 지역적 분파였는지는 알 수 없다. 그러나 영혼에 대한 생각에서는 모든 오르페우스교 신자들이 일치했던 것으로 보인다. 즉 영혼은 육체와 엄격히 분리된다. 육체는 소멸하는 반면에 영혼은 불멸이다.

호메로스와 헤시오도스의 프시케가 육체를 다시 떠나듯 오르페우스교의 영혼도 마찬가지다.

오르페우스교의 입장에서 보면 영혼은 육체 이전에 벌써 존재한다. 그리고 지하의 명부 세계로 가는 것이 아니라 지상을 떠돌다가 매번 다른 형상 속으로 들어가기를 반복한다. 오르페우스교 신도들은 힌두교의 윤회처럼 영혼 이동을 믿고, 영혼은 자기 것이 아니라 자기 몸을 중간 정거장으로 사용하는 초시간적이거나 영원한 것이라 여긴다. 또한 자신의 육체 대신 보이지 않는 영혼과 스스로를 동일시하고, 죽은 뒤에 까마귀나 도마뱀으로 계속 살아가는 것에 만족한다. 이런 생각을 현실과 어떻게 잘 융합하느냐는 개인마다 다르겠지만 어쨌든 영혼은 엄청나게 높이 평가되었다. 풀이하자면 이렇다. 영혼은 천사처럼 영원한 삶을 살면서 끊임없이 새로운 육신으로 들어간다. 육신은 노예처럼 물리적 세계에 묶여 있지만 영혼(이제는 누구도 이것을 〈내 것〉이라 부를 수 없다)은 신적이고 자유롭다.

서양 철학의 관점에서 보면 오르페우스교의 영혼 이동은 철학적이지 않다. 거기에는 근거를 제시하려는 이성적 시도가 전혀 없다. 오히려 그것은 지중해 지역의 오래된 종교의 일부다. 비록 지중해 이외의 지역에서 받은 영향으로 꽃핀 종교겠지만. 예를 들어 고대 이집트인들도 영혼이 동물 형상으로 변한다고 생각했다. 다만 그것은 죽음 이후의 일일 뿐 지속적인 삶의 순환 속에서 일어난다고는 생각하지 않았다.

오르페우스교는 신화적이고 종교적이었다. 그럼에도 철학에 굉장히 중요한 영향을 끼쳤다. 특히 피타고라스를 통해. 크로톤의 스승이 자신의 학파를 창설할 당시 오르페우스교는 남부 이탈리아에서 한창 번창하고 있었다. 많은 지역에 그들의 모임이 존재했다. 귀족 가문의 대표자들은 사택이나 올리브나무 밑에서 만나 영혼에 관해 이야기했다. 무수한 가정 신과 궁정 신, 지역 신, 보편 신을 섬기는 평민들의 종교와는 달리 오르페우스교는 한층 추상적인 영역을 거닐었다. 그들의 주제는 몸이라는 껍데기 속의 내적 인간이었다. 그들은 끊임없이 떠돌고 떠도는 영혼과 그에 따른 현실적인 결론 추출을 두고 오랫동안 토론했다. 즉 나는 이 생에서 어떻게 살아야 하느냐 하는 것이었다. 영혼 이동을 고려하면 내가 해야 할 일은 무엇이고, 하지 말아야 할 것은 무엇일까? 내 영혼이 다음 생에서 두꺼비나 거머리 속에서 보잘것없이 살아가지 않고, 행위의 자유가 크게 주어진 아름다운 육신을 얻으려면 어떻게 살아야 할까?

피타고라스학파가 제기한 질문도 이와 별반 다르지 않았다. 그들은 오르페우스교의 영혼 이동설을 확대·발전시켰다. 피타고라스가 죽은 직후 소아시아의 키오스섬에서 태어난 시인 이온의 말이 맞다면 피타고라스는 〈오르페우스〉라는 이름으로 (지금은 전해지지 않는) 작품을 발표하기도 했다. 피타고라스학파는 순식간에 오르페우스교의 영혼 환생설을 완전히 흡수하고 소화한 것처럼 보인다. 기원전 5세기 남부 이탈리아에는 이름이 알려진 오르페우스교도는 전혀 없었고, 대신 피타고라스의 추종자는 상당히 많았다.

오르페우스교와 마찬가지로 피타고라스학파도 육체보다 영혼을 훨씬 더 소중하게 생각했다. 인간의 성격과 심성, 감각, 사고를 결정하는 것은 신체 기관이 아니라 영혼이라는 것이다. 심지어 플라톤에 따르면 피타고라스학파는 천체의 영혼에 견주어 제한적인 속세의 육신을 멸시했다. 그들에게 〈몸sóma〉은 영혼의 〈무덤sema〉이다. 다만 한 무덤에서 다른 무덤으로 계속 도망칠 수 있는 무덤이다. 이는 숙명적인 순환이자, 무의미한 동형의 것이 모종의 방식으로 끊임없이 새 옷을 입고 돌아오는 영원한 회귀다.

그러니 영혼 이동설의 신봉자 모두가 이런 가망 없는 결정론에 만족할 수는 없었던 것은 어쩌면 당연한 일인지 모른다.

좀 더 자세히 살펴보면 환생 이론에도 여러 가지 변형이 있다. 기원전 5세기 헤로도토스의 기록에 따르면 환생은 3,000년의 시간 속에서 일어나는 확정된 순환이다. 그 시간 동안 인간의 영혼은 모든 동물을 거치면서 떠돈다. 육상 동물에서 수생 동물을 거쳐 조류로 갔다가 마지막에 다시 인간으로 돌아가는 식이다. 이는 미리 정해진 행성 궤도나 다름없다. 이 운명을 저지하거나 거기에 개입할 기회는 전혀 주어지지 않는다. 이 이론에서 인간은 자연에서 특별한 역할이 없다. 다른 동물과 마찬가지로 하나의 동물이고, 무심한 지배자인 자연의 법칙에 내맡겨져 있을 뿐이다.

많은 오르페우스교도와 피타고라스의 신봉자들은 이런 생각에 만족할 수 없었다. 영혼 불멸은 이 모든 것을 연출하는 자연의 도덕적 무심함을 통해 얻은 값비싼 대가였다. 그러다 보니 영혼 이동설의 두 번째 변형이 탄생했다. 목표는 오직 숙명론을 깨부수는 것이었다. 시인 핀다로스는 인간을 자기 영혼의 운명을 함께 결정할 수 있는 유일한 생물체로 보았다. 내가 고결하고 순수하게 살수록 내 영혼도 점점 더 고결하고 순수하게 계속 살아가기 때문이다. 그로써 도덕적으로 볼 때 나는 단 하나의 유한한 생명뿐 아니라 영원한 영혼에 대해서도 책임이 있다. 훌륭한 일을 하고 품위 있고 분별력 있게 살아간다면 나는 마지막에 최고의 목표에 도달할 수 있다. 즉 불멸의 내 영혼을 육체의 감옥으로부터 해방시켜 천체로 돌려보내는 것이다.

두 변형 사이에는 중요한 차이가 존재한다. 두 번째 변형의 무대는 자연법칙이 아닌 인간 법칙의 세계다. 여기서는 무심한 세계의 순환 대신 공정함과 정의가 관건이다. 선하게 산 사람은 영혼의 보상을 받고, 악하게 산 사람은 어둡고 비좁은 육신의 감옥에 갇히는 벌을 받는다. 기원전 5세기에는 법이 등장해 자연의 게임 규칙을 바꾼다. 즉 유죄 판결, 형벌, 변상, 무죄 판결의 원칙이 자연에도 적용됐다. 공정한 판결은 죽음을 피할 수 없는 하찮은 인간 세계뿐 아니라 영원하고 거대한 우주에도 존재한다.

불멸의 영혼을 인간 스스로 책임져야 할 대상으로 바꿈으로써 자연에서 인간의 위치는 급상승한다. 그러나 인간은 인간적으로 될수록 동시에 더 비자연적인 존재가 된다. 인간 속의 자연, 즉 인간의 본성은 인간의 발명품이다. 자연에서 떨어져 나와 스스로 책임을 져야 할 운명이 곧 인간의 본질이 되었다는 것이다. 이전에는 지하 세계에 대한 전망이 영혼을 우울하게 했다면 오르페우스교와 피타고라스학파는 영혼에 지상의 불멸성이라는 영약을 주입했고, 그런 다음 영혼에 좀 더 아름다운 정신의 제국으로 들어가는 다리를 만들어 주었다. 또한 이전에는 슬픈 숙명론으로 인해 인간이 자연의 손아귀에 꼼짝달싹 못하게 움켜 쥐여 있었다면 이제는 인간 영혼의 주권에 대한 낙관적 정신이 싹트기 시작했다.

자연에서 인간의 역할에 대한 이러한 새로운 해석은 일상 삶에 엄청난 결과들을 불러 왔다. 가령 다음 질문부터 그렇다. 나는 동물을 어떻게 다루어야 할까? 호메로스의 세계에서 인간은 자연의 일부다. 그것도 아주 놀랍고 대단한 맹수다. 인간은 지극히 당연하다는 듯이 동물을 죽이고 먹고 신에게 제물로 바친다. 하지만 인간의 영혼이 동물의 세계를 두루 떠돈다고 가정한다면 동물을 죽이는 것은 곧 살인이다. 영혼은 살아남겠지만 고귀한 영혼이 깃든 한 존재를 죽이는 것일 테니까. 영혼 이동의 순환에서 보자면 동물과 인간의 영혼은 동일하다. 다만 육신만 서로 다를 뿐이다. 영혼은 계속 살 거라고 믿으면서도 이전에 그 영혼을 담았던 인간을 살해하고 싶지 않다면 동물도 죽이면 안 된다. 이러한 생각에서 나오는 결론은 단 하나다. 영혼이 깃든 모든 생명을 부양하고 보호할 의무와 채식이 그것이다.

피타고라스는 실제로 채식 생활을 했고, 제자들도 마찬가지였을 것이다. 영혼 이동을 진지하게 받아들인다는 것은 자신의 삶을 바꾸고 동물들을 존중한다는 뜻이기 때문이다. 동물 세계는 이제 인간 세계로 편입되었다. 식생활에서도 이것저것 아무거나 먹는 방탕한 삶보다 배려 있는 신중한 삶이 선호되었다. 또한 육체적인 쾌락에 탐닉하는 대신 영혼의 기쁨을 누리는 삶을 추구했다. 그런데 피타고라스학파가 왜 하필 콩을 못 먹게 했는지는 정확히 알려진 것이 없다. 어쨌든 그들의 섭생법, 즉 건강한 삶에 대한 이론은 윤리학에 복무했다. 목표는 순결함이었다. 의학적으로는 건강을, 도덕적으로는 정화를 의미했다.

잃어버린 낙원

처음에는 모든 것이 좋았다. 〈금빛 찬란한 종족〉인 인간은 〈신들처럼 살았다. 슬픔과 걱정은 없었고, 노화의 짐도 결코 그들을 짓누르지 않았다〉. 곳곳에 과일과 비옥한 땅이 넘쳐 나 힘든 들일조차 할 필요가 없는 지상의 낙원이었다. 이 세계에서는 죽음도 공포가 아니었다. 죽음은 잠을 잘 때 고통 없이 찾아와 인간을 선량한 수호신으로 바꾸어 주었다.

헤시오도스의 『노동과 나날』에 나오는 이 이야기는 그리스인들에겐 분명 멀리서 나지막이 들려오는 감미로운 속삭임 같았을 것이다. 한마디로 악도, 다툼과 고통도 없는 과거의 더 나은 세계였다. 그런데 이 세계는 왜 사라졌을까? 무엇이 황금시대를 파괴했을까? 인간은 왜 바빌로니아와 가나안, 그리스의 신화에 등장하는 그 낙원에서 동물들과 조화를 이루며 행복하게 살지 못하게 되었을까?

그리스 문화권에서 이 물음에 답한 남자는 기원전 5세기 시칠리아섬의 아크라가스에 살았던 엠페도클레스였다. 생몰 연도는 기원전 495년~기원전 435년으로 추정된다. 우리가 알기로 그는 철학자이자 정치인이었다. 의사로도 활동했을 가능성이 높다. 그 밖에 피타고라스처럼 마법사이자 예언가로 추앙받은 것 같기도 하다. 어쨌든 엠페도클레스는 시칠리아 지방에서 시라쿠사에 이어 두 번째로 강성한 도시였던 아크라가스의 유력 인사였다. 혼란스러운 시기에는 천부적인 연설가로서 민주주의의 수호에 힘을 쏟기도 했다.

오늘날에도 아그리젠토 아래쪽의 고원 콜리나 데이 템플리(신전의 언덕)에는 많은 신전들이 우뚝 솟아 있다. 그중에서도 올리브 나무와 오푼티아 선인장들 사이에 도리아 양식의 기둥이 떠받치고 있는 옅은 갈색의 거대한 콘코르디아(조화의 여신) 신전이 있다. 대지의 젖줄인 강들과 가까운 바다 사이에서 낙원에 대해 숙고하기에 나쁘지 않은 장소다. 〈사시사철 잎과 열매가 매달린 나무들은 1년 내내 풍성한 과실을 선사한다.〉 엠페도클레스가 시칠리아의 무더위 속에서 보낸 찬사다.[37] 모든 피조물은 〈인간, 야생 동물, 새들과 거리감 없이 친근하게 지냈고, 그들 사이에는 사랑이 타올랐다.〉[38] 〈여신은 사랑〉이었기 때문이다. 인간들은 〈경건한 공물, 그러니까 동물 그림과 신비한 향의 유약, 순수한 몰약 진액, 향기로운 유향을 은혜로운 여신에게 바쳤고, 누런 벌꿀을 바닥에 부었다〉.[39]

그러나 그 행복은 파괴되었다. 헤시오도스의 책에 나오는 것처럼 신들에 의한 세계 질서의 변화 때문이 아니라 동물을 도살하는 무도한 행위 때문이었다. 인간들은 동물 그림이 아닌 실제 동물을 신들에게 바쳤고, 동물을 먹는 것도 서슴지 않았다. 엠페도클레스에 따르면 그로써 인간은 낙원에 대한 권리를 잃어버렸다. 〈쇠로는 영혼〉을 건져 내지 못하기 때문이다. 〈생명을 빼앗고 고귀한 사지를 먹어 치우는 것은 인간의 가장 큰 수치였다.〉[40]

어떤 고대 철학자도(어쩌면 플루타르코스는 빼놓을 수 있을지 모른다) 엠페도클레스만큼 열성적인 채식 옹호자는 없을 것이다. 엠페도클레스는 오르페우스교와 피타고라스학파의 영향으로 영혼 이동을 믿었다. 그래서 그에게 동물을 죽이는 것은 살인이나 다름없었다. 〈그대들은 그 끔찍한 살인을 끝내 멈추지 않을 것인가? 그대들은 어두운 망상에 사로잡혀 서로를 갈기갈기 찢고 있는 것이 정녕 느껴지지 않는가?)[41] 그는 잔인한 장면을 처음부터 끝까지 아주 상세히 묘사한다. 〈그때 어둠에 눈먼 아버지는 사랑하는 아들이 동물로 바뀐 줄도 모르고 아들을 도살하고 기도까지 올린다. 하인들은 애원하는 주인집 아들을 제물로 바치기를 주저한다. 그러나 아버지는 그 울부짖음에는 들은 척도 않고 아들을 도살한 뒤 잔인한 식사를 준비한다.〉[42]

엠페도클레스는 종교적 광신도나 몽상가가 아니다. 반대로 그 당시까지 서양에서 가장 중요한 〈자연 과학자〉 중 한 명으로 여겨진다. 그는 자연에 관한 교훈시에서 밀레토스 자연 철학자들의 일방적인 원소 이론을 극복하고, 세계의 원소를 동등한 권리를 가진 네 가지 물질, 즉 물과 불, 공기, 흙으로 나누었다. 이 이론은 향후 2,000년 넘게 서양 세계에 영향을 끼쳤다. 그의 우주 생성론은 그 당시 가장 진보적이었고, 그의 물리적 지식과 추론들은 상당히 주목할 만했다.

플라톤과 아리스토텔레스 이전의 모든 그리스 철학자들처럼 엠페도클레스에 관한 정보도 단편적으로만 알려져 있다. 그의 저작은 수없이 많았다고 한다. 그중에는 정치와 의학에 대한 글도 있었고, 심지어 비극 작품도 있었다고 한다. 그러나 그중에서 전해지는 것은 각각 다른 작품으로 보이는 두 저서에 담긴 단편들뿐이다. 이 두 작품 중의 하나는 자연 철학을, 다른 하나는 신비적 종교적 물음인 〈정화〉를 다루고 있다. 디오게네스 라에르티오스에 따르면 이 두 저서는 무척 방대했다고 하지만 오늘날까지 전해지는 것은 약 10분의 1뿐이다.

엠페도클레스가 제자 파우사니아스를 위해 쓴 자연시가 있다. 이 시에서 그는 자연에선 어떤 것도 완전히 새롭게 생성되지 않고, 영원히 소멸되지도 않는다고 가르친다. 〈유한한 만물 가운데 새로 생겨나는 것은 없고 썩어 문드러지는 죽음의 종말도 없나니. 정녕 없나니! 오직 섞임만 있고, 그 섞인 것이 다시 나뉘는 분리만 있을 뿐이라.《생성》이라는 말은 오로지 인간에게만 있는 것이라.〉[43]

이 내용을 듣다 보면 엠페도클레스도 알고 있었을 것으로 보이는 파르메니데스가 퍼뜩 떠오른다. 원소들은 생성하거나 소멸되는 대신 매번 새로 섞였다가 다시 분리된다. 엠페도클레스식으로 표현하자면, 원소들은 서로 사랑하고 서로 미워한다. 끌어당기고 밀어내는 것은 사랑과 다툼의 양극에 의해 유발된 자연의 움직임이다. 〈왜냐하면 이 모든 요소들, 즉 태양, 땅, 하늘, 바다는 그것들의 많은 부분이 지상 세계에서 폭넓게 섞여 있음에도 자신의 부분들과 우애롭게 결합되어 있기 때문이다. 그와 마찬가지로 혼합에 좀 더 적합한 모든 것은 서로 유사하고 사랑으로 연결되어 있다. 그에 반해 기원, 혼합, 형체상 서로 결합하지 못할 정도로 멀리 떨어진 것들은 모두 적대적이고, 심지어 그 기원이 다툼의 의지인지라 불행하기까지 하다.〉[44]

다른 선행자들과 비교할 때 엠페도클레스의 이론은 좀 더 진보적이다. 그에 따르면 만물은 동일한 (이른바 화학 물질 같은) 원소들로 이루어져 있고, 물과 포도주처럼 섞이거나 물과 기름처럼 서로를 밀어낸다. 이때 사랑과 다툼이라는 양극의 힘겨루기로 인해 역동성과 변화가 생겨난다. 사랑이 최고 출력을 내면 원소들은 최고의 응집력으로 섞이고, 세계는 통일적이고 균형을 맞춘 이상 상태에 도달한다. 그러면 일종의 신적인 구(球)가 만들어지고, 다툼은 〈맨 끄트머리〉[45]로 밀려난다. 세계의 이 단계에서는 〈태양의 빠른 고리도, 대지의 흐트러진 힘도, 바다도 구분되지 않는다〉.[46] 그러나 구(球), 즉 〈스파이로스sphairos〉는 자신의 고독한 현존을 즐긴다. 다만 그 상태는 영원히 지속되지 않는다. 다툼이 다시 등장해 점점 우위를 점하기 때문이다. 원소들은 다시 나뉘어 각각 자기 속으로 쪼그라들고, 사랑이 중심에서 다시 강해져 원소들을 혼합할 때까지 그 상태를 유지한다. 이 과정은 계속 반복된다.

엠페도클레스가 볼 때 세계는 원형의 순환 속에 있다. 한 번은 사랑이 지배하고, 그다음엔 다툼이 사랑을 밀어내고 지배권을 잡는다. 그러다가 다시 사랑이 권좌를 되찾는다. 엠페도클레스가 살아 있을 때의 세계는 두 번째 국면, 즉 사랑에 대한 다툼의 점진적인 승리 국면이었다고 한다. 엠페도클레스는 오늘날과 같은 지구의 형태가 어떻게 생겨났는지를 물리적으로 아주 꼼꼼히 묘사한다. 먼저 이상적인 구에서 공기가 빠져나가 지각 위에 막을 형성한다. 이제 공기가 없는 구에서 뜨거운 불이 축축한 대지를 분리시키고, 대지에서 물이 샘솟게 한다. 물에서 공기가 올라와 지각 위의 막 속으로 밀고 들어가고, 거기서 생물이 숨 쉬는 공기와 대기권이 생겨난다.

물론 이러한 순환은 극적인 결론을 내포한다. 생명은 과도기에만 존재할 뿐 사랑이든 다툼이든 어느 하나의 절대적인 지배를 받지 않는다는 것이다. 생명체도 다른 모든 것과 마찬가지로 네 개의 원소로 이루어져 있다. 이때 원소들의 각각 다른 혼합 비율이 식물, 동물, 인간 사이의 차이와 각 종들의 차이를 만든다. 모든 생물은 동일한 재료의 다른 함량으로 구성되어 있다는 말이다. 기원후 1세기의 중요한 원전의 저자인 아에티오스는 엠페도클레스의 학설에 대해 이렇게 보고한다. 〈동식물의 첫 탄생은 완벽하게 이루어지는 것이 아니라 처음에는 서로 분리된 부분들만 생겨난다. 반면에 두 번째 단계에서는 이 부분들의 유착으로 기괴한 형체들이 생성되고, 세 번째 단계에서는 전체 몸의 형체가 만들어지고, 네 번째 단계에서는 땅과 물 같은 원소들의 혼합이 아니라 많은 것이 어지럽게 뒤섞여 몸이 생성된다. 어떤 때는 풍부한

영양을 통해, 어떤 때는 아름다운 여자 형체와의 교배를 통해.)[47]

만일 생물의 진화 과정을 시적으로 표현한다면 오늘날의 생물학자도 이와 비슷한 방식으로 기술할 수 있을 것이다. 가장 원시적인 생명 형태에서 자웅동체를 거쳐 서서히 좀 더 복잡한 생물이 탄생했다. 다만 엠페도클레스가 말하는 생명 형태들이 정말 〈서로에게서〉 생겨났는지는 불분명하다. 전해져 오는 두 개의 단편에서는 그에 대한 답이 없다. 다만 이렇게만 말하고 있다. 〈무수한 손과 질질 끄는 발을 가진 존재〉가 생겨났다. 땅에서는 〈목이 없는 많은 머리들이 솟아났고, 팔들은 어깨 없이 혼자 헤매고 다녔고, 눈들은 이마를 그리워하며 홀로 배회했다〉.[48] 이렇게 불완전한 존재들에서 오늘날의 합목적적인 존재들이 태어났고, 그중에서 최고의 존재는 바로 인간이다. 하지만 인간의 진화는 완결되지 않았다. 인간은 전력을 다하면 계속 완벽해져서 종래에는 신들과 비슷해질 수 있다. 엠페도클레스가 생각하는 세계는 현대 생물학의 세계와는 달랐다. 오히려 실리콘 밸리의 유사 종교적 사이버 판타지와 비슷하다고 할까……

영혼의 질료

생물학적 진화가 아무리 훌륭하더라도 우주에선 그저 일시적인 현상일 뿐이다. 엠페도클레스에 따르면 식물, 동물, 인간이 발전할 수 있는 시간대는 제한적이기 때문이다. 다툼이 우위를 차지하면 원소들의 모든 경이로운 혼합 존재들은 다시 분리되고, 모든 생명은 파괴된다. 다툼에서 사랑으로 넘어가는 과도기에 태어난 생물들도 마찬가지다. 모든 원소들이 완벽하게 뒤섞일 경우에도 개별 생명체는 더 이상 존재하지 않는다. 식물이든 동물이든 인간이든 모두 좀 더 높고 합목적적인 형태와 단계로 나아가려고 애쓸 수는 있지만, 마지막엔 거대한 세계 순환 속에서 소멸되고 만다.

　이 같은 우주 생성론은 냉혹하고 결정론적이다. 그래서 그것이 어떻게 오르페우스교와 피타고라스학파의 영혼 이동 이념과 합치될 수 있을지는 궁금하다. 영혼이 봄에만 사랑에 접근하거나, 가을이면 다툼과 몰락의 길 위에서 마지막 불꽃을 태운다면 영원한 영혼이 어떻게 존재할 수 있을까? 여름이면 하나로 녹아드는 사랑의 무더위로 죽고, 겨울이면 이별과 소멸의 추위로 죽음을 맞는다면 영혼은 어떻게 정체성을 유지할 수 있을까?

　엠페도클레스는 〈영혼〉을 정확히 어떻게 이해했을까? 모든 생명이 네 개의 원소로 이루어져 있다가 다시 해체된다면 〈영혼〉이라는 이름의 파괴될 수 없는 무언가는 어디에 있을까? 영원히 하나로 접합된 것이 없다면 나는 하나의 동일체로서 나 자신을 시간 속에서 어떻게 지켜낼 수 있을까? 엠페도클레스는 영혼을 풀이하면서 특이하게도 프시케라는 개념을 포기하고, 대신 〈다이몬daimon〉이라는 말을 사용했다. 이 말은 모호하기는 하지만, 대략 〈신적인 정신〉이라는 뜻이다. 이 〈정신spirit〉이 영혼으로서 뭇 생물들의 몸을, 그것도 동물의 몸뿐 아니라 식물의 몸까지 두루 거치면서 돌아다닌다. 모든 것이 똑같은 원소로 이루어져 있다면 인간과 동식물 사이에 근본적인 질의 차이는 없다. 〈나는 언젠가 소년이었고 소녀였고 나무였고 새였고, 바다에서 수면으로 떠오르는 말없는 물고기였다.〉 그의 단편에 나오는 한 대목이다.[49] 사랑스러운 상상이기는 하지만 〈나〉라는 것이 문제다. 무엇을 〈나〉라고 말할 수 있을까? 〈나〉를 가장 깊은 곳에서 접합시키는 것은 무엇일까? 질료들의 특별하면서도 우연적인 혼합일까? 아니면 초감각적이고 형체 없는 무엇일까?

엠페도클레스의 발언은 모순적이다. 어떤 때는 〈만물은 원소들의 적절한 조합〉으로서 〈그 원소들을 통해 생각하고 기뻐하고 슬퍼한다〉[50]고 말한다. 그에 따르면 내 몸 도처에서 물질적으로 내 영혼의 움직임을 책임지는 것은 다이몬일 것이다. 그런데 다른 데서는 사고가 피와 심장 속에만 존재한다고 언급한다. 〈샘솟는 피의 물결 속에서 사고력은 양분을 얻는다. 사고가 존재하는 곳도 바로 거기다. 왜냐하면 심장을 중심으로 순환하는 피가 인간에게는 사고력이기 때문이다.〉[51] 하지만 또 다른 데서는 이렇게 말한다. 〈모든 것에 이성이 담겨 있고, 모든 것이 사고에 관여한다는 사실을 알아야 한다.〉[52] 게다가 〈모든 것〉은 〈호흡과 냄새에도 관여한다〉.[53] 여기서 말하는 〈모든 것〉은 분명 인간만을 뜻하지 않는다. 생물뿐 아니라 자연 속의 모든 과정에 영혼이 깃들어 있다는 엠페도클레스의 말이 퍼뜩 떠오르기 때문이다. 이것을 어떻게 비틀고 해석하건 물리학자의 진술은 생물학자의 진술과 맞지 않고, 생물학자의 발언은 신비주의자의 발언과 잘 어울리지 않는다.

엠페도클레스의 영혼 구상에서는 엄격한 논리학을 찾아볼 수 없다. 호메로스의 작품에 나오는 사자(死者)의 영혼에 대한 흔적이 아직 남아 있는 채 떠도는 다이몬, 그리고 사랑과 다툼으로 움직이는 자연의 구성 물질들은 결코 철학적 구상과 유기적인 조화를 이룰 수 없다. 이런 점에서 엠페도클레스가 우주 생성론에 물리학과 신비주의 외에 세 번째 차원, 즉 도덕을 끼워 넣을 때도 논리학을 기대해서는 안 된다.

황금시대와 인류 원죄에 관한 이야기가 우주 생성론과 어떻게 어울릴 수 있을까? 솔직히 말해 전혀 어울리지 않는다. 물론 황금시대를 오늘날보다 사랑이 더 큰 힘을 가졌던 시대로 상상할 수는 있다. 또한 동물 도살의 원죄가 다툼이 힘을 얻기 시작하던 시대에 잘 어울리기는 한다. 하지만 인간 타락을 이야기하려고 굳이 인간의 특별한 원죄를 만들어 낼 필요가 있을까? 황금시대는 어차피 자연법칙에 따라 단계적으로 다툼과 불화로 해체되기 마련이다. 동물을 죽인 인간의 과오로 황금시대가 끝났다는 이야기는 불필요할 뿐 아니라 뜬금없기까지 하다. 인간이 어느 날 갑자기 거대한 자연의 무대에서 중심 역할을 맡고, 그 생성 과정에까지 참여하게 되었다는 말을 어떻게 자연스럽게 받아들일 수 있겠는가? 그것도 우연에 의해 합목적적으로 혼합된, 우주의 티끌과도 같은 존재일 뿐인 인간이 말이다.

인간 도덕과 함께 이전에는 두 개의 힘, 즉 우주적 사랑과 우주적 다툼만 허용하던 세계에 아주 은밀하게 새로운 에너지가 추가되었다. 〈운명의 판결이 있다. 긴 맹세로 봉인된 영원히 통용되는 신들의 결정이 그것이다. 무도함 속에서 살해의 피로 자신의 손을 더럽힌 자, 다툼의 유혹에 빠져 기나긴 삶이 할당된 악령들의 수로 거짓 맹세한 자, 이들은 모두 복된 이들에게서 멀리 떨어져 온갖 유한한 존재의 형체로 모습을 바꾸어 가며 고단한 삶을 3만 년 동안이나 떠돌아야 한다. 이제 나도 그런 부류에 들었으니 신에게 버림받고 방황한다. 미친 듯이 날뛰는 다툼을 믿었기 때문이다.)[54]

이로써 모든 것이 다시 불분명해졌다. 만일 엠페도클레스가 〈살해의 피로 자신의 손을 더럽히기〉 전에는 아직 3만 년 동안의 영혼 이동에 참여하지 않고 신에 가까웠다면 그는 대체 어떤 존재였을까? 그는 어디서 왔을까? 진화 과정에서 우주의 최고 존재였을까, 아니면 진화 과정에 아예 참여조차 하지 않았을까? 그리고 원죄는 대체 어찌된 일일까? 일회적 사건이었을까? 다시 말해 인간에 의한 최초의 동물 살해가 원죄일까? 그 대가로 낙원을 떠나야 했던? 아니면 원죄란 각 개인의 개별적 과오일까? 엠페도클레스는 황금시대가 끝났다고 했다. 그렇다면 그게 왜 모두에게 끝나야 했을까? 만일 그게 인간 모두의 원죄가 아니라 각 개인의 무도한 죄악이라면 적어도 채식주의자들은 낙원에 살아야 하지 않을까?

당시 사람들의 생각은 오늘날과는 분명 무척 다르다. 우리는 도덕적 고찰을 학문적 이론과는 근본적으로 다른 것으로 여긴다. 반면에 엠페도클레스는 비인간적인 우주 생성론을 〈나는 어떻게 살아야 할 것인가〉라는 매우 구체적이고 인간적인 질문과 결합시키려 했다. 많은 오르페우스교도나 피타고라스학파와 마찬가지로 그는 인간에게 윤리적 삶을 통해 자신의 운명에 동참할 기회를 부여한다. 다시 말해 인간이 윤리적으로 살면 나중에 식물 중에서는 최소한 정선된 월계수로, 동물 중에서는 〈산을 거처로 마른 땅에서 생활하는〉[55] 사자로 태어날 수 있다는 것이다. 윤리적 삶에 대한 상세한 지침은 안타깝게도 남아 있지 않지만, 우리는 선한 생활 방식을 통해 결국 엠페도클레스와 같은 사람이 될 수 있다. 즉 〈예언자, 가수, 의사, 땅에 사는 인간들의 지도자〉가 될 수 있고, 심지어 어쩌면 〈가장 영광스러운 존재인 신〉[56]으로까지 비상할 수 있다.

거기까지 가려면 엠페도클레스도 수천 번의 재판을 거쳐야 한다. 육체의 죽음 이후 벌거벗은 영혼은 매번 하데스에게 가서 스스로의 깨끗함을 석명해야 한다. 그런 다음 판결에 맞는 새로운 육체의 옷으로 갈아입는다. 이전의 선한 삶은 더 발전된 육체로 보상받고, 악한 삶은 벌을 받는다. 여기서도 기원전 5세기 그리스에서 법의 새로운 위상이 드러난다. 전체 자연도 자연법적 공동체에 의해 지배받는다는 것이다. 인간은 다른 생명에 대한 자신의 행위를 해명하고 책임져야 한다. 그것도 다른 인간과 동물에 대해서만 그런 것이 아니라 예를 들어 엠페도클레스가 침해할 수 없는 것으로 부각시킨 월계수 같은 식물들에 대해서도 그렇다.

그런데 만물에 영혼이 깃들어 있다는 점을 고려하면 식물 섭취가 허용된 것은 풀리지 않는 의문으로 남는다. 영혼이 식물로도 들어간다면 동물을 죽이는 행위와 풀을 뜯어먹는 행위에 무슨 차이가 있을까? 이런 상황에서 딱 하나 괜찮은 생활 방식이 있다면 과일을 먹는 것, 그것도 땅에 떨어진 과일을 먹는 것이 가장 좋을 것이다. 그러나 빈약한 출처를 고려하면 엠페도클레스가 그런 〈검소한〉 생활 방식을 올바른 것으로 여겼는지는 하늘만 알 뿐이다.

적절하게 조절된 영혼

그리스인들은 오랫동안 육체와 영혼을 대립하는 것으로 생각하지 않았다. 영혼은 감각, 장기(臟器), 감정, 인간 몸 전체에 소재를 두고 있는 것이라 여겼다. 그러다 그리스의 사고에 로고스가 편입되어 중요한 역할을 하면서 비로소 육체와 영혼은 분리되었다. 모든 것을 포괄하고 꿰뚫는 이성은 육체적이지 않고 순수 정신적인 것이기 때문이다. 이성은 신들이 인간에게, 그것도 총애하는 일부 선택된 이들에게만 조금씩 나누어 준 신의 선물이었다. 신들에게 그런 특별한 혜택을 받은 사람들은 헤라클레이토스처럼 식자 티를 내는 불평꾼으로 살아가거나, 아니면 피타고라스와 엠페도클레스처럼 많은 추종자를 거느린 스승으로 제자들에게 세계를 설명했다.

　　이로 인해 인간상의 관념에 극적인 변화가 생겼다. 육체와 영혼이 명확하게 구분될수록 인간은 동물적인 속성과 신적인 속성이 독특하게 섞인 존재로 비쳤기 때문이다. 다시 말해, 죽을 수밖에 없는 육체적인 것과 불멸의 영적인 것이 혼합된 존재라는 것이다. 그렇다면 이 둘은 인간 속에서 어떤 방식으로 작용할까? 그들의 협업은 세부적인 면에서 어떻게 상상해야 할까? 이런 물음에 몰두한 것은 현실 삶에서 멀리 떨어진 철학자들만이 아니었다. 의학 분야도 관심을 보였다. 이 물음에는 실용적인 면도 숨어 있었기 때문이다.

　　우리는 엠페도클레스가 의학서를 집필한 것으로 알고 있

인간과 영혼

고대 철학

다. 어쩌면 의사로서 실제 진료 활동을 했을 수도 있다. 이론적 철학과 실천적 의학의 긴밀한 결합은 기원전 5세기에는 지극히 일반적인 일이었다. 엠페도클레스가 시칠리아섬에서 태어날 당시 칼라브리아에는 또 다른 철학자이자 의사가 살고 있었다. 알크마이온이다. 그는 피타고라스학파의 활동 영역인 크로톤에서 삶을 보냈다. 아리스토텔레스의 『형이상학』에 나중에 삽입된 내용을 보면, 알크마이온은 위대한 스승 피타고라스가 고령의 나이로 살아 있을 때 아직 젊었다고 한다. 따라서 알크마이온은 피타고라스학파의 손자 세대로서 엠페도클레스보다는 나이가 많았던 것으로 보인다.

기원전 5세기에 의사는 어떤 일을 했을까? 오늘날과 같지는 않았다. 의사는 의료 기술의 전문가가 아니라 철학적 성찰에서 실용적인 결론을 끄집어내고 그 토대 위에서 인간을 의학적으로 다룬 학자였다. 육체와 영혼이 현저하게 불균형 상태에 빠졌을 때, 즉 통증, 구토, 열, 광기 등으로 나타나는 부조화에 빠졌을 때 의사는 한 인간의 안녕을 재생시킨다. 여기서 〈안녕〉이라는 말은 의도적으로 사용했다. 당시 의사들의 목표는 〈건강〉(고대 그리스에는 순수 의학적 의미에서 〈건강〉이라는 말은 아직 존재하지 않았다)이 아니라 〈조화〉였기 때문이다. 오늘날에는 건강을 무엇보다 질병이 없는 상태로 여긴다. 반면에 〈안녕〉은 육체와 영혼 면에서 이상적인 상태를 가리킨다. 그러니까 나는 몸은 건강하지만 심적으로는 불만이 가득하고 불행할 수 있다. 나는 육체와 영혼의 고통에서 자유롭거나, 최소한 그 고통을 억제할 수 있을 때 안녕을 느낀다.

기원전 5세기의 그리스 세계에서는 병들거나 허약하거나 쇠약하지 않고, 기형이거나 정신적 장애가 없는 것을 신의 선물로 여겼다. 그래서 육체적으로 병들거나 정신적으로 아픈 사람을 치료하는 것이 마법사와 샤먼, 사제, 예언자의 영역이었던 것은 별로 이상한 일이 아니다. 병든 사람을 치료하려면 신들과 이어진 특별한 끈이 필요하다고 생각했으니까 말이다. 어쨌든 〈흰옷의 반신(半神)〉이라 불렸던 이런 의사들은 현대적 의학보다 훨씬 오래되었다. 그럼에도 그들은 고대 그리스에서 꼭 좋은 평판만 누렸던 것은 아니었다. 플라톤은 의사 직에 종사하는 것을 〈이성이 있는 사람이라면 결코 받아들일 수 없는〉[57] 일이라고 했다.

그러나 알크마이온이 살았던 크로톤의 상황은 좀 달랐다. 그곳 의사들은 평판이 좋았다. 플라톤도 데모케데스라는 이름의 전설적인 의사를 의사의 모범으로 치켜세웠다. 의사에 대한 이런 고무적인 분위기 속에서 알크마이온은 방대한 의학서를 썼다. 거기다 크로톤에서는 특별한 일이라 할 수 없었지만, 피타고라스학파와도 가까웠다. 알크마이온은 그들의 사상을 연구했고, 그중 세 명에게 자신의 저서 한 권을 헌정했다고 한다. 그 저술이 전해지지 않는 것은 안타깝다. 우리가 알크마이온에 대해 아는 것들도 또다시 다른 사람들의 출처에 의존해야 한다.

알크마이온에 따르면 인간은 자기 자신과 조화 상태에 있을 때 건강하다. 결정적인 것은 체액과 힘들의 균형이다. 여기서 알크마이온이 정치와 법에서 나온 한 개념을 사용한 것은 주목할 만하다. 그 개념은 이소노미아isonomia, 즉 〈동등한 권리〉이다. 찬 것과 따뜻한 것, 쓴 것과 단 것, 습한 것과 건조한 것이 몸 안에서 〈동등한 권리〉로 균형을 이루면 인간은 자기 자신과 정상적인 관계에 놓인다. 그런데 어떤 하나의 힘이 독재권monarchia을 장악해 왕으로 군림하게 되면 국가와 마찬가지로 인간의 육체도 부조화에 빠진다. 폴리스에서건 인간의 육체에서건 평등권을 바탕으로 전체적으로 균형을 이룬 정의만이 안녕을 이루어 낸다.

극단들 사이의 균형이라는 관점에서 육체의 조화를 바라

보는 것은 전형적인 피타고라스학파의 사상이다. 삶에서의 과잉과 무절제는 결핍만큼이나 건강을 해친다. 아리스토텔레스에 따르면 알크마이온은 인간의 삶이 많은 상이한 대립을 통해 결정된다고 보았다. 그는 상당히 파격적인 통찰을 내놓았다. 그러니까 몸의 가장 중요한 기관이나 핵심 기운은 심장이나 피가 아니라 뇌라는 것이다. 이로써 영혼은 서양 문화상 최초로 적합한 자기 자리를 찾게 된다. 알크마이온은 뇌가 충격을 받았을 때 지각과 사고에 치명적인 결과가 초래된다는 점을 눈여겨보았다.

그는 열정 넘치는 정밀함으로 지각과 사고가 어떻게 연결되는지 밝히려 애썼고, 감각 기관들과 뇌 사이의 통로와 작용, 메커니즘을 찾았다. 아리스토텔레스의 중요 제자 테오프라스토스는 알크마이온이 다음과 같이 주장했다고 기록한다. 〈귀 안에 빈 공간이 있기에 우리는 귀로 들을 수 있다. 그 빈 공간이 울리기 때문이다. (……) 우리가 코로 숨 쉬면서 냄새를 맡는 것도 숨을 뇌까지 끌어들이기 때문이다. 혀로는 맛을 구별한다. 혀는 따뜻하고 말랑말랑해서 그 부드러운 온기로 여러 가지 맛을 녹이기 때문이다. 혀는 그 연하고 섬세한 성질 덕분에 맛을 받아들여 (뇌로) 전달한다. 눈은 그 자신을 에워싼 물을 통해 본다. 하지만 눈 속엔 불이 담겨 있는 게 분명하다. 눈을 한 대 맞으면 눈에 불꽃이 튀기 때문이다. 그러나 빛이 반사되면 우리는 빛나는 것과 투명한 것을 매개로 본다. 빛이 순수할수록 사물은 더 잘 보인다.〉[58]

알크마이온의 감각적 작동 원리가 얼마나 진보적인지는 엠페도클레스와의 직접적인 비교로도 드러난다. 엠페도클레스는 감각을 설명하면서 지나치게 편협한 원소 이론에 갇힌다. 정리하면 이렇다. 우리의 감각은 현실을 있는 그대로 충실하게 포착한다. 감각 기관들은 지각 대상들과 똑같은 근원 물질로 이루어져 있기 때문이다. 불, 흙, 공기, 물은 원소들의 동일한 혼합 비율로 이루어진 감각 기관들과 마주친다. 세상 사물들은 자기들과 다를 바 없는 몸의 미세한 구멍들을 통해 인간 속으로 밀고 들어가 온갖 이미지와 소리, 냄새 등의 형태로 외부 세계를 전달한다.

알크마이온의 해부학적이고 생리학적인 시선은 이보다 훨씬 냉철하다. 그의 사고는 협소하게 정의된 어떤 기계적 이론에도 속박되지 않았다. 다만 경험론자로서 자신이 면밀하게 관찰한 것들을 하나의 이론으로 만들었다. 물론 그도 가끔 관찰만으로 목표에 이르지 못할 경우 사변적 경향을 보였다. 그는 뇌가 사람의 씨물, 즉 아이를 만들어 내는 액체를 생산한다고 생각했다. 남자건 여자건 할 것 없이. 그 씨물의 결합으로 성이 결정된다. 즉 누가 씨물을 더 많이 내느냐에 달려 있다는 것이다.

그런데 알크마이온처럼 인간의 몸을 그렇게 기계적으로 이해한다면 영혼의 활동 공간은 어디일까? 사고도 오직 기계적 과정일 뿐일까? 인간의 로고스를 설명하기 위해 더는 신들과 신적인 것이 필요 없는 것일까? 정신을 만들어 내는 육체 고유의 메커니즘은 존재할까? 이처럼 영혼이 빠진 영혼에 대한 구상을 들으면 피타고라스는 격분해서 관에서 벌떡 일어날지도 모른다. 알크마이온은 교묘한 방법으로 이런 문제들을 해결해 나간다. 즉 사고와 인간 영혼, 로고스를 초자연적인 불멸의 존재로 끌어올리면서 인간과 동물을 근본적으로 구별하는 요소로 삼은 것이다. 그는 말한다. 〈영혼은 저절로 움직이고 영원한 움직임 속에 있다. 따라서 죽지 않는 신적인 존재와 비슷하다.〉[59] 그런데 숙고는 여기서 멈춘다. 초감각적인 것에 관한 경우, 인간은 감각적으로 파악하지 못하는 것에 대한 언급을 조심해야 하기 때문이다. 신적인 것에 대한 판단은 인간이 아닌 신들의 일이다. 천체만이 〈시작과 끝을 연결시킬〉 수 있고, 유한한 존재인 인간은 그럴 수 없다. 훗날 이 문장에 자극받은 괴테는 다음과 같은 소망을 피력한다.

〈시작과 끝을 / 하나로 수렴하라!〉 그러나 인간은 삶과 인식의 우주적 원을 완성할 수 없다. 다만 경험 세계를 더듬거리며 탐색할 뿐이다.

모든 것은 물질이다!

알크마이온이 아직 영혼에 불가해함과 오묘함이라는 시적인 마법을 부여하고 있었음에도 인간을 미세한 성분들로 조심스럽게 분해하는 탐구적 호기심의 문은 그와 함께 열리게 되었다. 그 문으로 들어간 또 다른 철학자는 밀레토스 북쪽에 위치한 이오니아의 고대 소도시 클라조메나이에서 태어난 아낙사고라스였다. 그의 생존 시기는 엠페도클레스의 시기와 거의 일치하는데, 기원전 500년 무렵에 태어나 기원전 428년까지 살았던 것으로 추정된다. 그 역시 여러 선행자들에게서 영향을 받았고, 영혼을 포착하려 애썼다.

우리가 아낙사고라스에 대해 알고 있는 믿을 만한 이야기는 모두 아리스토텔레스에게서 나왔다. 그에 따르면 클라조메나이 출신의 이 남자는 우주에 대한 사유를 몇몇 냉철하고 간결한 표현으로 드러냈다. 예를 들어 은하수는 〈어떤 별들의 빛〉이라는 것이다. 또 다른 출처에 따르면 그는 달의 어둠이 지구의 그림자일 뿐이라는 사실도 똑똑히 인식했다. 월식에 대한 최초의 올바른 이론이었다. 그럼에도 그의 인식론은 소박했다. 그도 알크마이온처럼 초감각적인 것을 좀 더 깊이 밝히는 것에 대한 심적 두려움이 있었던 것으로 보인다. 다른 이들은 신들의 밤하늘을 향해 사변의 등불을 높이 쳐들어도 아낙사고라스는 겸손하게 다음과 같이 썼다. 〈우리 감각의 약점으로 인해 우리는 진리를 인식하지 못한다. 보이는 사물들은 보이지 않는 것의 인식을 위한 토대다.〉[60]

아낙사고라스의 주 활동지는 그사이 정치적으로 퇴락한 이오니아가 아니라 당시 전 고대 세계에서 한창 비상 중이던 아테네였다. 아낙사고라스와 함께 철학사의 무대는 처음으로 아테네로 옮겨 간다. 그는 기원전 462년에서 기원전 432년까지 30년 동안을 정치와 문화의 새 중심지 아테네에서 보낸다. 플루타르코스에 따르면, 아테네의 유력 정치인 페리클레스도 아낙사고라스에게 가르침과 함께 자극을 받았다고 한다. 이는 철학자에겐 꿈 같은 일인 동시에 매우 위험한 일이기도 했다. 페리클레스가 잠시 권력을 잃자 아낙사고라스 역시 페리클레스의 정치적 반대파들에 의해 무신론자로 고발당한 것이다. 지구가 작열하는 돌 더미라고 주장한 것이 화근이었다. 물론 나중에 페리클레스는 자신의 정신적 스승을 감옥에서 풀어 주고 사형 선고까지 면해 주었다. 그 뒤 아낙사고라스는 이오니아 북쪽의 람프사코스로 망명해 말년을 보냈다.

아낙사고라스가 정말 정치에 개입했는지, 또 무신론자임을 공공연히 드러냈는지는 알 수 없다. 그는 자연 철학자로서 중요한 인물이다. 그의 저술은 초기의 모든 철학자들처럼 제삼자를 통해 단편적으로만 전해진다. 그래서 예전에는 하나의 연관성으로 엮여 있었을 저술들도 이제는 어두운 바다 위에 유빙 조각처럼 떠돌고 있을 뿐이다. 아낙사고라스는 엠페도클레스와 마찬가지로 세상 만물이 물질로 이루어져 있다고 생각했다. 세상 어디에도 이런 물질이 없는 텅 빈 공간은 존재하지 않는다. 만물은 작은 부분들과 그보다 더 작은 부분들이 섞여 있다. 이는 처음부터 항상 존재해 온 일종의 근원적 혼합을 가리킨다. 이런 의미에서 파르메니데스처럼 아낙사고라스도 태양 아래 새로운 것은 만들어지지 않는다고 생각했다. 〈그리스인들은 생성과 소멸이라는 단어를 잘못 사용하고 있다. (근본적으로 볼 때 태양 아래) 새로 만

들어지거나 없어지는 것은 없다. 오직 기존의 것들이 새로 섞이고 분리될 뿐이다.〉[61]

모든 것은 처음부터 항상 존재해 왔고, 동일한 원초적 혼합으로 이루어져 있으며, 각자 다른 모든 것들에 어느 정도씩 참여한다. 어떤 것이 우리에게 불이나 물로 보인다면 그것은 그 안에 불 입자나 물 입자가 압도적으로 많기 때문이다. 엠페도클레스와 마찬가지로 아낙사고라스도 만물은 만물 속의 무언가를 상이한 비중으로 담고 있다고 보았다. 다만 아낙사고라스의 경우는 그 무언가를 원소 네 개로 엄격하게 제한하지는 않았다.

이처럼 철저한 유물론자는 영혼과 정신을 어떻게 생각했을까? 처음에 그는 정신(누스)을 사물을 구성하는 혼합된 원소처럼 물질적인 것으로 관찰했다. 정신은 정기(精氣)와 같은 것이 아니라 하나의 실체다. 물론 무척 특별한 실체다. 정신은 〈무한하고 독단적이고, 어떤 것과도 섞이지 않는다〉.[62] 따라서 세상에는 혼합된 사물들과 섞이지 않은 순수한 정신이 존재한다. 아낙사고라스의 누스는 헤라클레이토스의 로고스와 마찬가지로 모든 것에 강하게 작용하는 비인격적인 힘이다. 이 힘이 우주를 관장하고 인간에게 영혼을 불어넣는다. 순수한 정신은 이따금 사물들 속으로 섞여 들어가 그것들에 힘과 에너지, 움직임을 고취한다. 다른 모든 것이 단순히 물질에 그친다면 정신은 활력과 생명을 창조하는 연료이다.

따라서 이 세계에는 두 개의 상이한 사물이 존재한다. 정신의 입맞춤을 받거나 정신과 혼합된 사물과 그렇지 않은 사물이다. 정신이 깃든 사물은 최소한 운동성을 얻고, 최상의 경우에는 생명까지 얻는다. 〈크건 작건 영혼을 가진 모든 것은 정신이 지배권을 행사한다.〉[63] 정신의 영역에서는 인간과 동물 사이에 차이가 없다. 원칙적으로는 식물과도 차이가 없다. 모든 생물에는 그 자신을 살아 있도록 일깨우는 동일한 정신이 내재한다. 아낙사고라스는 실제로 이렇게 생각한 듯하다. 인간과 동물을 구분하는 그의 결정적인 논거는 영적이지 않고 굉장히 실질적이기 때문이다. 아리스토텔레스에 따르면 아낙사고라스는 이렇게 주장했다고 한다. 〈인간이 생물들 가운데 가장 영리한 것은 손을 갖고 있기 때문이다.〉[64]

차이를 만드는 건 육체적인 무엇이다. 인간이 손을 자유롭게 사용할 수 있다는 것이 시작이었고, 다른 모든 정신적인 차이가 그 뒤를 따랐다. 플루타르코스에 따르면 아낙사고라스는 인간이 경험과 기억, 영리함에서 동물보다 우월하다고 여겼다. 반면에 인간의 영혼은 특별한 것이 아니었다. 영혼의 질료는 인간을 동물과 식물보다 부각시키지 못한다. 인간은 근본적으로 영적이지 않고, 도덕적으로 더 낫지도 않으며, 불멸의 존재도 아니다. 인간의 영혼에 인격적 특징을 부여하려는 피타고라스학파와 엠페도클레스의 온갖 노력 이후 아낙사고라스의 냉철한 시각이 뒤따른다. 호메로스의 작품에 등장하는 죽은 자들의 비인격적 영혼, 그리고 육체에 운동성을 부여하는 보편적 숨결이 아낙사고라스에게서는 잘 계산된 화학적 토대를 얻게 된 것이다.

아낙사고라스는 실제로 무신론자였던 것으로 보인다. 그는 오르페우스교도와 피타고라스 신봉자들이 그들만의 교당과 학당, 범신론, 영혼 이동에 갇혀 현실과 너무 동떨어져 있다고 생각했다. 하지만 당시 그처럼 인간과 인간 영혼에 대해 명쾌한 관념을 가진 사람은 결코 출세가도를 달릴 수 없었다. 아니, 상황은 정반대였다. 그의 위대한 후계자들인 소크라테스, 플라톤, 아리스토텔레스 철학은 오직 아낙사고라스를 반박하기 위한 커다란 노력으로 읽힌다. 인간 정신에 대한 너무나 단순한 유물론적 생각으로는 우주에서 인간의 특별한 위상을 주장할 수 없었고, 거기서 더 나아가 우주적 인간적 윤리나 이상적 국가를 구상하는 것도 불가능했기 때문이다. 바로 이 문제들이 아테네의 철학적 사고를 자극하고 최고의 반열로 올린 문제들이다. 우리는 기원전 5세기의 아테네를 좀 더 자세히 살펴보아야 한다. 아울러 오늘날의 관점에서 보자면 철학이라는 공에 믿기 어려울 만큼 힘찬 추진력을 제공한 한 남자를 살펴보아야 한다. 바로 소크라테스다!

한 방랑자와 그의 제자, 그리고
아테네의 공공질서

소크라테스 수수께끼 / 민주주의로 가는 길 / 유용한 철학자들 /
위협받는 질서 / 관찰자가 있었던 재판 / 플라톤 / 연출된 현실

소크라테스 수수께끼

〈그의 삶은 늘 사람들과 함께했다. 그는 아침이면 공공건물의 로비나 경기장을 찾았다. 그러다 사람들로 붐빌 시간에는 시장에 가면 그를 만날 수 있었다. 하루의 나머지 시간도 대개 사람들을 가장 많이 만날 수 있는 곳에서 보냈다. 그는 사람들 앞에서 말을 했고, 원하는 사람은 누구나 그의 말을 들을 수 있었다.〉[65] 여기 언급된 한가한 떠돌이는 다름 아닌 철학자 소크라테스였다.

우리는 소크라테스에 대해 아는 것이 많지 않다. 다만 헤겔이 천명한 프로이센 시민 계급의 노동 윤리에서 보면 그의 삶은 그야말로 〈윤리에 어긋나는〉 삶으로 보인다. 하지만 고대 아테네에서는 한가하게 빈둥거리고 소요하고 토론하는 것이 그리 이상한 일이 아니었다. 진정한 아테네 시민이라면 제대로 된 밥벌이와 상관없이 사는 것이 당연시되었다. 그래서 동시대인들이 이 장터 철학자를 수상쩍게 여긴 데에는 일에 대한 그런 회피적인 태도가 아닌 다른 요인이 있었던 것으로 보인다.

기원전 423년 우리는 40대 중반의 소크라테스를 한 희극에서 만난다. 아테네의 젊은 스타 극작가 아리스토파네스가 쓴 작품이다. 『구름』이라는 제목의 이 작품은 문학 경연 대회에서 3등 상을 받았다. 이 희극은 고대 그리스에서 자주 나타나는 돈과 부채를 다루고 있다. 재산을 잃고 가난해진 한 대농이 소크라테스를 찾아가 법정에서 채권자들로부터 자신을 방어할 방법을 배우고자 한다. 그런데 자신은 우둔하고 무식해서 제대로 배울 수 없을 것 같자 대신 재산을 탕진한 아들을 소크라테스에게 보낸다. 아들의 배움은 실제로 결실을 맺는다. 그러나 아들은 자신이 배운 수사학을 법정에서 사용하지 않고 아버지를 공격하는 데 사용한다. 심지어 늙은 아버지를 때리고, 어머니도 맞아야 한다고 주장한다. 너무 놀란 아버지는 소크라테스의 유해한 영향을 깨닫고 그의 집에 불을 지른다.

아리스토파네스의 이 희극이 소크라테스에 관한 정보를 알려주는 유일한 출처라고 진지하게 생각해 보라. 이 철학자는 아마 부정직한 요설가의 전형으로 역사에 기록될 것이다. 옳은 것을 그른 것으로, 그른 것을 옳은 것으로 꾸며 대는 궤변가로 말이다. 아리스토파네스가 이 대중 철학자를 가리켜 맨발의 〈고상을 떠는 요설가〉로 〈오만으로 가득하다〉고 조롱한 이유는 불분명하다. 『구름』은 어쩌면 당시의 많은 사람들이 소크라테스에 대해 생각하는 바를 보여 주고 있는지 모른다. 그러나 아리스토파네스의 희극이 묘사하는 것과는 달리 소크라테스는 어쨌든 지혜의 대가로 돈을 받지는 않았다. 알량한 돈 몇 푼에 팔려 귀족 집안을 위해 일하는 대신 장터의 대중들 앞에서 자신의 생각을 속 시원히 알렸다. 그렇다면 무엇으로 생활했을까? 아마 상속받은 재산이 있었거나, 부유한 후원자들의 도움을 받았을 가능성이 높다. 소크라테스는 단 한 권의 저서도 남기지 않았고, 소크라테스 철학이라고 명확하게 규정할 만한 것도 없다. 따라서 그 당시의 가장 위대한 철학자로서, 또 역사상 가장 유력한 철학자들 중 한 명으로 평가받을 토대는 상당히 열악했다.

소크라테스는 기원전 469년 무렵 석공의 아들로 태어난 것으로 추정된다. 우리가 알고 있는 그의 외모는 그가 죽고 몇 십년 뒤에 만들어진 두 개의 흉상에 근거한다. 로마 시대에 수많은 복사본이 만들어졌는데, 한결같이 부은 얼굴에 코는 뭉툭하고 이마는 벗겨졌다. 그는 펠로폰네소스 전쟁에 병사로 참가해 용감하고 강인하게 싸웠다. 그리고 주변에는 대개 좋은 집안 출신의 유명한 제자들이 많았다.

이 제자들 중 두 명이 동시대와 후대에 자신들의 스승에 관한 이미지를 만들어 냈다. 그것은 아리스토파네스의 묘사와 비슷한 점이 하나도 없었다. 그중 한 제자가 코린토스 출신의 크세노폰이었다. 그는 젊은 시절엔 한동안 아테네에 살았고, 이후 운명의 파란만장한 수레바퀴에 이끌려 용병으로 페르시아로 갔다가 마지막에는 펠로폰네소스 원정에 참가했다. 기병대장 출신의 크세노폰은 말년에 소크라테스에 대한 회상을 집필했다. 크세노폰은 소크라테스처럼 경건한 사람에게 신성 모독의 죄를 씌운 것을 도저히 이해할 수 없었다. 그는 제자들과 대화를 나누는 스승의 모습을 묘사했다. 소크라테스는 우정, 노력, 부모에 대한 존경, 절제, 교양, 군인의 책임감과 용맹, 정의 같은 전통적 가치를 옹호했다. 그래서 『소크라테스에 대한 회상』은 아리스토파네스의 무고에 대한 항변처럼 들린다. 하지만 크세노폰이 묘사한 소크라테스는 특별히 독창적인 인물로 비치지 않는다. 그저 언변이 뛰어난 수공업자이자 명예를 중시하는 보수적인 남자에 불과해 보인다.

크세노폰은 소크라테스의 명예를 회복시키려는 생각에 매몰되어 본의와는 다르게 남들과 다른 스승의 독창성을 모두 박탈하는 결과를 초래하고 말았다. 만일 소크라테스가 아고라에서 자신의 견해를 그처럼 점잖고 완곡하게 피력했다면 또 다른 제자는 결코 스승에게 매료되지 않았을 것이다. 이 제자가 바로 플라톤이다. 그가 묘사한 소크라테스는 그 시대의 절대적인 사표다. 플라톤은 자신의 저서로 소크라테스에게 압도적인 기념비를 세웠다.

크세노폰과 마찬가지로 플라톤의 소크라테스도 인식에 대한 관심을 숨김없이 드러내는 능변가였다. 남들이 정의와 아름다움, 지혜, 용기에 대해 말하면 그는 항상 더 깊거나 높은 인식, 그것도 반박할 수 없는 〈객관적〉인 인식이 무엇인지 캐물어 들어간다. 당시의 다른 철학자들과 달리 소크라테스는 그런 인식을 법률판에 언어로 새긴 것이 아니라 탐구적인 성격의 대화로 드러낸다. 그것도 종국적인 결과를 항상 끌어내지는 않으면서. 지혜 추구의 최고 목표는 성공적인 삶이다. 개별적으로야 정의나 용맹함에 대해 무슨 말이건 할 수 있지만 결국 그것도 선하고 정의로운 삶의 구상에 도움이 되어야 한다. 물론 소크라테스도 그것을 찾지는 못했다. 올바른 행위론을 세우지도 못했고, 올바른 가치론을 고안하지도 못했다. 그저 계속해서 자신의 물음에 긍정적인 대답을 찾을 뿐이다. 언제나 부정적인 대답밖에 나오지 않았지만.

이처럼 끊임없이 묻는 소크라테스가 철학사에서 가파른 출세를 목전에 둔 소크라테스의 모습이다. 철학사는 그와 함께 완전히 새로운 시대를 연다. 다시 말해 근거를 대는 말의 철학이 시작된 것이다. 아리스토파네스는 그를 무고하고 크세노폰은 본의 아니게 그를 통속화시켰지만, 플라톤에 의해 이상화된 소크라테스는 오늘날까지 계속 살아 있다. 소크라테스라는 존재의 네 번째 출처인 아리스토텔레스의 언술도 플라톤과 같은 방향을 추구한다. 아리스토텔레스는 소크라테스가 죽고 15년 뒤에 태어났기에 그를 만난 적이 없다. 그런데도 『형이상학』에서 그를 윤리적·정치적 근본 문제를 처음 제기한 사람으로 기술한다. 마치 소크라테스는 철학적 문제들을 가르치는 일종의 시간 강사 같은 느낌이 든다. 어쨌든 그런 근본적인 문제를 제기했다고 해서 사람을 죽일 수는 없다. 그럼에도 현실의 소크라테스는 일흔 살이 다 된 나이에 시민 법정에 서서, 국가 종교를 부정하고 다른 신들을 불법으로 소개하고 젊은이들과 부모의 관계를 파괴했다는 죄목으로 고발당해 유죄 판결을 받는다.

민주주의로 가는 길

소크라테스는 어떻게 재판까지 받게 되었을까? 누가 무슨 이유로 그를 고발했을까? 그리고 기원전 4세기 말경의 아테네에서는 신들을 부정하는 것이 왜 기소 대상이었을까?

아테네는 이오니아나 남부 이탈리아의 다른 도시들과 비교하면 그리스 세계에서 오랫동안 미미한 존재였다. 굳이 얘기하자면 기원전 6세기 솔론의 개혁 정도만 주목받을 만했다. 그 개혁의 핵심은 〈에우노미아Eunomia〉, 즉 〈선한 질서〉였다. 시민은 공동체가 모두에게 가장 좋은 것이 되도록 발전시킬 의무가 있고, 폴리스 번영의 원동력은 개인적인 이익 추구가 아니라 전체에 대한 개인의 책임감이라는 것이다. 솔론의 이 같은 에우노미아 원칙은 시민 사회의 보편적인 정치 윤리를 만드는 첫 시도였다.

도덕은 일시적인 데 반해 법은 지속적이기에 솔론은 새 국가 기구들을 통해 시민 국가를 안정시키려 했다. 우선 고위 귀족들의 오랜 대표 기구인 아레오파고스 회의를 존속시키면서도 그에 맞설 기구를 설치했다. 불길한 〈400인 평의회〉도 솔론이 만들었던 것으로 보인다. 시민 재판정도 결정적인 변화를 겪었다. 이제 모든 시민은 〈민중 소송〉을 통해 폴리스에서 자행된 질서 위반 행위를 법정에 고발할 수 있었다. 따라서 권력과 관직 남용은 이제 위험한 일이 되었다. 관직을 맡은 정치인들은 자신의 행위와 부작위에 대해 책임을 져야 한다는 사실을 항상 염두에 두어야 했다. 개인적인 법 관념의 자리에 상위 기구로서 비개인적이고

〈객관적〉인 법이 등장한 것이다.

나무판에 새겨진 솔론의 법은 최소한 기원전 5세기 말까지 적용되었고, 정치 문화와 판결, 경제 질서에까지 영향을 미쳤다. 가령 아테네인들은 올리브유를 제외한 다른 식량을 국외로 반출할 수 없었다. 가난한 시민들의 식량 부족을 막기 위한 조치였는데, 그로써 아테네가 밀레토스처럼 교역의 중심지로 비상할 기회는 제한될 수밖에 없었다. 시민권의 문제와 관련해서도 상당히 보수적인 입장이었다. 이주민이 시민권을 받으려면 어려움이 무척 많았고, 토지도 원칙적으로 토착민만 소유할 수 있었다.

연대감, 공동 책임, 공익 추구는 드높은 이상으로서 그리스의 자유로운 남자 시민들이 항상 받들어야 할 척도였다. 그런데 솔론의 개혁 뒤에 찾아온 건 선명한 에우노미아의 시대가 아닌 뒤틀린 왜곡의 시대였다. 아테네 귀족들은 분열되어 격렬하게 싸웠고, 그러다 결국 참주 페이시스트라토스가 권력을 장악했다. 이후 아테네는 거의 반세기 동안 단 한 가문의 통치를 받았다. 하지만 가난한 시골 주민들에 대해선 관대한 대출로 안정된 삶을 보장해 주었다. 아고라에는 도시의 새 중심지로서 〈12신 제단〉이 생겨났고, 주민들의 애국심을 고취하기 위해 도시의 수호신인 아테나 여신의 숭배도 장려되었다.

기원전 510년 전제적인 참주 정치가 무너졌다. 새로운 혼란 속에서 야망이 큰 두 귀족이 아테네인들의 환심을 사려고 경쟁했다. 그중 한 사람인 이사고라스는 적대국 스파르타의 지원을 받았다. 다른 한 사람인 클레이스테네스는 시민들에게 폴리스의 국정에 최대한 동참할 권리를 약속했다. 법 앞에서의 평등을 뜻하는 〈이소노미아Isonomia〉에 따라 모든 자유로운 남자 시민은 균형 잡힌 방식으로 동등한 권리를 갖게 된다는 것이다. 이는 얼마 뒤 알크마이온이 남부 이탈리아 크로톤에서 균형 잡힌 건강의 원리로 내세운 구상과 똑같다. 이소노미아는 참주를 몰아내기 위한 싸움에서 생겨났는데, 원래는 모든 귀족들의 동등한 권력 분배라는 뜻이었다. 그런 것이 클레이스테네스와 함께 다음의 물음으로 제기되었다. 그런 평등이 왜 모든 자유 시민에게는 적용될 수 없을까?

권좌에 오른 클레이스테네스는 기원전 508년 혹은 507년에 광범한 개혁을 단행했다. 우선 주민들을 최대한 비슷한 크기의 구역으로 나눈 뒤 각 구역별로 폭넓게 자치를 허용했다. 새로 만들어진 모든 구역은 새로운 〈500인 평의회〉에 대표를 파견했고, 이 대표들이 〈민회〉에서 다루게 될 공적 업무를 준비했다. 모든 시민은 1년 동안, 그리고 평생 두 번까지 추첨으로 500인 평의회의 일원이 될 수 있었다.

이론 면에서 클레이스테네스의 개혁은 오랫동안 갈망하던 민중의 지배 체제, 즉 〈데모크라티아Demokratia〉의 출현으로 보인다. 그러나 점토판에 새겨진 청사진에서부터 실제 민주 정치에 이르기까지는 아직 갈 길이 멀다. 민주주의 역사를 단순한 그래프로 표현하자면 고대 그리스는 통찰과 이성의 상승선으로 설명할 수 있다. 즉 몹시 불의한 군주제와 약간 덜 불의한 귀족 정치에서 아직은 완벽하지 않은 솔론의 명예 정치를 거쳐 클레이스테네스의 민주 정치로 이어지는 상승선 말이다. 그러나 이것은 결코 일직선이 아니다. 그 발전 과정도 축복받은 이상적인 상태로 끝나지 않는다. 발전 동력은 그 과정에서 이성의 역할을 과대평가하는 걸 조심해야 할 정도로 다층적이다.

클레이스테네스가 개혁을 단행하게 된 개인적 동기에 대해서는 이런저런 추측만 가능하다. 우선 그는 시대적 혼란 속에서 실용적인 해결책과 이해관계 조정 방안을 정말로 찾으려고 했을 수 있다. 다른 한편으로 그의 이소노미아 약속은 대중의 환심을 사기 위한 책략에 불과했을 수도 있다. 고위 귀족의 대표로서 그는 미래의 국가에서도 누가 국가 권력을 쥐게 될지 정확히 알고 있었다. 제도와 법은 생겼다가 다시 사라질 수 있지만, 귀족의 권력은 항상 유지될 것이라고 생각한 것이다. 재산, 돈, 시간, 인맥, 명성을 더 많이 가진 사람은 형식적으로 평등한 사회에서도 결코 남들과 평등하지 않다. 그건 오늘날까지도 변하지 않는 사실이다.

　　이후의 아테네 역사가 그 사실을 아주 선연하게 증명해 준다. 훗날의 민주 정치에서 중요한 역할을 한 고위 정치인 가운데 귀족 출신이 아닌 사람은 거의 없다. 또한 모든 정치적 투쟁의 대부분은 진리의 발견이나 정의에 도움이 된 것이 아니라 유력 씨족과 집안의 이해관계에 복무했다. 형식적인 주권자인 민중은 권력자들의 놀이공으로 전락했다. 권력자들은 여론을 자기들 입맛대로 이끌었고, 달콤한 약속과 선물을 미끼로 대중의 환심과 직위를 얻었다. 따라서 많은 동시대인이 아테네의 민주 정치를 이상적인 형태로 받아들이지 않은 것은 놀랍지 않다. 또한 우리가 유럽의 찬란한 기원을 기리는 축사에서 민주주의와 한 호흡으로 거론하곤 하는 플라톤과 아리스토텔레스 같은 철학자들이 그런 국가 형태를 혐오감으로 바라본 것은 충분히 이해할 만하다.

유용한 철학자들

클레이스테네스의 개혁 동기가 무엇이건 상관없이 그는 개혁 직후 역사의 뒤안길로 사라졌다. 아테네는 아직 번성한 대도시가 아니라 비약을 꿈꾸는 소도시였다. 그러다 외부의 위협을 성공적으로 격퇴함으로써 비로소 강성해졌다. 다시 말해 아테네가 고대 세계에서 군사 경제적 패권국으로 성장할 수 있었던 데에는 팽창하는 강대국 페르시아(B.C. 500?~B.C. 479)를 상대로 거둔 두 번의 승리 덕이 컸다.

그 전쟁 과정에서 아테네 주민들은 기원전 481년 자신들의 도시가 페르시아인들에 의해 불타는 모습을 지켜보아야 했다. 이 사건으로 피난을 떠나야 했던 많은 아이들 중에는 열 살의 페리클레스도 있었다. 클레이스테네스 조카의 아들이자 아테네의 위대한 전쟁 영웅 크산티포스의 아들이었다. 이렇듯 아테네 최고 명문가 출신의 페리클레스는 번성하는 민주적 폴리스에서 탄탄대로를 걸었다. 군사령관직을 15년이나 연속으로 맡아 정치적 군사적 권력을 동시에 거머쥐었다. 오늘날의 사람들에게 페리클레스 시대는 아테네의 위대한 번영기로 기억된다. 하지만 그의 오랜 통치는 민주주의와 평등의 근본이념과는 맞지 않았다. 그런데 주목할 만한 건 아테네의 민주주의는 본래의 의미대로 작동하지 않을 때 최선으로 돌아간다는 사실이다.

경제적으로 아테네인들의 자유는 그것과 정반대되는 행위를 통해 보장되었다. 즉 힘없는 동맹국들을 인정사정없이 착취하고 도구화하는 전횡을 통해 자국의 경제적 자유를 확보한 것이다. 아테네는 에게해 주변 나라들의 보호국 역할을 자처하면서 강력한 영향력과 자본을 손에 넣었다. 아테네가 주축이 된 델로스 동맹은 오늘날의 북대서양 조약 기구NATO처럼 페르시아로부터 그리스의 작은 도시들을 보호했다. 그 대가로 동맹국들은 아테네에 분담금 형태의 세금을 바치고 아테네의 사법권을 인정하고 아테네 화폐를 받아들였다. 에게해의 섬들에는 아테네 감독관들이 파견되어 현지 정치를 감시했다. 심지어 그리스와 페르시아 사이의 냉전 상태가 끝난 뒤에도 아테네는 이 동맹과 자국의 패권적 지위를 유지하려 했고, 혹시 배신하는 나라가 있으면 즉시 공격해서 잔인하게 응징했다.

아테네는 페르시아에 대한 군사적 승리자에서 일약 세계적 초강대국으로 부상했다. 각국 사람들이 아테네로 이주해 비자유인의 신분으로 살았다. 페리클레스는 그들이 시민권을 획득하지 못하도록 철저히 감독했다. 민주주의는 모두를 위한 것이 아니라 이미 특권을 누리는 사람들만의 것이었다. 그런 특권자들은 아테네가 전성기를 구가할 때조차 성인 남자 몇 만 명이 넘지 않았다. 여자와 아이, 비자유인과 노예를 포함한 전체 주민 수는 당연히 그보다 훨씬 많았다. 클레이스테네스에서 페리클레스 시대로 넘어가는 불과 50년의 시간 동안 아테네 인구는 7만 5,000에서 15만으로 급증했고, 이후 최대 20만 명에 이르렀을 것으로 보인다. 물론 오늘날의 관점에서는 많지 않은 인구 수고, 로마의 인구도 황제 시대엔 100만 명이 넘었다. 그러나 페리클레스 시대에는 아테네가 서양 세계에서 가장 큰 도시였다.

아테네는 당시의 뉴욕이라 부를 만큼 높은 건축물이 즐비했다. 페르시아의 공격으로 황폐해진 아크로폴리스는 몇 배로 확장되었다. 뉴욕의 엠파이어 스테이트 빌딩에 해당하는 아테네의

랜드마크는 기록적으로 빠른 시간 안에 세워진 파르테논 신전이었다. 그런데 인상적인 형태의 이 건물에 〈신전〉이라는 이름이 붙은 것은 사뭇 당황스럽기까지 하다. 여기서는 천상의 어떤 신도 모시지 않았기 때문이다. 파르테논은 아테네의 국가 금고와 델로스 동맹의 전쟁 금고가 보관된 장소로 한마디로 재물과 폴리스 자체를 찬양하는 곳이었다. 엠파이어 스테이트 빌딩에 미국의 연방 준비은행이 입주한 것과 비슷한 모양새다.

아테네는 수많은 예술가와 기술자가 동원된 대대적인 건축, 공격적인 해군력을 통한 무역의 번창, 금융 제도의 비약적인 발전을 통해 온갖 이질적인 이념과 문화, 정신의 도가니가 되었다. 수백 년 동안 지리적으로 단절된 채 생겨난 고유한 문화들이 지중해권의 영향 및 아테네라는 대도시의 다중 사운드와 숨 가쁜 속도로 뒤섞였다. 이렇듯 다른 것들 속에서 일치점을 찾아 주고, 만물의 교환을 가능하게 해준 것이 바로 돈이었다. 돈은 파르테논 신전에서만 열렬하게 숭배된 것이 아니었다. 금과 은을 얻기 위한 채굴이 대대적으로 이루어졌다. 은행가들은 보통 예금과 정기 예금을 도입했고, 군함과 건물, 용병을 위해 신용 대출을 해주거나 뇌물 자금을 능숙하게 관리했다. 이로써 예술가, 의사, 용병, 용병 대장처럼 자유 직종에 종사하는 사람들이 교역과 신용 경제의 영역으로 들어서게 되었다. 잘살기는 했으나 곧장 자유민이 될 수는 없는 사람들이었다.

이 시기에 아테네 거리에 나가면 아낙사고라스 같은 철학자나 정치 조언자들을 만날 수 있었다. 게다가 은화 1드라크마를 주면 일반적인 제목이 붙은 그의 유물론적 저서 『자연에 관하여』를 살 수 있었다. 아낙사고라스에 이어 곧 지적인 만능 무기를 장착한 소피스트 직업군이 등장했다. 도시의 삶이 복잡해지고 그에 수반되는 요구가 많아질수록 지식 직업은 점점 더 중요해져 갔다.

그러나 교사라는 직업은 변호사, 정치 조언자, 연설가, 음악가, 수학자와 마찬가지로 단숨에 배울 수 있는 것이 아니었다. 수공업의 손기술이나 장사 기술과는 달리 손쉽게 배울 수 없는 것은 값비싼 개인 수업으로 습득할 수밖에 없었다.

그런 교사들이 바로 소피스트들이었다. 소피스트는 오늘날의 독일어에선 좀 부정적인 냄새가 난다. 이 말을 들으면 궤변론자, 법을 왜곡하는 사람, 영악하고 처세에 능한 사람이 먼저 떠오르기 때문이다. 반면에 영어 단어 〈sophisticated〉는 〈지적인〉, 〈교양 있는〉, 〈영리한〉 등 호의적인 의미로 사용된다. 고대 그리스에서 소피스트라는 말은 우선 가치중립적이다. 〈소포르sophor〉는 〈전문가〉라는 뜻이고, 소피스트는 〈지혜의 전문가〉, 즉 특별한 능력과 방법으로 남들에게 지혜를 가르치는 사람을 가리킨다. 소피스트는 피타고라스학파와는 달리 특정 학파의 신봉자들이 아니다. 소피스트가 된다는 것은 특정한 사회적 기능을 수행한다는 것을 의미한다.

탈레스부터 아낙사고라스까지 150년 동안 철학적 성찰 과정을 거쳤던 철학은 기원전 5세기 중엽에 이르러 갑자기 굉장히 실용적인 의미를 띠게 된다. 아테네처럼 고도로 복잡한 도시에서 소피스트 같은 남자들이 필요해진 것이다. 이들은 종교적이거나 준종교적 집단에서 가르친 것이 아니라 지극히 실용적인 수사학 기법과 다른 유용한 지식들을 가르쳤다. 피타고라스학파에서는 여전히 신성한 깨달음의 영역이었던 철학이 이제 법률가의 냉철한 영역으로 바뀌었다. 깨달은 인식보다 더 중요한 것은 깨닫게 하는 말이었다. 소피스트의 지식과 기법은 사변적이지 않고 유익했으며, 지고의 진리나 도덕이 아닌 지적인 이익을 추구했다. 한마디로 철학은 영적인 맥락에서 벗어날수록 점점 더 유용해지는 것처럼 보였다.

철학자의 이미지에서 그보다 더 큰 변화는 상상하기 어렵다. 별을 올려다보다가 우물에 빠진 탈레스와 고독한 불평꾼 헤라클레이토스에서 시작해 페리클레스 치하에서 넉넉한 보수를 받은 유연한 소피스트들에게 이르는 길은 아주 멀었다. 소피스트들 중에서 가장 유명한 인물은 프로타고라스였다. 기원전 490년부터 411년까지 살았고 아낙사고라스보다 열 살가량 적었다. 그는 그리스 북부 트라키아의 이오니아 식민지 압데라에서 출발해서 많은 도시를 돌아다니며 강연했다. 아테네도 여러 차례 찾았는데, 페리클레스도 잠깐 만난 것으로 보인다. 어쩌면 페리클레스가 그를 직접 고용했을 수도 있다. 역사가 디오도로스에 따르면 페리클레스는 프로타고라스에게 남부 이탈리아 도시 투리오이의 민주적 헌법을 만들라는 임무를 맡겼다고 한다. 또한 플라톤과 디오도로스의 보고에 따르면 프로타고라스는 명성이 자자하고, 부유하고 성공한 사람이었다고 한다. 플라톤의 대화편 『프로타고라스』에 나오는 〈성대한 영접〉을 떠올려 보라. 아마 이 영접 장면이 라파엘로의 그림 아테네 학당의 무대 배경이 되었을지 모른다.

프로타고라스의 저서는 남아 있지 않다. 디오게네스 라에르티오스의 보고에 따르면 프로타고라스는 책이 불태워진 최초의 인물이라고 한다. 철학사에는 플라톤에 의해 전해지는 한 문장만 올라 있다. 〈그(프로타고라스)는 어딘가에서 이렇게 말했네. 《인간은 만물의 척도다. 존재해서 존재하는 것들과 존재하지 않아서 존재하지 않는 것들의 척도다.》(……) 그 말은 이런 뜻이 아니겠나? 각각의 대상은 내게 느껴지는 것이 다르고 당신에게 느껴지는 것이 다르다고. 하지만 우린 둘 다 똑같은 인간이 아닌가? (……) 가끔 바람이 일 때 같은 바람이라도 우리 중 누군가는 춥게 느끼고, 다른 이는 그렇게 느끼지 않는 일이 있지 않은가?〉[66]

수학에서 피타고라스의 명제가 갖는 의미만큼이나 철학에서도 중요한 의미를 띠는 프로타고라스의 이 말은 다음 뜻을 내포하고 있다. 더 높은 척도가 존재하지 않고 인간이 만물의 척도라면 세상 모든 것은 그저 〈주관적〉이고 〈상대적〉일 뿐이다. 어떤 사람은 춥게 느끼는 것이 다른 이에게는 쾌적하게 느껴지기도 한다. 또 어떤 이는 선하거나 옳다고 생각하는 것을 어떤 이는 악하고 부당한 것으로 여긴다. 이로써 지난 150년 동안 우주와 인간 세계에서 객관적이고 절대적인 법칙을 찾으려는 노력은 헛수고로 전락하고 만다.

그러나 프로타고라스의 말에 대한 정확한 해석에는 논란의 여지가 있다. 그는 정말 모든 것이 주관적이고 상대적이거나, 바람 불 때의 오한처럼 감각적 인상일 뿐이라는 뜻으로 말했을까? 그리고 그가 말한 〈인간〉은 누구일까? 플라톤의 해석처럼 〈각각의 개인〉일까, 아니면 〈인간 자체〉일까? 만일 첫 번째 경우라면 프로타고라스의 말은 〈모든 바보는 다르다!〉는 쾰른 지방의 모토처럼 인간은 누구나 세상을 다르게, 자유롭게 본다는 뜻이다. 두 번째 경우라면 인간으로서의 인간은 제한된 인간적인 경험과 인식 말고 다른 어떤 경험과 인식은 불가능하다는 뜻이다. 그렇다면 프로타고라스가 말한 인간은 개인으로서의 인간일까, 아니면 종으로서의 인간일까?

그 문장이 뜻하는 바가 무엇이건 간에 프로타고라스는 인간에게 절대적인 것의 차원을 박탈해 버렸다. 절대적인 것은 없고, 모든 것은 경험에 의존한다. 객관적인 것도 없고 모든 것은 주관적일 뿐이다. 내가 삶과 세계에 대한 어떤 견해에 동의할지는 전적으로 그것이 내게 얼마나 설득력 있게 비치느냐에 좌우된다. 또는 내가 어떤 견해를 찬성하는 이유는 그것이 내 이해관계에 더 맞아떨어지기 때문이다. 이로써 진리는 누군가가 다른 이들보다 더 고차원적이고 심오한 통찰력을 갖고 있어서 생겨나는 것이 아니라 그저 하나의 주장일 따름이다. 많은 사람들이 내 의견에 동의하면 그것은 진리로 퍼질 수 있다. 반면에 다수가 내 의견을 거부하면 그것은 의미를 잃는다. 달리 말하자면, 오직 인간만이 만물의 척도라면 어떤 발언의 진리성을 결정하는 것은 그 말의 〈질〉이 아니라 그에 동조하는 사람들의 〈양〉, 즉 숫자다.

위협받는 질서

프로타고라스의 상대주의는 놀랄 정도로 근대적이다. 게다가 고대의 전통적 가치들이 이익 추구와 화폐 경제, 민주적 결정과 떠들썩한 시장, 다민족 문화와 대도시로의 이동, 그리고 부패와 전쟁으로 해체 일로에 있던 도시 및 시대정신과도 잘 어울리는 듯하다. 그러나 인류 역사라는 천은 일직선의 실들로 만들어지는 것이 아니다. 그것은 오히려 비동시성의 뒤엉킨 실 뭉치에 가깝고, 그 위의 무늬는 나중에 돌아봐야 알아볼 수 있을 때가 많다.

그중에서 특히 잘 보이지 않는 장식 무늬가 하나 있었다. 아테네에서 종교의 의미가 그것이다. 도시의 새로운 시장들에서 전통적 민속 신앙이 다른 종교에 자리를 내주고, 신전이 은행이 되고 은행이 신전이 되는 사이 도시의 공식적인 영역에서는 종교가 상당히 큰 역할을 했다. 이런 현상은 얼핏 보면 이상하게 비칠 수 있다. 즉 문화적 차이를 뛰어넘는 〈돈〉이라는 새로운 종교는 더 높은 차원의 연관성을 조장하지 않기 때문이다. 그러나 다른 한편으로 일상생활에서 종교적 경건성이 줄어들수록 국가 질서를 위해 숭배 문화와 제식, 축제로 대중을 하나로 묶는 접합제는 더더욱 중요해졌다. 다시 말해 개인들에게 돈이 중요해질수록 공적인 영역에서 종교의 의미는 더 커졌다는 말이다.

아낙사고라스와 프로타고라스가 〈경제적으로 자유주의적인〉 아테네에서 신성 모독이라는 놀랄 정도로 구시대적인 혐의로 법정에 서야 했던 이유도 이것으로 설명된다. 그리스인들이 시골이나 소도시에서 경건하게 살 때는 대체로 각자가 믿고 싶은 것을 믿으며 살 수 있었다. 그러나 대도시의 삶이 점점 더 신앙심 없는 사익 추구의 경향으로 흐를수록 국가에서는 신에 대한 그들의 태도를 점점 더 의심스러운 눈길로 바라보게 되었다.

〈신들과 지상의 만물에 대한 진리를 깨달은 사람은 지금껏 없었고 앞으로도 없을 것이다.〉 철학자 콜로폰의 크세노파네스가 피타고라스 시대에 남부 이탈리아에서 한 말이다.[67] 그런데도 처벌을 받지 않았다. 그에게 신들은 너무나 인간적인 모습이었다. 〈호메로스와 헤시오도스는 인간 사회에서 늘 비난받고 수치스러운 일들, 즉 도둑질, 불륜, 상호간의 속임수 등을 신들의 특성으로 그렸다. (······) 에티오피아인들은 신들의 얼굴을 까만 피부에 주먹코로 상상한 반면 트라키아인들은 파란 눈에 붉은 머리로 상상했다. 만일 소와 말, 또는 사자가 손이 있어서 그것으로 그림을 그리고 인간과 같은 일을 할 수 있었다면 말은 말을, 소는 소를, 사자는 사자를 닮은 신의 형상을 만들어 냈을 것이다.〉[68] 그렇다고 크세노파네스가 19세기에 루트비히 포이어바흐나 프리드리히 니체가 똑같은 논거로 무신론을 주창한 것과는 달리 무신론을 설파한 것은 아니었다. 하지만 인간이 자신의 모습에 따라 창조해 낸 신들에 대한 비판은 매우 단호해 보인다. 그럼에도 남부 이탈리아의 그리스 식민지에서 신성 모독 때문에 누군가가 재판에 붙여졌다는 이야기는 한 건도 전해지는 것이 없다.

그에 반해 아테네의 상황은 달랐다. 경제적 측면에서 도시가 점점 더 자유로워지고, 주민이 다채롭게 구성될수록 그들을 통치하기는 점점 더 어려워졌다. 누구나 원하는 대로 행동하고 믿으려는 자유에 대한 욕구는 걷잡을 수 없이 커졌다. 또한 정치적으로 폭발할 수 있는 재료는 엄청나게 많았다. 도시의 모든 시민들이 법을 우주 질서의 화신으로 여기지는 않았다. 플라톤에 따르면 엘리스의 소피스트 히피아스는 인간이 만든 〈법nomos〉은 인간의 〈본성phýsis〉에 맞지 않는 인위적 질서라고 주장했다. 즉 우리는 선천적으로 자신과 가까운 사람을 타인과는 전혀 다르게 평가한다. 따라서 도시의 모든 시민을 법적으로 평등하게 만드는 것은 자연법칙에 어긋난다는 것이다.

그런데 아리스토텔레스의 보고에 따르면 이와 정반대 방향으로 나아가는 소피스트들도 있었다. 그들은 민주주의를 한층 더 민주적으로 만들고자 했고, 이소노미아 원칙을 아테네의 지배 계급보다 훨씬 더 진지하게 받아들였다. 가령 남부 이탈리아에서 활동한 소피스트 리코프론은 누군가 태어날 때부터 귀족 계급에 속하는 것을 잘못으로 여겼다. 아테네의 소피스트 알키다마스는 거기서 몇 걸음 더 나갔다. 한 유명한 연설에서 노예제를 자연에 배치되는 잘못된 제도라고 비난한 것이다. 심지어 아리스토텔레스에 따르면 칼케돈의 소피스트 팔레아스는 사회주의 사상과 흡사한 것을 주장했다고 한다. 〈소유 관계를 바로잡는 것을 주요 관심사로 삼은 사상가도 더러 있었다. 이들은 (시민들의) 모든 파벌 싸움이 소유 관계에서 비롯되었다고 생각했기 때문이다. 그런 관점을 처음 내놓은 사람은 칼케돈의 팔레아스였다. 그는 모든 시민의 소유 재산이 균등해야 한다고 주장했다.〉[69] 팔레아스는 그 밖에 교육의 평등과 모든 수공업의 국유화를 요구하기도 했다.

많은 소피스트들의 도덕적 회의주의는 결국 지극히 상이한 정치적 요구와 유토피아로 이어졌다. 지배 계급의 관점에서 보면 그것은 위험한 일이었다. 게다가 기원전 5세기의 마지막 삼사십 년 동안 아테네는 심각한 재앙들로 요동쳤다. 우선 기원전 430년 혹은 429년에는 끔찍한 역병이 번졌다. 페리클레스의 목숨까지 앗아 간 대참사였다. 그 후계자들의 치하에서는 강력한 경쟁자인 스파르타와 반복해서 갈등에 빠졌고, 게다가 소크라테스가 중무장 보병으로 참여한 제2차 펠로폰네소스 전쟁이 드디어 운명의 막을 올렸다. 카리스마가 있으면서도 기회주의적인 알키비아데스는 기원전 415년 아테네군을 이끌고 그 불행한 시칠리아 원정을 떠났다. 이 원정에 대해서는 승패에 결정적인 역할을 한 월식과 관련해서 이미 앞에서 언급한 바 있다. 시라쿠사 앞에서의 패배는 아테네에 27년간 지속된 전쟁의 종말을 알리는 서막이었다. 기원전 404년 종국적인 패배 이후 델로스 동맹은 해체되고 아테네의 군사적 패권도 끝났다. 반면에 테베와 코린토스 같은 도시들이 번창했고, 로도스섬에 새로 건설된 도시 로도스가 에게해에서 가장 중요한 교역의 중심지로 부상했다.

따라서 프로타고라스 이후의 소피스트들은 극도로 불안정한 시대에서 활동했다. 아테네에는 기원전 411년 혹은 410년에 한 번, 기원전 404년 혹은 403년의 몰락 이후에 또 한 번, 이렇게 두 번 과두 정치 체제가 들어섰다(두 번째 체제는 스파르타에 점령된 상태였다). 그런데 표면적으로 민주주의가 무탈하게 시행되는 것처럼 보이던 시기에도 민회는 과중한 요구에 시달리고 정치적으로 무기력할 때가 많았다. 대부분 귀족 출신의 사인(私人)들이 민주적 기관보다 더 중요해졌고, 연설가와 대중 지도자로 부상했다. 알다시피 남용할 수 없는 권력은 매력이 없다. 그래서 민주 정치에서도 귀족 가문과 파당의 중단 없는 권력은 수많은 권력 남용으로 이어졌다. 현재의 서구 민주주의와는 달리 당시의 지배 계급은 나머지 주민들을 상품의 소비자로서 오늘날의 수준만큼 필요로 하지 않았다. 민주주의는 원활한 국내 시장의 필요성을 통해 공고해진 것이 아니라 주로 지배층 가문들의 이해관계를 조정하는 데만 쓰였다. 궁극적으로 〈힘의 균형〉에 대한 이해관계만으로 확립된 그런 체제는 지극히 취약할 수밖에 없었다.

게다가 아테네의 민주주의적 사법 체계는 종잡을 수 없었

한 방랑자와 그의 제자, 그리고 아테네의 공공질서

고대 철학

다. 판사는 직업이 아닌 명예직이었다. 법을 담당하는 사람들은 매년 추첨을 통해 결정되었고, 모든 공개 재판에서는 배심원 501명이 다수결로 결정했다. 판결은 확정적이었고 다툼의 여지가 없었다. 이러한 인민재판은 조작이 쉬웠고, 고소인과 변호인의 언변에 좌우되었다. 또한 아테네 시민이라면 누구나 너무 큰 비용을 들이지 않고도 소송을 제기할 수 있었다. 예를 들어 신성 모독 혐의로 말이다. 신성 모독은 보수적인 측에서 보자면 수상쩍은 발언을 하고 글을 쓴 많은 지식인들을 제재할 아주 유용한 수단으로 입증되었다. 전통적 가치를 공공연히 문제 삼는 사람은 신의 질서를 뒤흔드는 이로, 공공의 가치 기반을 뒤흔드는 사람은 신을 의심하는 이로 몰아붙였다. 이런 행태는 오늘날까지 대부분의 사회 질서에서 결코 이례적이지 않다. 자유 민주주의를 표방하는 독일도 신성 모독의 범죄 구성 요건을 폐지한 것은 1969년에 이르러서였다.

아테네에서 신성 모독 혐의로 기소되어 유죄 판결을 받으면 벌금형, 추방형, 또는 사형이 선고되었다. 아낙사고라스는 아테네에 대규모 역병이 발생한 기원전 430년에 신성 모독으로 기소되었다가 나중에 감옥을 탈출해 이오니아로 도피했다. 밀로스 섬 출신의 소피스트 디아고라스도 기원전 415년에 표면적으론 무신론 혐의를 받았지만, 실제로는 자신의 고향 섬에서 저지른 아테네인들의 잔혹한 전쟁 범죄를 강력하게 규탄했다는 이유로 고소당했다. 그 역시 도주에 성공했다. 프로타고라스는 아테네군이 시칠리아에서 대패한 기원전 411년에 기소당했다. 지금은 전해지지 않는 그의 저서에서 신들에 대해 애매한 태도를 보였다는 이유에서다. 직접 들어 보자. 〈나는 신들에 관해 아무것도 단언할 수 없다. 신들이 존재하는지도, 존재하지 않는지도, 또 어떤 형상을 하고 있는지도 말할 수 없다. 대상의 모호성이나 인간의 유한

한 삶 같은 많은 것들이 신들에 대한 앎을 방해하기 때문이다.〉[70]
이런 말만으로도 충분히 재판정에 불려갈 수 있었던 것이다. 연로한 프로타고라스는 아테네에서 시칠리아로 추방당했는데, 바다를 건너다 물에 빠져 죽었다.

관찰자가 있었던 재판

이 꼭지에서는 앞서 언급한 이야기의 실마리를 다시 집어 든다. 오늘날의 관점에서 볼 때 아낙사고라스와 디아고라스, 프로타고라스에 대한 고발은 역사적으로 굉장히 유명한 신성 모독 재판의 전초전처럼 보이기 때문이다. 사실 소크라테스의 비극적인 소송에 견줄 만큼 유명한 것은 이탈리아의 수학자이자 천문학자인 갈릴레오 갈릴레이에 대한 소송뿐이다. 게다가 소크라테스를 그렇게 믿기 어려울 정도로 유명하게 만든 것도 바로 그 재판이었다고 할 수 있다.

　　여기서 특별히 언급할 문제가 하나 있다. 소크라테스도 아낙사고라스와 디아고라스처럼 살아서 빠져나갈 기회가 있었다는 사실이다. 그러나 그는 도주하지 않았다. 그래서 사법적 희생자로서 죄 없이 유죄 판결을 받고 용감하게 죽음을 받아들인 올곧은 남자의 화신이 되었다. 그 재판은 아테네에서 철학자를 상대로 제기된 신성 모독 소송 중에서 실제로 죽음으로 끝난 첫 사례였다. 하지만 방청석에서 재판 과정을 주의 깊게 지켜본 한 젊은이가 없었더라면 이 사건은 역사적 의미를 얻지 못했을지 모른다. 그 청년이 바로 플라톤이다.

　　재판은 기원전 399년 아테네 인민재판정에서 관례대로 하루 만에 끝났다. 아니토스, 멜레토스, 리콘, 이 고소인 세 명은 실존 인물로 보인다. 그중 아니토스는 역사적 고증 자료까지 있다. 확고한 민주주의자로서 기원전 404년 혹은 403년 스파르타의 후원을 받는 30인 과두 체제를 무너뜨리는 데 동참한 인물이었다. 어쨌든 소크라테스는 재판에서 자신의 무죄를 입증하는 변론을 했다. 그럼에도 유죄 판결이 나자 두 번째 연설을 했다. 이번에는 그가 받을 형량에 관한 내용이었다. 사형 판결 뒤에는 최후 변론이 이어졌다. 그러나 최소한 이 세 번째 변론만큼은 허구가 분명해 보인다. 기소한 사람들이 사형 선고를 받은 사람에게 또다시 말할 기회를 준 전례는 없었기에 소크라테스라고 해서 특별히 그런 기회를 부여했을 가능성은 지극히 희박하기 때문이다.

첫 번째 연설은 모든 점에서 지적이고 노련했다. 소크라테스는 우선 고소인들에 비해 자신이 수사학적으로 변변치 않은 인물이라는 듯 그들의 웅변술을 반어적으로 치켜세운다. 그런 다음 자신은 법률가의 수사학을 모르고, 그 때문에 오직 진실에만 의거해서 말할 줄 밖에 모르는 소박한 남자임을 강조한다. 물론 이는 겸손이나 가벼운 자기 비하 이상의 의미를 담고 있다. 이 연설은 전체적으로 기교적인 수사학의 전형이기 때문이다. 만일 소크라테스가 정말 그런 말을 했다면 둘 중 하나다. 그가 실제로 법정을 조롱하려는 뜻으로 그렇게 말했거나, 아니면 원래는 진지하게 했던 말을 사람들이 반어적으로 받아들일 수 있도록 나중에 플라톤이 연설문을 손봤을 거라는 것이다.

어쨌든 이로써 소크라테스의 태도에서는 무언가 초현실적인 면을 엿볼 수 있다. 변론을 통해 석방을 얻어 내려는 의도가 전혀 없는 사람처럼 비치기 때문이다. 오히려 변론은 법정을 도발한다. 피고인은 자신이 돈을 받고 가르치는 소피스트라는 비난에 맹렬히 반박한다. 자신은 법을 왜곡하지도 않았고, 금지된 방식으로 무신론적 자연 철학을 가르친 적도 없다는 것이다. 이어 그는 자신의 철학을 펼치기 시작한다. 자화자찬까지는 아니더라도 자신감에 찬 자기표현에 가깝다. 정리하면 대충 다음과 같다. 다른 곳도 아니고 바로 델피의 신탁이 알리길 이 세상에는 소크라 테스보다 지혜로운 사람은 없다고 했다. 다른 모든 이들과는 달리 소크라테스는 자신이 아무것도 모른다는 사실을 알고 있기 때문이다. 이 신적인 지혜는 사실로 확인되었다. 어디를 가건 만날 수 있는 것은 항상 지식으로 위장한 무지뿐이었기 때문이다. 그는 남들의 무지를 지적해서 미움을 샀다. 특히 많은 젊은이들이 그의 의심 행렬을 따르는 바람에 사람들의 미움은 더욱 커졌다. 따라서 젊은이들을 타락시킨다는 구실로 그를 고소한 것은 전혀 놀랍지 않다.

다음 단계로 소크라테스는 신성 모독의 기소 내용을 조목 조목 파헤친다. 고소인들은 그에게 무신론의 혐의를 씌워야 할지, 아니면 국교와는 다른 이론, 즉 그가 신념적으로 따르는 것이 분명해 보이는 신적인 내면의 목소리에 죄를 물어야 할지 확신하지 못하는 듯했다. 소크라테스는 당당하게 진술한다. 자신은 옳다고 깨달은 대로 행동하라는, 신의 명령과도 같은 이 태도를 포기하지 않을 것이고, 죽음도 두렵지 않다. 그러나 판사들은 죄 없는 사람에게 사형 선고를 내리면 그 자체가 범죄라는 사실을 잊지 말아야 한다. 게다가 자신은 비판적인 면에서나 도덕적인 면에서나 도시의 안녕을 위해 대체 불가능한 사람이다. 누구도 자신에게서 이런 올곧은 태도를 앗아 갈 수 없다. 비록 이 올곧은 태도가 민주제에서건 과두제에서건 언제나 좌절할 수밖에 없음을 알고는 있지만. 마지막으로 소크라테스는 연민으로 흐려지지 않은 공정한 판결을 기대한다는 말로 변론을 끝낸다.

법정의 관점에서 보면 소크라테스보다 불쾌한 인간은 없어 보인다. 먼저 그는 자신이 고소인들을 별로 대수롭게 여기지 않는다고 진술한다. 아울러 노골적인 사형 위협도 하찮은 것으로 폄하한다. 마지막으로 막 복원된 민주주의도 그다지 도덕적이거나 명예롭지 않은 것으로 평가한다. 도덕적으로 가치 있는 것은 소크라테스처럼 비판적인 사람들뿐이라는 것이다. 피소를 당한 사람이 정말 그렇게, 또는 그 비슷하게 말했다면 유죄 판결을 받은 것은 결코 이상하지 않다.

물론 플라톤에게 중요한 포인트는 그것이 아니었다. 남들에게 오만함으로 비친 것도 그에게는 비전문가와 떠버리들에 대한 청정한 철학자의 자연스러운 우월함일 뿐이었다. 플라톤이 볼 때 소크라테스가 사법부를 가리켜 도덕적으로 영락하고 어리석다고 지적한 것은 전적으로 타당했다. 그의 화술은 고소인들의 수사학을 그들의 도구로 물리치는 노련한 기술이었다. 다만 그들과 차이가 있다면 소크라테스의 계략과 속임수는 음흉한 목적에 복무하는 것이 아니라 진리와 정의에 대한 사랑에서 비롯되었다는 것이다. 플라톤 자신과는 달리 소크라테스는 진리와 정의는 원칙적으로 도달할 수 없다고 결론 내렸다. 인간에게 주어진 건 단지 거기에 도달하려는 끊임없는 추구뿐이라는 것이다.

유죄 선고 뒤 소크라테스는 두 번째로 연설을 한다. 이번에는 관례대로 형량에 관한 문제였다. 고소인들은 사형을 요구했다. 소크라테스는 다시 재판정을 놀림거리로 삼으며 국가의 비용으로 식사나 제공해 줄 것을 요구했다. 그가 정말로 받아 마땅한 것은 그런 명예로운 성찬이라는 것이다. 하지만 벌을 꼭 내려야겠다면 벌금형에는 동의할 수 있다고 했다. 부자 친구들이 그 대신 돈을 내줄 수 있다는 것이다.

법정은 피고인의 오만불손함을 즉각적인 사형 선고로 응징했다. 허구가 분명한 세 번째 연설에서 소크라테스는 선고 자체는 대범하게 받아들였지만, 고소인들에게는 꼬치꼬치 따져들며 앙갚음을 했다. 이런 식이다. 다가올 죽음을 견디는 건 어렵지 않으나 자신에게 유죄 판결을 내린 고소인들의 추함을 견디는 건 정말 어렵다. 하지만 재판정에 대한 원망은 없다. 죽음 후 자신을 기다리는 건 분명 이승의 삶보다 나쁘지 않을 것이다. 죽음은 꿈을 꾸지 않는 깊은 잠이거나 이승보다 더 정의롭고 나은 삶, 둘 중 하나다. 이 두 가능성은 긍정적이고 무시할 수 없다. 이런 점에서 자신이 처한 모든 상황은 그 모습 그대로 훌륭하다.

　　이 변론, 즉 『소크라테스의 변론』은 철학사에서 굉장히 중요한 작품이다. 하지만 그 모든 게 정말 소크라테스가 한 말일까? 아니면 그 비슷한 말이라도 했을까? 아니다. 그것은 대부분 플라톤의 허구적 이야기다. 그뿐 아니다. 플라톤이 그 연설문을 판결 직후에 썼는지, 아니면 20년 뒤에 썼는지조차 불분명하다. 어쨌든 플라톤은 소크라테스를 초인적 품성의 인간적 영웅으로 만드는 데 심혈을 기울였다. 자신이 꿈꾸는 철학자의 화신이었다. 우리가 『소크라테스의 변론』에서 만나는 사람이 바로 그런 이상적인 철학자의 모습이었다. 그렇다면 플라톤은 그것으로 무엇을 하려고 했을까? 그전에 그는 대체 어떤 사람이었을까?

플라톤

소크라테스의 재판을 뜨거운 열정으로 관심 깊게 지켜본 청년 플라톤은 아테네의 명문가 출신이었다. 시쳇말로 금수저를 물고 태어났다는 말이 딱 어울리는 인물이었다. 아마 정치에 진출했다면 도시를 통치할 기회가 많았을 테고, 군인의 길을 걸었다면 최고 사령관이 되었을 수도 있었다. 그러나 그는 고위 정치인도 전쟁 영웅도 되지 않고, 오직 플라톤이 되었다. 즉 고대 세계의 찬란한 대표자이자, 서양 정신사의 거목이자, 모든 시대를 통틀어 가장 중요한 철학자들 중 한 사람이 된 것이다.

〈철학〉이 무엇이고, 〈철학자〉는 어때야 하는지에 대한 우리의 관념에 플라톤만큼 강한 영향을 끼친 철학자는 없었다. 그의 영향은 유대교와 이슬람에까지 흘러들었고, 고대 후기와 중세 기독교에도 주요 지점에서 이론을 제공했다. 심지어 영국 철학자 앨프리드 노스 화이트헤드는 유럽의 철학 전통이 플라톤의 주석에 불과하다는 과감한 평을 내놓기도 했다.

플라톤에 대한 이런 막대한 의미를 생각해 볼 때 우리가 그의 생애에 대해 확실하게 아는 것이 많지 않다는 사실은 조금 의아하게 들릴 수 있다. 아무튼 훗날 철학자의 길을 걷게 될 플라톤은 아테네의 최고위 귀족 가문 태생이었다. 그런 가문이라면 당시엔 의당 그렇듯 민주제보다 과두제를 지지했다. 기원전 428년이나 427년에 4남매 중 막내로 태어난 그는 아버지의 이른 죽음을 겪어야 했다. 어머니는 곧 재혼해서 재력이 든든한 배우자를 만났는데, 확신에 찬 민주주의자였다. 어머니의 숙부가 기원전 411년에 쿠데타를 일으킨 과두파의 일원이고 어머니의 사촌 크리티아스도 그 쿠데타의 일원이었음을 고려하면 그 결혼은 퍽 이례적인 일이었다. 플라톤이 스물세 살 무렵, 크리티아스는 제2차 펠로폰네소스 전쟁에서 스파르타의 승리 뒤 권력을 장악한 30인 참주 중 한 명이었다. 플라톤의 숙부 카르미데스도 민주제에 반대하는 과두파였다.

전쟁과 패전의 그늘에서 성장했지만 플라톤은 훗날의 고위 관직에 대비해 정선된 교육을 받았다. 그는 헤라클레이토스를 접하면서 처음으로 철학적 세례를 받았는데, 이후 헤라클레이토스가 구상한 신에 버금가는 전능한 로고스가 평생 가슴에 새겨졌다. 그러나 그의 진정한 정신적 아버지는 책 속의 인물이 아닌 광장에서 만난 철학자 소크라테스였다. 귀족 가문 출신의 다른 젊은이들처럼 플라톤도 다년간 소크라테스의 사상을 추종했다. 30인 참주 정치 체제에 참여해 보라는 첫 제안을 받은 것도 그 무렵이었다. 플라톤은 그 제안을 거부했고, 30인 참주제뿐 아니라 다른 모든 정치 집단들을 경멸했다. 〈이 도시에서 필요한 일들을 처리하는 사람들과 법, 관습을 면밀히 살펴볼수록, 그리고 그와 함께 내가 나이를 들어갈수록 한 도시를 올바로 다스린다는 것이 점점 더 어렵게 느껴졌다. 왜냐하면 (……) 우리 도시가 더는 선조들의 풍습과 관습에 따라 살지 않는 것도 그렇거니와 (……) 법과 풍습의 타락이 믿을 수 없을 정도로 심해져서 처음엔 공직으로 나가려던 열의로 가득하던 내가 그런 혼란과 무질서를 지켜보면서 결국엔 현기증을 느꼈기 때문이다.〉[71]

기존 정치에 대한 플라톤의 분노를 키우는 데는 소크라테스의 영향도 한몫했다. 플라톤의 친척들 입장에서 보자면 소크라테스에 대한 의심이 생기게 된 것도 어쩌면 이때가 처음일지 모른다. 즉 그가 젊은이들을 망친다는 것이다. 소크라테스에게 가르침을 받은 플라톤은 귀족들의 과두 정치와 민주주의 모두를 경멸했다. 그로써 이 젊은이는 미래의 정치적 출세를 위해 준비된 의자들을 모두 걷어차 버렸다.

소크라테스의 처형으로 깊은 충격에 빠진 플라톤은 정치에 대한 믿음을 잃고 아테네를 떠났다. 첫 체류지는 메가라였다. 아테네에서 남쪽으로 30킬로미터쯤 떨어진, 펠로폰네소스 반도에 위치한 이 도시는 얼마 전에 스파르타의 압제에서 벗어나 자기들만의 민주주의를 시험하고 있었다. 플라톤은 여기서 소크라테스의 제자 에우클레이데스(수학자 에우클레이데스*와 혼동하면 안 된다)를 만났다. 우리가 아는 한, 당시 플라톤에게도 중심 문제였던 선에 관한 물음에 천착한 인물이다. 플라톤의 다음 행선지는 좀 불분명하지만, 키레네로 갔을 가능성이 있다. 오늘날의 리비아 땅에 위치한, 한창 번성하던 그리스 식민지였는데 마찬가지로 민주적 지배 체제가 확립된 곳이었다. 디오게네스 라에르티오스의 보고에 따르면 프로타고라스의 친구이자 제자인 늙은 수학자 테오도로스가 플라톤에게 숙소를 제공했다고 한다. 플라톤은 아마 거기서 이집트로 갔을 것이다. 하지만 이런 보고와 관련해서 허구와 진실을 구별하기란 무척 어렵다.

다만 플라톤이 남부 이탈리아에 장시간 머물렀던 건 분명해 보인다. 거기서는 여전히 피타고라스학파가 만년의 전성기를 누리고 있었다. 플라톤은 피타고라스학파의 중심지인 타란토에서 영향력 있는 피타고라스주의자들의 집에 묵었는데, 남부 이탈리아 도시들의 사치를 못마땅하게 여기기는 했으나 여기서 엄청난 사상적 영향을 받은 건 틀림없다. 플라톤의 사유에서는 피타고라스 사상의 씨앗이 뚜렷이 엿보이기 때문이다. 그는 영혼 불

---

* 영어명은 유클리드. 유클리드 기하학의 대성자인 바로 그 유클리드다.

멸의 생각을 받아들였고, 나중에는 영혼 이동설과 육체가 영혼의 감옥이라는 주장도 대변했다. 또한 유명한 이데아론도 의심할 바 없이 피타고라스에 뿌리를 두고 있었다.

기원전 388년 우리는 배움 여행을 떠난 플라톤을 시칠리아의 시라쿠사에서 만난다. 나이 서른 무렵이었다. 그는 거기서 전제 군주 디오니시오스 1세와 조우한다. 철학자와 전제 군주의 이 만남에 대해 후대의 우리가 알고 있는 모든 것은 사실 풍부한 상상력에 기초한 일화들이다. 다만 두 사람이 서로에게 등을 돌린 것은 충분히 상상할 수 있다. 플라톤이 나중에 바다를 건너다 붙잡혀 아이기나에서 노예로 팔릴 위기에 처했다는 이야기는 신빙성이 매우 높다. 키레네 출신의 별로 중요하지 않은 철학자 아니케리스가 그곳 시장에서 우연히 그 유명한 철학자 플라톤을 발견해서 노예 상태에서 풀어 주었다고 한다. 그런데 플라톤이 시칠리아에서 유명 철학자로 알려져 있었다는 이야기는 좀 의아하다. 그때까지 아직 철학자로 공식 데뷔한 적이 거의 없었기 때문이다. 아마 아니케리스는 플라톤을 유명 철학자라기보다는 명문가의 자제로 알았을 것이다. 어쨌거나 그런 일이 실제로 있었다면 플라톤으로서는 무척 곤혹스러운 경험이었을 게 분명하다. 그래서인지 그 여행에서 만난 다른 많은 사람들과는 대조적으로 그는 자신의 책에서 아니케리스를 단 한 차례도 언급하지 않았다.

남부 이탈리아에서 피타고라스학파를 두루 접하고 돌아온 플라톤은 배움 여행의 중요한 결과를 아테네에서 선보인다. 즉 자신도 그들처럼 자기만의 사상을 진흥하고 가르치고 전파할 철학 학파를 세우기로 결심한 것이다. 기원전 387년 그는 올리브 나무들이 있는 땅을 구입해서 학당을 설립한다. 아테네의 전설적인 수호 영웅 아카데모스의 이름을 딴 숲이 있는 곳이다. 그래서 플라톤의 학당도 얼마 지나지 않아 〈아카데메이아〉라 불리게 된다.

오늘날의 아카데미다. 이렇듯 아카데메이아는 무슨 깊은 뜻이 담긴 있는 것이 아니라 그냥 어쩌다 붙여진 이름이다.

아카데메이아 같은 이런 두뇌 집단은 아테네에선 그전까지 전례가 없었다. 소피스트들은 대부분 외로운 투쟁가였고, 귀족 자제들을 위한 공립 학교는 독자적인 철학 전통이라는 것이 없었다. 직전에 설립된 이소크라테스의 웅변가 학당 정도만 경쟁자로 볼 수 있었다. 그러나 이소크라테스 학당과는 달리 플라톤 학당은 웅변가를 양성하는 실용적 교육이 아닌 보편적 철학 교육을 내걸었다. 즉 한 분야의 전문가가 아닌 철학적 소양을 갖춘 보편인을 키우는 것이 목표였다. 그래서 여기서는 기하학과 천문학, 아니 어쩌면 동물학까지 가르쳤을 것이다. 수업료는 없었고, 학생들은 대개 한 공동체에서 함께 생활했다.

아카데메이아는 단시간에 전체 고대 세계에서 가장 중요한 지적 중심지로 떠올랐다. 플라톤은 여기서 20년 동안 그리스 세계의 차세대 지도자들을 가르쳤다. 또한 각 지역의 수많은 주요 인사들이 그를 지원하고 추종했다. 플라톤 철학은 많은 제자를 거느린 이 아카데메이아를 기점으로 고대 세계 전체로 퍼져 나갔다. 그렇다면 플라톤 철학은 대체 어떤 것일까?

연출된 현실

플라톤이 근본적으로 정확히 뭘 가르쳤는지를 말하기란 참으로 어렵다. 거의 완벽한 형태로 전해져 내려오는 그의 저서는 고도로 복잡하고, 그러면서도 몹시 모순적일 때가 많다. 게다가 우리가 갖고 있는 것 중엔 플라톤의 직접적인 가르침을 담은 책은 거의 없고 『소크라테스의 변론』과 몇몇 편지를 제외하면 대화편뿐이다.

플라톤의 대화편은 기존의 어떤 것과도 비교가 안 될 정도로 독특한 형태의 저술 장르다. 그는 자신의 철학을 적절하게 설명하기 위해 꼬치꼬치 파고드는 대화 형태를 택했다. 〈자연에 관하여〉라는 제목이 붙은 이전의 수많은 저서들이 세계를 물리적이고 철학적으로 감탄 부호와 함께 설명했다면 플라톤의 대화편에서는 의문 부호가 지배적이다.

이처럼 무척 독특한 철학하기의 새 형태를 선택한 데에는 여러 가지 이유가 있어 보인다. 교묘한 질문들을 연이어 던지는 방식은 플라톤이 깊은 인상을 받은 소크라테스의 철학 스타일이었을 가능성이 높다. 소크라테스는 어떤 글도 쓰지 않았다. 그래서 플라톤이 참조할 만한 저서는 어디에도 없었다. 게다가 소크라테스 철학이라고 확고하게 주장할 만한 것도 별로 없다. 대신 주로 남들의 의견이 불충분하거나 잘못되었음을 폭로할 뿐이다. 이런 〈부정적〉 철학을 어떻게 최대한 많은 보편적 진리를 드러내는 〈긍정적〉 철학으로 만들 수 있을까?

플라톤이 대화편 집필을 시작할 당시 얼마나 확고한 식견과 통찰력을 갖추고 있었는지는 알 수 없다. 다만 처음부터 그렇게 뛰어나지는 않았을 것으로 추정된다. 따라서 최소한 초기 대화편의 물음과 탐색은 상당히 솔직한 진리 탐구 활동이었을 것이다. 완성되지 않은 사유와 종결되지 않은 탐구를 보여 주는 이런 초기 대화는 총 16편인데, 우리에게 전해져 내려오는 플라톤 이전 모든(!) 철학자들의 저술을 다 합친 것보다 훨씬 분량이 많다.

소크라테스의 〈질문 놀이〉 외에 플라톤의 대화편에 영감을 준 것으로 보이는 원천은 하나 더 있다. 바로 극작가들이다! 아테네에서는 철학자와 소피스트들만 진리를 표현하고 알린 것이 아니라 완전히 다른 직업군인 극작가들도 그런 일을 했다.

아테네 비극의 아버지라 불리는 아이스킬로스는 제2차 페르시아 전쟁기에 살았다. 그는 전쟁터에 나갔고, 이 전쟁을 극화해 큰 성공을 거두었다. 그의 가장 유명한 후계자인 에우리피데스와 소포클레스는 소크라테스의 재판이 있기 몇 년 전에 죽었다. 대중의 환호를 받은 아리스토파네스의 예가 보여 주듯 플라톤 당시 아테네에서는 연극이 여전히 인기가 높았다. 사회적인 갈등 요인들은 세계를 의미하는 반원형의 무대에서 예시적으로 철저히 묘사되고 의미와 저의에 따라 구분되었다. 비극과 희극은 관객을 감동시켜 그들의 감정을 〈정화〉하려는 목적으로 노천에서 개최된 도덕적 행사였다. 연극 주제는 철학과 마찬가지로 실존론적인 근본 물음이었다. 예를 들어 인간은 무엇인가? 인간의 실존은 무엇을 의미하는가? 운명은 무엇인가? 인간은 신들과 어떤 관계인가? 도덕적으로 옳은 것은 무엇이고, 그른 것은 무엇인가? 나는 내 죄를 어떻게 해야 하나? 나는 어떤 용서를 기대할 수 있나? 달리 표현하자면, 이 모든 것들은 18세기에 이마누엘 칸트가 다음과 같이 요약한 철학의 영원한 핵심 물음이기도 하다. 나는 무엇을 알 수 있나? 나는 무엇을 기대해도 좋은가? 나는 무엇을 해야 하나? 인간은 무엇인가?

유명한 극작가에게 쏟아진 지대한 찬사와 명예를 지켜보면 아테네에서 연극이 얼마나 큰 의미가 있고 폭넓게 영향을 미쳤는지 알 수 있다. 따라서 당시 학당을 연 플라톤에게 연극 분야가 의미하는 바는 분명했다. 바로 경쟁자였다! 그런데 그는 한편으론 이상 국가에 관한 후기 저서에서 예술의 자유를 심하게 제한하려 하면서도 다른 한편으론 많은 극적 양식을 자신의 글쓰기 수단으로 받아들였다. 〈작가는 거짓말쟁이〉라는 그의 지론도 극작가들의 문학적 수단을 스스로 완숙하게 사용하는 걸 막지는 못했다. 그의 저서에서는 수많은 철학적 물음이 답변의 가면을 쓰고 등장한다. 물론 그 반대인 경우도 있다. 한 주제를 예증하거나 끝내려고 할 때 느닷없이 다채로운 이야기와 신화가 나오기도 한다. 상상의 막이 내려지고 나면 적지 않은 물음들이 미해결로 남은 채 듣는 사람이나 보는 사람의 계속되는 숙고에 맡겨진다.

따라서 플라톤의 대화는 자신이 경쟁자의 입장에서 맹렬히 맞서 싸운 전통들이 뒤섞인 매우 독창적인 예술 형태이다. 이렇듯 그는 진리 이론으로서 철학의 영웅적 도덕적 요구를 소피스트의 수사학적 능란함과 시인들의 극작법과 연결시켰다. 다시 말해 지혜 이론, 수사학, 연극을 하나로 합쳐 놓은 것이 플라톤 철학이다. 소피스트는 진실하지 못하고 시인은 거짓말쟁이라고 비난하면서도 플라톤 자신은 자기 이해에 따라 이들 모두를 계승한 위대한 종합자, 즉 진리의 수사학자이자 현실의 극작가로 등극한 것이다.

소크라테스의 제자 중에서 플라톤만 철학적 대화편을 쓴 것은 아니지만 세계 문학의 반열에 오른 것은 그가 유일하다. 플라톤이 어떤 의도로 이 대화편들을 썼는지를 두고는 고대 철학

전문가들의 의견이 치열하게 갈라진다. 짐작컨대 대화편은 아카데메이아나 다른 곳에서 큰 소리로 낭독되었을 것이다. 그것도 라디오 방송극처럼 역할을 나누어서. 그렇다면 그런 낭독의 목적은 무엇이었을까? 아테네 사회와 정치에 영향을 미치려 한 것은 분명하다. 또한 최대한 많은 사람의 의식을 바꾸고 싶은 생각도 있었을 것이다. 그러나 일부 플라톤 연구자들은 이 대화편을 꾸미지 않은 민낯의 철학으로 여긴 반면에 또 다른 연구가들은 최소한 그중 일부는 연습용 교재일 뿐이라고 생각한다. 진짜 중요한 부분은 구두로만 강의했기에 남아 있지 않을 가능성이 높다는 것이다.

플라톤의 이름으로 전승된 텍스트 수는 믿기 어려울 만큼 많다. 그 분량만 믿기 어려운 것이 아니라 플라톤이 썼다고 알려진 저술 가운데 많은 것이 실은 플라톤의 작품이 아니라는 의심도 크다. 오늘날에는 최소한 24편의 대화와 『소크라테스의 변론』, 편지 몇 편, 개념 모음집, 시 몇 편은 플라톤이 진짜 쓴 것으로 여겨진다. 그 밖의 수많은 〈가짜〉 저술들을 두고는 그 출처에 대한 평가가 크게 엇갈린다. 그러니까 스승의 초안을 제자들이 개정한 것이라는 주장에서부터 모작 논란까지 다양하다.

하지만 플라톤이 쓴 진짜 대화편들도 아주 독특한 방식의 〈위조〉다. 대화편에서는 소크라테스가 선택된 두세 명, 혹은 서너 명의 유명한 동시대인들과 함께 신과 세계에 대한 다양한 문제를 놓고 토론한다. 그런데 이 고대 토크쇼에 나오는 참석자 명단은 마치 고대 세계의 인명사전처럼 보인다. 고위 정치인이자 사령관인 알키비아데스에서부터 고위급 장성 니키아스, 라케스, 헤르모크라테스, 메논, 소피스트 철학자인 프로타고라스, 고르기아스, 히피아스, 에우티데모스, 트라시마코스, 프로디코스, 폴로스, 소크라테스의 제자 파이돈, 파이드로스, 에우클레이데스, 크리톤,

시인 이온, 위대한 고대 철학자 파르메니데스, 플라톤의 선생 크라틸로스, 플라톤의 친척 아데이만토스, 글라우콘, 카르미데스, 크리티아스를 거쳐 수학자 테아이테토스와 테오도로스에 이르기까지 다양하기 그지없다. 이 남자들 중 상당수는 아테네를 비롯해 그리스의 다른 지역들에서 유명하거나 이름이 알려진 인물들인데, 그렇다면 이건 유명인들과의 친분을 의도적으로 드러내는 과시적 행위라고 할 수 있다. 그 밖에 우리가 별로 알지 못하는 칼리클레스, 디오티마, 프로타르코스, 티마이오스 같은 인물이 나오고, 플라톤 자신은 불과 두 번밖에 등장하지 않는다.

대화편에 등장하는 거의 모든 대화 참가자들은 당시 이미 죽은 사람들이다. 그중에는 기원전 4세기로 넘어가기 직전에 죽은 사람이 많다. 그렇다면 이 대화 중 상당수는 30~40년 전의 과거 시간과 과거 공간에서 벌어지는 일이다. 이를테면 이런 식이다. 오늘날의 한 철학자가 테오도어 아도르노처럼 유명한 과거 사상가를 마찬가지로 고인이 된 동시대인과의 대화에 등장시킨다. 그러면 아도르노는 존 포드나 빌리 와일더와는 영화에 대해, 파블로 피카소나 카를 하인츠 슈토크하우젠, 미스 반 데어 로에와는 미술에 대해, 체 게바라나 호치민과는 혁명에 대해, 장폴 사르트르나 버트런드 러셀과는 정의에 대해 철학적 대화를 나눈다. 이는 일종의 복고 토크쇼로서 나중에 대본을 쓴 연출된 현실이다. 그려진 상황에 생동감을 부여하려고 거짓으로 꾸며낸 현실이라는 말이다.

무대 배경도 실제 현실과 똑같이 설정된다. 소크라테스의 경우 감옥에서, 고소인에게 가는 길에서, 향연 자리에서, 운동장에서, 개인 빌라에서, 플라타너스 아래에서, 산책이나 트래킹 중에 대화가 이루어진다. 철학을 이런 식으로 연출하는 것은 심리적 연상 효과가 크다. 독자나 청자는 현장으로 빨려 들어가 대화에 동참하고 있다고 느낀다. 플라톤은 하찮은 가르침을 던지는 대신 청중을 즐겁게 한다. 또한 한 입장을 독선적으로 제시하는 대신 지극히 의문스러운 인식과 태도, 의견들의 반박 속에서 진실이 저절로 빛나게 한다. 플라톤에게 철학은 진리 추구의 다채롭고 역동적인 과정이자, 투쟁이고 탐색이다. 이것은 기원전 4세기 초의 세계에는 아직 없던 것이었다. 그렇다면 플라톤은 왜 그렇게 했을까? 이 모든 것의 의미는 무엇일까?

가상과 실재

귀족이 세상을 개선하다

플라톤의 철학적 목표는 무엇이었을까? 몇 안 되는 위대한 사상가들의 경우 그 대답은 어렵지 않다. 인간이 내적으로 충만한 삶을 살도록 돕는 것이다. 그러려면 존재에 대한 꾸밈없는 진실을 찾아내야 하고 본래의 것을 향해 나아가야 한다. 그래야 인생의 방향을 찾고, 자연법칙들과 조화를 이룬 올바른 삶을 살 수 있다. 이 자연에는 폴리스 내의 주변 환경, 즉 사람들이 함께 살아가는 세상도 포함된다. 그래서 세상은 개선되어야 하고, 무엇보다 좀 더 공정해져야 한다. 플라톤의 목표는 다름 아닌 세상의 개선이었다. 사회의 수많은 잘못되고 유해한 발전을 원상 복구하는 것이다. 플라톤처럼 제2차 펠로폰네소스 전쟁으로 아테네에 야기된 군사적·사회적·도덕적 황폐화를 몸소 겪은 사람은 사회의 현 상태에서 바람직하고 긍정적인 것을 찾기란 어렵다. 그래서 늘 새롭고 명료한 지식으로 옛것을 지키고 미덕을 회복하고, 그와 함께 폴리스를 근본적으로 바꾸어야 한다고 생각했다.

플라톤은 자기 이전에 여러 철학자 선배들이 있었음을 알고 있었다. 철학적 물음들은 플라톤의 저서에서 계속 허구적 인물로 살아 숨 쉬면서 철학의 새로운 출발을 알리는 것처럼 보이는 소크라테스로부터 시작된 것이 아니었다. 철학적 물음 중 많은 것들이 이미 그전에 다 제기되어 있었다. 게다가 플라톤은 이전 철학자들을 거의 모두 알고 있었다. 헤라클레이토스나 남부 이탈리아 철학자들의 텍스트가 그리스 세계 전반에 얼마나 광범하게 퍼져 있었는지를 생각하면 그저 놀라울 따름이다.

소크라테스는 대화편 『파이돈』에서 필롤라오스의 제자 케베스에게 세상 곳곳을 주유하며 많은 것을 배우라고 이른다. 〈케베스, 그리스는 아주 커. 거기엔 유능한 남자들이 많아. 야만족들의 땅도 커. 그 땅들도 일일이 (……) 철저히 탐구해야 해. 그런 일엔 돈과 수고를 아껴선 안 돼. 돈을 그보다 더 유용하게 쓸 수 있는 데는 없어.〉[72] 이런 요구에도 플라톤은 자신에게 영감을 준 원전들을 숨길 때가 많았다. 가령 남부 이탈리아의 피타고라스학파가 플라톤에게 지속적으로 영향을 준 데는 의심의 여지가 거의 없음에도(물론 그 영향이 얼마나 강했는지에 대해서는 의견이 갈릴 수 있다) 그들이 대화편에 등장하는 일은 드물었다.

하지만 철학을 특별한 삶의 태도와 방식으로 보는 플라톤의 관념에 본보기가 있다면 그것은 피타고라스학파였다. 플라톤은 수학과 수의 이론에 대한 그들의 감동에 전적으로 공감했다. 게다가 플라톤에 이어 아카데메이아 교장에 오른 후계자들은 피타고라스주의에 관한 책을 쓰기도 했다. 알크마이온은 대화편 어디에도 나오지 않지만, 『파이돈』에 나오는 뇌에 관한 플라톤의 상술은 알크마이온의 저술을 읽지 않고 썼다고는 도저히 상상할 수 없다. 엠페도클레스는 두 번 언급된다. 플라톤이 〈사랑〉과 〈다툼〉이라는 엠페도클레스의 원리를 강도 높게 연구한 점에 비추어보면 지극히 적은 횟수다. 그에 반해 파르메니데스는 대화에 직접 등장해서 소크라테스와 그의 존재론, 그리고 단일성과 다양성에 대해 토론을 벌인다. 플라톤이 헤라클레이토스를 연구한 것도 빠뜨릴 수 없다.

『파이돈』에서는 아낙사고라스의 저술에 관한 이야기가 나온다. 청년 시절의 소크라테스는 이 저술에 깊은 인상을 받았지만, 나중에는 그런 유물론적 설명이 불충분하다고 생각했다는 것이다. 아낙사고라스의 말처럼 인간은 당연히 두 발이 있기 때문에 걷는다. 그러나 소크라테스가 보기에 아낙사고라스는 인간이 왜 한 곳에서 다른 곳으로 가려는 의지를 느끼거나 의도가 생기는지 설명하지 못한다. 따라서 유물론에는 인간 본성과 인간 이성의 참된 통찰로 이끄는 깊이가 없다. 유물론은 〈어떻게〉에 대해서는 답변해도 〈왜〉에 대해서는 답하지 못한다. 결국 인간에 대한 순수 자연주의적 관찰로는 인간의 본질을 규명할 수 없다. 모든 윤리적 질문도 마찬가지다.

플라톤은 소피스트들과 치열한 논쟁을 자청한다. 이참에 담판을 지어 귀찮은 경쟁자를 떨쳐 버리려는 속내가 읽힌다. 초기 저서 『프로타고라스』에서는 올바른 삶과 미덕에 대한 소피스트들의 논거를 아직 진지하게 받아들이면서 논쟁한다면 후기 저서 『소피스트』에서는 그들을 술책가와 사기꾼으로 깎아내린다. 이 경쟁자들에 대한 플라톤의 논거 중 가장 공정하지 못한 것은 그들이 돈을 받고 가르친다는 것이었다. 플라톤처럼 골수 부자 귀족이나 쉽게 할 수 있는 말이다.

물론 대화편에는 소피스트의 논거에 대한 진지한 철학적 반박도 등장한다. 아낙사고라스와의 논쟁에서 드러나는 것처럼 플라톤은 소피스트적인 사고로는 더 나은 삶으로 가는 도상에서 한 걸음도 더 나아가지 못한다고 생각한다. 프로타고라스의 소신대로 개인마다 세계를 다르게 보고, 이 세상에 개인별 차이를 넘어서는 더 높은 척도가 존재하지 않는다면 더 높은 진리와 더 깊은 인식은 존재할 수 없기 때문이다. 소피스트들의 철학은 세계의 전체 체계로 나아가는 것이 아니라 그 체계를 해체한다. 그들에겐 〈절대적〉 진리 대신 상대적 진리만 존재하고, 〈하나〉의 올바른 삶 대신 상상 가능한 수많은 삶만 존재하기 때문이다.

이렇듯 세계를 소피스트식으로 이해하면 세계를 치유하는

건 불가능하다. 플라톤의 초기 저서는 이런 소피스트식 상대주의와의 싸움이었다. 소피스트와의 직접적인 논쟁에서건, 아니면 다른 대화편에서건 플라톤의 소크라테스는 항상 현실 대상보다 더 깊거나 높은 진리의 영역을 추구하고, 그 진리와 함께 되돌릴 수 없는 인식의 구속력을 찾는다.

플라톤의 소크라테스는 이제 어떤 방법을 구사해 나갈까? 그는 일단 〈정의(定義)〉에 힘쓴다. 미는 무엇인가? 선은 무엇인가? 용감함은 무엇인가? 우정은 무엇인가? 개념 규정, 즉 정의는 사물의 〈본질〉을 포착하는 것이다. 내가 모든 의심을 제거한 채 무언가를 이성적으로 어떻게 정의하느냐가 그 무언가의 본질이기도 하기 때문이다. 한 사물을 말로 올바로 정의 내린다는 것은 한 사물의 참된 존재를 인식한다는 뜻이다. 플라톤에게는 내 머릿속의 올바로 선택된 말과 내 생각 밖의 외부 사물 사이에는 어떤 차이도 없다. 그런 언어적 정의는 수학에서처럼 〈객관적으로〉 옳거나 그를 뿐이다.

플라톤은 언어 자체와 언어적으로 능수능란한 철학자에게 엄청난 인식 능력이 있다고 믿는다. 철학자의 뇌쇄적인 후광은 다음의 이미지에서 나온다. 즉 철학자는 언어로 세계를 발굴하고, 철학자의 언어는 어둠에 빛을 밝힌다는 것이다. 혹은 약 250년 뒤 아무개 요한이 플라톤주의에 강한 영감을 받아 자신의 복음서 서문에 적은 내용을 보라. 〈태초에 말씀이 있었다.〉 올바른 세계는 나의 올바른 말과 일치한다는 이 관점은 2,000년 넘게 철학사에 강한 영향을 끼친다. 그러다 나중에야 바뀌게 된다. 그것도 급격하게.

플라톤에 따르면 사물들의 본질은 특수한 것이 아닌 보편적인 것에 있다. 개별적으로 용감하거나 정의로운 행동이 용감함이나 정의가 무엇인지를 결정하는 것이 아니라는 말이다. 대신 수학의 경우처럼 모든 개별 경우가 하나의 특별한 응용 형태일 뿐인 보편 법칙을 찾아야 한다. 결국 철학적 가치가 있는 것은 개인적인 것이 아니라 오직 보편적인 것뿐이다. 보편적인 것은 올바른 정의를 통해 개념화될 수 있다.

그런데 플라톤의 대화편 중에서 그런 보편적 개념 정의를 찾겠다는 목표에 도달한 것은 아쉽게도 불과 몇 편 되지 않는다. 대부분의 경우는 다른 참석자들의 나쁜 논거들이 소크라테스의 질문들로 허물어지기는 하지만 전체적으로 하나의 합의에 도달하지는 못한다. 예를 들어 경건함(대화편『에우티프론』), 우정(대화편『리시스』), 절제(대화편『카르미데스』), 미덕(대화편『프로타고라스』와 『메논』), 용감함(대화편『라케스』), 정의(대화편『국가』)의 전문가들이라고 하는 사람들은 근거 없는 입장들만 내세울 뿐 이 미덕들의 본질을 드러내는 좀 더 훌륭하고 새롭고 명료한 개념 규정을 이루어내지는 못한다.

결국 플라톤의 초기 창작 시기를 사로잡은 것은 위대한 인식이라기보다는 그 인식의 수사학적 우아함이다. 이때 소크라테스는 변증법적으로 상대 입장을 반박하고, 반대 명제를 통해 새로운 종합 명제를 추구하는 유연한 사상가이자 조종자로 나선다. 그러나 초기 저서에서는 그러한 추구가 성공한 경우는 매우 드물다. 대화 상대가 사물의 본질에 관해 제시하는 확고한 견해와 그 근거를 상대화하는 일은 반복해서 성공을 거두지만, 사물의 본질에 관한 명백한 견해, 즉 종합 명제로까지 이어진 경우는 많지 않기 때문이다. 또한 많은 대화편이 명쾌하게 결론짓는 것이 아니라 논리적으로 출구가 없는 상황(아포리아)으로 끝난다.

확실한 앎은 가능한가?

초기 대화편들의 수많은 아포리아는 우리에게 수수께끼를 던진다. 열린 결말도 하나의 방법론이었을까? 독자와 청자의 사고력을 자극하기 위한 전략적 수단이었을까? 아니면 구속력 있고 새로운 견해를 제공하지 못한 실존 인물로서 소크라테스의 수사학을 플라톤도 여기서 똑같이 반복하고 있는 것에 불과할까? 또는 이는 정말 절박한 의심인데, 플라톤 자신도 더 이상 아는 것이 많지 않았던 것이 아닐까?

대화편이 초기, 중기를 거쳐 후기로 가면서 일어나는 변화는 플라톤의 철학이 얼마나 다층적인지를 보여 준다. 바로 이것이 그를 다른 선행자들과 선명하게 구분시키는 점이기도 하다. 다른 어떤 대화편보다 초기 대화편은 〈변증법적〉이다. 변증법은 플라톤이 철학에 처음 도입한 말이다. 변증법적 대화란 마지막에 가서 더 높은 인식을 획득하기 위해 설정해 놓은 논거와 반대 논거의 기교적 유희다. 우리가 아는 한 플라톤 이전의 철학자 중에는 이런 식으로 책을 쓴 사람은 없다. 변증법의 목표는 일종의 사물의 〈본질 통찰〉이다. 그러나 플라톤의 초기 저서에서 관찰할 수 있듯이 본질 통찰은 무척 어렵다. 그것이 거듭 실패하자 플라톤은 모든 인식 획득의 근거가 되는 본질, 즉 〈앎 자체의 본질〉을 성찰하는 방향으로 나아간다.

〈올바른 삶이란 무엇인가?〉 실존 인물 소크라테스가 동시대인들에게 던진 질문이다. 그런데 플라톤은 옳고 그름이 무엇인지 알아야 그 질문에 답할 수 있음을 알아차렸다. 그러려면 소크라테스보다 더 깊이 파고들어야 하고, 인식의 본질에 천착해야 했다. 중기 대화편 중에 오직 그 한 문제에만 집중한 것이 있는데, 『테아이테토스』가 그것이다. 이 대화편은 플라톤의 가장 중요한 텍스트들 중 하나에 속한다. 따라서 여기서도 그에 합당한 공간을 할애하고자 한다.

이 대화편의 무대 배경은 몹시 복잡하게 구성되어 있다. 장면은 두 개의 차원에서 이루어진다. 액자 소설의 형식을 띤 도입부에서 소크라테스의 옛 제자 두 명이 메가라에서 만난다. 한 명은 역사적 실존 인물 에우클레이데스이다. 플라톤이 배움 여행 중 메가라에서 방문했다는 소크라테스의 제자다. 다른 한 명은 테릅시온이다. 에우클레이데스가 테릅시온에게 말한다. 막 항구에서 테아이테토스(마찬가지로 역사적으로 확인된 인물)를 만났는데, 코린토스 전투에서 부상을 당하고 지금은 죽을병에 걸려 아테네로 이송 중이라는 것이다.

에우클레이데스는 부상당한 테아이테토스 이야기를 하다가 오래전 아테네에서 함께했던 한 장면을 언급한다. 아직 앳된 청년이던 테아이테토스와 소크라테스가 운동장에서 나누던 대화 장면이다. 이 자리에는 테아이테토스의 친구 두 명과 키레네의 수학자 테오도로스도 있었다. 때는 소크라테스 재판이 일어나기 직전인 기원전 399년 초였다. 에우클레이데스는 그날의 대화를 기록해 두었다고 하면서 테릅시온을 집으로 데려가 대화 내용을 들려준다.

모든 것은 소크라테스가 테아이테토스에게(테오도로스가 추천한 제자다) 〈앎episteme〉을 정의해 보라고 요구하면서 시작된다. 일반적으로 어떤 것을 앎이라고 하는가? 이 물음은 테아이테토스에게만 던져진 것이 아니라 플라톤 자신도 여기서 그 물음에 대한 답을 더듬거리며 찾아가는 것처럼 보인다. 오래전 플라톤은 메논에서 소크라테스의 입을 빌려 앎에 대한 약간 소박한 정의를 내린다. 한 견해가 근거를 통해 입증될 수 있을 때 그것은 인식으로 이어지고, 우리가 가진 인식의 총합이 지식, 즉 앎이라는 것이다. 그런데 『테아이테토스』에서는 이제 그 정의와 거리를 둔다.

소크라테스에게 질문을 받은 테아이테토스는 수학을 근거로 〈앎〉에 관한 자신의 생각을 이야기한다. 정사각형에 대한 기하학적 명제는 선택된 몇 개의 정사각형뿐 아니라 모든 정사각형에 똑같이 적용될 수 있어야 참이다. 따라서 기하학에서 앎은 〈보편타당성〉을 의미한다. 소크라테스는 그에 동의한다. 이제 문제는 수학 외의 영역에서도 앎을 그렇게 정의내릴 수 있느냐 하는 것이다. 테아이테토스가 망설이자 소크라테스는 그가 속에 품고 있는 생각을 세상에 내놓으라고 격려한다. 소크라테스 자신은 뛰어난 산파이고, 그의 어머니도 산파였다고 하면서.

이로써 테아이테토스는 앎에 관한 첫 번째 정의를 시도한다. 모든 앎의 토대는 〈지각〉이다. 사물은 내가 지각하는 그대로, 즉 내 눈에 보이는 그대로가 참모습이다. 소크라테스는 납득하지 못한다. 그런 입장은 플라톤이 여기서 소크라테스의 입을 빌려 비판하는 프로타고라스의 명제를 연상시킨다. 모든 것이 오로지 주관적인 지각에 근거를 두고 있다면 세상엔 객관성이 존재할 수 없다. 그리고 앎은 각각의 개별적인 의견이 되고 만다. 소크라테스에 따르면, 온 세상을 흐름과 변화로 파악하는 헤라클레이토스와 엠페도클레스도 그런 방향으로 나아간다. 그들의 세계엔 확실한 진리는 존재하지 않는다. 모든 것이 변한다면 이 역동적인 세계에서 항구적인 앎을 위한 자리는 어디에 있을까?

테아이테토스는 철학적인 물음의 깊이와 혼란에 놀라워한다. 소크라테스는 의아함과 놀라움이 모든 철학의 시작이라고 하

면서 그를 안심시킨다. 그러고는 앎과 지각이 동일하다는 이론에
두 번째 포탄을 날린다. 뭔가를 지각한다는 것은 감각적 인식을
의미한다. 하지만 잘 알다시피 감각은 사람을 속인다. 열병
에 걸리거나 미친 사람은 물론이고 건강한 사람까지도. 이미 헤
라클레이토스도 지각의 가치를 평가 절하한 바 있다. 그건 우리
도 알고 플라톤도 안다. 기본적으로 그런 평가 절하는 처음부터
모든 서양 철학의 핵심 전제를 이룬다. 즉 철학의 기본자세는 둘
중 하나다. 나는 내 감각을 믿고 절대적인 앎에 대한 요구를 포기
하든지, 아니면 감각을 믿지 않고 다른 방법으로 더 높은 인식에
도달하려고 해야 한다. 전자의 경우는 철학이 빠른 시간 안에 끝
을 맺고, 후자의 경우에서는 드넓은 인식 영역, 즉 철학이 신학으
로부터 조금씩 넘겨받은 초감각적인 것의 인식 영역이 새로 열린
다. 지난 2,000년 동안 철학자들이 두 번째 길을 걸어온 것은 당
연하다. 그 길은 그들에게 위대한 결론을 도출할 완전히 다른 여
지를 제공하기 때문이다.

　　지각과 앎을 동일시하는 프로타고라스의 입장에 대한 소
크라테스의 담판은 지극히 정교하고 지적이다. 그것은 감각적이
고 상대적인 것에 맞서 초감각적이고 절대적인 것을 변호하려는
사람들에게는 아주 중요하고 자주 인용되는 본보기이기도 하다.
소크라테스는 이렇게 비판한다. 나는 내가 지각하는 모든 것을
이해하지는 못한다. 반대로 내가 이해하는 모든 것이 직접적인
지각에 근거하지도 않는다. 나의 기억과 선(先)관념은 어떤 상황
을 새롭게 이해하는 데 지대한 영향을 끼친다. 게다가 인간은 소
리나 색채처럼 감각을 자극하는 개별 요소들을 단순히 지각만 하
는 것이 아니라 영혼으로 가공한다. 영혼은 우리의 지각을 분류
하고, 〈같다〉와 〈다르다〉, 또는 〈아름답다〉와 〈추하다〉 같은 말로
평가한다. 그런데 〈같다〉와 〈아름답다〉는 각각의 감각적인 관찰

로는 얻을 수 없는 추상적 개념이다. 그 자체로 〈아름다운 것〉이나 〈같은 것〉은 감각적인 세계에는 존재하지 않는다. 그럼에도 그것은 내 머릿속에 있다. 그렇다면 사물들의 세계에서 절대적인 것은 어디서 오는 것일까?

연회와 비둘기에 관하여

플라톤의 소크라테스가 여기서 언급한 것은 아주 오랫동안 철학의 관심사로 자리 잡았다. 또한 그로 인해 가끔 적대적인 두 진영으로 나뉘어 싸우기도 했다. 천년에 걸친 철학적 문제가 생겨난 것이다. 즉 내 머릿속에는 〈근원적인〉 이념과 관념이 존재할까? 아니면 내가 생각하는 모든 것은 감각적인 지각에서 비롯되는 것일까?

일단은 프로타고라스에 대한 소크라테스의 비판을 계속 따라가 보자. 모든 것이 단지 주관적이고 상대적으로만 참일 뿐이라면 그건 프로타고라스의 명제에도 똑같이 해당된다. 프로타고라스도 아마 이 말에 동의할 것이다. 하지만 소크라테스는 프로타고라스가 마치 자기 명제의 보편적 진리성을 완전히 확신이라도 하는 것처럼 그의 명제를 다룬다. 소크라테스의 반박은 이렇다. 〈인간은 만물의 척도〉라는 주장이 프로타고라스에게 참이라는 이유로 왜 〈모두에게〉 참이어야 하는가? 명제의 내용이 참이라면 명제 자체는 객관적인 진리성을 요구하지 않는다. 삶에서는 옳고 그르냐가 아니라 유익하느냐 해로우냐가 중요하다는 프로타고라스의 간명한 결론도 소크라테스는 불만이다. 왜냐하면 무언가의 유익함을 판단할 더 높은 척도가 존재하지 않는다면 누가 그 유익함을 결정할 수 있단 말인가? 한 결정이 유익하느냐 해로우냐 하는 것에 대한 판단은 나중에야 드러날 때가 많다. 따라서 그런 방식으론 인간은 계속 비틀거리며 방황할 수밖에 없다.

지각과 앎의 동일시는 소크라테스의 수사학적 불꽃놀이 속에서 장렬하게 무너지고 만다. 가련한 테아이테토스는 새로운 정의를 내리려고 한다. 즉 감각적인 것이 아닌 정신적인 것, 좀 더 정확히 말해서 〈올바른 의견〉이나 〈올바른 관념〉이 앎의 토대라고 설명한다. 이 견해도 소크라테스에 의해 바로 뒤집힌다. 올바른 관념이 존재한다면 당연히 잘못된 관념도 존재한다. 모든 잘못된 관념도 올바른 관념과 마찬가지로 알고 있는 것에 근거한다. 무언가에 대해 아는 것이 없는 사람은 잘못에 빠질 수 없고, 그 무언가에 대해 숙고하거나 말할 수 없다. 또한 존재하지 않는 무언가가 오류들에 관련되어 있다고 말할 수도 없다. 어떤 일에 관한 잘못된 견해는 옳은 견해와 마찬가지로 〈하나의 문제에 관한〉 하나의 견해이다.

　　그렇다면 오류는 어떻게 생길까? 우선 내가 지각한 것을 뭔가 잘못된 것과 연관시킨 것에서 비롯되었을 수 있다. 나는 지각한 것을 기억의 도움으로 잘못 분류한다. 소크라테스는 내 기억이 무수한 경험과 인상들이 새겨진 밀랍 덩어리일 수 있다고 말한다. 그 안에는 체험된 모든 것이 새겨져 있다. 어떤 건 또렷하게, 어떤 건 불분명하게. 내가 무언가를 부정확하게 지각하면 각인된 것도 부정확하다. 부정확하게 각인된 것들이 나를 잘못된 분류, 즉 오류로 이끈다.

　　이 설명은 얼핏 보면 설득력이 있어 보인다. 말 그대로 얼핏 보면 말이다. 왜냐하면 기억을 밀랍 덩어리에 비교하는 것은 여전히 모든 앎이 지각에 근거한다는 생각과 아주 가깝기 때문이다. 플라톤의 소크라테스는 바로 이 견해를 무조건 반박하고 싶어 한다. 앞서 말했듯이 이 견해는 너무 상대적이어서 절대적인 것을 위한 자리를 허용하지 않는다. 때문에 밀랍 덩어리는 등장하자마자 곧바로 다시 잡동사니 창고로 보내진다.

소크라테스는 다시 묻는다. 나는 어떻게 수학적 오류를 범하는가? 계산 착오는 지각의 문제나 기억의 문제가 아니다. 계산 문제를 어떻게 풀어야 하는지 알고 있다고 해서 내가 그 문제를 풀 수 있는 것은 아니다. 여기서 소크라테스는 앎을 그저 단순히 〈소유하고 있는 것〉과 실제로 〈갖고 있는 것〉으로 구분한다. 그것을 설명하기 위해 내가 새장 속에 많은 비둘기를 소유하고 있다고 상상하자고 말한다. 내가 새장 속의 어떤 특정 비둘기를 진짜로 갖고 싶다면 나는 새장에서 그 비둘기를 꺼내야 한다. 그런데 그 과정에서 나는 원하는 비둘기를 잡지 못하거나 다른 비둘기를 잡을 위험이 상존한다. 이와 마찬가지로 앎도 그냥 소유하고 있는 것과 실제로 갖고 있는 것이 같지 않다는 것이다.

소크라테스의 이 구분은 삶에서 〈어떻게 하는지 아는 것〉과 〈할 수 있는 것〉 사이의 중요한 차이와 비슷하다. 텔레비전으로 축구 중계를 보는 축구팬이라면 공이 공격수의 머리에 정확하게 닿으려면 센터링이 어떻게 올라가야 하는지 〈안다.〉 하지만 본인이 직접 그런 센터링을 〈할 수는 없다〉. 좀 더 들어가 보자. 학교 수업을 위해 아버지와 수학 공부를 할 때면 나는 문제를 어떻게 풀어야 하는지 안다고 대답한다. 그럼에도 문제를 풀지 못하면 아버지는 한심하다는 듯이 한숨을 내쉬며 말한다. 〈안다는 애가 어떻게 그걸 못 푸니?〉

플라톤의 소크라테스도 2,000년 전에 이미 그 비슷한 생각을 한 모양이다. 즉 앎은 (어떤 식으로건) 단순히 소유하는 것을 넘어 (〈장악한다〉라는 의미에서) 갖고 있어야 한다는 것이다. 계산 착오는 새장에서 잘못된 비둘기를 잡아내는 것이나 다름없다.

테아이테토스는 소크라테스의 비유를 새장에 〈올바른〉 비둘기와 〈잘못된〉 비둘기, 다시 말해 저장된 진실과 오류가 있다는 식으로 이해한다. 그러나 새장의 비유가 의미하는 것은 그것이 아니다. 오류는 비둘기 자체가 아니라 잘못된 비둘기를 꺼내는 것이다. 그런데 나는 잘못된 비둘기를 잡았다는 사실을 어떻게 알까? 그것을 알기 위해서는 내 앎에 관해 어느 정도 알고 있어야 하고, 높은 망루 같은 곳에서 내려다보며 그것을 판단할 줄 알아야 한다. 그러려면 다른 새장에서 얻은 〈메타 앎〉이 필요하다. 하지만 이 새장에서도 내가 올바른 비둘기를 잡았는지 판단할 수 있으려면 또다시 더 높은 앎, 즉 〈메타-메타 앎〉이 필요하다. 그 과정은 끝없이 계속 이어지고, 그로써 내 앎, 즉 내 지식은 결코 확고한 토대를 얻지 못한다.

이어 소크라테스는 앎을 규정하는 또 다른 두 가지 가능성도 반박한다. 그와 함께 앎은 〈올바른 의견〉과도 동일시할 수 없다는 사실이 밝혀진다. 충분히 합리적인 근거가 있는 의견이라고 하더라도 말이다. 논고에 의거해서 피고인에게 선고를 내리는 판사는 그 판결이 올바를 수 있다. 그러니까 자신이 옳은지 확실히 알지 못하면서도 이 사건에 대해 올바른 의견을 가질 수 있다는 말이다.

앎을 규정하는 마지막 시도는 연결의 논리학에 집중하는 것이다. 나는 겸허한 자세로 세상 만물이 원칙적으로 설명될 수 없다는 사실을 받아들일 수 있다. 하지만 그렇다고 하더라도 이 설명할 수 없는 것들이 최소한 논리적이고 이성적으로 서로 연결되어 있거나 그렇지 않다고는 말할 수 있지 않을까? 이 대목에서 다시 수학이 예로 사용된다. 삼각형 〈그 자체〉는 존재하지 않는다. 그러나 그것이 존재한다는 생각은 모든 구체적인 삼각형에 적용되는 규칙을 정의 내릴 수 있게 도와준다. 그러면 합리적인 규칙은 〈앎〉이고, 터무니없는 규칙은 앎이 아니게 된다. 그러나 앎에 대한 이런 정의도 결국 공염불에 불과하다. 설명할 수 없는 것을 논리적 연결로 설명할 수 있게 만드는 것은 결국 헛소리이기 때문이다. 내가 사물에 대해 아무것도 모른다면 그 사물들의 연결이 합리적이라는 사실을 어떻게 안단 말인가? 이런 식으로 정의를 내릴 때도 나는 다른 모든 앎에 선행하는 앎이 필요하다. 결론적으로 〈우리는 앎이 무엇인지 모른다. 앎을 얻으려면 항상 무언가를 미리 알고 있어야 하기 때문이다〉. 결국 앎에 관한 모든 개념 규정은 제자리를 맴돌기만 한다.

얼마나 이상한 대화인가! 온갖 수사학적 기교를 동원해 열 띤 토론을 벌이더니 정작 모든 물음은 미해결로 남겨 둔다. 그래서 전문가들이 『테아이테토스』를 보면서 2,000년 넘게 골머리를 썩은 것은 이상한 일이 아니다. 플라톤은 대체 이 대화편으로 무엇을 말하고자 했을까? 앎에 대한 확실한 앎이 없다고 결론 내리는 건 플라톤이 자신의 철학으로 원했던 것, 즉 개별 삶과 공동체적 삶의 올바른 방향 제시에 확고한 토대를 찾으려고 한 것과는 상충되니까 말이다. 하지만 내가 만일 확실한 앎이 무엇인지 모른다면 어떻게 앞으로 나아갈 수 있겠는가? 그리되면 철학을 한다는 것 자체가 쓸데없는 짓이 되지 않을까? 음식을 먹지도 않고 살을 찌우려는 것처럼?

『테아이테토스』는 초기 저서가 아니다. 이 대화편은 플라톤의 중기 저술기의 말미에 씌어졌다. 그러니까 플라톤이 이미 더 나은 공동체에서 더 나은 삶을 사는 데 필요한 매우 광범하고 구체적인 제안들을 내놓은 시기였다. 또한 나중에 알게 되겠지만, 우리의 모든 앎이 어디서 왔는지에 대한 특정한(그리고 세계적으로 유명한) 이론도 이미 갖고 있던 때였다. 그런데 놀랍게도 『테아이테토스』에서는 그 이론이 전혀 언급되지 않았다.

어쨌든 『테아이테토스』를 둘러싼 이런 혼란스러움을 나름의 설명으로 바로잡으려는 시도들도 없지 않다. 어떤 학자는 이 대화편을 플라톤의 제자들을 위한 훈련용이라고 여긴다. 예를 들면 헤라클레이토스나 프로타고라스에 대한 반박 논거를 연습하는 용도라는 것이다. 또 어떤 학자는 플라톤이 선과 국가에 관한 위대한 작품을 쓴 뒤 스스로에 대한 믿음을 잃고 지금까지의 견해에서 멀어졌다고 설명한다. 또 다른 학자는 정반대 주장을 한다. 『테아이테토스』는 방법론적으로 정확히 그 견해로 나아가는 예비용이라는 것이다. 그런데 플라톤이 후기 저서 『소피스트』에서 진리가 과연 언어로 표현될 수 있는지를 두고 매우 현대적인 방식으로 의구심을 표시한 점도 알아야 한다. 이런 식이다. 진리란 어쨌든 적합한 단어들 속에만 있지 않다. 문법도 신중하게 생각해 내야 한다. 문장 구조는 물론이다. 고유의 자기 법칙이 있는 이 언어가 과연 진리를 드러내는 적합한 수단일까? 언어의 법칙은 근본적으로 세계의 법칙과 맞아떨어질까?

플라톤이라는 인간은 무척 다채롭고 다층적이다. 물음은 이렇다. 누가 플라톤인가? 플라톤이 맞다고 한다면 몇 명의 플라톤이 있을까? 만일 플라톤이 마흔 살 때 벌써 세계 설명의 포괄적이고 완결된 체계를 머릿속에 갖고 있었고, 이후 그 체계를 전략적으로 교묘히 한 꺼풀씩 벗겨 냈다고 가정한다면 너무 좋게만 해석한 것일까? 아니면 플라톤이 지속적인 발전을 이루지 못했다고 은근히 비난하는 건 아닐까? 혹은 그가 국가에 관한 주요 저서를 집필한 뒤 지식과 세계에 관한 견해를 근본적으로 바꿨다고 생각해야 할까?

어쩌면 이 두 가지 가정을 모두 배제해야 플라톤에게 가장 가까이 다가갈 수 있을 것이다. 플라톤처럼 고도로 지적인 사람은 하나의 정해진 틀에서 사유하지 않는다. 명확성과 무모순성은 단순한 사람들에게나 가능하다. 지적인 사고는 그와 다르다. 따라서 우리는 플라톤의 저서를 40년이 넘는 숙고와 집필의 시간을 거쳐 격동적인 삶과 사고에 나타나는 온갖 방황과 혼란, 기분, 착상, 의심, 고집이 담긴 진행 중인 작업으로 볼 때 아마 그를 가장 잘 이해할 수 있을 것이다. 플라톤의 전집에서 불과 몇 페이지밖에 떨어져 있지 않은 텍스트들 사이에는 가끔 몇 년, 또는 심지어 수십 년의 간격이 있다. 〈하나의 정해진〉 플라톤, 〈하나의 정해진〉 플라톤 철학은 없다. 있다면 플라톤 신봉자와 해석학자들이 만들어 낸 플라톤만 있을 뿐이다. 플라톤 자신은 플라톤주의자가 아닐 것이다. 다윈이 다윈주의자가 아니고 마르크스가 마르크스주의자가 아닌 것처럼.

이런 관점으로 봐야 플라톤의 철학적 성찰에서 나타나는 많은 모순들이 더 잘 이해될 것이다. 그런 모순들 가운데 가장 흥미로운 것 중 하나가 신화를 다루는 플라톤의 독특한 태도다.

플라톤의 신화들

신화란 무엇인가? 우리가 기억하기로, 신화는 〈왜?〉라는 질문에
대한 신비스러운 대답이다. 미사여구의 이야기 형태를 띨 때가
많은 이 대답은 〈진실해야〉 한다. 비록 이성적으로는 근거를 댈
수 없는 진실일지라도.

　　첫눈에 신화는 플라톤의 철학과는 정반대인 것처럼 보인
다. 개념 정의를 추구하는 플라톤 철학은 이성적 방법으로 진리
로 나아가려는 시도이기 때문이다. 이때 비이성적인 것은 모두
하찮은 것으로 배제된다. 하지만 신화는 다르다. 그 자체로 비이
성적일 뿐 아니라 비이성적이고자 한다.

　　그런데 다시 한번 살펴보면 플라톤의 대화편은 신화로 가
득하다. 신화 속에는 신들, 기괴한 착상, 이야기, 터무니없는 주장,
의심스러운 보고들이 가득하다. 플라톤은 『프로타고라스』에서
인간에게 불을 갖다준 전설적인 프로메테우스에 대해 이야기하
면서 거기서부터 문명이 탄생했다고 설명한다. 또한 『카르미데
스』에서는 의술이 잘목시스 신에서 유래된 것으로 묘사한다. 『고
르기아스』에서 소크라테스는 사후 영혼의 운명에 대해 놀라울 정
도로 많은 이야기를 한다. 그에 따르면 영혼은 〈축복받은 자들의
섬(엘리시움)〉으로 다시 돌아가거나 지하 세계인 타르타로스에
머문다고 한다. 소크라테스는 『파이돈』에서도 아주 해박하게 저
승에 대해 설명한다. 『메논』에서는 아주 당연하다는 듯이 영혼 이
동이 언급된다. 『국가』에서는 영혼 불멸의 핵심 증인으로 죽은 지

12일 만에 옛 영혼을 되찾아 다시 살아난 〈에르〉라는 이름의 전사 이야기가 나온다. 같은 저서에서 플라톤의 형 글라우콘이 보고하는 리디아 왕 기게스의 반지 이야기도 기이하기는 마찬가지다. 그 반지를 끼면 투명 인간이 된다는 것이다. 『파이드로스』에서 소크라테스는 인간 영혼을 마차에 비유한다. 모든 인간은 선한 영혼과 악한 영혼이라는 두 마리 말을 매단 날개 달린 마차를 모는데, 늘 조심해서 이 쌍두마차를 조종해야 한다. 소크라테스는 같은 대화 편에서 노래와 흥에 빠져 먹고 마시는 것을 잊어버린 인간들이 나중에 매미로 태어난다고 이야기한다. 또한 문자가 신에서 왔다고도 한다. 인간이 아닌 이집트 신 테우트가 문자를 발명해서 (처음에는 그것을 불신하던) 인간에게 선사했다는 것이다.

　　『향연』에서는 원통형 인간이라는 유명한 플라톤 신화가 나온다. 아리스토파네스의 이야기에 따르면 인간의 몸은 원래 원통형이었고, 머리 둘에 손발이 네 개씩 달려 있었다. 성별은 남자 남자이거나 여자 여자, 또는 암수한몸이었다. 그런데 제우스가 그들을 갈라놓음으로써 인간은 평생 자신의 반쪽을 애타게 찾아다닌다고 한다. 대화 말미에서는 소크라테스도 에로스 신의 탄생 신화를 이야기함으로써 『향연』의 성공에 한몫한다. 그에 따르면 에로스는 빈곤의 여신(페니아)과 풍요의 신(포로스) 사이에서 태어난 아들이다. 그렇다 보니 사랑이 결핍과 분열을 뚫고 합일의 목표를 향해 열정적으로 나아가는 것은 이상한 일이 아니다.

　　플라톤은 『폴리티코스』에서 세간에 널리 알려진 황금시대 이야기를 다시 꺼내면서 헤시오도스와 엠페도클레스의 전통을 계속 이어간다. 황금시대 이야기는 『법률Nomoi』에도 나온다. 그 시기가 황금시대인 까닭은 인간이 아니라 신의 선한 정신이 통치했기 때문이라고 한다. 창조는 본질적으로 선하고 완전하다. 인간만이 불완전한 속성으로 인해 조화를 방해하고 불행을 야기한다. 『티마이오스』에서는 이 대화편의 주인공인 프로타고라스학파의 티마이오스가 과거에 조물주가 세상을 어떻게 창조했는지 상세히 묘사한다. 그에 따르면 창조의 원칙은 이성과 필연성이다.

『티마이오스』와 『크리티아스』에서 묘사되거나 언급된 전설의 도시 아틀란티스는 특히 수수께끼 같은 이야기들로 둘러싸여 있다. 과거 대서양상에 아틀란티스라는 거대한 제국이 존재했는데, 900년 전에 아테네인들에게 정복당했다. 그러다 마지막에 아틀란티스와 아테네에 자연 재앙의 홍수가 덮치면서 아틀란티스는 영원히 물속에 가라앉았다는 것이다.

플라톤은 왜 반복해서 이런 동화 같은 이야기들을 하는 것일까? 헤시오도스에서부터 피타고라스의 공상에 이르는 그런 허황한 이야기들을? 실은 대화편의 관객뿐 아니라 독자나 청자도 그게 실제로 있었던 일이 아님을 다 알지 않는가? 어쨌든 이 신화들은 종종 토론을 위한 매우 구체적인 모델로 기능한다. 나는 이집트의 신들을 믿지 않더라도 문자의 발명이 양날의 검과 같다는 사실에 전적으로 동의할 수 있다. 문자는 긍정적 기능 외에 기억력을 약화시키는 단점이 있기 때문이다. 또한 나는 인간이 원래 원통형이었다는 이야기를 믿지 않더라도 사랑의 소망이 자신의 반쪽을 찾으려는 필사적인 노력이라는 말에 공감할 수 있다. 게다가 나는 프로메테우스를 허구적 인물로 여기고 있더라도 불과 함께 인류의 문화와 문명이 생성되었다는 이야기에 많은 진실이 담겨 있음을 안다.

여러 색채가 반짝거리는 신화에는 아주 다채로운 기능이 하나 있다. 우리가 반짝거리는 색채들 하나하나를 믿지 않는다고 하더라도 신화는 이야기 속의 사건들을 감각적으로 설득력 있게 만들어 준다. 경험적인 비진실이나 비개연성에서도 사물에 대한 깊은 인식이 뿜겨져 나온다. 전체적으로 그것은 내가 로고스의 도움으로는 명시적으로 획득할 수 없는 인식이다. 인간이 사랑을 갈망할 수밖에 없는 이유를 논리적으로 어떻게 설명하겠는가? 굳이 설명해야 한다면 우리는 사랑의 갈급을 논리가 아닌 심리학으로 설명한다. 우리가 우리의 영혼 마차를 조종하는 기술도 마찬가지다. 신화의 유산을 물려받은 것은 유구한 논리학이 아니라 역사가 짧은 신생 심리학이다. 심리학은 신이 없는 신화이다. 예전에는 우주가 이해할 수 없고 해명하기 어려운 사건들로 가득했다면 오늘날에는 인간 마음의 우주가 그러하다. 과거의 점성술사에서 오늘날의 심리 분석적 의미론자가 나왔다. 이들이 오늘날 우리의 내면으로 옮겨진 세계를 해석하고, 우리 유년기의 신과 악마들처럼 우리 속에 어른거리는 특이한 형상들에 이름을 붙인다. 또한 우리 내면세계의 발전 과정을 설명하고, 과거에 엠페도클레스처럼 사랑과 다툼 같은 거대한 원초적 힘들을 명명하고, 그것들을 리비도와 죽음의 충동으로 영원히 살아 숨 쉬게 한다.

플라톤이 신화를 통해 대답한 다른 많은 물음들에 대해서도 오늘날까지 논리적인 대답은 전혀 존재하지 않는다. 이 세상은 왜 텅 비어 있지 않고 만물이 존재할까? 세계는 왜 태어났으며 인간은 왜 존재할까? 자신의 학문 분야를 아무리 대단하게 생각하는 지질학자나 천문학자, 이론 물리학자나 진화 생물학자도 결코 세계 생성에서 인간에 이르는 이 모든 과정이 〈논리적〉이거나 〈이성적〉이라고 주장하지는 못한다.

이유는 간단하다. 이성적인 것은 자연의 고유 특성이 아니기 때문이다. 뭔가를 이성적이거나 비이성적이라 생각하는 것은 지극히 인간적이고 도덕적 가치가 첨가된 판단이다. 그러나 오늘날의 관점에서 보면 도덕은 결코 물리적 힘이 아니다. 그래서 플라톤이 동화 같은 이야기들을 내놓는 것은 도저히 확정적인 지식의 추구나 정의로는 근본적으로 앞으로 나아갈 수 없는 지점에서 나름의 대답을 구하는 시도이다. 달리 표현하자면 신화는 소크라테스적 세계의 가장자리를 표시하는 일종의 경계석이다.

물론 플라톤은 신화와 신화를 이야기하는 것을 날카롭게 비판하기도 한다. 그 경계석이 경계석 역할을 하지 못하고 논리나 이성으로도 충분히 설명할 수 있는 무언가에 대한 불충분한 설명에 지나지 않을 때는 가차 없이 비판의 칼날을 들이대는 것이다. 플라톤이 볼 때, 신화가 인간 삶에 대해 잘못된 결론을 끌어내도록 이끈다면 미혹의 대상으로 퇴치해야 한다. 따라서 그런 신화는 아이들을 위한 이야기일 뿐이라고 플라톤 스스로도 명확히 밝혔다. 잘못 놓인 경계석은 풍요로운 대지로의 진입을 방해한다. 하지만 올바른 경계석은 인간이 알 수 있는 앎의 경계를 표시하고 황량한 땅으로 잘못 들어가는 것을 막아 준다.

그렇다면 이제 당연히 이런 의문이 생긴다. 플라톤은 왜 그런 경계석과 그렇게 다채로운 이야기들이 필요했을까? 얼마 안 되는 앎으로는 만족할 수 없었을까? (2,300년 뒤 루트비히 비트겐슈타인이 그랬던 것처럼) 논리적으로 설명할 수 없는 것은 철학에 속하지 않는다고 간명하게 말할 수는 없었을까?

그러나 플라톤은 철학의 요구를 그렇게 간단하게 취급할 생각이 전혀 없었던 게 분명하다. 개념 정의와 마찬가지로 신화도 수단이다. 신화는 더 나은 세계의 조성에 일정한 몫을 한다. 정의가 이성적 토대로 〈사유〉라는 건물을 안전하게 해준다면 신화는 그 건물에 다채로운 색을 입힌다. 따라서 건물 구조의 정역학상 정의와 신화는 각각 다른 임무를 맡고 있다. 정의는 합리적으로 납득시키고 신화는 감각적으로 납득시킨다. 둘 다 상이한 방식으로 명백한 진리들을 다룬다. 그렇다면 왜 어떤 인식은 명백하고 어떤 인식은 그렇지 못할까? 뭔가가 맞거나 맞지 않다고 말할 때 우리는 어떤 더 높은 진리나 실재 위에 버티고 서야 할까?

세계의 비본래성

세계의 비본래성에 관한 이야기는 헤라클레이토스에서부터 시작
되었지만 플라톤에 이르러서야 빛을 발한다. 그것은 플라톤의 전
체 사고에선 중간 단계 정도에 그치지만, 지금까지도 많은 사람
들이 플라톤 철학의 핵심으로 여길 정도로 지대한 의미를 담고
있다.

헤라클레이토스는 말한다. 감각적으로 지각할 수 있는 세
계에선 〈모든 것이 흐른다〉고. 사물과 현상은 변하고, 존재하는
것으로 보이는 것들 중에 영원한 것은 없다. 물처럼 흐르는 것은
얼음으로 굳거나 공기로 증발한다. 사랑은 다툼이 되고, 신의는
배신이 된다. 어제는 내게 그렇게 중요했던 일이 내일은 별 대수
롭지 않은 일이 된다. 하늘의 별도 늘 똑같은 위치에 있지 않다.
이렇듯 일시적이고 덧없는 세계에서 어떻게 확실한 앎을 얻을 수
있을까? 헤라클레이토스는 감각 세계에선 항구적이고 확정적이
고 확실한 것이 존재하지 않는다고 믿는다. 하지만 우리 감각에
서 벗어난 세계, 즉 로고스의 영역에선 그런 것이 존재한다고 주
장한다. 모든 존재와 발전을 결정하는 법칙들이 자리하고 있는
곳도 바로 거기다. 똑똑한 철학자는 철저하고 명료한 사유를 통
해 그런 영원히 변하지 않는 세계 법칙의 영역에 접근할 수 있다.
그 덕분에 우리는 모든 것을 관장하는 로고스에 관한 지식을 얻
는다.

파르메니데스의 세계관은 앞서 살펴본 것처럼 한층 더 급

진적이다. 그가 보기에 감각으로 접근할 수 있는 세계는 단순히 피상적인 데 그치지 않고 심지어 환각적이기까지 하다. 눈, 귀, 손, 혀, 코를 통해 하는 모든 경험은 내게 진정한 세계를 전혀 보여 주지 않는다. 그것은 내 머릿속의 경험에 지나지 않기 때문이다. 나의 제한된 관점에서는 사물들이 피상적이고 덧없어 보인다. 내 관점이 한정되어 있기 때문이다. 반면에 진리의 여신이 파르메니데스에게 일깨워 준 존재의 신적인 영역에서는 어떤 변화도 없다. 그곳에서는 딱 하나만 지배한다. 바로 참된 것이다.

우리는 플라톤이 헤라클레이토스와 파르메니데스를 높이 평가한 것을 안다. 그는 감각의 현실 세계와 로고스의 현실 너머 세계를 구분하는 또 다른 계기를 시칠리아에서 얻었던 것으로 보인다. 우리가 알기로 피타고라스학파는 수학을 열심히 연구했다. 이 연구의 핵심 포인트는 수학적 법칙은 감각 세계에선 얻을 수 없고 오직 논리학에서만 얻을 수 있다는 사실이다. 또한 그 법칙들은 근본적으로 두루 통용되고 변하지 않는다. 따라서 피타고라스학파도 참된 세계는 감각 세계 너머에 존재한다고 전제했다.

앞서 언급한 플라톤의 선행자들은 하나같이 〈이원론적 세계관〉을 표방했다. 여기에는 현혹되기 쉬운 피상적 감각 세계가 있고, 저기에는 변하지 않는 영원한 우주적 합법칙성의 세계가 있다는 것이다. 이런 견해에 플라톤은 깊은 인상을 받았다. 특히 아름다움, 정의, 용맹, 우정 등과 같은 개념을 정의하는 일이 난관에 봉착할수록 〈개별 사물 자체에는 없는〉 사물들의 참된 본질을 전제하는 것은 더욱 절실해질 수밖에 없었다. 그래서 수학처럼 수많은 특수성에 보편성을 부여하는 법칙들이 존재해야 했다. 이 법칙들은 사물들의 상위 개념이기에 모든 개별 사물들은 그 법칙에 참여해야 했다. 어떤 모양이건 삼각형을 띤 것들은 모두 보편적 의미의 삼각형이어야 하는 것처럼. 그와 마찬가지로 세계에는 정의로운 행위와 아름다운 대상들이 있기 마련이지만, 〈정의〉와 〈미〉 자체는 감각 세계엔 존재하지 않고 오직 그 세계 너머에만 존재한다. 현실 속의 아름다운 대상은 결코 아름다움 자체가 될 수 없고 〈아름다움에 참여〉하고 있을 뿐이다.

이제 우리는 이렇게 반박할 수 있다. 그렇다고 해서 〈아름다움〉은 세계 너머에 있지도 않고 객관적으로 존재하지도 않는다. 만일 〈미〉가 내 머릿속의 상당히 부정확한 표상이라고 한다면 그 정도는 나도 겸허히 받아들일 용의가 있다. 그러나 플라톤은 여기서 곧바로 다음과 같이 반박할 것이다. 이 세상에 아름다움의 〈특수한 개별 사례〉만 있다면 미의 〈보편적 표상〉은 어떻게 발전시킬 수 있겠는가? 여기서 그는 운명적인 결론을 이끌어낸다. 상위의 추상성이 상위의 세계에서 오지 않는다면 대체 어디서 올 수 있단 말인가?

플라톤은 파르메니데스처럼 우리의 변화무쌍한 경험 세계를 모두 기만과 사기로 선언할 만큼 멀리 나가지는 않았다. 우리가 지각하는 모든 것은 실제로 존재하기는 하지만 진리와 실재의 모사 같은 것일 뿐이라는 것이다. 플라톤은 『일곱 번째 편지』에서 그것을 정확히 어떤 식으로 떠올려야 할지 설명한다. 원이란 무엇인가? 일단 그것은 내가 사용하는 한 〈단어〉다. 나는 그 단어를 〈정의〉할 수 있다. 〈중심에서 사방으로 똑같은 거리만큼 떨어진 것이 원이다.〉 누군가 하나의 원을 그리면 나는 원들이 실제로도 존재함을 깨닫는다. 이때 나는 구체적인 한 원만 인식하는 것이 아니라 〈한 원에 담긴 원의 본질적인 측면〉도 이해할 수 있다. 다시 말해 원의 〈이데아〉를 포착하는 것이다. 이런 식으로 내 인식은 진리를 향해 나아간다. 처음에는 추측하고, 다음엔 확신하고, 그다음엔 오성으로 뭔가를 포착하고, 마지막엔 이성으로 파고드는 것이다.

따라서 다른 모든 이데아도 그렇지만, 하나의 원은 단순히 인간의 관념이 아니고 원들은 〈그 자체〉로 존재한다. 원들을 떠올릴 수 있는 인간들이 있음에도 원들은 존재한다. 이런 이데아들이 헤라클레이토스와 파르메니데스의 경우와 비슷하게 바로 본래적인 세계다. 플라톤은 동시대인들이 이것을 정확히 어떻게 떠올려야 하는지에 대해 중기 집필 시기의 여러 대화편, 그중에서도 특히 『국가*Politeia*』에서 아주 상세히 설명한다.

이른바 〈이데아론〉은 플라톤 철학의 중심으로 여겨질 때가 많다. 하지만 그것은 하나의 이론도 아니고, 엄밀하게 말하자면 이데아를 다루고 있지도 않다. 볼테르는 언젠가 신성 로마 제국에 대해 신성하지도 로마적이지도 않고, 제국도 아니라고 언급한 바 있다. 같은 의미로 〈이데아론〉이라는 개념도 사람을 오도하는 경향이 있다. 플라톤은 소크라테스의 입을 빌려 상술한 〈이데아〉에 대한 내용을 가리켜 어디서도 이론이라고 부르지 않았다. 〈이데아〉가 무엇인지 명확하게 정의 내린 적도 없다. 다만 어떤 때는 좀 더 상세히, 어떤 때는 좀 덜 상세히 언급할 뿐이다. 하나의 이론이라고 한다면 좀 더 확고한 구속력이 필요하다. 하지만 이데아에 대한 플라톤의 시각은 아카데메이아에서 명확한 구속력이 없었던 것으로 보인다. 플라톤의 몇몇 제자와 그 뒤를 이은 교장들은 이 중요한 관점에 대해 스승에게 반대했거나, 아니면 최소한 스승을 따르지 않았던 것이다.

〈이데아idea〉라는 말은 원래 〈외관〉이라는 뜻이다. 즉 내 눈에 〈보이는〉 사물의 외형이라는 말이다. 하지만 플라톤의 이데아는 바로 직시할 수 있는 것이 아니라 눈에 보이지 않는 것을 의미한다. 예를 들어 나는 오직 원들만 볼 뿐 그 모든 원들의 뒤에 공통으로 숨어 있는 이데아는 보지 못한다. 따라서 플라톤에게 이데아는 감각이 아닌 오직 내면의 눈, 정신의 눈으로만 보고 파악할 수 있는 것을 가리킨다.

그렇다면 플라톤의 이데아는 무엇일까? 이데아는 내 머릿속에 떠오르는 생각, 예를 들어 뭔가 좋은 아이디어나 엉뚱한 착상 같은 것이 아니다. 그것은 그보다 훨씬 더 위대한 무엇이다. 즉 이데아는 모든 감각적 현상 뒤에 숨겨진 진짜 현실이다. 이 숨겨진 현실은 보편적이고 영원하고 변하지 않고 이상적이다. 또한 완벽하고, 그로써 더할 수 없이 〈선하다〉. 게다가 형체도 공간도 없고, 신들 위에 있다. 신적인 것이건 현세적인 것이건 모두 이데아로부터 형태와 특징을 부여받는다. 또한 이데아가 존재하기에 인간은 무언가를 인식할 수 있다. 그렇지 않으면 우리는 안개 속처럼 더듬거릴 뿐이다. 이데아의 도입으로 의견과 앎의 중요한 차이는 명확해진다. 역사 인물로서 소크라테스가 찾으려고 했던 것이 바로 그것이고, 그것은 곧 참된 개념 규정이다. 플라톤에 따르면 참된 것은 이데아에 일치한다. 이데아의 실존만이 우리에게 사물의 본질을 꿰뚫어 보게 하고, 〈눈에 보이는 모든 모사들 뒤의 보이지 않는 원형〉을 인식하게 한다.

그게 어떻게 가능할까? 결코 간단한 문제가 아니다. 모든 인간이 힘들이지 않고 사물들 뒤에 숨겨진 진짜 현실을 포착할 수 있다면 철학자는 필요 없을 것이다. 또한 세계의 본질을 이해하기 위해 우리가 지능이라고 부르는 내적 감각을 굳이 훈련할 필요도 없을 것이다. 본질을 꿰뚫는 건 분명 그렇게 어려운 일이다. 그렇다면 그 일은 어떻게, 어떤 조건에서 가능할까?

그를 위해 플라톤은 『메논』에서 피타고라스학파와 엠페도클레스의 관념으로 되돌아간다. 세계를 영원히 순회하는 불멸의 영혼을 다시 집어든 것이다. 우리가 감각적 경험으로 습득하지 않은 것을 알거나 이해한다면 그것은 우리가 예전에 이미 그것을 알고 있었기 때문이다. 우리의 영혼은 잠시 몸이 없는 상태에서 〈하늘 위)에 근접했던 과거의 시간을 〈상기한다anamnesis〉. 플라톤에 따르면, 우리가 배우지 않고도 스스로 지식을 만들어 낼 수 있는 이유도 오직 그런 식으로만 설명될 수 있다. 하지만 플라톤이 『파이돈』에서 말하듯이 우리는 안타깝게도 우리 영혼이 한때 보았던 그 절대적인 진리를 더는 기억하지 못하고 그 진리를 본 기억만 갖고 있다. 그럼에도 플라톤은 훗날 잘 훈련된 정신 앞에는 이데아의 본질을 실제로 탐구할 수 있는 길이 열려 있다고 주장한다. 하지만 문제는 여전히 남는다. 그게 어떻게 가능할까?

동굴 벽의 가짜 영상

한쪽 벽에 쇠사슬에 묶인 죄수들이 있는 지하 동굴은 철학사에서 가장 유명한 비유 중 하나다. 그전부터 이 동굴에서 살아 온 죄수들은 고개를 돌릴 수 없다. 시선은 오직 맞은편 동굴 벽으로만 향해 있다. 그 벽면으로 빛이 비친다. 빛은 죄수들 등 뒤의 숨겨진 입구에서 들어온다. 죄수들은 빛이 어디서 오는지 모른다. 단지 눈앞의 환한 벽만 보일 뿐이다. 그 벽면 위에 이상야릇한 제식이 거행되는 모습이 나타난다. 인간과 동물의 형상을 한 그림자들이 보인다. 동굴 입구의 빛 속에서 짐꾼들에 의해 이리저리 운반되는 형상들의 그림자다. 짐꾼들은 형상들을 운반하며 이야기를 나누지만 죄수들에게는 보이지 않는다. 사슬에 묶인 사람들이 지각하는 것은 이 형상들의 그림자뿐이다. 죄수들은 그것들을 살아 있는 것으로 여기고, 들리는 소리에 의거해서 그 형상들에 각각의 목소리를 부여한다. 이 벽 위에 보이는 세계가 그들의 전체 세계이자 그들이 아는 유일한 현실이다.

〈동굴의 비유〉는 이상 국가에 관한 대화편인 『국가』 제7권에 나온다. 화자는 소크라테스이고 청자는 플라톤의 형 글라우콘이다. 소크라테스는 묻는다. 죄수 중 하나가 쇠사슬을 풀고 동굴 벽의 그림자 영상 대신 뒤를 돌아볼 수 있다면 어떻게 될까? 죄수는 형상들을 나르는 짐꾼들을 볼 것이고, 자신이 실제라 믿었던 것이 실은 그림자 세계일 뿐 결코 진짜 현실이 아님을 깨닫게 될 것이다. 그는 이러한 인식을 이겨 낼 수 있을까? 어쩌면 삶의 방향성을 잃고 스스로 미쳤다고 생각할지 모른다. 그래서 익숙한 환영의 세계로 도피해 다시 쇠사슬에 스스로를 묶을 것이다.

만일 풀려난 죄수를 동굴 밖으로 데려가면 어떻게 될까? 그는 태양이 동굴 속에 빛을 선사하고, 동굴 벽에 비친 그림자의 세계가 눈속임이라는 사실을 서서히 알게 될 것이다. 그러다 마침내 깨달은 상태가 되어 그 협소한 망상의 세계로 돌아가려는 욕구를 느끼지 못할 것이다. 만일 그를 다시 동굴 속으로 데려가면 다른 죄수들은 그를 이해하지 못할 것이다. 이제 그는 벽의 그림자를 더 이상 그들처럼 해석하지 않을 것이기 때문이다. 그들은 그를 정신 나간 인간으로 취급할 것이고, 그가 누린 자유 역시 사람을 미치게 하는 요소로 여길 것이다. 그래서 그 뒤로 자신들을 쇠사슬에서 풀어 주려고 하는 사람이 있다면 그들은 서슴없이 그를 죽여 버릴 것이다.

플라톤의 소크라테스에게 동굴은 인간의 경험 세계를 상징한다. 우리는 감각으로 인지하는 것을 진짜로 생각한다. 하지만 그건 착각일 뿐이다. 우리는 오성의 도움으로 감각의 가짜 세계에서 도망쳐 더 높은 인식에 이르고, 그와 함께 망상 세계의 동굴을 등질 수 있다. 우리는 어두운 동굴 밖의 자유 속에서 이데아의 세계, 즉 선의 이데아가 내려 보낸 햇빛이 비치는 진짜 현실을 볼 수 있다.

이 장면은 암시적 힘이 있다. 동굴의 비유와 함께 철학 자체에 대한 관심을 불러일으키기 때문이다. 플라톤은 이 비유를 통해 자신이 구상한 절대적 이데아의 추상적 세계를 논리적으로 정당화하려고 한 것이 아니다. 대신 지극히 인간적인 사고의 감각적 협소함에 갇힌 사람들을 깨우치려고 했다. 그들은 눈먼 사람들이기 때문이다. 플라톤 이전의 어떤 사상가도 철학자의 임무를 이처럼 당당하게 구상하지 않았다. 다시 말해 일상적 삶이 현혹된 가짜 세계라는 사실을 동시대인들에게 보여 주는 것이 철학자의 임무라는 것이다. 헤라클레이토스조차 그 정도까지 나가지는 않았다. 그는 로고스의 빛을 받는 자신의 우월함을 거만하게 인식하는 것으로 만족했다. 반면에 플라톤은 가능한 한 많은 사람들을 동굴 밖으로 나오게 하는 것을 사명으로 여겼다.

하지만 소크라테스는 이 동굴의 비유가 정말 맞는지 쉽게 시인하지 않는다. 오히려 그는 예감과 희망에 대해 말한다. 소크라테스도 동굴에서 완전히 도망치지 못했고, 단지 다른 죄수들보다 조금 더 많이 아는 것뿐이라는 것이다.

자유, 즉 이데아 세계에 관한 플라톤의 묘사는 특이하게도 명료함과 선명함이 부족하다. 이데아의 세계는 여러 가지 점에서 고대 그리스의 신계(神界)와 비슷하다. 전쟁과 풍요, 지혜와 대장간, 물과 대지, 음악과 사냥을 관장하는 신들이 있었던 것처럼 이제 그들 대신 이데아들이 존재한다. 이전에 올림포스에 살던 신들처럼 플라톤의 신적인 이데아들도 서로 관련되어 있다. 어떤 이데아들은 서로 공유하고 교차하고 섞인다. 보편적 이데아는 특수한 이데아보다 지위가 높다. 그러니까 이데아의 세계에도 분류체계가 있다. 예를 들어 우정이나 원의 이데아는 개구리나 의자의 이데아보다 서열이 높다. 개구리 이데아는 동물 이데아의 일부일 뿐이고, 동물 이데아는 또다시 생물 이데아의 일부이기 때문이다. 결국 이데아를 올바로 분류한다는 것은 종을 속에 배치시키고, 저급한 속을 고등한 속에 귀속시키는 것을 의미한다. 이속들 가운데 최상위 다섯 가지는 존재성, 운동성, 항구성, 동일성, 다양성이다(『소피스트』에 나오는 대목이다).

신화 속의 제우스처럼 모든 이데아 위에 군림하는 이데아는 플라톤의 중기 대화편들에 나오는 〈선의 이데아〉이다. 그런데 선의 이데아는 어쩌면 이데아가 아니라, 그것 없이는 다른 모든 이데아들이 영혼과 빛을 받지 못하는 메타 이데아로 보인다. 플라톤은 『국가』에 나오는 유명한 〈태양의 비유〉에서 만물을 데우고 비추는 태양을 선의 이데아에 비교한다. 선의 이데아가 없으면 다른 모든 것들도 존재할 수 없다. 그런데 플라톤에게 최고 이데아가 진리가 아닌 선의 이데아라는 사실은 시사하는 바가 크다. 선은 플라톤의 이론적 철학과 실천적 철학을 연결하는 고리이자, 철학하기가 왜 해볼 만한 가치가 있는 일인지에 대한 이유다.

하지만 이데아의 세계는 우리가 지금 받고 있는 인상만큼 그렇게 일목요연하고 정교하게 정리되어 있지 않다. 대화편들에서는 부분적으로 편차가 무척 큰 질서가 발견된다. 플라톤은 고심이 컸던 게 분명하다. 훗날 아리스토텔레스가 〈쓰이지 않은 학설〉이라고 부른 그가 그사이 이데아의 세계를 근원 원칙으로 분류하려 했다는 사실이 드러난다. 모든 것의 근원이 되는 원소를 찾으려 했던 탈레스와 아낙시만드로스, 아낙시메네스가 떠오르는 대목이다. 다만 플라톤은 물질적인 것을 정신적인 것의 하위에 두었다. 따라서 세계를 가장 내밀한 곳에서 지탱하는 것은 물질이 아니다. 결국 플라톤은 이오니아인들의 원소를 정신적 원소, 즉 근원 원칙으로 삼았다.

이 질서 모델에서 가장 상위에 있는 것은 〈단일성〉의 원칙과 〈불특정 이원성〉의 원칙이다. 단일성의 원칙이 무한한 것과 나눌 수 없는 것에 해당된다면 불특정 이원성은 나눌 수 있는 것, 큰 것과 작은 것, 다양한 것에 해당된다. 첫 번째 원칙은 〈절대적인 것〉이고 두 번째 원칙은 〈상대적인 것〉이다. 세계 만물은 이 두 근원 원칙의 상이한 혼합으로 이루어진다. 단일성을 많이 가진 것일수록 세계 질서에서 더 높은 곳에 위치하고, 다양하고 불분명한 것일수록 더 아래쪽에 위치한다.

그에 반해 『국가』에서는 단일성과 다양성의 두 근원 원칙이 아닌 선의 이데아가 가장 높은 권좌에 앉아 있다. 그래서 이 〈쓰이지 않은 학설〉과 『국가』의 이데아론 중에서 어느 것이 진정한 플라톤 사상인지를 두고 오늘날까지도 논쟁이 분분하다. 본래적이고 진정한 플라톤을 파악하는 것은 본래적이고 진정한 세계 질서를 파악하는 것 못지않게 어려워 보인다.

그런데 플라톤 철학에서는 분류만 어려운 것이 아니다. 인간의 경험 세계 너머에 〈그 자체로〉 존재한다는 이데아와 원칙들에도 많은 문제점이 있다. 플라톤도 그 점을 정확히 알고 있었고, 스스로 그에 대한 최고의 비판자이기도 했다. 이 문제에 대해 세부적으로 들어가 보자. 경험 세계의 어떤 사물들에 이데아가 있을까? 선, 추위, 삼각형의 이데아가 있다는 것은, 그래 어찌어찌 상상이 가능하다. 그러나 플라톤의 말대로 의자나 침대처럼 인간이 만든 물건에도 이데아가 있다고 한다면 벌써 약간 이상하게 느껴진다. 그럼 똥과 진창, 오물에도 이데아가 있을까? 불구의 이데아도 있고 장티푸스의 이데아도 있을까?

대화편 『파르메니데스』에서 소크라테스는 가치 없는 것과 추한 것에도 이데아가 있다는 주장을 반박한다. 그러자 현자 파르메니데스는 이 지점에서만 예외적으로 착각에 빠진 청년 소크라테스에게 가치 있고 아름다운 사물뿐 아니라 모든 것에 이데아가 있다고 가르친다. 무언가가 아름다운 것은 그것이 미의 이데아에 동참하고 있기 때문이고, 무언가가 더러운 것은 그것이 더러움의 이데아에 동참하기 때문이다. 하지만 애매한 경우도 많다. 어떤 것에는 아름다운 면과 추한 면이 동시에 있을 수 있다. 한 행위에도 정의로운 면과 불의한 면이 동시에 담겨 있기도 한다. 이처럼 인간 세계의 사물은 모두가 조금씩 애매하고 불명확하다. 그것들 속에는 순수한 이데아가 여러 가지 뒤섞여 있기 때문이다. 빨강과 노랑, 파랑의 이데아를 섞으면 갈색의 이데아가 나온다.

다른 모든 이데아들도 이와 다르지 않다. 이데아들은 늘 상이한 농도로 섞여 있고, 결코 순수하거나 선명하지 않다. 이런 연유에서 사물들을 정의하는 것은 지극히 어렵다. 플라톤의 초기 대화편들에서 소크라테스가 번번이 확인해 주는 말이다. 결국 가려지지 않고 뻔히 드러나는 진리란 없다.

특히 골칫거리는 사물들이 어떤 방식으로 이데아에 동참하고 있느냐 하는 문제이다. 아름다운 것의 이데아는 아름다울까? 인간적인 것의 이데아는 인간적일까? 의자의 이데아는 의자 같을까? 이 물음들에 아니라고 할 수는 없다. 아름다운 것의 이데아 자체가 아름답지 않으면 아름다움은 어디서 온단 말인가? 그러니 이 물음들에 대해선 그렇다고 대답해야 한다. 하지만 그러면 곧장 다른 새로운 문제에 부닥친다. 인간이 인간인 것은 인간의 이데아에 동참하고 있기 때문이다. 인간의 이데아 자체도 인간적이다. 그렇다면 이 특성은 어디서 오는가? 이제 인간 이데아를 인간적으로 만드는 〈인간적인 것〉의 상위 이데아가 또 필요할 것이다. 그렇다면 그 이데아도 인간적인 것일 터이고, 그 인간적인 것은 또 어디서 오느냐는 물음이 제기될 수밖에 없다. 이 놀이는 무한히 반복된다.

플라톤은 『파르메니데스』에서 이런 문제점을 알아차렸지만 해결할 방법을 찾지 못했다. 그의 제자 아리스토텔레스는 이 문제점에 오손 웰스 주연의 영화로 유명해진 그레이엄 그린의 소설 『제3의 사나이』가 연상되는 이름을 붙였다. 바로 〈제3의 인간 논증〉이다. 인간은 인간 이데아에 동참하지만 그것과 〈상이하다면〉 그 둘을 인간이게 하는 제3의 공통적인 것이 있을까? 있다면 그것은 무엇일까?

문제는 여기서 끝나지 않는다. 플라톤에 따르면 이데아들은 인간 세계에 존재하는 모든 것, 즉 사물과 행위와 사건들에 영향을 끼친다. 그렇다면 어떻게 영향을 끼칠까? 정신적인 것이 어떻게 물질적인 것 속으로 들어갈까? 플라톤도 이 점에 대해선 설명하기가 무척 곤란했던 모양이다. 그에 대한 자세한 이야기는 후기 저서 『소피스트』와 『티마이오스』에서야 나온다. 『소피스트』에서는 두 관점이 신화 속 〈거인들의 전투〉를 방불케 할 만큼 치열하게 충돌한다. 한쪽엔 유물론자들이 있다. 그들에게는 오직 육체적인 것만이 존재하고 정신적인 것은 근본적으로 존재하지 않는다. 다른 쪽은 〈이데아의 친구들〉이다. 그들에게는 정신적인 세계만이 실재하고 물질적인 것은 더 고결한 것의 조잡한 모조품에 불과하다.

우리가 지금까지 플라톤에 대해 알고 있는 내용들에 비추어 보면 그는 당연히 두 번째 견해가 승리하도록 대화를 이끌어야 한다. 플라톤은 지극히 선명한 반유물론자에다 누구나 인정하는 철학적 〈관념론〉의 창시자이기 때문이다. 그런데 두 파벌 사이의 대화는 놀랄 정도로 균형 있게 전개된다. 그래서 〈이데아의 친구들〉은 절대적이고 불변하는 이데아의 존재 영역과 비본래적이고 가변적인 사물 세계의 극단적인 분리가 불가능함을 배워야 한다. 〈이데아의 친구들〉이 가정하는 것처럼 이데아가 정말로 절대적이고 변하지 않는다면 인간은 그것을 결코 인식할 수 없을 것이기 때문이다. 이데아의 세계는 인간 세계와 최소한 조금은 비슷해야 한다. 무엇보다 그 안에 뭔가 역동적인 것이 담겨 있어야 한다. 달리 말해서 살아 있는 인간이 탐구할 수 있도록 이데아들도 〈살아 있어야〉 한다는 것이다.

이 모든 것은 상당히 혼란스러워 보인다. 플라톤 이전 철학자들의 경우는 핵심 내용을 파악하기가 어렵지 않았으나 플라톤의 〈학설〉에 대해서는 종국의 내용이 무엇인지 말하기가 거의 불가능하다. 독자들은 플라톤의 〈이데아〉가 무엇인지 딱 잘라서 설명해 주길 바라겠지만, 지금껏 살펴보았듯이 하나의 〈정해진〉 이데아론은 존재하지 않는다. 대신 항상 새로운 스타일의 옷을 입은 이데아 이론들이 등장한다. 자기 비판적 대화편인 『파르메니데스』와 『소피스트』에서 나타나듯 말년의 플라톤은 자신의 이데아론과 놀라울 정도로 열린 태도로 싸우고 비판적인 논쟁을 벌였다.

플라톤을 보고 있으면 가끔 자기 자신과 체스를 두는 사람이 떠오른다. 그것을 한번 해본 사람은 검은 말이 항상 게임에서 이긴다는 것을 안다. 흰 말이 게임을 시작하고 계획을 짜고 전략을 구상하지만, 검은 말은 그 모든 것을 알기 때문에 늘 흰 말보다 조금 더 똑똑하다. 플라톤의 경우도 이와 다르지 않다. 그는 자신의 모든 가정이나 이론을 상대로 항상 좀 더 똑똑한 반박이 떠오른다. 그로써 플라톤의 사유는 복잡하게 꼬인다. 심지어 후기 저서에서는 완전히 새로운 개념이 도입되고, 그와 함께 이데아 구상이 다시 한 번 바뀐다. 사물들이 이데아에 〈동참한다〉는 말이 갑자기 뚝 끊긴다. 대신 그는 이데아를 〈원형〉이라 칭하면서 인간 세계의 사물들을 그것의 〈모상〉이라고 부른다. 그에 따르면 용맹한 사람은 마치 용맹함의 이데아를 맛보는 것처럼 거기에 동참하는 것이 아니라 자신의 행동으로 용맹함의 이데아에 다가가고 모방하려(미메시스) 애쓴다는 것이다. 이로써 원형은 모범이 된다. 인간 행위에 관련시키자면 이데아는 이제 이상과 규범을 제공한다. 특출함을 목표로 삼은 인간이 다가가려고 노력하는 무엇이라는 것이다. 플라톤이 후기 저서에서 인식론보다 윤리학을 더 많이 다룬 이유도 여기에 있을 것이다. 이데아론에는 윤리학적 색채가 진하게 배어 있고, 이데아는 본받으려고 노력해야 하는 이상으로 변모한다.

이를 위해 플라톤은 존재하는 모든 것의 특색과 본질이 이데아에서 비롯되었다는 생각을 버린다. 『티마이오스』에서는 사물들의 물질적인 것이 이데아의 세계로부터 승인 받는다. 원형과 모상이 존재하고, 거기다 갑자기 질료적인 것과 물질적인 것의 고유 영역까지 존재한다. 물질적인 것은 스스로 이데아적인 것이 되지는 않지만 이데아를 압지처럼 쭉쭉 빨아들인다. 나이가 들면서 플라톤이 유물론자들에게 한층 관대해진 듯한 느낌이다. 어쨌든 이로써 그는 사물과 인간을 구분할 단서를 포착한다. 사물은 이데아를 수동적으로 빨아들이는 반면에 이데아와 인간의 관계는 능동적이고 역동적이다. 미덕을 기르고, 선한 삶을 살고, 이상 국가를 만드는 것은 자기 자신의 야심 찬 개발을 의미한다. 선과 정의의 이데아에 최대한 동참하는 이런 도덕적인 삶과 도덕적인 국가가 플라톤이 처음부터 천착한 문제였다.

돈이냐 명예냐? 플라톤의 국가

사회에 대한 불만 / 영혼을 정돈하라! / 칼리폴리스 /
결혼, 가족, 사유 재산에 대한 국가의 공격 /
마그네시아, 또는 그리로 가는 길

사회에 대한 불만

이데아론은 육중한 묘지 석판처럼 단단하게 플라톤의 사후 명성 위에 자리하고 있다. 그와 함께 오늘날 플라톤 하면 일단 그가 말한 인간적 경험 세계의 비본래성이 떠오른다. 그와 관련해서 마치 석판에 새겨진 글귀처럼 아주 확고한 요구가 존재한다. 전통적인 정치인들이 아닌 철학자들이 국가를 다스려야 한다는 것이다. 〈철학자들이 국가의 왕이 되거나, 현재 왕이나 통치자라 불리는 이들이 참되고 철저한 철학자가 되지 않은 한, 그리고 국가 권력과 철학이 융합되지 않는 한 (……) 국가를 악으로부터 구원할 방법은 없고 (……) 그건 인류에 대해서도 마찬가지라고 생각한다.〉[73] 오직 현인들만 국가를 통치해야 한다는 이 주장은 오늘날의 관점에서 보면 특이하면서도 좀 웃긴다. 오늘날의 통치자들은 현인도 아닐뿐더러 오늘날의 철학자에 대한 일반적인 수식어도 현명함은 아닐 것이기 때문이다.

　　플라톤은 어쩌다 철학자에게 국가의 그런 중차대한 역할을 맡길 생각을 하게 되었을까? 이 물음에 답하려면 우리가 지금껏 계속 머물러 온 인식론의 영역을 떠나 다시 정치와 경제, 사회에 대한 구체적인 문제들로 시선을 돌려야 한다. 플라톤은 40년 동안 개념 정의와 현상, 이데아와 씨름한다. 그러다 어느 순간 자신의 이론 곳곳에서 가장 깊은 토대가 흔들리는 것을 깨닫는다. 감각은 감각적으로만 세계를 포착하고, 수학은 세상 어디에도 확고한 자리가 없으며, 진짜 현실을 경험하고자 하는 우리의 모든 노력도 결국 사변에 머물 뿐이라는 것이다. 정확한 정의를 내려 보라는 소크라테스의 물음에 담긴 새로운 것에 대한 갈망은 무수한 새로운 문제들 속에서 해체되어 버린다.

그사이 플라톤의 주변 세계는 변했다. 그가 이데아와 여러 원칙들을 주창할 때조차 그의 사유는 진공 상태에서 움직이지 않았다. 아카데미아의 설립 초기 아테네는 제2차 펠로폰네소스 전쟁의 참담한 패배에 이은 정치적 암흑기에서 회복된 상태였다. 플라톤이 아테네로 돌아온 지 10년쯤 뒤에는 그리스 세계를 장악하고 있던 스파르타의 패권도 끝났다. 새 강대국으로 부상한 테베에 이어 아테네 역시 다시 강국으로 자리 잡았다. 아테네는 와해 일로를 걷던 스파르타를 겨냥해 에게해 전 지역에서 동맹국을 열심히 모았다. 그 결과 기원전 378년 혹은 377년에 제2차 아테네 해상 동맹이 결성되었다. 이번에 공동의 적은 페르시아가 아닌 스파르타였다. 동맹국들은 제1차 해상 동맹 때와는 달리 아테네에 분담금 형태의 세금을 바치지는 않았지만, 그럼에도 보호국으로 엄청난 돈이 흘러들었다. 지배 계층은 그 돈으로 새 전함을 건조했다. 신용 금융 제도는 번성했고 경제는 팽창했다. 제2차 아테네 해상 동맹이 결성된 지 3년 만에 스파르타군은 파로스와 낙소스 사이의 해상에서 격퇴되었다. 기원전 371년에는 테베인들이 도시 성문 바로 앞의 레우크트라 평야에서 스파르타군에 결정적인 타격을 가했다. 이제 스파르타를 두려워할 필요가 없어진 아테네는 동맹국들에 대한 태도를 바꾸었다. 기존의 보호국이 다시 식민 통치국으로 바뀌었고, 그로써 탄압받는 동맹국들과 위태로운 갈등의 시간이 시작되었다.

내정 면에서 볼 때 아테네는 이미 오래전에 다시 민주정으로 돌아갔다. 민회의 법률은 두 위원회의 통제를 받았는데, 법률이 솔론의 정신에 부합하는지 확인하는 절차였다. 또한 6,000명으로 구성된 배심원단이 일종의 하원으로서 법안을 심사했다. 아테네인들은 이 모든 제도를 통해 국가의 안정을 기대했고, 급진적 변화에 제동을 걸려고 했다. 이처럼 새로운 아테네에서는 모든 것이 잘 정리된 것처럼 보였다.

그렇다. 그렇게 보였다. 하지만 플라톤의 눈에 그의 고향은 여전히 도덕적으로 타락한 상태였다. 물론 그건 아테네만의 문제가 아니었다. 〈마침내 (……) 나는 현재의 국가들이 예외 없이 정치적 황폐화에 빠져 있다는 확신에 이르렀다. 왜냐하면 입법의 전 분야는 행복한 우연이 가미된 기적에 가까운 일이 없다면 구제할 길 없는 상태에 빠져 있기 때문이다.〉 플라톤이 『일곱 번째 편지』에서 쓴 말이다.[74] 그러니까 그의 견해에 따르면, 이 사회에는 〈기적에 가까운 일〉이나 국가의 근본적 개조, 또는 제로 베이스에서 시작해야 할 완전히 새로운 질서가 필요하다는 것이다. 왜 그래야 할까? 당시 정치 상황의 어떤 점이 플라톤으로 하여금 소크라테스에 대한 사법 살인 이후 수십 년이 지났음에도 아테네의 정치 질서를 그렇게 근본적으로 의심하게 만들었을까? 조국의 문화에 대한 그의 불만은 어디서 비롯되었을까?

플라톤의 동기는 상당히 다층적으로 보인다. 우리는 여기저기 산재된 발언들에서 그 동기들을 긁어모아야 한다. 그런데 어느 문헌을 보건 우리가 반복해서 만나는 건 귀족 계급의 고결한 대변자인 〈보수적〉 플라톤이다. 그의 도덕적 보금자리는 명예와 여유를 중시하는 전통적인 귀족 윤리였다. 플라톤 시대에는 그게 윤리학 일반으로 간주될 수 있는 유일한 윤리학이었다. 선에 대한 성찰은 뼛속 깊이 귀족적인 일이었다. 그런 상황에서 아테네의 전통적인 귀족 가문이 신흥 부자들에게 밀려나는 상황은 플라톤에게 낯설고 불쾌한 일이었다. 수백 년 동안 아테네를 통치해 온 상류층은 이제 경제와 정치권력을 신흥 부자들과 나눌 수밖에 없게 되었다. 신흥 세력들은 귀족들과는 달리 상업과 돈놀이로 재산을 끌어모았는데, 토착 귀족 입장에서는 신성한 것에 대한 모독이나 다름없었다.

아테네의 민주정에서 돈을 벌기 위해 일하는 것은 역겹고 경멸받는 일로 치부되었다. 오늘날에는 상상하기 어려운 일이다. 현대 민주주의 체제에서 임금 노동은 불문율에 의한 시민의 의무나 다름없기 때문이다. 놀고먹는 사람은 낙오자로 간주되고, 기껏해야 한량이나 최악의 경우엔 사회적 기생충으로 여겨진다. 그러나 고대 아테네에서 임금을 받고 일하는 것은 도덕적으로 비난받는 일이었다. 정치 체제는 민주적인 틀을 유지하고 있었으나 선하고 도덕적인 삶의 이상은 늘 〈귀족주의〉를 지향했다.

아테네는 민주 체제였지만 민주적 가치는 전혀 존재하지 않았다. 현대의 성실한 시민은 바쁘게 일하는 모습을 보여 주길 좋아하지만 아테네의 시민은 한가하게 여유를 즐기는 귀족처럼 살길 원했다. 장사로 돈을 버는 건 천한 일로 간주되었다. 반면에 노예를 부리며 사는 건 자랑스러운 일이었다. 노예 제도는 그리스가 고도의 문화를 처음 꽃피운 시절부터 관행이었다. 물론 나머지 지중해 권역도 다르지 않았다. 노예 제도의 역사는 플라톤 당시에 이미 1,000년이 넘었다. 노예는 타민족의 정복으로 조달하거나 지중해권 전역의 수많은 노예 시장에서 사들였다. 노예는 주인집에서 시중을 들었고, 수공업 작업장이나 들판에서 일했으며, 남자건 여자건 매춘부로 팔렸고, 채석장과 광산에서 혹독한 노동에 시달렸다. 아테네의 라우리온 은광에서만 노예 2만 명이 등골 휘게 일했다고 한다.

플라톤은 귀족주의적 주인 의식 윤리의 선함을 조금도 의심하지 않았다. 그래서 소피스트들 일부가 주장한 노예 제도 폐지는 받아들이기 어려웠다. 그의 적들은 상인과 대부업자, 즉 이른바 초기 자본가들이었다. 플라톤에 따르면 그들의 장사는 사기였다. 법에 관한 대화편(『법률』)에서 밝혔듯이 그들의 성공은 모든 사회적 윤리의 종말을 알리는 서막이었다.[75]

일반적으로 전통적인 상류층은 시장을 경멸한다. 그 점에서는 플라톤도 예외가 아니었다. 들일 외의 다른 모든 노동은 기피 대상이었다. 놀라운 일이었다. 폴리스가 제대로 작동하려면 수공업자, 의사, 예술가, 용병, 상인들이 필요했기 때문이다. 비자유민, 즉 선거권과 시민권이 없는 노동 계층이 존재하지 않으면 아테네의 경제적 부흥은 불가능했을 것이다. 또한 솔론의 〈금권 정치〉가 시민권과 선거권을 재산에 따라 등급화한 점을 생각해 보라. 예부터 아테네를 비롯해 다른 도시들에서는 재산을 많이 소유하는 것이 삶의 중요 목표였다. 그런데 왜 상업과 사업으로 재산을 불려서는 안 된다는 것일까? 앞서 언급했듯이 아테네의 역사에서 모든 (자유로운) 시민이 평등하다는 이념은 개인마다 지극히 편차가 큰 재산 상태 및 정치적 영향력과는 늘 모순될 수밖에 없었다. 물론 현대 민주주의 국가도 그와 다르지 않다. 그렇다면 재산을 〈어떤 식으로〉 모으느냐가 왜 그렇게 중요한 것일까?

자유 시민의 공적 윤리에는 앞뒤 양면이 있다. 뒷면은 이렇다. 상류층이 공적인 자리에서 표방하는 윤리적 태도와는 달리 상업과 화폐 경제가 그들에게도 낯설지 않다는 것이다. 노예를 부리는 사람들 중에는 자신의 영지에서 노예들에게 소상공인으로서 영업을 하게 하면서 월세 형태로 고정 액수를 받는 경우가 많았다. 마찬가지로 농장주는 노예를 임대하거나 판매할 수 있었다. 그들은 토지를 빌려주거나 소작을 주었고, 돈 되는 부동산 사업을 하거나 수입이 쏠쏠한 대부 사업을 했다. 명예로운 정치적 의무를 좇아야 할 사람 가운데 공동선을 위해 이런 일을 하는 경우는 드물었다. 플라톤 당시의 아테네에서는 엄청난 금액이 여론을 조종하는 데로 흘러 들어갔다. 상당한 보수를 받는 연설가들이 오늘날로 치자면 법률가와 로비스트, 외교관 역할을 했다. 그들은 자신들이 매수하고자 하는 사람들만큼 쉽게 매수되었다. 따라서 무언가에 대한 대가로 누군가에게 돈을 지불하고 받는 것은 상인들과 시장에서만 일어나는 일이 아니었다. 그것은 기본적으로 도시의 문화였다.

그렇다면 자신들은 자유로운 활동으로 폴리스의 공동선에 복무하는, 자랑스럽고 용감하고, 전시(戰時) 외엔 유유자적하는 시민이라는 귀족들의 전통 윤리는 전반적으로 공염불에 가깝다. 그런 삶의 구상은 여러 현대적 과제들로 들끓고 복잡하게 얽힌 대도시의 공동생활에는 더 이상 맞지도 않다. 분업과 전문주의, 화폐 경제의 번성을 요하는 시민 국가에서 그런 귀족주의적 태도는 그저 보기 좋은 허울의 형태로만 허용될 뿐이다.

이런 징후 속에서 아테네의 사회적 긴장이 민주적 장치에도 불구하고 상승한 것은 놀랍지 않다. 지배 가문들은 공적인 자리에선 비난을 아끼지 않았던 〈시장〉이라는 수단을 십분 이용했고, 부분적으로는 뻔뻔할 정도로 부를 끌어 모았다. 페리클레스 치하에서 성장한 중산층은 다시 쪼그라들기 시작했고, 부자들은 더 부유해지고 사회적 불평등은 점점 커졌다.

플라톤이 아직 어릴 때 극작가 에우리피데스는 비극『탄원하는 여인들Hiketides』에서 중산층을 공동체을 구하고 지키는 계층으로 묘사했다. 한마디로 〈국가 질서의 수호자〉라는 것이다. 그런 중산층이 플라톤의 시대에 무너졌다. 당시 아테네의 정치인들은 증가하는 사회적 문제들로 어찌할 줄을 몰랐다. 그중 가장 큰 문제는 도처에서 도시로 밀려 들어와 점점 인구수를 불려 가는, 터전을 잃고 권리도 없는 가난한 이주민 무리였다. 아테네는 기원전 5세기에 낡은 귀족 정치에서 대담하게 민주 정치로 급속도로 변신한 이후 기원전 4세기에는 거의 모든 개혁 열기가 정체되었다. 〈이소노미아〉의 원칙, 즉 법 앞에서의 평등과 이해관계의 균형은 새로 구성된 두 위원회의 바깥에서는 지켜지지 않았다. 노예는 여전히 노예로, 비자유인은 비자유인으로 남았고, 여성들은 권리가 없었다. 솔론 시대처럼 채무 면제 같은 개혁 조처도 더이상 시행되지 않았다. 오늘날의 시점에서 볼 때 플라톤이 태어날 무렵에 비민주적이었던 것은 계속 비민주적인 것으로 남아 있었다.

이 모든 것이 당시 플라톤이 사회와 국가를 근본적으로 개조하겠다는 야심 찬 목표를 추구하던 시대 상황이었다. 앞서 암시했듯이 고위 귀족인 그는 결코 대담한 개혁가나 더 나은 민주주의를 지향하는 사람이 아니었다. 대신 화폐 경제에 의해 부패되지 않은 과거의 전통적 귀족 윤리에서 그 구원책을 보았다. 돈 대신 명예, 이것이야말로 플라톤이 개선의 징후 속에서 여전히 꿈꾸던 윤리였다. 그는 이 윤리를 밑바닥부터 혁신해서 논리 정연한 체계로 세우고자 했다. 하지만 그 윤리는 철학적으로 규명될 수 있을까?

영혼을 정돈하라!

돈과 명예는 어떤 관계일까? 돈이 많은 것은 도덕적으로 좋거나 나쁠까? 부자는 가난한 사람보다 좀 더 쉽게 진실을 말할 수 있고, 타인에게 진 빚을 늘 되갚을 수 있기에 부의 소유는 정의의 실현에 복무하는 것일까? 서양사에서 정치 철학을 다룬 첫 번째 중요한 저서 플라톤의 『국가』는 이런 질문들로 시작된다.

이 허구적 대화의 시간적 배경은 펠로폰네소스 전쟁 시기, 즉 기원전 408년 혹은 407년쯤으로 추정된다. 그러니까 플라톤이 스무 살 때다. 무대 배경은 피레우스에 있는 무기 대장간 주인 폴레마르코스의 집이다. 주인은 정치적 권리가 없는 부유한 비자유민이다. 이 집에 우연히 일곱 사람이 모인다. 그중에 소크라테스, 플라톤의 두 형인 아데이만토스와 글라우콘, 소피스트 트라시마코스(마찬가지로 역사적 실존 인물이다)가 있다. 집주인의 아버지 케팔로스가 소크라테스에게 인사를 한다. 이어 곧장 케팔로스는 부의 장점을 이야기한다. 재산이 많으면 누구에게도 빚을 지지 않게 되고, 그 덕분에 진실에 충실한 삶을 살 수 있다는 것이다. 빚이 없는 사람은 누구에게도 갚아야 할 죄가 없다. 여기선 장사꾼의 사고에 맞게 경제적 빚과 도덕적 죄악이 동일시되고 있다. 반면에 부는 올곧고 정의로운 삶을 살 수 있도록 도와준다고 말한다.

소크라테스는 케팔로스의 말에 즉시 반박한다. 돈이 많고, 타인의 재산을 존중하고, 진실을 말한다고 해서 정의가 세워지는 것은 아니라는 것이다. 만일 내가 미친 사람에게 정의를 말하면서 그의 무기를 돌려준다면 어떻게 될까? 그것은 의심할 바 없이 정신 나간 짓이고 정의롭지 못한 일이 될 것이다.

폴레마르코스는 그에 동의한다. 그러면서 정의란 타인에게 각자 권리에 맞는 합당한 대우를 하는 것이라고 말한다. 그러나 소크라테스는 의구심을 표한다. 어떤 사람이 어떤 대우를 받아야 합당한지 어떻게 항상 절대적으로 알 수 있는가? 우리의 행위에는 그릇된 평가가 스며들어 있지 않은가? 또한 불의한 인간에게 불의를 내린다고 해서 세계가 더 정의로워지지도 않는다. 순간 트라시마코스가 토론에 끼어든다. 오늘날 좌파의 인터넷 토론장에서 자주 만날 수 있는 급진적 회의론자의 역할이다. 소피스트인 그는 정의는 없다고 말한다. 정의에 관한 모든 말은 결국 지배자들의 이해관계를 은폐하는 도구일 뿐이다. 더 강한 자가 자기 이익을 관철한 뒤 〈정의〉를 떠들어 대고, 그 토대 위에서 법률을 만들어 자기의 지배권을 공고히 한다는 것이다.

소크라테스는 정의를 그런 식으로 파탄 내는 것은 너무 멀리 나갔다고 생각한다. 그의 반박은 이렇다. 지배자들도 무엇이 그들의 이익에 부합하는지 항상 정확히 알지는 못한다. 힘 있는 자들이 만든 법률은 그들 자신에게 오히려 해가 될 수 있다. 그럴 경우 그들이 〈정의〉에 대해 내린 규정은 그들 자신의 이익에 부합하지 않는다. 이 논거가 좀 약한 듯하자 트라시마코스는 패배를 인정하지 않고 두 번째 카드를 꺼낸다. 모든 인간은 당연히 불의와 억압이 정의롭지 못하다고 느끼지만, 그럼에도 불의와 억압을 이용해서 멋진 삶을 사는 압제자들을 부러워한다. 여기서 두 가지가 유추된다. 하나, 인간의 행복에 영향을 끼치는 정의의 가치가 지나치게 과대평가되어 있다. 둘, 모든 환상을 벗어 던지고 차라리 귀족들이 그러고 사는 것처럼 교만하고 무자비하게 사는 편이 이성적이다.

　　플라톤은 트라시마코스의 입을 빌려 똑똑한 말을 한다. 도덕적 토대는 정의에서 찾을 수 없는 것일까? 도덕적 행위의 기초를 세울 수 있는 보편타당한 상수(常數)는 없을까? 소크라테스는 폭군도 전적으로 불의하게 행동할 수는 없다며 트라시마코스에게 반박한다. 폭군 역시 통치를 위해서는 다른 이들과 협력해야 하는데, 그러려면 최소한의 정의로운 태도를 보일 수밖에 없다는 것이다.

　　그런데 또다시 빈약한 이 논거는 플라톤의 소크라테스가 가려고 하는 길이 아니다. 그는 일단 인간은 정의 자체를 위해 정의롭게 살려고 하는 것이 아니라는 글라우콘의 똑똑한 제안에 이의를 제기한다. 인간이 도덕적으로 행동하는 것은 그 행동으로 〈인정받고〉 싶은 기대 심리 때문이라는 것이다. 상당히 미래 지향적인 생각이다. 사회 심리학이나 경제 심리학 같은 현대적 학문들의 출발점이 바로 그것이기 때문이다. 비록 그 학문들의 뿌리가 플라톤이라고 말할 수는 없다고 하더라도. 왜냐하면 플라톤은 정반대되는 것을 증명하려고 했기 때문이다. 그가 본 다른 대화 상대들의 본질적인 잘못은 이렇다. 그들은 정의를 내가 〈타인과의 관계〉에서 행동으로 보여 줘야 할 문제, 즉 동시대인들에 대한 의무로 여겼다는 것이다. 그러나 플라톤에게 정의란 내가 우선 〈나 자신〉과 해결해야 할 문제였다.

　　이때 플라톤이 생각하는 기준점은 〈자연의 질서〉다. 자연에서는 모든 것이 질서 정연하고 조화롭고, 그래서 〈정의로운〉 것처럼 인간도 자신의 영혼에 질서를 부여하도록 애써야 한다. 다시 말해서 플라톤이 대화편 『고르기아스』에서 묘사했듯이 영혼의 여러 부분들, 즉 욕망, 용기(또는 분노), 이성을 서로 조화롭게 일치시켜야 한다는 것이다. 서로에 대한 이 관계가 잘 정리되면 인간의 영혼에서도 자연과 마찬가지로 〈정의〉가 지배한다.

　　자연이 스스로 조화롭고 질서 정연하고 〈정의롭다〉는 것은 전통적인 그리스적 사고다. 이 사고는 아낙시만드로스를 비롯해 플라톤 이전의 많은 사상가들을 통해 알려져 있었다. 그럼에도 〈자연의 정의〉를 내세운 이 전제는 강도가 꽤 세다. 그만큼 파장도 엄청났다. 선하고 정의로운 행위를 〈자연과 조화를 이룬 행위〉로 여기는 것은 윤리를 정의 내리는 무척 특별한 형태다. 훗날의 철학자들은 이것을 〈자연법적 윤리학〉으로 분류하지만, 주로 신학적 맥락에서 발견되는 소수의 예외를 제외하고는 이런 종류의 규범 논증은 대부분 역사의 뒤안길로 사라졌다. 그럴 법도 한게 영혼과 자연의 일치는 증명하기가 상당히 어렵기 때문이다. 또한 그사이 우리가 생각하는 자연의 이미지도 많이 바뀌었다. 일부 밀교 신자들을 제외하면 오늘날 자연의 변덕과 재앙, 살육 행위를 보면서 정의를 떠올리기란 무척 어려워 보인다.

　　플라톤과 같은 자연법적 윤리학자에게 정의는 많은 노고로 이룩할 수 있는 내 영혼의 객관적인 상태다. 인간은 정의의 우주적 이데아에 최대한 동참할 수 있도록 힘써야 한다. 우리 속에 정의의 이데아에 관여하는 요소들이 많을수록 우리는 영혼의 힘들의 조화를 느낀다. 왜냐하면 정의는 용맹성, 지혜, 신중함 같은 기본적인 미덕들을 최고의 미덕으로 통합하고 정리하기 때문이다. 그러면 우리는 〈선한 정신이 동행하는〉 더없는 행복eudaimonía 속에서 살게 된다. 플라톤과 그의 동시대인들이 가장 중요하게 생각했던 것은 다른 무엇보다 자신과 하나 되어 행복하게 사는 것이었다. 그러기 위해서는 마음속의 정의가 절대적인 조건이다. 자기 자신과 도덕적으로 조화를 이루지 못하면 영혼 깊은 곳에선 진정으로 행복할 수 없다. 또는 플라톤이 놀랄 정도로 정확하게 표현한 것처럼, 정의롭지 않게 살 때보다 정의롭게 살 때 내 삶은

〈729〉배나 더 편안하다.[76]

　　지복의 행복, 즉 영혼의 충만한 만족감은 플라톤이 장사꾼과 이기적 정치인, 압제자들의 효율적 사고와 피상적 행복에 대척점으로 제시한 행복이다. 이 행복은 도덕적으로 선한 삶 속에서만 실현되고, 그런 삶은 건강한 동시에 아름답다.

　　오늘날의 관점에서 보면 〈도덕적으로 선한 삶의 윤리〉는 지극히 개인적이라는 느낌을 준다. 모든 것이 우선 자신의 영혼에 한정되어 있기 때문이다. 2,000년 뒤 철학은 이와는 전혀 다른 윤리의 근거를 제시하고 〈정의의 이념〉으로 보편화한다. 그러나 플라톤은 모두를 위한 규칙이나 〈권리〉를 규정하는 일에는 관심이 없다. 또한 〈정의〉에 관한 추상적 관념은 그리스적 사고의 중심이 아니라 변두리에서만 반짝거린다. 세계의 정의로운 질서는 우주가 그 모델이기에 플라톤은 그것이 공정한지 묻지도 않는다. 그 질서는 인간이 아닌 신들이나 그 비슷한 존재에 의해 만들어진 것이기 때문이다. 물론 플라톤도 자연의 질서가 〈올바른〉 질서임을 설명하려고 애쓰기는 하지만, 그 질서가 모든 당사자들에게 정말 〈공정한〉지에 대한 물음은 자연이 본보기로서의 역할을 다한 먼 훗날에야 떠오른다. 그때 이르러서야 공정함은 자연이라는 본보기와 상관없이 인간이 〈이루어 내야 할〉 무언가라는 사실이 분명해진다. 그러나 거기까지 가려면 아직 갈 길이 멀다.

　　플라톤의 윤리학에서 관심은 공정함이 아니다. 원칙으로서의 정의도 아니다. 나의 행위가 정말 선한 결실을 거둘지, 아니면 그것이 성공할지 실패할지에 대한 물음도 플라톤에게는 별 관심의 대상이 아니다. 중요한 것은 선한 삶을 사는 데 반드시 도움이 되기 때문에 정의로운 동기에서 행동해야 한다는 것이다.

　　이러한 정의의 척도는 변함없이 흘러가는 자연이다. 영혼은 자연처럼 잘 정리되어 있을 때 정의롭고, 세계 속의 관계도 자연의 질서와 일치할 때 정당하다. 플라톤은 이런 주장을 펼치면서도 전통적인 귀족 윤리의 가치는 되도록 침해하지 않고 내버려 둔다. 삶이 투쟁과 경쟁이라는 사실은 별로 따지지 않고 당연한 것으로 전제된다. 심지어 도덕적 훌륭함의 영역에서조차 남들을 능가하는 것이 중요해 보인다. 이런 자신만만한 개인적 윤리의 토대 위에서 국가라는 건물은 어떻게 지을 수 있을까?

칼리폴리스

행복한 인간 영혼처럼 모든 것이 잘 정돈된 국가를 생각해 보라. 사람은 각자 재능에 맞게 일하고, 각자 본분에 맞게 살아간다. 만사가 조화롭고, 모든 공동생활에는 정의가 흐른다. 그곳이 플라톤에겐 바로 〈칼리폴리스〉다. 『국가』에서 소크라테스가 청자들에게 들려준 그 아름다운 도시 말이다.

이 도시는 실재하는 곳이 아니다. 소크라테스도 그 사실을 굳이 숨기지 않는다. 칼리폴리스가 어떤 곳이냐를 두고 오늘날까지도 논란이 많다. 모든 영혼 속에서 진행되는 과정을 이상적으로 모사한 〈영혼의 도시〉일까? 아니면 실현해야 할 정치적 유토피아일까? 아리스토파네스 식으로 묻자면 칼리폴리스에는 얼마나 많은 〈구름 위의 뻐꾸기 나라〉, 즉 공상의 나라가 숨어 있을까? 그중에서 실제로 사회 질서의 모델로 진지하게 받아들여질 만한 것은 얼마나 될까? 아니면 그건 그저 풍자로 받아들여야 할까? 또는 플라톤을 온건한 전체주의의 시조로 여기는 사람들의 말이 옳을까? 다시 말해 플라톤이 모든 인간에게 기존 질서를 받아들이고 그를 통해 〈선하고〉 〈정의롭게〉 살라고 강요하는 〈신념 독재〉의 창시자라는 것이 맞는 말일까? 혹은 칼리폴리스는 결국 〈디스토피아〉, 즉 화석이 된 악몽일까? 이성적인 국가에 대한 꿈이 괴물을 낳았을까?

순서대로 살펴보자. 소크라테스는 정치에 기여할 목적으로 칼리폴리스 이야기를 꺼낸 것이 아니다. 대화편 『국가』의 핵심은 윤리다. 영혼을 돌보는 문제가 최우선 과제라는 말이다. 소크라테스는 〈천상에 세워진〉 이 아름다운 도시에 대해 이야기하면서 이상적인 공동생활의 이 예를 통해 개인 속에서 영혼의 힘들이 어떻게 이상적인 동거를 하는지 보여 주려고 한다. 이런 점에서 칼리폴리스는 국가의 형태로 주조된 영혼의 모사다.

플라톤은 정치를 공동체적 수단으로 영혼을 돌보는 일이라고 생각한다. 때문에 한 국가의 이상적인 체제는 행복하고 정의로운 영혼의 이상적인 상태와 일치해야 한다. 그렇다면 이상적인 사회란 잘 정돈된 영혼들의 공동체, 또는 선의를 가진 사람들의 바람직한 협력 공동체에 가깝다. 이 국가의 토대는 〈신념〉이지, 규칙과 제도가 아니다(이것들은 부차적인 문제다). 바로 이런 점 때문에 오늘날의 정치적 관점에서 볼 때 플라톤의 국가 이념은 매우 〈비정치적〉으로 보인다. 고유한 경기 규칙을 가진 〈정치〉라는 독립된 세계가 태동한 것은 아리스토텔레스에 이르러서다. 플라톤에게 정치는 윤리학의 일부이고, 그의 윤리학은 정치적이다.

플라톤에 따르면 인간들이 여러 소규모 단위를 통합해서 하나의 도시 국가를 세운 이유는 단순하다. 인간은 타인의 도움 없이는 존재할 수 없는 결핍 존재이기 때문이다. 인간의 그런 결핍적 사회적 본성에서 생겨난 것이 국가다. 플라톤은 문명의 탄생 과정을 교과서적으로 설명한다. 과거의 인간은 열매로 양분을 섭취하며 건강하고 검소하게 살았다. 시작은 소박했지만 거기서 점점 더 큰 공동체가 생겨났고, 마지막엔 도시 국가가 건설되었다. 국가의 태동과 함께 많은 새로운 문제들이 생겨났다. 예술과 문화는 발전했지만 동시에 사치와 낭비도 심해졌다. 국가는 불어난 주민을 먹여 살리고 새로운 많은 욕구를 충족시키기 위해 점점 확장되어야 했다. 분업이 실시되었고, 물질적 부가 증가하면서 이웃 나라와의 갈등으로 전쟁이 일어났다. 병역 의무를 진 시민들에서 직업 전사들, 즉 지휘관과 용병 계급이 떨어져 나왔다. 그건 다른 직업도 마찬가지였다. 자급자족을 넘어 전문 기술을 습득한 시민과 소집단들 사이에서는 물물 교환과 화폐 경제가 시작되었다. 시장이 형성되고 임금 노동이 생겨났다. 그 결과 개별 이해 집단들이 서로 경쟁하면서 권력 다툼을 벌이는 현상이 빠른 속도로 확산되었다.

바로 이런 제반 현상들이 칼리폴리스에서는 나타나지 않는다. 플라톤의 소크라테스는 그것이 어떻게 가능한지 보여 준다. 해결책은 거대한 전체를 위한 하나의 이상적인 계획이다. 플라톤이 당시 아테네에는 없다고 믿은 계획이다. 소크라테스는 칼리폴리스를 개미들의 국가처럼 세분화한다. 모두가 각자에게 정해진 임무를 맡아 전체 시스템의 원활한 작동에 기여한다. 여기서 국가 시스템은 중요한 세 가지 기능으로 구분된다. 여왕개미의 자리에는 〈철인 통치자〉들이 있다. 공동선에 대한 이해와 통찰력을 바탕으로 정선된 교육을 받은 정신적 귀족 계급이다. 국가는 통치하기를 원하거나 통치할 의무가 있는 사람이 아닌 유능한 사람이 다스려야 한다. 플라톤에 따르면 철학자는 저급한 본능을 억제할 줄 아는 인간이다. 그래서 욕망에 이끌려 지배의 길로 나아가지 않기에 세상에 존재할 수 있는 가장 훌륭한 통치자다. 미래의 철인 통치자들은 지혜와 선의 이데아에 대한 사랑으로 긴 교육 과정을 거친다. 음악, 체육, 산수, 기하학, 천문학, 화성학, 변증법이 그 과목들이다.

철인 통치자 밑에는 〈수호자〉들이 있다. 금욕적인 이들은 무보수로 국가를 지키는 (보안) 경찰이다. 10년 동안 여러 학문과 체육 수업을 마치면 이 계급에서 가장 뛰어난 사람은 철인 통치자 계급으로 올라갈 수 있다. 맨 밑에는 전통적인 의미의 노동 계급이 있다. 〈수공업자〉와 〈농민〉이다. 각 계급이 각자의 재능에 맞게 역할과 임무를 다할 때 국가에는 정의가 넘친다. 반면에 개개인이 담당 영역을 확장하고 관할권을 넘어서게 되면 불의가 만연한다. 칼리폴리스의 수호자들이 그것을 저지한다.

플라톤의 이상 국가는 역사상 등장한 많은 전체주의 시스템과 비교된다. 고대 스파르타의 군사 독재에서부터 스탈린주의, 그리고 히틀러 파시즘의 친위대 간부 양성 학교에 이르기까지. 이것은 〈행복한 우연이 가미된 기적에 가까운 일〉[77]일까? 아니면 오늘날 모든 것을 비꼬기 좋아하는 우리 사회의 일부 플라톤 전문가의 말처럼 풍자일까? 그러나 플라톤의 이상 국가가 단순히 풍자가 아닌 것은 확실하다. 그건 플라톤 본인도 인정할 것이다.

〈완벽한 질서는 모든 진보와 즐거움의 파멸이다.〉 오스트리아 작가 로베르트 무질의 말이다. 사실 플라톤에게 있어서 진보와 즐거움의 문제는 난감하다. 우선 플라톤의 국가에서는 진보는 더 이상 필요하지 않다. 왜냐하면 이상 국가는 공동체 조직만 최종적인 형태로 갖추는 것이 아니라 시민들의 영혼적 욕구까지 충족시키기 때문이다. 영혼의 욕망에 해당하는 수공업자와 농민 계급은 신중함이라는 제1덕목의 구현이고, 용기에 해당하는 수호자들은 용맹성의 현현이며, 이성에 해당하는 철인 통치자들은 지혜의 화신이다. 다원화되고 개인화된 현대 사회의 관점에서 보자면 철학적 색채가 가미된 이 개미 국가는 우스꽝스럽게 느껴질 수밖에 없다. 이 모델은 〈칼리폴리스〉라는 이름의 전략적 보드 게임 같다. 이 세상 어디서도 실현될 수 있을 것처럼 보이지 않는다. 〈설계 도안은 항상 조용하지만 실제 도시는 결코 그렇지 않다.〉 네덜란드 작가 세스 노테봄이 브라질리아의 중앙 동서축Eixo Monumental을 보면서 느낀 점이다.[78] 그런데 이 말은 플라톤의 칼리폴리스 구상에 몇 배는 더 잘 어울릴 것 같다.

즐거움의 문제도 진보보다 크게 나아 보이지 않는다. 육체적 쾌락에 대한 플라톤의 시각은 암울하다. 적어도『국가』에서는 그렇다. 소크라테스는 불멸의 영혼이 육체의 짐에서 해방되는 죽음 이후에야 쾌락을 갈망하는 피타고라스 교도 같은 주장을 펼친다. 현세의 삶에선 어떤 즐거움이건 많은 노고를 들여야 얻을 수 있다는 것이다. 플라톤은 나중에『필레보스』에서도 비슷한 판단을 내린다. 육체적 쾌락을 욕망의 가장 아래 단계에 놓고는 주로 정신적인 쾌락을 인정한 것이다. 그런데 말년의 다른 작품에서는 약간 부드러워진다.『법률』에서 육체적인 쾌락이 인식을 가리는 방해물이기는 하지만 인간의 본성임을 인정한 것이다.

　　아름다움과 예술의 문제도 이와 비슷하게 난감한 구석이 있다. 플라톤의 문화 정책은 전적으로 교육적인 동기에 뿌리를 두고 있다. 물론 그에게도 아름다움은 중요하지만 감각적 즐거움 때문이 아니다. 그는『향연』에서 아름다움과 선이 하나로 합쳐질 때 사랑(에로스)이 지고의 완성에 이른다는 생각을 펼친다. 에로스는 자신이 보는 것에 일단 감각적으로 끌리는 〈다이몬〉이다. 이 아름다운 것은 자유롭게 떠도는 영혼이 환생 전에 이데아의 세계에서 본 압도적인 아름다움의 기억이자 숨결이다. 마법적 충동이 에로스를 아름다움의 이데아에 다가가도록 몰아댄다. 에로스는 가장 단순한 단계에선 모든 아름다운 육체에 열광하고, 그다음엔 감각적인 것에서 정신적인 것으로 올라가 〈아름다운 영혼〉을 사랑한다. 아름다운 영혼에 대한 사랑이 점점 상승하면 모든 정신적인 것 속에 담긴 아름다운 것들에 대한 사랑이 솟구친다. 상승을 꿈꾸는 에로스가 가장 높은 단계에 이르면 아름다움의 이데아에서 나오는 빛을 본다. 정신은 여기서 모든 저급한 육체적 욕망으로부터 정화된다. 욕망은 관조가 되고, 동시에 아름다움은 지혜가 된다.

　　미에 대한 이런 생각은 무척 신령스럽게 느껴지지만 철학사에서 그 영향은 심대하다. 인간은 미적인 것 속에서 이데아의 감각적 빛을 본다는 것이다. 이러한 〈예술 존재론〉은 플로티노스에서 헤겔을 거쳐 에른스트 블로흐로 계속 이어지는데, 그들의 공통점은 예술 속에는 더 높은 어떤 것의 징조와 약속으로서 감각적으로 빛나는 순수한 미가 존재한다는 것이다.

예술에 대한 플라톤의 생각도 이런 색채를 띤다. 질서, 척도, 조화로운 비례, 대칭이 〈아름답다〉는 것은 그 시대의 보편 사상이었을 것이다. 꽃병에다 그림을 그리는 화가들도 다르게 생각하지 않았고, 아크로폴리스의 건축가들도 그런 원칙에 입각해서 신전을 지었다. 하지만 꼭 그렇게까지 생각해야 했을까? 정말 원이나 사각형 같은 도형을 아름다운 인간보다 더 아름답다고 여겨야만 했을까? 그건 플라톤에겐 철학적 미학의 결과다. 즉, 추상적인 것에만 절대적 아름다움이 존재한다는 것이다(현대 미술의 절대주의와 미래주의, 구성주의 화가들이 쌍수를 들고 환영할 이야기다).

바로 이것이 플라톤 시대의 예술이 넘지 말아야 할 하나의 기준선이었다. 플라톤이 유일하게 마음에 들어 했던 장르는 건축이다. 건축은 모방하지 않고 새로운 것을 만들기 때문이다. 그 밖의 예술은 대부분 은폐하고 미혹하고 거짓말하고, 요란한 감정을 불러일으키고, 나쁜 충동을 강화하고, 사람을 도덕적으로 타락시킨다. 인간 세계의 모든 현상은 이데아의 모사일 뿐인데 예술이 이 현실적 모사를 다시 모방하면 그저 이중 모사에 지나지 않는다. 본래적인 것을 추구하는 대신 비본래적인 것을 흉내 낸 것에 불과하다는 것이다. 따라서 예술가들은 모사된 것을 다시 모사하는 우를 범하지 말고 원형에 다가가려고 애써야 한다. 그러나 그런 작품은 어디서도 거의 볼 수 없다고 플라톤은 생각한다.

플라톤에게 미학은 주관적인 것이 아니라 객관적인 것이

다. 미학의 광채는 인간의 경험 세계 너머에 있는 미의 이데아에서 유래한다. 플라톤에게 예술의 주관적 자기실현은 바보 같은 장난이자 도덕적으로 비난받을 일이다. 미친 듯이 춤을 추는 무희, 인간을 흥분시키고 황홀경에 빠뜨리는 음악, 관객의 욕망과 열정적 감정을 자극하고 부추기는 시인과 극작가는 없는 편이 낫다. 〈거짓말하는〉 시인이건 감정을 몰아치는 파렴치한 극작가이건 그런 예술가는 세상에 필요치 않다. 칼리폴리스에는 그런 예술이 없고 대부분 고요하다. 신적인 영감 속에서 선한 것과 아름다운 것, 참된 것을 어렴풋이 예감한 예술가들이 지은 교화적인 찬가, 합창시, 송시만 가끔 울릴 뿐이다.

결혼, 가족, 사유 재산에 대한 국가의 공격

이상 국가의 시스템으로 돌아가 보자. 질펀한 연회, 노래, 흥청거리는 술자리 말고 공동체의 번영에 가장 큰 걸림돌은 무엇일까? 플라톤은 하나의 적을 명확히 언급한다. 자기 가족의 행복만을 원하는 이기심이 그것이다. 모든 사람이 〈사적인 살림〉 안에서만 안락하고 풍족하게 살려고 한다면 전체 공동체로서 국가는 어떻게 유지될 수 있겠는가? 플라톤에게 오이코스는 관념적이 아니라 물질적이다. 또한 인간 이성과 국가 이성의 반대이자 로고스의 적이며, 이기적이고 무절제하다. 따라서 국가의 힘은 개인 가정의 적절한 욕구를 제어하는 방향으로 맞추어져야 한다. 플라톤에 따르면 개인적이고 집단적인 이기심이 봇물처럼 터져 나오면 그것으로 퇴치된 전제 정치는 되살아난다. 따라서 칼리폴리스에서는 주민들의 실질적인 욕구만 충족될 뿐 재산을 소유하려는 저급한 탐욕은 억제되어야 한다.

　　어떤 국가 사회주의도 플라톤이 꿈꾼 그 아름다운 새 도시의 구상만큼 멀리 나가지는 않았다. 플라톤의 세계는 모든 인간이 최대한 국가로부터 자유롭게 벗어나 상당히 귀족적인 (가정적) 삶을 살아도 되는 카를 마르크스와 프리드리히 엥겔스의 판타지 세계와는 달리 모든 것이 국유화되기 때문이다.

　　오이코스의 싹을 애초에 잘라 버리고자 국가는 번식 단계에서부터 개입한다. 번식을 합리적으로 조절하기 위해서다. 국가는 뛰어난 사람들에게는 번식을 허용하고, 그렇지 못한 사람에게는 자식을 허용하지 않는다. 이런 식으로 폴리스에 적당 수 이상의 아이가 태어나지 못하게 한다. 게다가 태어나는 아이는 병약하거나 장애가 있는 아이가 아닌 건강한 아이들이어야 한다. 그럼에도 장애아가 태어나면 즉각 내다 버린다. 오늘날의 관점에서 보면 플라톤의 이런 우생학적 인구 조절은 지극히 잔인하고 비인간적이다. 그러나 그 시대에는 그런 것에 거부감을 느끼는 사람은 소수에 불과했다. 자연민족만 수천 년 전부터 장애가 있는 신생아를 버린 것이 아니었다. 고대 그리스 세계에도 장애아를 버리거나 죽이는 일은 흔했다. 그 유명한 보기가 스파르타였다.

오이코스에 대한 두 번째 공격을 위해 플라톤은 아이들의 교육을 국가의 임무로 규정한다. 아이들을 교육할 권한은 오직 국가에만 있다. 국가는 비용과 수고가 많이 드는 교육 시스템을 통해 모든 아이가 각자의 재능을 마음껏 발휘할 수 있도록 힘쓴다. 그때 아이들은 당시의 아테네뿐 아니라 다른 모든 지역에서처럼 특권층인 부모를 통해 지도층에 오르는 평탄한 길을 걷지 않고 자유 경쟁 속에서 각자의 재능을 겨룬다. 다시 말해 청년들은 올림픽 경기를 위해서만 훈련하는 것이 아니라 국가의 과제를 두고도 경쟁을 벌인다. 경쟁에서 승리를 거두는 쪽은 언제나 가장 뛰어나고 적합하고 유능한 아이들이다.

아동과 청소년에게 동등한 기회를 부여하고, 그런 다음 가장 우수한 아이들을 선발하는 제도에서 특히 현대적인 점은 양성평등이다. 물론 고대 세계에서 양성평등에 대해 깊이 생각한 사람은 플라톤만이 아니었다. 그건 당시의 희극(예를 들어 아리스토파네스의 『리시스트라타』) 속에도 그런 생각이 언급되어 있는 것을 보면 알 수 있다. 그럼에도 플라톤의 제안이 놀라운 것은 오이코스의 세계가 여성들이 일하는 세계이기 때문에 무시하는 것이 아니라는 점이다. 이 부분에서만큼은 플라톤은 다른 어떤 선행자들보다도 월등하게 진보적이다. 플라톤에 따르면 여성은 원래 천성적으로 그렇게 타고났기 때문에 아이를 키우고 집안일을 도맡아 하는 것이 아니다. 그보다는 우리가 사회적으로 여성을 그런 영역으로 제한하다 보니 여성의 본성을 양육 및 집안일과 연결시키게 되었다는 것이다. 플라톤은 오이코스의 세계가 소유욕이나 돈에 대한 탐욕 같은 나쁜 속성을 키우기 때문에 여자건 남자건 이른 시기에 그 세계로부터 떼어 놓아야 한다고 생각했다. 이로써 칼리폴리스에서는 여자들도 국가에 의해 교육받고 각자의 재능에 맞는 직업 활동을 할 권리를 얻는다. 게다가 수호자 계급의 의무에 해당하는 전시 복무에서도 군사적으로 동등한 권리가 있다. 또한 배우자를 자유롭게 선택할 수 있고 법 앞에서 남성과 동등하다.

지극히 유토피아적이고 공상적이고 급진적인 생각이 아닐 수 없다! 당시 아테네를 비롯해 다른 여타 그리스 지역에도 그런 차원의 구상은 존재하지 않았다. 여자들이 남자와 함께 교육받고 음악을 하고 알몸으로 운동한다는 건 생각할 수도 없는 일이었다. 게다가 하층의 비자유민 계급에 속하지 않는 여자가 생업 활동을 한다는 건 그때까진 매춘 영역에서만 가능한 일이었다. 일반적으로 여자들은 오이코스 밖에서의 사회적 접촉이 금지되었다. 배우자도 자유롭게 선택하지 못하고 타의에 의해 결혼해야 한다. 결혼한 여자는 남편의 소유물로 간주되었고, 그래서 법적으로 보호받을 권리도 없었다.

이런 현실에 비추어 보면 플라톤의 이상 국가는 얼마나 진보적인가! 다만 이 모든 권리들은 상층의 남녀 시민에게만 적용되고, 교육을 받을 최소한의 자격을 갖추지 못한 사람들에게는 해당되지 않았다. 전통과 관습에 따라 수공업자와 농민이 그런 사람들이다. 따라서 여자가 남자와 같은 권리를 얻으려면 최소한 수호자 계급은 되어야 했다. 경기에 참여하지 못하는 비자유민과 노예 계층은 아예 언급할 가치조차 없다. 이들에 대한 플라톤의 사회적 편견은 여자들에 대한 편견보다 훨씬 더 컸다. 그래서 그의 이상 국가 구상에서는 다수의 주민이 처음부터 배제되어 있었다. 비자유민과 노예 신분의 여자에게는 모든 것이 예전 그대로였다. 플라톤의 생각이 아무리 현대적이라고 해도 그것은 여자들에 대한 연민이나 〈정의〉의 원칙에서 우러나온 것이 아니었다. 그의 발언들을 눈여겨보면 그는 개인적으로 여자들의 운명을 중요하게 생각하는 사람이 아니었다. 따라서 〈여성을 이해하는 사람〉으로 역사에 기록될 수는 없다. 수호자 계급 이상에서 나타나는 양성평등은 여자들의 운명을 개선하는 것이 아니라 오롯이 특권층의 오이코스를 파괴하는 것이 목표였을 뿐이다.

국가의 운명을 조종하는 사람은 개인적인 욕망과 이해관계, 탐욕에서 자유로워야 한다. 이것은 플라톤이 현실 국가 아테네의 도덕적 부패에서 도출해 낸 핵심 결론이었다. 그것을 이루기 위해서는 상위 계급 여자들의 평등을 감수해야 했지만 그 정도는 충분히 받아들일 수 있었다. 여자를 별로 중시하지 않는 사람도 형식적으로는 얼마든지 여자를 동등한 위치에 놓을 수 있다. 물론 그럼에도 많은 대목에서 플라톤의 반감이 느껴진다. 남의 자식보다 자기 자식을 더 좋아하는 게 여자의 본성이 아닐까? 그 때문에 여자들은 오이코스를 구축하려는 경향이 더 강하지 않을까? 자기 가족만의 보금자리를 만들고, 자기 후손들을 편애하고, 여성적인 것과 가정주부적인 것을 가르치고, 언제나 더 많은 재산을 가지려고 하는 것이 아닐까? 결국 플라톤은 이렇게 결론 내린다. 어떤 경우든 여자에게 교육자의 역할을 맡겨선 안 된다. 오직 남자들만 아이들을 교육해야 한다. 여자는 자신의 성적 역할을 완전히 내려놓아야만 철인 통치자 계급에 오를 수 있다. 반면에 남자들은 원래 모습 그대로 있어도 된다.

오이코스의 힘을 국가 이성의 로고스로 깨부수는 것이 칼리폴리스의 첫 번째 핵심이다. 두 번째 핵심은 민주주의 체제에서 권력을 두고 경쟁하는 세습 귀족층을 정신적 귀족주의로 대체하는 것이다. 귀족주의적인 것은 유지되어야 한다. 다만 국가를 통치하는 이는 재산이 많은 사람이 아닌 국가 내에서 실제로 가장 훌륭한 사람이어야 한다. 모름지기 플라톤의 철인 통치자와 수호자들은 돈이 아닌 명예를 위해 일해야 한다. 전통적인 귀족 윤리의 관점에서 봐도 그건 명명백백하다. 사회적 가치의 몰락이 돈과 시장의 결과임이 사실이라면 칼리폴리스에서 화폐 경제는 최소한으로 제한되어야 한다. 정치는 다시 예전처럼 돈 없이 이루어져야 하고, 통치자들은 도시 근교의 땅에서 나오는 것만으로 만족하며 살아야 한다.

이런 점에서 플라톤의 이상 국가는 당시 아테네의 채무 경제에 대한 단호한 답변이다. 또한 그의 제안들에는 일부 비자유민 계급의 상인들에게 막대한 부를 안겨 준 대부와 이자, 원거리 교역과 금융 제도에 반발하는 귀족들의 목소리가 담겨 있기도 하다. 새로운 무역 경제와 채무 경제에 반대하는 플라톤의 목소리는 뚜렷하다. 설명하면 이렇다. 민주정에서 모든 시민은 오로지 돈과 재산만 생각하고, 그래서 철저히 타락한다. 〈그들은 폴리스에서 완전히 무장한 채 발톱을 세우고 있다. 어떤 이는 빚을 지고, 어떤 이는 시민의 지위를 빼앗기고, 어떤 이는 둘 다 겪기도 하지만, 다들 하나같이 남의 것까지 가로챈 사람들에게 분노하며 그들을 노리고 변혁을 열망한다.〉[79] 폴리스의 모든 사람들에게 몰아친 돈과 재물에 대한 자살적 탐욕으로 파렴치하게 이득을 보는 사람은 대부업자들이다. 〈사람 같은 건 전혀 보이지 않는다는 듯이 늘 돈에만 집착하는 이 돈의 광신자들은 자신들을 피하려는 기미를 보이는 사람들에게 돈을 보여 줌으로써 계속 상처를 준다. 그들이 이자로 원래의 재산을 몇 배로 불려 가는 동안 폴리스에서 가난뱅이와 기식자의 수는 계속 늘어만 간다.)[80]

상황이 이렇다 보니 칼리폴리스에서는 대부업과 이자 제도가 금지된다. 오직 대금을 제때 지불하지 못할 경우 연체료를 받는 것만 허용된다. 이상 국가에서도 돈은 계속 존재하지만, 그 의미는 오직 지불 시스템을 유지하는 데 있다. 반면에 돈을 축적하거나 투자하는 것은 금지된다.

이제 돈은 탐욕의 대상이 아닌 지불 수단으로서의 지위로 제한되어야 한다. 폴리스는 물질적 가치가 없는 화폐를 도입해야 한다. 스파르타의 철제 동전이나 오늘날의 지폐, 또는 동독 시절의 알루미늄 동전 같은 것들 말이다. 물질적 가치가 없는 이런 돈은 사람들이 모으지 않을 거라고 생각한 것이다. 물론 플라톤의 착각이겠지만. 아무튼 물질적 가치가 있는 은화는 다른 그리스 도시들과 교역할 때만 필요하다. 사실 아테네 은화는 기원전 4세기의 지중해 지역에서는 오늘날의 달러처럼 〈세계 화폐〉의 역할을 했다. 이렇듯 은화는 원거리 무역을 위해서는 없어서는 안 될 물건이지만, 일단 폴리스 내로 들어오면 다른 외환과 마찬가지로 물질적 가치가 없는 돈으로 바꾸어야 한다.

플라톤은 금융 시장 조절, 이자 철폐, 양성평등 보장, 아이들에 대한 완벽한 국가 교육, 오직 명예만을 위한 지도자의 통치 같은 급진적 국가 사회주의를 통해 정치 철학자로서 역사에 이름을 올렸다. 소크라테스는 그런 사상을 달변과 능숙함, 유연하고 부드러운 말로 풀어놓았다. 그러나 플라톤의 유토피아는 그때까지 그리스의 어느 폴리스에서도 시도된 적이 없는 굉장히 파격적인 구상이었다. 또한 자기 규정에 따르면 다른 많은 제안들 중에 그저 하나의 제안에 불과한 유토피아도 아니었다. 플라톤의 이상

도시는 철학적 논리로 근거를 밝힐 수 있는 유일한 공동체 형식이기 때문이다. 그러나 병든 세계가 과연 철학적 이성으로 나아질 수 있을까?

마그네시아. 또는 그리로 가는 길

우리는 플라톤이 〈천상의 그 아름다운 도시〉에 대해 얼마나 만족
스러워했는지 알지 못한다. 오늘날의 우리에게 그 도시는 400년
뒤 「요한 계시록」에 나오는, 천사들이 호위하는 〈천상의 예루살
렘〉 같은 찬란한 이상향이 아니다. 플라톤 본인도 자신의 생각 실
험에 전적으로 만족한 것 같지는 않다. 추측컨대 동시대인들의
반박과 비판도 없지 않았을 것이다. 그들의 눈엔 철인 통치자의
역할이 지나치게 야심만만하고 주제넘게 비쳤을 수 있다. 여성에
대한 새로운 관점도 전통주의자들의 눈엔 곱게 비치지 않았을 것
이다. 사실 〈여성주의〉 사상은 2,000년도 훨씬 더 지난 후대에도
남성 위주의 통치 세계에서 여전히 관철되지 못했다. 칼리폴리스
의 〈사회주의적〉 사상도 마찬가지다. 일부 국가이긴 하지만 자유
로운 금전 거래에 제동을 걸고 자본 축적을 금지하기까지는 비슷
한 시간이 걸렸다. 물론 그것도 일시적인 기간에 그쳤지만.

그런데 이상향에 대한 플라톤의 완성되지 않은 사고 과정
에 강한 영향을 미친 또 다른 경험이 있다. 『국가』를 완성하고 얼
마 지나지 않은 기원전 366년에 플라톤은 두 번째로 시칠리아로
떠났다. 그의 오랜 친구 디온이 원대한 꿈의 실현을 기대하며 그
를 초대한 것이다. 상황은 여러모로 호의적이었다. 시라쿠사의
참주 디오니시오스 1세가 얼마 전에 세상을 떠났는데, 그의 아들
이자 후계자인 디오니시오스 2세는 개방적이고 지식욕이 강한 것
으로 알려져 있었다. 디온은 이런 상황을 이용해서 플라톤과 함

께 시라쿠사의 정치 상황을 근본적으로 바꾸고 싶어 했다. 과연 시칠리아는 플라톤의 칼리폴리스가 될 수 있을까?

디온이 가슴에 품은 시적 꿈은 오래가지 못했다. 현실의 산문적 상황은 냉정했기 때문이다. 디오니시오스 2세는 이상 국가를 건설하는 데는 관심이 없었고 다른 걱정거리로 골머리를 앓고 있었다. 통치권이 사방에서 위협받는 상황이었던 것이다. 특히 지중해의 권력으로 부상하는 카르타고와의 전쟁이 가장 큰 위협이었다. 게다가 엎친 데 겹친 격으로 디온이 모반을 꾀했다는 명목으로 추방당하자 플라톤도 환멸을 느끼고 그곳을 떠나고 말았다. 이로써 철학적 사유의 일부를 아테네로부터 멀리 떨어진 땅에서 시범적으로 실현하고자 했던 그의 시도는 또다시 실패로 돌아갔다.

그럼에도 4년 뒤 세 번째이자 마지막인 시칠리아 여행이 시작되었다. 그런데 이번 여행은 철저히 자발적 동기로 이루어진 것은 아닌 듯하다. 디오니시오스가 디온을 사면하는 조건으로 플라톤의 방문을 요구했다고 하니 말이다. 그런데 이번에도 플라톤은 디오니시오스가 권력을 내놓는 것은 물론이고 정치 실험을 할 마음이 전혀 없음을 곧 깨달았다. 디오니시오스가 원한 것은 단 하나였다. 지극히 비철학적인 자신의 폭정을 대외적으로 은폐하거나 미화하기 위해 플라톤의 명성을 이용하려고 한 것이다.

디오니시오스가 디온의 사면에 대한 약속을 지키지 않은 데다 디온의 재산까지 몰수하자 플라톤은 마침내 디오니시오스와 거리를 두었다. 심지어 동행한 제자 스페우시포스까지 폭군의 정치적 반대파에 합류하면서 플라톤은 난처한 상황에 빠졌다. 결국 의심과 위협에 시달리던 그는 기원전 360년에 간신히 도주에 성공했다. 그러는 동안에도 시라쿠사의 상황은 계속 요동쳤다. 아카데메이아 회원들로부터 지원을 받던 디온은 기원전 357년 소규모 용병 부대로 마침내 참주를 무너뜨리는 데 성공했다. 하지만 그 뒤에도 정치 상황은 계속 혼란스러웠고, 디온의 권력은 위태로웠다. 아무튼 이런 상황 속에서도 그는 공정한 새 헌법을 제정하기 위해 위원회를 소집했다. 디온이 실제로 얼마만큼 칼리폴리스를 실현할 생각이 있었는지에 대해서는 논란이 분분하다. 어쩌면 결국은 권력만을 중요하게 생각한 기회주의자일지도 모른다. 반면에 플라톤은 끝까지 친구를 믿었던 것으로 보인다. 플라톤이 이 사건들을 계기로 썼다고 하는『일곱 번째 편지』에 보면 디온은 시라쿠사에서 이상 국가를 실현하려고 한 인물로 나오기 때문이다. 물론 그렇게 보지 않은 동시대인들도 많았다. 어쨌든 디온은 권력에 오른 지 3년 만인 기원전 354년에 군사 쿠데타의 제물이 되었고, 그로부터 8년 뒤 디오니시오스 2세는 시라쿠사의 왕좌에 복귀했다.

시칠리아에서의 소득 없는 경험과 수많은 환멸이 플라톤에게 아무 흔적을 남기지 않고 그냥 지나치지는 않았을 것이다. 그래서 고령의 플라톤은 논란이 많은『국가』에 이어 이상 국가에 관한 또 한 권의 방대한 대화편을 쓰기로 마음먹는다.『법률』이 바로 그것이다. 〈사회주의적〉 색채의 그 아름다운 도시와 비교할 때『법률』에서 묘사된 플라톤의 이념은 체중을 줄인 사회주의, 즉 〈라이트light〉 사회주의 버전처럼 보인다. 여기서 그는 가정과 사유 재산을 인정하는 쪽으로 돌아선다. 그런 면에서 그는 이 새 이상 국가를 〈차선의 국가〉로 여긴다. 그런 만큼 실현 가능성은 더 높아 보인다.

장면은 재담(才談)처럼 시작된다. 아테네인, 스파르타인, 크레타인 세 명이 이상 국가에 대해 숙고하기 위해 만난다. 만남의 계기도 더할 나위 없이 좋다. 크레타섬에 〈마그네시아〉라는 새 도시가 건설될 예정인데, 이 세 명의 국가 이론가는 그 공동체를 어떤 형태로 만들지를 놓고 토론을 벌인다. 때는 하지점에 이르렀고, 해는 길고 날은 뜨거웠다. 세 사상가는 크노소스에서 긴 오솔길을 따라 이다산의 이다 동굴(제우스 동굴)로 올라간다. 1,500미터의 동굴로 올라가기까지 하루 종일이 걸린다. 찬란한 햇빛을 받으며 이상 국가에 대해 속속들이 숙고하기에 충분한 시간이다.

세 남자는 상당히 나이가 많다. 이미 산전수전 다 겪은 노장들이다. 그들은 한결같이 도덕의 타락과 현존하는 국가들의 위기를 한탄한다. 그러면서 한 가지 점에서 의견을 같이한다. 민주제는 쓰레기라는 것이다. 물론 독재도 나쁘다. 많은 연구자들이 플라톤 본인으로 여기는 그 아테네인도 소수 엘리트 통치 체제에 반대한다. 소수의 손에 너무 많은 권력이 집중되는 것은 피해야 한다는 것이다. 플라톤은 그전에 또 다른 후기 저서인 『정치가 Politikos』에서 여전히 철인 통치의 이념을 옹호했지만, 그 이상을 실현할 수 있을 만큼 적합한 철학자를 찾기가 너무 어려웠던 게 분명하다.

그는 이제 민주정과 독재 사이에서 제3의 길을 찾으려 한다. 모든 사생활을 공동선의 하위에 두어야 한다는 요구는 변함이 없다. 또한 마그네시아에서도 국가는 도덕적 기관으로서의 역할을 한다. 국가의 임무는 시민의 영혼을 교화하고 아주 어릴 때부터 미덕을 가르치는 것이다. 플라톤은 이런 식의 핵심 생각은 버리지 않았다. 다만 칼리폴리스에 비해 그 수단만 약간 파기했을 뿐이다.

플라톤은 시칠리아에서의 경험을 통해 한 가지 분명히 깨달은 것이 있었다. 선의와 선한 정치는 똑같지 않다는 것이다. 이전까지만 해도 그는 개인 삶과 공동체 생활에서는 오직 선을 인식하고 선한 신조를 키우는 것만이 중요하다고 확신했다. 그러면 나머지는 저절로 따라온다고 믿었다. 하지만 말년에는 선의를 가진 사람도 정치적 오류를 범할 수 있다는 사실을 깨달은 듯하다. 또한 선의란 행위의 가치를 함께 결정하고 흐리게 하는 주변 상황, 결과, 파장들과 함께 따져 보아야 한다는 사실도 깨달은 듯하다. 플라톤은 이런 인식과 함께 도덕 철학의 유일무이한 지배 영역으로부터 정치를 해방시킨다. 이제는 〈정치적 통찰력politiké episteme〉뿐 아니라 규칙도 중요해진다. 선한 마음은 견고한 받침대가 필요한 하나의 다리이고, 그 받침대는 법률이다.

이렇게 볼 때 『법률』은 『국가』보다 현대적이고, 오늘날 정치에 대한 우리의 인식에도 한층 가깝다. 하지만 내용 면에서 지적이고 도덕적으로 우월한 엘리트가 통치해야 한다는 점은 여전히 변하지 않고 있다. 물론 충분한 논의를 거쳐 만들어진 법률과 통제 메커니즘, 처벌에 대한 규정들과 조화를 이루어야 하지만. 관직은 칼리폴리스에서처럼 재능과 적성에 따라 부여되고, 그에 관한 상세한 목록이 만들어진다. 이 모든 것 위에는 만물의 척도로서 신적인 질서가 자리하고 있다. 우리는 공적인 삶에서나 사적인 삶에서나 우리 자신 안에 있는 이 신적인 것을 따라야 한다.

『국가』에서와 마찬가지로 〈차선의 국가〉에서도 정치가 가정의 삶을 규정한다. 결혼은 의무고, 35세까지 결혼하지 않은 남자는 벌금을 낸다. 간통은 금지된다. 또한 사회 계층이 섞일 수 있도록 다른 계층의 여자와 결혼하는 것이 권장된다. 성적인 방탕은 금지하지는 않지만 비난의 대상이다. 소년애도 마찬가지다. 성인 남자들이 소년들과 성적 관계를 갖는 것은 고대 그리스 세계에서는 일반적인 일이고, 심지어 교육적 수단으로 간주되곤 했다. 그러나 플라톤은 이미 『향연』에서부터 소년애를 명시적으로 반대했다. 〈아직 수염이 나지 않은〉 소년은 남자가 아니라 어린아이이기 때문에 성관계를 맺어서는 안 된다는 것이다.

어린이 교육과 관련해서 플라톤은 최소한 유년기에는 부

모들이 자식들을 데리고 있는 것을 허용한다. 대화 속의 〈아테네인〉은 그와 관련해서 다양한 의학적 교육적 근거를 제시한다. 어떤 국가 지도자도 어린이 교육에 대해 플라톤처럼 그렇게 세세한 규정과 지침을 마련한 사람은 없을 것이다. 플라톤의 말귀를 가장 잘 알아들은 알바니아의 독재자 엔베르 호자(1908년~1985년)를 제외하면 말이다. 그 밖에 여성은 임신 기간부터 체조와 운동, 마음의 균형을 통해 태아가 올바로 자랄 수 있도록 힘써야 하고, 아이가 어릴 때는 근원적인 신뢰를 강화하기 위해 최대한 많이 안아 주어야 한다. 소년과 소녀는 동등하게 키워야 하고, 왼손도 오른손과 마찬가지로 사용하고 훈련해야 한다. 아이들을 처벌할 때는 자존감이나 명예가 손상되지 않도록 조심해야 하고, 시민들은 체조와 아름다운 춤으로 정신과 영혼을 단련해야 한다. 놀이는 중요하지만, 교육적으로 가치가 있는 놀이가 되도록 신경 써야 한다. 물론 나무 장난감이나 다른 놀이들에 대한 규정까지 아직 세세히 마련되어 있지는 않다.

　도시의 크기와 재산 분배에 대한 플라톤의 생각은 굉장히 정적(靜的)이다. 모든 것이 처음부터 정해져 있고, 가능한 한 바뀌지 않는다. 마그네시아는 5,040가구가 살 정도의 공간이어야 한다. 플라톤은 모든 시민에게 추첨으로 약간의 토지를 분배할 것을 권하고, 그 토지는 매각될 수 없다. 공동체 생활에서 모든 악의 근원은 재물 다툼인데, 마그네시아에서는 이 문제가 해소된다. 오이코스가 확장되지 않기 때문이다. 약간의 불평등은 허용되지만 〈1대 5〉 법 규정을 통해 한계를 넘지 않는다. 즉, 어떤 사람도 국가가 가장 가난한 사람들에게 최소한의 생존을 위해 보장한 것보다 다섯 배 이상을 소유해서는 안 된다는 것이다.

　이 모든 것은 돈에 관한 것이 아니라 토지와 유동 자산에 관한 내용이다. 돈은 칼리폴리스와 마찬가지로 마그네시아에서도 하찮은 것으로 치부된다. 금화와 은화를 소유하는 것은 금지된다. 대부업과 신용 거래도 마찬가지다. 〈사인(私人)은 금화와 은화를 갖지 못하고, 일꾼들에게 임금을 지불하는 것 같은 일상적인 거래를 위해서만 화폐 소유가 허용된다.〉[81] 게다가 이 도시는 가능한 한 원거리 무역을 하지 말아야 하고, 자급자족의 구조로 나아가야 한다. 알바니아의 통치자 엔베르 호자는 이 점에서도 플라톤을 스승으로 모신 게 분명하다. 그건 북한의 김씨 왕조도 마찬가지로 보인다. 마그네시아는 관료 국가이자 농민 국가이다. 수공업은 외국인 비자유민의 몫이다. 그런데 도시 내의 상업은 어떻게 해야 할까? 상업은 한편으론 인간의 나쁜 본성을 자극할 뿐 아니라 인간을 부정직하고 탐욕스럽게 만든다. 하지만 다른 한편으론 플라톤도 상업을 완전히 포기할 수 없음을 안다. 그래서 찾은 해결책이 일정 기간 동안 체류 허가를 받는 외국인들에게 최소한의 상업 활동을 맡기는 것이다. 외국인 상인들도 당연히 분별 있게 처신해야 한다. 상품 광고는 허용되지 않고, 상품을 판매할 때 거짓말과 과장은 금지된다.

『법률』은 플라톤 국가 철학의 마지막 업데이트로서 최종본은 미완성이다. 아테네의 혼란스러운 과두정과 깊이 관련을 맺고 있던 고위 귀족 가문 출신의 플라톤이 질서와 도덕을 회복하려던 시도는 『법률』과 함께 끝난다. 오늘날의 관점에서 보면 그의 철학적 유토피아는 새 시대에 맞선 옛 질서의 봉기처럼 보인다. 플라톤이 비난한 거의 모든 것, 즉 영혼의 분열, 국가와 도덕의 분리, 사회의 상업화, 금융 시장의 자율성은 그 후 2,500년 동안 계속 상승 곡선을 그렸다. 그럼에도 플라톤은 자신이 연출한 수많은 토론에서 대화 참가자들의 입을 빌려, 영리하고 미래 지향적이고 다채롭고 정교하고 계몽적이고 획기적인 방식으로 철학적 사고를 풀어 나가는 말과 사상을 반복해서 내놓았다. 결국 그는 위대한 건축물은 하나도 완성하지 못했지만 미래의 모든 건축 양식을 자기 속에 품고 예견하고 선취한 건축가와 비슷해 보인다. 현대의 국가 철학도 플라톤의 유토피아 정신에서 탄생했다. 비록 그의 실패를 반면교사로 삼은 것이지만.

플라톤은 기원전 348년 혹은 347년에 죽었다. 시신은 아카데메이아 부지나 그 근처에 묻혔다고 한다. 그는 『법률』에서 영혼을 〈스스로 움직일 수 있는 움직임〉[82]이라 묘사했다. 그의 영혼이 육신의 무덤 속에서 계속 멈춰 있는지, 아니면 그 뒤 새로운 옷으로 갈아입고 세계를 계속 떠돌고 있는지는 모를 일이다. 우리는 그와의 작별을 위해 이제 마지막으로 영혼의 문제를 살펴보아야 한다. 플라톤이 자신의 영혼과 우리 모두의 영혼에서 보았다고 믿은 것이 무엇인지도.

사물의 질서

세계영혼. 플라톤의 우주 속으로 / 드러나지 않은 적 /
천상의 식물 / 아리스토텔레스 / 〈있다〉는 것은 무슨 뜻인가? /
자연의 질서 / 우주, 원숭이, 인간 / 죽는 영혼, 죽지 않는 정신

세계영혼. 플라톤의 우주 속으로

라파엘로의 「아테네 학당」을 떠올려 보자. 그림 중앙에는 이 철학적 낙원의 정신적 지배자 두 사람이 서 있다. 플라톤과 아리스토텔레스다. 그사이 우리는 플라톤에 대해 잘 알고 있다. 라파엘로를 비롯해 당시 르네상스 사람들은 그를 신화풍의 풍성한 수염에 위풍당당한 체구의 인물로 상상했다. 그림 속의 플라톤은 미켈란젤로가 시스티나 예배당 천장 벽화에 그린 신처럼 엄중하게 하늘을 가리킨다. 방향을 가리키는 집게손가락은 이렇게 말하는 듯하다. 〈저길 보라, 만물은 항성들 너머 저 이데아의 제국으로부터 존재와 형태, 현상, 의미를 받는다. 이데아의 제국이 전부는 아닐 수 있지만 그 제국이 없으면 모든 것이 허무하다!〉 반면에 나란히 서서 스승을 바라보는 제자 아리스토텔레스는 팔을 뻗어 바닥을 가리킨다. 마치 〈늘 조심하라!〉고 말하는 듯이.

　　수직적 철학 대 수평적 철학, 위계질서 대 분류, 사변 대 경험, 이것이 라파엘로와 다른 많은 사람들에 의해 만들어져 계속 이어져 온 플라톤과 아리스토텔레스의 이미지다. 앞으로 살펴보겠지만 이 이미지는 완전히 틀리지도, 그렇다고 완전히 맞지도 않다. 두 사람의 차이는 일차적으로 사고의 방위에 있지 않다. 아리스토텔레스도 순수 정신적인 것의 영역에 대해서 말했고, 사변 없이는 꾸려 나가지 못한다. 단, 차이는 여기에 있다. 플라톤은 우주가 〈하나의〉 질서로 이루어져 있다고 여기는 반면에, 아리스토텔레스는 우주 만물에 〈각각의〉 질서가 있다고 생각하는 것이다.

플라톤의 대화편에는 우주에 관한 그런 암시가 많이 나오지만, 플라톤은 놀랄 정도로 오랫동안 이 간명한 우주론을 제자들에게 제시하길 주저한다. 그러다 마침내 말년의 저서 『티마이오스』에서 그 일을 실행에 옮기고자 할 때는 소크라테스가 아닌 대화 상대자들 중 하나인 피타고라스학파의 티마이오스의 입을 빌려 그 우주론을 이야기한다. 라파엘로의 「아테네 학당」에서 플라톤이 팔에 끼고 있는 책이 바로 『티마이오스』임에도 우리는 이 대화편에서 다시 한 번 결코 완고하지 않은 신중한 플라톤을 만나게 된다. 그로써 우리는 어려운 상황에 빠진다. 티마이오스가 말하는 내용이 플라톤의 확신과 전적으로 일치하지는 않기 때문이다. 다른 한편으로 플라톤은 이른바 피타고라스학파의 우주론을 놀라울 정도로 많은 공간을 할애해서 설명한다. 이 우주론에서 아무런 영향을 받지 않았다고는 상상하기 어려울 정도로.

플라톤은 사물의 본성과 우주에 관한 이야기를 빠뜨릴 수 없음을 알고 있었다. 그의 선행자들은 과거의 신적 질서를 신 없이도 계속 돌아가는 자연의 질서로 변형시켰다. 탈레스, 아낙시만드로스, 아낙시메네스 이후에 우리가 만난 것은 인물이 아닌 힘과 질료다. 가령 파르메니데스의 알레고리적 여신과 같은 예외들이 그런 규칙을 증명해 준다. 신적인 질서와 상반되게 이 새로운 자연 질서에 없는 것은 윤리적 구속력이다. 신들의 의지는 인간의 윤리로 전환될 수 있거나 없다. 그렇다면 자연의 의지는 어떨까?

아낙시만드로스 이후 자연법칙을 인간의 법과 연결시켜 새로운 도덕적 본보기로 만들려는 시도들은 분명 없지 않았다. 하지만 도덕의 이러한 자연적 질서는 인간 영혼 자체가 아닌 공동체의 질서에만 적용되는 한 애매하고 형식적으로 느껴진다. 프로타고라스처럼 인간 외에 어떤 척도도 인정하지 않는 소피스트들의 불행한 언어유희를 떠올려 보라! 그런데 인간 행위가 우주 속에 확실한 뿌리 없이 사적인 이익과 요령, 현혹, 기만의 세계만 정처 없이 떠돈다고 한다면 도덕의 몰락에 대처할 방법은 아무것도 없다. 플라톤에게 중요한 문제가 바로 이것이었다. 즉, 인간 영혼은 질서 정연한 우주의 필수적인 구성 요소이고, 그 우주가 인간 영혼에 선한 행위의 규칙들을 제시하고 있음을 보여 주려 한 것이다.

이건 정말 엄청난 과제다. 인간 영혼을 이전보다 좀 더 적절하게 우주에 편입시키는 새로운 총체적 설계가 필요한 일이니 말이다. 플라톤은 자연 철학의 깃발을 들고 소크라테스 이전 철학이 철저하게 연구했던 영역으로 나아간다. 그러나 자신은 자연 연구자가 아니고 수학과 천문학 분야의 선구자도 아니기에 그 길은 지극히 가설적일 수밖에 없다. 증명이 불충분하거나 전혀 증명되지 않는 것들도 많다. 게다가 젊을 때의 플라톤이 시도한 것처럼 엄밀한 개념 정의의 방식으로도 증명은 불가능하다. 이런 식이라면 어떻게 새로운 것을 말할 수 있을까?

오늘날의 우리 눈엔 무척 사변적으로 비치기는 하지만 어쨌든 플라톤은 당시의 많은 동시대인들이 당연하게 여긴 기본 전제에서 시작한다. 즉 만물은 그저 우연히 현재 있는 상태대로 존재하는 것이 아니라는 것이다. 우주 전체에는 드러나지 않는 경우가 많지만 유일한 질서가 존재한다. 자연 과학적 연구로는 그것을 찾을 수 없다. 아낙사고라스에 대한 소크라테스의 실망감을 떠올려 보라. 사물에 대한 자연 과학적 관점은 돌을 계속 굴리기만 할 뿐 사물의 본질로 파고들지는 못한다. 〈세계가 왜 지금의 모습으로 존재하는가?〉와 같은 물음에 답하려면 훨씬 더 깊이 파고드는 시각이 필요하다.

플라톤은 피타고라스학파인 티마이오스의 입을 빌려 우주

의 기원 신화를 이야기한다. 그것은 전형적인 신화의 형식을 띠고 있다. 즉 설명할 수 없는 것을 이미 여러 번 비슷하게 묘사한 적이 있는 이야기로 풀어내는 시도다. 자신도 전혀 모르는 만물의 기원에 대해 이야기하는 사람은 청중도 그 사실을 알고 있음을 당연히 안다. 따라서 기원 이야기를 한다는 것은 전혀 모르는 것을 남들보다 더 많이 혹은 더 깊이 알고 있음을 뜻하지 않는다. 대신 뭔가 낯선 것을 생생한 묘사로 친숙하게 해줄 뿐이다. 신화의 의미는 지극히 불확실한 것에 대한 불안감을 이야기 형식으로 극복하는 데 있다.

이데아론에서 보았듯이 플라톤은 감각적으로 지각할 수 있는 세계를 더 높은 어떤 것의 불완전한 모사로 여겼다. 이것은 우주론에도 큰 영향을 끼쳤다. 우주론은 세계가 어떻게 생겨났는지만 이야기해서는 안 되고, 우리가 지각하는 세계가 왜 이상적인 것에 비해 그렇게 결함이 많은지도 설명해야 한다. 따라서 우주론은 완전한 것의 영역에서 어떻게 결함 있는 세계가 생겨날 수 있는지를 설명해야 하는 〈당혹감〉에서 출발한다.

플라톤에 따르면 모든 것은 조물주에 해당하는 데미우르고스가 근원 물질을 가공해서 우주만물을 창조한 데서 시작한다. 데미우르고스는 세계를 무에서 만들지 않았다. 즉 아무것도 없는 상태에서 만물이 저절로 생겨났다는 〈자연 발생설〉과는 거리가 멀다. 세상엔 이미 두 가지가 있었다. 근원 물질과 이데아의 세계가 그것이다. 이유는 알 수 없는 노릇이지만, 데미우르고스가 스스로에게 부여한 과제는 이데아의 모범에 따라 근원 물질을 이성적으로 형상화하는 것이었다. 그러나 근원 물질은 그 형상화 작업이 완전한 성공에 이를 수 없을 만큼 혼돈스럽다. 그래서 만들어진 사물들은 본래의 완강한 물질적 속성을 완전히 잃지는 않는다. 이데아의 이성에 의해 영혼이 깃들기는 하지만, 여전히 근원 물질처럼 약간 혼돈스러운 혼합물의 형태로 남는다. 따라서 우리의 세계는 정체적이고 이성적인 동시에 역동적이고 혼돈적인 성격을 띤다.

티마이오스에 따르면 데미우르고스가 근원 물질을 가공해서 사물을 만듦으로써 우주의 공간적 시간적 질서가 생겨난다. 창조된 세계는 구와 비슷하다. 피타고라스학파의 학설에서 말하는 모든 형태들 가운데 가장 완벽한 형태다. 이 구의 내부와 외부는 〈세계영혼〉이 관장한다. 세계영혼은 만물에 스며들어 생명을 불어넣는데, 스스로 움직일 뿐 아니라 다른 모든 것도 움직이게 한다. 모든 운동, 모든 과정, 모든 생성과 소멸이 세계영혼에서 비롯된다. 하늘의 별이건 들판의 바람이건 폴짝 뛰어오르는 개구리이건 할 것 없이 움직이는 모든 것은 세계영혼의 작품이고, 세계영혼으로부터 영혼을 받는다.

이런 생각에 이전 철학자들의 자연에 관한 사변이 상당수 얽힌다. 데미우르고스는 물질을 네 개의 기본 형태로 만든다. 우리가 엠페도클레스를 통해 이미 알고 있는 불, 공기, 물, 흙이다. 이 원소들의 합성은 우주론의 가장 현대적인 부분이다. 그러나 곧 살펴보겠지만 이 부분도 전적으로 독창적이지는 않다. 티마이오스는 원소들을 기하학적 도형으로 묘사한다. 정사면체, 정팔면체, 정이십면체, 정육면체가 그것이다. 이것들은 다시 정육면체를 제외하면 모든 물질의 수학적 기본 구조인 정삼각형으로 이루어져 있다.

그런데 이 우주론에서 가장 중요한 지점은 물리학적·수학적 세부 내용이 아니라 전 과정에 영혼이 깃들어 있다고 하는 관념이다(2권에서 보게 되겠지만 이런 관념은 훗날 프리드리히 빌헬름 요제프 셸링과 다른 철학자들의 〈낭만주의적〉 철학에 큰 영향을 끼친다). 플라톤의 우주에는 오직 생명만 있고 죽음은 없다.

모든 원소에는 영혼이 깃들어 있다. 돌멩이 하나건 역동적·물리적 과정이건 다 마찬가지다. 즉 우주는 살아 있다. 또한 이데아 세계에 동참하고 있기에 이성도 있다. 따라서 하늘의 별 하나, 올리브나무 한 그루, 나비 한 마리에도 인간처럼 이성이 깃들어 있다. 다만 얼마나 깃들어 있느냐는 정도의 문제만 있을 뿐이다.

플라톤이 이 이야기를 피타고라스학파의 일원에게 시킨 것은 잘한 일이다. 우주에 영혼이 깃들어 있다는 주장을 소크라테스가 했다면 분명 좀 더 고약하게 들렸을 테니까 말이다. 그런데 티마이오스가 노린 목표는 좋은 전통이건 나쁜 전통이건 피타고라스적 전통에 입각한, 이성적으로 잘 정리된 우주만이 아니라 인간 영혼의 불멸성이기도 하다. 플라톤에게는 무척 중요했던 이 불멸성이 많은 동시대인들에게는 몹시 수상쩍게 여겨졌을 것이다. 그래서 인간의 불멸성에 대한 이야기가 나오면 플라톤은 즉시 대화 참가자들에게 회의적인 반응을 하게 만든다. 예를 들어 글라우콘은 『국가』에서 그 이야기에 고개를 흔들고, 『파이돈』에서는 시미아스와 케베스가 의구심을 드러낸다.

그런데 플라톤의 머릿속에는 다른 적이 한 명 더 있었다. 이상하게도 당시 많은 동시대인들에게 강한 영향을 미쳤고 플라톤이 그의 학설을 잘 알고 있었음에도 언급하려고 하지 않은 인물이다. 압데라의 데모크리토스가 그 주인공이다.

드러나지 않은 적

데모크리토스는 플라톤 이전의 서양 철학자들 중에서 아마 가장 중요한 철학자로서 〈원자〉의 개념을 체계화한 인물이다. 기원전 460년경에 태어났으니 소크라테스와 같은 세대로 볼 수 있다. 플라톤 당시에는 나이가 꽤 많았을 것이고, 플라톤의 초기 집필 시기까지도 영향력이 상당했던 것으로 보인다. 그는 트라키아에 위치한 이오니아의 식민지 압데라에서 태어났다. 그리스인들은 트라키아 사람들을 〈야만인〉으로, 그들의 땅을 미개한 세계로 여겼다. 18세기의 독일 작가 크리스토프 마르틴 빌란트도 같은 의견이었다. 『압데라 사람들』이라는 작품에서 데모크리토스를 제외한 그 주민들 모두를 약아빠진 바보로 만들었다.

데모크리토스는 자신의 말에 따르면 압데라를 떠나 수많은 도시와 나라를 여행했고, 생각할 수 있는 모든 지식 분야에서 무수한 책을 썼다고 한다. 저서의 분량도 플라톤의 전집에 버금갔다고 하는데, 안타깝게도 그중 극히 일부만 전해진다. 하지만 단편들을 토대로 짜 맞추어 본 그의 사상은 굉장히 폭발력이 크다. 특히 플라톤의 관점에서 보면 그렇다. 즉, 데모크리토스에게는 조화로운 우주나 정신의 고유 영역 같은 건 존재하지 않는다. 플라톤의 정신세계에서 중요한 이 두 가지 생각이 데모크리토스에게는 불필요하고 잘못된 가설인 것이다.

데모크리토스는 우리가 아는 것이 거의 없는 자신의 스승 레우키포스의 사상을 이어받아 자기만의 자연론으로 발전시켰다. 그에 따르면 자연은 더 이상 나누어지지 않는 미세 단위, 즉 원자들로 이루어져 있다. 2세기의 유명한 의사 갈레노스의 진술에 따르면, 데모크리토스는 우리가 사물들의 것이라 여기는 모든 특성이 실은 우리가 원자들에서 느끼는 뉘앙스일 뿐이라고 했다고 한다. 〈하나의 사물은 겉으로만 하나의 색을 갖고 있고, 겉으로만 달거나 쓸 뿐이다. 실제 존재하는 것은 오직 원자와 허공이다.〉[83]

데모크리토스의 생각에 원자는 영원하다. 원자는 데미우르고스가 만든 것도 아니고, 이데아의 정신이 스며들어 있는 것도 아니다. 원자들은 태초부터 차갑고 죽은 상태로 이리저리 떠돌아다닌다. 그것도 작은 원이나 정육면체, 원기둥, 피라미드 같은 기하학적 형태로. 플라톤이 원소들의 미세 구조를 기하학적 형태로 떠올린 것도 여기서 힌트를 얻은 듯하다. 데모크리토스가 생각하는 원자 또는 원소의 형태는 플라톤의 우주론에 문제없이 편입된다. 만물에 생명이 깃들어 있다는 플라톤의 우주에서는 이 섬세한 마무리가 위험하지 않기 때문이다.

그러나 플라톤의 경우 데미우르고스가 이데아의 도움으로 사물들을 형상화한다면 데모크리토스의 경우는 전혀 그런 도움 없이 우리의 세계가 만들어진다. 즉 무거운 것들은 아래로 떨어지고 가벼운 것들은 위쪽에서 회전하는 원자들의 소용돌이 속에서 세계가 탄생한다는 것이다. 이런 소용돌이의 연속 속에서 다른 많은 것들이 흙으로 생성된다. 또한 태생적으로 다른 원자들이 여러 조합을 통해 세계 도처에서 기계적으로 다양한 사물을 만들어 낸다. 이것이 바로 세계, 즉 별과 불, 물, 흙, 식물, 동물, 인간을 이루는 질료다. 이 모든 것은 모종의 정신이나 우연이 아닌 철저히 자연법칙을 따른다.

엠페도클레스와 아낙사고라스의 원소론에서 발아한 것이

데모크리토스에 이르러 급진적으로 사고의 발전을 이룬다. 아낙사고라스가 〈순수한〉 영혼 질료나 〈정신nous〉으로서의 영혼을 죽은 사물들과 구별했다면 데모크리토스는 둘 사이에 어떤 차이도 없다고 본다. 영혼을 이루는 원자는 본질적으로 다른 원자들과 구분되지 않는다. 기껏해야 좀 더 섬세하고 매끄럽고 구형이고 불 같을 뿐이다. 플라톤이 전 세계를 완벽한 구형으로 상상했다면 데모크리토스는 미세한 영혼의 원자들을 그런 형태로 생각한다. 그는 호흡과 감각적 지각과 관련해서 엠페도클레스와 알크마이온의 사유를 이어 간다. 엠페도클레스와 마찬가지로 데모크리토스 역시 호흡과 지각을 원소 또는 원자들이 미세 구멍으로 흘러들어갔다 나오는 것으로 본 것이다. 또한 알크마이온처럼 감각적 지각 외부에서는 인식의 가능성이 전혀 없다고 하면서도 그런 지각조차 과대평가해서는 안 된다고 생각한다. 그는 이렇게 썼다. 〈우리는 각 사물이 실제로 어떤 성질을 갖고 있는지, 어떤 성질을 갖고 있지 않은지 인식할 수 없다.〉[84] 〈우리가 아무것도 인식하지 못하는 이유는 진실은 저 깊은 곳에 있기 때문이다.〉[85] 바로 이런 문장들로 인해 19세기에 프리드리히 엥겔스는 고대 유물론을 가리켜 인식의 문제에서 착종 상태에 빠져 있다고 판단했다.

경험 세계와 사변 사이의 불확실한 경계 지대에는 다음 질문도 놓여 있다. 원자론에 입각해서 보자면 사후의 삶은 존재할 수 있을까? 이에 대한 고대의 해석은 모순적이다. 아에티오스에 따르면 데모크리토스는 영혼을 덧없는 것으로 여겼다. 하지만 그의 사유 틀 안에서 보자면 이것은 별 의미가 없다. 만일 원자가 영원하다면 불멸이기도 하기 때문이다. 영혼을 이루는 질료는 시간 제약을 받지 않거나 초시간적이다. 따라서 인간을 포함한 모든 영혼의 물질은 불멸이다. 여기까지는 좋은 소식이다.

다른 측면에서 볼 때 이런 생각이 얼마나 위안이 되는지

자문해 보아야 한다. 인간이 죽으면 영혼의 원자들은 세계로 흩어지고 다른 〈낯선〉 원자들과 결합해서 새로운 인간의 영혼이 된다. 데모크리토스의 자연 철학은 근원 물질의 불멸성을 장담하지만, 개별적 영혼의 불멸성은 보장하지 않는다. 아니, 정반대로 그의 자연 철학은 인간을 〈디비둠Dividuum〉, 즉 무한히 나누어질 수 있는 존재로 여긴다. 그런 영혼은 결코 개인적이고 도덕적인 측면에서 자기 정체성의 주인이 될 수 없다. 나는 죽으면 불멸의 입자로 다시 흩어질 뿐이기 때문이다. 별로 유쾌한 전망은 아니다.

    데모크리토스 본인은 그런 사실에 불안해했던 것 같지 않다. 희망적일 수도 있고 절망적일 수도 있는 혼란스러운 사변에 천착하는 것이 아니라 냉철하게 사물의 본질을 인식하려는 사람은 초연해야 하기 마련이다. 사실 마음의 평정과 〈평안euthymia〉보다 더 큰 행복이 있을까?

    하지만 플라톤의 경우는 데모크리토스의 저술을 보면서 평정심이 아닌 짧은 경탄과 큰 당혹감을 느꼈을 것으로 보인다. 그는 분명 데모크리토스의 유쾌한 유물론에 담긴 고도의 지성을 알아보았을 뿐 아니라 공동체의 삶과 관련해서 원자론의 완벽한 도덕적 무관심도 알아챘을 것이다. 이제 우리는 이데아 대신 원자만 보아야 하는 것일까? 그것이 참된 본질을 보는 것일까? 무수한 미세 입자들 외에는 정말 아무것도 남지 않을까?

    윤리학에 관한 데모크리토스의 경구 중에는 플라톤의 생각과 교차되는 부분이 여러 곳 발견된다. 예를 들어 절제와 신중함 같은 미덕들은 높이 평가된다. 또한 국가에 대한 가치는 존중되고, 돈에 대한 탐욕은 경멸된다. 하지만 동시대인들에 대한 일부 신랄한 언급에도 불구하고 데모크리토스가 선호하는 통치 형태는 민주정이다. 여기서도 그는 초연함을 잃지 않고 정치에서건 삶에서건 과오는 있기 마련이라고 말한다. 데모크리토스의 평정은 늘 깊은 염세주의와 짝을 이룬다. 인간은 원래 선하지 않다. 자식도 되도록 낳지 않는 게 좋다. 총 득실을 따져 보면 기쁨보다는 걱정이 더 크기 때문이다. 여자들에 관해 이야기할 때는 그야말로 악의를 숨기지 않는다. 여자들은 주둥이를 닥치고 있는 게 가장 좋다는 것이다.

우리는 플라톤이 압데라 출신의 이 남자를 어떻게 생각했는지 모른다. 다만 오늘날의 우리가 보기에 플라톤의 영혼 이론과 윤리학은 마치 이 드러나지 않은 적을 겨냥한 것처럼 보인다. 개연성이 없는 얘기가 아니다. 사실 데모크리토스는 플라톤의 시대에 무척 유명했다. 기원전 4세기로 넘어가는 전환기의 그리스 세계에서는 플라톤의 개인적 스승 소크라테스보다도 훨씬 유명했던 것으로 보인다. 당시의 슈퍼스타였던 코스의 히포크라테스는 동갑이었음에도 데모크리토스에게 가르침을 받았다고 한다. 인체가 혈액, 점액, 황담즙, 흑담즙의 네 가지 체액으로 이루어져 있다는 히포크라테스의 체액 이론은 알크마이온의 생리학적 사변을 떠올리게 한다. 그러나 욕정 같은 영혼적 균형의 장애를 도덕적 관점이 아니라 생물학적 관점에서 설명하려는 유물론적 사고는 도발적이다. 인간에 대한 이런 자연주의적 관점은 플라톤에겐 불쾌하고 위협적이었을 게 분명하다. 그런 면에서 그가 의사 계층을 경멸한 것은 놀랍지 않다. 어떤 면에서 의사는 철학자의 이상적인 이미지와 위험한 경쟁 관계에 있다. 물론 플라톤의 눈엔 철학자가 의사보다 우월한 존재였다. 의사는 죽어 가는 것에 대해서만 알 뿐 불멸에 대해서는 아는 것이 전혀 없기 때문이다.

천상의 식물

〈불멸은 모든 인간의 문제가 아니다.〉괴테의 이 말에 담긴 포인
트는 플라톤도 알고 있을 것이다. 그래서 불멸을 증명하려는 사
람은 신중할 수밖에 없다.

　　플라톤에게 영혼은 인간을 가장 깊은 곳에서 한데 결집하
는 그 무엇이다. 그건 플라톤 이전의 거의 모든 자연 철학자들도
비슷하게 생각했다. 인간은 단순한 물질이 아니라 우주의 구조를
모방한 〈천상의 식물〉[86]이다. 하지만 불멸의 생물체 우주와는 달
리 인간의 육체는 죽는다. 영혼은 육체를 떠나 또 다른 육체 속에
서 계속 살아갈 수밖에 없다. 여기까지는 피타고라스학파와 비슷
하다. 반면에 플라톤의 새로운 점은 영혼을 상이한 세 부분으로
나누었다는 것이다. 앞서 보았듯이 그는 『국가』에서 영혼의 세 부
분에 대해 이야기한다. 〈욕망의 영혼〉, 〈열정의 영혼〉, 〈이성의 영
혼〉. 이에 따라 국가도 수공업자와 농민, 수호자, 철인 통치자의
세 계급으로 나뉜다. 이 삼 분할은 플라톤의 중요한 혁신이고, 오
늘날까지도 학자들은 그것을 해석하기 위해 애쓰고 있다.

　　세 부분으로 나뉜 영혼들 간의 관계는 어떻게 상상해야 할
까? 플라톤이 영혼 모델로 설명하는 것은 하나의 위계질서다. 열
정적 영혼은 욕망하는 영혼 위에 서서 그것을 지배한다. 이성적
영혼과 열정적 영혼의 관계에도 똑같은 것이 적용된다. 열정적
영혼도 감정의 지배를 받기 때문이다. 좋은 삶이란 이성적 영혼
이 우뚝 서서 다른 영혼 부분들을 통제하는 삶이다. 앞서 말했듯

이 플라톤은 식물과 동물에도 영혼이 깃들어 있다고 보았다. 우주 자체가 살아 있고, 세계영혼으로 충만하다고 믿으면 전혀 이상할 것이 없는 논리다. 플라톤이 생각하기에, 식물엔 욕망하는 영혼만 있고, 동물엔 열정적 영혼이 하나 더 있다. 반면에 이성적 영혼은 오직 인간에게만 있다. 인간의 삶이 성공하려면 원초적인 욕구만 갈망하는 자기 속의 식물을 잘 다스리고, 거친 감정으로 날뛰는 동물을 잘 통제해야 한다. 결국 철학적으로 올바로 산다는 것은 〈자제, 즉 스스로의 욕망과 감정을 억제하는 법〉을 배우는 것이다.

플라톤은 인간의 경우 세 영혼의 위치를 해부학적으로 정확히 지정한다. 즉, 욕망하는 영혼은 배꼽과 간 사이, 열정적 영혼은 심장 근처, 이성적 영혼은 머리에 있다는 것이다. 그럼에도 그의 영혼 모델은 생물학적인 것과는 거리가 멀다. 오히려 도덕적으로 관련되어 있다. 영혼의 각 부분들은 따로 떨어져 존재하는 것이 아니라 서로에게 의존한다. 플라톤은 시칠리아의 의사들로부터 몸과 마음의 조화로운 균형보다 좋은 것이 없다는 사실을 배웠다. 이성이 사물들을 가공하기 위해서는 먼저 심장으로 받아들여야 한다. 용기의 열정 없이는 용감함도 없고, 고통의 경험 없이는 신중함도 없으며, 쾌락 없이는 사랑도 없다. 또한 열정이라는 원천이 없으면 유능함이 없고, 유능함이 없으면 미덕도 없다.

이렇게 세 부분으로 나뉜 영혼에 어떻게 불멸을 보장할 수 있을까? 대답하기 쉽지 않은 문제다. 플라톤은 그것을 논증하기 위해 여러 방식을 동원한다. 게다가 플라톤이 불멸성을 부여하고자 하는 영혼도 시간이 가면서 변한다. 즉, 초기와 중기 대화편에서는 모든 영혼이 불멸이었다면 말년의 저서 『티마이오스』에 이르러서는 세분화가 시작된 것이다. 이젠 욕망과 감정의 영혼이 아닌 오직 이성적 영혼의 불멸성을 증명하는 것만이 핵심 과제로 떠오른다. 따라서 플라톤적 불멸 이론의 정체성을 규정하는 것은 사실상 무척 어렵다.

　　엠페도클레스와 마찬가지로 플라톤도 환생을 믿는다. 이때 새로운 육신은 도덕적이거나 비도덕적인 행위의 보상 또는 처벌이다. 플라톤은 『파이돈』에서 유죄 판결과 정화를 결정하는 형사 법정 같은 곳을 선보인다. 『고르기아스』에서는 신들이 사자(死者) 재판소를 열어 벌거벗은 영혼들을 면밀히 검사한다. 『국가』에서는 영혼을 선별해서 하늘과 지하 세계로 보내는 〈에르 신화〉가 나온다. 플라톤의 최종 목표는 피타고라스적 전통과 일치하게, 육체로부터의 궁극적인 해방이다. 생에서 도덕적인 목표를 채우지 못한 사람은 하늘로 올라가지 못하고 다시 땅으로 떨어진다. 이번 생을 약간 잘못 산 남자는 여자로 환생하는 씁쓸레한 운명을 겪어야 한다. 반면에 모든 면에서 낙제 점수를 받은 사람은 동물로 환생하는 벌을 받는다. 생각 없이 그저 근면하기만 한 사람은 그 벌로 개미로 환생한다. 반면에 엠페도클레스와는 다르게 식물은 이런 환생 과정에서 벗어나 있다. 『파이돈』과 『국가』, 『파이드로스』, 『티마이오스』에서 확인할 수 있는 내용들이다.

　　인간은 절제되지 않은 감정들로 삶을 망치면 바로 그 감정들에 해당하는 동물로 환생하는 벌을 받는다. 플라톤이 『티마이오스』에서 설명하는 내용이다. 그러나 인간이 동물로 환생하는 것은 이성적 영혼의 불멸성과는 어울리지 않는다. 모든 것으로부터 해방된 이성적 영혼이 청개구리 속에서 무엇을 할 수 있을까? 이성적 영혼이 그런 동물 속에서 어떻게 스스로를 개선하고, 어떻게 존재 증명을 할 수 있을까? 오르페우스교의 옛 환생 이념은 육체, 정서, 도덕으로 삼등분된 플라톤의 인간 영혼과는 그다지 잘 맞아떨어지지 않는다.

　　그런 만큼 플라톤이 이 불멸성을 합리적으로 증명하기 위해 사용한 고도의 지력은 놀랍기 그지없다. 그 시도는 『파이돈』에서 처음 나타난다. 허구적 장면이지만, 소크라테스가 슬픔과 충격에 빠진 친구들에 둘러싸여 감옥에 갇혀 있다. 처형을 바로 코앞에 둔 상태다. 그러나 소크라테스는 느긋하고 태연하다. 죽음에 대한 두려움은 없어 보인다. 영혼의 불멸을 믿기 때문이다. 이 믿음에 대한 첫 번째 논거는 우주의 모든 생명이 순환으로 이루어져 있다는 사실이다. 살아 있는 것은 모두 숨을 거두고, 그 반대 상태, 즉 죽음으로 들어간다. 하지만 죽음의 상태도 다시 그 반대인 생명으로 바뀐다. 앞서 헤라클레이토스에서 보았던 것처럼 세상은 변증법적 자연법칙에 따라 움직이기 때문이다. 존재하는 모든 것에서는 그 반대가 나오고, 반대에서 다시 그 반대가 나온다. 소크라테스에 따르면 이 과정은 끝이 없다. 그런 만큼 영혼의 죽음도 있을 수 없다.

소크라테스의 두 번째 논거는 우리도 이미 아는 것이다. 〈상기Anamnese〉가 그것이다. 인간은 감각적으로 지각할 수 없는 이데아의 존재를 어떻게 알까? 인간 속에 이미 그에 대한 모종의 앎이 있기 때문이다. 그리고 그 앎은 이전의 삶에서 온 것일 수밖에 없다. 이 지점에서 세 번째 논거가 합류한다. 이데아를 알아차리기 위해서는 내가 그전에 그것을 보았을 뿐 아니라 그것이 이데아라는 사실을 확인한 게 틀림없다. 그것은 곧 이데아를 이데아로 인식할 수 있는 뭔가 이데아적인 것이 내 안에 있어야만 가능한 일이고, 또한 이것은 인간 영혼 자체가 어느 정도 이데아의 세계에 속해 있어야만 설명이 가능하다. 따라서 이데아가 무시간적이고 초시간적인 만큼 인간 영혼도 초시간적, 다시 말해 불멸이어야 한다.

플라톤의 소크라테스는 네 번째 논거를 이렇게 댄다. 세상은 대립들로 이루어져 있긴 하지만, 그 대립들이 한 사물에 동시에 존재할 수는 없다. 예컨대 흰 눈은 차가움에 속한다. 따뜻함이 눈과 연결될 수는 없다. 눈이 내리면 날이 춥고, 따뜻해지면 눈은 존재하지 않는다. 만일 인간 영혼과 생명이 동일한 의미로서 눈과 차가움처럼 긴밀하게 연결되어 있다면 영혼과 생명은 분리되지 않는다. 육신만 죽음의 제물이 된다. 영혼은 죽음의 반대로서 죽음을 받아들일 수 없다. 살아 있으면서 동시에 죽을 수는 없으니까.

『파이돈』에서 대화 파트너들은 소크라테스의 논거들을 완전히 납득하지는 못한다. 이는 플라톤 스스로 자기 논거의 빈약함을 알고 있었다고 추측할 수 있는 대목이다. 그래서 이후 저서들에서는 영혼 불멸에 대한 주장으로 반복적으로 되돌아가 좀 더 설득력을 부여하려고 애쓴다. 예를 들어 『국가』에서는 『파이돈』의 논거들 가운데 네 번째 것을 다시 꺼내 든다. 원칙적으로 세상 만물은 악을 통해 파괴될 수 있다. 하지만 인간의 영혼은 아니다. 우리는 수많은 악행과 만행을 저지를 수 있지만, 그래도 영혼은 남아 있다. 플라톤의 소크라테스는 『파이드로스』에서 마지막으로 이전과는 전혀 다른 논거를 들이댄다. 알크마이온을 강하게 떠올리게 하는 논거다. 우선 소크라테스는 알크마이온과 마찬가지로 영혼을 기원으로, 또 모든 운동의 최초 원인으로 정의한다. 최초 원인인 영혼은 무언가에서 생성된 것이 아니라 원래 늘 존재해 왔다. 영혼이 죽으면 세상은 정지된다. 운동이 없으면 만물은 무나 다름없기 때문이다. 이 설명은 전적으로 황당무계한 얘기로 들리지는 않지만, 문제는 소크라테스가 여기서 어떤 영혼에 대해 말하고 있는가 하는 점이다. 그의 말은 우주적 세계영혼에만 해당하는 것이 아닐까? 세상의 운동과 생명이 보편적으로 불멸이라는 이유로 나 개인의 영혼도 불멸이어야 할까?

우주 법칙과 인간 내면 삶의 법칙을 연결하려는 이 대담한 시도는 전적으로 설득력이 있어 보이지는 않는다. 많은 대화편에서 얼핏얼핏 드러나는 것처럼 플라톤 본인도 자신의 설명과 비유, 관념들의 약점을 매우 정확히 알고 있었다. 그럼에도 자신의 야심 찬 목표를 포기하려 하지 않았다. 즉 세계를 〈하나의〉 거푸집으로 찍어 낸 것으로 설명하려 한 것이다. 따라서 모든 부분은 서로 완벽하게 맞물려야 했고, 바로 이 지점이 그의 독보적인 제자의 의구심을 불러일으켰다. 바로 아리스토텔레스다!

아리스토텔레스

자연 과학에서는 제자가 위대한 스승의 이론을 이어받아 결정적으로 한 걸음 더 나아갔을 때 중요한 인물로 간주된다. 하지만 정신과학에서는 그 반대다. 위대한 스승과 너무 비슷하면 신봉자나 아류로 여겨진다. 따라서 중요 인물이 되려면 스승과 분명한 경계를 긋고, 기존의 학설들에 맞서 자기만의 독자적인 세계를 구축해야 한다.

우리가 현재 머물러 있는 기원전 4세기에는 오늘날과 같은 의미의 자연 과학이나 정신과학은 없었다. 기껏해야 자연 과학적 사고의 초기 형태나 있을 정도였다. 예를 들어 알크마이온, 아낙사고라스, 데모크리토스 같은 사람들 말이다. 관찰과 측정, 실험 같은 방식으로 세계를 탐구할 가능성은 아직 미미했다. 경험적으로 규명할 수 있는 사물들의 세계, 즉 자연학(초기 물리학)은 아직 형이상학과 구분되지 않았다. 〈자연학Physik〉은 오늘날처럼 자연의 힘들에 관한 이론이 아니라 감각적으로 지각할 수 있는 사물들, 즉 물체들의 세계다. 그에 반해 〈형이상학Metaphysik〉은 감각적으로 규명할 수 없는 사물들, 그러니까 자연학 〈배후meta〉에 존재하는 사물들을 탐구한다. 다시 말해 세계가 존재하는 이유와 원리, 또는 세계를 가장 깊은 곳에서 지탱하는 법칙들, 즉 영혼과 정신, 이성, 도덕의 초감각적인 것들을 연구하는 것이다. 플라톤은 자연학 일체를 거대한 형이상학적 체계의 보잘것없는 일부 정도로 치부했다. 그런 점에서 〈형이상학〉이라는 말이 비록 플라톤

이후 300년 뒤에나 처음 사용되었음에도 그는 서양 형이상학의 아버지로 평가된다.

아리스토텔레스가 스승 플라톤과 비슷했는지, 아니면 스승의 학설에 반대되는 주장을 펼쳤는지 묻는다면 둘 다라고 답할 수밖에 없다. 형이상학자로서 제자는 스승과의 중요한 차이에도 불구하고 여러 일치점을 보였다. 인식론에서건 윤리학에서건. 반면에 자연학에서는 제자가 계승할 수 있는 것이 없었다. 플라톤은 자연의 경험적 연구에는 관심이 없었기 때문이다.

스승과 마찬가지로 아리스토텔레스의 생애도 놀라울 만큼 알려진 것이 별로 없다. 그는 기원전 384년 이오니아인들이 칼리디키 반도에 세운 작은 도시 스타게이라에서 태어났다. 그 무렵 플라톤은 45세였고, 아카데메이아는 3년 전에 설립되었다. 아리스토텔레스의 아버지 니코마코스는 보잘것없던 지방 제후인 마케도니아 왕 아민타스 3세의 주치의였다고 한다. 니코마코스는 일찍 죽었고, 아리스토텔레스는 후견인의 보호를 받으며 자랐다. 아민타스 3세가 죽자 궁정에서는 치열한 권력 투쟁이 벌어졌다. 그 무렵 아리스토텔레스는 마케도니아를 떠나 아테네로 갔다. 기원전 367년 플라톤의 아카데메이아에 들어갔을 때는 겨우 열일곱 살이었다. 그는 일찍부터 책을 쓰기 시작했을 뿐 아니라 직접 강의도 했다.

아리스토텔레스가 아카데메이아에 들어갔을 때 플라톤은 시칠리아에 있었다. 스승과 제자의 관계에 대해서는 논란이 많다. 이와 관련해서는 아리스토텔레스가 『니코마코스 윤리학』의 서두에서 플라톤의 선의 이데아를 비판한 문장들이 종종 인용된다. 〈친분 있는 사람들이 이데아론을 주장했기에 이 연구는 사실 퍽 곤혹스럽게 느껴진다. 그러나 진리를 규명하려면 사적인 감정을 가차 없이 버리는 편이 나아 보인다. 아니, 그건 의무이기도 하다.

우리는 무엇보다 철학자니까. 둘 다 우리에게 소중하지만 진리를 더 높이 존중하는 것이야말로 우리의 성스러운 의무다.)[87] 이 말에 근거해서 후대 사람들은 지나치게 격정적인 문장을 만들어 낸다. 〈나는 플라톤을 사랑하지만 진리를 더 사랑한다!〉

스승을 존경하지만 맹목적으로 추종하지는 않겠다는 것이 아리스토텔레스가 일찍부터 정한 독자적인 길의 핵심처럼 보인다. 그는 감각적으로 지각할 수 있는 세계의 본래적 원인을 동굴 밖에서부터 희미하게 비쳐 들어오는 사변의 빛에 있다고 보지 않았다. 대신 동굴 자체에서 해답을 찾으려 했다. 즉 동굴 안에 존재하는 사물과 상황, 관계들을 정밀하게 탐구하면 그 답을 찾을 수 있을 거라 믿었다. 플라톤의 우주가 모든 부분이 꽉 맞물린 하나의 세계라면 아리스토텔레스는 그 부분들의 독자적인 가치를 인정했다.

아리스토텔레스가 다양한 분야에 대해 쓴 놀랍고도 방대한 규모의 전집은 플라톤과는 달리 아카데메이아라는 안전한 학당에서 평생에 걸쳐 집필한 것이 아니었다. 기원전 347년 플라톤이 세상을 떠나자 아리스토텔레스는 서른여덟의 나이로 아테네를 떠났다. 자신이 아니라 플라톤의 조카 스페우시포스가 아카데메이아 학장이 된 것에 화가 났을 수도 있고, 아니면 마케도니아의 필리포스 2세가 군대를 이끌고 그리스 깊숙이 밀고 들어왔기 때문일 수도 있다. 이 일로 아테네의 패권적 지위는 무너졌고, 마케도니아의 아테네 점령은 시간문제로 보였다. 이런 상황에서 삶의 이력이 마케도니아와 밀접하게 연결되어 있던 이방인 아리스토텔레스는 수상쩍은 인물로 간주되었을 것이다.

동굴 벽들에 대한 아리스토텔레스의 계속되는 탐구는 이제 파란만장한 여행의 힘든 조건 속에서 이루어진다. 그가 아테네를 떠나 맨 처음 간 곳은 레스보스섬 맞은편 해변의 아소스와 아타르네우스였다. 이 도시들은 아카데메이아 시절의 동료인 헤르미아스가 섭정하고 있었다. 유력 은행가의 도움으로 노예에서 지배자의 자리까지 오른 인물이었다. 아리스토텔레스와 몇몇 친구들은 여기서 짧지만 행복한 시간을 보낸 것으로 보인다. 결혼을 통해 헤르미아스 가문에 편입된 그는 제자 크세노크라테스와 테오프라스토스와 함께 열심히 동식물을 수집해 규정하고 분류했다.

3년 뒤 그는 레스보스섬의 미틸리니에 머물렀다. 그가 줄곧 자연을 연구하고 부지런히 자료들을 수집하는 사이 그리스의 권력 지도는 획기적으로 바뀌었다. 필리포스 2세는 북쪽에서 계속 남쪽으로 진격했다. 페르시아와 불가침 협정을 맺음으로써 지역 패권을 거머쥐는 길에 더 이상 걸림돌은 남아 있지 않았다. 기원전 343년 아리스토텔레스는 필리포스 2세로부터 열세 살의 왕자 알렉산드로스를 가르쳐 달라는 제안을 받은 뒤 마케도니아의 미에자로 가서 왕위 계승자의 교육에 전념했다. 하지만 곧이어 델포이에서 열린 피티아 제전에 연대기 저자이자 역사 기술자로 참가했다. 음악과 스포츠 시합인 피티아 제전은 당시 올림피아 경기와 더불어 가장 중요한 행사였다. 오늘날로 치자면 월드컵 축구에 비견될 수 있다. 어쨌든 그 무렵 마케도니아는 마침내 그리스 세계에서 패권국으로 우뚝 섰다. 기원전 338년 테베와 아테네 연합군이 카이로네이아 전투에서 패하면서 전쟁 상황은 종결되었다. 그리스 도시 국가들은 2선으로 밀려났고, 그리스는 마케도니아의 지배하에 들어갔다.

그로부터 또 3년 뒤 아리스토텔레스는 다시 아테네로 돌아갔다. 그사이 아카데메이아는 그의 옛 동료 크세노크라테스가 이끌고 있었다. 예전에 아리스토텔레스와 함께 아소스로 여행한 인물이었다. 아리스토텔레스는 아카데메이아와 거리를 두고 공립 학교인 리케이온에서 학생들을 가르쳤다. 이 학교는 나중에 페리파토스, 즉 소요학파라는 이름으로 유명해졌는데, 아리스토텔레스가 여기서 이리저리 거닐면서 철학을 한다는 소문이 났기 때문이다.

그는 리케이온에서 12년 동안 일하면서 철학을 강의하고 수많은 메모를 백과사전식으로 정리했다. 그렇게 해서 여러 논문이 탄생했다. 그런데 페르시아 제국을 정복한 알렉산드로스 대왕이 기원전 323년 바빌로니아에서 급사하면서 그렇게 생산적이던 아리스토텔레스의 시간도 갑작스레 끝나고 말았다. 아테네인들은 이제 새 시대의 도래를 예감했다. 그와 함께 아리스토텔레스에게 마케도니아에 대한 부역 혐의를 씌움으로써 그전의 아낙사고라스나 프로타고라스, 소크라테스가 신성 모독으로 고발당했던 것처럼 불쾌한 사회적 낙인을 찍었다. 그러자 그는 에우보이아섬의 칼키스에 있는 어머니 집으로 피신했고, 1년 뒤인 기원전 322년에 62세의 일기로 삶을 마감했다.

고대 철학자 중에 아리스토텔레스만큼 많은 저서를 쓴 사람은 아마 없을 것이다. 그의 저술 활동은 플라톤조차 훨씬 뛰어넘는다. 당시의 조건에서 어떻게 그렇게 많은 글을 쓸 수 있었는지 상상이 안 갈 정도다. 아리스토텔레스가 썼다고 알려진 저서 중에서 전해지는 것은 약 4분의 1이다. 그중에는 안타깝게도 그가 플라톤의 본보기를 따라 집필했다는 대화편은 없다. 고대인들이 아리스토텔레스에 대해 갖고 있던 이미지에 큰 영향을 주고, 최소한 로마 시대까지는 전해진 것으로 알려진 대화편들인데 말이다. 그에 반해 그의 강의 내용들은 오랫동안 실종되었다가 기원전 1세기 중엽에야 발견되었다. 이 〈논문들〉이 오늘날 우리가 대개 아리스토텔레스에 대해 이야기할 때 거론하는 저술들이다. 물론 이 텍스트들에는 아리스토텔레스뿐 아니라 그의 제자들이 쓴 것과 훗날의 편찬자들이 가공한 것들도 포함되어 있다.

이 텍스트들은 수사학에서 논리학, 시학을 거쳐 동물학과 윤리학에 이르기까지 당시 생각할 수 있는 모든 지식 영역을 다룬다. 대부분 일상적 언어를 사용한 플라톤과는 달리 아리스토텔레스의 저술에는 무수한 전문 용어가 등장한다. 그런데 전해지는 텍스트들의 순서는 명확하게 확인되지 않고 논란만 분분하다. 플라톤의 경우는 〈소크라테스적 초기 저서〉에서 중기 저서를 거쳐 후기 작품에 이르는 발전상이 전체적으로 잘 그려지는 반면에 아리스토텔레스의 경우는 그런 발전 과정이 거의 눈에 띄지 않는다. 추정컨대 그는 사고의 다양한 도구들이 사용되어야 할 많은 세부적인 문제들로 시작했을 것이다. 그런 다음 경험적인 학문들에 집중하다가 마침내 윤리학과 정치학으로 방향을 돌렸을 것이다.

아리스토텔레스가 사물들에 부여한 질서는 오늘날에도 사람들이 추구하는 질서와 같다. 아마 헤겔을 제외하면 어떤 철학자도 그와 비슷한 방식으로 세계를 정리하고 자연 과학적 개념 체계를 세운 사람은 없을 것이다. 그 성과는 너무 방대할 뿐 아니라 새로운 구분과 세분화, 개념, 상위 개념의 수가 너무 많아 여기서는 개략적으로만 기술할 수 있을 뿐이다. 게다가 이 개요조차 많은 것이 담겨 있어서 아마추어 독자들에게는 결코 간단치 않은 내용이다. 그러니 마음 단단히 먹고 따라가 보자!

〈있다〉는 것은 무슨 뜻인가?

플라톤에게 세계란 거대한 하나의 구였다면 아리스토텔레스에게
는 수많은 작은 서랍이 달린 하나의 약장(藥欌)이다. 약장의 선반
세 개에는 각각 〈이론적〉 대상, 〈실천적〉 대상, 〈시적〉(생산적) 대
상이라고 쓴 표지가 붙어 있다. 이론적 사물이 있는 첫 번째 선반
은 다시 〈제일 철학〉, 〈수학〉, 〈자연 연구〉라는 서랍 세 개로 나누
어진다. 이 자연 연구 아래에는 아리스토텔레스가 새롭게 세분화
한 분과들이 또 딸려 있다. 실천적 사물들이 담긴 두 번째 선반에
는 〈윤리학〉, 〈정치〉, 〈수사학〉이 있고, 세 번째 선반에는 응용 분
야들, 즉 〈수공업〉, 〈문학〉, 〈의학〉이 있다.

  아리스토텔레스에 따르면 우리는 우리 자신이 세계를 이
해하는 방식을 이해함으로써 세계를 이해한다. 이론과 실천, 시
의 삼분할은 〈인간의 세 가지 접근 방식〉, 즉 우리가 세계를 경험
하고 가공하고 형상화하는 방식에 따라 다시 세계를 세분한다.
그런데 20세기의 철학적 의미론과는 달리 아리스토텔레스는 세
계를 경험하는 우리의 방식이 세계의 구조 자체에 뿌리를 두고
있다고 생각한다. 그 말은 곧 옳음이 정교하게 검증된, 세계에 대
한 인간의 경험은 결국 세계 〈자체〉와 차이가 없다는 것을 뜻한
다. 세계를 올바른 방식으로 인식하면 올바른 세계를 인식할 수
있다는 것이다. 플라톤의 경우와 마찬가지로 아리스토텔레스의
〈존재론〉도 인간이 인식하는 것이 실제로 객관적인 세계라는 사
실을 조금도 의심하지 않는다. 이 사유가 고대 그리스 이후 모든

자연 과학을 규정하고 있다.

　반면에 철학은 아리스토텔레스 이후 2,000년 동안 다른 길을 걷는다. 즉 인간이 인식하는 것과 객관적인 세계 사이에는 차이가 있다는 것이다. 그런 차이가 없다면 철학은 일부 자연 과학자들의 주장처럼 점점 과학으로 해체되고 말 것이다. 이런 주장에 맞서 철학은 18세기 이후 세계에 대한 앎의 가능 조건들을 성찰하는 메타 학문으로 스스로 규정 내리길 좋아한다. 자연 과학자들은 당연히 별로 숙고해 본 적이 없는 조건들이다.

　앎의 조건에 대한 이런 근본적인 물음도 그 핵심에서는 이미 아리스토텔레스에 뿌리가 닿아 있다. 훗날 『형이상학』이라 이름 붙여진 〈존재〉에 대한 가장 유명한 저서에서 그는 모든 인식의 토대를 추적한다. 한 사물을 보고 그것이 〈있다〉고 말한다면 그것은 무슨 뜻인가? 존재자는 존재자로서 어떤 속성이 있을까? 우리는 그 속성을 어떤 방식으로 인식할까?

　아리스토텔레스는 〈있다〉라는 말에 두 개의 기본 의미가 있음을 간파한다. 즉, 무언가는 〈실체ousia/substantia〉, 아니면 〈속성accidentia〉이다. 첫 번째 의미에 대한 예는 다음 문장이다. 〈이것은 개다.〉 두 번째 의미에 대한 예는 다음과 같다. 〈그 개는 갈색이다.〉 속성과 관련해서 말하자면 그 속성의 〈있음〉은 다시 열 개의 상이한 의미, 또는 아리스토텔레스의 표현을 빌리자면 열 개의 상이한 범주로 분류된다. 그리스어 〈카테고리아kategoria〉는 원래 〈고발〉이라는 뜻인데, 아리스토텔레스가 이 단어를 (동일 이름의 저서에서) 정확한 〈명칭〉을 위한 보조 수단으로 사용함으로써 철학사에서 가장 중요한 전문 개념 중 하나로 자리 잡았다. 범주는 기본 속성이거나 존재 특징이다. 나는 이 범주의 도움으로 존재 방식의 열 가지 측면을 캐물음으로써 사물들을 좀 더 정확하고 선명하게 파악할 수 있다. 열 가지 측면은 이렇다. 사물의 실체,

사물의 양, 사물의 질, 다른 사물과의 관계, 장소, 시간, 상태, 소유 (그 사물이 갖고 있는 것은 무엇인가), 능동(그 사물은 무엇을 하는가), 수동(그 사물에 무슨 일이 일어나는가). 그런데 이 열 가지 분류가 시종일관 철저하게 지켜지거나 사용되지는 않는다. 다른 저서들에서는 세 개, 다섯 개, 여섯 개, 또는 여덟 개 범주가 언급되곤 한다.

아리스토텔레스는 자신의 분류에 감격한다. 플라톤의 소크라테스가 대화편 『테아이테토스』에서 모든 앎이 놀라움에서 샘솟는다고 설명한 것을 떠올리면 아리스토텔레스가 놀란 것은 자신이 드러낸 〈존재의 건축 공학〉이다. 이제 〈제일 철학〉*이 그 자신 앞에 고스란히 정체를 드러낸다. 그런 선명한 상과 함께 그는 마침내 존재학을 추진한다. 그것은 온갖 시도에도 불구하고 플라톤이 늘 실패했던 것이다. 아리스토텔레스의 제일 철학은 실제로 유구하고 견고한 것으로 밝혀진다. 그 후 2,000년 동안이나 이어지니까 말이다. 중세 학자들은 아리스토텔레스의 『형이상학』을 진리의 선명한 계시인 성서 옆에, 아니 언제부턴가는 심지어 성서보다 위에 두게 된다.

무언가가 〈있다〉는 것을 인간은 어떻게 인식할까? 일단 우리는 그것을 감각적 지각을 통해 알아차린다. 플라톤과 마찬가지로 아리스토텔레스도 감각적 지각을 인식의 첫 형태이자 가장 저급한 형태로 본다. 만일 우리의 기억이 이 지각들을 저장하고 이전 경험들과 연관시키지 않는다면 우리의 경험은 별로 가치가 없을 것이다. 동물들도 기본적으로 이와 다르지 않다. 하지만 동물과는 달리 인간은 〈어떻게〉라고만 묻지 않고 〈왜〉라고도 묻는다. 인간은 숙고를 통해 사물들을 더 정확히 설명하고 그로써 학문적

* 자연이나 정신 같은 특수 존재가 아니라 존재 일반의 성질이나 원리를 연구하는 철학. 이 이름으로 다룬 여러 문제를 후대에 정리한 것이 아리스토텔레스의 『형이상학』이다.

으로 규명한다. 또한 보편적 관념과 이론을 세우고 그것으로 특수 경험들에 대해 판단을 내린다. 한마디로 인간에게는 철학할 능력이 있는 것이다. 그리고 그 대가로 마지막에 가서는 세계의 많은 원인과 원리를 꿰뚫어 보는 보상이 주어진다.

인식 능력의 이런 위계질서에서 상당 부분은 플라톤을 떠올리게 한다. 그러나 아리스토텔레스는 사물의 본질, 즉 실체를 세계 밖의 이데아를 관조하는 것에서 찾지 않는다. 대신 무언가의 본질을 이루는 〈보편적인 것〉을 세계 자체에서 찾는다. 때문에 감각적 인식도 완전히 배제하지는 않고 많은 사물들의 연구에 도움이 되는 것으로 여긴다.

사물의 본질을 규명하려면 사고의 수단들이 먼저 정확히 규정되어야 한다. 우리는 어떻게, 어떤 과정으로 진리에 다가갈까? 〈로고스〉라는 말은 아리스토텔레스 시대에 이미 오랜 전통을 갖고 있었다. 하지만 로고스의 논리학이 좀 더 상세히 밝혀지지 않는 상태에서는 로고스조차 모호한 느낌을 주는 것이 사실이다. 이성적 사고는 어떻게 작동할까? 명료성은 어떻게 생길까? 어떤 주장은 언제 맞고 언제 틀릴까?

이 지점에서 아리스토텔레스가 거둔 성과는 엄청나다. 즉 논리학의 기초를 세운 것이다. 아리스토텔레스는 논리학을 지적이고 총제적인 방식으로 체계화함으로써 서양 정신사에 하나의 이정표를 세운다. 그는 일반적인 것에서 특수한 것을 추론하는 연역법과 특수에서 일반을 끌어내는 귀납법을 구분한다. 이후 세계에 대한 모든 추정은 논리적으로 볼 때 전제로 여겨진다. 이러한 전제들에서 하나의 결론이 도출된다. 이때 문장들은 그 질(긍정적 또는 부정적 질)과 양(일반적 또는 개별적 양)에 따라 구별된다. 두 가지 전제가 반박할 수 없는 하나의 판단을 허용하면 논리적 추론이 이루어진다. 가령 나는 먼저 이렇게 말한다. 〈모든 개는 동물이다.〉 다음에는 이렇게 말한다. 〈렉스는 개다.〉 그러면 여기서 다음 문장이 추론된다. 〈렉스는 동물이다.〉

  이러한 논리를 깨달은 사람이 분명 아리스토텔레스가 처음은 아니었을 것이다. 플라톤의 대화편들에서도 유사한 추론이 발견된다. 물론 훨씬 〈무르고〉 덜 엄격하지만. 아리스토텔레스는 이 일상 철학적 논리학을 〈변증법〉으로 규정한다. 변증법은 엄격한 논리학과는 달리 진술의 타당성을 검증한다. 그래서 철학의 연습 분과로 적합하다. 변증법적 사고는 엄격한 진리 탐구가 불가능한 지점에서 설득력을 얻는다.

  진리에 다가가는 세 번째 형식은 〈수사학〉이다. 논리적 설득력이 가장 떨어지는 영역이지만 그럼에도 중요한 수단이다. 아리스토텔레스는 선행자들이 이 분야에 대해 쓴 무수한 저서들을 알고 있었다. 수사학이 진리의 한 도구일 뿐 아니라 거짓말과 현혹의 수단일 수 있다는 것도 간파했다. 수사학의 요체는 연설가, 연설, 관중 사이의 생동감 넘치는 관계에 있다. 현대식으로 표현하자면 수사학은 일종의 언어 행위, 즉 말로 하는 행동이다. 수사학자는 정치와 도덕에 직접적인 영향을 끼친다. 때문에 진리뿐 아니라 동시대인들의 행복에도 책임감을 느끼는 것이 중요하다. 수사학자의 가장 중요한 품성은 논리성, 즉 최고의 설득력이 아닌 신뢰성이다.

자연의 질서

아리스토텔레스가 〈제일 철학〉, 즉 인간의 인식 능력과 다양한 인식 과정을 분석하고 단계화한 이후 자연을 선입견 없이 바라보는 길이 활짝 열린다. 이것을 위한 최상의 방법은 『니코마코스 윤리학』에 나온다. 그에 따르면 우리는 우선 현상을 명확히 파악한 뒤 어려움을 철저히 뚫고 나아가고, 그러면 마지막에 최대한의 증명이 가능한 믿을 만한 견해에 이를 수 있다.[88]

현상 파악을 위해 아리스토텔레스는 당시의 거의 모든 지식을 찾아보면서 저자 한 사람 한 사람의 견해가 얼마나 믿을 만한지 꼼꼼히 검증한다. 플라톤이 선행 철학자들을 대개 대화 파트너로만 출연시켜 꼭두각시처럼 그들의 견해를 말하게 했다면 아리스토텔레스는 선행자들의 발언을 확증하거나 반박하기 위해 믿을 만한 모든 출처를 체계적으로 탐색한다. 예를 들어 오늘날 우리가 이오니아 자연 철학자들에 대해 알고 있는 내용의 상당 부분이 바로 이런 감별과 검증 덕분이다. 게다가 그의 저서에는 탈레스, 아낙시만드로스, 아낙시메네스, 헤라클레이토스, 피타고라스, 알크마이온, 파르메니데스, 엠페도클레스, 아낙사고라스, 소크라테스, 데모크리토스, 플라톤 외에 철학자가 아닌 인물들도 등장한다. 시인 헤시오도스, 정치인 솔론, 역사가 헤로도토스 같은 이들이다.

아리스토텔레스가 자연 철학에서 보여 준 숙고와 혁신은 무척 방대하고 치밀해서 개별 부분들을 훼손하지 않으면서 요약하는 것은 쉽지 않다. 게다가 그것들은 언제 쓴 것인지도 정확히 모르는 여러 저서들에 산재되어 있고, 〈자연학〉에서처럼 그 내용적 구성이 아리스토텔레스의 것이 아닌 경우도 여럿 있다. 이런 상황에서 자연의 본성에 대한 그의 복잡한 관념 세계를 재현하는 것은 어느 정도 인위적일 수밖에 없다.

아리스토텔레스는 플라톤처럼 세계가 하나의 거푸집으로 만들어졌다고 생각하지 않았다. 플라톤은 전체 자연 현상들을 갖고 궁극적으로 이데아로 소급될 수 있는 사물들을 만들어 냈다. 그에 따라 공간, 시간, 우주, 운동, 변화, 그리고 자연과 정신의 다른 모든 현상들이 존재하게 되었다. 이 모든 것들에는 각각의 이데아가 존재하기 때문이다. 하지만 이런 생각의 대가로 플라톤은 시간, 공간, 운동 등을 마치 명확한 감각적 경험이 가능한 것인 양 다룰 수밖에 없다. 하지만 그것들은 실제 경험에는 맞지 않는다. 예를 들어 시간과 공간은 누구도 경험할 수 없다. 절대적이라고 하는 시간과 공간도 우리의 지각 영역에선 오직 상대적으로만 존재한다. 나는 우주가 공간적으로 확장된 것을 볼 수 있지만 그 공간을 보지는 못한다. 나의 시간 경험도 늘 상대적일 뿐 결코 절대적이지 않다. 아리스토텔레스는 『자연학』에서 연속성과 무한성, 시간과 공간에 대한 문제를 상세히 다루는데, 핵심은 모든 것이 〈상대적으로만 경험 가능하고〉 묘사될 수 있을 뿐이라는 것이다.

아리스토텔레스는 〈시간chronos〉이 무한하고 영원하다고 생각한다. 반면에 플라톤은 시간을 데미우르고스의 작업의 결과로 본다. 아리스토텔레스는 그런 창조 신화를 도피처로 삼지 않는다. 유한한 인간은 당연히 무한한 시간을 경험할 수 없다. 대신 우리는 측정을 통해 시간을 경험한다. 시간을 측정하려면 수학적 수의 세계가 필요하다. 그런데 이 세계도 원칙적으로 무한하고 시간 측정도 결코 끝이 없다. 이러한 측정과 계산은 인간의 머릿속에서 일어나고, 그로써 측정을 비롯해 모든 시간 경험에는 주관적인 것이 따르기 마련이다. 모든 것은 시간적으로 다른 것과 관련되어 있다. 이 생각은 플라톤과 비교할 때 상당히 현대적이다. 하지만 순수하게 객관적인 시간은 존재하지 않는다는 결론에 이를 만큼 현대적이지는 못하다. 아주 많은 시간이 흘러서야 철학자들은 수학이든 수학으로 구축된 시간이든 인간의 관념 세계가 만들어 낸 구조물이라고 강조한다. 오늘날에도 많은 물리학자들을 도발하는 주장이다.

〈공간topos〉도 비슷하게 상대적이다. 주관적이고 상대적으로만 경험할 수 있다는 것이다. 다만 시간과는 달리 공간은 제한적인 것으로 간주된다. 우주에는 한정된 공간들만 있고 감각적으로 경험할 수 있는 무한의 영역은 없기 때문이다. 아리스토텔레스에게 공간은 무형의 제한성이다. 중심부에 작은 지구가 있는 우주는 아무리 어마어마하게 크더라도 무한하지는 않다. 이 우주에서 신적이고 지적인 천체는 태양이 아닌 중심 불을 빙빙 돈다. 그런데 천체는 지금껏 우리에게 알려진 원소가 아닌 〈제5원소〉로 이루어져 있다. 경험론자인 아리스토텔레스가 여기서 공상의 세계에 빠진 이유는 단순하다. 그는 천문학자가 아니기 때문이다. 그가 우주에 관해 쓴 거의 모든 텍스트는 다른 원전에 기댄 것들이다.

시간과 공간에 해당되는 것은 자연에도 해당된다. 자연〈자체〉는 원래 존재하지 않고, 돌이나 생물 같은 〈자연의 사물들〉만 존재한다. 또한 나무가 자라고 바람이 부는 것과 같은 자연의 과정들도 존재한다. 거기다 이런 과정을 가능케 하는 〈자연의 힘〉도 있다. 이렇듯 그 하나하나가 모두 자연이고 그 모두를 합친 것도 자연이다.

자연의 원인들을 설명하는 접근 방식도 하나가 아니다. 이것은 새로운 생각이고, 세계를 설명한 이전의 단순한 모델들을 상대화한다. 왜냐하면 아리스토텔레스가 보기에, 어떤 것의 원인을 묻는 질문은 상이한 네 가지 방식으로 던져질 수 있기 때문이다. 그는 청동상을 예로 들어 설명한다. 청동상이 존재하는 원인이 무엇인지 묻는다면 나는 이렇게 답할 수 있다. 첫째, 청동이라는 재료가 있기 때문이다. 청동이 없으면 청동상도 없다. 따라서 청동상에는 〈질료인(因)〉이 있다. 둘째, 청동상에는 조각가의 설계에 기초한 모양이 있다. 이것은 〈형상인〉이다. 셋째, 청동상은 조각가가 작업을 시작해야만 비로소 형태가 만들어진다. 그 작업이 〈작용인〉이다. 넷째, 조각 작업에는 장식용이라든지 제식용이라든지 그것을 만드는 이유가 있다. 즉 청동상은 실현할 목적이 있기 때문에 존재하는데, 그것이 〈목적인〉이다.

자연의 양태를 알고 싶다면 나는 자연 속에 다양한 원인과 매우 복잡한 기능적 관련이 존재한다는 점을 고려해야 한다. 무언가가 현재 그 모습으로 존재하는 건 〈하나의〉 원인이 아니라 여러 원인이 있기 때문이다. 그런데 인간이 만든 작품과 자연의 작품 사이에는 당연히 중요한 차이가 있다. 청동상의 비유에서 해결되지 않는 한 문제는 자연에서는 형상인이 어디서 오는가 하는 것이다. 사물은 〈움직임〉, 즉 〈운동〉을 통해 형태가 만들어진다고 하는데, 운동은 아리스토텔레스가 정말 많은 생각을 한 핵심 개념이다.

자연의 모든 것은 운동 속에 있고, 끊임없이 생겨나고 변하고 소멸한다. 한 동물이나 별이 움직이면 공간이 바뀐다. 몸은 커지거나 작아진다. 무언가는 건조해지거나 축축해지고, 뜨거워지거나 차가워진다. 씨앗은 변해 나무가 된다. 이처럼 실체, 양, 질, 상태는 변한다. 나무가 나무가 되기 위해선 씨앗에서 발전해야 한다. 아리스토텔레스에 따르면 씨앗은 나무 존재의 〈결핍〉 상태다. 성장한 나무만이 나무의 목적에 도달한 것이고 완성된 형태다. 이렇듯 질료는 형태화되고, 모든 것은 결핍에서 형상으로, 가능성에서 현실로 바뀐다.

　　그렇다면 이러한 운동은 애당초 어디서 올까? 아리스토텔레스는 『형이상학』의 유명한 12권에서 이렇게 답한다. 세계 내의 운동은 〈부동(不動)의 동자(動者)〉,* 즉 세계의 온 과정을 진행시킨 일종의 〈순수 정신〉을 통해 생겨난다. 세계를 움직이는 이 정신은 플라톤의 데미우르고스보다 훨씬 추상적이다. 오직 다른 존재를 움직이게 하는 것밖에는 하는 일이 없기 때문이다. 부동의 동자는 유대교의 창조신처럼 만들거나 창조하지 않는다. 목적과 의도도 없고, 창조 계획도 없다. 오히려 영혼이 깃든 정신과 모종의 물리적 힘, 즉 아낙사고라스와 데모크리토스가 세계를 움직이는 동인으로 본 물리적 힘이 혼합된 존재다. 아리스토텔레스는 신이나 자연의 힘 같은 양극을 상정하지 않는다. 우선 인격체로서의 신은 그에게선 존재할 수 없다. 어떤 형태로건 인격체는 생명이 깃든 육신이기에 불멸하거나 무한할 수 없기 때문이다. 그렇다고 자연의 힘을 움직임의 근원으로 보는 것도 무용지물이다. 운동이 결국 어디서 연유했는지 설명하지 못하기 때문이다. 아리스토텔레스는 레우키포스와 데모크리토스를 이렇게 비판한다. 〈그들 역시 운동에 대한 물음, 즉 운동이 어디서부터 왔고 언제 사물들에 이르렀는가 하는 물음을 (……) 깊이 고민하지 않고 그냥 방치해 버렸다.〉[89]

　　부동의 동자는 운동의 기원에 대한 설명으로는 그런 대로 유용하지만, 어떤 특별한 지성에 따라 자연 만물이 만들어지고 그렇게 완벽하게 작동하는지에 대한 설명으로는 아직 모자란다. 이 대목에서 다시 청동상의 비유가 떠오른다. 청동상의 목적, 즉

---

* 자신은 움직이지 않으면서 다른 만물을 움직이게 하는 존재.

목적인은 조각가로부터 비롯된다. 조각가에게는 청동상을 만들 이유가 있다는 것이다. 이처럼 인간 세계에서는 목적을 쉽게 발견할 수 있다. 하지만 자연을 상대로는 이런 물음이 제기될 수밖에 없다. 모든 것을 그렇게 합목적적으로 고안한 존재는 과연 누구일까?

그것이 신이라고 한다면 대답은 간단하다. 다만 그럴 경우 신은 지고의 지적 형상화 능력과 명확한 의도를 가진 매우 복잡한 인격체(또는 초인격체)여야 한다. 그러나 아리스토텔레스는 이 문제를 그렇게 간단하게 풀지 않는다. 부동의 동자는 미세한 것 하나에까지 꼼꼼하게 자연 질서에 개입할 생각이 전혀 없기 때문이다. 그보다는 오히려 자기 자신에게 열중한다. 관심을 오롯이 자신에게만 향한 채 순수 정신적인 것의 영역을 떠나는 법이 없는 정신이다.

아리스토텔레스가 볼 때 자연의 모든 것은 합목적적이다. 자연의 일에 우연은 없다. 오직 〈무엇을 위해〉라는 목적만 있다. 인간의 앞니는 음식물을 자르는 데 합목적적이고, 어금니는 잘게 부수는 데 합목적적이다. 그런데 여기서의 〈합목적성〉은 생물이 생존을 위해 합목적적으로 무장하고 있다는 의미를 아직 담고 있지 않다. 한 생물의 목적은 스스로의 생명 활동이자, 살아 있는 것의 자연스러운 자기 발전이다. 이렇듯 모든 생명체는 자신의 생명을 보존하려는 목적을 가진 자기만의 에너지 중심체다.

그렇다면 이 모든 것을 그렇게 슬기롭게 고안한 이는 누구일까? 아리스토텔레스는 플라톤이 우주를 관장하는 것으로 상정한 거대한 총체적 이성을 거부한다. 그에 따르면 우리는 목적인의 세계에서 〈목적 없는 합목적성〉과 관련을 맺고 있다.

아리스토텔레스의 자연에는 모든 생물이 합목적적으로 이루어져 있다는 점에서 제각각 실현해야 할 목표가 있다(목적론).

그러나 총체적 목적론이나 자연의 전 과정을 총괄하는 의미의 목적은 존재하지 않는다. 그런 목적이 없다면 합목적성을 만들어 내는 메커니즘은 어떤 〈비이성적인〉 규칙에 따라 작동하는 것일까? 이 물음은 2,000년 넘게 미해결로 남았다. 그러다 18세기와 19세기 초에 이르러 프랑스 자연학자인 조르주루이 르클레르 드 뷔퐁, 장 바티스트 드 라마르크, 에티엔 조프루아 생틸레르가 이 문제에 관심을 보이며 비종교적인 차원의 설명을 찾는다. 그로부터 또 수십 년 뒤에는 이들의 영국 동료 찰스 다윈과 앨프리드 러셀 월리스가 〈우연〉이라는 게임 규칙으로 자연의 광기를 선명하게 풀어낸다.

우주, 원숭이, 인간

이제 아리스토텔레스가 자연을 어떻게 정돈했는지 살펴보자. 우리 눈에 맨 먼저 들어오는 것은 무엇인가? 플라톤과 다른 길을 걸은 제자에겐 이런 문제가 눈에 띄었다. 세상에는 햄스터와 민들레, 척추동물의 두 눈처럼 감각적으로 지각하고 연구할 수 있는 사물이 존재한다. 거기다 동물, 식물, 숫자 〈3〉 같은 추상적인 개념과 원칙도 존재한다. 이 둘의 관계는 어떻게 생각해야 할까? 〈인간〉이라는 보편적 개념과 〈볼프강 마이어〉라는 개인 중에서 어느 것이 더 실재적일까? 플라톤과 마찬가지로 아리스토텔레스도 본질을 나타내는 〈인간〉이라는 명칭이 볼프강 마이어보다 더 본래적이라고 생각한다. 하지만 스승과의 차이도 있다. 〈볼프강 마이어〉는 감각적 대상으로 세계 내에 존재하지만 〈인간〉은 그렇지 않다는 것이다. 아리스토텔레스는 다른 모든 것에 선행하거나 모든 것들 위에 있다고 하는 존재 영역을 인정하지 않고, 철학자들이 흔히 말하는 〈선험적a priori〉 인식도 인정하지 않는다. 그래서 건강, 아름다움, 어리석음은 그 자체로 존재하는 것이 아니라 그저 건강하고, 아름답고, 어리석은 인간만 있을 뿐이다. 물론 일반화와 추상적 개념, 그리고 본질을 나타내는 명칭은 가능하면서도 의미 있고 올바르고 중요하다. 다만 플라톤의 생각과는 달리 결코 〈실체는 아닌〉 것이다!

결국 자연을 정돈한다는 것은 사물 자체로 존재하지 않는 무언가로 사물들을 정돈한다는 것을 의미한다. 오늘날 식으로 표현하자면 사물을 그냥 말로 분류하는 것이라고 할 수 있다. 그러나 아리스토텔레스는 말이 단순히 말이 아니라고 확신했다. 그가 보기에 인간, 동물, 아름다움, 다름 등은 세계 내에 분명히 〈있다〉. 단지 실체적이지 않을 뿐이다. 그는 올바르게 사용된 언어가 실제 세계의 충실한 모사라는 사실을 전혀 의심하지 않는다. 따라서 자연은 말을 통해 본질적인 것과 비본질적인 것, 고결한 것과 저급한 것, 일반적인 것과 개별적인 것으로 나누어질 수 있다.

아리스토텔레스는 자신이 이런 생각으로 기독교적 중세에 어떤 유산을 남기게 될지 짐작조차 하지 못했을 것이다. 그는 선험적 인식의 존재를 부인했다. 또한 〈인류〉나 〈동물〉 같은 보편적 명칭을 신적인 이데아가 아닌 인간의 개념으로 선포했다. 그럼에도 〈인류〉가 있다는 사실은 믿었다. 그렇다고 해서 그 생각의 폭발력이 변한 것은 전혀 아니었지만. 보편적 사물이 실제 〈사물〉로 존재하느냐, 아니면 〈말〉로만 존재하느냐의 문제는 훗날 중세 학계에서 큰 논쟁을 불러일으켰고, 기독교의 전 신앙 체계가 그 문제에 좌우되기도 했다.

그러나 아리스토텔레스는 자신의 이론에 내재한 다이너마이트를 감지하지 못했다. 당시에는 그의 견해가 1,500년 뒤의 세계처럼 도발적이지 않았기 때문이다. 그는 단지 정돈을 하려고 했을 뿐 불안을 야기하려고 했던 것이 아니었다. 이런 토대 위에서 나온 그의 동물학 저술은 역사 속에서 비슷한 것을 찾는다. 전해져 오는 텍스트 가운데 대부분은 생명체로 넘치는 자연에 대한 연구와 분류에 치중한다(이 주제에 관한 다른 저서들은 분실되었다). 오늘날 해부학과 생리학, 유전 이론, 행동 생태학에 대해 말할 때 우리는 아리스토텔레스에게서 그 기원을 찾는다. 일부 개념적 차원에서도. 물론 〈생물학〉이라는 말이 그에게서 유래한 것은 아니다. 오늘날 우리가 〈생명학〉의 의미로 사용하고 있는 이 개념은 18~19세기 전환기에야 탄생하지만, 아리스토텔레스가 최초의 생물학자일 뿐 아니라 이후 2,000년 역사에서 가장 중요한 생물학자라는 사실에는 이견이 없다.

아리스토텔레스는 많은 것을 내포한 선구자적 작업을 수행했다. 그러나 어려운 과제였다. 동물을 어떤 기준에 따라 구분하고, 어떤 범주에 따라 정리해야 할까? 그는 동물들 사이의 다음 차이를 알고 있었다. 가축과 야생 동물, 포식자와 초식 동물, 피가 있는 동물과 없는 동물, 임신 기간이 짧은 동물과 긴 동물, 가죽과 깃털이 있는 동물, 비늘과 갑각이 있는 동물, 겨울잠을 자는 동물과 그렇지 않은 동물, 생식 주기가 짧은 동물과 긴 동물, 바다나 육지, 공중에 사는 동물, 야행성 동물과 주행성 동물, 새끼가 많이 자란 상태로 태어나는 동물과 그렇지 않은 동물, 단독 생활을 하는 동물과 무리 생활을 하는 동물, 남쪽으로 이동하는 동물과 한 곳에 머무는 동물 등등. 교집합과 부분 집합뿐 아니라 포함하거나 배제해야 할 기준이 수없이 많은 이 정돈되지 않은 세계에서 다른 것들보다 상위에 있는 것은 무엇일까? 플라톤식으로 묻는다면 다른 것들보다 더 본질적인 것은 무엇일까?

아리스토텔레스가 내린 최상위 구분은 피가 흐르는 동물과 피가 없는 동물이다. 이는 오늘날까지도 척추동물과 무척추동물을 가르는 기준이다. 그다음에는 척추동물을 알 낳는 동물(조류, 파충류, 양서류, 어류)과 새끼를 낳는 동물(포유류)로 구분한다. 무척추동물의 경우는 두족류와 갑각류, 조개류, 곤충류 사이에 근본적인 차이가 있다고 판단한다. 아낙사고라스와 데모크리토스와는 달리 아리스토텔레스는 유전의 중요한 규칙들을 알고 있었다. 두 선행자의 생각은 이랬다. 갓 태어난 새끼는 모태에서부터 이미 완벽하게 꼴을 갖춘 부모의 복사본이고, 그래서 〈모든 것pan〉은 처음부터 〈생성되어 있다genesis〉. 반면에 아리스토텔레스는 닭의 수정란을 여러 단계에 걸쳐 연구하면서 생물이 도식적인 프로그램에 따라 서서히 〈형성되어 간다epigenesis〉는 사실을 깨달았다.

아리스토텔레스가 여기서 확인한 것은 인간을 포함해서 모든 동물에 해당된다. 인간도 피가 있고 새끼를 낳는 동물이다. 육체적인 관점에서도 다른 동물들과 특별히 구분되는 예외 현상이 아니다. 원숭이도 상당히 비슷하지 않은가? 그렇다면 인간도 하나의 동물로서 동물학에 포함시켜야 할까? 플라톤처럼 이성적 영혼을 최우선적으로 고려하지 않고 아리스토텔레스처럼 인간을 동물학적 관점에서 관찰하려는 사람은 이 지점에서 깊이 숙고할 수밖에 없다.

인간과 원숭이의 관계에 대한 물음은 완전히 새로운 것은 아니다. 플라톤에 따르면 헤라클레이토스도 그 문제와 관련해 이렇게 말했다고 한다. 〈아무리 아름다운 원숭이도 인간과 비교하면 못생겼다.〉 〈아무리 현명한 인간도 지혜와 미를 비롯해 모든 면에서 신과 비교하면 원숭이처럼 보일 것이다.〉[90] 플라톤은 동물학적 관심에서 헤라클레이토스의 이 말을 인용한 것이 아니었다. 기껏해야 인간을 우주 속에서 혼합적 존재로 자리매김하는 도덕적 동물학을 말하고 싶었을 뿐이다. 인간 속에는 한편으론 그 형체와 육체적 욕망 때문에 원숭이와 비슷한 저급한 것이 들어 있다. 하지만 다른 한편으로 인간은 로고스, 즉 이성적 영혼에 동참함으로써 원숭이적인 것에서 벗어나 신적인 것을 웬만큼 얻을 수 있다. 결국 플라톤이 보기에, 인간이 얼마나 이성적·도덕적으로 살 수 있느냐의 문제는 인간 속에 얼마나 많은 원숭이 또는 신이 있느냐에 달려 있다. 우리는 신이 아니고 신이 되지도 못하지만 적어도 신에 가까이 다가가려고 노력할 수는 있다. 또한 우리는 동물로 태어나지는 않지만 동물로 추락할 수도 있다. 〈원숭이 같은〉악덕한 인간은 그에 합당한 환생의 벌을 받게 되어 있다. 이런 점에서 원숭이들 중에는 원래 인간이었던 원숭이가 여럿 있을 수 있다. 그런데 이런 생각을 가진 플라톤도 그 반대의 경우에 대해선 입을 다문다.

인간과 원숭이를 바라보는 아리스토텔레스의 시선은 플라톤보다 덜 도덕적이다. 물론 그 역시 식물에서 동물과 인간을 거쳐 항성(!)에 이르는 〈자연의 사다리scala naturae〉를 알고 있지만, 그 단계들의 기준은 도덕적 완벽함이 아니라 실체적 완벽함이다. 이런 관점에서 인간은 직립 보행을 하고, 그로써 〈몸집에 비해 피조물들 중에서 발이 가장 크다〉[91]는 것으로 다른 모든 혈액 동물들과 구분된다.

아리스토텔레스는 유인원의 존재를 알지 못했다. 유럽 학자들이 오랑우탄을 처음 본 것은 17세기였다. 하지만 그가 본 원숭이들이 인간과 상당히 비슷하다는 사실은 세밀한 관찰자인 그 역시 모르지 않았다. 〈인간과 네발짐승의 중간 정도에 위치한 동물들이 있다. 원숭이, 긴꼬리원숭이, 개코원숭이 등…… 암컷의 생식기는 여자의 음부와 비슷한 반면에 수컷의 생식기는 개와 비슷하다.〉아리스토텔레스가 원숭이를 가리켜 〈두발짐승으로는 꼬리가 없고, 네발짐승으로는 엉덩이가 없기〉때문에 〈중간 형태〉라고 판단한 것은 좀 특이하다. 이집트에서 가축으로 키우는 긴꼬리원숭이는 꼬리가 있기 때문이다. 아리스토텔레스는 당시 지중해 지역에 널리 퍼져 있던 꼬리 없는 바버리원숭이를 그 종의 전형으로 생각한 게 분명하다.

〈직립 보행〉과 함께 인간을 다른 동물들과 구분 짓는 최초의 중요한 동물학적 기준이 등장한다. 반면에 영혼적 관점에서는 아리스토텔레스는 인간과 원숭이 사이에 무척 많은 공통점이 있음을 알아차린다. 원숭이도 다양한 감정을 드러내고 새끼를 세심하게 돌보는 것이 그 예다. 다만 웃는 것은 불가능하다. 그것은 오로지 인간만이 할 수 있다. 그 밖에 이성도 당연히 원숭이들이 가질 수 없는 인간만의 보물이다. 여기서도 인간의 직립 보행이 그 이유다. 아리스토텔레스는 인간이 손을 사용할 수 있어서 가장 영리한 생물이 되었다는 아낙사고라스의 말을 거꾸로 뒤집는다. 그러니까 인간은 가장 영리한 생물이기에 손을 갖고 있다는 것이다. 직립 보행으로 자유로워진 손은 합목적성의 기준에 맞다. 손은 〈하나의 도구고, 자연은 똑똑한 인간이 그러하듯, 물체를 사용할 수 있는 이에게 항상 그 물체를 부여한다〉.[92] 오늘날의 관점에서 보면 진실은 가운데쯤 어디인 것으로 보인다. 직립 보행은 우연히 생성된 상호 작용과 관련된 것이지 이지적인 예정의 결과는 아니다.

죽는 영혼, 죽지 않는 정신

아리스토텔레스가 이해한 것처럼 동물학을 연구한다는 것은 세계를 가장 작은 것에서부터 큰 것까지 연구한다는 것을 의미한다. 생명의 근본 원리는 무엇일까? 그 원리들은 어떻게 더 높은 형태로 체계화될까? 플라톤은 『티마이오스』에서 인간을 세계영혼에 동참시키기 위해 가장 큰 것, 즉 세계영혼의 탄생에서부터 출발한다. 반면에 아리스토텔레스는 인간 영혼을 가장 작은 것, 즉 〈보편적 생명 원리〉로서의 영혼이 고도로 발달한 것으로 규정한다.

아리스토텔레스는 〈영혼psyché〉 문제를 자연학적 차원에서 다룬다. 오늘날의 많은 독자들에게는 낯선 일이다. 그러나 아리스토텔레스는 훗날의 기독교인들처럼 영혼에서 죄와 구원을 떠올리지 않는다. 또한 17세기의 르네 데카르트처럼 〈의식〉을 떠올리지도 않고, 더 이후의 낭만주의자들처럼 주관적인 감정과 연결시키지도 않는다. 그에게 영혼은 살아 있는 모든 것의 일부이자 조직된 육신의 형태이지, 그 밖의 어떤 것도 아니다.

아리스토텔레스 당대에는 영혼이 물질에 생명을 불어넣는다는 데에는 이론의 여지가 없었다. 다만 문제는 그 영혼의 실체가 무엇이냐 하는 점이었다. 데모크리토스의 말대로 영혼은 아주 미세한 입자들로 이루어져 있을까, 아니면 플라톤의 말대로 순수한 정신일까? 감각 세계의 일부일까, 아니면 초감각적인 세계의 일부일까? 인간의 자기 정체성을 유지시켜 주는 영혼은 죽을까, 죽지 않을까?

아리스토텔레스는 영혼이 육체와는 완전히 다른 무엇이라는 플라톤의 생각을 단호히 거부한다. 그가 동식물에서 확인한 생명 과정은 기본적으로 모두 육체적이다. 동식물의 전 유기체는 생명을 낳고 유지하는 데 필요한 합목적적인 방식으로 살아가게 정해져 있다. 따라서 외부의 생명력, 또는 물질 속으로 들어오는 모종의 정신은 필요 없다. 그렇다고 아리스토텔레스는 데모크리토스나 다른 몇몇 유물론자들의 볼품없는 유물론에 큰 관심을 보이지도 않는다. 왜냐하면 영혼이 다른 모든 사물들처럼 원소로 이루어져 있다고 하더라도 영혼이 어떻게 일하고 어떻게 작용하는지는 설명해 주지 못하기 때문이다.

영혼의 비밀은 아직 제대로 밝혀진 것 하나 없이 동물과 식물의 몸속에 숨어 있다. 그것은 육신 하나만으로도, 외부의 정신적 첨가물로도 설명되지 않는다. 아리스토텔레스에 따르면 생명의 원리는 오히려 섬세한 협업에 있다. 그는 『영혼에 관하여Peri psychês』에서 몸과 영혼의 분리될 수 없는 통일성을 연구한다. 그가 내세우는 기본 개념은 〈질료〉와 〈형상〉이다. 조각가가 청동으로 형태를 만들어야 비로소 조각상이 되는 것처럼 생물의 몸도 형태가 만들어져야 생명을 얻는다. 그리고 가능성과 형상화를 통해 생물에 영혼이 깃든다. 그러나 외부에서 청동에 접근하는 조각가와는 달리 모든 살아 있는 것 속에는 그 자체에 조각의 원리가 담겨 있다. 그것이 앞서 말한 모든 생명의 합목적성과 목적 규정성이다. 따라서 영혼은 몸속에 있는 것도 아니고 조각가도 아닌 형상화의 조각 원리다.

여기서 중요 포인트는 다음과 같다. 아리스토텔레스에게 영혼은 물체도 아니고 첨가물도 아니다. 그것은 생명이 있는 것과 생명이 없는 것을 가르는 〈살아 있음의 원리〉다. 한 생물이 생명을 얻게 되면 그것으로 생명을 불어넣는 행위와 형성력은 목표에 이른다. 이런 의미에서 아리스토텔레스는 〈엔텔레케이아 Entelecheia〉, 즉 〈목표에 이른 상태〉에 대해 이야기한다.

생물은 영혼을 〈갖고 있는〉 것이 아니라 생물이 〈곧〉 영혼이다. 영혼이 없으면 생물은 생물이 아니기 때문이다. 그렇다면 이 영혼은 어떻게 생각해야 할까? 식물이건 동물이건 모든 영혼은 동일할까? 인간 영혼도 쐐기풀의 영혼과 구분되지 않을까? 이 대목에서 아리스토텔레스는 자연의 등급을 내세운다. 영혼의 원리는 어느 생물이건 동일하더라도 인간 영혼은 버섯과는 다른 능력을 갖고 있다는 것이다. 영혼의 등급표에서 가장 아래쪽에 위치한 〈식물 영혼〉에는 양분을 섭취하고 자라고 번식하는 능력이 있다. 그다음 영역인 〈동물 영혼〉에는 지각하고, 무언가를 하려는 능력이 추가된다. 무언가를 보고 듣거나 맛보는 생물체는 자신이 그 무언가를 보고 듣거나 맛보고 있다는 사실을 안다. 그런 점에서 동물 영혼에는 식물 영혼과 달리 초보적인 자기 인지 능력이 있다. 최고의 영혼 형태인 〈인간 영혼〉은 오직 인간에게만 주어진다. 이 영혼에는 동식물 영혼의 능력에 〈정신nous〉과 〈이성logos〉에 동참하는 능력이 덧붙여진다.

플라톤의 이성적 영혼과는 달리 아리스토텔레스의 인간 영혼에는 순수 정신적인 것뿐 아니라 육체적인 면도 담겨 있다. 생각을 하려면 그전에 내 표상과 사고를 자극하는 무언가를 감각적으로 지각해야 하기 때문이다. 지각이 없으면 표상의 세계는 없고, 표상이 없으면 사고는 불가능하다. 이런 의미에서 인간은 동물적인 몸이 있기에 이성적 능력이 생긴다. 이성 자체는 무형의 정신이지만, 우리는 오직 우리 몸과의 협력 작업을 통해서만 이성을 사용할 수 있다.

영혼의 이런 동물학에는 극적인 결과가 따른다. 우리의 정신이 육체 없이는 활동하지 못한다면 육체 없이 정신 혼자 계속 살아가는 것은 불가능하다. 그렇다면 내 영혼의 환생이나 불멸은 생각할 수 없다. 만일 내 감각 기관이 사라지면 내 표상과 사고 세계도 소멸된다. 그로써 육체와 사고의 협업으로 형성된 내 개인의 영혼도 죽는다. 내 이성적 사고를 가능하게 한 순수 정신의 원리만 죽지 않는다. 딱히 위안이 되는 말은 아니다. 내 몸이 죽은 뒤 어떤 식으로건 계속 살아가는 순수 정신은 나에 대해 어떤 것도 기억하지 못할 것이기 때문이다. 이 순수 정신 속에는 한때 나를 이루고 있던 것은 거의 남아 있지 않다.

아리스토텔레스의 말대로 인간이 영구히 죽는다면 그 사실은 내 영혼의 구제뿐 아니라 내 행위에도 당연히 영향을 미친다. 끝에 가서 아무런 보상을 받지 않는다면 굳이 더 나은 사람이 되려고 애쓰거나 도덕적으로 올바로 살려고 노력할 이유가 있을까? 게다가 플라톤이 말한 것 같은 지고지순의 최종 목표가 없다면 아리스토텔레스가 말하는 인간적인 〈추구〉는 이제 무엇을 지향해야 할까? 이로써 〈도덕적 엔텔레케이아〉의 의미에서 윤리적 목표 실현은 불가능해 보인다. 아니면 그렇지 않을까?

종에 적합한 도덕

도덕의 동물학 / 미덕 / 성격의 일체성 /
철학적으로 사는 행복에 관하여 / 민주제와 과두제 사이 /
여성, 노예, 야만인 / 가정 경제 대 금융 경제

도덕의 동물학

한 철학자가 역사상 약탈 전쟁과 무절제, 잔인함, 파괴욕, 무수한 살인으로 적에게건 아군에게건 악명 높았던 한 왕자를 가르쳤다는 사실은 일반적으로 별로 좋은 이력으로 보이지 않는다. 아리스토텔레스가 그랬다. 알렉산드로스 대왕의 왕자 시절에 얼마간 스승 노릇을 했던 것이다. 그런 이력에도 불구하고 그가 철학사에서 어쩌면 가장 중요한 윤리학자로 간주될 수 있었던 것은 그의 이름과 떼려야 뗄 수 없는 고도의 지적 인식 때문이었다.

　세계를 도덕적으로 관찰하는 사람은 세계를 자신이 존중하는 것과 배척하는 것으로 구분한다. 이 같은 구분에는 구속력 있는 규칙이 존재할까? 나는 무엇이 좋고 무엇이 나쁜지 객관적으로 인식할 수 있을까? 내가 그것을 인식한다면 인식한 것을 내 삶으로 바꾸는 방법에 대한 지침이 존재할까? 플라톤 이후의 도덕 철학은 이 문제들을 다룬다. 아리스토텔레스건 플라톤이건 인간의 모든 〈올바른〉 행동에는 하나의 목표가 있다. 성공적이고 〈행복한〉 삶이 바로 그것이다.

　아리스토텔레스를 스승과 연결시키는 것은 도덕적으로 선한 삶에 대한 추구다. 그러나 공통점은 곧 끝난다. 플라톤은 형이상학자로서 윤리학에 접근해 이데아의 세계에서 영원하고 절대적인 본보기를 찾는다면 아리스토텔레스는 마치 행동 연구가처럼 윤리학을 연구하기 때문이다. 이런 식이다. 인간은 어떻게 행동할까? 왜 그런 행동을 할까? 인간을 몰아가는 건 무엇이고, 인간을 행복하게 하는 건 무엇인가? 또 위험한 함정은 무엇일까? 도덕적인 행동은 왜 그렇게 어려울까? 모두가 행복eudaimonía을 원하는데도 왜 행복하지 못할까?

아리스토텔레스는 늘 윤리학자이면서 비교 행동학자다. 그래서 동물학 연구에서 그랬듯이 윤리학에서도 매우 정확한 관찰자의 모습을 보인다. 다만 아쉬운 건 인류학자인 그가 한 특수 계층, 즉 자유로운 신분의 남자들만 좀 더 세심히 관찰했다는 사실이다. 그에 반해 노예와 여자는 결함 있는 존재로 치부하면서 윤리적·정치적 고찰에서 항상 부차적으로만 언급했다. 그런 점에선 그의 많은 동시대인들도 비슷한 생각이었을 것이다. 물론 플라톤에 관한 논쟁에서 알 수 있듯이 모두가 그런 것은 분명 아니겠지만. 어쨌든 아리스토텔레스처럼 정확한 경험과 세밀한 관찰을 토대로 가차 없이 자기 철학을 밀고 나간 사람이 여성과 노예에 대해 그런 선입견을 보인 것은 실망스럽다.

아리스토텔레스는 아테네 시민이 아니라 시민권이 없이 용인된 이방인이었다. 그렇기에 전통적 귀족 윤리에 대해선 고위 귀족이던 플라톤보다 훨씬 비판적이었다. 물론 그렇다고 귀족 윤리의 핵심인 〈명예롭고〉 고결하고 관조적인 삶의 이상을 거부한 것은 아니었다. 아리스토텔레스가 마땅찮게 생각한 것은 권위주의적인 것과 위계질서, 그리고 도덕적으로 선한 삶의 플라톤적 이데아와 결부된 절대적인 것에 대한 믿음이었다. 아리스토텔레스가 중요하게 생각한 것은 옛 귀족 윤리를 철폐하는 것이 아니었다. 중요한 것은 귀족 윤리를 〈민주화하고〉 그 윤리의 주변 환경을 자유롭게 해서 철인 통치자와 수호자뿐 아니라 모든 시민이 그 윤리를 실천하며 살 수 있도록 하는 것이었다. 19세기 시민 계급이 패션과 세련된 매너, 석고 장식의 저택을 통해 귀족의 행동거지를 모방하고, 자기 계급의 정치적 대표자들을 웅장한 성에 모아 놓고 자기들 대신 일을 보게 한 것처럼 아리스토텔레스는 기원전 4세기에 벌써 〈시민적〉 귀족 윤리를 구상한 것이다.

그의 저술에는 윤리학에 관한 언급이 많다. 특히 세 작품이 올바른 삶과 올바른 공동체 생활의 문제를 상세히 다룬다. 『에우데모스 윤리학』, 『대(大)윤리학』, 『니코마코스 윤리학』이다. 이 중에서도 『니코마코스 윤리학』이 단연 가장 유명하고, 오직 윤리학에만 집중한 최초의 학술 논문이다. 다만 제목이 좀 모호하다. 아리스토텔레스의 아버지와 아들은 둘 다 이름이 니코마코스인데, 제목만 봐서는 둘 중 누구에게 헌정한 것인지 알 수 없기 때문이다.

『니코마코스 윤리학』의 목표는 서두에 곧장 나온다. 아리스토텔레스는 인간이 충만한 삶을 살려면 어떤 능력과 재화가 있어야 하는지 보여 주고 싶어 한다. 목표는 선에 대한 이론적인 지식만 얻는 것이 아니다. 플라톤은 선을 실천하기 위해선 선을 정확히 인식하는 것만으로 충분하다고 생각한 반면에(좀 의아한 주장이기는 하다) 아리스토텔레스는 삶에 내장된 많은 술책과 위험 요소들에 대해 알고 있었다. 그래서 스승과는 달리 행복한 삶을 위해 가져야 할 필수적이고 바람직한 영혼적 보물과 다른 보물의 긴 목록을 제시한다.

그런데 동물학과는 달리 윤리학에서는 엄청나게 복잡한 문제와 맞닥뜨릴 수밖에 없다. 물론 윤리학도 아리스토텔레스에 따르면 학문적으로 규정될 수 있는 영역이다. 하지만 올바른 삶에 대한 학문적 규정에는 흑과 백처럼 명확한 것들 외에 수많은 회색 지대가 존재한다. 선이 무엇인지 안다는 것과 실제 현실에서 선한 삶을 산다는 것은 별개의 문제다. 여기에는 정확하게 규정할 수 있는 상수들 외에 무수한 변수가 등장한다. 윤리학은 예외가 규칙을 지배하는 영역이다. 이런 설득력 있는 인식 때문에 아리스토텔레스의 윤리학은 플라톤의 〈비인간적〉 윤리학보다 좀 더 인간적, 다시 말해서 인간 본성에 좀 더 적합해 보인다.

어쨌든 행동 연구가 아리스토텔레스는 이런 〈동물학적〉 시각을 통해 윤리학에서 모두에게 공통적인 하나의 목표를 깨닫는다. 인간은 천성상 생물학적인 목표만 추구하지 않기 때문이다. 식물이 빛을 쫓듯 인간도 자기 삶에 유익한 것을 추구한다. 그런데 인간은 이성적 영혼을 가진 생물로서 이 추구가 어떻게 유익하고 충만한 것이 될 수 있는지 성찰함으로써 그 추구를 결정한다. 인간 삶에서는 그 추구가 단순히 이루어지는 것만이 아니라 〈행복하게〉 이루어지는 것이 중요하다. 그 때문에 에우다이모니아, 즉 행복으로 충만한 삶은 자신의 행동에 대해 생각하고 그것을 바꿀 수 있는 생물의 지극히 당연한 목표다. 이런 의미에서 삶의 행복에 대한 추구와 우리가 그것을 위해 내리는 수많은 결정들은 아리스토텔레스가 볼 때 인간의 인류학적 기본 장치에 속한다.

인간은 선천적으로 선을 추구하게 돼 있다. 선을 행하면 우리는 행복하다. 이 개념 정의를 통해 아리스토텔레스는 세계영혼이나 외계의 이데아를 개입시키지 않고 인간의 추구에 하나의 목표를 부여한다. 그의 윤리학도 자연권(自然權) 윤리학이다. 그러나 그는 선험적 선의 이데아를 믿는 것이 아니라 이성적 재능을 타고난 인간의 본성에 주목한다. 그에 따르면 선하게 행동하는 것은 합목적성의 더 높은 형태를 실현하는 것이고, 그로써 인간의 추구는 인간의 목표로 나아간다.

그렇다면 정확히 어떤 것이 선한 행동일까? 플라톤은 〈의도〉가 선하면 선한 행동으로 본다. 인간의 행동은 그런 식으로 선의 이데아에 동참하기 때문이다. 그런 면에서 플라톤의 윤리학은 〈심정(心情) 윤리학〉이다. 반면에 아리스토텔레스는 〈선한 의도가 성공적으로 목표에 도달해야〉 그 행동을 선한 것으로 본다. 그런데 여기서 의도와 성공은 따로 떼어 놓을 수 있는 것이 아니라 둘 다 동시에 고려되어야 한다. 선의의 행동이 실패하면 목표에 도달하지 못한 것이고, 그러면 그 행동은 선하지 않다. 가령 나는 용감한 사람이기를 바랄 수 있다. 그런데 특정 상황에서는 용감할 수가 없다. 두려움이 너무 많기 때문이다. 따라서 의지가 약한 사람과 성격이 여린 사람, 무절제한 사람은 비록 선한 행동을 하려는 의도가 있다고 하더라도 실패할 때가 많다.

이것은 플라톤이 예견하지 못한 경우다. 후대의 철학자들은 한 행동에 대한 판단을 마지막까지 미루어 두었다가 그 결과를 보고 평가를 내리기도 한다. 그런 입장에서는 결과가 좋아야 선한 행동이 된다(결과주의적 도덕론). 물론 아리스토텔레스는 그 정도까지 멀리 나가지는 않는다. 그에겐 삶이 행위와 실현으로 나뉠 수 없는 것처럼 윤리적 행동도 의도와 결과로 분리되지 않는다. 오히려 의도와 결과의 떼려야 뗄 수 없는 협력 작업 속에서 윤리적 행동이 나온다. 〈선하게 행동하려는〉 목표를 실천에 옮긴 사람은 그 자체로 목표를 달성한 것이다. 〈용감하게〉 행동한 사람이 나중에 그런 용기가 불필요했거나 경솔했던 것으로 밝혀진다고 하더라도 그 목표에는 도달한 것처럼 말이다. 그런 의미에서 아리스토텔레스도 결과주의적 도덕론자가 아니라 심정 윤리학자다. 다만 그는 우리의 의지가 나약하고, 우리의 마음이 종종 불안정하다는 사실을 인정한다. 때문에 선의의 행동이 성공하지 못할 때가 많다. 결국 윤리적 행동은 플라톤의 경우처럼 이성적인 분별력만이 아니라 그에 일치하는 견고한 〈성격〉을 전제로 한다. 그렇다면 그런 〈성격〉은 어떻게 얻을 수 있을까?

미덕

아리스토텔레스에게 삶의 충만한 행복이 우리 행동의 목표라는
데는 의심의 여지가 없다. 의도적으로 악을 저지르겠다고 마음먹
는 사람이 일부라도 있을 거라는 생각은 그의 머릿속에 아예 떠
오르지 않는다. 이 생각은 모든 인간이 선천적으로 선을 추구한
다는 그 자신의 형이상학적 생물학에도 맞지 않는다. 하지만 충
만한 삶을 〈어떻게〉 실현할 것인지, 또 세부적으로 들어가서 충만
한 삶의 본질이 무엇인지를 두고는 이론이 있을 수 있고, 〈대중의
대답은 사상가와는 다르다〉.[93] 게다가 그런 상황은 오늘날까지도
별반 다르지 않다. 의미와 더 높은 뜻에 대한 인간의 욕구는 천차
만별이기 때문이다. 많은 사람들이 섹스와 매력적인 파트너, 맛
있는 음식, 멋진 물건, 사회적 지위, 돈 같은 욕구를 마음껏 충족
시키는 것을 충만한 삶의 조건으로 여기는 반면에 그런 생각에
전적으로 동의한 철학자는 오늘날까지 거의 없다.

   아리스토텔레스에게 행복한 삶에 이르기 위한 가장 중요
한 전제는 좋은 성격이다. 좋은 성격을 가지려면 가능한 한 많은
〈미덕areté〉을 가져야 한다. 행복과 관련해서 합목적적인 삶을 살
도록 도와주는 것이 미덕이다. 그렇다면 올바른 미덕이란 무엇일
까? 스파르타나 독일의 나치 시대를 떠올리면 알겠지만, 어떤 문
화권에서는 자신과 다르게 생각하는 사람이나 타민족을 가혹하
고 인정사정없이 대하는 것이 중요한 미덕이었다. 심지어 사회
다원주의적* 윤리학에도 미덕은 있기 마련이다. 반면에 많은 문

화권에서는 정반대, 즉 자비와 관용을 중요한 미덕으로 여긴다. 이런 문화권의 시각에서 보자면 모든 인간이 생물학적으로 충족된 삶을 갈망한다는 것은 가치 중립적으로 여겨질 뿐 아니라 특별한 미덕을 생산하지도 않는다.

아무튼 아리스토텔레스의 생각은 이런 생각들과는 완전히 다르다. 그에게는 선이 무엇이고, 선에 속하는 미덕이 무엇이냐의 문제는 시공에 따라 변하거나 자유롭게 선택할 수 있는 것이 아니다. 선이 비록 저 높은 우주적 공간에 있는 것이 아니라 개개인의 선한 행동에서 발현된다고 하더라도 그는 모든 인간에게 동일하게 적용되어야 할 보편적 표본이 있음을 믿는다. 성공한 삶이란 선에 몰두한 삶이라는 사실에 대해서는 올바른 수단에 대한 것만큼이나 논쟁의 여지가 적다. 우리는 자연적으로 선에 끌린다. 그런 성향은 스스로 미덕을 키워 감으로써 가꾸어 나가야 한다. 이런 점에서 미덕의 목록은 아리스토텔레스가 〈발명한〉 것이 아니라 자기 의견에 입각해서 〈찾아낸〉 것이다. 아리스토텔레스가 볼 때 특정한 미덕이 부족하다는 것은 곧 더 높은 삶의 목표에 이르지 못할 거라는 말과 다르지 않다.

따라서 윤리적 삶을 산다는 것은 도덕적 종합 예술의 한 형태인 끊임없는 자기 수양을 의미한다. 그런 수양 끝에는 이제 뼛속 깊이 도덕적이기에 도덕적으로 행동할 수밖에 없는 생물이 생겨난다. 용감함, 신중함, 관대함, 고결함 같은 성격적 미덕과 영리함, 지혜로움, 정의로움 같은 이성적 미덕이 완전히 발전해서 서로 조화로운 관계를 이룬 존재다. 합리적인 판단력도 선하고 정의로운 행동으로 이어질 만큼 많은 지식과 경험을 통해 연마된다. 그런 이는 삶을 알고 자기 자신을 안다. 이런 풍부한 경험의

---

* 다윈의 생물 진화론을 자연과 사회의 차이를 무시하고 사회학에 도입해서 생존 경쟁과 자연 도태를 〈사회 진화〉의 기본 동력으로 보는 학설. 흔히 자본주의 사회의 불평등과 경쟁 논리를 옹호하는 수단으로 사용되곤 한다.

바탕 위에서 올바른 도덕적 삶이 나온다.

　　인간은 처음부터 미덕을 갖고 태어나지는 않지만, 학습과 숙고, 훈련과 자기 연마를 통해 미덕적인 존재로 성숙해질 수 있다. 따라서 윤리적 (자기) 수양은 지속적인 판단 훈련이다. 이때 관건은 유익하고 올바른 결정을 내리기 위해 매우 똑똑하고 영리해져야 하는 것이 아니다. 그보다는 오히려 올바른 것을 올바른 이유에서 행하는 것이 중요하다. 그건 나이 들수록 커져 가는 지혜의 산물이다. 아리스토텔레스에 따르면 그런 삶은 인간에게 자기 자신과 세계에 대한 기쁨을 선사한다. 다만 기쁨 자체가 최고의 목표는 아니다. 기쁨은 선을 선이라는 이유로 존중하는 행위의 심리적 보상일 뿐이다.

　　여기까지는 명쾌하다. 그렇다면 내게는 어떤 미덕이 얼마만큼 필요할까? 미덕들은 서로 어떤 관계일까? 이상적인 혼합 관계가 있다면 어떤 형태일까? 플라톤과는 달리 아리스토텔레스는 이런 문제들에 명확히 답하지 않는다. 대신 이 물음들에 확고하고 최종적인 답을 내릴 수 없는 이유를 제시한다. 선의 이데아와 미덕들은 인간 외의 영역에선 포착할 수 없기에 우리는 그것들을 확고하고 최종적인 형태로 정리하거나 서열화할 수 없다. 미덕 〈그 자체〉는 어딘가에 따로 존재하는 것이 아니라 그것을 실천하며 살아가는 인간들 속에 존재할 따름이다. 때문에 그것들을 완벽하게 묘사하는 것은 불가능하다.

　　미덕은 결코 절대적이지 않고 항상 정도의 차이가 있다. 다시 말해 관대한 행동, 신중한 행동, 용감한 행동에도 많음과 적음에 따라 질적 차이가 있다. 플라톤은 태양 또는 선도(先導) 별처럼 다른 모든 것들 위에 존재하는 〈하나〉의 선만을 생각했다면 아리스토텔레스는 〈다수〉의 선을 인정한다. 용감하면 선하게 행동한 것이고, 지혜로워도 선하게 행동한 것이다. 그런데 둘 다 선하지만 둘이 똑같지는 않다. 즉, 선은 가끔 서로 갈등에 빠지기도 한다. 예컨대 어떤 특정 상황에서는 차라리 용감하지 않은 편이 더 현명할 수 있다. 용감하게 나선 것이 결과적으로 쓸데없는 짓이었거나, 그저 무모한 자기희생에 그친 경우가 그렇다. 그와 비슷하게 관대함도 분명 좋은 일이지만, 지나치게 관대한 것은 사람을 경솔한 낭비자로 만들 수 있다. 그럴 경우 타인에 대한 지원을 줄이는 것이 더 현명하다. 관대함이 어느 순간부터 잘못된 것이고, 그 경계가 어디인지는 삶의 구체적인 사례 속에서만 결정될 수 있다.

　원칙적으로 선하다고 여겨지는 것이 특정 상황에서는 잘못으로 판정되거나 좋지 않은 결과를 보일 때가 왕왕 있다. 내가 〈선〉을 이론적으로 어떻게 규정하건 결국 중요한 것은 그것이 실행으로 옮겨지는 구체적인 상황이다. 가령 이론적으로는 진실을 말하는 것이 옳다. 하지만 삶에서는 거짓말을 하는 편이 오히려 바람직한 상황들이 있다. 불이나 위험 앞에서 사랑하는 이를 보호하기 위한 경우가 그렇다. 또 다른 예로 사람을 죽이지 말아야 한다는 것은 지극히 당연하다. 하지만 정당방위나 전쟁 같은 상황에서 누군가를 구하려고 살인하는 경우는 예외로 간주된다.

　아리스토텔레스는 가치와 규범뿐 아니라 인간적인, 또는 너무나 인간적인 상황과 약점도 잘 알고 있다. 그래서 윤리학은 인간에게 한편으론 〈올바른 것이 무엇인지〉 정해 주면서도 다른 한편으론 〈권장할 만한 것이 무엇인지〉 제시하기도 한다. 이때 가치와 규범이 도덕적 교묘함이나 영리함보다 중요하다. 삶을 요령껏 능숙하게 잘 헤쳐 나가는 사람은 궁극적으로 올바르게 사는 것이 아니다. 아리스토텔레스에게도 도덕적으로 선한 삶의 본질은 당연히 교묘하게 잘 속이는 것이 아니라 〈도덕적으로 선한 삶을 살고자 하는〉 것이다.

결국 미덕에서 중요한 것은 올바른 정도다. 고결한 성격이건 고결하지 않은 성격이건 모두 〈상대적〉이기 때문이다. 관대함은 인색과 낭비 사이의 〈중간mesotes〉 어딘가에 있고, 용감함은 무모함과 비겁함 사이의 어딘가에 있다. 미덕은 양극이 아닌 중용의 가치다. 그렇기에 우리는 각자 살아가는 동안 윤리적 판단력을 점점 키워 나가야 하고 삶의 지혜를 터득하도록 애써야 한다.

삶의 지혜, 즉 〈프로네시스phronêsis〉는 모든 미덕 가운데 가장 중요한 미덕이다. 마지막에 어떤 미덕을 언제 어떻게 사용할지 결정하는 것이 바로 이 미덕이기 때문이다. 프로네시스 개념을 처음 만든 사람은 아리스토텔레스가 아니다. 플라톤의 소크라테스도 『파이돈』에서 프로네시스가 없으면 용감함, 정의, 신중함이 적절하게 사용될 수 없다고 말한다. 플라톤은 이 개념을 옛 귀족 윤리에서 발견했다. 만일 한 귀족이 자기 자신에 대해 알 뿐 아니라 삶에서 자신이 마땅히 누려야 할 재화와 존경이 무엇인지 안다면 그는 프로네시스가 있는 사람이다. 이처럼 당당한 방식으로 자기 확신을 가진 것은 칭찬받을 만한 품성으로 여겨졌다.

플라톤과 아리스토텔레스의 프로네시스 개념에선 심리적 자기 확신과 자신감을 위해 물질적 자기 확신(사회적 신분 의식과도 비슷하다)은 사라지고 없다. 프로네시스가 있다는 것은 자신감에 차서 슬기롭게 삶을 조종해 나간다는 의미다. 그런데 삶의 지혜라는 이 개념은 상당히 모호하다. 아리스토텔레스의 눈엔, 먹이를 미리 준비해 두거나 겨울잠을 대비하는 동물들도 앞을 내다보는 영리함이 있고, 그로써 프로네시스가 있다고 할 수 있다. 하지만 다른 한편으로 그는 인간의 프로네시스를 본능이 아니라 경험과 인식을 통해 성숙된 오성적 미덕, 또는 내가 살아가면서 삶에 대해 취하는 〈태도habitus〉로 간주한다. 프로네시스가 있는 사람은 자기 삶을 조망하고, 스스로가 뭘 원하는지 알고, 자신의 판단을 반성하고, 그런 다음 개별 상황마다 최대한 선한 삶을 고려해서 총체적으로 결정을 내린다는 것이다.

삶의 지혜에는 두 가지 도전 과제가 있다. 우선 나는 타인들과의 교류에서 행복해질 수 있을까? 나는 사회적으로 성공할 수 있을까? 이것은 개인의 삶에서 행복을 좌우하는 하나의 측면이다. 그런데 다른 한편, 나는 그 과정에서 나 자신과 행복할까? 사회적으로는 명성이 높고 인기가 많은 사람이라고 하더라도 자기 자신과는 불행할 수 있기 때문이다. 이런 점에서라도 일괄적인 충고와 영리한 규칙만으로는 부족하다.

성격의 일체성

아리스토텔레스 미덕 윤리의 큰 강점은 다른 철학자들이 부동의 경계석을 확고히 세우는 지점에서 심리학적인 세분화를 시도하고 있다는 것이다. 선과 악은 결코 절대적이지 않다. 또한 아이스킬로스와 소포클레스의 희곡에 나오는 것처럼 신의 작품도 아니다. 인간 운명은 올림포스 남녀 신들에 좌지우지되는 것도 아니고, 멀리서 반짝이는 이데아의 그림자 속에서 유령처럼 어른거리는 것도 아니다. 모든 책임은 인간에게 있다! 인간이 선을 행하는 것 외에 어떤 선도 없다! 이런 인식으로 아리스토텔레스는 윤리학에 혁명을 일으켰다. 앎 하나만으로는 인간을 고결하고 선하게 만들지 못한다. 앎과 성격 수양의 협력 작업만이 인간을 선하게 만든다. 안다는 것만으로는 인간이 되지 못한다. 마음 수양이 없는 지식 습득은 공허하고, 앎이 없는 마음 수양은 맹목적이다. 이는 후대 철학자들을 격한 대립으로 이끈 강렬한 테제다. 플라톤처럼 선이 무엇인지 알면 자동으로 선하게 행동하게 될 거라고 생각한 철학자는 거의 없지만, 무지하고 교육받지 못한 사람은 선에 대한 인식이 없기에 선하게 행동할 수 없다는 주장도 늦게는 이마누엘 칸트 이후에 반박된다.

　　반면에 아리스토텔레스에게 선한 삶은 이지적인 삶이다. 윤리적 행동은 지식이 있는 사고의 토대에서 나오는 지식이 있는 행동이다. 그런 사고는 우리의 의지, 감정, 성급한 반응, 감수성, 기분, 소망, 기대를 제어함으로써 우리의 성격을 만들 수 있다. 이런 식의 연마가 성공적으로 이루어지면 변덕스럽고 나약한 성격도 미덕을 갖고 사용만 하는 것이 아니라 미덕을 구현하는 확고한 성격으로 바뀐다.

이 견해에 따르면 모든 인간에겐 〈하나의〉 성격이 있다. 아리스토텔레스가 이런 식으로 〈성격〉이라는 말을 사용할 당시 그 개념에는 이미 나름의 역사가 있었다. 그 말의 기원에 따르면 〈성격charaktér〉은 한 인간을 다른 인간들과 구분하는 고유함이나 특색을 가리킨다. 이 개념이 일반적으로 확고하게 자리 잡은 것은 기원전 6세기와 5세기에 동전을 주조하면서 거기다 특정한 〈캐릭터〉를 부여하기 시작하면서였다. 출처와 재료, 가치가 동전의 성격을 결정하는 것처럼 인간의 성격도 마찬가지다. 동전에, 아니 그 동전의 성격에 항상 양면이 있다는 사실을 고대 그리스인들이 알고 있었는지는 알 수 없다. 다만 아리스토텔레스가 사용한 〈성격〉이라는 표현 속에는 여러 개가 아닌 단 하나의 성격만 존재한다.

성격의 일체성과 더불어 인간 의식 속에 있는 미덕들의 일체성은 미덕 윤리의 가장 중요한 확신 중 하나다. 우리는 그것을 플라톤의 형이상학적 인간상에서와 마찬가지로 아리스토텔레스의 동물학적 인간상에서도 발견한다. 그에 따르면 미덕들 〈사이〉에는 갈등이 존재하지만, 하나의 미덕 〈안〉에는 갈등이 존재하지 않는다. 인간은 어떤 미덕을 갖고 있거나 갖고 있지 않을 뿐이다. 오늘날의 시각으로 볼 때 이런 일체성과 엄격성은 문제가 무척 많은 확신이다. 아리스토텔레스 이후 2,000년이 훌쩍 지난 지금 사람들은 곧잘 이렇게 묻기 때문이다. 〈누가 나일까? 내 속의 모든 것이 나라면 도대체 얼마나 많은 내가 존재하는 것일까?〉

사회 심리학과 행동 경제학에서는 실제로 살아가고 실제로 행동하는 인간에게는 뼛속까지 깊이 뿌리 내린 미덕이 거의 없다고 생각한다. 가령 전쟁터에서는 무척 용감하지만 아내와의 관계에서는 지극히 비겁한 군인이 있을 수 있고, 평소엔 무척 사려 깊고 신중하지만 이례적인 극한 상황에서는 자신에 대한 통제력을 완전히 상실하는 사람도 있다. 또한 아무리 철저한 도덕주의자라고 하더라도 포로수용소에서까지 그렇게 행동할 수 있을까? 사실 얼마나 많은 도덕적으로 영웅적인 일들이 그 순간에는 자기 행동의 미덕적인 면을 의식하지 못한 채 그저 자신이 해야 할 일이라고 생각한 사람들에 의해 행해졌던가?

깊은 반성을 통해 체내화한 강고한 미덕을 갖추는 것은 그냥 어려운 정도를 넘어 거의 비인간적으로 비친다. 그래서 확고부동한 미덕에 따라 행동하는 이는 인간 사회의 예외 존재로, 또는 성자로 여겨진다. 여하튼 우리는 그 사람을 미리 예정된 목표를 달성한 보통의 이성적인 인간이라 보지 않는다. 어쩌면 철저하게 미덕적이고 성숙한 인간이 되고자 하는 이상이 심지어 우리에게 없어졌을지 모른다. 왜냐하면 우리는 어떻게 해야 할지 모르거나 갈등 상황에 빠졌을 때에만 대개 뭔가를 강렬하게 배우기 때문이다. 문제와 도전들, 그리고 때로는 좌절도 평생의 배움에서는 없어서는 안 될 중요한 동반자다. 가늠할 수 없는 도덕적 난제들은 나이가 들어서도 우리 삶을 굽이쳐 흘러간다. 이 난제들은 성숙함과 지혜를 통해 해결되는 것이 아니라 기껏해야 완고함과 단순함을 통해 해결될 수 있다. 삶의 강은 운하가 아니다.

오늘날의 관점에서 보면 아리스토텔레스의 이상적 미덕은 비현실적으로 보인다. 그 배후에 아들 니코마코스를 위한 교육적 과장 이상의 뭔가가 감춰져 있다면 우리는 아리스토텔레스가 미덕 윤리학을 구상할 당시의 사회적 상황을 좀 더 자세히 살펴볼 필요가 있다.

기원전 4세기의 아테네는 당연히 오늘날의 서구 사회만큼이나 복잡하지 않았다. 또한 자신의 삶을 어떤 환경에서 어떻게 보내야 할지에 대한 선택의 폭도 비할 바 없이 제한적이었다. 당시 사람들은 특정 계층, 즉 농부, 수공업자, 상인, 귀족의 자식으로 태어나면 평생을 그 환경 속에서 살아야 했다. 물론 19세기의 유럽 상황도 이와 다르지 않았고, 안타깝지만 오늘날에도 그런 경우가 허다하다. 특정 계층에 속하는 사람은 그 계층의 기질에 강한 영향을 받는다. 토지와 땅을 비롯해서 돈과 신앙, 결혼, 가족과의 관계는 보통 미리 확고하게 정해져 있다. 이런 사회적 배경에서 환경만 인간에게 영향을 주는 것이 아니라 인간 스스로 〈자신의 고유한 특색을 만들어 나갈〉 수 있다고 생각하는 것은 굉장히 진보적으로 보인다. 환경의 외부적 기질이 이제 스스로 결정한 성격적 〈기질〉이 된다. 아리스토텔레스가 이 기질들을 우리의 행위에 미치는 〈상황들〉의 엄청난 의미보다 더 높이 평가한다고 해도 굳이 받아들이지 못할 일은 아닌 듯하다.

아리스토텔레스는 자기 책임(최소한 모든 자유민 남자들에게 해당되는 것이다)의 원칙을 신들의 의지에 대한 무기력함과 환경의 구속력보다 더 상위에 둔다. 자기 책임으로 행동하기 위해서는 자신의 성격 안에서 서로 대립하는 많은 감정과 이해관계, 목표들을 평화롭게 정리해야 한다. 이 요구는 아리스토텔레스에게 상당히 중요하다. 왜냐하면 그는 이 요구를 개별 인간에서 전체 국가로 확장하기 때문이다. 따라서 정치는 전체적으로 개인과 똑같은 것을 추구한다. 결국 아리스토텔레스도 플라톤과 마찬가지로 영혼의 평화와 국가의 평화를 동일한 차원에서 바라본다. 개인 속에서 미덕들이 잘 정리될수록 국가도 더 잘 정리되고 조화로워지기 때문이다.

자신에게 만족하는 시민이 만족스러운 국가의 나쁜 전제가 아니라는 주장은 놀랍지 않다. 물론 현대 국가들은 오히려 그 반대로 생각하고, 개인의 행복에는 책임을 지려 하지 않지만. 어

고대 철학 좋에 취함한 고대

쨌든 이상 국가 안에서는 큰 갈등과 대립을 피할 수 있을 거라는 플라톤과 아리스토텔레스의 비전은 시대에 뒤떨어져 보인다. 그들의 주장에 따르면, 그런 갈등과 대립은 잘 조율된 일체성 속에서 해체된다. 왜냐하면 미덕과의 파탄 난 관계와 그로 인한 심각한 성격적 결함을 실패한 삶의 원인으로 소급할 수 있는 것처럼 공동체 내에서 다툼이 이는 것 또한 오직 누군가 잘못을 저지르기 때문이라는 것이다. 따라서 부자와 가난한 자, 권력 있는 자와 권력 없는 자, 특권을 누리는 자와 그렇지 못한 자 사이에서 발생하는 지극히 〈자연스러운〉 이해관계의 대립은 받아들여지지 않고 있다.

철학적으로 사는 행복에 관하여

아리스토텔레스의 동물학적 관점에서 볼 때 인간은 공동체를 형성하고 사는 무리 동물, 즉 천성적으로 〈정치적 동물physei politikon zôon〉이다. 인간은 다른 인간이 없으면 살 수 없다. 무리를 지어 살려는 성향은 인간의 가장 고유한 본성이다. 그런데 공동체 삶에는 수많은 형태가 존재하지만, 아리스토텔레스가 보기에 인간의 복잡한 감정과 이성적 본성이 최적으로 발전할 수 있는 형태는 오직 하나뿐이다. 도시 국가, 즉 그리스의 폴리스다. 모든 생명은 일반적으로 생의 성공적인 완수를 목표로 하고, 인간의 삶은 행복을 겨냥하듯이 인간의 무리 본능은 폴리스의 삶을 지향한다. 폴리스가 인간 본능의 자연스러운 목표라는 것이다. 〈모든 폴리스는 천성적으로 생겨난다. (……) 폴리스가 모든 공동체의 목표이기 때문이다.〉[94]

폴리스는 이상적인 삶의 공간이자, 인간, 특히 자유민 남자들에게 가장 유리한 서식지다. 인간은 바로 이 폴리스에서 자기만의 이상적인 생활 방식들, 즉 〈도덕 정치적〉 삶과 훨씬 완벽한 〈이론적〉 삶을 발전시켜 나갈 수 있다. 플라톤과 마찬가지로 아리스토텔레스도 인간 존재의 최고봉을 자유로운 남성 철학자가 되는 것으로 보았다. 이 남성 철학자는 세상의 온갖 다툼 따위에는 아랑곳하지 않고 자신의 운명을 독자적으로 만들어 나간다. 앎을 늘리고 올바른 것을 행하는 자유로운 남자이자, 모든 이들과 잘 지내는 인간이다. 이런 이론적 삶의 이상은 후대에 엄청난 영향을 끼쳤다. 2,000년 넘게 학문과 학자들의 자기 이해에 독특한 색깔을 입힌 것이다.

늦어도 우리는 라파엘로의 「아테네 학당」 이후에는 그리스, 아니 최소한 아테네 남자들만큼은 대부분 정말 관조적이고 사색적으로 조용히 산책이나 하면서 살았을 것으로 상상하곤 한다. 그러나 평생 지혜를 추구하며 보낸 이들에 대한 이미지는 우리가 생각하는 것만큼 결코 그렇게 훌륭하지는 않다. 그건 아리스토파네스가 소크라테스를 괜히 불화만 일으키는 무익한 요설가로 묘사한 것만 봐도 알 수 있다. 물론 귀족 가문 출신의 플라톤 같은 남자는 분명 다르게 비쳤을 테지만, 그것도 그의 철학적 활동 때문이라기보다는 사회적 신분 때문이었을 것이다. 아리스토텔레스의 경우는 문제가 좀 복잡하다. 그는 시민권이 없는 이방인으로서 자신에게 투표권조차 부여하지 않은 한 폴리스를 이상화한다. 그가 어떻게 생계를 꾸려갔는지도 우리로선 정확히 아는 게 없다. 어쨌든 그가 인간의 모든 생활 방식 가운데 인간 종에 가장 적합한 것으로 여긴 그 이론적인 삶은 동시대인들의 눈엔 좀 수상쩍게 보였을 것이다. 오늘날에도 직업이나 수입이 없는 가난한 철학자를 그런 눈으로 보는 것처럼.

그럼에도 그 삶의 이상은 주목할 만하다. 이론적 삶의 이상 속에서 아리스토텔레스는 한가한 삶에 뿌리를 둔 옛 귀족 윤리를 이어 가고 있기 때문이다. 이제 귀족적 삶의 사치가 철학자적 삶의 사치로 변한다. 철학자는 호기심과 배움, 앎에 대한 욕구를 인간 본성의 가장 중요한 특징으로 끌어올린 동물학에 뿌리를 둔 채 흡사 옛 귀족의 정신을 잇는 후계자처럼 비친다. 올바른 인간으로 살아가는 것은 오직 철학자뿐이다. 나머지 사람들은 유감스럽게도 가끔 그런 모습을 보일 따름이다.

철학자가 되는 것은 최고의 행복이다. 지극히 탁월하게 살아가는 인간 최고의 행복에 도달할 기회는 오직 그에게만 주어지기 때문이다. 그런 삶이야말로 신들에게 가장 가까운 삶이다. 플라톤과 아리스토텔레스가 설명한, 탁월한 삶에 도달한다는 목표는 귀족 윤리의 연장이다. 하지만 철학자는 호메로스의 영웅들과는 달리 지나치게 강하거나 용감해서는 안 되고, 운동 경기나 전쟁에서처럼 영웅적 행위를 해서도 안 된다.

〈탁월함〉의 개념은 이론적인 삶에 맞추어지고 도덕화된다. 물론 아리스토텔레스도 탁월함의 외적인 측면 중에서 몇 가지는 여전히 인정한다. 가령 우리는 살아가면서 성격 수양에만 집중하는 것이 아니라 재산을 불리는 것도 아주 좋은 일이라는 것이다. 앞서 플라톤의 『국가』 서두에서 보았듯이 돈은 남에게 빚을 져 휘둘리지 않을 만큼의 자유를 보장해 준다. 또 돈이 없으면 관대함의 미덕을 어떻게 발휘할 수 있겠는가? 아리스토텔레스는 『니코마코스 윤리학』에서 이렇게 쓴다. 〈외적인 재화도 (……) 행복의 일부다. 재화 같은 필요한 보조 수단이 없다면 고결한 행동으로 스스로를 빛나게 하는 일은 불가능하거나, 아니면 최소한 쉽지는 않을 것이기 때문이다. 사실 살다 보면 삶의 도구에 불과한 친구와 돈, 정치적 힘의 도움을 받아야만 이룰 수 있는 일들이 많다.〉[95]

시민 사회에서도 통용되는 귀족적 탁월함의 또 다른 외적 측면은 아름다움이다. 당시에 미는 오늘날처럼 인위적으로 만들어 내거나 효과적으로 가꿀 수 없었기에 그저 행운에 의존할 수밖에 없었다. 〈그 밖에 그것이 없으면 행복의 순수한 형태를 망가뜨리는 자산도 있다. 예를 들면 고귀한 출생, 훌륭한 자녀, 아름다움이 그렇다. 아주 역겨운 외모를 (……) 가진 남자는 행복하기가 어렵기 때문이다.〉[96] 고귀한 출생과 자식도 탁월한 삶에 좋은 요소로 작용한다. 결국 좋은 집안에서 태어나고, 잘생기고, 재산이 많고, 자식이 많은 철학자가 최고의 삶을 누릴 수 있다.

플라톤의 정신적 귀족주의가 밀교적 분위기를 풍긴다면 아리스토텔레스의 귀족주의는 실용적이다. 아리스토텔레스의 경우는 귀족적인 것이 절대적인 국가의 영역에서 이성적인 내면의 세계로 넘어간다. 인간은 자유로운 세계 속에서 귀족적으로 느끼고 행동해야 한다는 것이다. 플라톤의 귀족주의는 자유롭지 못한 세계, 즉 국가적인 차원의 신념 독재에 기반하고 있다. 반면에 곧 살펴보겠지만 아리스토텔레스는 좀 더 진보적이고 다원적이다. 그는 국가 질서가 아닌 부유한 시민을 귀족화한다. 시민들이 미덕을 열심히 함양한다는 전제하에서 말이다. 이런 소신은 윤리뿐 아니라 경제와 정치에도 영향을 미친다. 플라톤의 국가 공산주의를 단호히 거부하고 있으니 말이다.

그런 국가가 성공을 거두고 신념 독재 없이도 잘 유지되려면 자유롭고 도덕적인 시민들은 〈서로 친구가 되어야〉 한다. 미덕의 일체성의 가장 이상적인 형태는 현실 속에서 미덕적인 것들의 일체성이다. 미덕은 텅 빈 공간이나 영혼과 자기와의 대화로 생겨나는 것이 아니라 한 공동체 안에서 생겨난다. 공동체의 일원들에게 미덕이 많을수록 공동체는 탁월해진다. 미덕이 적을수록 공동체가 비루해지는 것처럼. 국가와 시민은 이런 식으로 서로를 선에 이르도록 고무해야 한다. 여기서 아리스토텔레스는 인간 본성에 대한 소신에 따라 모든 선한 인간은 똑같은 선을 원한다고 전제한다. 그리고 이 선은 구성원들이 서로 우호적으로 주고받음으로써 공동으로 인식되고 실행될 수 있다.

따라서 정치란 〈우정〉으로 연결된 사람들의 프로젝트다. 열한 명이 친구가 되어야 하는 축구에서도 잘 안 되는 것을 국가의 토대로 삼은 것이다. 오늘날 우리의 시각에서는 개인적 이해관계를 보편적 우정의 이상에 종속시킨 것이 낯설게 느껴진다.

현대적 개인주의와 모순되기 때문이다. 내가 친구를 선택하는 것은 일반적인 연대감을 만드는 행위가 아니라 내게 중요한 사람과 내게 덜 중요한 사람을 가르는 행위일 뿐이다. 때문에 우정은 사적인 일이지 공동선의 전제 조건이 아니다. 또한 우리에게 중요한 것은 우리 친구들에 대한 성실 의무이지, 〈선〉에 대한 성실 의무가 아니다. 설령 우리가 스스로를 〈선한 사람〉으로 여기고 싶고, 〈선〉을 소망한다고 여기더라도 말이다. 원칙적으로 우리는 지금도 〈선〉이 무엇인지 아리스토텔레스만큼 확고하게 알지 못한다. 사실 우리 삶에서는 그에 대한 물음조차 제대로 제기되지 않는다. 우리의 도덕적 우주는 명확한 원칙에 따라 조직된 것도, 설계된 것도 아닌 것처럼 보인다. 그래서 우리는 면밀하게 검토하는 대신 많은 것을 그냥 미해결로 내버려 둔다. 현대 사회는 도덕적 가치와 관련해서 많은 것을 너그럽게 허용할 뿐 명쾌하게 옳고 그름을 가르는 일은 되도록 자제한다.

오늘날의 우리에게 공동체의 도덕적 일체성은 성격의 도덕적 일체성만큼이나 생경하다. 우리가 사는 세계는 아리스토텔레스 당시보다 비할 바 없이 복잡해졌다. 우리는 시간과 에너지가 부족해서라도 우리를 둘러싼 세계를 그만큼 세밀하게 검증할 수 없다. 또한 아리스토텔레스가 말하는 공동체적 이해관계의 일체성이 기원전 4세기에도 도달할 수 없는 이상이었음을 고려해야 한다. 당시 아테네의 거리에서 펼쳐지는 모습은 그와 달랐다. 오히려 현실에서는 싸움이 만연했다. 도시의 정치도 공동의 성공을 담은 역사만이 아니라 다툼과 비열함의 역사이기도 했다.

앞서 기술했듯이 기원전 4세기의 아테네에는 최대 수만 명의 자유민이 살고 있었다. 비자유민과 여성, 노예는 정치적으로 우정의 관점에 포함되지 않는다. 시민들이 연대하고, 연대해야 한다는 것은 퍽 현실주의적인 생각이다. 그러나 이러한 연대가 오직 단 하나의 거대한 우정 네트워크로 연결되는 것은 환상이다. 그럼에도 아리스토텔레스에게 이 환상은 놀라울 정도로 중요하다. 그가 볼 때 사람들이 폴리스에서 정의로워지도록 보장하는 것이 바로 이 우정이기 때문이다. 사람들이 서로 우애롭게 지낼수록 사회는 더 정의로워진다. 그런 점에서 『니코마코스 윤리학』에서는 우정을 맺는 것이 정의의 표현이라고 적혀 있다.

아무튼 우정은 정의에 대한 사랑보다 훨씬 안정적이다. 또한 판결보다 한 사회를 가장 깊은 곳에서 더 강하게 결속시킨다. 그럼에도 오늘날 우리는 정의로운 사회를 위한 우정의 가치를 하찮게 평가할 이유가 있다. 우정, 즉 개인들 간의 친분이 법을 대체하는 곳에서는 사람 관계에 따른 부패와 불공정이 판을 치기 때문이다. 반면에 입법자나 판사가 친구건 적이건 가리지 않고 모든 사람을 법 앞에서 평등하게, 즉 가치중립적으로 대할 때 우리는 정의가 작동한다고 생각한다.

아리스토텔레스는 폴리스 내에서 우정의 역할을 아주 높이 평가했기에 상당히 적은 수의 법규만으로도 얼마든지 사회를 꾸려 갈 수 있다고 생각했다. 그래서 법적 장치에서도 원칙적으로 절도와 강도, 상해, 살인, 모욕을 규제하고 처벌하는 규정밖에 없었다. 법과 도덕은 아직 현실적으로 분리되지 않은 상태였다. 법을 제정하고 적용하는 일은 법률적 기술이 아닌 윤리적 기술로 이해되었다. 도덕적인 사람은 올바르게 행동하고 법을 공정하게 적용할 수 있다는 것이다. 따라서 국가의 모든 공복은 도덕적이어야 한다. 오늘날의 관점에서 볼 때도 곱씹어 볼 만한 대목이다.

민주제와 과두제 사이

아리스토텔레스가 〈정치적 동물〉의 가장 좋은 서식지로 간주한 폴리스는 자유민 남자들에게 여유와 관조의 삶을 가능하게 한다. 또한 그런 삶을 위해 우정에 기반을 둔 정의의 분위기를 만들어 낸다. 그런데 어떤 국가 형태가 적합할까? 아리스토텔레스는 그 것을 『니코마코스 윤리학』과 『정치학』에서 찾아내려고 한다. 하지만 두 저서에서 내린 판단은 각각 다르다.

『니코마코스 윤리학』에서는 최상의 도덕적 국가 형태를 〈군주제〉로 본다. 세상일을 정리하고 관계를 조절하는 것이 가장 쉬운 제도가 군주제다. 통치자는 아버지가 자식을 돌보듯 시민들을 돌봐야 한다. 그런데 아리스토텔레스가 볼 때 군주제에는 이 제도를 악용할 가능성이 활짝 열려 있다. 일인 통치자가 공동선이 아닌 자신만을 위한 전제 정치로 나아가기가 너무 쉽기 때문이다. 그럴 경우 군주는 자기 자식을 노예로 삼은 아버지가 된다.

미덕의 관점에서 차선의 국가 형태는 〈귀족제〉다. 아리스토텔레스가 옛 귀족 윤리를 얼마나 귀하게 생각하는지 여실히 드러나는 대목이다. 그는 귀족과 미덕이 원래 한 쌍이라고 확신한다. 남자가 여자에 대해 태생적으로 예정된, 그래서 정당한 지배권을 행사하는 것처럼 귀족은 평민 남자들에 대한 지배권을 갖고 있다. 그러나 이런 귀족제도 남용되거나 오용될 여지가 많다. 실제 현실에서는 고결한 뜻을 가진 귀족이 통치하는 경우가 드물기 때문이다. 대신 소수의 특권층이 재빨리 패거리를 지어 자기들만의 이익을 대변하는 과두제를 세운다. 아리스토텔레스는 이런 오용 사례를, 자신이 가진 부의 힘을 알기에 남편의 당연한 지배에 반발하는 조금 뻐딱한 상속녀의 모습을 예로 들어 설명한다.

미덕의 관점에서 그다음 저급한 국가 형태는 솔론이 본보기로 보여 준 〈금권제〉이다. 금권제에서 시민들은 소득에 차등적으로 참정권을 갖는다. 아리스토텔레스는 금권제를 형제 사이의 우애에 비교해서 설명한다. 미덕의 사다리에서 가장 낮은 단계는 모든 자유민이 동등한 투표권을 갖는 〈민주제〉다. 아리스토텔레스는 민주제를 별로 도덕적이라 여기지 않는다. 이 제도에서는 〈집주인〉이 없고, 누구나 자기 원하는 대로 하거나 하지 않을 수 있기 때문이다. 그런데 다른 한편으로 민주제는 모든 국가 형태 중에서 중대한 오남용을 막기엔 가장 좋다. 그 때문에 민주제는 그나마 〈가장 덜 나쁜〉 제도다. 이 문장에서 영감을 받아 윈스턴 처칠은 1947년 11월 11일 영국 하원에서 다음과 같은 재치 있는 명언을 내놓는다. 민주주의는 〈이따금 시험된 다른 모든 형태들만 빼면 모든 정부 형태들 가운데 최악이다〉. 기본적으로 아리스토텔레스가 『니코마코스 윤리학』에서 펼쳐 놓은 생각의 탁월한 요약이다.

그 생각의 핵심은 역설적이다. 한 국가 형태가 덜 도덕적일수록 그만큼 더 믿을 만하게 작동한다니 말이다. 미덕을 토대로 정치를 세우려 한 철학자의 입장에서는 재앙과도 같은 결과다. 그래서 아리스토텔레스는 『정치학』에서 이 문제를 한층 더 세밀히 숙고한다. 우선 민주제에 대한 그 자신의 불쾌감을 완화시켜 도덕적 이상에 일치시키려 한다. 결과는 혼합 정체(政體)다. 자신이 좋아하지만 잘못된 길로 빠지기 쉬운 귀족제를 경멸스럽지만 덜 불안정한 민주제와 결합시키려 한 것이다.

이 혼합 정체가 세부적으로 어떤 형태인지는 좀 모호하다.

아리스토텔레스는 민주제의 형태를 네 가지로 구분하고, 그중에서 특히 모든 자유민 남자에게 동등한 권리와 동등한 공직 진입 기회를 부여하는 급진적 민주제를 거부한다. 이 형태는 필연적으로 선동적인 정치인들에 부추겨져 민중의 전제 정치로 이어진다는 것이다. 〈그런 민중 독재는 법의 지배를 받지 않기 때문에 군림하려고 하고, 아첨꾼들이 득세하면 폭정으로 변한다. 따라서 독재하에서의 이런 민주제는 전제 정치나 다름없다.〉[97]

아리스토텔레스는 최선의 해결책으로 〈국가Politeia〉, 즉 이성적인 사람들이 이끄는 공동체를 제시한다. 그는 모든 자유민이 폴리스의 정치에 참여하는 건 허용하지만, 고위 공직은 소수의 엘리트들에게만 문을 열어 준다. 일반 민중은 까다롭기 그지없는 정치적 과제를 떠안을 만큼 한가하지 않기 때문이다. 이 구상은 의심할 바 없이 귀족주의적이거나 과두 정치적이다. 투표는 누구나 할 수 있지만, 국가는 가장 존경스럽고 유능한 사람들만이 이끌어야 한다는 것이다.

이 체제에 대한 아리스토텔레스의 생각이 모두 명확한 것은 아니다. 한편으로 그는 민주제에서 민중의 집단 지성을 비롯해서 모두의 미덕이 합산된 총 미덕과 지력의 지혜에 대해 말한다. 하지만 다른 한편으로는 민중 지배의 이 형태를 거부하고 과두 엘리트의 권력을 선호한다. 그는 폴리스의 중산층을 똑똑한 말로 칭찬하고, 상층과 하층을 매개하는 이 계층이 장려되고 커지길 바란다. 그러면서도 중산층이 권력에 접근하는 길은 차단하거나 어렵게 만든다. 게다가 어떤 때는 중산층 출신의 솔론 같은 역사적 영웅을 칭찬하다가도, 또 어떤 때는 왜 상류층만이 나랏일을 돌보는 데 적합한지 상세히 설명한다. 이 책에서는 윤리학에 토대를 둔 정치를 동물학에서 끌어내려는 철학적 이상은 오래전에 포기했다. 오히려 그는 다양한 역사적·정치적 경험을 고려하는 사회학자처럼 논증하고 있다.

　전체적으로 볼 때 아리스토텔레스의 정치적 관념은 문제가 있고 모순적이지만, 부분적으로는 많은 똑똑하고 획기적인 견해들이 세밀히 전개된다. 가령 그는 정치란 공동선에 복무해야 할 의무가 있고 그 기준에 따라 평가가 내려져야 한다는 원칙을 세운다. 여기서 공동선이 무엇인지는 불분명하지만 플라톤이 두 이상 국가의 토대로 삼은 선의 이데아보다는 훨씬 구체적이다. 아리스토텔레스는 〈자유〉의 개념도 정치에 도입한다. 자유 없이는 어떤 미덕도 육성하거나 발휘될 수 없기에 정치의 과제는 시민의 자유를 존중하고 보호하는 데 있다. 이때 그는 자유를 두 종류로 구분한다. 정치 활동의 자유와 많은 일에서 국가로부터 간섭을 받지 않을 자유다. 이 구별은 정치 철학사에서 굉장히 중요한데, 훗날 이마누엘 칸트도 이 문제를 다시 붙들고 상세히 다룬다. 20세기 들어서는 철학자 이사야 벌린이 이 구분을 자유주의의 두 가지 핵심 개념인 〈긍정적 자유〉와 〈부정적 자유〉의 개념으로 발전시킨다.

여자, 노예, 야만인

아리스토텔레스의 폴리스는 획일적인 구상이 아니다. 플라톤과 달리 그는 정치를 뭔가 계획하거나 만들어 내는 〈기술techné〉이 아니라 삶의 생생한 실천으로 본다. 삶이 생물의 생명 활동이듯 정치는 정치적 인간들의 생명 활동이다. 정치적 삶은 다양하고, 그 삶을 실현하려면 자유의 여지가 필요하다. 첫눈에 볼 때 사실이라 믿기 어려울 정도로 너무 현대적으로 들리는 생각이지만, 안타깝게도 그건 사실이 아니다.

아리스토텔레스를 아무리 높이 평가하더라도 한 가지는 간과할 수 없다. 도덕적 시민은 일을 하지 않는다는 원칙이 그의 정치 철학의 토대라는 사실이다. 그가 말하는 세계에서는 〈노동〉의 개념은 한 번도 등장하지 않는다. 기껏해야 수공업자의 〈생산 poiesis〉이라는 말만 나온다. 우리 시대에는 〈유능함〉의 개념이 〈노동〉과 밀접하게 연결되어 있는 반면에 아리스토텔레스의 경우는 일하지 않는 사람만이 유능할 수 있다. 일하는 것과 미덕을 닦는 것은 잘 어울리지 않기 때문이다. 아리스토텔레스에게 일을 해야 한다는 것은 미덕으로부터 배제되는 것을 의미한다. 그래서 여자와 노예는 그에게 고려 대상이 아니다.

미덕의 세계에서 여자와 노예를 제외시키는 것을 아리스토텔레스는 한가한 인간들에 의한 부당한 통치 결과, 즉 사회 현상으로 보지 않는다. 노예와 여자에게는 원칙적으로 애초에 미덕을 갖출 능력이 없다고 생각한 것이다. 그래서 그들에게는 오직

고대 철학 좋에 직접한 토막

노동의 세계만이 어울린다. 그들은 더 높은 곳으로 올라갈 수가 없기 때문이다.

이 대목에서 아리스토텔레스 숭배자들은 그 역시 시대의 아들일 수밖에 없음을 지적한다. 그러나 이런 변명은 별 소용이 없어 보인다. 비록 소수 남자들의 의견이긴 하지만 이미 오래전부터 노예와 여자를 동등한 인간으로 여기는 사고는 있어 왔으니까 말이다. 게다가 아리스토텔레스가 이런 식으로 인간을 차별한 것을 지적 결함으로 보기에는 그는 정말 많은 분야에서 명민하고 예리한 개혁자의 면모를 여실히 보여 주었다. 그렇다면 이 문제에서만큼은 의도적으로 자기 수준 이하의 지점에 머물러 있었던 것으로 보인다. 심지어 훈련받은 논리학자였던 그가 다음과 같은 순환 논법까지 동원한다. 즉 노예와 여자는 미덕이 없기 때문에 저급한 일에 적합하다. 또한 그들이 저급한 일을 하는 것을 보면 그들에겐 미덕이 없음을 알 수 있다.

이처럼 그는 여자에겐 이성이 부족하고 노예에겐 아예 이성이 없다는 사실을 오직 그들의 사회적 역할에서 끌어내고 있다. 여자와 노예는 기원전 4세기의 아테네에서는 정치적 발언권이 전혀 없었고, 그래서 정치에 적합하지 않다고 판단한 것이다. 〈노예는 계획하는 능력이 없고, 여자는 그게 어느 정도 있기는 하지만 결정력이 없다.〉[98]

아리스토텔레스에게 있어서 여자와 노예는 인식력이 부족한 존재다. 따라서 그들은 저급한 영혼 부위의 현현일 뿐이다. 감정과 욕망에 사로잡혀 이성적이고 논리적으로 행동하지 못한다는 것이다. 헤라클레이토스 이후 신과 그리스 남자 들의 전유물로 여겨진 로고스가 여자와 노예 들에게는 없거나 심한 발육 부진 상태에 빠져 있다. 플라톤의 경우에 자유민 남자가 미덕을 발전시키려면 저급한 〈여성적〉 영혼의 힘을 통제해야 하는 것처럼 아리스토텔레스의 경우에도 자유민 남자는 자연권처럼 여자에 대한 지배권을 갖는다.

감정과 욕망을 억누르는 자제력이 여자에 대한 남자의 지배권을 정당화한다. 이런 사고는 오늘날의 우리에겐 퍽 낯설 뿐 아니라 논리적으로도 문제가 많다. 예를 들어 저급한 영혼의 힘을 통제하지 못하는 남자들은 어떻게 되는 것일까? 여자들의 수준으로 격하되면서 남자로서의 권리를 상실해야 하지 않을까? 모든 남자가 모든 여자에 비해 이성적으로나 도덕적으로 우월한 것은 아니다. 그렇다면 여자에 대한 남자의 지배권은 원칙적인 것이 아니라 상대적이거나 등급으로 나누어져야 하는 게 아닐까? 그와 함께 〈남자〉의 권리와 〈여자〉의 권리는 명확하게 구분될 수 없지 않을까? 논리적 관점에서 보자면 경험적으로 일부에만 해당되는 것을 원칙으로 세울 수는 없다. 이 지점에서 논리학자인 아리스토텔레스는 남성적인, 너무나 남성적인 이유에서 엄격성을 저버리고 있다.

아리스토텔레스는 여자와 노예들에게 인간 불변의 본성이 없다는 사실을 증명도 하지 않으면서 거기서 정치적 결론을 끄집어낸다. 논리학자로서 정치적 규칙을 인간 본성에서 빈틈 하나 없이 완벽하게 끄집어낼 수는 없다는 사실을 누구보다 잘 아는 사람이 말이다. 정치의 영역에는 연역법이 없다. 정치 이론은 학문이 아니라 경험에서 얻은, 다시 말해 유감스럽지만 선입견에서 우러나온 견해의 문제일 뿐이다.

정치적 사고에 자유의 개념을 깊이 뿌리내리게 한 아리스토텔레스의 업적 뒤에는 인간이 원칙적으로 〈불평등〉하다는 선입견이 짙게 깔려 있다. 폴리스 내에선 소수만 정치적으로 자유로웠고, 대부분은 그렇지 못했다. 이러한 그늘은 〈자유〉라는 정치 개념에 처음부터 깊게 새겨져 있었고, 그 후 2,000년 넘게 변하지 않았다. 오늘날의 정치적 사고조차 〈자유〉의 개념을 자유롭게 생각하지 못하게 할 때가 많다. 20세기는 〈자유〉의 이름으로 저질러진 정치 범죄로 가득하다. 베트남 전쟁만 봐도 알 수 있다. 게다가 자유에 대한 전매특허라도 가진 듯 자신들의 자유로운 사회가 자유롭지 않은 사회보다 낫다고 생각하는 우월감도 여전히 서양 문화에선 거의 당연시되는 감정이다.

아리스토텔레스가 말하는 자유는 민주주의적 개념이 아니라 지배 관계의 상징이다. 자유로운 세계는 특권자들의 공적인 공간뿐이다. 나머지 영역은 그와 엄격하게 구분된다. 여자와 노예들이 일하는 오이코스의 사적인 세계는 자유롭지 못하다. 아테네 여인들이 머리에 베일을 써야만 외출할 수 있었던 것도 그런 자유의 구속에 포함된다. 그들은 자유로운 주체가 아니라 남자의 소유물이었고, 베일을 쓰지 않으면 〈단정치 못한〉 여자로 간주되었다. 이러한 강제적인 베일 착용 인습은 수백 년 뒤 그리스와 로마 제국에서 아랍 문화권으로 전해졌다. 물론 고대 오리엔트 세계에도 베일을 착용했다는 증거가 남아 있다. 특히 구약 성서가 그 예다. 그런데 무함마드 당시만 해도 아랍 여성들은 대부분 베일을 쓰지 않았다. 아랍 세계에서 여자들이 베일을 필수적으로 착용한 것은 8세기 우마이야 왕조와 함께 시작되었는데, 이때는 머리뿐 아니라 얼굴도 베일로 가렸다.

여성의 베일 착용은 〈자유〉의 개념처럼 그리스적 상황의 산물이다. 플라톤이 이상 국가 칼리폴리스에서 여자들도 남자들처럼 벌거벗고 운동을 하고 폴리스를 방어하는 수호자 계급으로 상정한 것은 아리스토텔레스가 생각하는 관념 세계와 비교했을 때는 한참 거리가 멀었다. 거기에는 어떤 인간도 날 때부터 노예가 아니라는 생각도 포함되어 있는 것처럼 보인다. 사실 남자가 선천적으로 여자보다 우월하다는 것은 많은 그리스 남자들이 믿고 싶은 생각이었을 것이다. 하지만 노예 본성은 어떨까? 누구나 전쟁과 불운으로 인해 노예가 될 수 있지 않은가? 그런데도 아리스토텔레스는 어째서 그렇게 확실하게 남자 노예에게는 이성이 없다고 말하게 되었을까?

노예제의 근거를 밝히기는 쉽지 않다. 이때 아리스토텔레스의 머릿속에 노예는 야만인들, 즉 그리스어를 못하는 외국인들처럼 폴리스가 없다는 사실이 떠오른다. 폴리스가 없는 사람은 스스로 〈정치적 동물〉로서의 기능을 완벽하게 수행하지 못하는 반쪽 인간임을 드러내는 것이다. 그래서 그들은 완벽한 공동체를 만들지 못한다. 이것이야말로 이성의 결핍을 드러내는 표시가 아니고 무엇인가! 주인의 사적 소유물로서 아무 권리도 없는 노예가 어떻게 폴리스를 만들 수 있을까? 다른 한편으로 야만인들이 언젠가 그리스의 폴리스에 필적하는 국가를 세울 수 없다고 누가 장담할 수 있는가? 그러나 아리스토텔레스의 생각은 이런 역사적 시각과는 동떨어져 있다. 그는 여자와 노예, 야만인을 특정 동물 종처럼 관찰하면서 행동과 습성에서 그들의 근본적인 본성을 추론한다.

인간에 대한 역사의식이 없는 이 시선만큼 폴리스를 바라보는 시선에도 마찬가지로 역사의식이 없어 보인다. 아리스토텔레스는 고도의 이성을 가진 그리스 남자들도 과거에는 당시의 아테네 같은 도시 국가에서 살지 않았다는 사실을 외면한 게 분명하다. 또한 그의 철학적 전성기에 독립 폴리스 아테네가 필리포스 2세에 정복당해 마케도니아 왕국에 흡수되는 과정을 눈으로 똑똑히 보았을 텐데도 그 사실에는 고개를 돌린다. 왕자의 교육자 역할을 맡음으로써 아리스토텔레스와 깊은 인연을 맺은 마케도니아 역시 그리스 입장에서는 야만인들의 세계였다. 그런 야만인들이 아리스토텔레스에 의해 영원한 것으로 미화된 도시 국가를

파괴한 것이다. 그것도 자유를 빼앗음으로써. 폴리스의 생성은
모르겠으나 그 멸망의 역사적 과정만큼은 이보다 더 생생하게 드
러날 수는 없었을 것이다.

가정 경제 대 금융 경제

여자와 노예, 야만인에 대한 자유로운 남자들의 지배권은 철학적으로 그 정당성을 찾기 무척 힘들다. 그럼에도 아리스토텔레스의 논거는 2,000년 이상 인간 사이의 불평등을 정당화하는 데 기여했다. 아리스토텔레스 같은 위대한 정신조차 여성에 대한 억압과 노예제를 인정했다면 19세기에 이르기까지 그보다 덜 위대한 정신들도 인정하지 못할 이유가 없다는 것이다.

인간 사이의 불평등에 대한 논증만큼 후대에 큰 영향을 끼친 것은 아리스토텔레스의 사유 재산 옹호였다. 그는 플라톤과는 달리 여성의 동등한 권리를 거부했을 뿐 아니라 국가가 아이들을 부모에게서 일찍 떼어 놓는 행위와 공산주의적 재화 공동체의 이념도 거부했다. 이때 그의 논거는 결코 철학적이지 않고 냉철할 정도로 실용적이다. 부모가 남의 자식보다 자기 자식을 더 아끼는 것은 생물학적으로 지극히 당연한 일로서 국가가 개입한다고 해서 그런 마음이 줄어들거나 없어지지 않는다. 또한 플라톤의 제안처럼 재화가 모든 구성원의 공동 소유라면 결국 아무도 그 재화에 책임을 지지 않으리라는 것이다. 공산주의의 결함을 일찍, 그리고 올바로 깨달은 대목이라고 할 수 있다.

〈인간에게 애정과 보살핌의 감정을 일깨우는 두 가지가 있다. 자신의 소유물과 보호할 가치가 있는 것이 그것이다.〉[99] 아리스토텔레스는 이미 『니코마코스 윤리학』에서 사유 재산이 인간을 행복하게 한다고 단언했다. 〈집을 자신의 재력에 맞게 꾸미고

좋예 저함한 도막

고대 철학

(재력도 일종의 장식이기 때문이다), 반영구적인 작품에 돈을 아끼지 않고(아름다운 작품이기 때문이다), 매사에 자기 수준에 맞는 적절함을 고려하는 것은 훌륭한 일이다.〉[100] 사치와 과시는 악덕이지만 절도 있는 풍요는 도덕적 삶에 기여한다. 게다가 물질적 재화에 대한 욕망은 국민 경제 전반에 유익하다.

아리스토텔레스는 경제 이론의 시초로 봐도 무방한 『정치학』의 한 장에서 이것을 정확히 어떻게 생각해야 하는지 설명한다. 이 장은 오늘날의 경제학 분과들처럼 경제의 순환과 게임 규칙들을 가치중립적으로 기술하는 것이 목적이 아니다. 철학적 핵심 물음은 다음과 같다. 경제는 인간이 충만한 삶을 사는 데 어떤 방식으로 도움을 주는가? 이것은 일부 예외를 제외하면 현대 국민 경제학자들에게는 낯선 말이겠지만 기본적으로 보면 오늘날까지 그 중요성이 전혀 변하지 않은 물음이다.

플라톤과는 달리 아리스토텔레스는 가정 살림, 즉 오이코스의 세계를 문제로 보지 않는다. 오히려 그에게 〈오이코스는 완전하고 독립적인 삶의 기반이 되는 고귀한 집과 가정의 공동체이다〉.[101] 아테네를 비롯해 다른 도시 국가들에서 그런 가정 살림을 꾸려 가는 사람들은 대개 자급자족을 한다. 도시에 있는 집 외에 대부분 시골에 농장이 딸린 땅이 있고, 거기서 오이코스에 필요한 식품을 얻는다. 아리스토텔레스는 생산과 소비가 동시에 이루어지는 이런 자급자족 가정 살림이 경제에 좋고 적합한 형태라고 생각한다. 따라서 도시 문화의 토대는 사적인 농업이다. 여기서 특정 재화, 즉 작물을 남을 만큼 많이 수확한 사람은 그것을 필요로 하는 다른 가정들과 물물 교환한다. 이때 시민들은 같은 시민뿐 아니라 농부와 상인, 수공업자들과도 교환한다. 원래는 현물 교환이지만 종종 돈이 오가기도 한다. 아리스토텔레스는 이런 형태의 경제 행위를 〈오이코노미케oikonomiké〉, 즉 가정 살림의 이론이라 부른다. 퍽 훌륭한 이름이다.

잉여와 결핍에 기반을 둔 이 교환에서 돈이 사용된다면 그것은 한편으론 지불 수단의 역할을 하면서 다른 한편으론 재화의 가치에 대한 척도로 사용된다. 어떤 경우에도 돈 그 자체를 버는 것은 목적이 아니다. 아리스토텔레스는 돈을 버는 것이 교환 경제의 목적이 된다면 오이코노미케가 변한다고 보았다. 즉, 가정 살림의 기술이 〈돈 버는 기술chrematistiké〉로 변한다는 것이다. 돈 버는 기술에서는 상품을 획득하는 것이 목표가 아닌 매출액이 목표가 된다. 돈의 소유가 자기 목적이 되는 셈이다.

이 변화 과정에서는 윤리적 측면도 몇 가지 달라진다. 재화의 수요가 관건일 경우에는 내게 필요하고 불필요한 것이 무엇인지 쉽게 가늠할 수 있다. 그러나 돈 자체가 목적이 되면 그런 형태의 합리적인 균형과 한계는 존재하지 않는다. 돈만 좇는 사람은 자연적인 한계를 모르고 줄곧 더 많이 가지기를 원하기 때문이다. 사실 돈에는 적절한 양이라는 것이 없다. 많이 먹으면 배가 부른 음식의 경우는 당연히 자연스러운 한계와 정도가 있다. 그건 내 몸을 따뜻하게 해주는 옷도 마찬가지다. 그런데 돈을 소유하는 것에는 거기에 내재된 자연스러운 한계가 없다. 돈의 질은 오직 양에 의해 측정된다. 이렇듯 자연스러운 정도가 망가짐으로써 심지어 의사들도 돈을 받거나, 아니 더 많은 돈을 주는 사람만 치료하는 일이 생기게 된다. 군인들도 도덕적 영혼이 아니라 돈을 더 받기 위해 용맹성을 갖춘다. 이로써 배려와 용감함이라는 목표가 일거에 수단으로 전락하고, 수단이었던 돈이 목표가 된다. 이는 플라톤뿐 아니라 아리스토텔레스 같은 미덕 윤리학자에게도 심각한 문제점이었다. 도덕적 행동이 다른 목적의 수단이 되어서는 안 되기 때문이다. 하지만 돈은 일정 시점 뒤엔 모든 것을 도구화하는 것처럼 보인다.

좋아 저함한 도덕

고대 철학

아리스토텔레스는 폴리스에서 어떤 사람이 남들보다 돈이 더 많은 것을 나쁘게 여기지 않는다. 아니, 정반대다. 모두에게 물질적인 것이 똑같이 주어진다면 〈남들보다 많이 배운 사람들은 불쾌할 것이다〉. 자신이 남들보다 더 많은 것을 받을 권리가 있다고 생각하기 때문이다.[102] 그러나 아리스토텔레스는 돈 그 자체를 위해 돈을 버는 것을 비난받을 일로 여긴다. 〈장사에 전념하는 삶〉의 목표도 〈명예〉지 돈이 아니다. 미덕 윤리가 폴리스를 지배하려면 효율성과는 다른 척도들이 있어야 한다. 그렇지 않으면 화폐 경제의 도덕적 평등주의가 공동선을 좀먹게 되어 있다.

따라서 아리스토텔레스도 플라톤처럼 이자 경제를 거부한다. 〈돈에서 돈이 생기는 것〉은 〈자연에 가장 배치되는〉[103] 일이다. 오이코스와 폴리스 사이의 연약한 균형은 질서의 토대를 무너뜨리는 반자연적 메커니즘으로 훼손되어서는 안 된다. 오이코스든 폴리스든 자연스러운 형태로서 인간 삶의 공간을 형성한다. 반면에 이자로 돈을 불리는 것은 비자연적이고 전체 질서에 예정된 일도 아니다. 이런 반자연적 행위가 인간을 타락시키고 탐욕에 빠뜨리는 것은 놀랍지 않다. 이런 면에선 루터에 이르기까지 중세 철학자들도 아리스토텔레스와 같은 생각이었다. 물론 오늘날에도 〈돈 버는 기술〉을 모든 사회악의 근원으로 여기는 목소리는 점점 커져 가고 있다.

아리스토텔레스가 화폐 경제의 국민 경제적·사회 심리학적 결과를 좀 더 상세히 조명했으면 어땠을까 하는 아쉬움이 들 수도 있다. 오늘날 우리가 알기로 대부 업무를 하는 은행 제도는 국민 경제에 유익하고, 적어도 국민 경제의 팽창에 활력을 불어넣기 때문이다. 그러나 아리스토텔레스는 기본적으로 국민 경제의 팽창을 거부한다. 미덕을 펼치기에 가장 이상적인 삶의 공간이 되려면 폴리스는 너무 커지면 안 되고, 중간 정도의 크기를 유지해야 하기 때문이다. 그래서 경제 성장이 필요하다는 생각은 그의 머릿속에 들어 있지 않았다. 게다가 이 문제를 계속 다루는 것에 대해 깊은 혐오감을 드러내기도 했다. 〈이 문제를 세세하게 기술하는 것이 그 자체의 일에는 유익할 수 있겠으나, 거기서 장시간 머무는 것은 너무 저급한 일이다.〉[104]

그럼에도 아리스토텔레스는 우리가 아는 최초의 수준 있는 경제학 사상가다. 또한 화폐 경제의 〈자본주의적〉 규칙들을 분석하고 명명한 최초의 인물이기도 하다. 다만 올바른 삶과 올바른 통치, 올바른 경제 행위에 대한 현명한 통찰력이 폴리스, 즉 그의 생존 시기에 벌써 정치 영역에서 사라진 국가 형태에 맞춰 재단되어 있다는 사실이 애석할 뿐이다. 그래서 그의 철학적 후계자들은 스스로에게 이런 물음을 던질 수밖에 없다. 영원한 진리로서 올바른 삶에 대한 아리스토텔레스의 인식 중에서 시간의 제약을 받았을 때 남는 것은 무엇일까? 이상적인 곳으로 상정된 아테네 말고 영혼의 발전에 적합한 또 다른 무대도 혹시 존재하지 않았을까?

이단자와 회의론자

식민 통치의 시대

철학의 상황과 관련해서 현재 우리 시대와 가장 비슷한 시기가 언제냐고 묻는다면 아리스토텔레스 사후 50년 동안의 시기가 좋은 후보로 꼽힌다. 이 시기는 어떤 면에선 철학적 전성기 중 하나에 속한다. 고대 이전에는 기원전 3세기 초의 아테네만큼 그렇게 좁은 공간에 그렇게 많은 철학자가 활동한 시기가 없었기 때문이다. 알렉산드로스 대왕의 가공할 만한 침략 전쟁으로 그리스적인 것은 조막만 한 크기의 소국가에서 당시에 알려진 드넓은 세계로 전파되었다. 아직 〈그리스인〉이라는 말이 존재하지 않았고, 알렉산드로스가 아테네인들의 눈에는 여전히 야만인이었음에도 그리스 문화는 들불처럼 빠른 속도로 아시아와 북아프리카로 번졌다. 바로 이 지역들에서 앎에 대한 욕구로 들끓던 이지적인 남자들이 소크라테스가 활동하던 유명한 아고라를 보려고 아테네로 왔다. 그들은 플라톤과 아리스토텔레스가 설립한 학당인 아카데메이아와 리케이온을 보고 싶어 했고, 거기서 배움을 얻고자 했다. 그러다 마지막에는 위대한 철학의 본고장에 정착해서 자신들의 학당을 세웠다.

어떤 논리로도 설명되지 않는 알렉산드로스의 원정은 고대 세계의 담장을 해일처럼 무너뜨리면서 지금껏 몰랐던 무한히 넓은 세계를 열어 주었다. 거의 하룻밤 사이에 이루어진 지평 확장으로 그리스는 다른 문화들에 대한 시야를 넓혔고, 중동 지역과 동아시아의 문물을 한층 더 개방적으로 받아들였다.

다른 측면으로, 새로운 철학에는 플라톤과 아리스토텔레스의 정치적 낙천주의와 새로운 출발의 분위기가 없었다. 두 위대한 철학자 사후의 정신적 분위기는 1968년 서유럽의 시기와 현재 우리 시대 사이의 차이를 어느 정도 떠올리게 한다. 이른바 68세대는 서양 사회를 더 자유롭고 사회주의적으로 만들고 싶어 했던 정치적 이상주의자들이었다. 그들이 꿈꾼 것은 전 사회뿐 아니라 개인의 삶을 사방으로 확대하고, 어쩌면 일그러뜨릴 수도 있는 사회적 입체파 이론이었다. 일장춘몽과도 같은 역사의 짧은 순간 동안 68세대 앞엔 지금까지 실현되지 못한 온갖 흥미로운 가능성들로 이루어진 세계가 갑자기 나타나는 듯했다. 그러나 희망의 봄 뒤에 낙원의 여름은 오지 않았다. 역사를 실제로 이끄는 자본주의의 강철 톱니바퀴에 비해 자신들의 힘이 얼마나 하찮고 무기력한지에 대한 냉철한 각성이 이어졌다. 멋지고 새로운 상품 세계의 안락함에 만족하거나 적응하지 못한 사람은 내적인 세계로 도피했다. 사회 심리학적 용어로 사회사업에서부터 밀교, 그리고 극동의 다양한 종파에 이르기까지.

　　역사적인 비교는 어떤 형태로든 불충분할 수밖에 없기에 항상 신중을 기해야 함에도 아리스토텔레스 사후의 그리스 철학과 사회를 엄습한 각성의 과정은 오늘날 우리와 완전히 달라 보이지는 않는다. 물론 플라톤과 아리스토텔레스는 많은 점에서 정치적으로 보수적이었다. 플라톤은 미래에 초점을 맞춘 약속보다는 과거에 이상적으로 여겨진 유토피아를 설계했다. 아리스토텔레스는 변화에 취약한 조건을 갖춘 아테네인들의 폴리스를 이상화하면서 다수 주민들을 배제한 채 인간의 머릿속으로 가능한 지상 최고의 세계로 미화했다. 이렇듯 이상주의에 뿌리를 두고 있건 생물학적인 공고한 틀에 둘러싸여 있건 두 철학자의 정치적 비전은 굉장히 정체적이었다. 그러나 플라톤과 아리스토텔레스를 모든 정치적 해방 운동이나 혁명과 영원히 연결시키는 한 가지가 있었다. 더 나은 인식을 통해 실제로 더 나은 세계에 이를 수 있다는 믿음이 그것이었다.

그런데 이 믿음은 당시 마케도니아의 지배를 받던 아테네 철학자들에게서는 급속히 사라졌다. 1970년대에 이르러 68세대가 그랬던 것처럼. 행방불명된 제논과 크리시포스의 국가에 관한 저서들을 제외하면 아테네에서는 그 후 수백 년 동안 어떤 정치적 이상향도 더는 제시되지 않았다. 사회 상황에 대한 관심이 전반적으로 사라진 것이다. 대신 자신의 영혼과 정신을 구제하는 일에만 관심이 커졌다. 모든 자유민 남자들을 위한 충만한 삶 대신 개인의 행복이 중요해진 것이다. 다시 말해서 테오도어 W. 아도르노의 『미니마 모랄리아』에 나오는 유명한 표현을 빌리자면 잘못된 사회 속에서의 올바른 삶이 중요해졌다.

플라톤과 아리스토텔레스 이후의 철학은 눈에 띄게 개인적이었다. 당시 극장에서 공연되던 〈신(新)희극〉의 상황도 다르지 않았다. 신희극의 대표 작가 메난드로스(B.C. 342/341~B.C. 291/290)의 작품에는 정치적인 면이 전혀 없었다. 이제 작가들은 사회 상황이 아니라 오직 인간 정신의 교활함과 약점만 희화화했다. 새로운 철학 학파들도 불화와 시샘으로 점철되어 있었다. 한마디로 서로 악의적으로 염탐하는 사적 논쟁 클럽이었다.

사람들이 주로 자신의 행복만을 살피고, 인생의 개인적인 의미와 관련된 것에 대한 답만 찾는다면 이미 그 자체로 그들이 살아가는 시대에 대해 많은 것을 누설하고 있다. 우선 개인들의 소규모 세계는 거대한 통치 세계에 대한 어쩔 수 없는 대응으로 보인다. 플라톤은 건강한 국가를 건강한 영혼적 삶의 전제로 보았다면 기원전 3세기 초 건강한 영혼적 삶에 대한 성찰에서는 사회적 차원이 빠진 경우가 많았다. 사람들은 〈저 높은 곳의 인간들〉이란 어차피 자기들 마음대로 한다는 사실을 놀라울 정도로 빨리 받아들였다. 여기서 〈저 높은 곳의 인간들〉은 마케도니아 통치자, 총독, 많은 부역자들, 그리고 모든 것을 문서로 규정해 놓은 행정 당국을 가리켰다.

그리스, 소아시아, 페르시아, 이집트를 휩쓴 알렉산드로스의 약탈 원정은 그리스 문화를 널리 퍼뜨림과 동시에 인기 있는 문화로 만들었다. 동시에 그리스인들에게는 자결권과 자신감을 빼앗아 갔다. 그들은 어느 날 갑자기 늘 다른 민족들의 일로만 알고 있던 상황에 빠졌다. 예전에 히포크라테스는 아나톨리아 주민들을 정치적 상황이 아닌 그곳의 기후 조건에 근거해서 잘 순응하고 잘 견디는 민족으로 여겼다. 플라톤과 아리스토텔레스도 그 의견에 흔쾌히 동조했다. 심지어 아리스토텔레스는 『정치학』에서 아시아 민족들의 굴종 심리를 이상한 자연 과학적 근거까지 들이대며 설명하기도 했다. 그들은 〈예술적인 소질이 있고 지적으로 보이기도 하지만, 용기가 없다. 때문에 예속과 노예 상태로 살아간다〉.[105]

그런 그리스인들이, 심지어 그 당당하던 아테네인들까지 이제 어떤 의미에서 〈아시아적〉 삶의 조건에 처해졌다. 역사의 도도한 물결이 하룻밤 사이에 세상의 〈주인〉이었던 그리스 자유민 남자들에게서 자연권적 지위를 빼앗아 가버린 것이다. 알렉산드로스는 페르시아 대왕이 그랬던 것처럼 아테네 주민들에게 자신을 신으로 숭배하도록 했다. 정치와 경제는 마케도니아 행정가의 감독 아래 있었고, 디아도코이, 즉 알렉산드로스 후계자들의 부름에 따라 아시아나 이집트의 점령 지역에 정착한 이들만이 그 지역에서 절대적 〈주인〉이 될 수 있었다. 수만 명이 그리스를 떠나 새 세계 제국의 구도시나 새로 설립된 도시들로 이주해서 시민권을 받았다. 거기서는 식민 통치자들의 오만함 속에서 그리스식 주인 윤리가 다시 소생했다. 마케도니아인들은 자신들이 과거 아테네와 테베, 코린트, 스파르타 폴리스의 주민들과 똑같이 완벽한 그리스인이라고 생각했고, 오리엔탈 사람들은 열등한 존재로 여겼다.

　　아테네는 초창기 디아도코이 전쟁*의 혼란과 갈등이 끝난 후 알렉산드로스 대왕의 가장 중요한 후계자 중 하나인 카산드로스 장군의 수중에 들어갔다. 그러나 아테네는 도시의 새로운 역할에 적응하기 어려웠다. 알렉산드로스 급사 직후의 군사 봉기는 마케도니아에 의해 진압당했다. 그 뒤 하필이면 아리스토텔레스의 제자인 팔레론의 데메트리오스가 총독이 되어 아테네를 통치했다(물론 역사가들은 그의 통치를 긍정적으로 평가한다). 그런데 알렉산드로스 휘하의 또 다른 장군 데메트리오스 폴리오르케테스가 아테네를 정복하면서 상황은 더 암울해졌다. 이제 도시는 재차 디아도코이의 전쟁터가 되었다. 전황에 따라 일진일퇴를 거듭하고, 병사들과 물자를 징집하는 일이 반복되면서 심각한 기근까지 발생했다. 아테네 주민들의 수는 감소했고, 대량 이주는 일상이 되었으며, 도시의 경제력은 약화되었다.

　　불과 얼마 전까지만 해도 서양 세계의 중심이었던 아테네는 이후로도 한동안 서양의 문화 중심지로 계속 남아 있었지만 정치적 중요성은 상실했다. 그간의 혼란과 고통을 고려하면 이 도시에서 생겨난 새로운 철학이 거의 모두 고통 회피 철학이라는 사실은 놀랍지 않다. 이 철학들은 삶과 세계의 새로운 지평을 여는 대신 여러 불안들, 즉 〈오류〉에 대한 불안(회의론자), 〈고통〉에 대한 불안(에피쿠로스학파), 〈욕망〉에 대한 불안(스토아학파)에 면역성을 키우는 역할을 했다. 이제 철학자는 이론의 거대한 설계자에서 삶의 조력자 및 조언자가 되었고, 아니면 모든 사회 시

---

* 알렉산드로스의 급사 후 제국의 후계자 자리를 놓고 부하 장군들이 벌인 전쟁.

스템의 거부자, 선동가, 행위 예술가로 변신했다. 이들의 무정부주의적인 의심에 비하면 소크라테스는 오히려 상당히 유화적이고 잘 믿는 인간으로 비칠 정도였다.

히피와 선동가들

그는 플라톤과 아리스토텔레스의 동시대인이지만 존경이나 품위와는 거리가 먼 사람이었다. 나중에 신봉자들에겐 열렬한 숭배의 대상이었지만, 그의 비판자들에겐 최악의 인간이었다. 플라톤은 의도적으로 그에 관해 언급하지 않았고, 아리스토텔레스도 한 군데에서 짧게 언급하는 데 그쳤다. 고대의 히피 디오게네스가 그 주인공이다. 그는 기원전 360년경 흑해 연안에 위치한 밀레토스의 식민지 시노페에서 아테네로 왔다. 그 후 공공건물의 회랑에서 줄곧 노숙자로 살았는데, 전해지는 말이 사실이라면 드럼통 같은 곳에서 잠을 잤다고 한다. 심지어 본인의 진술에 따르면 〈개처럼〉 살았고, 사람들이 있는 데서 자위행위까지 했다고 한다. 물론 그가 실제로 무언가를 파피루스에 기록한 적이 있는지에 대해선 견해가 갈린다. 반면에 말년, 또는 죽은 뒤에 우상처럼 떠받들어진 것은 분명하다.

우리가 디오게네스에 대해 알고 있는 거의 모든 내용은 후세까지 전해진 무수한 일화에 근거하는데, 그중에서 진실일 법한 것은 하나도 없어 보인다. 다만 거의 모든 이야기의 중심에 있는 한 가지는 분명하다. 디오게네스가 무욕을 설파했다는 사실이다. 그에 따르면 행복은 플라톤의 경우처럼 지고의 지혜로운 삶에 있는 것도 아니고, 아리스토텔레스의 경우처럼 정성껏 수양한 미덕들을 현실에서 현명하게 실천하는 것에 있지도 않다. 오히려 그런 야심을 포함해서 다른 모든 욕심에서 벗어난 사람만이 가장 행복하다는 것이다.

　　이런 생각이 완전히 새로운 것은 아니다. 소크라테스의 제자 안티스테네스도 이미 그런 생각을 했다. 아마 디오게네스는 실제로 그에게서 많은 것을 배웠을 것이다. 하지만 안티스테네스의 출처와 관련된 상황도 디오게네스만큼이나 열악하다. 두 사람이 행복에 이르는 유일한 길을 무욕으로 생각했다는 말만 전해져 온다. 인간은 외적인 강압뿐 아니라 내적인 강압에서 벗어날 때 무욕에 빠진다. 그 상태에 들면 〈자족autárkeia〉을 즐기고, 먹고, 마시고, 잠자고, 섹스하고, 따뜻한 잠자리를 소망하는 생물학적인 욕구만 남는다.

　　디오게네스에 관한 가장 유명한 일화는 알렉산드로스 대왕과의 만남이다. 세계 정복자 알렉산드로스가 드럼통 속에 누워 있는 디오게네스를 만났다는 얘기다. 알렉산드로스는 디오게네스에게 자신이 무언가 호의를 베풀고 싶은데 원하는 게 있는지 묻는다. 그러자 디오게네스는 말한다. 〈있지요. 햇빛을 가리지 말고 조금 옆으로 비켜 주십시오!〉

　　이 이야기는 디오게네스에 관한 다른 많은 일화들처럼 허구가 분명하다. 기본적으로 우리는 그가 아테네에 머문 적이 있는지, 머물렀다면 언제 머물렀는지, 또 언제 코린토스에 살았는지 전혀 모른다. 일화 수집가인 디오게네스 라에르티오스의 전언에서 사실이라고 할 만한 것이 있다면, 디오게네스가 수없이 도발적인 언행을 일삼으면서 동시대인들에게 충격을 주는 것을 즐겼다는 사실이다. 그는 사회적 인습과 강요들을 쓸데없는 것으로 보았다. 어떤 형태가 됐건 정치 제도에 대해서도 마찬가지였다. 인간답게 사는 데에는 건강한 이성만으로 충분하고, 다른 것은 더 배울 필요가 없다는 것이다.

　　실존 인물로서 디오게네스의 삶이 아무리 모호하고 전설

적인 내용들에 둘러싸여 있다고 하더라도 진정 중요한 것은 그가 당시의 사람들에게 끼친 영향과 의미일 것이다. 〈드럼통 속의 남자〉에 관한 이야기들을 듣고 수많은 신봉자와 모방자들이 아테네로 몰려들었고, 그로써 기원전 3세기의 이 도시는 오늘날로 치자면 샌프란시스코 같은 분위기를 자아냈다. 이런 아테네 히피 문화의 증거는 생활관과 세계관 면에서 안티스테네스와 디오게네스의 무욕 정신을 어느 정도 추종한 일곱 명의 철학자와 문인 들의 존재였다. 디오게네스 라에르티오스가 이들을 가리켜 부른 키니코스학파(견유학파)라는 말이 어디서 유래했는지는 논란이 많다. 〈개〉를 의미하는 〈키온kyon〉에서 나왔다는 것은 의심스럽기 때문이다.

견유학파의 중요 일원으로는 테베의 크라테스와 그의 아내 히파르키아를 빼놓을 수 없다. 히파르키아는 일찍부터 여성의 평등권을 위해 싸운 사람이다. 또 다른 저명인사로는 풍자 문학의 창시자 가다라의 메니포스를 들 수 있다. 견유학파에 속하는 메갈로폴리스의 케르케다스는 부와 탐욕을 강력하게 비판한 글을 쓰기도 했다. 그는 이렇게 묻는다. 사람들은 왜 하찮은 돌멩이에 불과한 것들에 그렇게 목숨을 거는가? 왜 모두가 약탈할 수 있는 곳으로 정신없이 쫓아가는가?

이 모든 사상가와 기질들을 〈견유학파〉의 깃발 아래 하나로 묶는 것은 상당히 거친 단순화 작업이 분명하고, 이들 상호 간의 내적인 유사성보다는 열악한 출처 상황에 기인한 결과에 가까워 보인다. 또한 이들 모두가 디오게네스처럼 끊임없는 도발로 동시대인들에게 즐거움을 주려 한 행동 철학자의 모델에 맞는 것도 아니다. 게다가 한편으론 무욕을 주장하면서 다른 한편으론 사람을 선동하는 것은 서로 잘 어울리지 않는다. 철학사에서 보자면 무욕의 삶을 설파한 훗날의 사상가들은 대부분 선동가가 아

고대 철학   이단자와 회의론자

니었다.

　　반면에 선동가로서의 철학자 전통은 오늘날까지 지속적으로 이어지고 있다. 디오게네스에서부터 볼테르, 미하일 바쿠닌, 프리드리히 니체를 거쳐 파울 파이어아벤트, 자크 데리다, 질 들뢰즈, 슬라보예 지젝 등에 이르는 계보를 생각해 보라. 이 철학적 변종의 대표적인 브랜드는 다음과 같다. 의도적으로 추구하는 정치적 혐오감, 과장, 경멸하고 싶어 하는 점잖은 동료들에 대한 조롱, 그리고 아방가르드에서 플럭서스 운동에 이르기까지 현대 예술이 추구하고 발견했던 모든 표현 양식들이 그에 속한다.

〈그 이후〉의 세대

견유학파가 어느 정도 유행을 타는 동안에도 플라톤의 아카데메이아는 여전히 존속하고 있었다. 물론 스승이 죽고 몇 십 년이 지나면서 많은 변화가 있었다. 플라톤의 조카이자 후계자 스페우시포스는 기원전 339년 혹은 338년 10년의 재임 끝에 세상을 떠났다. 그런데 아카데메이아를 이끄는 동안 그는 이데아론과 거리를 두었고, 사물들의 유사성에 대한 책을 한 권 썼다. 플라톤보다 한층 세밀하게 현실 세계를 분류한 책이었다고 한다. 스페우시포스는 플라톤적 우주의 통일성과 일체성을 이어받지 않았다. 게다가 다른 모든 것의 상위에 있는 절대선도 인정하지 않고 통일성과 다양성의 동등한 작용만 인정했다. 플라톤보다 아리스토텔레스의 냄새가 더 많이 나는 주장처럼 들린다.

스페우시포스의 후계자는 칼케돈 출신의 크세노크라테스였다. 좀 어둡고 답답한 사람이라는 평이 있었지만 어쨌든 존경받는 인물이었다. 게다가 철학자로서 굉장히 왕성하게 집필 활동을 했다. 남아 있지는 않지만 총 70권의 책을 썼다고 한다. 우리는 다른 출처를 통해 크세노크라테스가 철학을 논리학과 물리학, 윤리학으로 일목요연하고 획기적으로 나눈 것을 알고 있다. 또한 그는 한정 없이 복잡하고 모순적인 플라톤 철학을 정리해서 하나의 시스템으로 짜깁기하려고 했다. 퍽 지난한 작업이었을 것이다. 앞서 보았듯이 플라톤의 사유는 정리하고 체계화하기가 너무 어렵기 때문이다.

아무튼 크세노크라테스를 통해 하나의 통일된 플라톤 체계가 생겨난다. 그게 스승에게 잘한 일인지 어떤지는 몰라도. 이때 많은 것이 변한다. 예를 들어 그렇게 문제가 많던 이데아들의 물적(物的) 성격이 사라진다. 크세노크라테스에게 이데아는 숫자와 마찬가지로 추상적인 영역이다. 그리고 자연에 존재하는 사물들만 이데아의 물적 대상이 된다. 인간이 만든 것들, 예를 들어 의자, 음식, 그림 같은 것들은 이데아의 제국에서 그 짝을 발견할 수 없다. 두 번째 단계로 그는 플라톤의 사유를 뒤집는다. 예를 들어 스승에겐 동물 이데아가 개보다 더 실체적이었다면 크세노크라테스에겐 개가 추상적인 동물 이데아보다 훨씬 더 실체적이다. 이런 식으로 그는 지상 현실과의 연결성을 키워 가면서 플라톤이 증명하려고 그렇게 애썼던 인간 영혼의 불멸성도 거부한다.

　기원전 314년 혹은 313년 크세노크라테스가 죽을 무렵 드디어 〈플라톤주의〉가 꼴을 갖춘 채 세상에 나온다. 하지만 그에 대한 관심은 그렇게 지대하지 않았다. 또 다른 후계자 폴레몬과 크라테스가 플라톤주의의 기치를 높이 쳐들었지만, 그사이 플라톤 철학은 아테네에서 그저 다른 많은 철학 학파 중 하나일 뿐이었다. 아리스토텔레스의 사후 명성은 그보다 더 좋지 못했다. 그의 철학은 플라톤 철학보다 성자 숭배에 훨씬 더 적합하지 않았던 것이다. 리케이온의 후계자들, 즉 소요학파는 하나의 통일된 체계 속에서 사유하지 않았다. 그들은 주로 아리스토텔레스가 새로 생명을 불어 넣은 개별 학문들을 계속 연구해 나갔다. 아리스토텔레스 학당을 기원전 287년까지 이끈 테오프라스토스는 무엇보다 식물학자로서 이름을 날렸다. 그는 식물학 주저인 『식물의 역사Historia Plantarum』와 『식물의 원인Causa Plantarum』에서 스승보다 더 정교한 자연 관찰자의 면모를 과시했다. 게다가 식물의 삶은 〈기능〉에 있고, 동물의 삶은 〈생존〉에 있고, 인간의 삶은 〈행복)에 있다는 스승의 인식에 뜻을 같이했지만, 스승이 그러한 모든 성찰의 상위에 있는 것으로 제시한 〈합목적성〉이라는 거대 개념은 제자에게선 물리적 세부 규정으로 해체되고 상대화된다.

테오프라스토스는 스승의 영혼 이동설은 거부했음에도 엠페도클레스의 〈화학적〉 성찰에는 호의를 표한다. 엠페도클레스의 영향은 테오프라스토스의 저서 『경건성에 관하여De pietate』에도 드러난다. 엠페도클레스와 마찬가지로 테오프라스토스도 동물을 죽이는 것의 잔인함을 격하게 비난한다. 하지만 엠페도클레스가 그랬던 것처럼 도축을 동물 속으로 이동한 인간 영혼을 죽이는 행위로 여겼기 때문이 아니다. 그의 논거는 형이상학적이라기보다 생물학적이다. 도축을 야만스러운 행위로 만드는 것은 인간과 동물의 친족 관계, 즉 성정의 유사성에 원인이 있다는 것이다. 이는 19세기 초 영국 철학자 제러미 벤담이 내렸던 결론과 비슷하다. 그에 따르면 도축의 가장 중요한 도덕적 문제점은 동물이 생각을 하거나 말을 할 수 있느냐 하는 것이 아니라 동물도 〈고통을 느낄 수 있다〉는 것이다.

테오프라스토스의 후계자로서 대략 기원전 268년까지 소요학파를 이끈 람프사코스 출신의 스트라톤은 기존의 모든 형이상학적 사유에서 거의 완전히 벗어난다. 그가 성취를 이룬 분야는 주로 물리학이다. 예를 들어 낙하 물체에 가속도가 붙는다는 사실을 깨달은 것은 뉴턴의 중력 법칙보다 2,000년 가까이 앞선 인식이다. 그런데 스트라톤의 이런저런 인식이 물리학에는 중요했을지 모르나 철학 학파의 결집에는 별 도움이 되지 못했다. 아리스토텔레스의 찬란했던 광채는 기원전 3세기 중반부터 향후 1,500년 동안 거의 시들고 말았다. 그가 창설한 학파는 좀 더 존속하기는 했지만.

회의와 의심

아카데메이아와 소요학파의 광채가 약해지면서 아테네에서는 많은 새로운 철학자들을 위한 공간이 열렸다. 그중 가장 중요한 흐름 중의 하나가 〈급진적 회의주의〉였다. 플라톤과 아리스토텔레스 같은 위대한 세계 설계자들이 숭고한 사유의 건물을 짓기만 하면 언제나 디오게네스처럼 그에 다리를 치켜드는 개들은 있기 마련이다. 또는 그런 전체 설계의 확고한 토대를 부정하고, 그로써 큰 수고를 들이지 않고 시장에서 자신의 입지를 다지는 급진적 회의론자들이 등장하기도 한다.

세계에 대한 모든 철학적 태도 중에서 가장 겁이 많은 태도는 분명 급진적 회의주의다. 모든 것을 의심하는 사람은 결코 실망하는 법이 없다. 게다가 의심은 까다롭지도 어렵지도 않고, 그러면서 겁 많은 사람들에게 자신이 올바른 쪽에 서 있다는 감정을 쉽게 선사해 준다. 그런데 논리적으로 보면 의심에는 어떤 인식론적 우위가 존재하지 않는다. 어떤 의심도 그 자체로 주장보다 더 진실하지 않다. 또한 무언가가 〈틀렸다〉는 것이 원칙적으로 무언가가 〈맞다〉는 것보다 더 개연성이 높지도 않다.

하지만 기원전 3세기 아테네의 사회적 분위기는 의심이 올바른 태도였던 것처럼 보인다. 당시 구루로 인정받는 남자가 있었다. 평생 아테네에는 한 번도 가본 적이 없는 엘리스의 피론이 그 주인공이다. 펠로폰네소스 반도 출신으로 생몰 연도가 기원전 362년~기원전 270년으로 추정되는 그는 소크라테스나 디오게네스처럼 책을 단 한 권도 쓰지 않았음에도, 아니 바로 그랬기 때문에 살아생전 시대의 전설이 되었다. 그에 관한 영웅담은 끝이 없다. 여러 정황으로 보건대 그는 알렉산드로스 대왕의 군대와 함께 인도로 떠났고 거기서 인도 철학을 접한 것으로 보인다. 특히 그가 깊은 인상을 받았던 것은 디오게네스와 비슷한 방식으로 무욕의 삶을 실천하며 살아가던 금욕적 나체 수행자들이었음이 분명하다. 그에 반해 피론이 나체 수행자들처럼 알렉산드로스를 담대하면서도 무심하게 대했다는 사실은 상황에 맞춰 적절하게 꾸며 낸 것으로 보인다. 그러니까 디오게네스가 알렉산드로스에게 햇빛을 가리지 말라고 말했던 것처럼 다른 철학자들도 그리스 군대와는 달리 도시의 점령자에게 전혀 기죽지 않았다는 것이다. 자부심 넘치던 폴리스 주민들이 이민족 지배에 더 많이 시달리면 시달릴수록 철학자들은 판타지 속에서 더더욱 담대함과 정신적 독립을 추구했을 것이다.

엘리스로 돌아온 피론은 철학 학파를 세웠다. 인도 철학의 영향을 받은 서양의 첫 번째 학파로 보인다. 여기서 무엇을 가르쳤는지 우리에게 알려 주는 원전은 많다. 피론의 명성은 키케로나 섹스투스 같은 후대의 사상가들이 그의 학설을 심도 깊게 논구할 만큼 대단했다고 한다. 피론은 인도 철학 외에 데모크리토스에게서도 영감을 받은 게 분명하다. 마음의 안식과 영혼의 평화라는 데모크리토스의 목표를 설파했으니 말이다. 인식론적으로 데모크리토스는 자연 과학적 관점에서 인식될 수 있는 것만을 인정했고, 세계의 본질에 대한 다른 광범한 사변들은 배척했다. 이 점에서도 피론은 데모크리토스를 따랐다. 물론 훨씬 더 급진적이었지만. 가령 그는 원칙적으로 인식의 모든 형태를 의심했고, 우리의 사고뿐 아니라 감각까지 믿지 않았다. 세계는 인간에게 파악 가능한 대상이 아니라는 것이다. 그렇다면 남는 것은 〈판단

유보epoché〉다. 20세기 에트문트 후설 현상학의 출발점이 되는 판단 중단과 비슷한 입장이다.

　　이러한 철학적 태도는 〈피론의 회의주의〉라는 이름으로 철학사에 올랐고, 오랫동안 영향을 끼쳤다. 이로써 플라톤과 아리스토텔레스가 목표로 삼았던 세계에 대한 확실한 인식은 애당초 자기기만으로 용도 폐기되었다. 이제 철학의 과제는 인식이나 앎이 아니라 로고스를 포함해서 모든 것에 대한 의심이었다.

　　논리적인 관점에서 이러한 태도는 문제가 있다. 예를 들어 내가 모든 인식을 의심한다면 의심하는 것 자체에 문제가 없다는 것은 왜 의심하지 않는가? 모든 것이 불확실하다면 의심 자체도 불확실하다. 그에 대해 피론과 같은 급진적 회의론자는 무언가를 믿는 것보다 무언가를 의심하는 것이 더 올바르다고 주장한다. 그렇다면 이 앎은 어디서 오는 것일까? 급진적 회의론자라면 자기 의심의 옳음에 대한 진리성도 의심해야 하지 않을까? 이런 생각은 피론 당시의 그리스 철학에서 나온 것으로 알려져 있다. 키케로에 따르면 데모크리토스의 제자인 키오스의 메트로도로스는 이렇게 말했다고 한다. 〈우리 중 누구도 뭔가를 알지 못한다. 심지어 우리가 아는지 모르는지조차.〉[106] 물리학자로 유명한 메트로도로스의 이 말이 실제로, 우리가 우리 밖의 세계에 대해서는 아무것도 인식할 수 없다는 것을 말하려고 했는지는 물론 의심스럽다.

　　소크라테스와 마찬가지로 피론도 사유를 삶과 구분하지 않았다. 그는 세상의 일과 행위들에 대해 무관심했다고 하는데, 어떤 것도 분명하게 인식할 수 없다면 인생에서도 명확한 태도를 취할 수 없고, 취하지 말아야 한다고 주장했다. 반박이 불가능할 것 같은 이런 입장에 많은 동시대인들이 매료되었다. 풍자가 플레이우스의 티몬도 그중 하나였다. 기원전 320년경 펠로폰네소스의 도시 플레이우스에서 태어나 피론 밑에서 공부한 그는 아테네에선 여러 권으로 이루어진 풍자시의 작가로 알려져 있었다. 천 행이 넘었을 것으로 추정되는 이 시들 가운데 지금 남아 있는 것은 불과 153행뿐이다. 여기서 작가는 200년 전에 죽은 크세노파네스와 토론을 벌인다. 〈방랑자와 그의 제자, 그리고 아테네의 공공질서〉 장에서 너무나 인간적인 모습의 신들을 신랄하게 비판했던 바로 그 인물이다.

시의 양식은 당시에도 여전히 사람들의 가슴속에 살아 숨 쉬고 있던 호메로스와 헤시오도스의 서사시를 차용했다. 티몬과 크세노파네스는 그리스의 모든 철학자들을 하나씩 훑으면서 그들의 교만함과 박식한 척하는 태도에 혹평을 가한다. 그것도 주로 신화 속의 영웅들과 비교해 가면서. 그런데 이 조롱투의 비판에서 빠진 사람이 딱 하나 있었다. 바로 피론이었다. 그는 다른 철학자들의 오만불손한 주장들로 뒤덮인 어둠 속으로 빛을 가져다 준 최초의 철학자로 여겨졌기 때문이다.

무(無)입장, 풍자, 신랄한 조롱은 정치적으로 지루하기 짝이 없는 시대에 번성하기 좋은 태도다. 이런 관점에서 보자면 굳이 싸우거나 논박할 만큼 가치 있는 것은 존재하지 않고, 그저 전반적인 거부와 약간의 사적인 행복만 있을 뿐이다. 그런 회의론자가 추구하는 상태는 〈마음의 안식ataraxia〉이었다. 왜냐하면 〈신적인 것과 선함의 본질은 언제나 남자의 균형 잡힌 삶을 생겨나게 하는 것 속에 있기 때문이다〉.[107] 〈나는 현실 상실로 괴로워하지 않나니. 오히려 그것을 즐기노라!〉 또는 〈철학은 사람을 무관심하게 만드나니. 내겐 상관없는 일이어라!〉 피론식의 이런 히피적 지혜는 마케도니아 밑에서 그리스 도시들이 겪고 있던 정치적 우울증에 이상적으로 들어맞았던 것이 분명하다. 그러다 오래가지 않아 마침내 급진적 회의주의는 아테네에 입성한 데 이어 영웅적 철학의 옛 성지인 아카데메이아까지 장악하게 된다.

자의적인 것의 은밀한 매력

급진적 회의주의가 아테네에 들어올 수 있게 된 것은 아르케실라오스 덕이었다. 기원전 315년경 소아시아 북서해안의 피타네에서 태어난 그는 당시 다른 많은 철학자들처럼 오늘날의 터키 땅에서 온 이주민이었다. 아테네에는 공부를 하러 왔다. 한동안 그는 테오프라스토스 주변에 있었지만, 나중에 아카데메이아로 배움의 장소를 바꾸었다. 그러다 기원전 268년과 264년 사이에 이 학교의 교장이 되었다. 그의 비호 아래 완전히 새로운 정신이 이 학교에 들어섰다. 그는 카리스마 넘치고 배포가 큰 인간이었다. 게다가 칭찬뿐 아니라 질책도 아끼지 않는 뛰어난 연설가에다 날카로운 사상가이기도 했다. 다만 사생활은 견유학파나 회의주의의 이상과는 완전히 딴판이었다고 한다. 무욕의 삶을 산 것이 아니라 사치와 유흥을 즐겼고, 거리낌 없이 고급 창녀들과 놀아났다. 게다가 마케도니아 군정 당국과도 친분을 유지했는데, 특히 피로이스 사령관과 돈독한 관계였다고 한다.

　아르케실라오스하에서 플라톤 철학은 급격하게 변했다. 그가 맡은 지 얼마 지나지 않아 항간에서는 아카데메이아를 〈회의파skeptikoi〉라고 불렀다. 피론의 제자들을 가리키는 말과 동일한 이름이었다. 이유는 분명했다. 새 교장이 플라톤 철학을 소크라테스적 출발점으로 되감았기 때문이다. 물론 아카데메이아 내에서 〈회의〉라는 개념이 직접 중심에 섰을 가능성은 희박하다. 플루타르코스는 아르케실라오스가 이끄는 아카데메이아 사람들을

〈모든 사물에 대한 판단을 유보하는〉[108] 사람들이라 불렀다. 아르케실라오스가 이러한 입장에 입각해서 저술 활동을 했는지, 아니면 소크라테스처럼 말로만 가르쳤는지는 분명하지 않다. 다만 분명한 것은 그가 소크라테스 철학을 이른바 세상에 확실하다고 하는 모든 앎을 부정하는 일종의 반박 기술로 되살려 냈다는 점이다.

아르케실라오스가 아카데메이아를 맡았을 때는 플라톤이 죽은 지 70년 지난 뒤였다. 그런데도 이 새 교장의 수중에 플라톤의 오리지널 원고가 있었다고 한다. 그랬기에 아르케실라오스의 눈엔, 크세노크라테스가 플라톤 사상에 질서 정연한 체계를 세우려고 한 것은 완전히 빗나간 길처럼 보였다. 그가 보기에 플라톤은 어떤 확실한 관점에 의지하지 않은 채 모든 입장을 의심하는 사람이었다. 그러니까 아르케실라오스가 주목한 플라톤은 어떤 경우도 확실함에 이르지 못하는 회의론자이자 풍자가였다. 그런 사람이 체계적인 도그마를 세웠다는 것은 말도 안 되는 일이었다.

피론과 마찬가지로 아카데메이아의 새 교장에게도 확실한 앎에 이르는 가능성은 전혀 존재하지 않았다. 무언가가 맞는지 틀렸는지 궁극적으로 알 수 있는 방법이 어디 있겠느냐는 것이다. 그걸 알려면 객관적인 기준이 필요한데, 그런 기준은 결코 존재하지 않았다. 어떠한 기준이건 항상 똑같은 문제에 맞닥뜨릴 수밖에 없었기 때문이다. 즉, 모든 기준은 자신이 객관적임을 확인시켜 줄 또 다른 객관적인 기준이 곧장 필요하게 된다는 것이다. 그래서 아르케실라오스에 따르면 어떤 것을 증명하는 과정의 맨 끝에는 늘 결코 증명될 수 없는 어떤 믿음, 직관, 명백한 사실 같은 것이 버티고 서 있다. 이런 상황이라면 피론처럼 판단을 유보하는 길밖에 없었고, 기껏해야 남들의 사유 규칙, 인식 과정, 사고 논리를 조사하고 드러낼 수만 있을 뿐이었다. 아르케실라오스는 소크라테스의 수사법을 되살려 내면서 다음의 규칙을 세웠다.

〈그의 말을 들으려고 했던 사람들은 그에게 질문을 던진 것이 아니라 오히려 자신의 생각을 직접 말할 수밖에 없었고, 그래서 말을 하면 그는 즉시 그 말에 반박했다.〉[109]

아르케실라오스는 기존의 모든 철학적 주장들을 순수 사변으로 보았다. 이런 급진적 회의주의는 플라톤과 별 관련이 없어 보인다. 비록 아르케실라오스가 한 번도 아카데메이아의 창설자를 비판한 적이 없고, 스스로 소크라테스의 대변자연하면서 교묘하게 그 전통을 지켜 왔음에도 말이다. 피론과 마찬가지로 아르케실라오스의 경우도 회의가 얼마나 급진적인지, 그리고 키케로가 언급한 것처럼 자신의 회의조차 의심했는지에 대해선 논쟁의 여지가 있다. 어쨌든 그게 사실이라고 한다면 아르케실라오스는 키케로가 전한 메트로도로스의 인용문과 같은 노선이라고 할 수 있다. 즉, 인간은 자신의 무지를 확실하게 알 수 없다는 것이다. 그에 따르면 소크라테스의 말이라고 전해지는 문장, 〈나는 내가 아무것도 모른다는 것을 안다〉는 이 문장 다음엔 이런 말이 추가되어야 한다. 〈그조차도 나는 모른다!〉 이런 입장은 일관성이 있고 의미도 없지 않다. 하지만 그건 모든 철학의 끝이다. 그 이후의 철학하기란 무의미한 짓일 테니까. 사실 자신의 일에 대해 그렇게 생각하는 철학자는 하나의 학파를 만들 수 없고(피론처럼), 그런 학파를 이끌 수도 없다(아르케실라오스처럼).

아무튼 아르케실라오스 같은 급진적 회의주의자에게도 가치 평가는 존재한다. 즉, 어떤 것에 대해 평가를 유보하는 것이 좋다는 평가를 내리고 있는 것이다. 이런 입장에 일관되게 그는 도덕에 구애받지 않고 무심하게 산다. 특정 행동을 존경하지도 경멸하지도 않는다. 그런데 이런 입장은 당연히 굉장히 모순적이다. 모든 판단을 유보한 사람은 자신의 판단을 유보하는 것이 좋다는 견해도 대변해선 안 되기 때문이다. 이 역시 가치 판단이다. 그것도 상당히 강한 가치 판단이다. 게다가 아르케실라오스는 데모크리토스나 피론처럼 마음의 안식을 삶의 목표로 천명한다. 그것이 훌륭한 목표라는 것을 그 자신도 알고 있었던 것이다. 이는 평가를 내릴 수 없다고 하는 사람치고는 상당히 결정적인 가치 평가다!

철저하게 회의적인 삶을 사는 것은 불가능하기에 이런 의문이 제기된다. 급진적 회의는 정말 훌륭한 생각일까? 최소한 그것은 순간적으로 가장 일관성 있게 보이는 사유 형식을 불가피하게 모순으로 이끈다. 실수는 다음에 있는지 모른다. 즉, 아르케실라오스는 모든 인간적인 사고에 과도한 짐을 지우는 〈진리〉의 개념을 목표로 천명한 것이다. 왜 그랬을까? 철학자가 철학을 한다고 해서 굳이 진리를 알 필요가 있을까? 철학적 사고를 위한 높이뛰기의 횡목을 약간 내려야 하지 않을까? 절대적 진리 대신 무언가 설득력이 있는 것으로 충분하지 않을까? 훗날 아르케실라오스의 뒤를 이어 아카데메이아 학장에 오른 키레네의 카르네아데스(B.C. 214/213~B.C. 129/128)가 바로 그 길을 걷는다. 키케로가 전한 한 일화로 유명한 인물이다. 그리스 외교사절단의 일원으로 (이 사절단에 대해서는 나중에 다시 언급할 기회가 있을 것이다) 로마로 간 그는 첫날과 둘째 날에 원로원에서 정의에 반대하는 연설을 했다가 추방당했다고 한다.

카르네아데스는 회의주의의 방향 정립을 위해 〈믿을 만한 관념〉을 추천한다. 〈믿을 만한 동시에 산만하지 않고 철저히 조사된 관념〉이 그것이다.[110] 그런데 회의적 철학의 관점에서 그런 기준은 있을 수 없고, 효과적으로 적용될 수도 없다. 무언가 믿을 만한 것은 내가 그게 믿을 만하다는 것을 알려면 또 다른 곳에서 기준이나 관점을 빌려 와야 하기 때문이다. 결국 아카데메이아가 그렇게 세심하게 막으려 했던 기만과 자기기만의 문이 여기서도 활짝 열려 있는 셈이다.

신봉자들에게 어떤 형태로건 성공적인 삶에 도움이 되는 것을 제공하지 못하는 철학은 결국 공격받을 수밖에 없다. 철학이 어떤 방식으로건 사람들에게 이롭고 도움이 되어야 한다는 것은 모든 시대의 불문율이다. 섹스투스 엠피리쿠스에 따르면 아르케실라오스도 그 때문에 좀 덜 절대적인 기준, 즉 〈좋은 근거가 있는 기준〉을 도입했다고 한다. 물론 좋은 근거가 있다는 것이 궁극적인 확실성을 보장하는 것은 아니지만 설득력이 있는 것과 설득력이 떨어지는 것을 구분하게 해준다는 것이다. 물론 여기서 섹스투스가 아르케실라오스의 생각을 제대로 재현했는지는 의문이다. 모든 것을 의심해야 하는 상황에서 〈좋은 근거를 가진 기준〉이 어떻게 있을 수 있겠는가? 게다가 대체 뭐가 좋은 근거란 말인가? 내가 동등한 권리를 가진 많은 반박에도 불구하고 충분한 숙고 뒤에 〈생각한 것〉이 좋은 근거를 가진 것일까? 아니면 내가 본능적으로 〈느끼는 것〉이? 예를 들어 배가 고프면 음식을 먹는 것이 좋겠다고 느끼는 것이? 이런 점에서 아르케실라오스에 대한 후대 사상가들의 언급은 마치 어둠 속을 헤매는 것처럼 모순적이다.

아르케실라오스는 자신의 회의에 대한 온갖 회의에도 불구하고 〈당시 모든 철학자들 중에서 가장 높이 평가받은〉[111] 철학자였다고 한다. 그의 족적은 소크라테스-플라톤적 철학을 일종의 체계적인 반박의 기술로 만든 것이다. 그는 무언가가 왜 맞지 않는지 밝히기 위해 완벽하게 사유했다. 그가 철학적으로 성공한 것은 결코 우연이 아니다. 비관적이고 정치적으로 무기력한 시대에 딱 어울리는 철학처럼 보인다. 수십 년에 걸친 마케도니아의 지배를 받으면서 아테네 주민들은 자신들의 운명을 스스로 결정할 수 있다는 믿음을 완전히 잊은 게 분명하다. 반박이 주장들에 비해 우위를 가진 철학은 이런 도시에 이상적일 만큼 딱 들어맞는다. 전체로는 놀랄 정도로 무심하지만 개별적으로는 예리함이

뚝뚝 묻어나는 철학이다. 마케도니아 당국의 입장에서도 이것은 안락한 삶을 추구하는 무해한 철학처럼 보였을 것이다. 어쨌든 이 철학은 어디서도 건설적이거나 실천적인 결과로 이어지지는 못했다.

오늘날의 관점에서 보면 아카데메이아의 급진적 회의주의는 1970년대부터 1990년대까지의 프랑스 후기 구조주의를 떠올리게 한다. 아르케실라오스가 생각한 사물들의 〈무(無)구분성〉은 자크 데리다에겐 언어 표현의 〈자의성(恣意性)〉으로 나타난다. 후기 구조주의는 아르케실라오스 철학과 비슷하게, 철저한 (언어적) 회의 속에서 모든 비판에 면역이 된 사고방식이다. 이러한 철학은 시간이 지나 비정치적으로 흐를수록 점점 더 가벼워지고 무언가 중요한 척 거드름을 피운다. 후기 구조주의가 한 세대 넘게 제자들을 마취시키고, 이어 냉소주의자로 변신해서 광고계와 문화 예술계로 흩어진 것처럼 아카데메이아의 엘리트적 회의주의도 아테네 공동체를 사회적·정치적으로 마비시키는 데 크게 기여한 것으로 보인다.

잘못된 사회에서의 올바른 삶

무한한 세계들과 무심한 신들 / 쾌락의 윤리 / 자기 관리 /
스토아학파 / 프로그램화된 세계 / 너 자신을 최적화하라! /
자연적 본능, 도덕적 요구

무한한 세계들과 무심한 신들

기원전 3세기 초의 아테네는 18~19세기 전환기 무렵의 바이마르와 약간 비슷해 보인다. 작은 도시지만 문화적 중심지였던 바이마르는 당시의 정신적 영웅들, 즉 빌란트와 헤르더, 괴테, 실러가 1제곱킬로미터라는 아주 좁은 공간에 이웃하면서 불화와 우의, 협력과 경쟁 속에서 긴밀하게 교류하며 각자의 작품과 자기 세계에 푹 빠져 있었다.

아리스토텔레스가 죽은 지 50년 뒤의 아테네도 그와 별반 다르지 않았다. 양대 고전적 교육 기관인 아카데메이아와 리케이온은 겨우 2킬로미터 정도밖에 떨어져 있지 않았다. 걸어서 30분도 채 안 되는 거리였다. 두 기관 사이의 중간, 그러니까 아크로폴리스 발치에는 소크라테스적 전통에 따라 수많은 철학자들이 어슬렁거리는 아고라 광장이 있었다. 광장 바로 옆에는 스토아 포이킬레, 즉 벽화가 그려진 주랑이 있었는데, 새로운 철학자 무리들의 집회장이었다. 아고라와 아카데메이아 사이, 즉 아카데메이아 담장 바로 붙은 곳에 고즈넉한 정원 케포스가 있었다. 기원전 306년에 이 정원을 구입한 에피쿠로스는 선선한 저녁이면 제자들과 함께 여기서 철학을 했다.

에피쿠로스는 기원전 341년 사모스섬에서 태어났다. 아버지는 농부이자 교사였다고 한다. 에피쿠로스는 교사들의 지원 속에 일찍부터 플라톤과 데모크리토스를 공부했을 가능성이 큰데, 그중에서 특히 그에게 깊은 인상을 준 사람은 데모크리토스였다.

열여덟 살에 그는 아테네 군사 학교를 졸업했다. 그런데 알렉산드로스 대왕이 죽은 직후 발발한 라미아 전쟁에서 아테네인들이 일으킨 봉기는 에피쿠로스의 가족들에게 재앙과 같은 결과를 안겼다. 그들은 사모스섬에 있던 재산을 모두 잃고 소아시아의 콜로폰으로 도피해야 했던 것이다. 거기서부터 에피쿠로스의 흔적은 지워졌다가 어느 날 아테네에 다시 나타나 세 명의 가까운 지인과 함께 케포스를 구입했다.

에피쿠로스와 그의 신봉자들은 정원 부지에 일종의 공산주의적 공동체와 비슷한 것을 만들어 살았다. 그러자 얼마 지나지 않아 각지에서 많은 사람들이 몰려들었다. 심지어 많은 아테네인들의 조롱 속에 창녀와 노예들까지 에피쿠로스 공동체에 들어가 살았다. 곧 공동체 내의 방탕한 삶에 대한 갖가지 소문이 퍼지기 시작했다. 500년 뒤 이야기 수집가인 디오게네스 라에르티오스는 모든 자연 철학자들 중에서 에피쿠로스가 가장 상스러운 인간이라고 전했다. 물론 그런 〈부도덕하고 상스러운 짓〉에 대한 명확한 증거는 어디에도 없었다. 게다가 그런 행위는 에피쿠로스가 설파한 가르침과도 현격하게 모순된다.

에피쿠로스가 썼다고 하는 40편의 텍스트들 중에서 지금까지 남아 있는 것은 불과 몇 편뿐이다. 그래서 그의 학설을 서술하려는 모든 시도는 그리스의 다른 많은 사상가들의 경우처럼 몇 개 안 되는 퍼즐 조각으로 하나의 그림을 듬성듬성 짜 맞추는 것과 다름없다. 그의 인식론은 상당 부분 데모크리토스를 연상시킨다. 에피쿠로스도 데모크리토스처럼 세계가 텅 빈 공간 속에서 원자들로 이루어져 있다고 생각했다. 원자는 영원하고, 소멸하지 않고, 무한한 우주 속에서 무한한 숫자로 움직인다. 로마의 철학자 루크레티우스는 에피쿠로스의 주장을 다음과 같이 전한다. 〈전체적으로 볼 때 존재하는 것들은 (……) 어떤 한 방향으로 제한되어 있지 않다. 그렇지 않다면 그 전체엔 무언가 외형적 틀이 있어야 할 것이다. 또 다른 한편으로 무언가의 외형은 반대편에 그것을 제한하는 무언가가 있어야만 우리 눈에 형체로 드러날 수 있다. (······) 그러나 이제는 존재하는 것들의 전체 외에는 아무것도 없다는 점을 인정해야 하기에 그 전체에는 외형이 없고, 경계와 끝도 없다.)[112]

　　원자들은 무한하고, 세계들도 많다. 에피쿠로스에 따르면 우주는 다중 우주다. 그 안에서 원자들은 자체 무게 때문에 위에서 아래로 떨어진다. 이때 가끔 최소한의 표준 오차가 발생하면서 원자들이 접촉한다. 이로써 새로운 운동이 시작된다. 원자들이 소용돌이 같은 형태로 일종의 집단 충돌을 시작하는 것이다. 이 충돌로 무수한 원자 결합이 이루어진다. 그중 하나, 즉 수백만 개의 원자 결합 중 하나가 인간이다. 따라서 인간도 전적으로 원자로만 구성되어 있다. 육체만 그런 것이 아니라 영혼도 〈상당량의 원자들〉을 통해 생겨난다. 영혼은 〈온기가 일정하게 가미된 바람과 가장 근접하게 비교할 수 있지만, 몇 가지 점에서는 바람 자체, 또한 어떤 점에서는 온기와 유사한 측면이 있다.)[113]

　　이것은 독창적인 생각이라 보기 어렵다. 대체로 데모크리토스를 베낀 느낌이 강하다. 하지만 에피쿠로스만의 첨가물이라고 볼 만한 아주 새로운 것이 있다. 철저하게 유물론적인 이 우주에도 신들이 존재한다고 생각한 것이다. 그런데 신이라는 이 존재들은 참으로 희한하다. 인간의 형상을 한 생물로서 일종의 물질대사 같은 것을 할 뿐 아니라 다른 만물처럼 원자들로 이루어져 있다. 이로써 에피쿠로스는 지금껏 서양 철학에는 존재한 적이 없는 학문의 기초를 세운다. 유물론적 신학이 그것이다! 그가 보기에 세상에는 다양한 형태의 신이 무수히 존재한다. 우주를 만든 것도 이 신들이 아니다. 그들은 인간들과 비슷하게 우주 안에서 살아갈 뿐이다. 다만 무한히 행복한 상태에서 온전히 자기 자신에만 몰두하며 세상사든 인간의 운명이든 개입하지 않는다. 저급한 인간들이야 이런저런 걱정을 하건 그게 올림포스의 신들과 무슨 상관이겠느냐는 것이다. 에피쿠로스는 세계의 생성을 설명하거나 인간의 삶에 더 깊은 차원과 더 높은 운명을 부여하는 데 필요한 신들의 세계를 상정하지 않는다. 이는 신에 대한 서양의 모든 관념들 가운데 가장 독창적인 관념 중 하나가 분명하다. 즉 철학자든 비철학자든 신들이 존재해야 한다고 믿은 그 두 가지 이유가 에피쿠로스의 관념 세계에는 존재하지 않았던 것이다.

어찌됐건 인간은 신들의 존재를 예감할 수 있다. 때때로 신들의 미세한 원자가 떨어져 나와 눈에 안 띄게 인간의 영혼으로 스며들기 때문이다. 거의 모든 인간이 신들을 떠올리고 본받으려 하고 숭배하는 것도 그 덕분이다. 다른 많은 철학자들과는 달리 에피쿠로스는 통속적인 숭배 제식과 저명한 신의 종자들을 포함한 전통적인 신들의 세계에 대해 전혀 문제를 느끼지 않는다. 다만 신들이 자신들과 비슷하게 행동하고 자신들의 삶에 개입한다고 믿는 인간들의 착각을 못마땅하게 생각할 뿐이다. 〈행복한 불멸의 존재는 스스로 걱정과 불편함이 없기에 다른 누군가에게 그런 것을 야기하지 않고, 분노로건 총애로건 뭔가를 복잡하게 만들 이유가 없다. 그런 짓은 나약함의 표식이다.〉[114]

하지만 에피쿠로스에 따르면 신들은 자유를 보장하지 않는다. 신들도 자연법칙에 따른 원자 세계의 일부일 뿐이기 때문이다. 따라서 에피쿠로스는 데모크리토스와 마찬가지로 이렇게 물을 수밖에 없다. 철저하게 인과적 메커니즘의 세계에서 자유는 어떻게 존재할 수 있을까? 모든 것이 자연법칙에 따라 결정된다면 인간에겐 자기 의지를 가질 자유가 있을까? 폭발성이 큰 질문이다. 호메로스의 작품이나 비극에서처럼 신들이 운명을 결정한다면 인간은 자유롭지 못하다. 인간의 운명은 더 높은 곳의 힘들에 의해 미리 정해져 있기 때문이다. 그렇다면 영원한 자연법칙이 원자들의 흐름을 확고하게 규정해 놓은 경우도 마찬가지가 아닐까?

실제로 에피쿠로스에게 자유 의지의 문제는 굉장히 중요했다. 그는 자신의 저서 『자연에 관하여』에서 영혼의 행동을 결정하는 것은 원자가 아니라고 강조한다. 〈왜냐하면 자연은 원자들의 행동 방식이나 그 방식들의 등급, 또는 성격들에 아무런 영향을 끼치지 않기 때문이다. 특정 행위에 대해 전적인, 또는 가장 많은 책임을 져야 하는 것은 바로 그 원자들의 발전이다.〉[115] 그러니까 동물과 인간은 자기 원자들의 운동을 바꿀 수 있다는 것이다. 그리고 그 변화에 대한 책임은 인간 스스로가 져야 한다. 그러나 자연법적으로 규정된 세계에서 그러한 자유와 책임이 어디에서 온 것인지에 대해선 에피쿠로스도 자기 견해를 그럴 듯하게 표현만 해놓았을 뿐 속 시원하게 설명하지는 못한다. 〈모든 것이 필연성에 따라 일어난다고 설명하는 사람은 모든 것이 필연성에 따라 일어나는 것이 아니라고 설명하는 사람을 나무랄 이유가 없다. 그조차 그의 말처럼 필연성에 따라 일어나는 일이기 때문이다.〉[116]

쾌락의 윤리

에피쿠로스의 철학을 규정하는 세 가지 포인트는 의지의 자유, 감각의 진실, 삶에서 쾌락의 중요성이다. 그가 보기에 모든 경험은 오직 감각에서 비롯된다. 앞서 우리가 프로타고라스와 안티스테네스, 피론을 통해 알고 있던 입장이다. 이 입장은 2,000년 뒤에 부흥기를 맞이한다. 즉, 17세기와 18세기에 영국 경험론자들과 프랑스 감각주의자들(존 로크, 데이비드 흄, 조지 버클리, 에티엔 보노 드 콩디야크)은 이 견해를 앞세워 당시 철학계를 지배하던 합리주의와 맞서 싸운다.

물이 반쯤 찬 유리잔을 보고 어떤 이는 물이 반이나 남았다고 생각할 수도 있고, 어떤 이는 물이 반밖에 남지 않았다고 생각할 수도 있다. 감각적 경험주의의 입장에서는 똑같은 사물을 보고도 자신이 느끼는 것에 따라 완전히 다른 결론이 나온다. 이에 근거해서 감각적 지각처럼 믿을 수 없는 것을 토대로 삼은 모든 경험은 결코 확실한 지식을 낳지 못하기에 아무 가치가 없다는 판단을 내릴 수 있다. 회의론자들의 입장이 그렇다. 하지만 다른 측면에서 보자면 내가 경험한 모든 것은 (내게는) 진실이기에 결코 하찮은 것이 아니라고 말할 수도 있다. 삶을 잘 헤쳐 나가는 데 굳이 더 많은 확실한 지식이 필요치는 않다. 날카로운 감각과 깨어 있는 오성만 있으면, 즉 그런 재능의 축복을 받은 사람은 현자의 묘약 같은 것을 찾을 필요가 없다는 것이다. 우리가 보기에 프로타고라스와 에피쿠로스가 이 길을 걸은 듯하다.

에피쿠로스는 논리학을 배척하지도 않았고, 예리한 성찰로 지혜로운 통찰에 이를 수 있다는 주장도 배격하지 않았다. 다만 진리가 흘러나오는 유일한 원천으로서 로고스가 이 세상에 존재한다는 주장은 일언지하에 거부했다. 그가 볼 때 세상에는 인간의 감각이나 감성과 관련이 없는 가치는 결코 존재하지 않았다. 이런 감각성을 중요하게 받아들이는 사람은 곧 다음의 결론에 이르게 된다. 쾌락은 인간에게 이롭고, 고통은 나쁘다는 것이다.

사실 이 견해도 에피쿠로스의 것이 아니라 이미 키레네학파에서 제기된 것이었다. 이 학파의 이름은 오늘날의 리비아 땅에 위치한 키레네에서 유래했다. 그리스의 식민지 키레네는 기원전 440년부터 민주적 방식으로 통치되던 도시였다. 소크라테스의 제자 아리스티포스(B.C. 435~B.C. 355?)가 이곳 출신인데, 애석하게도 그와 그 후계자들의 문헌은 전해지는 것이 없고, 다만 후대 철학자들에 의한 평가만 남아 있을 뿐이다. 특히 아리스티포스는 19세기 초 독일 작가 크리스토프 마르틴 빌란트가 그를 위해 문학적 기념비를 세워 주면서 어느 정도 사후 명성을 얻었다. 빌란트의 작품 『아리스티포스와 그의 몇몇 동시대인들』은 달관한 아리스티포스가 계몽적 사상을 우아한 문체로 적은 방대한 서간체 소설이다.

하지만 역사 인물로서 아리스티포스는 전반적으로 비정치적인 인간이었다. 그의 윤리학도 사적인 성격이 뚜렷했다. 그는 초기 감각주의자로서 감각만 믿고 더 높은 인식은 믿지 않았다. 우리가 알고 경험하는 모든 것은 감각을 통해 우리에게 흘러들어오고, 그를 통해 우리 속에서 영혼의 과정이 진행된다는 것이다. 그런데 감각에는 좋은 감각과 나쁜 감각, 즉 부드럽고 쾌락적인 감각과 거칠고 고통스러운 감각이 있다. 이로써 모든 윤리의 문법은 지극히 단순하다. 쾌락은 늘리고 고통은 줄이자는 것이다.

이것이 곧 〈쾌락주의hedonism〉(〈쾌락〉을 뜻하는 hêdonê에서 유래한 이름이다)라는 이름으로 발전한 철학적 태도다.

아리스티포스는 아마 서양 철학자로서는 처음으로 삶의 행복을 인간이 추구해야 할 머나먼 목표가 아닌 후딱 지나가 버리는 일시적 상태로 정의했다. 행복은 열심히 노력한다고 해서 얻어지는 것도 아니고, 자본처럼 부지런히 모은다고 해서 늘어나는 것도 아니다. 행복은 그저 행복을 찾는 과정에서 일어나는 한 상태이고, 그렇게 (감각적으로) 행복감을 느낄 때가 많은 삶이 행복한 삶이다. 〈공연히 큰 행복을 기다리느라 작은 행복을 놓치고 사는 사람들이 많다.〉 미국 작가 펄 S. 벅의 이 유명한 말은 아리스티포스가 이해한 쾌락주의를 멋들어지게 요약하고 있다.

키레네학파(아리스티포스의 딸과 손자도 이 학파에 속한다)는 어떤 쾌락을 추구할 것이냐의 문제에서 상당히 관대한 입장이다. 쾌락에는 다양한 형태의 육체적 향락과 정신적-영혼적 향락이 있다. 이 둘은 어느 하나가 다른 하나보다 더 나은 것이 아니라 둘 다 똑같이 좋다. 이는 플라톤이 『향연』에서 매섭게 공격한 태도다. 그러나 아리스티포스에게 중요한 것은 쾌락의 도덕적 질이 아니라 강도다. 쾌락이 강렬하면 도덕적으로도 좋다. 쾌락 너머에는 도덕이 없기 때문이다. 질과 양 중에 어느 것이 더 좋으냐에 대한 질문에도 답할 수 없다. 질이건 양이건 모두 강도의 문제이기 때문이다. (우디 앨런은 자신의 영화 「사랑과 죽음」 마지막 장면에서 비슷한 주장을 펼친다. 〈알다시피 섹스에서 중요한 건 양이 아니라 질입니다. 하지만 아무리 좋은 섹스라도 여덟 달 넘게 한 번씩 하는 것이라면 다시 생각해 봐야 합니다.〉)

키레네학파는 완전히 다른 출발점에도 불구하고 한 가지 점에서는 아리스토텔레스와 무척 가깝다. 즉 아리스티포스도 유복함과 우정, 삶의 지혜를 높이 평가한 것이다. 이것들은 모두 삶을 안락하게 해주는 요소다. 삶의 지혜가 있는 사람은 시기나 연모처럼 자신을 짓누르는 감정 상태에 빠지지 않는다. 슬픔, 근심, 불안과는 달리 시기와 연모는 외부 세계의 영향으로 생겨나는 것이 아니다. 예를 들어 무언가를 두려워하는 것은 생물학적으로 충분히 납득할 만한 반응이다. 그러나 사랑에 빠지는 것은 그렇지 않다. 자기 자신을 자의식으로 제대로 장악한 사람은 연모뿐 아니라 시기에도 초연하다. 그래서 빌란트가 묘사한 유머 넘치는 계몽주의자의 모습보다는 반시민적 비도덕주의에다 매력과 돈, 매너를 갖춘 멋쟁이 남자가 오히려 실존 인물 아리스티포스의 모습에 더 가까워 보인다.

　　이제 에피쿠로스로 다시 돌아가 보자. 우리는 그가 출처를 언급하지는 않았어도 키레네학파의 학설을 알고 있었던 것으로 추정할 수 있다. 키레네학파와 마찬가지로 에피쿠로스도 쾌락을 윤리학의 중심에 두고 있으니 말이다. 그의 입장은 명백하다. 모든 생물은 〈태어나자마자 쾌락〉을 좇고, 〈최고의 선으로서 쾌락〉을 즐긴다.[117] 그러나 아리스티포스와는 달리 에피쿠로스 학설은 쾌락을 얻는 철학이 아니라 고통을 피하는 철학이다. 그는 묻는다. 우리가 편안하고 느긋한 삶을 살지 못하게 방해하는 것은 무엇인가? 그것은 육체적·정신적 결핍과 걱정으로 야기된 고통이다. 우리는 배가 고프거나 목이 마를 때 고통을 느끼고, 불안과 근심으로 괴로워한다. 그에 반해 먹고 마시는 것, 기쁨과 즐거움은 우리에게 쾌락을 선사한다. 그것들은 고통을 막아 주거나 중지시키기 때문이다.

　　여기서 에피쿠로스는 아리스티포스와 마찬가지로 자연스러운 욕망과 〈공허한〉 욕망을 구분한다. 다시 말해 많은 고통이 생기는 것은 원래 우리에겐 전혀 필요치 않은 것을 우리가 탐하기 때문이라는 것이다. 또한 우리는 걱정할 필요가 없는 것들을 쓸데없이 걱정하기도 한다. 그렇기에 우리는 어떤 불안과 욕망이 자연스럽고 필수적인 것인지를 정확히 묻고 분류하는 법을 배워야 한다. 자신의 쾌락과 욕망을 이성적으로 통제하고, 중요한 것과 불필요한 것을 구분할 줄 아는 사람은 윤리적으로 올바로 살아갈 수 있다. 왜냐하면 〈이런 일들을 흔들림 없이 강고하게 성찰하는 사람은 육체적 건강과 혼란으로부터의 정신적 자유에 의거해서 선택하고 회피할 줄 알기 때문이다. 그것이 바로 행복한 삶의 목표다〉.[118]

자기 관리

에피쿠로스적 삶의 이상을 받아들인 사람을 기다리는 것은 무엇일까? 〈낯선 이여, 들어오라! 이곳의 다정한 주인이 넘칠 만큼 많은 빵과 물을 들고 그대를 기다리나니. 여기서 그대의 욕망은 자극받지 않고 충족되리라.〉 케포스의 입구에 적힌 유명한 글귀이다. 그런데 여기서 우리를 기다리는 것이 넘칠 만큼 많은 빵과 물뿐이라고? 그렇다면 에피쿠로스도 윤리학의 중심에 쾌락을 두고 있지만 그게 아리스티포스적 의미에서의 쾌락적 삶처럼 들리지 않는다. 에피쿠로스의 쾌락은 소박하다. 그를 자극하는 것은 향락의 강도가 아니라 향락의 지속성이다. 갈망과 포만감, 흥분과 진정, 탐욕과 실망의 끊임없는 반복보다는 지속적인 자잘한 행복이 더 낫다는 것이다. 에피쿠로스는 작은 불꽃으로 꾸준히 타오르는 쾌락의 불꽃(〈지속적인〉 쾌락)을 뜨겁게 확 타올랐다가 쉽게 꺼지는 짚불(〈역동적인〉 쾌락)보다 훨씬 더 가치 있는 것으로 여겼다. 그가 보기에, 강하게 탐닉할수록 지속적인 만족감은 점점 작아진다.

앞서 말했듯이 에피쿠로스 철학은 쾌락을 얻는 철학이 아니라 고통을 피하는 철학이다. 이 점이 에피쿠로스 철학을 회의주의를 비롯해 당시의 다른 흐름들과 연결시킨다. 고통의 위험은 곳곳에 도사리고 있다. 신들과 죽음에 대한 두려움이 그렇고, 육체적 고통과 정신적 괴로움에 대한 불안이 그렇고, 또 고통을 야기할 뿐인 불필요하고 강한 욕망에의 몰입이 그렇다. 에피쿠로스는 이 모든 가능한 고통을 없앨 일종의 심신상관적 예방책, 또는 치료술을 제시하는데, 〈테트라파르마콘Tetrapharmakon〉(네 가지 치료책)이 그것이다.

올바른 철학은 삶의 수많은 감염 위험을 막아 주는 항생제 같은 역할을 한다. 첫째, 신에 대한 두려움과 관련해서, 신들은 인간의 삶에 무심하다는 점을 아는 것이 도움이 된다. 둘째, 죽음에 대한 불안과 관련해서, 인간은 어차피 죽음을 경험하지 못한다는 사실을 깨닫는 것이 중요하다. 우리는 우리의 마음을 움직이는 모든 것을 감각으로 경험한다. 그런데 죽음은 감각성의 종식을 뜻하는데, 우리가 왜 그 상태에 불안감을 느껴야 할까? 죽은 사람은 두려움과 고통을 더는 느끼지 못한다. 에피쿠로스는 친구 메노이케우스에게 보낸 편지에서 이렇게 쓴다. 〈모든 고통 중에서 가장 끔찍한 고통인 죽음도 사실 우리와는 아무 상관이 없네. 왜냐하면 우리가 살아 있는 한 죽음은 없고, 죽음이 닥치면 우리는 더 이상 존재하지 않기 때문이지.〉[119] 이 지혜가 어쩐지 익숙하다고 느끼는 사람은 독일 제국과 바이마르 공화국 당시에 가장 유명한 〈래퍼〉였던 오토 로이터를 떠올렸을지 모른다. 그는 자신의 쿠플레*에서 에피쿠로스를 자유롭게 해석하며 이렇게 노래 부른다. 〈오십 년 후엔 모든 것이 끝나. 죽음을 두려워할 이유가 없어. 우리는 죽음을 경험하지 못하고, 죽음이 오면 우리는 떠나니까.〉

세 번째 고통인 욕구와 관련해서는, 아리스티포스처럼 정말 자연스럽고 필수적인 욕구와 오도된 쓸데없는 욕구를 정확히 구분하는 것이 도움이 된다. 늘 편안하고 느긋한 인간이라면 너무 잦은 섹스가 필요할까? 꼭 고기를 먹어야 살 수 있을까? 물질적인 부가 뭐가 필요 있을까? 에피쿠로스에 따르면 인간은 재산을 늘리는 것이 아니라 원하는 것을 줄임으로써 진짜 부자가 될

---

* 풍자적인 내용으로 반복 운을 가진 노래.

수 있다. 그는 아마 은행 입구에도 다음과 같은 글이 적혀 있기를 바랄 것이다. 〈한계를 모르는 부는 크나큰 빈곤이다.〉

에피쿠로스가 이해하는 철학은 일종의 심리 치료다. 목표는 데모크리토스와 마찬가지로 평정심이라는 안정적인 영혼 상태다. 에피쿠로스 신봉자들은 실제 삶의 태도를 꾸준히 바꾸기 위해 오늘날에도 많은 잠언집에 빠지지 않고 등장하는 스승의 가르침을 가슴에 새겨야 한다. 그다음에는 격언과 경구에 따라 하루하루를 만끽하고 삶의 자잘한 것들에 기뻐하는 실천적인 삶으로 나아간다. 작고 일상적인 것에 주의를 기울이고 기쁨을 얻는 훈련을 한 사람은 삶을 행복하게 만들고 살 만한 것으로 바꾸어 주는 신비한 현자의 경험을 할 수 있다.

에피쿠로스에 따르면 철학적 숙고와 토론도 아주 즐거운 일이다. 삶에 바로 적용 가능한 혜안을 얻을 수 있기 때문이다. 〈네 삶을 바꾸어라!〉 이것은 케포스의 모토다. 라이너 마리아 릴케의 소네트 〈고대의 아폴로 토르소〉 맨 마지막으로 나오는 문장이기도 하다. 에피쿠로스에게 자신의 삶을 바꾼다는 것은 플라톤처럼 단순히 좀 더 도덕적이고 정의로워지라는 의미가 아니다. 그것은 식생활에서부터 성생활, 부에 관한 생각까지 삶의 방식을 철저히 바꾸는 것을 의미한다. 플라톤에게 철학적 통찰력을 갖춘 인간은 사회적 계몽가이자 선구자인데 반해 에피쿠로스에게 현자는 우선 자신의 일상생활부터 바꾸는 사람이다. 그의 철학은 플라톤 철학과는 달리 사회가 아닌 자기 자신과 일차적으로 관련되어 있고, 지극히 자기중심적이다.

에피쿠로스와 함께 철학에 대한 새로운 이해가 역사에 진입했다. 철학을 〈실천적 삶에 도움을 주는〉 것으로 본 것이다. 피타고라스는 철학자들을 〈구루〉로 보았고, 헤라클레이토스는 〈고독한 현자〉로 보았다. 이후 소크라테스의 등장과 함께 철학자는

〈묻는 자와 찾는 자〉가 되었다. 또한 플라톤은 철학자를 〈세계를 개선하는 자〉, 아리스토텔레스는 〈만물의 전문가〉로 간택했다. 그런데 이제 에피쿠로스 정원에서 나온 가르침과 함께 삶의 지침서로서의 철학이 시작되었다. 이전 철학사에서 그런 실천적 삶의 규칙은 피타고라스와 그의 일흔한 줄짜리 〈황금 시편〉에서나 볼 수 있었기 때문이다. 물론 이 시들도 피타고라스가 직접 쓴 것이 아니라 훨씬 뒤에 편찬되었을 것이다. 그 탄생 시기를 특정하기란 사실상 무척 어렵고 논란만 분분하지만.

에피쿠로스처럼 실천적 원칙과 구체적 행동 규칙을 세우는 것은 철학의 과제에 대한 완전히 새로운 정의나 다름없다. 만일 아카데메이아에 새로 들어온 제자가 플라톤에게 성공적인 삶을 위한 실용적 조언을 물었다고 가정해 보라(삶의 의미에 대한 물음은 결코 고전적 물음이 아니다. 우리가 오늘날 이해하는 〈의미〉라는 말은 고대 그리스어에는 없기 때문이다). 플라톤은 아마 신입 제자에게 최소한 10년은 산술과 기하학, 변증법, 수사학 등을 공부하라고 권할 것이다. 더 높은 인식에 이르는 길은 수없이 산을 올라야 하는 것이나 다름없기 때문이다. 베테랑 산악인도 낭가파르바트산에 오르려면 어떻게 해야 하느냐는 초보자의 질문에 그와 다르게 대답하지 않았을 것이다. 즉 일단은 더 작은 산을 수백 개 올라야 한다는 것이다. 오늘날 대학의 강단 철학자들도 첫 학기에 들어온 학생이 삶의 의미에 대해 묻는다면 아마 비슷한 반응을 보일 것이다. 우선은 차분하게 공부하고, 책을 많이 읽고, 많이 생각하고, 또 많이 읽고 또 생각하라고 말이다.

반면에 에피쿠로스 철학은 그런 과정의 단축을 약속한다. 심지어 그렇게 오래 교양을 쌓는 것에 적대적인 태도를 보인다. 문제는 지식(특히 수학적 지식)을 많이 쌓는 것이 아니라 몇 가지 의미 있는 통찰이다. 이론은 특별히 오래 집요하게 들이팔 필요가 없다. 더 중요한 것은 우리가 깨달은 의미 있는 것을 지혜롭고 끈기 있게 〈실행하는〉 법을 배우는 것이다. 에피쿠로스는 메노이케우스에게 이렇게 쓴다. 〈현명함은 (……) 철학보다 소중하네. 그 밖의 모든 미덕이 거기서 나오기 때문이지. 현명함은 우리에게 이렇게 가르치네. 현명하고 선하고 정의롭게 살지 않으면 즐거운 삶은 없고, 즐겁게 살지 않으면 현명하고 선하고 정의로운 삶은 없다고.〉[120]

삶의 예술가 에피쿠로스와 〈강단〉 철학자들 사이의 이런 대립은 퍽 흥미롭다. 이는 철학사를 관통하는 핵심 문제이기도 하다. 오늘날까지도 한쪽엔 강단 철학자들, 다른 한쪽엔 삶의 〈조언자〉나 철학적 〈치료사〉들이 있고, 그들 사이엔 상호 경멸이 존재한다. 다시 말해서 제도권 안에서 확고하게 자리 잡은 대학 철학자들은 상업적 성공을 거둔 삶의 조언자들을 향해 철학적 지식이 얕다고 비난하는 데 반해 삶의 조언자들은 강단 철학이 현실과 철저히 동떨어진 채 삶의 지혜가 부족하다고 비웃는다.

에피쿠로스가 생각하는 현자는 자신의 욕구를 조절하고 자기 자신을 잘 관리할 줄 아는 사람이다. 그런 현자는 잘못된 욕망과 불필요한 불안에서 벗어나 차분하게 세상을 바라보고 수많은 자잘한 것들에 기뻐한다. 그런 세계는 멋진 유토피아처럼 보이지만 플라톤과 아리스토텔레스 같은 에피쿠로스의 선행자들에 비하면 상당히 반사회적이다. 그러니 전해져 오는 에피쿠로스의 저서에서 폴리스에 대한 언급은 어디에도 없다. 아니, 그런 현실적 국가 체제를 거부한다. 기원후 1세기 사람인 플루타르코스는 에피쿠로스의 권고를 이렇게 전한다. 〈은둔해서 살라!〉 진정한 에피쿠로스학파는 관직이나 중요한 공적 정치적 역할을 맡으려 노력하지 않는다. 철학자는 기껏해야 자그마한 정원이나 관리할 뿐 국가를 통솔하지 않는다. 에피쿠로스 철학에서 삶의 모든 관계는 개인화된다. 알렉산드로스 대왕에 의한 폴리스의 해체가 철학적으로 이보다 더 명확하게 표현될 수는 없어 보인다.

아리스토텔레스의 경우는 우정도 정치적이었다면 에피쿠로스의 경우는 비정치적인 사적 영역의 표현이었다. 폭넓은 인적 네트워크를 가꾸며 친구들과 사교적으로 지내는 것은 좋다. 심지어 에피쿠로스는 모든 인간이 어떻게 최상으로 교류하며 잘 지낼 것인지 상호 〈계약〉을 체결해야 한다는 고도의 현대적인 생각까지 했다. 이런 생각은 훗날 키케로에게 잠시 이어졌다가 17세기에 다시 등장해 급격한 발전을 이룬 미래 지향적 이념이었다. 그런데 모두를 위한 이런 에피쿠로스적 사회 계약 이념이 〈자유 국가〉, 즉 은둔해서 살아가는 한정된 정원 공동체만을 위해 만들어진 것으로 보이는 윤리학과 어떻게 부합할 수 있을지는 상당히 의문스럽다. 계약은 계약을 지키는 것에 관심이 있고 그러도록 노력하는 사람들을 전제로 하기 때문이다. 또한 욕구 조절에 차이가 있는 사람들의 이해관계도 어떤 식으로건 조정될 수밖에 없는데, 그건 정치와 정치인들 없이는 불가능하다.

에피쿠로스는 35년 동안 케포스를 이끌다가 기원전 271년 혹은 270년에 생을 마감했다. 오래전부터 그를 괴롭혀 온 신장 결석 또는 요로 결석 때문이었던 것으로 보인다. 그는 이도메네우스에게 보낸 작별 편지에서 친구들과 수없이 나눈 좋은 대화들에 비하면 이 병의 고통은 하찮기 그지없다고 밝힌다. 스승이 세상을 떠나자 스승의 유언대로 며칠간 추모식이 거행되고, 그와 함께 스승에 대한 숭배가 본격화하기 시작했다. 이런 식으로 스승에 대한 제식이 거행되면서 케포스 공동체는 많은 세대에 걸쳐 존속했다. 기원후 2세기까지 유지되었으니 그 기간은 무려 5백년이 넘는다. 그러나 에피쿠로스학파는 중요한 철학자들을 배출하지 못했고, 그들의 학설은 너무 견고하게 굳어져 버렸다. 마지막 시기에 케포스는 로마 황제들의 지원 속에 한동안 존속했는데, 특히 2세기에 마르쿠스 아우렐리우스 황제의 지원이 돋보였다. 원래 철학적으로는 경쟁 관계에 있는 사람이었는데도 말이다. 그러니까 철학자로서의 아우렐리우스는 에피쿠로스의 가장 중요한 적수인 스토아학파의 전통에 서 있었다.

고대 철학   잘못된 사회에서의 올바른 삶

스토아학파

에피쿠로스와 그 신봉자들이 케포스에서 사적인 행복을 즐기는 동안 페르시아 전쟁을 묘사한 벽화가 있는 아테네 광장 옆의 〈스토아 포이킬레〉 주랑에서는 또 다른 철학자 집단이 형성되어 있었다. 철학 분야를 넘어 수백 년 이상 서양 세계에 그 어떤 다른 학설보다 강력한 영향을 끼친 스토아학파가 그것이다. 그들의 가장 큰 업적은 〈인간성〉과 〈세계주의〉의 이념이었다. 시노페의 디오게네스에게 세계란 머리 위의 지붕이었고, 회의주의자들에겐 〈일곱 인장으로 봉한 책〉*이었고, 에피쿠로스에겐 기쁨 넘치는 정원이었다면 최소한 스토아학파는 스스로를 정치적 인간으로 이해했다.

　　내려오는 문헌을 믿어도 된다면 〈인간성anthropismós〉이라는 개념을 먼저 사용한 사람은 아리스티포스였다. 그는 이 개념과 함께 인간 종의 특성을 도덕성에 대한 능력과 동일시했다. 에피쿠로스학파도 인종과 사회적 계층, 성별에 따라 인간을 구분하지 않으면서 〈인간성〉에 대한 의무감을 드러냈다. 그러니까 모든 인간은 선천적으로 동등하다는 것이다. 하지만 이런 전례에도 불구하고 기원전 2세기부터 이른바 〈후마니타스humanitas〉라는 용어로 인간성의 개념을 세상에 정립시킨 건 바로 스토아학파였다.

　　〈세계주의〉라는 개념도 상황이 달라 보이지 않는다. 우선이 개념은 아리스티포스와 디오게네스에게서도 이미 나타난다.

---

* 「요한 계시록」 5장에 자세히 설명되어 있는 책.

그러나 두 사람의 세계주의는 모두를 위한 구속력 있는 윤리적 학설이 아니라 오히려 개인적인 태도에 더 가까워 보인다. 세계 시민을 목표로 삼은 진정한 세계주의를 윤리학의 중심에 놓은 것은 스토아학파였다. 세계주의는 아마 상실의 경험에서 태동했을 것이다. 그 자부심 강하던 아테네 시민들은 자신들이 만든 폴리스 공동체의 붕괴로 정치적 노숙자로 전락해 버렸다. 하지만 다른 한편으로 그로 인해 우물 안 개구리의 시선을 넘어 세계를 훨씬 더 크게 생각하는 법을 배웠다. 그리스 문화 깊숙한 곳에 페르시아와 이집트의 비옥한 토양이 깔려 있다면 그리스인들 스스로 문화적으로 선도하는 세계 시민이 되지 말아야 할 이유가 어디 있단 말인가?

이러한 세계주의를 촉진한 또 다른 요소가 있었다. 당시의 중요한 철학자 중에는 아테네 출신이 드물었던 것이다. 스토아 포이킬레에서 신봉자들에게 세계주의를 가르친 남자는 키티온의 제논이었다. 키프로스 이주민이었던 그는 기원전 333년 혹은 332년에 태어나 기원전 311년경에 아테네로 왔다. 디오게네스 라에르티오스에 따르면 페니키아의 직물상이었던 제논은 배를 타고 아테네로 가다가 배가 난파하는 바람에 화물을 몽땅 잃었다고 한다. 그 뒤 정처 없이 아테네 골목을 배회하다가 한 서점에 이르렀고, 거기서 크세노폰의 작품 속에서 소크라테스의 삶을 알게 되었다. 제논이 서점 주인에게 소크라테스 같은 사람을 어디 가면 만날 수 있느냐고 묻자 서점 주인은 막 서점 앞을 지나가던 키니코스학파의 철학자 크라테스를 가리켰다. 제논은 곧바로 크라테스를 따라갔고 얼마간 그 밑에서 수학했다. 그 후 마케도니아의 왕 안티고노스 2세의 전폭적인 지원을 받았지만 그러면서도 늘 겸손했고, 빵과 꿀, 약간의 포도주만 먹고 지냈다. 게다가 당시의 일부 철학자들처럼 여자를 혐오했다고 한다.

디오게네스 라에르티오스가 제논에 대해 수집한 무수한 이야기와 일화들은 이런 출전들이 늘 그렇듯 지극히 조심스레 음미해야 한다. 기원전 262년 혹은 261년 제논이 일흔의 나이에 학당을 나서다가 계단에서 굴러떨어져 발가락이 부러지는 사고를 당한 뒤 스스로 죽음을 선택했다는 이야기도 그중 하나다. 보고에 따르면 그는 곧바로 스스로 목을 졸라 목숨을 끊고, 아테네인들은 큰 예를 갖춰 장례를 치렀다고 한다.

디오게네스 라에르티오스가 제논의 저서로 거론한 스무 편의 글 가운데 오늘날까지 전해지는 것은 단 한 편도 없다. 그러나 제논의 철학은 이후의 수많은 문헌들을 통해 우리에게 상당히 잘 알려져 있고, 당시까지 알려진 많은 철학들 가운데 〈최고〉로 보인다. 아카메데이아의 교장 아르케실라오스를 필두로 완강한 적들이 그에게 비난의 화살을 겨눈 것도 바로 그 때문이었다. 그들은 제논의 흔들림 없는 독단주의를 조롱하고 비난했다. 스토아 철학자들은 세상 만물에 별로 큰 회의나 의심을 갖고 있지 않은 듯했다. 그것이 적들에게는 스토아 철학을 믿지 못할 것으로 만들었지만, 바로 그 때문에 스토아 철학은 그렇게 효과적이고 영향력이 컸을지 모른다.

제논은 가르친다. 인간은 자기 자신을 정확히 관찰해야 하고, 중요한 것과 중요하지 않은 것을 구분할 줄 알아야 한다. 또한 격한 욕망과 욕정을 길들이거나, 아니면 가능한 한 완전히 회피하는 법을 배워야 한다. 우리가 도저히 바꿀 수 없는 일들, 예를 들어 죽음 같은 자연법칙도 편안히 받아들여야 한다. 이렇듯 스토아학파 역시 에피쿠로스학파처럼 마음의 평안과 자연과의 조화 속에서 느긋한 삶을 추구한다.

인간이 욕망을 억제하고 고도의 내적 주체성을 세워야 한다는 것은 이미 플라톤과 데모크리토스, 아리스토텔레스, 에피쿠로스학파에게서도 나타나는 것들이다. 하지만 그것들과 비교하면 스토아 철학은 무척 독특하고 새로운 혼합이다. 고대의 몇몇 뛰어난 철학자들은 스토아주의를 복잡성 면에서 플라톤과 아리스토텔레스에게 뒤지지 않는 체계로 만들려고 애썼다. 이러한 작업을 수행한 사람은 아소스의 클레안테스(B.C. 331~B.C. 232?)와 솔로이의 크리시포스(B.C. 276~B.C. 204)를 비롯한 제논의 몇몇 제자로 보인다. 클레안테스는 터키 서쪽의 아소스에서 아테네로 건너와 제논의 후계자가 되었고, 크리시포스는 키프로스 맞은편 소아시아 해변의 킬리키아 출생으로 클레안테스의 뒤를 이어 스토아학파의 수장에 올랐다. 클레안테스가 쓴 제우스에 관한 짧은 찬가와 크리시포스가 쓴 논리학 단편을 제외하면 우리가 이 두 사람에 대해 알고 있는 것 역시 후대의 철학자와 연대기 작가들이 요약한 내용들뿐이다. 그럼에도 오늘날에는 스토아 학설이라고 부를 만한 정말 방대한 하나의 이미지가 만들어져 있다.

모든 스토아 철학은 아주 특수한 하나의 전제에서 출발한다. 즉, 이성적 존재로서의 인간에게는 〈세계를 분명하게 인식하는〉 능력이 주어져 있다는 것이다. 이 철학에서 마법의 주문은 〈명증성〉이다. 인간은 참과 거짓을 구분할 수 있고, 세계에 관한 완전히 객관적이고 확실한 지식을 얻을 수 있다는 것이다. 스토아학파는 이러한 전제하에 피론부터 아르케실라오스에 이르는 회의주의자들의 주장과 정반대되는 것을 선언한다. 그러니 두 철학파가 수백 년 이상 서로 날카롭게 맞서 싸운 것은 당연한 일이다.

스토아 철학자는 세계를 완전하게 이해할 수 있다고 믿는다. 이러한 믿음은 인간 종에게는 모든 것을 올바르게 인식하게 해주는 감각적 인지적 인식 체계가 선천적으로 주어져 있다는 것을 전제로 한다. 게다가 인식에 〈유용한 표상phantasia kataléptiké〉을 위해서는 인식한 것을 올바르게 판단하고 개념화할 수 있게 하는 내적 감각이 필요하다. 이 두 가지가 스토아학파가 주장하는 내용이다. 그들에겐 인간을 통한 진리의 인식은 거대한 세계 계획의 일부다. 자연 자체가 세계 사물과 인간 인식이 완전히 합목적적으로 일치하도록 준비해 놓았다는 것이다.

무척 대담한 이 전제를 기반으로 철학자는 보편 법칙과 세계의 연관성들을 연구하고 우주의 종합 체계를 규명하는 일에 착수할 수 있다. 그때까지 다른 어떤 철학도 스토아 철학만큼 〈체계〉에 대한 요구를 이렇게 강하게 제기하지는 않았다. 당시까지 가장 엄격한 체계주의자이던 아리스토텔레스도 하나의 거대한 설계 대신 다양한 기능을 갖춘 철학으로 들어가는 통로를 여럿 정해 놓았을 뿐이다. 물론 스토아학파는 이런 입장을 받아들일 수 없었다. 모든 철학이 선하고 올바른 삶에 복무해야 하기에 세상 만물은 서로 체계적으로 연관되어야 했다. 그로써 스토아학파는 통일적 철학에 대한 플라톤의 요구와 아리스토텔레스의 체계적인 다양성을 합쳐서 새로운 보편 체계로 녹아 냈다. 그리고 그를 위해 철학을 논리학과 자연학, 윤리학으로 나눈 크세노크라테스의 삼분법을 받아들였다. 이것으로 크리시포스는 하나의 방대한 사상 체계를 만들어 냈다.

당시의 거의 모든 철학자들처럼 스토아학파도 플라톤의 이데아론을 거부했다. 정신적인 것과 이상적인 것, 이지적인 것이 감각적으로 지각할 수 있는 사물보다 앞서 존재한다는 사실을 납득할 수 없었던 것이다. 스토아학파가 보기에 〈인간〉, 〈식물〉 또는 〈정의〉는 인간 의식 밖에 존재하는 것이 아니라 인간의 생각이 만들어 낸 구조물일 뿐이다. 세상에는 실제로 특정 개인으로서의 인간과 특정 개체로서의 식물, 구체적 행위로서의 정의로운 행동만 존재한다. 반면에 추상적 개념인 〈인간〉, 〈식물〉, 〈정의〉는 실재하는 것이 아니라 그저 유익한 상상일 따름이다. 이것은 아리스토텔레스를 넘어 훗날 중세를 도발하게 될 지극히 근대적인 생각이다. 물론 이 생산적인 사유를 토대로 자기만의 철학을 구축한 사람들은 17세기와 18세기의 영국 경험주의자들이다.

만일 추상적 개념이 우리의 세계 이해에 아주 유익한 구조물이라면 우리가 뭔가를 이해하기 위해선 단어와 문장들을 어떻게 다루어야 할지 그 방법에 시선이 돌아갈 수밖에 없다. 그래서 크리시포스는 〈논리학〉을 철학의 제1분과로 보았다(스토아학파 안에는 이와 의견이 다른 철학자도 일부 있었다). 인간은 정밀한 감각 외에 이성 능력까지 갖춘 인식 기구를 갖고 있고, 이성적 사고의 도움으로 모든 것을 관장하는 세계 이성을 따라할 수 있다. 앞서 헤라클레이토스도 세계의 로고스를 인간의 로고스와 연결시킨 바 있다. 그러나 헤라클레이토스는 소수만이 이성적으로 생각할 수 있다고 여긴 반면에 스토아학파는 원칙적으로 모두가 그럴 수 있다고 여겼다.

크리시포스가 말하는 〈논리학〉이란 이성적 사유로 객관적 세계를 적절하게 파악해 내는 능력과 관련된 모든 것을 의미한다. 앞서 기술했던 것을 떠올려 보면 아리스토텔레스에게 논리학과 변증법, 수사학은 인간 정신의 탁월한 보조 수단이었다. 그러나 크리시포스에게 그것들은 단순히 보조 수단에 그치지 않는다. 오히려 내가 우주의 세계 질서를 간파해서 드러낼 수 있게 해주는 열쇠다.

스토아학파는 수사학의 영역에선 새로운 점을 그다지 많이 제공하지 못한 반면 변증법과 언어 논리학에선 상당한 성과를 올렸다. 변증법에서는 궁극적인 원칙과 확고부동한 진리를 찾으려는 플라톤적 전통을 논리적 문제들과 잘못된 결론들에 대한 당시의 인식과 결합시켰다. 언어 논리학의 영역에서는 완전히 새 영역을 개척했다. 그들의 생각에 따르면 세계의 질서를 규명할 열쇠는 (수학 밖에서는) 언제나 〈언어적〉 열쇠뿐이다. 따라서 논리적이고 정확한 문장을 비논리적이고 잘못된 문장과 구분하는 규칙을 인식하고 정의 내리는 것은 필수적이다.

크리시포스는 명제 논리학의 기초를 세웠고, 그를 위해 결정 수단, 즉 기준을 도입했다. 하나의 명제가 납득할 만한 기준에 부합하면 그 명제는 참이다. 이때 크리시포스는(어쩌면 제논도) 명제의 〈외부 세계 관련성hypokeimenon〉과 〈의미lekton〉를 구별했다. 이는 19세기 말에 명제의 〈의미〉와 〈의의〉에 대해 철학한 수학자 고틀로프 프레게를 거세게 몰아친 구분이기도 하다. 어쨌든 스토아학파는 하나의 논거가 인과적 필연성에 따라 다른 논거에서 나올 수밖에 없는 빈틈없는 논증을 요구하기도 했다. 그를 위해서는 형식 논리학 외에 그때까지는 존재하지 않았던, 명확하게 이해할 수 있는 문법이 필요했다. 여기서도 스토아학파는 엄청난 성과를 거두었다. 우리가 오늘날 주어와 술어의 연결을 연구하고, 명사를 문법적으로 변환시키고, 시제 이론을 정립할 수 있었던 것은 크리시포스 덕이다(물론 우리 아이들은 문법 시간에 그를 저주할지도 모르지만……).

프로그램화된 세계

논리학과 문법 영역에서 거둔 크리시포스의 성과는 그 작업이 사실 스토아의 이상과 얼마나 동떨어진 것인지 그 스스로 의식하지 못할 정도로 막대했다. 앞서 말했듯이 스토아 철학의 본래적인 출발점은 실제 삶이다. 스토아 철학자는 항상 다음의 질문과 함께 세상의 지식을 연구한다. 내가 최대한 마음의 평온 속에서 살아가는 데 도움을 주는 것은 무엇인가?

이런 삶을 위해 형식 논리학의 수많은 세부적 지식이 필요치 않다는 건 스토아 철학자 본인들도 인정해야 할 것이다. 사실 논리학을 엄청 많이 안다고 해서 그게 실제적인 삶에 무슨 큰 도움이 되겠는가? 보통은 몇 가지 논리적 기초 지식만으로도 삶을 잘 헤쳐 나갈 수 있다. 그래서 몇몇 광적인 마니아나 전문가만 빼고는 논리학에 관심을 갖는 사람이 거의 없는 건 놀라운 일이 아니다. 비록 언어 논리학이 오늘날의 철학에서 막대한 부분을 차지하고 있음에도 말이다. 열정적인 논리학자는 대체로 일상생활에 잘 적응하지 못하는 사람의 이미지로 각인되어 있다. 인간의 일상은 논리학이 들어올 공간을 거의 허용하지 않기 때문이다. 실제로 현실을 살아가는 인간들은 논리적이 아니라 심리적으로 살아가고 반응한다. 그런 삶은 대부분 논리적인 것과는 정반대 모습을 보인다.

그러나 스토아 철학자의 이상은 우리가 아는 실제 인간이 아니라 미국 드라마 「스타 트랙 엔터프라이즈호」에 나오는 스팍과 같은 벌칸족이다. 즉 어떤 감정과 욕망에도 휘둘리지 않고, 논리적이지 않은 것은 전혀 받아들이지 않는 인간이다. 논리학에 대한 이러한 엄청난 중요성은 스토아학파가 자연을 이해하는 관념에서도 드러난다. 그들은 논리적 사고가 그렇게 중요한 까닭을 우주 전체가 철저하게 논리적으로 이루어져 있기 때문이라고 생각한다. 스토아학파의 관념 속에서 세계는 본래부터 철두철미하게 이성적이고, 그래서 가장 최상의 형태로 정돈되어 있다. 최상의 인간으로서 스팍을 이상적 유형으로 설정한 것과 어울리게 〈자연학〉에 대한 스토아학파의 이해도 사이언스 픽션과 비슷한 점이 있다. 스토아학파는 자연에 관한 자신들의 견해를 실제 자연에 맞추어 조정하는 일에 놀랄 정도로 논리적 이성을 사용하지 않았다. 평소에는 그렇게 성스럽게 여기던 잘 검증된 인식의 숭고한 이상이 여기서는 함량 미달로 나타나는 것이다. 아리스토텔레스의 제자들인 소요학파가 스토아에서 1킬로미터도 채 떨어지지 않은 곳에서 정밀하게 자연을 연구하고 규명하는 동안 스토아학파는 우주의 본질에 관해 완전히 비학문적이고 목적론적인 기본 전제에 의존했다. 이로써 논리학에서 얻은 큰 성과와 비교할 때 스토아학파는 자연학을 아리스토텔레스 훨씬 이전으로 후퇴시켰다. 결국 그들은 극히 불안정한 토대 위에 높은 세계 건물을 세운 것이다.

　　스토아 철학자들의 주 관심은 자연 이론이 아니라 유물론적 형이상학이다. 그들은 많은 부분에서 소크라테스 이전의 자연 철학자들로 되돌아간다. 스토아학파의 견해에 따르면 이 우주에는 영원한 두 가지 원칙이 있다. 신적인 것과 물질이 그것이다. 신은 물질에 영혼을 불어넣음으로써 물질을 관장하는 에너지 넘치는 동적인 원칙이다. 스토아 철학자들은 〈범신론자〉들이다. 그들의 신은 세계를 창조한 존재가 아니라 세계에 내재하는 형성력이다. 스토아 철학자들은 헤라클레이토스처럼 이 신적인 힘을 불과 동일시하길 좋아한다. 불이 〈예술적 감각으로〉 뭔가를 만들어 냈다가 다시 파괴하듯이 신도 불의 형태로 작용한다는 것이다.

모든 물질 속에는 신적인 것의 동력을 통해 성장의 〈씨앗 원칙〉이 심겨져 있다. 세계의 모든 변화와 발전이 미리 확고부동하게 설계되어 있는 씨앗이다. 클레안테스는 신이 물질에 부여한 불의 동력 덕분에 우리 세계의 〈삶의 온기〉가 보장된다고 믿는다. 또한 이 삶의 온기는 그가 천착한 플라톤의 『티마이오스』에 나오는 플라톤적 〈세계영혼〉처럼 세계에 꺼지지 않는 에너지를 제공한다. 그러나 플라톤적 〈세계영혼〉과는 달리 스토아학파에게 삶의 온기는 육적인 것이지 정신적인 것이 아니다. 말과 허공, 공간과 시간을 제외한 세상의 거의 모든 것은 육적이다. 지식이나 미덕조차 육적이다. 지식이나 미덕은 그것을 가진 사람들을 변화시키고, 그들의 영혼 상태에 직접적인 영향을 미치기 때문이다.

그에 비해 아리스토텔레스를 면밀하게 연구한 크리시포스는 물리적 삶의 온기보다 생물학적 개념인 〈호흡의 흐름〉을 선호했다. 생명을 불어넣는 생동적인 원칙으로서 호흡의 흐름은 사물들에 각각 다른 강도로 작용한다. 맨 밑의 영역에는 생명이 없는 물질과 식물이 있다. 스토아학파는 플라톤이나 아리스토텔레스와는 달리 식물에 영혼이 없다고 생각했다. 식물은 삶을 스스로 조종하지 못하고 외부에 의해 조종당하기 때문이다. 스토아학파는 스스로 자신을 조종할 수 있는 생명에만 영혼이 깃들어 있다고 생각했다. 영혼에는 〈주도력〉이 중요하기 때문이다. 신이 물질을 관장하듯 영혼이 깃든 생명을 관장하는 것은 〈주도〉라는 신적인 원칙이다. 인간은 동물과는 달리 이러한 주도권을 완벽하게 틀어쥐고 완전한 자기 통제로까지 밀고 나갈 수 있다. 이것이 성공하면 인간의 자기 조종은 우주의 신적인 조종과 조화를 이루고,

그러면 인간은 완벽하게 자연법칙에 따라 살아가게 된다.

그러나 자기 자신을 최상의 상태로 이끄는 기술은 쉽지 않다. 인간 영혼은 전체적으로 서로 조율되어야 하고 이성의 인도를 받아야 하는 수많은 부분들로 나누어져 있기 때문이다. 플라톤과 아리스토텔레스의 생각도 다르지 않았다. 아에티오스는 이렇게 쓴다. 〈스토아학파는 주도력이 표상과 동의, 감각적 지각, 추진력을 야기하는 영혼의 가장 윗부분이라고 말한다. 그들은 그것을 사고력이라 부르기도 한다. 주도력에서 일곱 개의 영혼 부분이 뻗어 나와 폴립에서 팔이 생기듯 몸속으로 파고든다.〉[121] 여기서 일곱 개 영혼 부분이란 다섯 가지 감각 기관과 생식기, 언어 기관을 가리킨다.

영혼을 여러 부분으로 나누고 각 부분의 순위를 정하는 것은 많은 그리스 철학자들의 단골 메뉴였다. 오늘날 그런 영혼 목록을 작성하는 일은 감성과 감정, 의향 등에 대해 최대한 완벽한 목록을 작성하려고 하는 심리학자들의 몫이다. 그러나 오늘날에도 그것들을 완벽하게 구분하거나 확고하게 결정 내릴 수는 없다. 특이하게도 스토아학파는 영혼의 주도력이 뇌가 아닌 심장에 있고, 거기서 물질적인 형태로 몸속을 지나 다양한 기관들로 흘러간다고 생각했다. 뇌가 실제로 중앙 조종실 역할을 하기에는 너무 멀리 떨어져 있다고 본 것이다. 이로써 스토아학파는 알크마이온 이후 영혼이 뇌에 있는 것으로 알고 있던 당시의 유력 생리학자들에게 의도적으로 시비를 건다.

스토아학파에게 영혼은 인간에게 직접 영향을 미치는 육체적 힘이다. 예를 들어 영혼의 상태가 나쁠 경우 창백함, 구토, 주름 등 육체적으로 인지할 수 있는 현상으로 표출되기 때문이다. 육체에 담겨 있는 영혼은 자유롭게 떠다니는 것이 아니라 만물을 묶는 거대한 연관의 일부다. 세계는 원인과 결과의 유일한 거대

사슬이다. 영혼도 이 엄격한 인과성에 종속되어 있다.

　　그런데 스토아학파가 세계를 하나의 거대한 인과 관계로 생각했다는 것이 자연을 순수 객관적 사실로 보았다는 뜻은 아니다. 고대의 모든 철학자들처럼 그들도 세계를 운명과 로고스, 섭리의 결과로 여겼다. 즉 모든 것은 신적인 불이 세계 만물 속에 집어넣은 씨앗을 통해 미리 주도면밀하게 정해져 있다고 믿었다. 원인과 결과로 이루어진 신의 영원한 세계는 계획되어 있고, 사물들의 운명도 결정되어 있다. 그런 세계에서는 어떤 것도 우연히 일어나지 않고, 어떤 것도 달라지지 않고, 어떤 것도 임의적이지 않다. 달리 말해 인과성이 지배하는 곳은 자유의 무덤이 될 수밖에 없다. 여기서 특히 가공할 만한 것은 미리 정해진 세계 과정의 계획이 파국을 향해, 더 정확히 말해 일련의 파국을 향해 나아간다는 점이다. 정교한 불은 세계를 만들 뿐 아니라 파멸시키기도 한다. 그런 순환의 끝에는 세상 만물이 없어지는 어마어마한 세계 화재가 발생한다. 대지는 말끔히 청소되고 세계는 불꽃으로 정화된다. 그러다 창조와 파괴의 순환은 새로 시작되고 똑같이 반복된다. 세계의 과정은 미리 정해진 영원한 순환 속에서 생성과 소멸, 생성으로 이어지는 하나의 고리일 뿐이다.

　　여기까지 보면 매우 당황스럽다. 그러나 자연법칙과의 조화 속에서 평정심을 유지하는 느긋한 스토아 학자는 그런 생각에 동요하지 않는다. 이 세상이 영원히 파괴와 생성을 반복하더라도 스토아 철학자라면 미덕을 기르는 일에 집중하면서 유유자적하게 살아야 한다. 어차피 세계 과정에 영향을 미칠 수 없다면 좌절할 필요 없이 오직 자신의 영혼 구제에만 관심을 가져야 한다. 하지만 모든 게 이미 정확히 결정되어 있는 세계에 대해 신경 쓸 일이 없다면 자신의 문제도 신경 쓸 이유가 있을까? 엄격한 인과성으로 인해 어떤 것도 새로 만들어지거나 자유의 여지가 허용되지 않는다면 자기 삶을 주체적으로 만들어 나갈 여지는 어디서 찾아야 할까?

세계 과정은 확고하게 정해져 있지만, 그럼에도 인간에게 행위의 자유는 주어져 있다는 구상이 반복해서 나오는 것이 그리스 철학의 독특한 면이다. 떠올려 보면 이미 엠페도클레스에게서부터 문제가 있었다. 사랑과 다툼의 온냉 갈등이 결국 모든 것을 소멸시킨다면 영혼은 어떻게 개선시킬 것이며, 또 굳이 그럴 필요가 있을까? 앞서 보았듯이 에피쿠로스의 유물론적 학설에도 비슷한 모순이 존재하고, 스토아학파도 같은 처지에 빠져든다.

이전의 그리스 신앙에서는 올림포스의 신들이 세계 과정을 모두 결정했다면 스토아학파에서는 로고스(또는 자연. 스토아학파는 로고스와 자연을 동일시했다)의 철칙이 세계의 운명을 조종한다. 모든 것은 이미 정해져 있다. 하지만 그러면서도 스토아학파는 이 모든 것이 오직 인간만을 위해 만들어졌고 인간에 최상으로 맞추어져 있다고 주장한다. 정말 그럴까? 숙명론적인 세계 대화재가 최상일까? 그게 가능한 모든 세계 중에서 최선일까? 더 나아가 스토아학파는 인간은 자기 운명을 총체적으로 장악할 수 있고 장악해야 한다고 생각한다. 또 모든 사람은 사는 동안 미덕을 닦고, 그를 통해 행복해져야 한다고도 말한다. 하지만 모든 것이 이미 결정되어 있는 세계에서 인간이 어떻게 자기 운명을 스스로 결정할 수 있을까? 그런 자유가 인간에게 있을까? 세계라는 이름의 무한하고 예정된 전체 관련성의 일부인 인간에게는 결코 그런 자유가 존재할 수 없다.

이런 모순은 스토아학파와 에피쿠로스학파처럼 잘못된 사회에서 올바른 삶을 모색하는 철학의 전형적인 모습으로 보인다. 두 학파의 견해에 따르면 거의 모든 인간은 거대한 사회적 〈현혹의 연관 그물〉 속에서 살아가기 때문이다. 최초의 스토아 철학자인 제논과 클레안테스는 미리 정해진 운명과 개인적 책임 사이의 이 모순을 인지하지 못했던 것으로 보인다. 이 문제는 크리시포스에 이르러서야 완화하려는 시도가 있었다. 즉 인간은 정해진 운명에도 불구하고 스스로를 불가피한 인과 사슬의 일부로만 여기면서 살지 않는다는 사실을 설득력 있게 드러낸 것이다. 우리는 우리의 결정을 항상 〈우리 자신〉이 내린 결정이라고 생각한다. 그리고 일상생활에서도 타의에 의해 결정된다고 느끼지 않는다. 우리가 어떤 자극이나 유혹에 굴복할지 말지는 전적으로 우리 자신의 고유한 선택으로 보이고, 그로써 우리는 의지의 자유를 〈느끼게 된다〉는 것이다.

그런데 영리한 크리시포스가 이것으로 증명한 것은 행동의 자유가 아니라, 인과적으로 결정된 세계에서 각자가 자유롭게 행동하고 있다는 모두의 〈환상〉이다. 논리학자인 크리시포스도 여기서는 정말 함정에서 빠져나올 수 없다. 그는 자기 이성에 따라 자율성을 획득한 인간과 그 힘겨운 도전에 좌절한 인간을 구분하기는 하지만, 한걸음 더 들어가 보면 내가 이성적인 삶을 살아갈 힘이 있는지 없는지의 문제 역시 태어날 때 이미 영원히 정해져 있을 뿐이다. 근본적으로 내가 자유라 여기는 것은 자유가 아니다. 내 행동을 결정하는 것은 나의 내면 상태이고, 이 내면 상태는 나의 개인적 성취가 아닌 운명일 뿐이기 때문이다. 이것은 일부 뇌 연구가를 비롯한 현대의 결정론자들이 즐겨 제시하는 논거다. 인과적으로 정해진 뇌 순환이 내 생각을 미리 프로그램화해 놓았기에 내가 내 생각과 행동을 위해 할 수 있는 것은 아무것도 없고, 그렇다면 자유와 책임도 존재할 수 없다. 그로써 나의 나쁜 의도와 동기에 대해 책임을 묻는 사법적 절차는 무의미하다. 인과적으로 이미 결정된 세계에서는 형사 책임을 물을 수 없기 때문이다. 우리는 이 철학사의 제3권에서 이 문제를 상세히 다루게 될 것이다.

너 자신을 최적화하라!

내 운명이 이미 정해져 있다면 나는 어떻게 살아야 할까? 또 내 영혼은 어떻게 되는 것일까? 영혼 문제는 스토아학파의 가장 복잡한 문제 중 하나였고, 그에 대한 대답은 이탈리아 아이스 카페의 아이스크림 종류만큼 다양하다. 스토아 철학자들은 철저한 유물론자임에도 일정 범위 내에서 영혼의 불멸성을 허용했기 때문이다. 대화재가 끝날 때마다 세계는 다시 새롭게 생겨난다. 그에 대한 청사진이 늘 똑같다면 마찬가지로 매번 똑같은 영혼을 가진 똑같은 인간이 태어난다. 크리시포스는 이렇게 말했다고 한다. 〈사정이 그러하기에 우리도 죽은 뒤 얼마간의 시간이 지나면 지금의 우리와 똑같은 형상으로 다시 돌아오는 것이 분명 불가능한 일은 아니다.〉[122] 물론 스토아 철학자 전반이 그렇게 확신하지는 않은 듯하다. 〈(세계의) 재탄생 과정에서 똑같은 내가 다시 한 번 태어난다고 설명하면 그들은 충분히 그럴 만한 이유로, 지금의 나와 다른 시대의 내가 본질적으로 같은 것이기에 수적으로 하나인지, 아니면 나는 우주 진화론의 결과이기에 파편화된 존재인지 묻는다.〉[123]

　　그에 대한 대답은 지극히 다양하다. 세계 과정의 정확한 반복에서 도출할 수 있는 우둔한 결론의 핵심은 내가 다시 태어날 때마다 정확히 똑같은 삶을 산다는 것이다. 「사랑의 블랙홀 Groundhog Day」이라는 영화처럼 말이다. 그렇다면 우리는 매번 똑같은 사람들을 만나고 매번 똑같은 실수를 저지른다. 그것도 수십억 년 동안이나 계속! 교부(敎父) 오리게네스에 따르면 사람과 삶의 정확한 반복이라는 교리는 적어도 몇몇 스토아 철학자에겐 〈곤혹스러운〉 일이었다. 그래서 그들은 재탄생에서의 〈무척 작고 섬세한 차이〉를 주장한다.[124]

인간이 자연이라는 거대한 논리적 세계 관련성의 일부라는 사실은 모든 스토아 윤리학의 출발점이다. 도덕에서 어떤 것을 발굴해서 공고화할지는 자연법칙에 따라야 하고 거기서 도출되어야 한다. 그런 점에서 스토아 철학자들은 오늘날 윤리학을 〈자연주의적으로〉 설명하고 자연에서 토대를 발견하려는 생물학자 및 철학자들과 비슷한 출발점에 서 있다. 인간의 가장 고유한 본성은 무엇일까? 인간이 추구하는 것은 무엇일까? 에피쿠로스에게 그것은 〈쾌락〉이다. 반면에 스토아학파의 경우는 답이 둘로 나뉜다. 하나는 이렇다. 인간은 스스로를 조종할 수 있는 자연 존재이다. 그건 다른 동물도 마찬가지다. 게다가 인간 역시 동물처럼 자신에게 유익한 것을 추구한다. 그러니까 처음에는 자신에게 가장 유익한 것, 즉 식량과 따뜻함, 안전을 추구한다. 그런데 동물도 그렇듯이 이 유익함이란 단순히 자기 자신을 돌보는 차원을 훨씬 뛰어넘는다. 예를 들어 동물들은 새끼를 부양하고 공동생활의 규칙을 지킨다. 결국 〈자기 보존〉과 〈타인에 대한 배려〉 역시 자신에게 유익한 것의 일부다.

두 번째 대답은 매우 특별한 생물로서의 인간에게만 해당된다. 인간은 고유한 충동만 있는 것이 아니라 이성도 갖고 있다. 그로써 자연 규칙들도 엄청나게 확장되고 변한다. 이성적 존재에게는 충동을 충족시키는 것만이 유익한 것이 아니다. 당연히 이성적 요구를 충족시키는 것도 유익하다. 이성, 즉 로고스는 그 본질상 모든 것을 관장하는 세계이성의 일부다. 세계이성은 무한히 선하고 완전하다. 로고스가 입김으로 인간에게 불어 넣어 준 우리의 이성은 최대한 신적인 이성을 닮으려고 노력한다. 즉 완벽하고 선해지려고 애쓴다. 따라서 인간은 이성을 타고난 생물로서 도덕적으로 올바른 것을 행하려 한다. 충동적 본능의 경우는 우리가 욕망하는 것만이 유익하다. 하지만 이성적 본능에서 우리가 갈망하는 것은 도덕적으로 올바른 것이다. 따라서 도덕적 올바름은 이성적 존재에게만 제한적으로 주어진 광범한 유익함이다.

신적인 로고스가 지배하는 세계는 가능한 세계 중에서 최선이기에 인간의 도덕적 완전함을 향한 이성적 추구도 전적으로 선하다. 그런 점에서 스토아학파에게 완벽한 도덕적 삶을 산다는 것은 인간에 대한 좀 더 고결한 생물학적 규정에서 비롯된 자연스러운 목표다. 인간은 이성적 존재로서 선한 것을 추구하도록 설계되어 있다. 모든 그릇된 행동이나 악덕은 인간적·신적 이성 프로그램에서 벗어난 일탈이다. 여기서 스토아학파에게는 회색지대란 존재하지 않는다. 어떤 행동은 선하거나, 즉 흰색이거나, 아니면 우리의 자연적인 프로그램에서 벗어난 나쁜 것, 즉 검은색일 뿐이다. 약간만 잘못된 행동은 있을 수 없다. 중립적이거나 다의적인 의미의 행동도 물론이다.

스토아 철학자들이 흡사 생물학적으로 증명하려고 했던 것들은 오늘날의 관점에서 보면 상당히 〈비인간적〉이다. 그들의 그런 점은 이른바 인간의 본성이라는 것에서 선악이 무엇이고, 인간의 어떤 행동이 자연에 맞는 것인지에 대한 추론을 끄집어내려 한 후대의 모든 시도들과 겹친다. 인간이 〈어떤 존재인가〉라는 생물학적 기술과 〈어떻게 살아야 하는가〉라는 도덕적 요구 사이에는 깊은 논리적 도랑이 놓여 있다. 그러나 이런 시도는 18세기까지, 그러니까 데이비드 흄이 그 도랑을 연구하고 논리적으로 규명할 때까지 계속된다. 물론 오늘날에도 여전히 경솔하게 그 도랑에 빠져 허우적거리는 〈자연주의자들〉이 있다.

플라톤이나 아리스토텔레스와 마찬가지로 스토아학파도 인간의 심정을 엄청나게 높이 평가한다. 인간 행동을 그들처럼 엄격하게 〈동기주의〉로 환원한 학파나 사조는 없었다. 스토아학파에 따르면 선한 인간은 어떤 생각과 행동에 동의할 수 있을지 스스로 명확하게 깨달을 만큼 이성적 본성을 강하게 발전시킨 사람이다. 그런 인간은 완벽하게 프로그램화된 기계처럼 확실하게 선악을 가른다. 스토아 현자가 하는 행동은 〈항상〉 선하다. 선의의 행동이 나쁜 결과를 초래한 경우조차 그렇다. 스토아학파는 인간의 행위란 원래의 목표를 달성해야 가치가 있다는 아리스토텔레스의 생각을 받아들이지 않는다. 궁극적으로 보면 선한 행동으로 세상의 선을 늘리는 것은 결코 중요한 문제가 아니기 때문이다. 스토아 현자라면 행동의 결과를 위해 행동하지 않는다. 그저 〈자신이 볼 때〉 그것이 선하기 때문에 선하게 행동할 뿐이다.

여기서 평정심이라는 이름의 도덕적 완벽함에 이르기 위해 끊임없이 수행해 나가는 것은 그 자체로 현저한 모순을 안고 있다. 우리는 데모크리토스 철학의 평정심 및 피론과 에피쿠로스의 흔들림 없는 상태를 안다. 그들 모두에게 이것은 세상일에 대해 취할 수 있는 최선의 태도다. 현자는 늘 평온하고 태연하다. 이미 〈자기 자신과 하나가 되어 있기〉 때문이다. 이것은 스피노자와 괴테를 거쳐 현재에 이르기까지 많은 사람들을 매혹시키는 생각이다. 반면에 기독교적 전통은 이 이상을 따를 수 없다. 그들에게 인간의 구원은 인간 자신이 아닌 신의 손에 달려 있기 때문이다.

그런데 우리가 아는 바에 따르면 흔들림 없는 평온함은 끈질긴 노력으로 얻을 수 있는 것이 아니다. 하지만 스토아 철학자들은 정확히 그것을 요구한다. 즉, 마지막에 행복한 평정심에 이르기 위해서는 끊임없이 미덕을 닦아야 한다는 것이다. 앞서 살펴보았듯이 평생 스스로를 연마해서 진리와 정의, 삶의 행복에 이르러야 한다는 생각은 플라톤과 아리스토텔레스에게서 유래했다. 그러나 이들의 목표는 평정심이 아니라 〈탁월함〉이었다. 사실 탁월함은 힘써 배우고 닦으면 성취할 수 있다. 반면에 평정심은 그렇지 않다. 평온한 심적 상태와 닦음의 노동은 서로 어울리기 어렵기 때문이다. 끊임없이 노력해서 마음이 평온해졌다는 것은 일각의 소문일 뿐이다. 엄청난 노력으로 좀 더 평온하고 고요한 상태에 이른다는 것은 불가능한 일이나 다름없다.

끊임없이 이자로 스스로를 불려 가는 자본처럼 성실하게 자신을 닦음으로써 행복을 늘릴 수 있다는 것은 그리스 철학의 독특한 이념이다. 돈과 무관한 저편에서 행복을 찾는 스토아 철학자든 플라톤이든 유능함과 미덕의 자산 증식을 돈과 비슷하게, 즉 욕망을 아낀 대가로 벌어들인 수익으로 본 것은 결코 우연이 아닐 것이다. 돈의 효율적 사고 대신 삶의 예술가가 선보이는 효율적 사고다! 이런 점에서 보면 플라톤과 스토아학파는 로만 폴란스키의 영화 「박쥐성의 무도회」에 나오는 아브론시우스 교수, 즉 스스로 그토록 거세게 맞서 싸우던 악을 자신과 함께 세상 밖으로 가져 나가는 주인공과 비슷하다.

스토아학파의 윤리학은 지나칠 정도로 까다롭다. 스토아 철학자들은 자신들을 〈목표로 데려다줄 행동 방식〉, 즉 자신들이 완전해질 수 있도록 돕는 습관과 태도를 모색한다. 스토아의 세계는 원칙적으로 자기 자신만을 다루는 자기 표석(標石)과 자기 최적화의 세계다. 자식과 아내, 재산, 친구는 생물학적으로는 삶의 유익한 성분이지만 그 자체로 도덕적인 가치는 없다.

오늘날의 우리는 자연스러운 삶의 프로그램으로서 평생에 걸친 〈자기 완전화oikeiosis〉를 주로 캐리커처로, 즉 순수 육체적인 완벽함의 이상으로 이해한다. 스스로를 끊임없이 〈자가 건강 측정〉 기구의 일부로 관찰하고 측정하는 사람들을 생각해 보라.

이들은 세세한 부분까지 영양 섭취를 관리하고, 매일같이 특수 어플로 소화와 수면, 바이오리듬을 체크하고, 매일의 걸음 수까지 재는, 철저히 계량화된 우리 시대의 오이케이오시스다. 스토아학파와 마찬가지로 스스로에 대한 무한 집중은 자기 자신을 신으로, 자신의 몸을 물신으로, 자신에 대한 걱정을 종교로 만드는 사람들의 자아 중심주의와 이기주의를 부추긴다. 그들에게 마음의 평온은 스토아학파가 추구하는 정신적인 것이 아닌 이상적인 형태의 육체다. 좀 덜 진부하다는 이유로 우리가 최상의 몸보다 평온한 마음을 선호한다고 하더라도 모든 것을 통제하면서 자기 완전화를 이루려는 의지에 담긴 비사회성은 전혀 달라지지 않는다. 결국 철학의 구루와 피트니스의 구루는 동전의 양면이다.

스토아 학자들이 완전한 인간의 이상적 상태를 최고의 〈건강〉으로 본 사실은 여기에 부합한다. 그들은 건강에 좋지 않은 모든 것, 특히 그중에서도 욕망을 병적인 것으로 생각한다. 건강한 삶에 대한 스토아학파의 지침은 의학적인 조언과 비슷하다. 〈삶의 전반에서 불안정하고 자기 자신과 조화를 이루지 못한 습관이나 성격은 잘못되었다. (……) 그것은 정신을 어지럽히고 흥분시키는 (……) 혼란의 원천이고, 이성을 등진 것이고, 정신과 삶의 평안에 극도로 적대적이다. 왜냐하면 혼란은 힘들고 괴로운 걱정을 불러오고, 정신을 짓누르고, 불안으로 정신을 마비시키기 때문이다. 또한 그것은 정신을 과도한 갈망으로 불타오르게 하고 (……) 절제와 극기와는 극단적으로 대립되는 정신의 무력감을 부른다. …… 이러한 악을 구제할 길은 오직 미덕에 있다.〉[125]

이성의 계명에 따라 살지 않는 사람은 병든다. 의사 갈레노스에 따르면 크리시포스는 이렇게 말했다고 한다. 욕망의 지배를 받는 사람의 영혼은 〈별것도 아닌 우연한 일로 열이나 설사 같은 질병을 끌어들이는 육체와 비슷하다고 할 수 있다〉.[126] 플라톤은 여러 영혼 단위들이 서로 싸움으로써 영혼의 갈등이 빚어진다고 주장했다. 반면에 스토아 학자들에겐 오직 하나의 영혼 능력, 즉 주도적인 이성만 존재한다. 이 이성에 맞지 않는 것은 간단히 말해서 결함이자 이상적 궤도로부터의 이탈이다.

　욕망과 충동, 불안을 억제하지 못하는 사람은 이성적인 삶의 규칙들을 무절제하게 위반한다. 그 상태는 다음과 같은 것으로 나타난다. 분노, 성적 욕망, 사랑에 대한 동경과 갈망, 향락에 대한 도취, 돈에 대한 탐욕, 공명심, 고소함, 만족감(!), 속임수, 망설임, 당혹, 수치심(!), 혼란, 미신, 공포, 경악, 질투, 연민(!), 슬픔(!), 근심(!), 분노, 아픔(!), 혐오.[127] 스토아학파가 현자의 모습으로 그려 내는 상은 깜짝 놀랄 정도로 자기중심적일 뿐 아니라 몹시 냉정하다. 17세기 프랑스의 블레즈 파스칼은 스토아 학자들이 인간의 위대함은 알았지만 인간의 가련함은 몰랐다고 썼다.

　스토아 철학자 중에 정말 일말의 연민도 없이 살아갈 만큼 자신들의 이상을 철저히 믿은 사람이 단 하나라도 있었을 거라고는 믿기 어렵다. 오히려 스토아 현자란 실은 현실적인 본보기가 아니라 그저 이상적 모델에 지나지 않는다고 생각한 스토아 철학자들이 많았을 것이다. 생각해 보라. 모든 감정과 욕망을 통제하고, 완전히 자족하면서 흔들림 없이 사는 사람이 어디 있겠는가?

자연적 본능, 도덕적 요구

시간이 갈수록 현자에 대한 스토아학파의 이상은 점점 인간적이고 현실적으로 변해 갔다. 그들 역시 자신의 철학이 현실에 실제로 적용하는 데 막대한 어려움이 있음을 깨달은 것이다. 문제는 인간의 자연스러운 도덕적 충동과 모든 인간을 도덕적으로 똑같이 대하는 스토아의 이상이 맞지 않다는 데서 시작되었다. 인간은 본래 타인보다 자신과 가까운 사람을 우선시한다. 자기 자식 하나의 목숨을 구할 것인지, 아니면 모르는 사람 열의 목숨을 구할 것인지 선택의 기로에 선 사람은 당연히 자기 자식을 택하게 된다는 말이다.

우리가 타인보다 피붙이를 도덕적으로 더 중히 여기는 것은 인간의 본성에 속한다. 이러한 생물학적 친족 사랑은 심지어 1960년대 이후에는 〈포괄 적합도〉 이론이라는, 그에 딱 어울리는 이름도 얻었다. 이 이론에 따르면 인간이 생물학적으로 자기와 가까운 이를 유전적으로 훨씬 먼 이보다 소중히 여기는 것은 인간의 마음뿐 아니라 유전자에 따른 결과라는 것이다. 그러나 실제 삶에서 이 이론이 항상, 반드시 들어맞지는 않는다는 것은 형제 간의 많은 갈등과 부모 자식 간의 불편한 관계를 보면 알 수 있다.

유전자 때문이든 아니든 우리는 우리와 가깝다고 생각하는 이를 타인보다 소중히 여긴다. 그런 점에서 모든 이를 원칙적으로 똑같이 존중하라는 숭고한 요구는 인간 본성에 어긋난다. 그럼에도 스토아 학자들은 모든 인간의 도덕적 평등권은 이성의 계율이라고 생각했다. 그런 면에서 만인의 평등은 우리의 감정에는 어긋나지만, (이상적으로) 우리 이성의 인식과는 일치한다. 이러한 내적 모순은 도덕에 관한 모든 지적 성찰의 출발점으로서 사실상 스토아학파와 함께 시작되었다.

평등의 이상 면에서 스토아학파는 처음부터 아주 인상적일 정도로 일관적이었다. 제논이 국가에 관한 책에서 썼다고 하는 내용은 급진성 면에서 플라톤을 훨씬 뛰어넘는다. 아마 중심적 권력 없이 평화롭고 욕심 없는 사람들로 이루어진 국가를 상상한 스승 크라테스의 가르침이 그 책에 많이 담겨 있었을 것이다. 제논은 국가 중심의 지배적 교육 과정을 비판하고, 신전을 아무짝에도 쓸모없는 것으로 간주했다. 또한 화폐 경제도 멈추고 싶어 했다. 〈무역 때문이건, 외국 여행 때문이건 돈을 꼭 준비해야 한다는 건 필요치 않다고 생각한다.〉[128] 제논은 여자의 평등권을 위해서도 싸웠고, 흡사 마오주의의 현자처럼 남녀 모두 똑같은 옷을 입으라고 지시했다. 〈그(제논)의 마지막 지시는 이러했다. 남자와 여자는 똑같은 옷을 입어야 하고, 몸의 어떤 부분도 완전히 가려서는 안 된다.〉[129]

제논의 국가는 플라톤의 칼리폴리스와는 달리 외적으로 확고하게 구분된 상이한 세 계급의 신분 국가가 아니었다. 플루타르코스에 따르면 제논은 모두가 동등한 공동체를 상상했다고 한다. 〈우리는 모든 사람을 우리 공동체의 일원이자 같은 시민으로 보아야 한다. 또한 함께 풀을 뜯고 공동 법칙에 따라 먹고 사는 가축 떼와 비슷하게 하나의 삶의 방식과 하나의 질서가 있어야 한다.〉[130] 제논은 정치적 관직과 마찬가지로 왕정도 비판했다. 전해져 오는 문헌들 중 어디에도 정부에 대한 제안은 없고 단지 법들만 언급되어 있기에 많은 사람들이 그를 〈무정부주의〉, 즉 통치자 없는 통치 형태의 선구자로 여기기도 한다. 그와 함께 제논은 당연히 노예 제도도 비난했을 것이다. 하지만 그와 관련된 발언은 전해지지 않는다. 수백 년이 지나는 동안 점점 보수적으로 변한 그의 정신적 후계자들은 안타깝게도 노예제에 대해 별 문제를 느끼지 않았거나 스토아주의의 평정심으로 그냥 참고 넘겼다.

전해져 오는 제논에 관한 불명예스러운 내용 중에는 그가 식인 풍습과 근친상간을 받아들였다는 내용이 있다. 크리시포스도 제논의 그런 생각을 따르고 있다. 그것도 오늘날 아무리 대담한 사회생물학자라도 깜짝 놀랄 만한 논거를 제시하면서. 즉 동물 세계에 동종 포식이 존재한다면(예를 들어 고양이과 맹수와 악어들) 그것은 자연의 특성이라는 것이다. 근친상간도 마찬가지다. 동물의 세계에서 근친상간을 하지 않는 동물은 극히 드물다. 그렇다면 이렇듯 동물적 본성이 분명해 보이는 것을 두고 인간에게는 잘못된 행위라고 볼 이유가 있을까? 물론 제논과 크리시포스도 식인 풍습과 근친상간을 강력히 옹호한 것은 아니었다. 다만 반대 논거를 찾지 못한 것뿐이다. 그게 그리 어려운 일도 아니었을 텐데 말이다. 예를 들어 그런 풍습의 제물이 되고 싶은 사람은 아무도 없을 것이고, 그 풍습이 스토아학파가 옹호한 〈인간성〉과는 모순된다는 사실을 쉽게 떠올릴 수 있지 않았을까?

이후의 스토아 학자들은 당연히 이런 불편한 문제들에 공감하지 못했을 뿐 아니라 그런 얘기가 거론되는 것 자체를 싫어했다. 스스로를 에픽테토스처럼 〈세계의 시민〉[131]으로 내세우면서도 속으로는 선민 의식적이고 해방적인 요구로 당국과 충돌을 일으키는 것을 기피했기 때문이다. 그런 점에서 스토아 학자들이 훗날 황제 가문을 포함해서 상류 지배층에 속할 때가 많았던 것은 이상한 일이 아니다. 그런데 이제 이 상류층이 살아간 곳은 그 사이 점점 중요성을 잃어 가는 아테네가 아니라 완전히 새로운 세계의 새로운 대도시들이었다.

정당성과 매혹

새로운 정신의 징후 / 새로운 대도시들 /
로마의 비상, 아테네의 유산 / 스토아학파의 변신 / 섭리에 대한 의심 /
모든 철학자들의 스승, 모세! / 신을 닮아라! /
플라톤의 이상 국가에서 명상에 빠지다

새로운 정신의 징후

기원전 250년 무렵 헬레니즘 세계에서 어떤 동시대인도 그 엄청난 결과를 예상하지 못한 지진이 일어났다. 80년 전만 해도 황야였다가 그사이 유례없는 비약적 발전으로 당시 세계 최대의 도시 알렉산드리아를 탄생시킨 지역에서 발생한 지진이었다.

우리는 앞서 페리클레스의 아테네를 오늘날의 뉴욕과 비교했지만, 사실 뉴욕과 훨씬 더 비슷한 곳은 알렉산드리아였다. 알렉산드로스 대왕의 이집트 원정으로 생겨난 이 도시는 바다 쪽으로 길쭉 나온 곳에 바둑판 모양으로 조성되었다. 처음부터 대도시로 설계된 것이 아니었음에도 알렉산드리아는 얼마 지나지 않아 각지에서 오는 사람들로 넘쳐났다. 그중에는 레반트의 황야 지대에서 들어온 유대인도 많았는데, 이들은 그리스인이나 트라키아인, 아르메니아인, 시리아인 같은 도시의 새 주민들과 마찬가지로 자기들만의 종교를 갖고 들어왔다.

기원전 250년경 유대인 공동체는 알렉산드리아에서 히브리어 성서 토라를 그리스어로 번역하기 시작했다. 이는 마케도니아 왕 프톨레마이오스 2세의 주문으로 이루어진 일일 가능성이 높다. 많은 원전들이 그렇게 보고하고 있으니 말이다. 사실 유대인들에 대한 통치자의 관심은 이상한 일이 아니다. 많은 유대 이주민들은 이미 알렉산드로스 대왕의 이집트 원정 때부터 적극 협조했다. 유대인과 그리스인의 관계는 좋았다. 세속적 문제에서건 종교적 문제에서건 유대인들은 프톨레마이오스 왕조의 좋은 신하들이었고, 왕의 것은 왕에게 내주었다. 이는 팔레스타인에 사는 유대인들과는 완전히 다른 상황이었다. 그들은 알렉산드로스의 후계자인 셀레우코스 왕조하에서 심한 핍박을 받고 있었던 것이다.

전설에 따르면 유대 학자 72명은 알렉산드리아에서 모세 오경을 그리스어로 번역했다고 한다. 여기서 72를 반올림해서 『칠십인역 성서Septuaginta』라는 이름이 붙었고, 이것은 곧 그리스어 토라의 고유명사가 되었다. 물론 72명이 번역했다는 건 전혀 사실이 아니다. 어쨌든 이 성서 번역은 얼핏 보면 그다지 중요한 사안으로 보이지 않는다. 팔레스타인 민족과 다른 해양 종족들에 의해 차단된 별로 대수롭지 않은 지역에 살던 유목민의 종교 이야기가 뭐 그리 특별했겠는가? 제대로 된 나라조차 가져 본 적이 없는 이 민족에게는 기껏해야 역사적 고증 자료가 없음에도 훗날 왕으로 추대된 사울과 다윗, 솔로몬 같은 군 지도자만 몇몇 있을 뿐이었다. 게다가 알렉산드리아의 유대인들은 급속도로 성장하는 도시에서 수많은 신앙 공동체들 가운데 하나에 지나지 않았다.

하지만 『칠십인역 성서』는 향후 수백 년 동안 그 어떤 것보다 강하게 동서양 문화를 휩쓴 거대한 문화적 눈사태의 출발점이었다. 즉 그 사건을 기점으로 아브라함 종교들의 개선 행진이 시작된 것이다. 이 종교가 어떻게 생성되었는지는 불분명하다. 하지만 여러 점들을 고려해 볼 때 이 종교의 가장 중요한 시발점은 이집트였던 것으로 보인다. 스스로를 〈아크나톤〉이라고 칭했던 파라오 아메노피스 4세의 등장과 함께 유일신의 존재와 전능함을 믿는 종교로서의 유일신교가 문화사에 처음 등재된 것이다. 물론 어떤 형태로건 유일신교를 도입하려는 이러한 시도는 실패했지만 유일신교의 구상은 세상에 남았다. 이집트에서 이주한 사람들이 이 새로운 종교적 관념을 근동과 중동으로 가져갔고, 이것이 모세와 히브리인들의 출애굽 이야기에 역사적 모델이 되었을 것이다. 이주민들은 레반트 지역과 메소포타미아에서 유일신 사상을 확립했고, 그로써 아브라함 종교라 불리는 인류 역사상 가장 강력한 신앙이 싹을 틔웠다.

우리는 이스라엘인들의 이집트 탈출이 어떻게 진행되었고 원인이 무엇인지 정확히 모르지만, 그들이 프톨레마이오스 왕조 시기에 이집트로 입성한 것은 세계사적으로 중요한 결과를 낳았다. 물론 알렉산드리아에서 토라가 번역될 때는 아직 그런 부분을 언급할 단계가 아니었다. 유대교는 번성하는 헬레니즘 세계에서 살아가는 별 존재감 없는 셈족만의 신앙이었을 뿐이다. 그리스의 올림포스 신들에 대한 다신 숭배는 민간 신앙 속에 여전히 살아 있었고, 아울러 이집트 신들의 세계와 재빨리 결합되었다. 식자들에게 삶의 의미를 제공하던 그리스 철학도 그사이 이미 300년이 넘는 전통을 지켜 오고 있었다. 이 모든 것은 오랫동안 커 왔고 오랫동안 지속되었다. 하지만 이런 질긴 것들도 결국 아브라함의 계시 종교는 당해 내지 못했던 것으로 보인다.

유대 종교를 비롯해 그 혼외 자식인 기독교와 이슬람은 장시간에 걸쳐 서양과 근동, 중동의 전 문화를 쓰나미처럼 덮쳤다. 피타고라스와 플라톤의 언어로 이루어진 그리스인들의 〈로고스 종교〉도 그 파고를 버티지 못했다. 기독교인들이 그리스와 로마인들의 신전에서 벽돌을 빼내 자신들의 교회를 지었듯이 고대 철학도 기독교인과 무슬림의 신앙에 안정성과 우아함을 제공하는 정신적 벽돌 역할을 했다. 그리스 철학이라는 고급 의상점의 마지막 연회복이라고 할 스토아주의도 대단한 빛을 보지 못했다. 아우구스티누스가 사도 바울과 스토아 철학자 세네카의 편지 교환(이것은 훗날 가공된 것으로 밝혀졌다)을 믿기는 했으나, 스토아 철학의 빛은 그저 희미하게 깜박거릴 뿐이었다.

고대 철학에는 단순성과 격정, 유일신교의 암시력, 위로부터의 종교적 혁명이라는 신선함이 없었다. 반면에 아브라함 종교들은 그리스 철학자들이 낯설고 수상쩍게 여기던 대중의 영혼에다 직접 말을 걸었다. 알렉산드리아처럼 갈수록 주민들의 수가 늘고, 많은 민족이 역사적 전제 조건 없이 서로 뒤섞여 살아갈수록 그리스 철학의 엘리트적 요소는 점점 대중에게 외면당했다. 그래서 헤라클레이토스 이후의 많은 철학자들처럼 대중의 통속적 의견을 경멸하는 사람은 일반 대중에게 영향을 끼칠 수 없을 뿐 아니라 어느 날 갑자기 변방으로 내쫓긴 스스로를 발견할 수밖에 없었다. 물론 기독교인들이 철학을 바꾸고 대체하고 독차지할 때까지는 아직 수백 년의 시간이 더 필요했다. 그 과정에서 기독교는 철학적 상부 구조를 손에 넣었고, 서양의 가장 중요한 철학자들은 기독교인이 되었다. 그런 발전의 싹을 처음 틔웠던 곳이 바로, 아테네와는 많은 점이 다르고 완전히 새로운 문화를 확립한 알렉산드리아였다.

새로운 대도시들

알렉산드리아의 인구도 아테네처럼 정확하게 알려진 것이 없다. 주민등록관청 같은 것이 없는 상태에서 어디서 확실한 자료를 확인할 수 있겠는가? 사실 오늘날에도 뭄바이나 카이로, 멕시코시티 같은 곳들은 주민 수를 그저 대략적으로 짐작할 뿐이다. 어쨌든 기원전 1세기에 알렉산드리아에 살았던 역사가 디오도로스는 이 도시의 자유민 수가 30만 명이라고 기록했다. 최고 전성기 때 아테네 주민 수의 열 배에 달하는 수치다. 여기다 여자와 노예, 비자유민을 포함하면 당시 알렉산드리아는 인구 100만 명의 도시였을 것으로 추정된다. 앞바다 섬에 설치된 파로스 등대는 마치 자유의 여신상처럼 입항하는 선박들에 환영 인사를 보냈을 것이다. 높이 100미터를 훌쩍 넘는 이 등대는 세계 최초의 마천루이자 프톨레마이오스 제국의 영광을 보여 주는 상징이었다.

알렉산드리아는 생긴 지 몇 십 년도 되지 않아 세계 최고의 경제 대도시로 부상했다. 곡물을 실은 수많은 배들이 이집트를 떠나 지중해 전역의 항구들로 향했다. 대신 알렉산드리아로 들어온 것은 지중해권에서 생산된 온갖 상품이었다. 프톨레마이오스 1세와 후계자들은 세금과 각종 공물로 당대 최고의 갑부가 되었다. 넘쳐 나는 돈은 상선과 점점 화려해지는 군함에 투자되었다. 이로써 다른 디아도코이 통치자들과의 해상 군비 경쟁이 시작되었고, 레바논과 사이프러스, 남부 아나톨리아의 일부 지역은 완전히 개간되었다.

프톨레마이오스 왕조는 문화의 넉넉한 후원자이기도 했다. 알렉산드리아의 크고 작은 도서관들은 고대 세계를 통틀어 가장 방대한 규모의 장서를 자랑했다. 40만~70만 개의 두루마리 서적이 보관되어 있었다고 하는데, 당시의 모든 지식을 모아 놓았다고 할 수 있었다. 시장에서 구입할 수 없는 것들은 약탈과 사취의 수단까지 써가며 얻었다. 이 도서관들의 초대 관장은 유명한 팔레론의 데메트리오스였다. 도서관 운영을 맡기 전에는 아테네 총독으로 현지 주민과 마케도니아 당국 사이에서 힘겨운 균형을 잡는 중책을 맡았는데, 이제는 그런 고역에서 벗어나 정말 꿈의 직업을 찾게 되었다.

프톨레마이오스 왕조는 비상하는 제국의 마를 줄 모르는 돈줄을 기반으로 궁전에서 멀지 않은 곳에 학당 겸 연구소인 무세이온을 세웠다. 얼마 지나지 않아 각지에서 학자와 연구자들이 성스러운 강당으로 몰려왔다(무세이온은 〈뮤즈의 신전〉이라는 뜻이다). 사람은 원래 돈이 움직이는 곳으로 따라 움직이는데, 그점에서는 학자들도 예외가 아니다. 어쨌든 그럼에도 무세이온에서는 훌륭한 철학적 성과가 나오지 않았다. 알렉산드리아의 많은 철학자들은 철학사에 곁가지로만 이름을 올렸을 뿐이다.

그에 비해 자연 과학적 성취는 주목할 만했다. 전설적인 히포크라테스의 후계자이자 카리스토스의 디오클레스와 함께 당대 최고 의사였던 코스의 프락사고라스는 한동안 알렉산드리아에서 활동했다고 한다. 또한 수학 영역에서는 아테네에서 알렉산드리아로 옮긴 에우클레이데스를 둘러싼 전설적인 이야기들이 무성했다. 하지만 고대의 가장 위대한 수학자로 추정되는 에우클레이데스는 모든 시대를 통틀어 가장 위대한 의사 히포크라테스처럼 허상에 가깝다. 우리는 에우클레이데스의 생애에 대해 아는 것이 거의 없다. 심지어 그는 후대에 만들어진 가공인물일 수도 있다. 아무튼 에우클레이데스 기하학은 그 혼자 이룩한 성취가 아니었다. 위대한 수학 고전으로 고대의 수학적 지식 전반을 아우르는 유명한 『원론』은 말할 것도 없다.

그에 반해 만능 천재 에라토스테네스(B.C. 276/273~B.C. 194?)는 역사 인물로 확인된다. 그는 스토아 철학자 아리스톤과 아테네의 아르케실라오스 문하에서 공부했다고 하는데, 반백 년 가깝게 알렉산드리아 도서관의 운영을 맡았다. 도서관을 이끄는 동안 고대의 모든 지식을 체계화했고 생각할 수 있는 모든 분야를 연구했다. 철학자로서는 플라톤에 가까웠지만, 플라톤과는 달리 영혼을 순수 정신적인 것이 아닌 육체적인 것으로 여겼다. 도덕에 관한 여러 저술과 부에 관한 방대한 책을 한 권 썼다고 하는데, 안타깝게도 남아 있지 않다. 에라토스테네스는 스토아 철학자들처럼 모든 나라의 모든 인간을 원칙적으로 동등하게 존중하는 계몽적인 세계주의자였다. 또한 〈문헌학자〉로도 활동 폭을 점점 넓혀 나갔는데, 이 개념은 그 자신이 직접 창안했다. 그는 문법과 문학사를 연구했고, 문예학을 활성화했다. 직접 문학 작품을 쓰기도 했는데, 그중에는 신들의 전령인 헤르메스에 관한 작품도 있었다. 이 작품은 우주와 플라톤적 자연 철학, 피타고라스학파의 천체 음악론을 다루고 있다.

에라토스테네스가 우주에 관해 시를 쓴 것은 우연이 아니다. 그의 가장 큰 성취가 이루어진 분야가 자연학과 지리학, 천문학이기 때문이다. 그런데 안타깝게도 그의 세 권짜리 저서 『지리학』 중에서 남아 있는 것은 소수의 단편뿐이다. 〈지리학Geographie〉이라는 개념도 다른 많은 개념들처럼 에라토스테네스에서 유래한 것으로 보이는데, 말뜻 그대로 풀이하면 〈지구를 그린다〉는 뜻이다. 이 알렉산드리아 도서관장은 지중해 전역을 비롯해 인도에까지 이르는 아시아를 전부 알고 있었다. 또한 북쪽으로는 브리타니아와 그보다 훨씬 위에 위치한 〈툴레〉라는 섬을 거론하면서 그 근거로 카르타고 상선을 타고 북해를 여행했다고 하는 마살리아(마르세이유)의 피테아스가 쓴 여행기를 언급했다. 여기서 〈언급했다〉는 것은 말 그대로 그냥 언급했다는 것일 뿐이지, 피테아스가 정말 지브롤터 해협을 지나 브리타니아와 〈툴레〉까지 갔는지는 불확실하다. 그에 대한 진실을 아는 사람은 작가들뿐이다. 아르노 슈미트의 아름다운 소설 『가디르Gadir』를 생각해 보라. 이 소설에서 늙은 피테아스는 카르타고의 감옥에 오래 갇혀 있으면서 북방으로의 마지막 탈출을 꿈꾼다.

에라토스테네스의 가장 큰 업적은 지구 둘레를 계산한 것이었다. 피타고라스 이후 많은 그리스인들처럼 그 역시 지구가 둥글다는 데서부터 출발했고, 수많은 단서와 신중한 추론을 통해 지구 둘레를 산정했다. 그런데 그 결과는 검증하기 어렵다. 그가 척도로 사용한 〈스타디오〉의 길이가 정확히 얼마인지 모르기 때문이다. 하지만 지구의 실제 둘레인 4만 킬로미터에 놀라울 정도로 가까운 수치를 제시한 것으로 추정된다.

마찬가지로 한동안 알렉산드리아에 체류한 것으로 보이는 사모스의 아리스타르코스(B.C. 310~B.C. 230)가 이루어 낸 연구 성과 역시 만만찮다. 그는 지구가 태양 주위를 도는 것이지 그 반대가 아니라는 태양 중심설의 아버지로 간주된다. 아리스타르코스의 이런 인식은 피타고라스학파인 필롤라오스에게서 영감을 받았을 것이다. 앞서 우리가 우주 진화론을 상세히 살펴보면서 이와 비슷한 방향으로 생각한 그 인물이다. 그런데 아리스타르코스가 죽은 뒤 셀레우키아의 셀레우코스라는 열광적인 제자가 나오긴 했으나 안타깝게도 스승의 선견지명적인 통찰력은 세상에서 인정받지 못했다.

알렉산드리아는 수백 년 넘게 풍요와 빈곤, 궁전과 빈민가,

고급문화와 통속적인 삶, 시장의 악다구니와 음습한 범죄 등 대도시의 모든 징후들이 나타나는 세계 최대의 도시였다. 물론 알렉산드리아의 문화적 전성기는 에라토스테네스 시기로 국한되었다. 얼마 지나지 않아 알렉산드리아의 강력한 경쟁 도시들이 부상했기 때문이다.

기원전 3세기 알렉산드리아의 가장 오랜 경쟁자이자 지중해 권역의 가장 강성한 나라는 카르타고였다. 오늘날의 튀니스 근처에 위치한 페니키아 식민지였다. 당시 카르타고는 인구가 40만 명에 달했고, 상선과 군함으로 지중해 서쪽 일대를 장악했다. 정치적으로는 과두제였고, 군부의 힘이 막강했다. 그들이 숭배하는 도시의 수호신 바알하몬은 고대 역사가들의 눈에는 음습하고 잔인하게 비쳤다. 어린아이를 제물로 바쳤다는 이야기까지 나오니 말이다. 상황이 이렇다 보니 철학이 발달하기에는 토양이 좋지 못했고, 그래서 카르타고의 철학에 대해서는 후대에 알려진 것이 별로 없다. 카르타고 출신의 클레이토마코스(B.C. 187/186~B.C. 110/109)가 고향 도시에서 철학에 전념했다는 보고가 유일하다. 클레이토마코스는 훗날 아테네의 아카데메이아에 들어가 중요한 역할을 했다고 한다.

페르가몬도 알렉산드리아의 새로운 경쟁 도시 중 하나였다. 독일인들에게는 베를린의 페르가몬 박물관이라는 이름으로 익숙한 도시다. 소아시아 북쪽에 위치한 페르가몬은 한때 막강한 힘을 자랑했고, 기원전 200년 무렵에는 오늘날의 서부 터키 전 지역을 손에 넣었다. 그러나 철학사적 관점에서는 그곳 출신의 철학자들 이름이 몇몇 알려져 있기는 하지만 부차적으로만 의미가 있는 도시였다. 유명한 전설에 따르면 양피지가 여기서 발명되었다고 한다. 사연은 이렇다. 페르가몬 사람들은 알렉산드리아 도서관에 대적할 거대한 도서관을 설립할 계획을 세웠다. 그러자 질투심 강한 프톨레마이오스 6세는 즉각 경제 제재를 단행했고, 페르가몬에 파피루스 수출을 금지했다. 그래서 페르가몬은 궁여지책으로 동물의 가죽을 벗겨 내 양피지를 만들었다. 이 이야기의 사실 여부와는 상관없이 페르가몬은 기원전 2세기부터 양피지 생산의 중심지였을 수 있다. 물론 양피지는 서서히 파피루스에 밀려났지만 말이다.

페르가몬 못지않게 중요한 도시는 오늘날의 터키와 시리아 국경 인근에 있던 안티오키아였다. 이곳은 프톨레마이오스 왕조의 적인 셀레우코스 왕조의 수도로서 훗날 기독교 역사에서 중요한 역할을 하게 된다. 안티오키아의 인구는 로마 시대에 이르기까지 50만 명으로 증가했다.

그런데 이러한 새 권력들 가운데 장기적으로 가장 중요한 곳은 기원전 4세기를 지나면서 이탈리아 반도 전체를 거의 장악했지만, 아직은 비교적 작은 한 도시였다. 문화적으로는 미미했고, 바다 위에서는 마주칠 일이 없었으며, 교역의 장소로도 기원전 3세기 초까지는 변변찮은 역할밖에 하지 못했던 이 도시가 서양 역사에 자기 이름을 굵게 새기며 모든 것을 변화시키게 된다. 바로 그 유명한 로마다!

로마의 비상, 아테네의 유산

〈위대한 카르타고는 세 번의 전쟁을 치렀다. 첫 번째 전쟁 뒤에는 아직 강성했고, 두 번째 전쟁 뒤에도 아직은 살 만했다. 그러나 세 번째 전쟁 뒤에는 더 이상 흔적이 남지 않았다.〉세 차례의 포에니 전쟁에 대한 베르톨트 브레히트의 이 총평은 제3차 세계 대전에 대한 경고지만, 그럼에도 지중해의 패권을 놓고 수백 년 동안 벌어진 로마와 카르타고 사이의 갈등을 적확하게 요약한 것이기도 하다. 기원전 264년 두 강대국은 마치 제1차 세계 대전 당시 유럽 열강들이 몽유병에라도 걸린 듯 별 생각 없이 스르르 빨려 들어간 것처럼 첫 번째 전쟁으로 빠져들어 갔다. 로마인들은 25년간의 전쟁 끝에 카르타고를 몰아내고 영토를 시칠리아와 사르데냐, 코르시카로 확장했다.

제2차 포에니 전쟁은 첫 번째 전쟁이 그 직접적인 원인이었다. 굴욕을 느낀 카르타고는 한니발의 지휘 아래 새로운 해상 권력인 로마를 이탈리아에 있는 자신들의 영토에서 격퇴하려고 시도했다. 그러나 17년간의 전쟁 끝에 지중해의 패권은 로마로 기울었고, 카르타고는 지방 세력으로 무참히 쪼그라들었다. 제3차 포에니 전쟁은 오래전에 무찌른 경쟁자에 대한 승자의 의도적인 섬멸 작전으로 기원전 146년 전쟁이 발발한 지 불과 3년 만에 카르타고는 완전히 파괴되었다.

제2차 포에니 전쟁의 승리로 로마는 스페인을 얻었고, 그로써 스페인 남부의 광산에서 엄청난 양의 은을 손에 넣었다. 이런 재화와 군대에 대한 막대한 투자를 바탕으로 로마의 확장 정책은 불이 붙었다. 이 전쟁이 끝나고 얼마 지나지 않아 로마는 벌써 디아도코이 제국들의 분쟁에 개입해서 그리스와 소아시아의 방대한 지역을 정복했다. 그 과정에서 기원전 156년 혹은 155년, 앞서 잠시 언급한 기억할 만한 그리스 사절단이 꾸려졌다. 로마가 부과한 벌금을 피하려고 아테네가 철학자 셋을 로마로 파견한 것이다. 스토아학파의 셀레우키아의 디오게네스, 플라톤학파의 키레네의 카르네아데스, 그리고 소요학파인 크리톨라오스였다. 똑똑한 세 철학자는 로마에서 원했던 목표를 이루지 못했지만, 제국의 많은 결정권자들에게 아무 영향을 주지 못한 건 아닌 듯하다.

어쨌든 그동안에도 로마인들의 확장 정책은 계속 이어졌다. 제3차 포에니 전쟁이 끝나자 강력한 페르가몬도 로마 제국의 일부가 되었고, 마지막엔 셀레우코스 왕조의 나머지 영토도 로마에 합병되어 시리아 속주로 재편되었다.

로마인들이 전쟁에서 차례로 승리하고 광활한 땅을 제국에 편입시키는 동안 내정 면에서도 많은 것이 바뀌었다. 특히 시골에 사는 로마 주민들의 상황이 곤란했다. 지중해 전역에서 끊임없이 벌어진 전쟁으로 인해 병역의 의무를 다해야 했던 농민들은 고향의 농토를 방치할 수밖에 없었다. 스페인과 그리스, 그리고 소아시아에서 새로 정복한 땅들은 거의 예외 없이 부자들의 손에 들어갔고, 부자들은 그 땅들에 마음대로 과세해서 부를 축적했다. 이런 측면에서 보자면 로마 병사들은 이름을 날리고 싶은 부자 사령관들의 배만 불리고 자신들의 이해관계에는 반하는 전쟁을 했다. 로마 귀족과 대지주들이 막대한 부를 쌓는 동안 정작 목숨을 바쳐 싸운 병사들은 보상은커녕 고향에 있는 땅을 팔거나 채무 노예로 전락할 때가 많았다. 그리스에서도 마찬가지였지만 로마의 상류층에게도 소비자로서의 하층민은 필요하지 않았다. 게다가 전쟁에서 노획한 수십만 명의 노예들을 통해 공짜 노동력이 무한정 제공되어 있는 실정이었기 때문에 굳이 현지인들을 노동력으로 쓸 이유가 없었다.

따라서 기원전 2세기에 로마에서 봉기와 내전이 수차례 일어난 것은 놀라운 일이 아니다. 군사적으로 너무 빨리 강대국으로 부상한 로마 제국이 외부적인 변화를 내부적으로 소화하고 극복하기 위해서는 긴 시간이 필요했다. 티베리우스와 가이우스 그라쿠스 형제가 토지 개혁으로 새로운 사회적 타협을 추진해 보았지만 골수 보수적인 로마 상류층은 모든 변화를 완강히 거부했다. 이때 핵심적인 역할을 한 사람이 온건 보수적 원로원 의원인 푸블리우스 코르넬리우스 스키피오 아이밀리아누스 주니어였다. 자마 전투에서 한니발에게 군사적으로 결정적인 패배를 안겨 준 스키피오 장군의 양손자로서 제3차 포에니 전쟁에서는 카르타고의 파괴자로 명성이 높았다. 그의 숭배자였던 키케로는 카르타고의 잔혹한 파괴에도 불구하고 그를 사려 깊고 교양 있는 인물로 묘사했다.

스키피오가 쌓은 교양의 상당 부분은 펠로폰네소스 반도 출신의 한 그리스인 덕분이었다. 기원전 167년 그리스를 정복한 로마인들이 인질로 데려간 메갈로폴리스의 폴리비오스(B.C. 200?~B.C. 120)가 그 주인공이다. 귀족 가문에서 태어난 폴리비오스는 곧 로마에서 세간의 이목을 집중시켰고, 로마 귀족들에게 그리스 문화에 대한 관심을 불러일으켰다. 이런 관심에 대한 대가로 그는 포에니 전쟁에 관한 방대한 역사책을 썼는데, 로마 편에서 서술한 관점으로 인해 더더욱 사람들의 눈길을 끌었다. 역사가로서 폴리비오스의 전체 활동은 오늘날 우리의 눈에는 세계적 강대국으로서 로마의 정당성을 밝히고 옹호하려는 큰 계획으

정당성과 메타 철학

로 보인다.

세계사의 신흥 강자로 떠오른 로마로서는 그 정당성을 확보하고자 하는 욕망이 결코 적지 않았을 것이다. 그런 욕망에 발맞추어 폴리비오스는 많은 공을 들였고, 로마 제국을 철학적으로나 문화사적으로나 그리스의 어떤 도시 국가들보다 더 확고하고 정밀하게 역사 속에 자리매김해 놓아야 했다. 이유는 분명하다. 아리스토텔레스는 그리스의 폴리스 밖에 야만인들만 있는 것으로 생각했다면 폴리비오스는 그보다 훨씬 더 큰 역사적·지리적 맥락 속에서 로마의 발전상을 그려 넣어야 했기 때문이다. 유서 깊은 아테네나 찬란한 알렉산드리아가 아닌 로마를 문화사적 발전의 선두에 세우려면 총체적인 근거 제시가 필요했다. 폴리비오스는 마흔 권의 역사책에서 인간의 본성(인류학)에 관한 보편적인 성찰에서부터 헌법의 문제에 이르기까지 방대한 논거를 천착했다. 폴리비오스가 볼 때 로마를 합법적인 세계 권력으로 만드는 것은 결국 군주제와 귀족제, 민주제의 요소가 독특하게 섞인 정체(政體)였고, 그보다 더 나은 것은 없어 보였다.

로마 제국 내부에서는 모든 것이 자체 내의 모순으로 마찰을 일으키고, 토지와 재화, 권력의 공정한 분배를 두고 내전이 진행되는 동안 폴리비오스가 로마인들의 역사를 미화했다는 사실은 아이러니가 아닐 수 없다.

그런데 이 시기에 새 주인들에게 성공적으로 복무한 그리스인은 그 혼자만이 아니었다. 로도스의 파나이티오스(B.C. 185?~B.C. 109?)도 로마 제국에는 폴리비오스만큼 중요한 인물이었다. 그는 귀족 출신으로 페르가몬과 아테네에서 수학했고, 기원전 129년에는 스토아 학당을 이끌었다. 로마의 영향력 있는 집단과의 관계는 더할 나위 없이 좋았다. 파나이티오스는 폴리비오스와 개인적인 친분이 있었고, 스키피오 아이밀리아누스가 이집트와 아시아를 여행할 때는 동행하기도 했다. 철학에서 그의 역사적 성취는 스토아 철학을 당혹스러울 정도로 뻔뻔하게 변신시킨 일이었다.

스토아학파의 변신

인간은 왜 존재할까? 세계 속에서 인간의 역할은 무엇일까? 또 그와 관련해서 누가 무슨 생각을 했을까? 이것은 그리스 철학의 대표자들뿐 아니라 모든 철학과 종교의 대표자들이 천착한 문제들이다. 그런데 소수이기는 하지만 세계의 모습을 인간에 딱 맞게 재단한 철학자들도 있었다. 그중 하나가 스토아 철학자들이다. 그들의 세계상은 희화화될 정도로 인간중심적이다. 전 자연이 오직 인간만을 위해 존재한다고 여겼기 때문이다. 크리시포스에 따르면 돼지의 영혼조차 신이 인간에게 내린 선물이다. 인간이 잘 먹고 살 수 있도록 고기를 저장하고 양념하는 데 필요한 소금이나 다름없다는 것이다.[132]

인간은 세계의 정당한 지배자이고, 세계는 인간의 것이다. 파나이티오스의 학설도 같은 것을 가르친다. 다만 그는 이제 스토아적 인간 중심설을 문화사적으로 좀 더 세밀하게 규명하고 평가한다. 간략하게 설명하면 이렇다. 합목적적 세계 속에 존재하는 신의 섭리, 즉 〈세계 로고스〉에는 하나의 계획이 있다. 그에 따르면 인간은 최고의 생물로서 다른 모든 생물을 지배할 권리가 있다. 하지만 그런 지배 원칙은 인간들 사이에도 적용된다. 즉 인간들 중에서 최고의 인간이 별로 뛰어나지 못한 다른 인간들을 지배해야 한다는 것이다. 여기서 최고의 인간은 누구나 예상할 수 있듯이 승리와 명성에 빛나는 로마인들이었다.

파나이티오스의 유명하고 박학다식한 제자 아파메이아의

포세이도니오스(B.C. 135~B.C. 51)도 같은 생각이었다. 그는 가장 강하면서 동시에 가장 현명한 자의 지배권을 정당화했다. 세계 로고스는 정신적인 수준이 특히 높은 사람에게만 세계를 지배할 힘을 부여하기 때문이다. 훗날 시인 베르길리우스는 이러한 로마의 통치 사명을 전설적인 로마의 설립자 아이네이아스의 아버지 안키세스를 통해 이렇게 말한다. 〈그대 로마인들이여, 만 민족을 다스리고 지도할 생각을 하라. / 그 비결을 이르자면, 도덕과 평화를 늘리고 / 복종하는 자에게는 관용을, 반항하는 자에게는 칼을 휘둘러라.〉[133]

그리스의 폴리스 주민들에게는 야만의 세계였던 것이 이제 로마인들에게는 파나이티오스와 포세이도니오스에 의해 자신들을 뺀 나머지 세계가 되었다. 파나이티오스는 그리스인이고, 포세이도니오스는 시리아인이었음에도 말이다. 그들에게는 로마인들 사이에서 성공하는 것이 자신들의 태생보다 중요했다. 만일 제논과 크리시포스가 그런 학설을 들었다면 무덤에서 분연히 떨치고 일어나리라는 것도 두 사람에게는 전혀 문제가 되지 않은 듯했다. 첫 세대의 스토아주의는 통치 이데올로기가 아니었고, 그런 방향으로 나아갈 뜻도 전혀 없었다. 그건 제논이 떠올린 인간 사회, 즉 모든 사람이 지배받지 않고 살아가는 인간 군상의 모습만 생각해도 알 수 있다. 제논의 이상 국가는 미래를 지향하는 것도 아니었다. 반대로 그의 이상 국가는 권력욕으로 물든 부패한 문명의 혼란 이전 상태, 즉 자연 상태로의 회귀였다. 게다가 그가 생각한 인간 사회의 이상적 상태는 제국도 아니고, 과거의 〈황금시대〉도 아니었고 그저 양들이 풀을 뜯는 평화로운 들판이었다. 물론 간간이 근친상간의 성향이 있고 식인 풍습을 옹호하는 이들이 일부 섞여 있기는 했지만 말이다.

그런 스토아주의가 이제 파나이티오스와 포세이도니오스

에 이르러 로마 제국의 통치 이데올로기로 자리 잡았다. 원로원 의원이건 황제건 로마의 지도적 위치에 있는 사람이 어떤 철학을 신봉할 경우 그 대상은 항상(율리우스 카이사르는 예외였다) 이 새로운 색깔의 스토아주의였다. 파나이티오스와 포세이도니오스의 가르침에는 더 이상 당혹스러운 것이 없었다. 오히려 정치적으로 볼 때 그들의 학설은 로마 지배의 정당성을 보장하고, 플라톤이나 제논과 같은 비판자들의 논리에 맞서 가족과 사유 재산을 옹호하는 데 앞장섰다. 이로써 이전의 엄격한 스토아 윤리학은 인간적인, 아니 너무나 인간적인 특징을 얻게 되었다. 새로운 스토아 철학자들이 윤리학을 일상생활의 심리적 요구에 유연하게 맞춘 것이다.

다른 한편으로 주목할 것은 파나이티오스와 포세이도니오스가 기술과 자연 과학의 실용성에 열광했다는 사실이다. 이전의 스토아 철학자들에게는 부차적인 문제도 아니었던 것이 이제 철학적 성찰의 중심에 등장했다. 손이라는 도구의 축복을 받은 자연의 창조자이자 지배자로서 인간이 중심이 선 것이다. 파나이티오스는 인간을 스스로 생산해 낸 〈두 번째〉 자연의 창조자로 보았다. 그 창조의 수단은 손과 도구와 기술이었다. 〈지구를 다스려라!〉 이것은 로마 스토아학파의 창조적 사명이었다. 여기서는 플라톤주의자들의 영적 세계관과 소요학파의 경험적 관점이 주저 없이 결합되었다.

자연을 자신의 소유로 만드는 이 영적·경험적 사명에서 정말 중요한 것은 〈사유 재산에 대한 자연권〉이다. 파나이티오스와 포세이도니오스도 〈선천적으로〉 주어지는 소유권은 없음을 안다. 크리시포스도 재산권은 일시적인 요구에 지나지 않는다고 주장하지 않았던가? 또한 그는 부자들을 비난하기도 했다. 〈극장에서 자리를 미리 차지해 놓고 나중에 온 사람들을 몰아내는 것처럼 모두를 위해 존재하는 것을 오직 자기 혼자만을 위해 존재하는 것으로 생각하는 이들이 부자다. 그들은 공동의 것을 먼저 차지한 뒤 그러한 선취를 통해 공동의 재산을 자기 것으로 만든다. 누구나 자신에게 필요한 만큼만 취하고 나머지는 다른 사람에게 넘긴다면 부자가 어디 있고 가난한 자가 어디 있겠는가?〉[134]

그런데 파나이티오스는 사유 재산에 대한 새로운 정당성, 즉 심리적 정당성을 제시한다. 그가 볼 때 인간의 문화사는 선조들이 자신들의 사유 재산을 지키려고 한 데서부터 시작되었다. 도시들이 성벽 같은 방벽을 쌓은 것도 그 때문이다. 그럼에도 모든 것을 원점으로 되돌리려 하고, 물려받은 재산을 새로 분배하려는 사람은 범죄자나 다름없다. 이는 그라쿠스 형제의 토지 개혁을 겨냥한 말인 듯하다.

그러므로 재산권은 관습법이다. 먼저 와서 가진 사람이 임자라는 뜻이다. 물론 특별히 설득력 있는 논거는 아니다. 그렇게 따지자면 지중해 전역에서 자행된 로마인들의 엄청난 토지 약탈을 어떻게 설명할 수 있겠는가? 그리스, 트라키아, 페르가몬, 시리아 같은 지역들은 이미 주인이 있었기 때문이다. 로마 밖에서 통용되지 않는 논리가 어째서 로마 안에서는 통용되어야 할까?

중기와 후기 스토아주의자들의 재산권 논증에는 훗날 자유주의에서 중요한 척도로 내세운 개념이 빠져 있다. 〈성과〉의 개념이 그것이다. 자유주의적 관점에서 내 재산은 내 노동의 성과, 또는 내 선조들의 노동 성과를 통해 얻은 것이기에 내 것이다. 그로써 재산은 능력과도 관련이 깊다. 즉 사람은 자신의 능력에 대한 대가로 재화를 받고 소유한다는 것이다. 그러나 로마인이건 그리스인이건 노동 성과에 대한 그런 개념은 없었다. 이 두 나라에서 노동을 하는 사람은 시민이 아니라 여자와 노예였다. 게다가 유능함이란 절제와 기강으로 스스로를 닦아 나가는 윤리적인 측면과 관련이 있지 실질적인 노동과 관련이 있는 것이 아니었다.

파나이티오스와 포세이도니오스는 사유 재산에 대한 이런 생각을 정치에도 그대로 적용했다. 모든 것이 지금 상태 그대로 유지되어야 하고, 상상할 수 있는 최고의 세계인 로마 제국은 소수의 강력한 지도자들이 이끌어야 한다는 것이다. 젊은 로마인 마르쿠스 툴리우스 키케로(B.C. 106~B.C. 43)도 로도스에 있는 포세이도니오스의 철학 학교에서 같은 것을 배웠다. 귀족 태생의 그는 그전에 로마와 아테네에서 수학했다. 우리가 파나이티오스와 포세이도니오스에 대해 알고 있는 내용은 대부분 그에게서 비롯되었다. 키케로는 근 20년 동안 철학에 전념했고, 수많은 저서를 집필했으며, 그리스어로 쓴 많은 책들을 라틴어로 번역했다. 세련된 문장가이자 수사학자로서 로마의 걸출한 지식인이었다. 그랬던 그가 정치에 뛰어들면서 인생이 바뀌었다. 파란만장한 정치 역정을 거쳐 처음엔 집정관 자리까지 올라갔지만 결국엔 목숨까지 내주어야 했다. 카이사르의 후계자들에게 박해를 받다가 기원전 43년에 살해된 것이다.

키케로는 유럽 수사학의 가장 중요한 스승이다. 개념을 짧고 정확하게 정의내리는 간명함이 그의 가장 큰 특징이자 장점이다. 이때 그는 지혜와 화술을 결합시킨다. 화술이 뒷받침되지 않은 지혜는 별 도움이 안 되고, 지혜가 없는 화술은 화를 일으키기 쉽기 때문이다.

철학적으로 키케로는 스토아학파에 가깝지만 플라톤과도 많은 점에서 겹친다. 그 때문에 그에게는 〈절충론자〉라는 별칭이 붙는다. 자기만의 고유한 색깔을 덧붙이지 않으면서 기존의 것들에서 적절한 것을 선택하는 사람이라는 것이다. 그럼에도 로마 문화에 끼친 그의 영향은 아주 심대하다. 키케로는 플라톤과 아리스토텔레스의 인류학을 복원해서, 인간은 스스로 움직이는 정신적 존재라고 로마인들에게 가르쳤다. 또한 윤리와 정치에서 자기 책임을 강조했고, 그 과정에서 플라톤의 윤리적 국가 철학적 성찰과의 연결을 시도했다. 국가(『국가론*De re publica*』)와 법(『법률론*De legibus*』)에 관한 키케로의 저서는 플라톤이 쓴 『국가』와 『법률』의 핵심 사유들을 다시 받아들였다. 그에게 국가란 법적 약속과 이해관계 공동체를 토대로 생겨난 것이다. 또한 무엇이 정의롭고 유익한가에 대한 합의가 국가의 또 다른 기반이다. 키케로 정치 철학의 소실점은 꿈같은 칼리폴리스나 상상의 마그네시아가 아니라 그 스스로 파나이티오스와 같은 열정으로 상상 가능한 최고의 정치 체제라고 선언한 로마 제국이다.

섭리에 대한 의심

중기와 후기 스토아학파는 제국의 현 상태를 철학적으로 정당화하기 위해 오랜 시간 심혈을 기울였다. 그런 노력 덕분에 스토아학파는 로마의 근간을 이루는 국가 철학으로 자리 잡았다. 하지만 그렇게 되기까지는 스토아 철학 내에 중대한 변화가 필요했다. 우선 그들은 스토아의 원칙을 버리고 윤리학을 거의 전적으로 사적인 영역으로 옮겨 놓았다. 그에 따르면 내가 개인적으로 옳고 명예롭다고 여기는 것을 내 모든 정치적 행위에 그대로 적용할 필요는 없다. 또한 사물에 대한 원론적인 입장과 특정 상황에서의 내 행동이 논리적이고 일관되게 일치할 필요도 없다. 이렇듯 로마의 스토아 학자들은 놀라울 정도로 유연한 원칙들을 표방했고, 바로 이런 점 때문에 로마 정치계에서 최적으로 살아남을 수 있었다.

에피쿠로스학파도 로마에서 자리를 잡았지만 그 역할은 미미했다. 스토아 학자들이 보기에 에피쿠로스주의는 가벼운 대중 철학이었다. 물론 에피쿠로스주의 입장에서는 분명 부당한 평가였을 것이다. 어쨌든 카이사르의 주변에는 에피쿠로스주의자들이 많았고, 카이사르 자신도 에피쿠로스의 학설과 가까웠던 것으로 보인다. 또한 베르길리우스와 호라티우스 같은 작가들도 에피쿠로스 철학에 추파를 던졌다. 당시 에피쿠로스 철학의 가장 강력한 대표자는 가다라의 필로데모스(B.C. 110?~B.C. 40?)였는데, 오늘날의 요르단 지역에서 로마로 이주한 인물이었다. 그의 글은 쉽게 이해되는 것이 특징이었다. 필로데모스는 에피쿠로스를 철학적으로 변호하는 글과 문학 작품을 썼다. 문학 작품 중에는 일부 에로틱한 내용을 담은 시집 한 권이 전해져 내려온다. 필로데모스가 에피쿠로스주의를 그처럼 꼼꼼하게 변호한 것은 우연이 아니다. 다른 철학 사조들, 그중에서도 특히 스토아학파가 에피쿠로스 학설을 가장 악랄하게 공격했기 때문이다.

거기에는 그럴 만한 이유가 있다. 에피쿠로스학파는 인간을 신적인 섭리의 목표로 삼고, 로마 제국을 역사의 당연한 귀결로 이해하는 학설과는 거리가 멀었기 때문이다. 중요한 에피쿠로스 학자 루크레티우스(B.C. 95~B.C. 55?)는 『사물의 본성에 관하여De rerum natura』이라는 작품에서 무척 현대적으로 들리는 진화론적 자연상을 내놓았다. 그에 따르면 우리의 세계에는 인간이 태어나기 전에 이미 수많은 동식물 종의 끊임없는 생성과 소멸이 있었다. 지속되는 것은 아무것도 없다. 〈이렇듯 시간은 전 우주의 존재를 변화시켰다. 지구는 주도적인 한 상태에서 주도적인 다른 상태로 바뀜으로써 예전에는 만들어 냈던 것을 더는 만들지 못하거나, 예전에는 만들어 내지 못했던 것을 이제는 만들 수 있게 되었다.〉[135] 루크레티우스는 오직 인간에게만 이로운 어머니 자연 대신 〈의붓어머니 자연natura noverca〉에 대해 말한다. 또한 지불 수단으로서의 금과 사유 재산조차 그에게는 섭리의 주도면밀한 요소가 아니라 불화와 시기, 다툼의 원천이었다.

영원하고 궁극적인 상태는 없다고 여길 뿐 아니라 모든 성취에 단점을 나열하는, 자연과 문화에 대한 관찰은 국가 철학에는 잘 맞지 않았다. 아니, 로마의 세계 질서에 대한 의심을 불러일으키는 잠재적인 위험 세력이기도 했다. 그럴 만도 한 게 루키우스 아나이우스 세네카(B.C. 1~A.D. 65) 같은 유명한 스토아 철학자조차 로마 제국이 상상 가능한 최고의 세계라는 사실에 의심을 제기하는 에피쿠로스학파의 주장을 완전히 배척할 수가 없었던 것이다. 로마에서 가파른 출세 가도를 달린 스페인 출신의 부유한 세네카는 스토아 학자들 가운데 대중적으로 가장 많이 읽힌 철학자였다. 그는 〈평정심ataraxia〉과 〈초연함apatheia〉을 이상으로 내걸었고, 감정에 대한 이성의 우위를 옹호했으며, 만인의 평등을 일관되게 주장하면서 조심스럽게 노예제를 비판했다. 운명의 여신이 그에게 황자의 스승으로서 로마의 모든 황제들 가운데 가장 잔인하고 광적인 네로를 가르치라는 짐을 맡겼을 때가 아마 그의 평정심의 가장 큰 시험대였을 것이다.

　세네카는 제자인 네로에 의해 자살로 떠밀리기 전 한 편지에서 스토아학파의 자연적·신적 섭리에 대해 주목할 만한 비판적인 입장을 내놓았다. 제논이나 크리시포스와 마찬가지로 그 역시 기술적 진보와 물질 우선주의가 많은 것을 파괴하기 이전의 세계가 모든 면에서 더 나았다고 생각한 것이다. 〈자네 생각은 어떤가? 철학이 인간에게 열쇠와 빗장을 도입하라고 가르쳤나? 그건 인간의 소유욕에 문을 열어 주는 것과 뭐가 다른가? 또한 철학이 주민들에게 큰 위험이 되는 그렇게 높은 건물들을 지으라고 했나? 그저 웬만한 도구로 스스로를 보호하고 기술과 난관 없이 자연스러운 거처를 찾는 것만으로는 너무 부족한가? 내 말을 믿게. 건축가와 미장이들이 없던 시대가 더 행복했노라고.〉[136] 세네카는 일반적인 역사적 낙천주의 대신 기술적·문화적 진보와 관련해 깊은 비관주의에 빠졌다. 이는 1,700년 뒤 제네바에서 시계공의 아들로 태어난 장자크 루소가 철학계에 선풍을 일으킨 바로 그 입장이었다.

　중요한 스토아 학자들에 대한 네로의 포악한 핍박 뒤에 과거의 통치 이데올로기였던 스토아 철학은 로마에서 급속도로 그 의미를 잃고 말았다. 오늘날의 터키 중부에 위치한 프리기아 출신의 해방 노예 에픽테토스(50~138?)를 비롯해 후기 스토아 철학자들은 계속해서 스토아 윤리학을 세련되게 다듬었지만 정치적으로는 나서지 않았다. 마지막 위대한 스토아 학자인 마르쿠스 아우렐리우스(121~180)는 그리스어로 집필한 『명상록』을 폭넓은 대중이 아닌 자기 자신만을 위해 썼다. 오늘날 명언집에 빠지지 않고 등장하는 그의 유려한 문장들은 세계 전체의 위대함 앞에 겸손하고 순종하고 느긋하라고 가르친다.

스토아학파와 에피쿠로스학파의 수백 년간에 걸친 반목을 생각하면 황제의 비망록이 결국 에피쿠로스의 격언과 혼동될 정도로 비슷하다는 점은 아이러니가 아닐 수 없다. 〈행복하다는 것은 곧 훌륭한 성격을 갖고 있다는 말이다.〉[137] 〈오이가 쓰다고? 그럼 버려라! 길에 가시덤불이 있다고? 그럼 피해 가라! 그게 전부다. 세상에 왜 그런 사물이 있는지 묻지 마라.〉[138] 〈인간은 시골 들판에서, 해안가에서, 산에서 고독을 찾는다. 그런 소망은 편협한 견해에서 나온다. 원하기만 하면 너는 언제든 네 자신 속으로 돌아갈 수 있다. 인간의 영혼보다 고요하고 편안한 피난처는 어디에도 없다.〉[139] 〈네 머릿속에 가장 자주 떠오르는 생각이 곧 너의 성향이다.〉[140]

스토아적 사고는 그 얼마나 먼 길을 달려왔던가! 자연 그대로의 〈무정부주의적〉 세계 안에서 스스로를 닦아 나가는 엄격하고 혹독한 자기 수양의 교리에서부터 로마의 기술적·정치적 통치 사명을 거쳐 마르쿠스 아우렐리우스의 자기 관조적 고요한 멜랑콜리에 이르기까지 그 길은 한없이 길다. 처음엔 세계를 변화시키는 프로그램이자 하나의 사회 구상이었던 스토아 철학이 마지막엔 더 이상 어떤 통치 사명도 모르는 다감하고 지혜로운 개인 철학이 되었다. 이유는 분명했다. 〈사람들의 원칙을 누가 바꿀 수 있단 말인가?〉[141] 그런데 이 고결한 문장을 동행하는 것은 가벼운 전율이다. 마르쿠스 아우렐리우스는 황제로 재임하면서 네로 이후 가장 잔혹한 기독교 박해에 책임이 있었기 때문이다. 그것도 도나우 강가의 게르마니아에서 감수성 넘치는 자기 성찰을 양피지에 옮겨 적던 시기에 벌어진 일이었다.

이러한 박해와 학살에는 많은 이유가 있을 수 있다. 우선 로마인들은 황제의 통치 말기에 발생한 전염병과 제국의 재정 위기에 대한 희생양이 필요했다. 게다가 원형 경기장에는 서바이벌 생존 격투기로 로마 관중에게 짜릿한 즐거움을 선사할 범법자들이 부족했고, 그런 상황에서 기독교인들은 더없이 반가운 존재들이었다. 그러나 서양의 이념사에서 보게 되면 마르쿠스 아우렐리우스의 기독교 박해는 무엇보다 다음의 의미를 담고 있다. 즉 이념과 의미 창조의 세계에서 미래의 이데올로기적 승리자에게 다시 한 번 해를 가하려는 마지막 대규모 방어 시도들 가운데 하나였다는 것이다.

서기 2세기 무렵, 서양의 주도 문화로 자리 잡기 위해 모든 것을 배척하거나, 아니면 자기 안으로 받아들이는 싸움에서 기독교의 승리는 시간문제로 보였다. 그러나 이것이 학자들의 뇌리에 서서히 스며들기까지는 섬세한 철학적 우회로가 필요했다. 바로 플라톤주의다!

모든 철학자들의 스승, 모세!

기원전 1세기 스토아주의가 로마에서 비공식적인 국가 철학으로 자리 잡는 동안 로마 장군 술라의 군대는 아테네의 아카데메이아를 무참히 짓밟았다. 이로써 서양의 가장 오래된 사유 공장은 기원전 86년 그 3백 년의 긴 역사를 마감했다. 아카데메이아의 상속자는 지금의 이스라엘 남부에서 태어난 아스칼론의 안티오코스(B.C. 130?~B.C. 68)였다. 그는 기원전 110년경 아테네에 살았고 아카데메이아와 스토아 학당에서 동시에 수학했다. 로마군의 아테네 진격이 임박할 즈음 안티오코스는 로마군의 야영지로 피신했고, 거기서 술라 휘하의 장교인 루쿨루스와 친분을 맺었다. 이어 루쿨루스를 따라 키레네와 알렉산드리아로 향했다.

아테네로 돌아온 안티오코스는 아카데메이아의 전통에 입각한 독자적인 철학 학교를 세운 뒤 〈구(舊)아카데메이아〉라고 명명했다. 이 학교의 명성은 높았고, 안티오코스 문하에서 배우려고 상당수의 로마 귀족들까지 아테네로 왔다. 키케로가 선택한 배움의 전당도 〈구아카데메이아〉였다. 바쁜 학교 운영에도 불구하고 안티오코스는 점점 더 영향력이 커지는 친구 루쿨루스를 따라 아르메니아와 메소포타미아 원정에 계속 동행했고, 그 과정에서 어떤 상황인지는 정확히 알 수 없지만 숨을 거두었다.

안티오코스의 야심 찬 목표는 그리스 철학을 하나의 정신적·공간적 지붕 아래서 통합하는 것이었다. 그는 아카데메이아에서 수학하던 시기에는 회의론을 신봉했지만, 〈구아카데메이아〉를 설립한 뒤로는 어떤 형태의 회의주의든 단호히 배격했다. 그로써 아르케실라오스와 그 제자 세대는 이제 그의 공공연한 적이 되었다. 안티오코스는 그들을 가리켜 플라톤 철학의 철저한 배신자라고 비난하면서 플라톤 철학을 옛 정신 속에서 다시 살려내려는 계획을 세웠다. 〈구아카데메이아〉라는 이름을 붙인 것도 그 때문이었다.

그렇다면 〈본래의〉 플라톤을 어떻게 소생시킬 수 있을까? 기원전 1세기, 플라톤은 후계자들이 해서는 안 되는 방식으로 그의 철학을 보충 및 체계화하고(크세노크라테스), 이어 조각조각 분쇄한(아르케실라오스) 뒤로는 이미 정신적으로 죽은 상태였다. 그럼에도 안티오코스는 이 작업에 박차를 가했다. 이때 스토아학파든 소요학파든 적으로 생각하지 않았다. 결국 모든 것이 플라톤의 정신에서 유래하지 않았던가? 안티오코스가 볼 때, 스토아학자들은 아카데메이아의 회의론적 배신자들보다 오히려 많은 점에서 플라톤에 더 가까웠다. 게다가 안티오코스는 통합을 위해 〈플라톤〉이라는 나무에서 너무 멀리 떨어져 나갔다 싶은 열매인 소요학파에도 손을 내밀었다.

그런데 안티오코스가 진정한 플라톤 철학이라고 내놓은 것은 많은 점에서 플라톤보다 스토아주의에 더 가까웠다. 스토아학자들은 유물론자다. 그들이 출발점으로 삼은 세계의 물질적 기본 구조(자연학)와 그들이 목표로 삼은 평정은 플라톤이 아니라 데모크리토스와 더 비슷하다. 제논도(에피쿠로스 역시 마찬가지다) 약간의 변화를 주기는 했지만 데모크리토스 학설의 도입부와 결론 부분을 받아들였다. 단지 중간 부분만 다르게 해석했을 뿐이다.

안티오코스의 자연학도 플라톤처럼 정신적이지 않고 전반적으로 유물론적이다. 작용력이 스며든 물질이 신적인 섭리에 따라 우리가 살아가는 세계로 형상화된다는 것이다. 또한 플라톤이 제시한 천체 너머의 이데아도 안티오코스의 머릿속엔 없다. 이 모든 점 때문에 그는 나중에 플라톤주의의 가면을 쓴 스토아주의자라는 평판을 받았다.

실제로 그리스의 모든 철학파에는 자기 주도적이고 평정한 상태를 추구하는 공통점이 있었다. 데모크리토스와 제논의 평정심은 피론식 회의론자들과 에피쿠로스학파의 흔들림 없는 마음 상태와 유사했다. 영혼의 안식이라는 플라톤과 아리스토텔레스적 이상도 그와 동떨어진 것이 아니었다. 개별 내용에서는 서로 격하게 적대시했지만, 바람직한 마음의 상태에 대해서는 거의 모든 그리스 철학자들이 상당히 일치된 의견을 보였다. 반면에 개인의 성공적인 삶을 위해 공동체와 사회, 정치가 어떤 모습이어야 하느냐를 두고는 의견이 분분했다. 마찬가지로 지혜로운 인간은 스스로에게 얼마만큼 육체적 즐거움과 안락함을 허용해도 되는지를 두고도 의견이 치열하게 갈렸다.

육체적 즐거움과 안락과 관련해서 안티오코스는 주목할 만한 방식으로 기존의 철학적 이상들과 결별한다. 육체가 본질적으로 인간의 행복에 기여하지 못할 이유가 무엇이란 말인가? 그에겐 건강과 곧은 자세, 우아한 걸음걸이도 조화로운 영혼 상태의 일부다. 사교나 정치에 관한 문제에도 비슷한 균형이 필요하다. 즉 명성과 권력도 영혼에 평화를 제공하지 못하지만, 그 반대인 완전한 은둔도 영혼의 평화를 보장하지 않는다는 것이다.

안티오코스는 메소포타미아 원정길에 숨을 거둘 즈음 아마 자신이 플라톤의 옛 학설을 약간 현대적으로 되살려 냈을 거라는 믿음을 안고 세상을 떠났을 것이다. 그 후 20년 동안은 그의 아우이자 제자였던 아리스토스가 플라톤주의의 종합을 꿈꾼 형의 이론을 아테네에서 계속 가르쳤다. 당시의 학생 중에는 율리우스 카이사르의 살해범으로 역사에 이름을 올린 마르쿠스 이우니우스 브루투스도 있었다. 어쨌든 기원전 45년 아리스토스의 죽음과 함께 〈진짜〉 플라톤주의를 계속 세계에 전파하려던 시도는 결국 끝을 맺고 만다. 왜냐하면 이후 수백 년 동안 플라톤주의라는 이름으로 선풍을 일으킨 것들은 실제 플라톤과는 별 상관이 없었기 때문이다. 마치 만화영화 속의 도널드 덕이 실제 물오리와는 별 관계가 없는 것처럼.

아무튼 그 후의 〈플라톤주의〉가 후대에 가장 큰 영향을 끼쳤던 곳은 아테네가 아니라 알렉산드리아였다. 이 도시에서 플라톤주의는 유대인들이 고향에서 갖고 들어온 새로운 정신과 재빨리 결합했다. 기원전 1세기에는 이집트 전역과 마찬가지로 알렉산드리아도 독립국의 지위를 잃고 로마의 속주가 된 상태였다. 로마의 권력자 폼페이우스와 카이사르, 안토니우스는 아주 짧은 간격으로 이 도시를 찾았다. 카이사르와 안토니우스가 차례로 프톨레마이오스 왕조의 클레오파트라 7세와 격정적인 연애를 나누었음에도 이 나라가 로마의 군사 통치를 받고, 그러다 기원전 30년 옥타비아누스 치하에서는 마침내 합병까지 당하는 일은 막을 수 없었다. 이런 시대적 혼란에 희생된 것은 프톨레마이오스 왕조뿐 아니라 알렉산드리아 도서관도 일부 해당되었다. 기원전 48년 화염에 휩싸인 도서관 수장고에 얼마나 많은 장서가 보관되어 있었는지는 오늘날까지도 정확히 알려진 것이 없다.

알렉산드리아의 경제적 문화적 중요성은 이런 정치적 흐름에도 영향을 받지 않았다. 이 도시는 로마의 곡창 지대로서 제국의 상당 지역을 먹여 살렸다. 로마 제국으로의 이러한 권력 변동기에 알렉산드리아의 에우도로스가 활동했다. 스스로 〈피타고라스주의자〉라고 여겼던 그는 피타고라스의 생애에 대해 확인되지도 않은 내용을 적어 놓은 수많은 대중 서적을 탐독했다. 그런 책들은 기원전 2세기와 3세기부터 고대 세계에 다양한 버전으로 유통되고 있었다. 이런 사정을 잘 모르고 있던 에우도로스는 피타고라스를 모든 서양 철학의 시조로 선언했다. 플라톤과 아리스토텔레스, 스토아 철학에 관해 아무리 중요한 내용이 보고되더라도 모두 진정한 스승의 모조품에 지나지 않는다고 생각한 것이다.

〈진정한 피타고라스〉를 찾아내야 한다는 에우도로스의 요구는 〈진정한 플라톤〉을 되살려 냈다는 안티키오스의 주장보다 좀 더 뻔뻔하다. 하지만 세상 모든 사람이 세상의 모든 것에 대해 감사해야 할 위대한 구루를 찾는 작업은 또 다른 철학자, 즉 알렉산드리아의 필론에 이르면 정말 터무니없는 일로 나타난다. 유복한 유대 가문 출신의 그는 서기 1세기 전반기에 살았다. 알렉산드리아의 많은 영향력 있는 유대인들과 마찬가지로 필론도 그리스식 교육을 받았다. 반면에 『칠십인역 성서』에 대해서는 처음엔 지극히 모호하고 낯설게 느꼈던 것으로 보인다. 하지만 시간이 지나면서 필론의 머릿속에 모세 책들의 모호한 세계를 알렉산드리아에서 인기 많은 피타고라스 이야기와 통합할 생각이 서서히 깃들었다. 그러다 마침내 그는 이집트의 모래땅에 복잡하게 얽힌 철학의 계보도를 그리기 시작했다. 그에 따르면 모든 철학의 원천에는 신에게 영감을 받은 모세가 서 있다. 모세의 제자는 위대한 피타고라스이고, 그의 지식은 훗날 플라톤에게 전수된다. 이 철학의 핵심은 단순히 유대교와 그리스 철학의 완력적인 융합에 그치지 않고, 그리스 철학의 매혹적인 지혜 속에 현현한 유대교 유일신에 대한 철학적 종교적 복종이 그 정점을 이룬다.

필론은 몽상가였을 수도 있지만, 그리스 철학과 모세를 융합하려는 생각은 결코 한 개인만의 아이디어가 아니었다. 시리아인 아파메이아의 누메니오스도 서기 2세기에 플라톤을 하나의 거대한 종교 계보 속에 배치했다. 인도의 브라만교에서부터 유대교,

조로아스터교를 거쳐 이집트인들의 많은 종교적 관념에 이르는 방대한 계보였다. 그에 따르면, 모든 종교는 하나의 진정한 진리를 증언하고 있고, 플라톤은 그런 지혜를 전달하는 한 사람의 대변인, 즉 〈아테네 말을 사용하는 모세〉일 뿐이라는 것이다.

필론과 누메니오스에게 역사 인물로서 플라톤은 오늘날의 우리와 괴테 사이의 시간만큼이나 멀리 떨어져 있었다. 심지어 피타고라스의 경우는 오늘날 우리와 마르틴 루터와의 시간 간격보다 몇 백 년 더 떨어져 있었다. 그럼에도 특히 플라톤은 향후 수백 년 동안 사람들의 뇌리 속에 그 두 사람이 규정한 상으로 고착화되었다. 그로써 피타고라스의 우주론이 담긴, 여러 가지 관점에서 문제가 많은 『티마이오스』가 이제부터 플라톤의 유산으로 생명력을 이어갔다. 이런 맥락에서 보면 플라톤은 마치 하늘과 땅의 위대한 신비주의자처럼 보인다. 플라톤의 데미우르고스, 즉 모든 물질을 가공해서 형태화한 우주의 조물주도 필론에 이르러서는 토라의 천지 창조신과 비슷한 전지전능한 세계 창조자가 된다. 그리고 플라톤이 정신과 물질을 두 개의 근본 원칙으로 삼았다면 필론은 피타고라스의 전통에 입각해서 모든 것을 세 개로 나눈다. 피타고라스학파에서 직각 삼각형이 모든 지식의 출발점이었던 것처럼 필론도 삼위성(三位性)의 질서가 세계를 지배한다고 생각한 것이다. 이는 아주 중대한 사고 모델이다. 이 사고 모델에서 기독교의 삼위일체론으로 가는 작은 발걸음이 이제 막 놓였으니……

신을 닮아라!

예수 탄생을 전후한 세기에는 철학자마다 자기만의 플라톤이 있었다. 플라톤의 작품 목록을 일종의 무대 배경으로 이용하는 사람들도 많았다. 그래서 우리가 플라톤주의라고 부르는 것은 관념들의 혼란스러운 실타래를 묶어 놓은 것이나 다름없었다. 그중에서도 특히 영향력 있는 인물은 부지런하기 짝이 없고 다방면으로 아는 것이 많은 델포이 아폴론 신전의 사제 카이로네이아의 플루타르코스(45?~125?)였다. 역사학 분야의 거장이자, 역사와 철학사에서 가장 중요한 원전들을 제공한 인물이다. 250권의 책을 썼다고 하는데 그중 절반이 오늘날까지 전해져 내려온다. 그는 학문 탐구를 위해 아테네와 알렉산드리아, 로마에 체류했던 것을 빼고는 평생을 델포이에서 보냈다. 그의 가장 중요한 스승은 아모니오스라는 이름의 이집트인이었던 것으로 보이는데, 플루타르코스의 저술을 통해서만 알려진 인물이다. 어쨌든 플루타르코스는 스승을 통해 이집트 전통에 전형적인 강한 영적 종교적 특징이 묻어나는 플라톤주의자가 되었다. 그에 따르면 이제 삶의 목표는 현자의 소크라테스적 평온함이 아니라 최대한 신을 닮으려는 노력이 되어야 했다.

이런 주장이 가능한 것은 플라톤 작품들 중의 두 구절, 즉 『테아이테토스』와 『국가』의 각각 한 부분에 현자는 〈신을 닮아야〉 한다는 말이 나오기 때문이다.[142] 그러나 플라톤이 무슨 뜻으로 이런 말을 했건 그에게 인격적인 신은 존재하지 않았다. 기껏

정답성과 구원

고대 철학

해야 〈신적인 것〉만 있을 뿐이었다. 반면에 아모니오스와 플루타르코스는 아폴론을 절대적인 신과 동일시했다. 생의 목표는 아폴론을 열렬히 추종하면서 아폴론처럼 되는 것이었다. 플루타르코스가 어떤 방식으로 기독교와 연결되었는지는 확인되지 않지만 아폴론과 아폴론의 미덕이 기독교인들에게 꽤 친근하게 느껴진 건 사실인 듯하다. 그 신의 미덕은 온유함, 관용, 화해, 선함, 인간 사랑이었다.

그런데 플루타르코스는 이 미덕들을 인간들에게만 해당되는 것으로 보지 않았다. 동물들과의 관계에도 이 미덕들을 적용한 것이다! 그는 스스로를 채식으로 살아가는 피타고라스학파의 후예로 생각하면서 스토아주의자들에게는 당연시되던 육식을 맹렬히 비난했다. 〈피타고라스가 왜 고기를 먹지 않으려고 했는지 정말 알고 싶은가? 나는 스스로에게 이렇게 묻는다. 인간은 대체 어떤 상황에서, 어떤 마음과 어떤 생각에서 살해의 피를 처음 입에 넣고, 죽은 동물의 고기를 입술로 건드리고, 죽어 감각이 없어진 육체를 식탁에 차리고, 그걸 별미와 영양분이라 부를 수 있을까? 그것도 조금 전까지 으르렁거리고, 소리를 내고, 움직이고, 세상을 바라보던 존재들을? 도살당해 껍질이 벗겨지고 토막 난 동물들의 피 흘리는 모습을 인간의 시각은 어떻게 견딜 것이고, 후각은 죽음의 악취를 어떻게 견딜 것이며, 또 양심이 있다면 어떻게 입맛이 싹 달아나지 않는 상태에서 타 존재의 상처를 건드리고, 죽음으로 몰아간 상처에서 나오는 육즙을 빨아먹을 수 있단 말인가?〉[143]

플루타르코스는 피타고라스학파와는 달리 영혼 이동설을 육식 금지의 근거로 삼지 않았다. 물론 그도 영혼 이동을 가능한 일로 생각했지만, 어차피 그것은 증명할 수 없는 일이었다. 그래서 그가 육식의 포기 이유로 제시한 것은 피조물에 대한 연민과 자비였다. 더구나 우리 인간은 무절제한 쾌락과 악덕으로부터 육신과 정신을 정화하고, 그로써 신에게 가까워져 완전화의 길을 걸어야 한다는 것이다. 플라톤주의자들 사이에서 이러한 절제는 자연스러운 전통이었다. 그래서 아카데메이아의 두 교장, 즉 크세노크라테스와 폴레몬도 채식주의를 옹호했다고 한다. 게다가 플루타르코스의 정신적 후계자 중에도 티아나의 아폴로니오스(40?~120?), 플로티노스(205~270), 포르피리오스(233~301/305) 같은 확고한 채식주의자가 있었다. 여기서는 마지막 두 사람에 대해 좀 더 자세히 살펴보겠다.

이탈리아 캄파니아 지방의 한 농가에서 태어난 플로티노스는 많은 사람들에 의해 플라톤과 아리스토텔레스 다음으로 고대의 가장 중요한 철학자로 여겨진다. 이유야 여러 가지겠지만 그중 하나는 분명하다. 그가 쓴 54편의 작품 모두가 오늘날까지 남아 있기 때문이다. 다른 많은 철학자들과 비교하면 정말 예외적인 행운이 아닐 수 없다. 그의 제자 포르피리오스, 그러니까 많은 점에서 스승과 불가분의 관계로 엮인 그는 스승의 저술들을 주제별로 정리했고, 거기다 스승의 생애에 관한 상세한 이야기까지 덧붙였다. 이 작품은 오늘날 많은 점에서 믿을 만한 출처로 인정받는다. 단 신의 반열로까지 올린 플로티노스에 대한 일부 기적 같은 이야기들은 빼고 말이다.

플로티노스는 스물여덟 살에 알렉산드리아로 떠나 사카스의 아모니오스 문하에 들어갔다. 알렉산드리아에 거주하는 많은 플라톤주의자 가운데 한 사람이었다. 아모니오스는 젊을 때는 기독교인이었다고 한다. 물론 그 뒤로도 기독교를 믿었을 가능성이 있다. 3세기의 알렉산드리아는 기독교의 아성이었기 때문이다. 물론 혹독한 탄압의 현장이기도 했지만. 어쨌든 우리가 아모니오스의 철학에 대해 아는 것은 다음의 사실뿐이다. 다른 많은 플라

고대철학   정답성과 메축

톤주의자들처럼 그도 진정한 단 하나의 철학을 발굴하기 위해 여러 학파들의 모순점들을 조정하려 애썼다는 것이다. 플로티노스는 아모니오스 문하에 11년 동안 머물렀다. 그러다 243년 젊은 로마 황제 고르디아누스 3세의 메소포타미아 원정길에 동행했다. 그런데 봉기를 일으킨 페르시아인들에 대한 전쟁은 참담한 패배로 끝나고 황제는 목숨을 잃었다. 플로티노스는 안티오키아를 거쳐 로마에 당도했고, 여기서 나머지 생을 보냈다.

　　제국의 수도에서 그는 사람들을 쉽게 끌어 모으는 스승으로 입증되었다. 아멜리오스 겐틸리아노스, 포르피리오스 같은 재능 있는 젊은이들만 주위에 모여든 것이 아니라 원로원 의원과 집정관, 심지어 갈리에누스와 살로니나 황제 부처도 그의 강의를 들으러 왔으니까 말이다. 시간이 흐르면서 플로티노스는 로마의 최상류층과 교류했고, 많은 친분을 맺었다. 포르피리오스에 따르면 스승은 심판관이자, 다수의 후견인이자, 재산 관리인이었다고 한다. 플로티노스는 처음엔 말로만 가르치다가 10년 뒤부터 글을 쓰기 시작했다. 그런데 그리스어로 쓴 것을 청중들 앞에서만 낭독할 뿐 책으로 출간하는 것은 오랫동안 거부했다. 각 작품은 다른 주제를 다루고 있지만, 전체적으로 보면 방대한 종합 체계의 한 부분이었다. 이런 방식만 보아도 그가 스스로를 플라톤의 후계자로 생각한 게 틀림없다. 다른 많은 플라톤주의자들처럼 그역시 자신을 〈진정한〉 플라톤의 충직한 해설가로 이해했다. 플라톤의 쓰이지 않은 학설, 즉 전체의 감추어진 체계를 표현해 내고자 애쓰는 사람이라는 것이다.

　　3세기 무렵 플로티노스는 그리스 철학 앞에 경쟁자가 없지 않다는 사실을 정확히 알고 있었다. 기독교는 온갖 극심한 박해에도 점점 입지를 넓혀 가고 있었다. 플라톤주의, 스토아주의, 에피쿠로스학파, 소요학파와 달리 기독교는 모든 것을 아우르는 총체성과 모든 개인의 삶에 관심을 가지는 유일신으로 사람들을 유혹하고 있었다. 기독교의 신은 선한 아버지로서 단순히 〈부동의 동자〉가 아니고, 형이상학적 원칙도 아니고, 작용력도 아니고, 에피쿠로스의 경우처럼 인간사에 관심이 없는 우주의 쿨한 멋쟁이도 아니다.

플라톤 철학을 매력적인 것으로 만들고자 했던 플로티노스로서는 이 경쟁자를 무시하고 넘어갈 수가 없었다. 그래서 경쟁자의 허점을 꼼꼼히 파고드는 데 많은 시간을 쏟거나, 아니면 제자들에게도 그런 임무를 맡겼다. 그의 칼끝이 주로 향한 적은 우리가 오늘날 그노시스파라고 요약해서 부르는 종교적 경향들이었다. 이는 플로티노스 당시의 온갖 학설과 지적 관조를 통칭하는 말이었다. 그노시스파의 공통점은 종교적 구원으로 감옥처럼 답답한 육신의 세계에서 해방되는 것이었다. 이는 피타고라스 학파와 플라톤에게서도 나타나는 소망이었다. 플로티노스의 경우도 그와 비슷한 영적 구원이 중요했기에 그노시스파는 자연스레 그의 경쟁자가 될 수밖에 없었다. 그가 특히 견딜 수 없어했던 것은 그노시스파가 속세를 정신적인 것의 불완전한 모조품이 아니라 완전히 잘못된 것으로 여겼다는 사실이다. 세계 속에 완전히 잘못된 것이 있다는 것은 플로티노스로서는 도저히 받아들일 수 없었다. 그가 생각하는 세계는 불완전한 속세에서 그 사실을 희미하게 예감만 할 뿐이라고 하더라도, 더 좋아질 수는 없는 하나의 통일체로 이루어져 있었기 때문이다. 그래서 적들에 대한 그의 공격은 매서웠다.

플로티노스는 기독교에 대한 수사학적 출정을 제자 포르피리오스에게 맡겼다. 이 제자는 기독교를 다른 모든 종교적 전통과 마찬가지로 플라톤 철학의 명징한 개념 작업에 비하면 불분명하고 혼란스러운 것이라 생각했다. 결국 스승에게든 제자에게든 종교는 명확한 통찰력이 부족한 인식의 전 단계일 뿐이었다.

그런데 놀라운 것은 포르피리오스가 다른 몽상적 흐름, 즉 〈칼데아의 신탁〉을 순결한 인식의 원천으로 보았다는 사실이다. 칼데아 신탁의 저자로 알려진 율리안 데르 테우르크는 많은 기적을 행한 마법사였다고 한다. 하지만 신탁의 원 저자는 플라톤을 모든 동방 종교들과 연결시킨 누메니오스의 계열에서 나왔을 가능성이 커 보인다. 마르쿠스 아우렐리우스 치하의 2세기 말에는 이 신탁이 무척 유행했다. 여기엔 인류의 가장 중요한 문제들에 대한 답이 담겨 있었기 때문이다. 게다가 칼데아의 신탁은 우리가 필론과 누메니오스로부터 알고 있는 피타고라스적 삼위성을 내세웠다. 즉, 이 신탁 속의 신은 아버지, 힘, 정신이 하나로 결부된 삼위일체적 존재라는 것이다. 포르피리오스는 이것을 플라톤 철학의 용어로 바꾸어 존재, 삶, 정신으로 표현했고, 이것으로 기독교와 각을 세웠다. 신이 예수의 몸을 빌려 인간으로 현현했다는 것은 그의 신플라톤적 삼위성 이론에는 맞지 않았다. 그런데 특이한 것은 포르피리오스가 반론으로 내세운 이 핵심 내용을 기독교가 훗날 받아들였다는 사실이다. 오늘날 기독교인들이 성부와 성자와 성령을 통해 신의 삼위일체로 말한다면 이는 자신들이 책까지 불태워 가며 배척했던 숙적의 어깨 위에 올라탔다는 것을 의미한다.

포르피리오스의 스승 플로티노스는 삼위성 이론과는 거리가 멀었다. 그에게 세상의 모든 현상과 사건은 단 하나의 원칙, 즉 〈일자(一者)〉로 소급된다. 만 존재의 원천으로서 이 일자는 다른 모든 것들 위에 있고, 다른 모든 것은 이 일자에서 나온다. 일자의 개념은 플로티노스 철학과 삶의 수단이자 목적이다. 우주 생성론, 〈심리학〉, 윤리학, 신비학, 미학 같은 나머지 것들은 모두 일자의 하위에 놓인다.

플라톤과 마찬가지로 플로티노스도 감각적으로 지각할 수 있는 세계와 경험 저편의 영적 세계를 구분한다. 〈영적 세계kósmos noētós〉의 가장 높은 곳에 일자가 있고, 두 번째 높은 곳에는 절대 정신이, 세 번째에는 영혼적인 것이 있다. 반면에 감각으로 경험할 수 있는 세계, 즉 정신에 의해 만들어진 근원 물질은 플로티노스에게든 플라톤에게든 열등하다.

플로티노스의 철학에는 유일신 대신 일자가 있다. 다시 말해 아브라함의 종교들에서 유일신이 차지하는 자리에 일자가 있다. 그러나 플로티노스는 일자에 신적인 특성을 부여하는 것을 극구 꺼린다. 일자를 선이나 절대적인 존재와 동일시하지 않았던 것이다. 플로티노스가 보기에 그런 생각은 너무 일면적이었다. 일자를 특정한 성격으로 제한하고 있기 때문이다. 일자는 특정 성격을 가진 것이 아니라 모든 성격을 갖고 있다. 그래서 인간 사고를 통해서도 일자의 세계로 들어가는 것은 불가능하다. 일자는 모든 사물뿐 아니라 모든 사고 위에 존재하기 때문이다. 일자는 〈만물 위에〉 있다. 일자에 접근하는 유일한 길은 명상이다. 일자를 느끼고 일자와 연결되려면(물론 가끔만 가능하다) 우리 인간은 내면의 목소리에 귀를 기울이고, 감각적인 것과 정신적인 것을 극복해야 한다. 일자와 하나 되는 것이 모든 철학적 추구의 목표이기 때문이다.

플라톤의 이상 국가에서 명상에 빠지다

플로티노스는 자신의 철학적 건축물에 필요한 벽돌을 플라톤에 게서 빌려 왔다. 하지만 그런 사람이 개념의 끊임없는 변증법적 작업이 아니라 명상을 통해서만 절대적 지혜를 엿볼 수 있다는 결론을 내릴 것이라고는 플라톤도 상상하지 못했을 것이다. 이것 만 보더라도 플로티노스가 원래는 거부감을 보였던 동방의 종교 와 지혜론으로부터 영향을 받은 것은 오인할 수 없는 사실이다.

　　반면에 플로티노스가 플라톤의 이데아론을 자신의 우주론 에 적절히 삽입한 것은 정신적 스승에 한층 가깝게 다가서는 시 도라도 볼 수 있다. 태양이 자신의 실체에 조금도 손상을 입지 않 은 상태에서 햇빛을 쏟아 내는 것처럼 절대 정신은 일자에서 흘 러나온다. 이 정신과 함께 〈존재하는〉이라는 수식어가 붙는 현상 들의 세계가 시작한다. 여기서 정신은 절대 정신이다. 그 밖의 모 든 존재는 덜 완벽하고, 제한적으로만 〈존재할〉 뿐이다. 정신은 완벽하게 존재한다. 왜냐하면 사유와 합치하기 때문이다. 파르메 니데스의 인식과 마찬가지로 불변의 존재는 하나만 있다. 이 존 재는 자신과 합치하는 사고 속에서 현현한다. 사고 없이는 존재 도 없고, 존재 없이는 사고도 없다. 이는 19세기 초 프리드리히 빌 헬름 요제프 셸링과 게오르크 빌헬름 프리드리히 헤겔의 〈독일 관념론〉에 강한 영감을 준 중대한 사고 체계다.

　　인간이 생각 속에서 감각적 현상의 세계를 뛰어넘어 추상 의 세계로 진입하는 것은 곧 절대 정신의 영역으로 들어가는 것을 의미한다. 플로티노스에게 이것은 완벽하고, 그래서 선하고 진실한 세계다. 또한 우리가 감각적으로 경험할 수 있는 세계보다 더 본래적이다. 다시 말해서 우리가 일상적으로 살아가는 덜 실재적인 현실에 비해 진실로 실재하는 현실이다. 플로티노스는 인간이 일자를 다자(多者)와 관련시킬 때만 일자를 생각할 수 있다고 설명한다. 이는 곧 아리스토텔레스가 등한시한 〈관계〉의 범주를 가리킨다. 타자 없이는 일자를 생각할 수 없다는 것이다.

생각하기가 쉽지 않은 이러한 절대적인 것의 영역 속에서 사유하는 인간은 모든 현상들의 토대가 되는 이데아를 인식한다. 그건 플라톤의 경우와 다르지 않다. 이데아는 절대 존재의 정신적 내용이고, 절대 존재는 심지어 오직 그런 이데아들로만 이루어져 있다. 정신이 일자에서 흘러나오는 것처럼 세계영혼은 정신에서 흘러나온다. 세계영혼은 순수 영적이고, 그래서 스토아주의자들의 육체적 영혼과는 달리 불멸이다. 또한 플라톤의 경우처럼 별, 식물, 동물, 인간 속에서 구체화되고, 이데아의 도움으로 천체의 모범에 따라 물질을 형상화한다. 생물의 경우 영혼은 유기체의 조종 역할을 떠맡는다. 하지만 속세의 제반 조건 및 한계점들과 끊임없이 싸워야 하기에 완벽하게 복된 상태에 이르지 못한다. 물질세계는 전체적으로 천상의 세계와 비교하면 상당히 열등하고 덧없고 나쁘고 추악한 세계다. 그렇기에 영혼이 속세의 육신 속에서 파편화되어 살아가고 그 몸에 열중하는 대신 천상의 위대한 통일성으로 되돌아가길 열망하는 것은 이상한 일이 아니다.

영혼이 그 진정한 서식지를 천체에 둔 하늘의 식물이라면 저절로 이런 의문이 든다. 대체 영혼은 왜 지상에 내려와 자신을 감쌀 속세의 육신 속으로 들어가는 것일까? 플로티노스는 이 문제로 골머리를 앓았다. 그노시스파에게는 이 문제가 아주 간단했다. 그들에게 창조는 나쁜 데미우르고스의 그르친 행위였고, 때문에 영혼들은 속세를 헤매고 다닐 불편한 상황에 처하게 되었다는 것이다. 하지만 플로티노스에게 세계는 완벽한 일자에서 흘러나온 비할 바 없이 탁월한 최상의 상태다. 그런 세계는 모든 것이 선하고 의미로 충만하다.

플로티노스는 이 문제를 영혼의 관점이 아닌 세계 전체의 관점에서 바라보아야 한다고 했다. 영혼은 속세의 존재로 가는 길에서 많은 것을 잃지만, 대신 지상의 존재는 영혼 에너지가 자기 속에 들어옴으로써 최소한 천상의 희미한 반사광 같은 것을 얻게 된다. 이런 이유에서 영혼은 가끔 천상과 지상 사이를 순환적으로 이동하며 인간과 동식물로 환생한다. 결국 영혼에는 스스로를 개인적으로 완벽하게 만드는 사명도 있지만, 그와 동시에 속세에 영혼을 불어넣는 임무도 함께 갖고 있다. 때문에 영혼이 반복해서 천상과 지상을 대담하게 오가는 것은 한편으론 지극히 슬기로운 일이다. 이런 역할 속에서 영혼은 한 육신의 운명을 자유롭게 결정하는 상당히 〈외람된〉 자율성을 누린다. 다른 한편으로 영혼은 스스로의 궁극적인 구원을 위한 노력도 계속해 나간다. 머나먼 어느 날 지상에서의 노력에 대한 공정한 보상으로 신적인 것의 아름다운 세계에서 영원히 일자 곁에 머물 수 있기 위해.

플로티노스는 영혼이 지상으로 내려오는 것을 주로 〈다채로운 이미지〉(헤겔)로, 즉 〈흘러넘치고〉 〈흘러나오는〉 것으로 그려 냈다. 반면에 천상으로 올라가는 것은 감각적인 것에서 초감각적인 세계로 향하는 기나긴 계단 길로 묘사했다. 이지적으로만 인지할 수 있는 세계에 인간이 마음을 여는 법을 배워야 하는 길이다. 이런 영혼학은 인간의 실제 삶에 엄청난 결과를 낳았다. 왜냐하면 개인의 본질을 이루는 것은 영혼이기에(물질로서 육신은 추악하고 거추장스러운 짐일 뿐이다) 영혼이 비상하도록 돕는 것이 인간의 의무이기 때문이다. 그를 위해 인간은 이데아, 특히 미의 이데아를 꿰뚫어 볼 수 있도록 훈련해야 한다. 이지적인 능력의 부족으로 그것을 볼 수 없는 사람들은 대신 물질적 재화를 추구한다. 그래서 아름다운 물건을 전신에 칭칭 감고 다닌다. 미를 알고 싶어 하지만 도저히 그럴 능력이 없기에 물질적인 허영기로 대신 채우는 것이다. 이로써 영혼 속의 구멍들을 아름다운 물건들로 때우려는 산발적이거나(남자들의 경우) 규칙적인(여자들의 경우) 내적 욕구에 대한 형이상학적 근거가 처음 밝혀진다.

그에 반해 특별히 자기 속에서 미의 이데아를 지각하도록 만들어진 예술 작품들은 높이 평가된다. 예술의 아름다움에는 천상의 아름다움이었던 무언가가 감각적으로 반짝거리고 있다. 앞서 〈돈이냐 명예냐? 플라톤의 국가〉 장에서 다룬 적이 있지만, 플로티노스의 선구자적인 생각이다. 왜냐하면 예술 속에서 〈감각적으로 빛나는 이데아〉의 관념은 훗날 헤겔과 아도르노의 미학에 심대한 영향을 끼쳤기 때문이다.

아름다운 것이 왜 우리 가슴에 그토록 강하게 와닿는지를 이해하려면 인간 심리를 자세히 들여다보아야 한다. 그런 면에서 플로티노스 철학의 세밀한 심리학적 관찰은 의심할 바 없이 경탄스럽다. 그만큼 세세하게 무의식을 들여다보았던 것이다. 그는 훗날 아우구스티누스, 페트라르카, 마이스터 에크하르트 같은 사상가들이 다시 끄집어내어 발전시켜 나간 인간 내면의 초기 발견자라 할 수 있다.

플라톤에 따르면 우리는 우리의 영혼이 천상에서의 이전 삶을 기억함으로써 특정한 추상적 것들을 배운다고 한다. 플로티노스는 이 이론을 무의식의 복잡한 학설로 발전시켰다. 그에 따르면 우리의 무의식은 한편으론 반사와 자연스러운 본능으로 이루어져 있고, 다른 한편으론 천상의 것이나 다른 전생에 대한 우리 영혼의 기억으로 구성되어 있다. 〈(……) 시간이 죽음으로 점점 다가설수록 이전 삶에서 있었던 일들이 (영혼 속에서) 기억나면서 영혼은 현생의 이런저런 기억들을 무시하고 그냥 흘려보낸다. 왜냐하면 영혼은 육체적인 것으로부터 벌써 어느 정도 정화되었을 뿐 아니라 현세에서는 (머릿속에) 없던 것들도 다시 기억에서 불러낼 수 있기 때문이다.〉[144]

진정한 존재란 관념과 생각 속에 있기에 물질세계의 인과율 같은 속세의 게임 규칙은 플로티노스에겐 하등 중요하지 않았다. 그는 인간에게 자유 의지가 있다고 주장하더라도 그것이 자기모순에 빠지지 않는 몇 안 되는 고대 철학자에 속했다. 스토아 철학자들과는 달리 그는 영혼이 원하는 것과 원하지 않는 것을 자발적이고 자유롭게 결정할 수 있다고 확신했다. 영혼은 천상의 식물로서 원인과 결과라는 인과율에 구애받지 않는다는 것이다. 이는 심지어 오늘날에도 종종 자연 과학적 근거로 자유 의지를 비판하는 사람들에 대한 반박 논거로 사용된다.

그런데 인간의 이성은 너무 나약하기 때문에 자유 의지가 별 유익해 보이지 않는 것은 안타까운 일이다. 인간은 미에 대해서도 그렇지만 선에 대해서도 제대로 알지 못할 때가 많다. 미덕을 끊임없이 갈고 닦는 것은 아주 훌륭한 사람들만 할 수 있는 일이다. 플로티노스에 따르면 우리가 인생이라고 부르는 그런 〈연극〉의 연출에서 우리의 삶이 악과 악의적인 것에 이를 때가 많은 것은 이상한 일이 아니다. 이유는 분명하다. 악이란 결국 선의 결핍과 뭐가 다르겠는가? 빌헬름 부슈는 자신의 작품 『경건한 헬레네』에서 〈선이란 곧 악을 행하지 않는 것이다〉라는 유명한 말을 남겼다. 아마 플로티노스는 이 말을 뒤집어 이렇게 말할 것이다. 〈악이란 곧 선을 행하지 않는 것이다.〉

에피쿠로스학파와 견유학파, 초기 스토아주의자들이 그랬던 것처럼 플로티노스도 물질적 재화를 성공적인 삶의 중요 요소로 보지 않았다. 그가 추천하고 실천한 삶은 오직 일자에 좀 더 가까이 다가가 〈합일henosis〉에 이르고자 하는 원대한 목표를 시종일관 추구하는 금욕적인 삶이다. 그런데 이러한 겸손의 가면 뒤에 있는 것은 전형적인 자기중심주의이다. 모든 사람이 정말 하나같이 플로티노스의 이상처럼 살아간다고 진지하게 상상해 보자. 누구도 더는 일을 하지 않을 것이고, 그러면 결국 인류는 멸종할 수밖에 없을 것이다. 이러한 밀교풍의 철학이 플라톤 철학의 완성본이라는 것은 의심스럽다. 오히려 그의 철학은 플라톤의 사유 속에 존재하는 특정한 영적 요소들의 캐리커처에 가깝다.

플라톤과의 가장 중요한 차이는 쉽게 거론할 수 있다. 플로티노스 철학은 정치적 지배권을 요구하지 않는다는 것이다. 기껏해야 스스로에 대한 자기 통제권의 중요성만 강조할 뿐이다. 정치에 대한 언급은 극히 일부에 그친다. 그는 이렇게 말한다. 대체로 피지배자들은 너무 어리석어서 현명한 지배자를 원하지 않는다. 설사 현명한 지배자가 나오더라도 불신과 시기에 시달리게 된다. 똑똑한 백성 없이는 똑똑한 정치도 없다. 때문에 대부분의 사람들은 자신의 수준에 합당한 그런 지배자를 모시고 산다. 포르피리오스의 보고에 따르면 플로티노스도 황제의 지원을 토대로 이상 국가 건설의 꿈을 펼쳤다고 한다. 그러나 그가 캄파니아의 황량한 마을을 토대로 만들고자 했던 플라톤의 이상향은 정치적 설계도가 아니라 수행자들의 거처에 지나지 않았다. 결국 플로티노스는 칼리폴리스에서의 공산주의적 독재로 막연히 플라톤과 비교되던 레닌보다는 오히려 깨달음을 갈구하는 자식들을 주변에 끌어 모으는 종교적 스승과 비슷해 보인다.

고대의 모든 선험적 관념들 중에서 가장 지적인 관념은 아마 플로티노스의 일자 철학일 것이다. 지중해권과 동방의 종교들에서 나타나는 너무 과도한 요구가 없는 신앙이라는 말이다. 그렇게 보자면 플로티노스는 원래 철학을 해나간 것이 아니라 지성인들에게 영원한 매력을 풍기는 섬세한 대체 종교를 발전시켰다. 플로티노스 철학은 소수의 집단만을 위해 준비해 놓은, 구원자없는 구원 종교이기 때문이다. 그러나 사회적·정치적 맥락 없이는 플라톤 철학은 힘을 잃고 축소될 수밖에 없다. 신플라톤주의자들은 혁명적 방식 대신 교화적 방식으로 밀교적 경쟁자들을 향해 수사학적 공격을 퍼부었다. 물론 만인에게 더 나은 삶의 유토피아를 위해서가 아니었다.

　　플라톤주의의 긴 여정은 플로티노스와 그 제자들을 끝으로 막을 내렸다. 그들은 플라톤의 철학적 건물에 쓰인 것과 똑같은 벽돌로 종합 체계를 세우고자 한 마지막 거대한 지적 시도였다. 사실 〈플라톤주의〉라는 게 무엇이겠는가? 오랫동안 알려진 여러 첨가물들로 새로운 버전들을 들고 나와, 이제 궁극적인 진리를 발견했다고 새롭게 주장하는 것 말고 뭐가 더 있겠는가? 이 과정에서 플로티노스는 플라톤주의에 엄격한 윤리학을 첨가했고, 인간의 언어로는 일자를 묘사할 수 없다는 새롭고 중요한 사고를 천명했다. 앞으로 보게 되겠지만 이러한 〈부정 신학〉*은 자신을 〈디오니시우스 아레오파기타〉라고 부른 한 남자의 우회로를 거쳐 중세 세계로 진입한다. 중세에 이르러 플로티노스는 아리스토텔레스와 함께 가장 중요한 철학자가 되었고, 근세 철학도 그에게서 깊은 영감을 받았다. 만일 플로티노스가 없었다면 노발리스, 괴테, 헤겔, 셸링, 앙리 베르그송 같은 인물들에게서 많은 생각이 태동하지 못했을 것이다.

　　그런데 사방의 땅들에 이미 균열이 생기는 상황에 이 섬세한 철학적 집들이 지어진 것은 신플라톤주의의 운명이었다. 플로

---

* 　인간은 신을 완전히 이해할 수 없고 인간의 언어로는 전부 묘사할 수 없기에 신에 대한 제한적이고 불완전한 규정을 부정하는 방식으로 신의 본질을 인식하려는 신학.

티노스가 270년에 죽자 게르만족들은 로마 제국의 북방에서 국경 방벽을 허물어뜨렸다. 갈리아 땅에는 갈리아 제국이라는 나라가 세워졌다. 로마로부터의 해방을 선언한 이 나라는 힘겨운 과정을 거쳐 다시 로마 제국에 복속되었다. 근동과 중동에서는 사산 제국이 로마를 다각도로 괴롭혔다. 디오클레티아누스 황제가 제국을 마지막으로 안정시켰음에도 제국의 몰락은 장기적으로 이미 막을 수 없는 상태였다. 308년 제국은 일시적으로 서로마 제국과 동로마 제국으로 나뉘었다. 그로부터 5년 뒤 두 황제, 즉 콘스탄티누스 대제와 리키니우스 황제는 밀라노 칙령으로 기독교를 공인하였다.

이 새로운 신앙은 전 제국 안에서 빠른 속도로 입지를 넓혀 나갔다. 또한 독점적 지위의 요구와 함께 기존의 종교적·철학적 경쟁자들을 신속하게 몰아냈다. 마침내 380년 동로마 제국의 테오도시우스 1세는 다른 모든 종교를 배척하라는 노골적인 요구와 함께 기독교를 제국의 국교로 삼는다는 서류에 서명했다. 〈우리가 관용과 절제로 다스려 온 모든 민족은 (……) 이제 신의 사도 베드로가 로마인들에게 전해 주고 (……) 다마수스 대신관은 물론 알렉산드리아의 페트루스 주교까지 확고하게 개종을 선언한 이 종교로 개종해야 할지니…….〉[145]

아우구스티누스, 또는 신의 은총

예수, 파울루스, 기독교와 그 초기 신봉자들 / 새로운 종교의 생성 /
의심, 독서, 지어낸 체험 / 원죄와 은총 / 시간, 의식, 사랑, 계시 /
천상의 나라와 지상의 나라 / 로마의 몰락과 위안

예수, 파울루스, 기독교와 그 초기 신봉자들

서기 30년, 아니면 바로 그 직전에 한 젊은 유랑 설교자가 카파르나움 일대를 떠돌고 있었다. 갈릴리 지방의 게네사렛 호수 근처 어촌이었다. 그는 한동안 이 지역을 돌아다니며 소수의 신봉자 그룹을 모았다. 룩셈부르크의 절반 크기도 안 되는 로마의 작은 속주 갈릴리는 특별한 일이 거의 일어나지 않는 곳이었다. 또한 사람들도 별로 살지 않는 데다가 척박하고 가난한 땅이었다. 1, 2년쯤 뒤 유랑 설교자는 이곳을 시작으로 갑자기 긴 여행길을 떠난다. 150킬로미터쯤 떨어진 예루살렘이 목적지였다. 그는 신봉자들과 함께 유대교의 최고 행사인 유월절에 정확히 맞춰 예루살렘에 도착했다. 현지 로마 당국이나 유대인들의 눈에는 도시의 한껏 들뜬 분위기 속에서 주목을 끌려는 한 명의 종교적 미치광이로밖에 보이지 않았다. 아니나 다를까, 그 역시 정확히 그렇게 행동했다. 갈릴리에서 온 설교자는 솔로몬 성전 앞에서 난데없이 이해하기 힘든 행동으로 난동을 부리더니 동물 제물을 파는 상인들의 가판까지 뒤엎어 버렸다. 무자비한 폰티우스 필라투스 총독 휘하의 로마 당국은 망설일 것도 없이 설교자를 체포해 사형을 선고했다.

　　예수 그리스도의 삶은 그렇게, 또는 그와 비슷하게 진행되었을 것이다. 물론 이 역시 추측이다. 그가 실존 인물이었는지는 100퍼센트 장담할 수 없기 때문이다. 1세기에 나온 로마의 어떤 출처에도 예수에 대한 내용은 없다. 그 시기 이스라엘의 여러 종교적 흐름에 대해 상세히 기록한 알렉산드리아의 필론도 예수를 전혀 언급하지 않았다. 또한 예수의 제자가 아닌 사람이 썼다고 하는 가장 오래된 그 출처도 나중에 〈위조된〉 것이 분명하다.

이 출처는 유대계의 로마 역사가 플라비우스 요세푸스의 〈증언〉이다. 〈그 무렵 예수라는 매우 지혜로운 사람이 살았다. **그를 사람이라고 불러도 된다면 말이다.** 인간이라고는 도저히 믿기지 않는 일들을 행한 그는 진리를 알고 싶어 하는 사람들의 스승이었다. 그리하여 많은 유대인과 이교도 들이 그 주위에 몰려들었다. **그는 메시아였다.** 우리 귀족들의 고발로 필라투스는 그에게 십자가 형을 선고했다. 그럼에도 그를 사랑했던 사람들은 지금도 그를 버리지 못하고 있다. **신의 사도들이 예수에 관한 다른 수많은 기적들과 더불어 예고한 것처럼 그는 죽은 지 사흘 만에 다시 살아나 그들 앞에 나타났다.** 예수 그리스도Christ라는 이름을 따 스스로를 기독교인 Christian이라고 부르는 신도들은 지금까지도 포기를 모른다.〉[146]

플라비우스 요세푸스는 기독교인이 아니라 독실한 유대교 신자다. 그런 그에게 예수는 결코 메시아가 될 수 없다. 유대교는 지금도 자신들의 메시아를 기다리고 있을 뿐이다. 바로 이것이 기독교와 유대교의 근본적인 차이점이다. 기독교인들은 예수를 구약 성서의 예언자들이 예고한 구세주로 보지만 유대교인들은 그렇지 않다. 따라서 위의 인용문에서 고딕체로 표기된 문장들은 (원문에는 당연히 고딕체로 표기되어 있지 않다) 요세푸스가 썼을 리 없다. 또한 이 역사가가 어디서 다른 정보들을 얻었는지도 불분명하다. 아마 다른 출처가 아닌 복음서를 통해 얻었을 가능성이 크다.

결국 우리가 예수에 대해 아는 것은 모두 복음서라는 책을 통해서다. 그것은 곧 우리가 아는 것 중에서 확실한 것은 하나도 없음을 의미한다. 왜냐하면 마르코, 마태오, 루가, 요한의 복음서는 역사적인 기록물이 아니고, 그럴 작정으로 쓴 것도 아니기 때문이다. 예수의 삶을 이야기하는 이 네 명의 저자 모두 미상의 인물들이다. 다만 그리스어로 글을 쓸 수 있는 비교적 교양 있는 사람들이었다는 것 정도만 가정할 수 있다. 또한 이들은 이전의 서양 전통에는 없던 〈고백 문학〉이라는 특수한 형식을 만들어 냈다. 물론 피타고라스학파도 자신들의 스승을 신적인 인물로 미화하고, 그를 둘러싼 기적과 전설을 꾸며 냈지만, 이 네 복음서 저자가 60~100년 사이에 형상화한 것은 완전히 다른 문학 장르였다.

상당히 빈약한 출처 상황에도 불구하고 갈릴리의 설교자 예수가 서기 30년경 약 35세의 나이로 예루살렘에서 로마 당국에 의해 처형되었다는 사실에 대해서는 그다지 큰 의심이 제기되지 않는다. 또한 예수를 따라 게네사렛 호수에서 예루살렘으로 갔고 그가 죽을 때까지 메시아로 숭배했지만, 이제 그런 스승을 잃고 어찌할 줄 몰라 당황해하는 일단의 신봉자들이 있었을 거라는 점도 충분히 사실로 보인다. 그런데 스승이 예고한 신의 나라는 오지 않았고, 스승 자신은 범죄자처럼 십자가에 못 박혀 죽었다. 그로써 이 작은 신봉자 무리와 그들의 〈운동〉은 참담한 실패로 끝났고, 그 정신적으로 상당한 충격을 받았을 것이다.

이후에 일어난 일은 적어도 믿음이 없는 사람의 관점에서는 기적이다. 그것도 서양 역사상 가장 큰 기적일 것이다! 몇 되지 않은 예수 제자들의 믿음으로부터 세계에서 가장 막강한 종교가 발전했다. 300년 뒤 기독교는 수백만 명 인구의 거대한 로마 제국에서 국교가 되었고, 오늘날엔 전 세계적으로 20억 명이 넘는 기독교인이 있다.

이 엄청난 성공에 초석을 놓은 남자는 그리스 교육을 받은 유대인 타르수스의 파울루스(사도 바울, 5?~65)였다. 오늘날의 터키 남동부 안티오키아 북쪽에 위치한 킬리키아 지방의 유대인

가정에서 태어난 그는 원래 이름이 사울루스(사울)였지만, 나중에 그리스·로마식 이름인 파울루스로 바꾸었다. 이런 식의 개명은 이민족 출신의 로마 시민들에게는 흔한 일이었다. 예를 들어 플라비우스 요세푸스도 본명이 요세프 벤 마티야후였다. 어쨌든 금언이 돼버린 〈사울루스에서 파울루스로〉라는 개종 체험은 의심할 바 없는 전설이다. 하지만 훗날 기독교의 실질적인 창시자에 해당하는 파울루스가 처음엔 기독교인들을 혹독하게 박해했다는 이야기는 신빙성이 높아 보인다. 바리새파의 일원으로 박식한 율법학자였던 그는 유대교의 가장 강력한 지적 개혁 운동 그룹에 속했고, 어떤 경쟁자도 용납하지 않았다. 그에게 그런 임무를 맡긴 건 예루살렘의 유대교 최고 의결 기관인 산헤드린이었을 것이다.

　　우리가 파울루스에 대해 알고 있는 대부분은 그가 새로 건설된 기독교 공동체에 보낸 편지들 덕분이다. 그런데 오늘날에는 신약에 실린 파울루스의 편지 열세 편 가운데 여섯 편은 위조로 여겨진다. 아무튼 서기 35년 파울루스가 기독교 박해자에서 왜 갑자기 기독교 선교사로 진영을 바꾸었는지는 불분명하다. 종교적인 변용의 그림자가 짙게 드리운 루가의 「사도행전」에 따르면 파울루스는 다마스쿠스로 가는 길에 신의 음성을 듣고 기독교로 개종했다고 한다. 그 뒤 서쪽으로는 그리스를 지나 아테네와 코린토스까지, 동쪽으로는 터키 서부를 지나 페니키아의 시돈과 티루스까지 선교 여행을 떠났고, 그러다 마지막에 예수의 원래 활동 지역인 예루살렘에 도착했다.

　　선교 여행보다 훨씬 중요한 것은 파울루스가 예수의 가르침을 재해석하고, 그로써 우리가 기독교라 부르는 종교의 문을 활짝 열어젖힌 에너지와 지성이다. 곧 신의 나라가 도래할 거라는 예수의 예언은 이미 난망한 일로 보일 때였다. 대신 이제 핵심으로 떠오른 것은 그리스도의 정신이었다. 그런데 파울루스는 예수가 사람들에게 겸손하고, 물질적인 욕심을 버리고, 무조건 사랑을 베풀라고 요구한 그 급진적인 윤리학의 예봉을 재빨리 꺾어 버렸다. 그와 함께 살아생전의 예수의 가르침 대신 죽어 부활한 예수의 의미가 새 종교의 중심으로 부상했다. 역사 인물로서의 예수가 종종 자신이 선택받은 인물이자 신의 아들이라고 말했다고는 하지만 파울루스가 기독교 신학에서 자신을 신으로까지 승격시킨 것을 정말 좋아했을까?

파울루스는 역사 인물로서의 예수에 별 관심이 없었다. 왜냐하면 그는 예수를 재해석했을 뿐 아니라 기독교인들의 신앙에 예수의 가르침과 설교와는 아무 상관이 없거나 별 상관이 없는 것들을 새로 덧붙였기 때문이다. 예를 들어 복음서들에 따르면 겸손하고 신의 뜻에 맞는 삶을 산 사람은 영생을 얻는다. 그런데 파울루스에게 죽음 이후의 구원은 선하고 경건한 삶의 자동적인 보상이 아니다. 그건 신의 〈은혜〉에 달린 문제일 뿐이다. 그리고 새로 설립된 교회의 법을 따르는 자만이 그 은혜를 입을 수 있다. 그 밖에 파울루스는 사도니 목회자니 하는 기독교회의 사역을 맡을 직업을 만들어 냈고, 여성들과도 스스럼없이 교류했던 예수의 전통에 반해 교회 내에서 여성의 역할을 하위에 두었다.

그런데 타르수스 출신의 이 선교사는 탁월한 조직가와 정략가에만 그친 것이 아니었다. 그는 다른 종교들의 매력적인 전통과 철학도 기독교 안에 적절히 끼워 넣었다. 플라톤을 통해 그리스 철학 안에 깊숙이 스며든 헤라클레이토스의 신적인 선한 로고스에 대해서는 그리스 교육을 받은 파울루스도 너무 잘 알고 있었다. 아테네와 코린토스, 테살로니키를 비롯해 다른 지역의 지성인들을 우군으로 끌어들이려면 기독교를 로고스와 연결시킬 필요가 있었고, 파울루스는 실제로 그것을 성공시키는 재주를 보

아우구스티누스 또는 신의 은총　고대 철학

였다. 마지막 복음서로 추정되는 「요한의 복음서」에서 그리스도
는 여러 차례 로고스와 동일시되었고, 여기서부터 나중에 플라톤
적-기독교적 삼위일체론으로 이어져 기독교 세계화의 뿌리가 되
는 방향이 정해졌다.

　　파울루스는 기독교의 두 번째 혁신적 요소를 당시 한창 전
성기를 구가하던 옛 페르시아 종교인 조로아스터교에서 빌려 왔
다. 그것도 훗날 사산 왕조에서 중동의 지배적인 종교로까지 부
상하게 될 종교에서 말이다. 조로아스터교의 세계관에 따르면 세
상에는 선과 악의 근원적 다툼이 존재한다. 그러니까 신의 근원
적 선만이 아니라 근원적인 악 또는 근원적인 죄악도 존재한다는
것이다. 우리는 파울루스가 어디서 어떤 판으로 이 사상을 접했
는지 정확히 모른다. 어쩌면 조로아스터교에서 많은 영감을 받은
유대교에서 차용했을 수도 있다. 아니면 조로아스터교의 전래된
책들을 보고 직접 알아냈을지 모른다. 어쨌든 그는 선과 악의 이
원성을 기독교 안으로 받아들였다. 즉 조로아스터교의 근원적인
죄악에서 기독교의 〈원죄peccatum originale〉를 만들어 낸 것이다.
이것은 기독교의 향후 진행에 지극히 중요한 새로운 요소였다.
유대교도 아담이 금단의 열매를 따 먹은 잘못을 알고 있기는 했
으나, 그것을 이후 계속 대물림할 인류의 원죄로 말하지는 않았
다. 반면에 파울루스의 해석에 따르면 예수는 이른바 아담의 원
죄를 십자가에서 대신 속죄했고, 그로써 인류를 구원했다. 〈왜냐
하면 아담 안에서는 모든 사람이 죽었다면 그리스도 안에서는 모
든 사람이 생명을 얻게 되기 때문이다.〉 이것은 「고린토인들에게
보낸 첫째 편지」에 나오는 내용이다. 그런데 이 희생으로 전체로
서의 인류는 구원을 받지만, 모든 개인이 구원을 받은 것은 아니
다. 개별 인간은 신과 인간 사이에 진정한 〈화해〉가 생길 수 있도
록 신 앞에서 개인적으로 자신의 정당성을 입증해야 한다.

파울루스가 고안한 기독교의 다른 요소들도 조로아스터교의 영향을 받은 것으로 드러난다. 왜냐하면 유대인들과 마찬가지로 조로아스터교 신도들도 이미 그전에 〈메시아의 도래〉(그것도 세 차례에 이른다)를 고대하고 있었기 때문이다. 여기서 구세주의 강림은 악에 대한 선의 승리와 동일시되었다. 그 밖에 조로아스터교에는 천국과 지옥을 가르는 사자의 법정과 인간의 전(全) 생애를 최종적으로 결산하는 〈최후의 심판〉도 있었다. 파울루스에게 이 최후의 심판은 새 종교의 핵심이 되었다. 최후의 날에는 새 나라가 도래할 뿐 아니라 구원받은 기독교인들과 저주받아 마땅한 비기독교인들을 분리하기 때문이다. 이 최후의 심판과 함께 새 종교는 그때까지의 종교사에서는 유례가 없었던 공포의 시나리오와 압박 수단을 갖게 되었다.

새로운 종교의 생성

세계 종말의 시나리오를 믿었던 사람들이 세계의 몰락이 오지 않은 걸 확인했을 때 그들의 머릿속에서는 어떤 일이 일어날지의 문제를 다룬 폭넓은 사회 심리학적 연구가 있다.[147] 그에 따르면 사람들은 자신이 이전에 믿었던 것과 그와 상응하지 않은 결과 사이의 〈인지 부조화〉를 경험한다. 예수를 따라 예루살렘에 왔던 신봉자 무리도 그런 부조화를 느꼈을 거라고 우리는 충분히 상상할 수 있다. 신의 나라가 도래하는 대신 자신들의 메시아가 유죄 판결을 받고 죽은 것은 물론이거니와 다른 일은 아무것도 일어나지 않았으니 말이다.

사회 심리학적 인식에 따르면 그런 상황에서 인간은 좀처럼 자기 잘못을 인정하지 않으려는 경향을 보인다. 대신 자신들이 가졌던 희망이 좌절된 상황을 재빨리 〈새롭게 해석하면서〉 옛 믿음을 다시 공고히 하고자 애쓴다. 기독교의 출발도 많은 점에서 이와 다르지 않다. 아니, 단언컨대 기독교처럼 그렇게 참담한 좌절을 겪은 종파가 그렇게 성공적으로 신앙의 완벽한 재해석을 일구어 낸 사례는 역사상 없었다.

종교는 하나의 거푸집으로 찍어서 만들어 내는 것이 아니라 항상 수많은 영향들의 혼합이다. 파울루스가 단조한 기독교도 그 태동의 역사는 짧지만 이미 하나의 긴 전통과 이어져 있었다. 그렇다면 이 새로운 종교의 치명적인 매력은 무엇일까? 처음엔 소규모의 실패한 종파에 불과하던 것이 수백 년 넘게 서양 세계를 지배한 마력은 무엇일까?

　　기독교가 초기 300년 동안 성장한 지역은 서쪽으로는 로마에서 동쪽으로는 거의 인도에까지 이른다. 이 지역이 얼마나 넓은지는 200년경에 출간된 『세계 법률서Liber legum regionum』에 잘 나온다. 유명한 기독교 학자 에데사의 바르다이산의 제자가 썼다고 하는 이 책에는 저자가 당시 알고 있던 여러 문화들이 기술되어 있다. 인도의 카스트 제도에서부터 오늘날의 파키스탄과 아프가니스탄에 위치한 쿠샨 왕조의 기마 문화, 조로아스터교의 영향력이 강한 페르시아, 유프라테스강 변과 페트라의 아라비아 민족, 그리고 그리스인과 로마인, 켈트족, 게르만족을 거쳐 북대서양의 황량한 해안 지대까지 총망라한다. 기독교는 바로 이 세계 속으로 서서히 확산되었다.

　　처음에 기독교가 가장 성공을 거둔 지역은 근동과 중동, 그리스, 이탈리아였다. 그런데 기독교인들은 이 지역뿐 아니라 도처에서 수백 년에 걸쳐 여러 가지가 뒤섞인 기존 종교들, 우상 숭배, 관습에 부딪혔다. 많은 종교들이 지역에 뿌리를 둔 토속 신앙이었고, 심지어 일부 종교는 마을마다 상이한 특징을 지닌 소규모 신앙 공동체로 이루어져 있었다. 이런 것들 말고도 가정의 신, 궁정의 신, 도시의 신, 국가의 신 등이 있었다. 대부분의 문화는 다신교를 믿었고, 유일신교는 아직 예외적인 현상이었다. 게다가 저마다의 철학도 있었다. 그리스·로마 세계뿐 아니라 전체 오리엔트 세계에도. 철학은 지적인 사회 지도층에게는 수준 높은 종교의 대용품과 비슷했다. 이는 지중해 동부 지역 전체에 퍼져 있던, 어느 정도 종교적 색채를 띤 플라톤주의의 수많은 변종들만 떠올려 봐도 알 수 있다. 또한 플라톤주의의 가장 지적인 변형으로, 몇 되지 않지만 매우 정선된 집단들 안에서만 유포된 신비적 신플라톤주의도 마찬가지다.

아우구스티누스 또는 신의 은총

고대 철학

철학자들은 처음부터 유일하게 올바른 세계 체계와 〈진리〉를 놓고 경쟁한 반면에 종교들은 그렇지 않았다. 대부분의 신앙 공동체들은 선교 활동을 하지 않았다. 다른 문화들이 각자 알아서 자기들만의 신을 다른 방식으로 숭배하는 것을 기분 나쁘게 생각하거나 불안해하지도 않았다. 또한 철학자들에 비견될 만큼 진리의 의미가 중요한 것도 아니었다. 종교의 역할은 공동체의 유대와 결속을 강화하고, 도덕과 관습, 전통의 지속을 보장하고, 망자들을 엄숙하게 기억할 수 있도록 돕는 일이었다. 이런 까닭에 제국의 수많은 종교들이 공식적인 종교 행사에서 충성스러운 자세로 로마 황제를 계속 인정하는 한 로마 당국이 그 종교들에 시비를 걸 일이 전혀 없었다.

그런데 기독교인들은 달랐다. 고대 세계와 오리엔트 세계가 그때까지 알고 있던 모든 것을 무너뜨릴 만큼 강력한 보편적 진리에 대한 요구를 들고 나온 것이다. 새로운 은혜 종교의 뚜렷한 상징은 다른 종교들에 대한 무자비한 불관용이었다. 물론 기독교 안에도 남들에게 자애로운 사람들이 있었다. 아니, 상당히 많았다. 복음서들이 우리에게 전하는 예수의 사회적 가르침은 따뜻한 마음과 선함, 이웃 사랑, 겸손, 겸허 같은 가장 고귀한 가치들이었다. 이런 점에서도 기독교는 경쟁 상대가 거의 없었다. 기껏해야 플루타르코스의 플라톤주의나 그와 비슷한 이웃 사랑을 제시했을 뿐이다. 그러나 예수의 가르침을 완벽하게 오인한 기독교의 이웃 사랑은 오직 기독교 공동체에만 해당될 뿐 다른 이들에게는 적용되지 않았다.

기독교인들이 정치적 권력 없이 오직 소수의 산발적 공동체에 머물러 있는 동안에는 이교도들에 대한 이러한 불관용도 심각하게 작동하지는 않았다. 오히려 초기에 반복해서 광포한 박해의 제물이 되었던 것은 기독교인들이었다. 파울루스는 「로마인들에게 보낸 편지」에서 기독교인들에게 당국을 존중하고 로마의 국가 권력을 인정하라고 요구했지만, 기독교 공동체는 황제 개인에 대한 숭배를 거부했다. 그로 인해 종교 문제에서 대체로 관용적이었던 로마인들이 민감하게 반응했다. 41년부터 311년까지 기독교인들은 수차례 무자비한 박해를 겪었다. 특히 가혹한 핍박을 받은 시기는 디오클레티아누스 황제가 293년 타락한 로마 제국을 개혁하고, 행정 제도를 일신하고, 황제의 권력을 강화했을 때였다. 로마인들은 기독교회를 파괴하고 기독교 서적을 불태웠으며, 기독교인들에게 로마 제국의 모든 공직을 금지하고, 집단 학살을 자행하고, 수많은 기독교인들을 광산으로 유배 보냈다.

특이한 점은 이러한 박해가 기독교 공동체를 약화시키기는커녕 오히려 결속을 강화했다는 사실이다. 순교는 신앙인의 의연한 자세를 드러냈고, 다른 기독교인들에게 모범으로 작용했다. 사실 그들의 공동체는 처음부터 결속력이 아주 강했다. 각각의 소모임은 철학자들처럼 엘리트적이지 않았다. 공동체는 원칙적으로 모두에게 열려 있었고, 종교는 모두가 이해할 수 있는 것이어야 했다. 첫 300년 동안 기독교회는 대부분 중소 규모의 회당에 지나지 않았음에도 교육의 강력한 중심지로 작용했다. 기독교인들은 종교를 삶의 중심에 놓았다. 윤리와 도덕은 철저히 종교적으로 결정되었다. 일상은 예배와 기도, 상징으로 제식화되었고, 진리가 무엇인지는 오직 종교 지도자만이 선포했다. 이로써 기독교는 하나의 문화 안에 존재하는 종교가 아니라, 문화 자체의 성격을 거의 전적으로 규정하는 종교가 되었다.

기독교인들은 자신들의 신을 관대한 아버지로 상상했다. 이 역시 새로운 점이었다. 유대교의 신은 선함에서나 분노에서나 무절제한 변덕의 신이었다. 그래서 오리엔트의 다른 신들이 그랬듯이 전제 군주와 비슷했다. 총애하다가도 순식간에 마음이 변해 분노하는 그런 군주 말이다. 그러나 기독교는 〈아버지 종교〉다. 독실한 기독교인과 신의 관계는 가정에서 아버지와 자식처럼 심리적으로 강렬하게 연결된 관계다.

그러나 신과 신앙 공동체에 대한 이러한 강렬한 〈가족적〉 유대가 존재하는 이 세계에도 선만 있는 것이 아니었다. 교회는 기독교인이 죄악으로부터 스스로를 정화하는 장소이기도 했다. 다른 많은 종교들과는 달리 기독교에선 신이나 여러 악귀들과의 대면은 개인적이 아니라 대개 집단적으로 일어났다. 기독교에서 규칙적으로 치러지는 제식이 바로 성직자가 주관하는 죄악의 퇴치 의식이었다. 플라톤과 아리스토텔레스의 제자들이 오직 스스로를 위해 미덕을 연마하고, 스토아학파와 에피쿠로스학파가 조용히 개인적인 완전화의 길로 나아갔다면 기독교회는 엑소시즘의 형태로 공개적인 정화 의식을 거행했다. 인간이 통제 불능의 정령들(다이몬)에 의해 통제 불능의 행동으로 내몰린다는 것은 몇몇 플라톤주의자나 일부 오리엔트 종교에서도 믿는 내용이었다. 그러나 기독교인들은 그것을 퇴치 의식과 공동체를 위한 구경거리로 만들었다. 251년에는 로마의 기독교 성직자 세 명 중 하나가 엑소시스트였다.

그런데 기독교회는 단지 종교적 결속만으로 견고해지지 않았다. 거기엔 돈도 중요한 역할을 했다. 교구의 모든 구성원은 교회에 헌금을 내야 할 도덕적 의무를 느꼈고, 그래서 부자든 빈자든 상관없이 모두가 교구에 돈을 냈다. 이런 방식으로 기독교회는 다른 종교 공동체에는 없던 견고한 재정적 토대를 얻었다. 기독교인들은 그 돈으로 〈코덱스〉 형태의 책을 만드는 일을 지원했다. 코덱스는 파피루스나 양피지 낱장들을 끈으로 묶고 나무 표지로 싼 책이었다. 기존의 두루마리 서적보다 훨씬 작고 보기가 편했을 뿐 아니라 늘 몸에 지니고 다닐 수 있었다. 이로써 기독교는 규범화된 교리를 가진 경전 종교가 되었다. 규범화된 경전이 없는 문화 종교와는 달리 글로 기록된 진리를 항상 들고 다닐 수 있게 된 것이다. 유대교도 〈토라〉라는 문서 형태의 경전이 있기는 했으나, 코덱스를 통한 성서의 확산은 어디서건 텍스트 형태로 계시된 진리에 집중하는 경전 종교를 만들어 냈다.

로마의 콘스탄티누스와 리키니우스 황제가 313년 무슨 이유로 로마의 입장에선 그렇게 오랫동안 골칫거리였던 기독교에 관용을 베풀게 되었는지에 대해서는 논란이 뜨겁다. 아마 여러 가지 동기가 있었을 것이다. 우선, 제국 동쪽의 기독교인들을 사산 왕조라는 신흥 강적의 대항 세력으로 활용할 수 있었다. 또한 제국의 새 통치자인 콘스탄티누스 황제의 개인적인 이유와 신앙도 작용했을 거라는 추측도 많다. 그의 통치 기간에는 주민의 약 10분의 1만이 기독교인이었음에도 기독교가 제국의 가장 중요한 종교가 되었으니 말이다.

기독교가 제국의 새로운 권력으로 자리 잡자마자 교회 내부에서는 벌써 격렬한 다툼이 벌어졌다. 도화선은 카르타고의 새 주교 선출을 둘러싼 알력이었다. 콘스탄티누스가 공식 인정하고 지원한 기독교회는 내부적으로 불화가 없지 않았다. 공인된 교회파의 가장 중요한 적은 카르타고 주교 도나투스의 이름에서 유래한 도나투스파였다. 아프리카의 부유한 로마 속주 카르타고에서는 도나투스파가 기독교의 다수파였다. 그들은 교회 내에서 황제의 새 역할을 인정하지 않았다. 그들이 볼 때 성사의 성스러움은 교회가 아닌 그것을 집전하는 성직자의 순결한 신앙심에 달려 있었다. 다시 말해서 도나투스파가 성스럽게 여긴 것은 황제를 포함한 교회가 아니라 어떤 세속적 타협에도 흔들리지 않는 독실한 믿음이었다.

콘스탄티누스는 자신을 반기지 않는 도나투스파를 용납할

아우구스티누스 또는 신의 은총   고대 철학

수 없었다. 그는 새로 뽑힌 카르타고의 주교 카에킬리아누스에게 새 주교를 인정하지 않는 자들을 단호하게 응징하라는 명을 내렸다. 기독교회는 제국의 권력 수단으로 동원된 순간 다른 권력 기관들 못지않게 무자비했다. 기독교 교리와는 전혀 어울리지 않는 모습이었다. 기독교회는 도나투스파를 무참히 박해했고, 도나투스파는 스스로를 같은 진영의 교회에 맞선 최초의 순교자라고 생각하면서 죽었다.

다음 알력은 알렉산드리아 출신의 기독교 장로 아리우스가 기독교의 삼위일체론을 문제 삼으면서 불거졌다. 플라톤주의를 깊이 있게 공부한 아리우스에게는 성부와 성자와 성령이 똑같이 영원하고 신적이라는 기독교의 공식 교의가 터무니없는 것으로 느껴졌다. 그는 성령을 로고스로 이해했는데, 그런 성령이 아버지 같은 성격을 갖거나 아들을 생산할 수는 없다고 판단한 것이다. 또한 그에겐 예수도 신적인 삼위일체의 한 부분일 수 없고 단지 매우 특별한 인간일 뿐이었다. 황제는 이러한 이탈도 허용하지 않았고, 325년 니케아 공의회를 소집해 그를 추방했다. 아리우스는 3년 뒤 사면받았음에도 노회하기 짝이 없는 그의 적수 알렉산드리아의 아타나시우스에게 계속 밀릴 수밖에 없었다. 이후 교회에서는 예수의 신성을 공식적으로 의심하는 일은 없어졌다.

4세기 기독교의 세 번째 전장은 외부의 적, 즉 마니교도와의 싸움이었다. 3세기 중반 페르시아의 마니(216~276/277)는 예수와 비슷하게 자신이 신의 예언자이고 메시아 교리의 궁극적인 완성자라고 선언했다. 그의 종교는 기독교와 그노시스파, 조로아스터교의 새로운 혼합이었다. 마니는 후기 고대의 세계가 원래 계획에서 완전히 벗어난 그릇된 세계라는 그노시스파의 생각을 받아들였다. 게다가 선이 악에 승리를 거두는 본래의 세계가 임박했다고 부르짖었다. 이는 시대의 정수를 정확히 찌른 유혹적인 희망이었다. 그런 마니도 다년간 설교를 하고 돌아다니다가 예수가 로마 당국에 의해 유죄 선고를 받은 것과 비슷한 이유로 페르시아 당국에 의해 유죄 판결을 받고 감옥에서 죽었다.

그럼에도 이 신흥 종교는 정확히 기독교만큼 빠르게 확산 되었다. 기독교도들은 마니교에 대해 이전에 유대교도들이 기독 교에 했던 것과 똑같은 짓을 했다. 즉, 아브라함에 뿌리를 둔 종교 의 최신 업데이트 버전이 성공하는 것을 전력으로 막고 나선 것 이다. 그로써 〈마니교도〉는 빠른 시간 안에 〈이단자〉와 동일시되 었다. 기독교의 이 위험한 경쟁자는 처절한 박해와 함께 5세기 중 에 유럽과 근동 지역에서 근절되었다. 다만 동쪽 지역에서만 꽤 오래 존속했다. 심지어 지금의 몽골 지역에 위치한 위구르 왕국 에서는 국교가 되기도 했다.

정치적 성공에도 불구하고 기독교는 4세기 말경에는 아직 내용적으로 확립되지 않았고 수많은 분열로 흔들렸다. 이러한 결 함을 보완하는 것과 동시에 기독교 교리를 최고의 지적 수준으로 끌어올리는 것이 고대 말기의 가장 중요한 기독교 철학자 아우구 스티누스의 평생 과업이었다.

의심, 독서, 지어낸 체험

〈내 나이 열아홉 살에 키케로의 『호르텐시우스』를 읽고 지혜로
나아가려는 마음이 생긴 뒤로 12년이라는 긴 세월이 벌써 흘러갔
다. 그사이 나는 지상의 낙을 거부하고 그 사명에 매진하는 일을
줄곧 미루어 왔다. 지혜를 향해 나아가는 일은 금은보화와 왕국
을 소유하고, 도처에 매 순간 준비되어 있는 육체적 즐거움을 누
리는 것보다 우선되어어 했으나, 가련한 청년 시절, 정말 애처로
울 정도로 가련한 햇병아리 시절 저는 당신(신)에게 순결함을 갈
구하면서 이렇게 말했나이다. 저에게 순결함과 금욕을 주시옵소
서. 하지만 지금 당장은 마시옵소서!〉[148]

  여기서 쾌락에 대한 욕구와 금욕에 대한 갈망 사이의 내적
갈등을 이야기하는 사람은 오늘날의 알제리에 위치한 타가스테
에서 뜻하지 않게 밀라노 땅에 도착한 서른두 살의 수사학 교사
히포의 아우구스티누스였다. 354년에 태어난 그는 부친이 로마
관리였고, 어머니는 기독교 신앙을 가진 베르베르인이었다. 아우
구스티누스는 평생 어머니 모니카와 내적으로 끈끈한 유대 관계
를 유지했다. 그의 모국어는 라틴어였다. 카르타고에서 수사학을
공부하면서 갈고 닦은 언어였다. 그는 일찍이 한 여자를 알게 되
어 15년 동안 함께 살면서 아들 하나를 두었다. 앞서 그의 고백에
서 보듯이 그는 키케로의 『호르텐시우스』를 읽었다고 한다. 오늘
날에는 분실되어 인용으로만 알려진 이 책은 철학 입문서로서 감
성에 대한 이성의 승리라는 고전적 그리스 주제를 다루고 있다.

이런 식으로 교양을 쌓은 아우구스티누스는 어머니의 기독교 신앙을 어떻게 해야 좋을지 알 수 없었다. 게다가 지적 만족도가 높고 좀 더 구미를 끄는 것은 마니교였다. 그래서 실제로 9년 동안 마니교 신앙 공동체에 몸담기도 했다.

이런 상황에서 384년 서로마의 황궁에서 그를 급히 불렀다. 당시 제국의 상황은 좋지 않았다. 324년 콘스탄티누스 황제가 새로 건설된 콘스탄티노플로 수도를 옮긴 지 40년 만에 제국은 발렌티니아누스 1세 치하에서 행정 편의상 동로마 제국과 서로마 제국으로 나뉘게 되었다. 동로마는 정치와 경제 모든 면에서 성공적으로 유지된 반면 서로마는 대내외적으로 많은 문제에 봉착했다. 부유한 주민들은 도시에서 시골로 도주했고, 로마는 쇠퇴했다. 또한 세금은 하늘 무서운 줄 모르고 치솟았고, 제국의 경제력은 마비되었다. 거기다 북쪽의 브리타니아, 갈리아, 게르마니아 지역에 대한 통제력까지 잃어버렸다. 국경은 무방비 상태에 빠졌고, 군대는 병력이 줄고 임금까지 제대로 지급하지 못했다. 설상가상으로 트리어와 밀라노에 황궁이 있던 그라티아누스 황제가 383년 갈리아에서 로마 병사들에 의해 살해당했다.

이처럼 세계사적인 위기 상황에서 걸출한 수사학자 아우구스티누스는 수사학의 모든 기법을 동원해서 이제 겨우 열세 살밖에 안 된 발렌티니아누스 2세와 그 정책을 대변하고 찬양하라는 과제를 떠맡았다. 황제 뒤에 숨은 밀라노의 권력자는 암브로시우스였다. 권력 의지가 강한 주교로서 아리우스의 신봉자들과 격렬하게 논쟁을 벌인 인물이었다. 가톨릭교회는 그를 네 명의 위대한 교부들 가운데 초대 교부로 받들었다(나머지 셋은 히에로니무스, 아우구스티누스, 그레고리우스 교황이다).

아우구스티누스는 어머니의 영향에서 벗어나 연인과 함께 로마로 갔다가 곧 밀라노로 옮겼다. 그러나 어머니 모니카는 재빨리 뒤따랐고, 아들을 계속 지켜보았다. 아우구스티누스는 암브로시우스와 그 주변 인물들의 영향 아래 라틴어로 번역된 신플라톤주의 저서들을 읽기 시작했다. 그리스어를 몰랐기에 포르피리오스가 이해하기 쉽게 쓴 저서들을 통해 플로티노스의 사상을 접한 것이다.

　　이로써 아프리카 출신의 수사학 교사 아우구스티누스는 그전까지 자신에게 지적으로 영향을 끼친 모든 것을 내버렸다. 마니교를 비롯해 아르케실라오스가 이끌던 〈새 아카데메이아〉의 회의론적 저서들까지. 포르피리오스와 플로티노스의 저서를 읽는다는 것은 이성의 사명을 인식하고, 사유를 통해 이성의 신적인 근원으로 되돌아가는 것을 의미했다. 반면에 감각적 세계는 비본래적이고, 진실이 아니고, 기만적이었다. 그와 아울러 아우구스티누스는 신과 반대되는 동급의 원칙으로서 악은 존재하지 않는다는 사실도 알게 되었다. 플로티노스에게 악이란 인간 속에 선이 없는 것에 지나지 않았다. 아우구스티누스는 세계를 선과 악으로 나누는 마니교의 급진적 이원론에서 벗어났다. 그때부터 그에게는 신플라톤주의자들처럼 오직 일자(一者)만 존재했다. 이 일자가 선이고, 동시에 신이었다. 반면에 악은 인간 속에서 신과 멀리 떨어져 있는 것이었다. 그것은 극복될 수 있었다. 신플라톤주의는 아우구스티누스에게 마니교에서 기독교에 이르는 다리 역할을 한 것으로 보인다.

　　플라톤의 저서에서 깊은 종교적 의미를 읽어 내는 것은 사실 새로운 일이 아니다. 앞서 살펴보았듯이 알렉산드리아의 필론은 플라톤을 유대교의 관점에서 해석했고, 2세기와 3세기의 위대한 학자 알렉산드리아의 클레멘스(150년~215년경)와 오리게네스(185년~254년경)는 플라톤의 텍스트를 기독교적 시각으로 읽었다. 특히 오리게네스는 기독교를 너무 과하게 플라톤주의와 융합시키는 바람에 훗날 아우구스티누스 시대에는 오리게네스의 학설을 이단으로 낙인찍어야 할지를 두고 격렬한 논쟁을 벌이기도 했다.

아우구스티누스가 기독교에 마음을 열었을 때 그의 마음속에 정말 어떤 일이 있었는지는 우리로선 알 수 없다. 아무튼 그가 기도 형식으로 자신의 삶을 보고한 『고백록』은 무척 새로운 문학 형식이었다. 이 책은 아우구스티누스가 심한 내적 갈등에 빠져 있었음을 보여 준다. 그는 어머니에 대한 사랑과 여자들에 대한 강한 성적 욕구로 인해 혼란스러워한다. 세상을 등지고 금욕적으로 살아야 할 것인가, 아니면 세상으로 나아가 출세해야 할 것인가? 구원은 어디에 있을까? 어디를 향해 나아가야 할까? 나의 버팀목은 무엇일까?

아우구스티누스는 나중에 『고백록』에서 〈자기 자신이 거대한 의문덩어리였다〉고 썼다. 나는 왜 행복하지 못할까? 나의 영혼이 신과 너무 떨어져 있어서? 우리는 그가 기독교로 개종하게 된 계기를 기념비적 체험이라고 할 만큼 심하게 미화된 환영(幻影)을 통해 안다. 그가 밀라노의 집 정원에서 겪었다는 체험은 이렇다. 〈나는 후회막심한 마음으로 비통하게 울었다. 그때 보았다. 아니 들었다. 이웃집에서 들려오는 노랫소리를. 소년의 음성인지 소녀의 음성인지는 알 수 없었다. 다만 그 목소리는 계속 이렇게 말하고 있었다. 펼쳐서 읽어라, 펼쳐서 읽어라! (……) 그러자 강물처럼 흘러내리던 눈물이 잦아들었다. 나는 일어섰다. 서책을 펼쳐 눈에 들어온 첫 대목을 읽으라는 신의 명령을 받은 것 같다는 말 말고는 이 상황을 달리 설명할 길이 없다. (……) 나는 서책(성서)을 집어 들고는 눈에 들어온 첫 단락을 말없이 읽었다. 《방탕하거나 술 취하지 말고, 음란하거나 호색하지 말고, 다투거나 시기하지 말고, 오직 주 예수 그리스도로 옷 입고, 육신의 욕정을 경계하라.》나는 더 읽고 싶지 않았다. 읽을 필요도 없었다. 이 구절을 읽자마자 내 가슴은 확신의 빛으로 넘쳐 나면서 의심의 그림자들이 모두 사라졌기 때문이다.》[149]

이 보고의 진실성을 믿을 만한 근거는 별로 없다. 그전에 『고백록』에서는 신플라톤주의의 저서를 읽고 기독교에 마음을 열게 되었다고 말했기 때문이다. 게다가 아우구스티누스가 이른바 개종 체험이라는 것을 하고 난 뒤에 쓴 저서 중 하나인 『행복에 관하여De beata vita』에도 개종 체험은 나오지 않는다. 대신 책을 읽고 암브로시우스의 설교를 들은 것이 기독교로 개종한 동기라고 밝혔을 뿐이다.

그런데 이후 아우구스티누스는 분명 무언가 특별한 체험을 고안해 내지 않으면 안 된다고 여긴 듯하다. 왜냐하면 플라톤주의자와 소요학파, 에피쿠로스학파와 스토아학파 같은 철학자는 깊은 생각을 통해 될 수 있지만, 무언가 큰일을 할 중요한 기독교인은 깊은 성찰로 기독교인이 되었다고 말하면 안 될 것 같았기 때문이다. 사실 환영을 보거나 신의 말씀을 듣고 개종하는 것이 계시 종교의 일반적인 특징이기도 했다. 예를 들어 파울루스가 다마스쿠스로 가던 길에 개종한 것이 그랬고, 콘스탄티누스가 밀비오 다리 전투를 앞두고 십자가 표식의 환영을 본 것이 그랬으며, 또 성 안토니우스가 신의 말씀을 듣고 황야로 들어가 계속 은둔하며 살았던 것이 그랬다.

아우구스티누스는 황야로 들어가지는 않았지만 밀라노를 떠나 어머니와 아내, 아들과 함께 카시키아쿰이라는 마을에 정착했다. 여기서 왕성한 저술 활동을 시작하지만 채 1년도 안 돼 밀라노로 돌아가 세례를 받았다. 그 직후 어머니는 세상을 떠났고, 아우구스티누스는 타가스테로 건너가 수도사가 되었다. 그러나 교회는 그를 훨씬 더 큰일에 쓰고자 했다. 391년 그는 타가스테에

서 멀지 않은 히포 레기우스에서 성직자 서품을 받고 4년 뒤 주교
가 되었다. 주교로서 그의 가장 중요한 사명은 수많은 이단에 맞
서 그 부유한 북아프리카 교회를 강화하는 것이었다.

원죄와 은총

주교직에 오른 아우구스티누스는 거침없는 불도저였다. 그의 변신은 놀라웠다. 그전까지는 신플라톤주의자들과 마찬가지로 개별 인간과 영혼 구제의 개별적 방법에만 생각의 초점이 맞추어져 있었다면 주교가 된 뒤로는 신학적 무게 중심이 제도로서의 교회로 급격히 옮아갔다. 이제 개인은 그리스 철학처럼 더 이상 진리로 나아가는 길을 찾아서는 안 된다. 이미 그 진리를 알고 있는 교회가 독점적 권력 속에서 그것을 관리해 나가겠다는 것이다. 이제부터 새 주교는 교회의 권력을 위협하는 모든 것에 준엄하게 대응했다. 오랫동안 기독교에 회의적이었고 기독교를 지적으로 저급하다고 여겼던 사람이 말이다. 그는 자신의 오랜 교우였던 마니교도들을 잔인하게 짓밟았고, 교회 제도보다 자신들의 신앙을 더 소중히 여기는 도나투스파도 혹독하게 탄압했다. 또한 모든 이에게 자유로운 사고를 금지하는 동시에 모두가 따라야 할 〈가톨릭 규율disciplina catholica〉을 제정했다.

410년경 그 앞에 또 다른 적이 나타났다. 영국계 수도사 펠라기우스(384~422)였다. 그는 로마에서 기독교적 로마 사회의 도덕적 쇠퇴와 타락을 개탄하면서 예수가 모범적으로 실천한 금욕적 삶으로 돌아가자고 외쳤다. 그가 보기에 특히 이상한 것은 신의 선한 창조에 악이 존재한다는 교리와 원죄론이었다. 예수의 십자가 죽음을 인류의 구원으로 해석하기 위해 파울루스가 기독교 안에 짜 맞추어 넣은 조로아스터교의 전통이 기독교의 복음서들과는 합치하지 않는다는 것이다. 그는 묻는다. 대체 복음서 어디에 인간이 원죄를 갖고 태어난다는 말이 있는가?

반면에 아우구스티누스는 정치 권력적 이유에서 원죄론을 포기할 수 없었다. 그는 파울루스의 복음서에 암시된, 〈원죄〉로서 아담의 죄와 〈구원〉으로서 예수의 죽음 사이의 관련성을 원죄론으로 체계화했다. 그에 따르면 인간의 구원은 인간이 그리스도와 교회를 믿을 때 경험할 수 있는 신의 은총 행위다. 여기서 방점은 〈경험할 수 있다〉에 찍힌다. 신이 누구에게 은총을 베풀지는 아무도 모르기 때문이다. 또한 신의 은총은 인간 스스로의 노력으로 얻을 수 있는 것도 아니다.

펠라기우스는 이를 받아들일 수 없었다. 지금까지는 기독교인에게 가장 중요한 것은 신이 좋아할 만한 삶을 사는 것이었다. 이는 곧 스토아주의나 신플라톤주의와 다름없이 자신의 내면으로 침잠하고 집중하는 것을 의미했다. 다시 말해 기독교인은 외적으론 상냥하고 평화롭고 자비롭게 행동하고, 내적으론 영적인 것에 집중하면서 자신의 구원에 힘쓰면 되었다. 하지만 아우구스티누스는 397년경 피타고라스, 플라톤, 기독교로 이어지는 이 전통과 단호한 결별을 선언했다. 이제 구원은 영혼 불멸을 믿는 모든 그리스 철학자들의 견해처럼 선하고 올바른 삶의 직접적인 결과가 아니었다. 마지막에 가서 구원을 결정하는 것은 오직 신의 뜻뿐이라는 것이다.

펠라기우스는 경악했다. 결국 믿음과 신의 은총만이 중요하다면 내가 올바르게 살아왔던 것은 누가 보상해 준단 말인가? 나의 삶과 행동으로는 낙원의 영생을 얻는 것이 불가능하다는 말인가? 더 나쁜 것은 나의 구원이 마지막에 신의 은총에 좌우된다면 내가 올바른 믿음을 찾는 문제도 내게 달린 것이 아니라 신의 자의에 맡겨져 있다는 것이다. 그렇다면 내 자유는 대체 어디에 있을까?

　내 사람과 나머지 사람을 자의적으로 구분하는 신은 잔인하고 비도덕적인 신이다. 실제로 아우구스티누스는 펠라기우스와 그 추종자들(펠라기우스파)의 의심을 심각한 문제로 받아들였다. 그런 비판에 물러서면 교회는 구원을 담당하는 유일한 기관으로서의 의미를 잃는다. 그렇다고 신이 자기 뜻대로 인간의 구원을 결정한다는 입장을 고수하면 영원한 사랑과 무한한 자비의 신이라고 알려진 조물주에 대해 의구심이 들 수밖에 없다.

　결국 아우구스티누스도 내키진 않지만 어느 정도 양쪽의 균형을 잡는 절충안을 선택한다. 우선 도덕적인 삶이 구원의 자격이 되지 못한다는 주장은 고수한다. 그로써 인간은 신의 위대함을 위해 무력화되고 미미한 존재로 추락한다. 하지만 다른 한편으론 자기 의지를 가진 인간에게 다른 여지가 부여된다. 즉, 인간에게는 신을 믿을지 말지 마음을 정할 자유가 있다는 것이다. 그리고 그런 마음의 준비가 신이 인간을 구원할지 말지 결정할 때 플러스 요인으로 작용할 수 있다는 것이다.

　아우구스티누스는 이런 주장을 위해 과감하게 철학적 논리성까지 내던진다. 그의 말대로라면 인간은 각자 마음에 따라 믿음을 받아들이거나 받아들이지 않는데, 그런 마음이 들거나 들지 않는 이유는 무엇일까? 그런 마음이 들지 않는다면 나는 신의 피조물이 아닌가? 신이 내게는 많건 적건 그런 마음을 주지 않았단 말인가? 결국 모든 것이 이미 근본적으로 결정되어 있고, 아우구스티누스가 그렇게 중히 여긴 의지의 자유도 어릿광대극에 지나지 않는다. 그에게는 사고의 엄격성보다 교회의 권력이 더 중요했다. 그 말은 곧 교회가 없으면 구원도 없다는 뜻이다! 펠라기우스처럼 도덕적인 삶을 중시하는 사람은 교회도 포기할 수 있지만, 아우구스티누스는 도저히 그것을 용납할 수 없었다. 따라서 신의 마음에 드는 삶을 살려는 개인적인 노력 위에는 은총의 설계사, 즉 교회가 있었다.

아우구스티누스의 은총론은 서양 사상사에서 가장 운명적인 전환 중 하나다. 그가 정말 무슨 연유로 그렇게 급진적인 인간 무력화와 인간 자유에 대한 경악스러운 공격을 감행했는지는 추측만 가능할 뿐이다. 우리는 그중 가능한 한 가지 대답을 신학 외부, 즉 서로마 제국의 경제적 상황에서 찾을 수 있다. 로마 제국은 오래전부터 더는 이민족의 땅을 정복하지 못했고, 그로 인해 부자들은 노예 부족에 시달렸다. 그 결과 도시 귀족들은 시골로 이주해서 빠른 시간 안에 현지 농민들을 노예 상태로 만들었다. 군대가 고트족과 같은 외부 침입자들의 노략질을 더는 막아 주지 못하는 상황에서 농민들로서도 경작지를 포기하고 새 지주 밑으로 들어갈 수밖에 없었다. 황폐화하는 도시에서건 점차 봉건적으로 변하는 시골에서건 폴리스와 같은 자유와 자기 결정권은 어디에도 없었다. 결국 일반 백성으로서는 지방 귀족의 뜻에 종속되건 신의 은총에 좌우되건 큰 차이가 없었다. 자유의 부재는 충분히 익숙한 운명이었다.

아우구스티누스의 숙명론적 은총론이 로마 제국의 정치경제적 상황에 얼마나 큰 영향을 받았는지는 알 수 없다. 다만 그런 상황과 결코 무관하지 않은 것은 분명하다. 밀라노에서건 훗날 히포에서건 아우구스티누스는 늘 정치적 사건의 중심에 있었다. 어떤 동기들이 모여 탄생했건 은총론은 1,000년 이상 서양의 기독교인들을 미미한 존재로 만들고 당혹스러운 불확실성 속에 빠뜨린 교회의 통치 수단이 되었다.

시간, 의식, 사랑, 계시

서양의 사상가 중에 아우구스티누스만큼 철학의 사상적 무한 보고를 자기 목적에 따라 심하게 약탈한 사상가는 없을 것이다. 파울루스가 기독교를 하나의 종교로 만들려고 아브라함에 뿌리를 둔 다른 종교들을 몰래 훔친 것처럼 아우구스티누스 역시 적절한 위치에 플라톤 철학과 신플라톤주의, 때로는 스토아 철학의 사상적 보화를 끼워 넣었다. 그 과정에서 편지와 설교문을 제외하고도 100편이 넘는 엄청난 수의 논문을 썼다. 이제 그에게 철학은 신학의 하청 업체가 되었다. 아니, 근 700년 뒤 베네딕트회 수도사 페트루스 다미아니의 표현대로 〈신학의 시녀〉가 되었다. 아우구스티누스는 앞으로 수백 년 동안 기독교가 무엇이고, 기독교인이 된다는 것이 무슨 의미인지 확고하게 결정지었다. 파울루스 이후 교회의 정역학과 설계, 인테리어를 정한 건축가가 있다면 그 사람은 바로 아우구스티누스였다.

그런데 교회가 구원을 가져다준다는 내용은 복음서 어디에도 나오지 않는다. 어쩌면 예수는 교회를 세울 생각조차 하지 않았을 것이다. 오히려 신의 나라가 가까워지고 있다는 생각에 유대교를 개혁하려고 했다. 페트루스(베드로)를 자기 신앙 공동체의 단단한 바위로 선언했음에도 말이다. 반면에 교회만이 구원을 가져다준다는 생각은 많은 문제점을 야기한다. 가령 예수 이전에 살았던 경건한 사람들은 어떻게 되는 것일까? 신은 예수를 왜 그렇게 늦게 세상에 보냈을까? 예수에 의해 탄생한 교회만이 구원을 가져다준다면 예수 이전의 사람들에게는 구원의 기회가 없는 것일까? 이런 의문은 괴롭다. 선한 신의 관념과도 맞지 않는다. 그러자 아우구스티누스는 이렇게 빠져나간다. 예수 이전에는 기독교 신앙에 대해 잘 몰랐던 기독교인만 있었을 뿐이라고.

이 같은 의문들 때문에 아우구스티누스는 〈시간〉 문제에 천착했는지 모른다. 왜냐하면 기독교에서 기독교 〈이전〉에 대한 물음이 제기되는 것과 마찬가지로 일반적으로는 신의 창조 〈이전〉에 대한 물음이 제기되기 때문이다. 창조 이전에는 무엇이 있었을까? 세계를 창조하기 전에 신은 무엇을 만들었을까? 아우구스티누스가 내놓은 간명한 대답을 듣는 순간 당혹스러움을 감출 수 없다. 〈신은 천지를 만들기 전에는 아무것도 만들지 않았다.〉[150] 존재자는 지금 여기 무언가가 있는 것을 통해서만 존재한다. 그런데 무언가가 창조에 의해서야 비로소 세상에 나오게 되었다면 이전에는 존재하는 것이 전혀 없었다는 뜻이다. 시간은 존재와 연결되어 있고, 더 중요하게는 시간을 느끼는 존재자들의 의식과 결합되어 있다.

아우구스티누스에 따르면 시간은 누군가 〈시간에 대한 의식〉을 갖고 있어야만 실제로 존재한다. 게다가 이러한 주관적 시간 감각은 언제나 하나의 시간, 즉 현재일 뿐이다. 과거나 미래를 생각하는 경우에도 나는 〈현재에서〉 과거나 미래를 생각한다. 시간은 늘 〈지금과 여기〉다. 아우구스티누스의 말을 빌리면 이렇다. 〈지나간 것의 현재, 현존하는 것의 현재, 앞으로 다가올 것의 현재가 있다. 왜냐하면 이 셋은 영혼 속에 있고, 다른 곳에서는 보이지 않기 때문이다. 지나간 것의 현재는 기억이고, 현존하는 것의 현재는 인상이고, 앞으로 다가올 것의 현재는 기대이다.〉[151]

철학사에서 아우구스티누스의 시간 정의는 굉장히 중요하다. 〈시간〉의 그리스적 개념은 거의 대부분 존재론적이다. 시간을

〈그 자체로〉 존재하는 것으로 이해한 것이다. 아리스토텔레스는 이런 객관적 시간을 항상 상대적으로만 경험할 수 있는 것으로 인정했음에도 말이다. 아우구스티누스는 그런 아리스토텔레스보다 한걸음 훌쩍 더 나아가 시간을 순전히 주관적인 일로, 말하자면 의식의 내용으로 설명했다. 아우구스티누스에게 이러한 관찰은 신학적으로 중요한 의미가 있다. 두 개의 시간, 즉 지상의 현존하는 시간과 신적인 영원한 시간은 존재하지 않는다. 한쪽에는 덧없는 주관적 시간 체험이 있고, 다른 쪽에는 신의 영원함이 있을 뿐이다. 둘 사이의 간극은 단순히 두 세계의 분리만을 의미하지 않는다. 즉 그런 분리를 뛰어넘어 인간 삶의 덧없음과 비본질성을 시간에 구애받지 않는 숭고하고 영원한 신의 완전함과 분리하고 있다.

아우구스티누스는 섬세한 심리학자였다. 그는 시간 문제에서만 인간 영혼의 심리학적 과정을 연구한 것이 아니었다. 그의 인식론 전체가 우리가 뭔가를 포착하고 파악할 때 우리 안에서 일어나는 섬세한 내적 과정을 중심으로 돌아갔다. 플라톤과 그의 많은 후계자들처럼 아우구스티누스도 감각적 세계로는 파악할 수 없는 일과 연관성을 어떻게 인식할 수 있는지 이해하고자 애썼다. 그래서 초기에는 〈상기anamnesis〉에 관한 플라톤의 이론으로 거슬러 올라갔다. 상기론에 따르면 우리가 전혀 경험하지 않은 것을 아는 까닭은 전생에서 우리 영혼이 그것에 대해 알고 있었던 것을 기억하기 때문이다. 그래서 인간은 한 번도 본 적이 없는 삼각형을 떠올릴 수 있다. 또한 감각적 경험으로는 증명되지 않는 〈영원〉이니 〈무한〉이니 〈완전함〉이니 하는 개념들도 만들어 낼 수 있다. 우리 영혼이 이전에 천상에서 그것들을 경험했기 때문이라는 것이다.

천상의 기억에 대한 명시적인 보기가 숫자다. 아우구스티누스는 경험 세계에는 어디에도 그 소재지가 없는 숫자들의 신적인 측면을 설명하는 데 많은 시간을 할애한다. 수열의 무한성을 알기 위해서는 천상의 영감이 필요하다. 플라톤과 마찬가지로 그 역시 세계를 가장 깊은 곳에서 지탱하는 수학의 이지적 세계에 열광했다. 신은 세계를 무계획적으로 만든 것이 아니라 수학적 규칙에 따라 창조했기 때문이다. 피타고라스학파도 그렇고 플라톤도 부분적으로 그렇듯이 아우구스티누스에게도 모든 것이 수다. 어떤 감각적 법칙과 시공간적 법칙도 수학의 힘을 빌리면 묘사하지 못할 것이 없다. 수학은 모든 존재의 보편 문법이다. 이는 오늘날에도 거의 모든 수학자들의 공감을 불러일으키고 심장을 뛰게 하는 주장이다.

이미 신플라톤주의자들도 플라톤의 초시간적 이데아를 그 문제점 많은 특성으로부터 해방시키고자 노력했다. 아우구스티누스와 마찬가지로 그들에게도 천체 너머의 이데아는 사물이 아니라 근원 형태, 즉 그냥 숫자들이었다. 숫자는 신의 정신 속에 존재한다. 아우구스티누스도 이 생각을 기꺼이 받아들였다. 이로써 이데아가 대체 세계 어디에 존재하는지를 묻는 오랜 비판적 물음에 대한 기독교적 답이 제시되었다. 이데아는 신의 생각, 신의 이지력, 신의 지혜, 신의 계시된 말 속에 있다는 것이다.

그럼 이제는 신의 의식 속에 있는 이데아가 어떻게 인간의 의식에 도달하게 되는지를 설명해야 했다. 앞서 살펴보았듯이 플라톤의 경우 그것은 영혼이 이전에 머문 적이 있던 신적이고 이지적인 영역을 상기함으로써 이루어진다. 그러나 기독교에서는 영혼의 환생이 예정되어 있지 않다. 영혼 이동은 말할 것도 없다. 그럼에도 신적인 영역과 인간의 정신은 서로 연결되어 있는 것이 분명하다.

아우구스티누스는 우선 인간 기억의 복잡한 형태를 설계

한다. 우리는 기억을 이용해 이미지와 체험, 개념을 떠올리기만 하는 것이 아니다. 우리의 기억은 놀랄 정도로 생산적이다. 세계를 분류하고 형태화하고 해석한다. 이를테면 모든 것이 뒤집어져 가공되는 영혼의 위(胃)와 비슷하다. 기억의 가장 놀라운 능력은 우리가 기억을 통해 스스로를 현재화하는 방식이다. 우리는 우리가 누구인지 어떻게 알까? 우리는 스스로를 감각적으로 지각할 수 없음에도 기억은 우리 자신에 관한 상을 어떻게 만들어 낼까?

우리의 〈자의식〉보다 직접적인 것은 없다. 아우구스티누스는 이것을 여러 차례 반복된 숙고를 통해 증명하는데, 이는 철학 역사상 아주 유명한 숙고 중 하나다. 훗날 그보다 훨씬 더 유명한 숙고를 낳는 씨앗이 되었기 때문이다. 아우구스티누스의 생각을 따라가 보자. 나는 나 자신의 의식에 대해서는 심각하게 의심하지 않는다. 내가 존재한다는 사실도 착각할 수 없다. 〈내가 그걸 착각한다면 그것은 곧 내가 존재하기 때문이다. 존재하지 않는 사람은 착각할 수도 없다. 고로 내가 착각한다면 나는 존재하는 것이다. 내가 착각할 때도 내가 존재하는 것이 분명하다면 내가 존재한다는 것을 어떻게 착각할 수 있을까? 결국 내가 착각하더라도 착각하는 것은 나 자신이기에 나는 한 치의 의심도 없이 내가 존재한다는 사실을 착각하지 않는다.〉[152]

이 섬세한 숙고는 그로부터 1,000년 이상의 시간이 흘러 세상이 떠들썩할 만큼 요란하게 재수용되어 철학에서 완전한 새 출발을 야기한다. 르네 데카르트의 유명한 테제 〈나는 생각한다, 고로 존재한다cogito ergo sum〉가 그것이다. 이 문장은 데카르트가 삼십 년 전쟁 전날 저녁 한 농가에서 이런저런 생각을 하다가 불현듯 떠올랐다고 한다. 그로써 그는 철학을 새로운(즉 주관적인) 토대 위에 세우고, 획기적인 철학의 시대를 열었다. 그에 반해 아우구스티누스에게는 주관적 사고의 새로운 자기 권능이 중요한 것이 아니었다. 그는 단지 신플라톤주의가 그랬던 것처럼 인간은 집중적인 자기 성찰로만 진리에 다가갈 수 있음을 보여 주고 싶었을 뿐이다. 여기서 우리 영혼의 아주 깊은 곳에 숨겨진 진리는 바로 신이다.

신을 정말로 알고자 하는 마음이 인간 본성에 있다는 것은 좋은 소식이다. 우리는 스스로를 인식하고 우리의 본래적 존재에 이르고자 하는 갈망을 느낀다. 특이하게도 아우구스티누스는 이 갈망을 사랑이라 불렀다. 모든 욕망의 시초에는 우리 자신에 대한 〈사랑amor〉이 있다. 그래서 이 사랑은 심지어 의지와 동일시될 수 있다. 〈우리는 우리가 욕망하는 것을 사랑하고, 우리가 사랑하는 것을 욕망한다.〉 은총론으로 인해 의지의 자유가 단순히 제한되는 것을 넘어 사실상 불가능해지는데도 불구하고 자기애라는 의지의 이념 속에는 아우구스티누스의 무척 근대적인 생각이 번뜩인다. 그는 어떤 그리스 철학자보다 심리학적으로 더 집요하게 개인 속의 갈등과 분열을 묘사한다. 플라톤의 마부의 비유에 나오는 사나운 말들은 각자 다른 길로 가려고 해서 길들이기가 무척 어려운 상이한 영혼 부분들을 가리킨다. 반면에 아우구스티누스의 경우는 의지 한가운데를 관통하는 균열이 생긴다. 즉, 어디로 가야 할지 모르는 건 마부 자신이라는 것이다. 냉철한 그리스 철학으로는 몰랐던 인간의 갈등이다.

나이가 들수록 아우구스티누스는 선과 올바른 것의 인식이 이전에 보았던 것의 상기라는 생각에 대해 점점 회의적으로 변해 간다. 대신 신 없이는 어떤 더 높은 인식도, 어떤 위대한 의지의 결정도 가능치 않다는 사실이 점점 더 뚜렷해진다. 그래서 그는 여러 텍스트에서 굉장히 현대적인 방식으로 언어에 대한 회의를 드러난다. 말로 진리를 인식할 수 있을까? 철저한 분석 끝에 그가 내린 결론은 이렇다. 언어는 결코 진리로 가는 특권적 통로가 될 수 없고, 기껏해야 〈기억〉하거나 〈경고〉하는 데만 쓸모가 있다. 따라서 한층 높은 인식은 연구를 통해 얻을 수 있는 것이 아니라 오직 신적인 영감으로만 가능하다. 바로 이것이 신의 의식에 있는 이데아가 어떻게 인간의 의식에 도달할 수 있는지에 대한 대답이다. 즉 〈계시〉를 통해 가능하다는 것이다. 신의 빛을 받아 깨우친 사람만이 진리에 다가갈 수 있다. 신적인 계시의 불꽃은 모든 사람 속에 있지만, 오직 선택받은 사람들만이 신적인 인식의 빛을 적절하게 사용한다. 나머지 대부분의 사람들은 실패한다. 선택받은 자와 열등한 자를 구분하는 드문 자산이 바로 이 계시의 빛을 받은 인식이다.

천상의 나라와 지상의 나라

410년 상상할 수도 없는 일이 일어났다. 아우구스티누스는 권력과 영향력의 정점에 있었고, 기독교는 벌써 30년 전부터 로마 제국의 국교가 되었고, 교회는 신학적으로나 정치적으로 과거 어느 때보다 견고해 보이던 이때 로마가 무너진 것이다. 고트족의 수장 알라리크 1세는 전사들과 함께 로마로 쳐들어와 도시를 약탈했다.

이는 로마 제국뿐 아니라 기독교회에도 엄청난 충격이었다. 교회사의 저자 카이사레아의 에우세비우스나 교부 히에로니무스 같은 기독교의 대표적 이론가들은 로마가 영원한 기독교를 〈영원히〉 구현할 도시라고 열광하지 않았던가? 그런 로마가 기독교의 선한 신에게 버림받았으니 그 충격이 얼마나 크겠는가? 그것도 기독교가 로마 제국에서 단독 대표권을 관철하자마자 일어난 일이었으니 말이다. 과거 로마의 신들이 800년 넘게 수도를 지켜 냈다면 기독교의 신은 첫 번째 도전에서부터 그 신도들에게 참담한 좌절을 안기고 있었다.

로마의 몰락으로 제국 내에서 기독교회의 권력이 끝난 것은 아니지만 어떤 식으로건 이 사태에 대한 신학적 설명이 필요했다. 아우구스티누스는 이 도전도 받아들였다. 우선 그는 제자인 오로시우스에게 인류 재앙의 역사를 쓰라고 주문했다. 로마의 몰락이 특수 사례가 아니라 무한한 연속의 일부라는 점을 내보이려 한 것이다. 아우구스티누스 본인은 14년에 걸쳐 교회와 로마의 관계, 정신적 힘과 세속적 힘의 관계, 신의 나라와 지상의 나라의 관계를 밝히는 방대한 책을 써나갔다. 426년에 완성된 이 책이 신의 나라, 즉 『신국(神國)』이다. 신국은 엄밀하게 보면 이상 국가에 관한 내용을 담고 있지 않는데도 오늘날에는 플라톤의 『국가』와 비견되는 국가 철학적 논문으로 인정받고 있다. 아우구스티누스는 신이 만든 천상의 나라든 인간이 만든 지상의 나라든 정치 체제를 제시하지는 않는다. 신의 나라 〈예루살렘〉은 국가가 아니라 국가 기구가 필요 없는 완전한 낙원이라서 그렇고, 지상의 나라 〈바빌론〉은 정치 체제의 성격을 논할 필요가 없을 만큼 저급하고 무의미해서 그렇다.

　　에피쿠로스, 키케로, 그리고 일부 스토아학파와 마찬가지로 아우구스티누스도 지상의 나라가 〈계약〉을 토대로 생겨난다고 생각했다. 이는 앞서 언급했듯이 굉장히 근대적인 생각이다. 그러나 히포의 주교가 말한 계약에는 근대 정치 철학의 계약적 근간을 이루는 명예로운 측면과 정의로운 측면, 이상적인 측면이 전혀 없다. 우리가 그에게서 만나는 것은 이상주의가 아닌 인간 국가의 성립에 대한 경멸스러운 조롱이다. 그가 볼 때 지상에서는 진정한 정의를 실현할 가능성이 전혀 없기 때문이다. 〈정의가 없는 국가란 거대한 강도떼와 뭐가 다른가? 강도떼도 작은 나라가 아니고 무엇인가? 그들도 우두머리의 명령을 따르고, 약속으로 공동체를 결성하고, 굳은 합의에 따라 노획물을 나누는 인간들의 무리가 아닌가? 이 나쁜 무리에 타락한 인간들이 유입되어 마을을 점령하고, 정착지를 세우고, 도시를 정복하고, 이민족을 굴복시키면 곧 국가라는 이름을 얻게 된다. 탐욕이 점점 줄어드는 것이 아니라 탐욕을 부려도 벌을 받지 않는 국가라는 이름을.〉[153]

　　일반적으로 지상의 국가는 일단의 무리가 다른 지역을 강제로 빼앗는 범죄적·공격적 행위들을 통해 생겨난다. 로마 제국과 봉건 시대의 여러 유럽 국가들, 그리고 미국의 생성 과정을 연구한 역사학자라면 아마 누구도 그 사실을 반박할 수 없을 것이다. 또한 오늘날 시리아와 이라크 지역에 자리 잡은 〈이슬람 국가 IS〉 같은 신생 테러 국가와 사우디아라비아처럼 오래전에 생겨난 테러 국가 사이의 차이라는 것이 결국 사우디의 공격자들은 벌써 수십 년 전에 끝낸 일을 IS 부대원들은 지금 시도하고 있다는 사실에 있지 않을까?

지상의 〈국가 건설〉은 언제나 폭력적이었다. 이런 점에서 아우구스티누스의 생각은 전적으로 옳다. 그런데 이 생각은 카르네아데스 같은 신아카데메이아학파와 키케로 같은 스토아학파의 학설에 뿌리를 두고 있다. 다만 카르네아데스나 키케로는 히포의 주교처럼 지상의 국가들에 정의가 결여된 것을 원죄 탓으로 돌리지 않았다. 아우구스티누스는 지상 공동체의 타락을 전적으로 아담이 선악과를 따먹은 행위의 결과로 보았다. 그렇지 않다면 신이 그렇게 깊이 궁리해서 만든 세상이 현존 국가들을 보면 익히 알 수 있듯이 어떻게 그렇게 불공정하게 분할될 수 있단 말인가? 물론 아우구스티누스는 지상의 나라들에도 나쁨의 등급이 있음을 안다. 그래서 진정한 정의란 오직 천상의 예루살렘에만 실현 가능하더라도 지상의 인간 역시 어떻게든 이 땅에 최소한의 정의를 실현하려고 노력해야 한다. 그래서 통치자들은 기독교적 가치를 따라야 하고, 지혜롭고 자비로워야 하며, 기독교를 전파하고 그에 저항하는 모든 이들의 입을 다물게 하는 것을 늘 마음에 새겨야 한다고 요구한다.

다른 많은 것들도 그렇지만 지상의 나라와 천상의 나라에 관한 이론도 아우구스티누스의 발명품이 아니다. 예수와 초기 기독교인들도 신의 나라가 곧 도래할 거라고 굳게 믿었던 것이다. 그들의 희망은 〈종말론적으로〉 임박한 구원에 맞추어져 있었다.

고대 철학 아우구스티누스, 또는 신의 은총

아우구스티누스에게 또 다른 영감을 준 원천은 마니교였다. 그가 아무리 격렬하게 그들을 박해했어도 마니교도로 지낸 11년의 세월은 그에게 아무 흔적을 남기지 않고 지나가지 않았을 것이다. 그 흔적이 바로 선과 악에 대한 생각이다. 아우구스티누스는 늘 선과 악, 구원과 죄를 얼핏 보면 동등해 보이는 두 힘으로 대립시킨 것이다. 반면에 그만의 새로운 생각도 있었다. 삶의 의미를 천상의 세계로 옮겨 놓은 급진성이 그것이다. 다시 말해 현실 속의 로마는 멸망할지언정 신의 나라는 결코 어떤 지상의 힘에도 흔들리지 않고, 천상의 예루살렘 성벽은 어떤 도전에도 무너지거나 불타오르지 않으리라는 것이다. 때문에 교부 아우구스티누스는 플로티노스의 말을 빌려 로마의 파괴에 대해 이렇게 태연히 주석을 단다. 〈나무와 돌이 무너지고 유한한 존재들이 죽어 가는 것을 무언가 큰일로 여기는 사람은 큰 인물이 아니다.〉

아우구스티누스는 430년 8월 근 76세의 나이로 아프리카 히포 레기우스의 고향에서 숨을 거두었다. 그전에 성욕에 관한 설명을 통해 그간 논란이 뜨거웠던 은총론에 안전장치를 마련해 두는 것도 잊지 않았다. 그는 재차 자신의 개인적인 삶에서 문제가 되었던 것을 집중적으로 다루었다. 육체의 의지와 영혼의 의지 사이의 갈등이 그것이었다. 늙은 주교는 이렇게 썼다. 인류가 타락했다는 것은 다른 무엇보다 성욕을 보면 알 수 있다. 아담과 이브는 인식의 열매(선악과)를 따먹고 나자 자신들이 알몸이라는 것을 알게 되었다. 그 뒤 그들 속에선 무슨 일이 일어났을까? 부끄러운 마음이 일었다! 결국 성욕에 이어 불가피하게 나오는 것이 부끄러움이다.

그 이유를 찾는 것은 어렵지 않다. 아우구스티누스는 계속 설명한다. 우리 속의 모든 의지는 이성으로 통제할 수 있지만, 성적 욕망과 생식기는 그렇지 않다. 우리는 원치 않는데도 흥분될 때가 많다. 가끔은 흥분하고 싶은데 그렇게 되지 않을 때도 있다. 우리 속의 통제되지 않는 이 반항적인 힘은 원죄의 유산이자, 인간 안에 원죄가 존재한다는 것에 대한 가장 분명한 증거다. 이처럼 아우구스티누스만큼 성욕을 악으로 저주한 기독교 신학자나 그리스 철학자는 없었다. 그의 원죄론은 곧 기독교의 원죄론으로 확고하게 자리 잡았고, 육체적인 것을 반복해서 죄악시하는 이 생각은 온갖 심리적 피해를 야기해 20세기에 이르기까지 수많은 사람들을 고통에 빠뜨렸다.

로마의 몰락과 위안

아우구스티누스가 죽자 게르만족 계열의 반달족이 히포 레기우스를 포위 공격했다. 그리고 그로부터 채 10년이 지나지 않아 로마 제국의 전 아프리카 속주를 손에 넣었다. 395년 이후 분리된 동로마 제국이 시대적 혼란을 극복하는 동안 서로마 제국은 해체 과정을 밟고 있었다. 중부 유럽에서는 5세기 초부터 훈족이 성난 바람처럼 휩쓸고 다니면서 수많은 게르만 부족을 정착지에서 몰아냈다. 그때마다 허약한 서로마 제국 황제들은 북쪽에서 이탈리아 본토까지 밀고 내려오는 게르만족과 늘 새로운 정치 환경 속에서 동맹을 맺었다. 늦어도 5세기 중엽에는 서로마 제국은 더 이상 제국이 아니었다. 반달족이 455년 로마를 약탈했고, 이로써 이 도시는 두 번째로 게르만 침입자들에게 무방비 상태에서 내맡겨지게 되었다.

제국의 북방 영토인 갈리아와 게르마니아에서는 이제 프랑크족과 고트족의 새 왕국이 탄생했다. 고트족은 488년 테오도리쿠스 왕의 인솔하에 이탈리아로 진군해 12년 전 로마의 마지막 황제를 몰아낸 게르만족의 우두머리 오도아케르를 물리쳤다. 테오도리쿠스는 기독교인이었으나, 개종한 다른 게르만 족장들처럼 아리우스파였기에 예수의 신성을 거부했다. 그는 동로마 제국의 미심쩍은 용인 아래 로마 원수princeps romanus로서 30년 넘게 라벤나에서 서로마 제국을 통치했다.

그의 통치를 뒷받침한 든든한 조력자는 당대 학식이 가장 뛰어난 로마 귀족 출신의 보이티우스(480년 혹은 485년~524년 혹은 526년경)였다. 아마 그리스 철학의 거의 전 분야에서 아우구스티누스보다 훨씬 더 정통한 지식을 자랑하는 고대 후기의 마지막 학자일 것이다. 보이티우스의 목표는 그때까지 남아 있던 플라톤과 아리스토텔레스의 모든 철학을 라틴어로 번역하는 것이었다. 하지만 맡은 고위 공직 때문에 그 일은 쉽지 않았고, 그러다 결국 아리스토텔레스의 논리학 저서에서 끝을 맺고 말았다. 그로 인해 이후 700년 넘게 아리스토텔레스는 논리학자로만 잘못 알려지는 결과를 낳게 되었다.

보이티우스도 테오도리쿠스 왕처럼 기독교인이었지만 그스스로 아리스토텔레스 철학과 접목을 시도한 플라톤 철학 및 신플라톤 철학의 정신 속에서 살았다. 그는 아우구스티누스의 은총론를 일관되게 거부했다. 그런 맥락 속에서 예수의 신성 문제를 상세히 다루었다.

동로마 제국에서 예수는 삼위일체의 한 부분으로서 곧 신이었다. 서로마의 교황은 예수를 인간적인 본성과 신적인 본성을 동시에 가진 존재로 보았다. 반면에 로마의 왕좌에 앉은 서고트 왕에게 예수는 훌륭한 한 인간이었을 뿐이다. 아주 작은 차이처럼 보이는 이 문제로 인해 적대 진영과 정치적 반목이 생겨났다. 오늘날 이슬람 세계에서 시아파와 수니파의 갈등처럼.

보이티우스는 논리학의 정교한 도구로 이 문제를 해부했고, 〈인격〉과 〈본성〉의 개념을 정의했으며, 동로마 제국과 교황을 다시 좀 더 가깝게 연결시키는 역할을 했다. 테오도리쿠스의 입장에서 보면 이 새로운 연합은 반역이었고, 자신의 권력을 위협하는 행위였다. 그래서 복잡하게 얽힌 여러 가지 일과 불쾌한 사건이 연이어 발생하자 고트족 왕도 더는 망설이지 않았다. 보이티우스를 체포해서 그의 사상을 재판에 넘겨 버렸다.

처형을 앞두고 감옥에서 몇 개월 썩는 동안 보이티우스는 펜을 들어 책을 썼다. 『철학의 위안Consolatio Philosophiae』이라는 당대의 베스트셀러였다. 고대 후기의 책들 가운데 이 책만큼 많이 팔리고 많이 번역되고 오랫동안 영향을 끼친 책은 없었다. 드문 책이었다. 죽음을 눈앞에 둔 상태에서 나온 지극히 고대적인 책이었으니 말이다.

이 책에서는 우선 〈철학〉 자체가 은유적으로 인격화되어 나타나 자신의 운명을 원망하는 보이티우스를 진정시킨다. 세상이 아무리 인간들에 의해 사악하고 교활하게 통치된다고 하더라도 철학적으로 생각하는 사람은 세상 모든 일에 초연하다. 철학자는 현세의 걱정과 욕망, 열정을 털어 내고 오롯이 자기 자신과 자기 안의 더 높은 것에 집중하면서 본능과 이성의 일치를 추구한다. 지상에서 무슨 일이 일어나건 상관없이 선과 사랑이 가득한 신적인 세계 속에 안겨 있다는 것이다.

『철학의 위안』은 그리스 철학의 최고봉 중 하나다. 여기선 우주에 관한 플라톤의 관념이 아리스토텔레스의 형상과 질료에 대한 성찰 및 스토아학파의 자랑스러운 평정심과 합류한다. 이렇게 합쳐진 것의 내부를 장식하는 것은 인간이 자기 성찰을 통해 신적인 일자에게 나아가는 신플라톤주의 철학이다. 기독교인의 입장에서 보면 이 책은 전체적으로 아우구스티누스보다 플로티노스에 훨씬 가까운 비기독교적인 책이다. 기독교적인 암시도 나오지 않고, 성서도 전혀 인용되지 않는다. 구원은 선택받은 사람에게만 주어지는 신의 은총이 아니라 인간 스스로 생각으로 자신을 구원할 수 있기 때문이다.

보이티우스는 새로운 철학적 사고를 입증해 줄 시스템이 없던 시대에 살았음에도 불구하고 많은 분야에서 중세 철학에 영향을 끼친다. 그의 논리학 저술은 다음 장에서 논의될 이른바 보편 논쟁을 야기한다. 게다가 보이티우스는 플로티노스에 의거해서 신의 존재 증명을 시도한다. 캔터베리 대주교 안셀무스의 좀 더 유명한 증명에 영감을 준 시도다. 그 밖에 보이티우스는 수학의 네 개 분과를 산술, 기하학, 음악 이론, 천문학이라는 4학과(〈4개의 길〉)로 편성하고, 이 4학과는 훗날 중세 대학의 학문적 토대를 이룬다.

보이티우스 외에 중세에 막강한 영향력을 미친 인물로는 디오니시우스 아레오파기타라는 가명을 사용한 미지의 동시대인을 빼놓을 수 없다. 원래 디오니시우스는 파울루스가 아테네에서 설교할 때 그의 「사도행전」 이야기를 듣고 개종했다는 한 아테네인의 이름이다. 이 사건이 실제로 있었던 일인지 아닌지는 모르겠으나, 5세기 말이나 6세기 초에 자신을 〈디오니시우스 아레오파기타〉라 칭한 저자는 그와는 전혀 다른 사람이다. 어쨌든 교회가 천상의 인물들과 지상의 인물들에 대한 상세한 설명을 얻게 된 것은 이 인물 덕이다. 디오니시우스는 모든 성직자 직업을 분류하고 위계질서를 정했으며, 천사들에게도 똑같이 수직적인 질서 체계를 부여했다. 이 체계는 중세 전(全) 시기에 걸쳐 유포되었을 뿐 아니라 토마스 아퀴나스 같은 위대한 사상가들에게도 표본으로 사용되었다.

이 신원 미상의 〈디오니시우스〉는 신플라톤주의자 프로클로스의 저서들을 성서의 이런저런 문구들로 장식함으로써 기독교와 연결 다리를 놓았기에 중요 인물이 되었다. 특히 플로티노스의 〈일자〉를 이례적인 방식으로 기독교의 신과 융합시켰다. 플로티노스의 〈일자〉는 어떤 수식어도 붙일 수 없을 만큼 그 자체로 완벽한 존재다. 다시 말해 〈선함〉과 〈공정함〉, 〈지혜로움〉 같은 말로는 〈일자〉를 표현하기에 너무 부족하다는 것이다. 디오니시우스는 바로 이것을 기독교 신에게도 적용했다. 즉, 신은 묘사할 어떤 적절한 수사도 없을 만큼 세상 만물 저 위에 존재한다. 그러나 신이 인간처럼 불쾌해하고 화내고 벌주고 용서할 뿐 아니라 또 아들을 땅으로 내려보낸 것과 같은 성서 내용만 보더라도 〈디오니시우스〉의 말이 기독교의 실상과 얼마나 동떨어져 있는지 명확히 알 수 있다. 어쨌든 신은 특성을 규정할 수 없는 존재라는 그의 말을 통해 플로티노스의 〈부정 신학〉이 대담하게 기독교로 전용되었다. 여기서 〈부정〉이라는 말은 신에 대한 불완전한 규정을 부정한다는 말과 다르지 않다. 〈디오니시우스〉는 우연히 9세기에 중세를 위해 발견되고, 적지 않은 위대한 사상가들이 훗날 이 부정 신학을 다시 꺼내든다.

아우구스티누스의 은총론에 대한 회의가 완전히 수그러들지 않고 신적인 깨달음으로 좀 더 인간적인 구원에의 희망이 타올랐음에도 향후 수백 년 동안 〈기독교〉가 무엇이어야 하는지에 대한 대답은 6세기에 상당히 명확하게 확정되었다. 그렇게 확정된 대답의 면면은 이렇다. 즉, 진리에 대한 기독교와 교회의 〈단독 대표권〉, 선악의 이원성 대신 〈선한 유일신의 일체성〉, 성부와 성자와 성령이 세 인격인 동시에 한 인격이라는 〈삼위일체론〉, 예수를 탁월한 인간 이상으로 끌어올리는 그리스도의 〈신성〉, 아담의 죄가 인류를 더럽혔고 그리스도가 인류를 구원한다는 〈원죄론〉, 신이 어떤 인간을 구원할지는 신의 뜻에 달려 있다는 〈은총론〉이 그것이다. 그 밖에 인간은 신적인 일자에게 〈자력으로 다가갈 수 없다〉는 신플라톤주의와의 차이점, 세계를 신과 지상의 〈두 나라〉로 나눈 아우구스티누스의 분리도 그에 포함된다.

그렇다면 지상의 세계에서 교회는 어떤 역할을 해야 할까? 로마의 몰락 이후 교회는 세상의 갈등과 거리를 두어야 할까? 아니면 세속적 권력과의 협력 속에서 교회의 일을 수행해야 할까? 혹은 지상의 최고 권력을 추구해야 할까? 이런 물음들과 함께 새

시대의 문이 열린다. 이때만 해도 먼 훗날 후대인들이 이 시대를 기나긴 천년의 〈공백기〉라 부르게 되리라고는 아무도 예상하지 못했을 것이다. 그 시대는 바로 중세다.

중세 철학

아비센나   900
980 – 1037

캔터베리의 안셀무스   1000
1033 – 1109

피에르 아벨라르
1079 – 1142

콩슈의 기욤
1080/1090 – 1154

샤르트르의 티에리
1085 – 1155

베르나르두스 실베스트리
1085 – 약 1160/1178

아베로에스   1100
1126 – 1198

1200   알베르투스 마그누스
1200 – 1280

로저 베이컨
1214 – 약 1292/1294

보나벤투라
1221 – 1274

토마스 아퀴나스
1225 – 1274

프라이베르크의 디트리히
1240/1245 – 1318/1320

마이스터 에크하르트
1260 – 1328

단테 알리기에리
1265 – 1321

요하네스 둔스 스코투스
1266 – 1308

파도바의 마르실리우스
1275/1290 – 1342/1343

오컴의 윌리엄
1288 – 1347

1300   장 뷔리당
1300 – 1358

오트르쿠르의 니콜라우스
1300 – 1369

니콜 오렘
1330 이전 – 1382

프란체스코 페트라르카
1304 – 1374

교회의 그림자

수도사, 교황, 성자 / 남과 북에서의 국가 건설 /
에리우게나 또는 자유 의지 / 논리학과 신앙 /
신을 증명할 수 있을까? / 아벨라르 / 장미의 이름

수도사, 교황, 성자

537년 12월 27일 황제 유스티니아누스 1세는 세상에서 가장 큰 교회 안으로 들어선다. 동로마 제국의 이 권력자에 의해 단 5년 만에 콘스탄티노플에 지어진 성 소피아 대성당Hagia Sophia이다. 성당에 들어선 그는 예루살렘의 전설적인 솔로몬 성전을 훨씬 능가하는 이 거대한 건축물을 짓게 허락해 주신 신에게 감사의 기도를 올린다. 햇빛이 쏟아져 들어오는 본당 위에 지름 30미터의 둥근 천장이 완전히 얹히기 전의 일이다. 그런데 〈거룩한 지혜〉라는 뜻의 이 성당이 시대의 변혁기 바로 직전인 후기 고대의 마지막 위대한 건축물이 될 것이라는 사실은 황제도 몰랐을 것이다.

562년 성탄절 이브에 이 성당의 돔 지붕이 수차례 붕괴한 끝에 마침내 얹혔을 때 유스티니아누스는 이미 여든이었다. 그는 나이만큼이나 쇠약한 힘으로 지중해권의 가장 큰 정치적 통일체를 통치하고 있었다. 콘스탄티노플에서부터 오늘날의 터키, 시리아, 레바논, 이스라엘, 이집트, 리비아, 튀니지, 알제리, 남스페인, 이탈리아, 크로아티아, 마케도니아, 그리스 지역까지 아우르는 거대 제국이었다. 지중해를 연결하는 해안 중에서 빠진 지역은 오늘날의 모로코와 북스페인, 남프랑스뿐이다.

그러나 겉으로만 제국의 위세가 대단해 보일 뿐 속사정은 그렇지 않았다. 황제는 제국의 전 영토에 통일적으로 적용할 새 법을 제정했다. 오늘날까지도 〈로마법〉의 대표적인 법전으로 알려져 있는 유명한 『유스티니아누스 법전』이 그것이다. 그런데 지중해권에서 유스티니아누스가 정복한 땅, 예를 들어 카르타고와 시칠리아, 로마, 라벤나는 장기적으로 볼 때 예전과 같이 유지될 수 없는 상황이었다. 특히 이탈리아에서 동로마군은 북동쪽의 제한적 지역만 점령하고 있었다. 이탈리아의 나머지 땅은 동고트족과 마침내 알프스를 넘어서까지 밀고 온 랑고바르드 왕국에 넘어갔다. 그리스 북부의 국경 지대도 아바르족의 공세로 위태로운 형국이었다. 아바르족은 발트해에서 볼가강까지 지배하던 슬라브계 유목민이다. 게다가 남동부에서는 로마의 영원한 숙적 페르시아가 도약 중이었고, 엎친 데 덮친 격으로 제국의 거의 모든 지역에서 가래톳페스트가 창궐하면서 큰 해안 도시들의 인구는 급격히 줄어들었다.

　　내정 면에서도 제국은 분열의 위기에 처해 있었다. 원래 동로마 제국의 기본 골격은 세속적 권력과 영적 권력의 조화로 잘 정비되어 있었다. 2,000명에 가까운 기독교 주교들은 향 연기 자욱한 성당에 거주하며 지배 영토의 모든 속주들에서 황제의 힘을 대변했다. 하지만 그런 교회 자체가 깊은 분열에 빠져 있었다. 주교들이 세속의 불화에 깊이 연관될수록 종교적 본보기로서의 의미는 점점 퇴색되었다. 진정한 신앙의 구루는 제국의 동쪽에서 고행을 하는 금욕주의자들이었다. 그들은 도시 성문 앞 황무지나 사막에서 세상을 등진 채 욕심 없이 〈성스럽게〉 살아갔다. 그들에게 불멸을 보장하는 것은 이러한 기독교적 생활 방식이었다. 아우구스티누스의 은총론도 시리아의 황무지, 안티오키아의 산악 지대, 가자 지방의 모래 언덕까지는 파고들지 못했다.

　　공식 교회의 힘은 제한되어 있었다. 그것도 모자라 예수가 신인지 인간인지, 아니면 둘 다인지를 놓고 벌어진 과거의 끝없는 논쟁으로 교회는 만신창이 상태였다. 449년과 451년에 열린 에페소스 공의회와 칼케돈 공의회에서 예수를 인성과 신성이 결합된 이중적 성격으로 명확히 규정했음에도 신도들 사이에서는 여전히 다툼이 끊이지 않았다. 이집트와 시리아의 〈단성론자(單性論者)〉들은 신으로서 예수의 단일한 성격을 줄기차게 주장했다. 반면에 과거의 총대주교 네스토리우스의 이름에서 유래한 네스토리우스파는 아리우스의 전통에 따라 예수를 여전히 인간으로 간주하고 있었다. 유스티니아누스 황제도 두 입장을 조정하지 못하고 둘 사이를 힘들게 헤쳐 나갈 뿐이었다. 두 교파는 오랫동안 살아남았다. 네스토리우스파는 13세기까지, 단성론은 심지어 현재까지도 콥트 교회와 여러 독립적인 정교회 안에서 유지되고 있다.

어쨌든 유스티니아누스의 나라는 여전히 거대 제국이었다. 그런데 황제의 근심은 서방 교회의 주요 대표자인 로마 주교의 근심에 비하면 그나마 나은 편이었다. 4세기부터 로마 주교는 스스로를 〈파파〉(아버지) 또는 〈팝스트〉*라 불렀다. 오늘날 이 칭호는 로마 가톨릭 수장인 교황을 가리키는 말이지만 당시에는 다른 주교들도 자신을 그렇게 불렀다. 팝스트가 로마 주교만의 호칭으로 정착되기까지는 상당 시간이 걸렸다. 아무튼 팝스트를 지원한 나라는 공고한 기반의 왕국이 아니라 해체 일로의 나라였다. 그래서 팝스트는 30년 동안 동고트족의 지도자 테오도리쿠스와 관계가 나쁠 수밖에 없었다. 유스티니아누스군이 마침내 고트족과 랑고바르드족과 치열한 전쟁을 벌인 끝에 승리를 거두었음에도 서방에서는 새로운 중심적 권력이 만들어지지 않았다. 불과 15년 뒤 이탈리아 땅의 대부분은 랑고바르드족의 수중에 넘어갔고, 그때부터 이탈리아는 하나의 제국이 아닌 랑고바르드 군벌들의 느슨한 지배 영토가 되었다.

568년 동로마군이 이탈리아 땅에서 영구히 철수했을 때

중세 철학　교회의 그림자

---

* 그리스어로 아이들이 아버지를 부르는 말이다. 우리말로는 〈아빠〉 정도에 해당된다. 영어로는 pope.

젊은 로마인 그레고리우스는 로마 원로원 의원이었다. 명망 높은 귀족가의 후손인 이 청년은 7년 뒤 정계에서 발을 빼고 로마 한가운데에 위치한 목가적인 첼리오 언덕의 가족 빌라에 눌러앉았다. 그러고는 그곳에 누르시아의 베네딕트(480년~547년)의 본을 따라 베네딕트 수도원을 세웠다. 서로마 제국에서는 세속적인 삶을 버리고 기독교적으로 살려는 사람 중에서 광야에서 외롭게 사는 이는 드물었다. 대개 작은 무리를 지어 함께 살면서 수도사의 길을 걸었다. 원래는 〈수도사monarchos〉라는 말이 혼자라는 뜻의 〈모노스monos〉에서 유래했음에도 말이다. 어쨌든 이런 수도사 집단을 베네딕트가 처음 발명한 것은 아니었지만, 그가 이 집단에 부여한 엄격한 규칙은 많은 수도원의 본보기가 되었다.

그레고리우스는 수도원의 수도사로 오래 머물지 않았다. 579년 교황의 특임 대사로 콘스탄티노플로 떠난 것이다. 그곳 궁정의 관용(官用) 언어는 그레고리우스가 모르는 그리스어였다. 그럼에도 그는 동로마 궁정에 6년이나 머물렀다. 그 뒤 590년에 본인이 교황에 올랐다. 이때부터 〈교황(팝스트)〉이라는 말은 로마 주교에게만 쓸 수 있는 용어로 정착되었다. 그레고리우스 교황 체제하에서 교황권은 전례가 없는 방식으로 강화되었다. 이교도들을 폭력으로 무자비하게 개종시켰고, 선교사들을 아직 야만의 땅이었던 영국으로 보냈다. 그사이 그레고리우스는 갈리아와 스페인에서 자부심 강한 게르만족의 두 나라를 손보고 있었다. 이 나라의 왕들은 이미 90년 전부터 기독교를 믿고 있었다. 그레고리우스가 교황이 되기 1년 전 서고트 왕국의 왕 레카레드 1세는 스페인의 톨레도에서 아리우스 교리를 단념할 것을 맹세하면서 통일적인 로마 가톨릭교회로의 개종을 선언했다. 두 나라는 방어력이 뛰어난 유복한 땅으로서 교황의 명을 잘 따르지 않았다. 교황이 최소한 서방의 기독교인들에 대한 통제력을 유지하려면 주교들의 입지부터 강화시켜야 했다.

훗날 〈대교황〉이라는 별칭을 얻게 된 그레고리우스는 성직자들의 규범을 다룬 책(『성직자 규범서』)과 성직자들이 신도들의 영혼을 어떻게 인도해야 하는지를 다룬 책(『목회 지침』)을 집필했다. 『목회 지침』의 영향력은 특히 엄청났다. 그레고리우스는 주교들에게 신도들의 영혼을 지배해야 한다고 촉구했다. 또한 성자가 가야 할 길은 고독과 은둔이 아니라 주교구의 구체적인 권력 행사에 있다고 천명했다. 『목회지침』과 함께 교회는 인간 영혼에 대한 지배권뿐 아니라 세상의 불화에 대한 지배권도 확보하게 되었다. 이제 성직자는 세속적으로 행동하는 영혼의 목자로 살면서도 얼마든지 성스러워질 수 있었다. 아니, 은둔의 삶보다 성스러움에 이르기가 더 쉽다고 했다.

이런 새로운 해석의 결과 많은 성직자들이 시차를 두고 차례로 성자의 품에 올랐다. 사실 그때까지 성자 숭배는 순교자와 카리스마 넘치는 아웃사이더들에게만 해당되던 일이었다. 그러던 것이 이제는 지역마다 자기들만의 성인과 수호성인이 생겼다. 교회는 그런 성자들을 인정했을 뿐 아니라 그런 숭배를 힘껏 장려할 때가 많았다. 그것은 다신교에 대한 인간의 마르지 않는 욕구와도 맞아떨어졌다. 원래는 이교도 종교들의 잔재일 뿐일 텐데 말이다. 곳곳에서 만나게 되는 마법적인 대상들에 대한 숭배 현상도 그런 욕구와 일치했다. 교회는 이런 욕구의 대용품으로 성자의 유해를 발굴하거나 만들어 냈고, 그런 유해를 이용해 큰돈을 벌었다. 물론 그레고리우스의 이런 정책을 통해 성자 인플레이션 현상이 일어난 것은 어쩔 수 없는 일이었다. 그때부터 관(官)에 속한 모든 영혼의 목자들에게는 최소한 얼마큼이라도 성스러움이 부가되었다. 이런 분위기다 보니 그레고리우스 본인이 나중에 성자의 품에 오른 것은 지극히 당연한 일이었다.

관의 이런 새로운 성스러움과 함께 교회 인력은 과거 서로마 제국의 땅 곳곳에서 급격하게 늘어났다. 베네딕트 수도원에서 수도원장이 자식의 모든 것을 감독하는 엄격한 아버지처럼 수도사들의 영혼의 삶을 통제하듯 주교들도 그레고리우스의 뜻에 따라 자신의 교구를 그렇게 지배했다. 교황의 문서는 널리 전파된 지도 원리이자 교회의 권력 행사를 뒷받침해 주는 합법적인 토대이기도 했다.

아우구스티누스 이후 그레고리우스만큼 교회의 자기 이해를 강하게 특징지은 사람은 없었다. 하지만 교황의 권좌에 앉은 귀족 출신의 이 로마인은 200년 전의 아우구스티누스와는 달리 다방면으로 학식 있는 남자가 아니었다. 아우구스티누스도 그리스어를 모르는 것은 마찬가지였지만 최소한 라틴어 번역본으로 그리스 철학을 공부하기는 했다. 서방 세계를 관통하던 그리스 교양의 전통(사실 당시엔 그리스 학문이 세상 지식의 거의 전부였다)은 보이티우스와 함께 막을 내렸다. 보이티우스 이후에는 서방 세계에서 그리스 철학의 700년 전통을 총체적으로 잘 아는 주요 사상가가 수백 년 넘게 거의 나오지 않았다.

보이티우스에서부터 11세기까지의 철학은 어땠을까? 우선 키케로나 세네카 같은 몇 되지 않는 라틴 고전 철학자들의 책을 읽는 것이 철학이었다. 거기엔 보이티우스가 번역한 아리스토텔레스의 논리학 서적도 포함되었고, 그 밖에 아우구스티누스의 작품을 읽는 것과 함께 수도원에서 명상하는 것도 철학으로 간주되었다. 그게 전부였다. 서방 세계는 이제부터 철학 대신 그레고리우스의 저서같이 단순하면서도 집요한 교회 이데올로기로 만족하며 살아가야 했다. 이것은 재앙과 같은 지식의 상실이자 지적 사막화가 아닐 수 없다! 서양사에서 이때처럼 철학의 침체기였던 적은 없었다.

어쨌든 교회는 자신의 새로운 신앙 지침을 체계적으로 널리 보급하는 데 주력했다. 책이 만들어진 곳은 수도원이었다. 수도사들은 라틴어로 읽고 쓰는 법을 배웠고, 양피지 만드는 법까지 익혔다. 사설 도서관은 존재하지 않았다. 책은 오직 수도원에서만 생산되었고, 대개 그곳에만 있었다. 7, 8세기 갈리아와 스페인, 브리타니아의 가장 큰 도서관 중에서 장서가 수백 권이 넘는 곳은 거의 없었다. 세계의 모든 지식을 모아 놓은 예전 알렉산드리아 도서관의 수십만 권 두루마리 서책과 비교해 보라! 교회 규정에 따라 책을 만드는 작업은 진척이 더뎠다. 한 수도원에서 초기 중세에 가장 빈번하게 만들어진 책인 그레고리우스 전집을 필사하려면 양피지 전지 2,100장이 필요했다. 대형 필사본의 무게는 보통 50킬로그램에 달했다. 대형 성서도 비슷했다.

서방의 성직자들이 사용했던 라틴어는 다른 거의 모든 사람들에게는 외국어나 다름없었다. 그것은 교회와 행정 당국의 언어였다. 반면에 일반 대중은 켈트어, 프랑크어, 고트어, 랑고바르드어를 사용했다. 그리스나 로마의 철학자들에게는 전혀 없던 문제였다. 그들은 다른 학자들과 소통하기 위해 완전히 새로운 언어를 습득할 필요가 없었던 것이다. 이런 측면에서 보자면 7, 8세기에 중요한 철학적 산물이 거의 없었던 것은 결코 이상한 일이 아니다. 당시 서유럽은 전체적으로 문화적 미개국이나 다름없었다. 기껏해야 한 병든 제국을 무너뜨리기만 했을 뿐 그 제국의 문화적 유산을 소화할 능력도 없던 유목 민족들의 보잘것없는 유산만 남은 실정이었다. 따라서 당시의 가장 큰 제국은 기독교가 아니라 오늘날까지도 기독교의 가장 강력한 경쟁자인 중동의 한 종교였다.

남과 북에서의 국가 건설

그레고리우스 대교황은 604년에 죽었다. 같은 시기 지중해권의 반대편 끝, 즉 아라비아의 메카에서는 상업 민족인 쿠라이시족 지배층 가문의 한 아들이 환상을 보았다. 대천사 가브리엘이 나타나 신의 말씀을 전하라는 종교적 사명을 무함마드에게 내린 것이다. 이로써 아브라함의 종교라는 비옥한 토양에서 또다시 신에 의해 선택받은 한 인간이 나왔다. 무함마드도 예수와 마찬가지로 그런 사명을 자각하고 전파한 많은 이들 가운데 한 사람이었을 것이다. 또한 그의 선교 활동도 처음엔 성공할 가능성이 별로 없어 보였다. 당시 메카는 유명한 성지였다. 온갖 종교의 신자들이 〈카바〉라는 이름의 성전에서 각각의 신들에게 경의를 표하려고 이 도시를 찾았고, 쿠라이시족은 이렇게 찾아오는 순례자들 덕분에 많은 돈을 벌었다. 무함마드는 이런 돈벌이에 반대하면서 오직 알라만을 유일신으로 따라야 한다고 주장했고, 그 바람에 고향 사람들로부터 미움을 받았다.

무함마드는 자신을 따르는 사람들과 함께 메카에서 400킬로미터 떨어진 오아시스 야트리브(훗날의 메디나)로 옮겼다. 그러고는 그곳에 성전을 짓고 〈이슬람〉(〈신을 향한 복종〉이라는 뜻)이라는 이름의 새 종교를 창건했다. 처음에는 야트리브에 사는 유대교도 및 기독교인들과 잘 지냈다. 스스로를 그들 종교의 완성자로 생각하고 있었던 것이다. 하지만 얼마 지나지 않아 충돌이 발생했다. 무함마드가 반기를 든 유대인 500명을 처형한 것이다.

〈신의 사자〉를 자처한 무함마드는 대부분의 시간을 군벌로 활동했다. 알라의 이름으로 〈무슬림〉(신에 복종하는 자)과 함께 메카로 향하는 카라반들을 공격한 것이다. 그로써 자기 종족과의 싸움이 시작되었다. 무함마드가 지지자 및 베두인족 동맹군과 함께 자신의 쿠라이시족에게 테러를 가한 형제 전쟁은 8년간 지속되었다. 그러다 630년에는 약 2,000명의 무슬림을 이끌고 메카를 급습해 손에 넣었다. 이런 형태의 종족 분쟁은 아라비아반도에서 일상이 되었다. 하지만 세계의 정치 기상도는 아직 별 영향을 받지 않았다.

무함마드가 632년에 죽자 그때서야 정치 기상도는 변하기 시작했다. 그의 후계자들은 현시점의 세계 질서가 자신들에게 얼마나 유리한지 재빨리 간파했다. 즉, 감히 넘볼 수 없었던 두 강대국 동로마 제국과 사산 왕조가 서로 간의 끝없는 싸움으로 힘이 빠질 만큼 빠져 있었던 것이다. 무슬림들은 이 정치적 공백기를 노렸다. 역사상 처음으로 새 종교를 통해 임시방편으로나마 하나로 통합되어 있던 아랍 부족들이 아라비아반도의 황량한 땅을 떠나 북쪽으로 밀고 올라간 것이다. 여기서 임시방편이라고 했던 것은 무함마드의 후계자인 아부 바크르와 알리 이븐 아비 탈리브가 끊임없이 반목했기 때문이다. 오늘날까지도 수니파와 시아파로 나뉘어 서로 칼끝을 겨누게 된 싸움의 시초였다. 어쨌든 세계의 정치 판도를 무슬림 쪽으로 확 기울게 한 사람은 아부 바크르의 후계자인 우마르였다. 제2대 〈칼리프〉(무함마드의 후계자)에 오른 그는 전사들을 팔레스타인과 이집트, 시리아, 이라크로 보냈다. 사산 왕조는 무슬림의 노도와도 같은 공세에 와해되었고, 동로마 역시 수차례 참담한 패배와 함께 제국의 4분의 3을 무슬림 종교 전사들에게 넘겨주었다. 무함마드가 죽은 지 불과 10년 만에 우마르는 하나의 제국을 건설했다. 다시 말해 하나의 국부

교회의 그림자   중세 철학

적 테러 조직이 세계 강국으로 부상하고, 하나의 지역 종교가 세계 종교가 된 것이다.

이 과정에서 무슬림들은 기독교에 비해 상대적으로 관대했다. 다른 종교의 신도들이 새 주인에게 복종하고 세금을 꼬박꼬박 납부하는 한 그들의 신앙도 전반적으로 용인했다. 무슬림들은 자신의 종교와 군대에 대한 확신에 찬 우월감 속에서 계속 아르메니아로 진격했고, 이 지역에 대한 지배권마저 동로마 제국으로부터 탈취했다. 이어 모로코를 접수하고 나중에는 북아프리카 전역을 손에 넣었다. 711년에는 스페인으로 진출해서 서고트 왕국을 무너뜨린 뒤 훗날 코르도바 토후국으로 바뀌게 될 알안달루스 칼리프 제국을 건설했다. 이슬람 전사들이 급에 맞는 강적을 만난 것은 피레네 산맥을 넘어 남프랑스로 진격할 때였다. 732년 프랑크 왕국의 재상 카를 마르텔이 투르 전투와 푸아티에 전투에서 노략질을 일삼는 아랍군을 무찔렀다. 이후 아랍의 영토는 발레아레스 제도와 시칠리아만 제외하고는 더 이상 늘어나지 않았다. 그럼에도 수백 년 동안 세계에서 가장 큰 나라는 아랍 제국이었다. 당시 남아 있던 동로마 제국의 열 배 크기였다.

그런데 아랍의 거센 폭풍이 몰아치는 가운데 마치 무풍지대에서처럼 작지만 또 하나의 새로운 제국이 생겨나고 있었다. 무슬림의 진출을 프랑스에서 저지한 프랑크 왕국이 그 주인공이었다. 클로비스 1세에서 카를루스 대제까지 프랑크 왕국의 지배자들은 418~814년에 거침없는 침략과 무자비한 약탈을 통해 오늘날의 프랑스와 독일, 북이탈리아 전 지역을 합병했다. 이때 그들에게는 기독교가 진격의 선봉적 이데올로기가 되어 주었다. 아랍인들에게 이슬람이 그랬던 것처럼. 프랑크 왕국의 부유한 주교구와 대수도원들은 왕의 친척과 심복들의 수중에 들어간 것과 동시에 지방 권력으로 자리 잡았다. 그들의 부도 현지의 이교도적 미신들을 기독교와 통합한 기민함만큼이나 빠른 속도로 증가했다. 이렇게 해서 기독교는 라틴어 문자 문화의 게르만족 국가에서 독특한 자기만의 색깔을 얻게 되었다.

교황으로서는 선택의 여지가 없었다. 프랑크 왕국에 서방 기독교의 새로운 수호자로서의 역할을 맡길 수밖에 없었다. 그래서 기독교의 수장은 751년 프랑크 왕국의 옛 왕을 폐위하고 왕좌에 오른 피핀 3세에게 축복을 내려 그의 왕위를 공식 인정하였다. 고대 이스라엘의 전통에 따라 성유를 발라 주는 이 의식이 끝나자 피핀 3세는 이제 교회의 공식 수호자가 되었다. 그 대가로 왕은 랑고바르드족에게서 강탈한 이탈리아 북부와 중부의 넓은 영토를 교황에게 선사했다. 피핀의 아들이자 후계자인 카롤루스 대제(일명 샤를마뉴)는 랑고바르드족과 작센족, 아바르족을 가차 없이 밀어붙여 영토를 확장했다. 그런데 이보다 더 어려운 일이 있었다. 프랑크 왕국의 내정을 확고하게 다지는 일이었다. 영토의 상당 부분이 아직 접근조차 불가능한 거대한 숲으로 뒤덮여 있었다. 대부분의 농부는 가난했고, 굶주림과 피폐함이 그들의 일상을 지배했다. 독일 아헨을 수도로 삼은 상태에서 800년에 로마에서 로마 황제로 등극한 카롤루스 대제는 농업 경작 방식의 개선과 수도원의 확충에 많은 공을 들였다. 그의 후계자 루트비히 1세(일명 경건 왕. 루이 1세) 치하에서는 나라 전체에 주교좌성당 180개를 비롯해 제법 큰 규모의 수도원만 700개가 있었다.

예비 성직자 양성을 위한 통일적 교육 시스템의 정비가 중요한 국정 과제 중 하나였다. 그런 교육 시스템에는 당연히 하나의 통일된 언어의 존재도 포함되어야 했다. 카롤루스 대제는 이런 교육 혁명에 가장 적합한 인물로 요크 출신의 알퀴누스를 선택했다. 아헨에서부터 대변혁을 설계한 인물이었다. 그는 온 백성이 누구나 쉽게 읽고 이해할 수 있는 서체를 제정하기 위해 열

중세 철학　교회의 그림자

과 성을 다했다. 〈카롤링거 서체〉가 알퀴누스의 발명품은 아니지만, 그가 그것을 표준화한 것은 사실이다. 또한 모든 수도사들이 문법적으로나 맞춤법적으로 올바른 하나의 동일한 라틴어를 사용하는 것도 중요했다. 알퀴누스는 이런 식으로 아무도 오해할 수 없는 공식적인 기독교 신앙을 만들고 싶어 했다. 동시에 각각의 로망스 민족어와 게르만 민족어도 장려했다. 속인들에게 신의 말을 설명하려면 그런 일상적 언어를 포기할 수 없었던 것이다. 여기서 핵심은 이런 언어들을 라틴어 표준어와 충분하게 섞는 일이었다. 하지만 실제로는 교회와 행정 당국의 언어와 백성들의 언어는 예전보다 간극이 더 벌어졌다.

알퀴누스는 이른바 성상(聖像) 논쟁 속에서 국민 교육학적 타협점을 발견했다. 콘스탄티노플에서는 오래전부터 성인의 초상화나 형상을 경배해도 되는지 안 되는지를 두고 충돌이 극심했다. 성상 파괴주의자들의 의견에 따르면 성인의 형상에 경배하는 것도 우상 숭배라는 것이다. 반면에 성상 숭배자들은 이렇게 말한다. 신의 성스러움은 그것을 묘사한 그림과 형상 속에도 나타나 있기에 성상 숭배는 전적으로 적법하다는 것이다. 실용주의자인 알퀴누스가 보기에 이 논쟁은 그렇게 열정을 다해 싸울 일이 아니었다. 성상을 성인 자체와 동일시하지 않는 이상 성인의 형상에 반대할 이유가 어디 있겠느냐는 것이다. 그의 이런 입장에 대한 지지는 『카롤링거의 서(書)』*를 통해 온다. 황제의 주문으로 이 책에 추천서가 실린 것이다. 내용은 이렇다. 이 책들은 표현한 대상과 표현된 것을 논리적이고 이성적으로 명확히 구분하고 있다. 따라서 성상은 그 자체로 성스러울 수는 없고, 다만 종교의 보급과 전달에 유익하다는 점에서 정당하다. 이는 서구 사회 곳곳에서 관철된 의견이다.

* 알퀴누스가 쓴 것으로 추정되는 교회 정치사적 비망록.

반면에 알퀴누스는 다른 논쟁거리에서는 덜 관대했다. 서방 교회들도 예수의 신성에 관한 아주 오래된 논쟁을 알고 있었다. 서방의 네스토리우스파는 스스로를 〈그리스도 양자주의자〉라고 부르면서 아리우스의 전통에 따라 예수를 신의 은총으로 신에게 〈양자로 입양된〉 인간이라고 주장했다. 그러니까 예수를 인간 이상의 존재로 보는 견해에 의심을 품은 것이다. 알퀴누스는 이 고약한 형제들을 〈이단〉으로 선포하기 위해 레겐스부르크와 프랑크푸르트, 아헨에서 주교 회의를 소집했다. 그로써 기독교의 대표 브랜드에 대한 정체성 논란은 마침내 종지부를 찍었다. 하지만 그렇다고 바로 평화가 찾아온 것은 아니었다. 왜냐하면 아주 오래되었으면서도 아주 새로운 신앙 논쟁이 다음 차례를 기다리고 있었기 때문이다.

에리우게나 또는 자유 의지

850년 기독교적 색채의 프랑크 왕국에서 유례없는 지적 스캔들이 발생했다. 단초를 제공한 것은 궁정 문법학자 요하네스 스코투스의 책이었다. 아일랜드 사람이라는 뜻의 에리우게나라는 이름으로 더 잘 알려진 인물이다. 프랑크 왕국은 그사이 분열되었다. 오늘날 프랑스 서부를 제외한 프랑스 땅에 해당하는 서프랑크 왕국은 대머리왕 카롤루스 2세가 다스렸다. 그의 주교 랭스의 힝크마르는 요하네스 스코투스에게 한 논쟁에 대한 감정서를 쓰라고 주문했는데, 이 감정서로 인해 곧 또 다른 논쟁이 불타올랐다.

차례대로 설명해 보자. 2년 전, 그러니까 848년 10월 주교회의는 오르베 출신의 수도사 고트샬크에게 유죄 판결을 내렸다. 이유는 신의 섭리, 즉 예정설에 대한 고트샬크의 견해 때문이었다. 이 수도사는 아우구스티누스의 가르침에 입각해서, 신은 나중에 누구를 천국으로 보내고 누구를 지옥에 보낼지 처음부터 결정해 놓았다고 주장했다. 이 견해는 세간에 오랫동안 내려오던 생각이었을 뿐 아니라 교회의 신앙 원칙이기도 했다. 그런데 프랑크 왕국에 이르러 시대가 변했다. 당시 고위 성직자들로서는 신을 모든 인간에 대한 자의적이고 편파적이고 불공정한 심판관으로 만드는 아우구스티누스의 그 확고부동한 은총론을 견디기 어려웠다. 대중들에게 각자의 노력이니 발전이니 윤리적 삶을 설파하려고 해도 모든 게 이미 신의 뜻에 따라 정해져 있다면 대체 그걸 신자들에게 어떻게 설명할 수 있단 말인가? 프랑크 왕국의 성직자들은 아우구스티누스의 숙명론에 대한 펠라기우스의 옛 항변에 마음이 움직인 게 분명했다. 결국 마인츠의 주교 회의가 소집되었고, 고트샬크에게 무기 징역형과 함께 공개적인 채찍질 형이 내려졌다.

　　그런데 고트샬크 사건에 대한 주교들의 입장은 나뉘었다. 아우구스티누스를 정확하게 재현했다는 이유만으로 유죄 판결을 내린 것은 많은 사람들에겐 교리적 전통을 너무 심하게 깨뜨리는 것처럼 보였던 것이다. 그래서 고트샬크의 입장을 옹호하는 감정서들이 나오게 되었다. 상황이 이렇게 흘러가자 힌크마르 주교는 분쟁을 조정하기 위해 요하네스 스코투스 에리우게나에게 또 다른 감정서를 쓰라고 지시했다. 에리우게나는 정확하게 주교와 황제가 원하는 결론을 내렸다. 즉, 고트샬크에 대한 유죄 판결이 정당하다는 것이다. 그런데 문제가 된 것은 그의 논거였다. 에리우게나가 신학적인 논증이 아니라 당시에는 깜짝 놀랄 만한 철학적인 논증을 벌였기 때문이다. 그의 논증은 성서나 교부들의 권위에 기대지 않았다. 물론 교리로 자리 잡기 전의 젊은 아우구스티누스를 끌어들이기는 했으나, 그조차 만년의 아우구스티누스를 논박하고 그로써 자유롭게 철학하기 위해서였다.

　　에리우게나에게 신은 신플라톤주의와 비슷하게 절대적으로 완전한 존재였다. 그래서 신은 모든 인간적인 것에서 벗어나 있다. 그런 신은 처음부터 자신이 누구를 구원하고 누구에게 벌을 내릴지 정해 놓지 않는다. 심지어 나중에도 그런 판결을 내리지 않는다. 완전한 신은 시간에 구애받지 않고, 자의적이지도 않다. 자의란 모자란 우리가 신에게 투영한 인간 세계의 속성일 뿐이다. 따라서 구원을 결정하는 것은 신이 아니라 인간 자신이다. 그것도 인간이 어떻게 살았느냐에 따라 구원이 결정된다. 때문에 신은 인간에게 자유 의지를 부여했다. 자유 의지가 없다면 인간은 다른 의지도 있을 수 없을뿐더러 그저 멀리서 조종되는 인형에 불과하다. 그러나 인간은 분명 그렇지 않아 보이기에 자유로운 존재다. 올바르고 충실하고 정직하게 행동하면 신에 가까워지고, 비도덕적이고 〈악하게〉 행동하면 신에게서 멀어진다. 악이 선의 결핍이라고 생각한 플로티노스가 떠오르는 대목이다. 에리우게나도 지옥에 떨어지는 것을 그와 비슷하게 상상했다. 그러니까 지옥이란 불과 형벌이 있는 공간이 아니라 단지 신으로부터 멀리 떨어진 인간의 슬픈 자화상일 뿐이라는 것이다.

850년 자유 의지를 옹호한 에리우게나의 목소리는 우리가 그런 진보적인 생각을 감히 기대할 수 없었던 시대 상황에 비추어 보면 무척 인상적인 자료다. 그건 불쌍한 고트샬크에게 불리한 감정서에 그친 것이 아니라 인류를 위한 〈계몽적이고〉 미래 지향적인 저술이다. 특이한 것은 그 텍스트가 대교황 그레고리우스의 작품처럼 베스트셀러가 되지는 않았다는 것이다. 우리에게 남아 있는 것은 단 하나의 필사본뿐이다. 어쨌든 트로이의 프루덴티우스 주교와 리옹의 플로루스 대부제(大副祭)는 분노를 참지 못하고 에리우게나에게 〈치명적인 실수〉를 모두 떠넘기며 가능한 한 빨리 그 일에서 손을 떼라고 권고한다. 만일 대머리왕 카롤루스가 에리우게나에게 보호의 손길을 내밀지 않았더라면 그 역시 불행한 고트샬크와 별반 다르지 않은 처지가 되었을 것이다.

하지만 에리우게나는 굴하지 않고 자기 생각을 계속 다져 나간다. 자유 의지에 대한 옹호로 한바탕 소동을 일으킨 지 17년 만인 867년에 자신의 주저 『자연의 구분에 대하여Periphyseon』를 발표했다. 이 책은 자신의 착상과 남의 글을 모아 놓은 것이었다. 한 선생과 제자가 창조와 세계 질서에 대해 토론한다. 여기서도 교회의 권위 있는 의견들은 또다시 그의 생각을 전개하기 위한 디딤돌 정도로 사용된다. 에리우게나는 당시 그리스어를 아는 몇

안 되는 학자들 중 하나였다. 그래서 그전에 비잔틴 황제로부터 선물 받은 디오니시우스 아레오파기타의 필사본을 라틴어로 번역하기도 했다. 그의 주저에 대한 신플라톤주의의 영향은 이번에도 무척 컸다. 디오니시우스에게도 마찬가지였지만 에리우게나에게도 신은 규정할 수 없는 존재였다. 때문에 신에게 인간 세계의 속성을 부여하려는 시도는 모두 잘못된 것이다. 신은 파악할 수 없고, 그저 신적인 것이 우리 속에서 〈반짝거릴 때〉 체험할 수 있을 뿐이다.

　　신플라톤주의의 영향이 물씬 느껴지는 지점이다. 그런데 이보다 더 중요한 것은 에리우게나에게는 인간 역시 단순하게 규정할 수 없는 존재라는 사실이다. 인간이 신의 모사라면 당연히 인간도 불가해한 존재가 아닐까? 우리의 의식과 이성, 사유의 힘 속에는 전체 세계가 반짝거리고 있지 않을까? 인간은 본질적으로 가련한 죄인이 아니라 신적인 특성을 부여받은 특별한 그 무엇이 아닐까? 에리우게나는 인간을 신학적 족쇄에서 해방시키고자 많은 노력을 기울였다. 인간 운명이 미리 정해져 있다는 은총론은 배척되었고, 고문실로서의 지옥은 폐지되었으며, 대신 고대 그리스인들의 자의식 넘치는 인간상이 소생했다. 우리가 아담의 원죄 때문에 낙원에서 쫓겨나기는 해도 우리의 정신은 자연스럽게 다시 신의 곁으로 나아가고, 자유 의지를 통해 신에게 이를 수 있다는 것이다. 이런 견해는 비록 드물긴 했지만 350년 넘게 기독교 세계에서 읽히고 암묵적인 공감을 얻었다. 1225년에 이르러서야 교황은 에리우게나의 이 견해에 단호한 조치를 취했고, 또 다른 논란을 불러온다는 이유로 책을 불태우게 했다.

논리학과 신앙

인간과 인간 자유에 관한 에리우게나의 근대적인 생각은 관철되지 못했다. 그의 환하고 맑은 생각은 오늘날의 우리에게 마치 거대한 어둠 속에서 깜박거리며 현혹하는 도깨비불처럼 느껴진다. 초기와 중기의 중세 교회는 죄인이라는 족쇄로 묶어 놓은 인간을 해방시킬 생각을 조금도 하지 않았다. 대신 그들에게는 전혀 다른 걱정이 있었다. 분열된 프랑크족의 나라들이 또 해체되고 있었던 것이다. 작센인 오토 대제는 중부 유럽에 새 나라를 세웠다. 사람들이 훗날 신성 로마 제국이라 부른 나라였다. 몇 십 년 동안 중부 유럽과 서부 유럽은 대체로 평화롭게 흘러갔다. 그 뒤 국가 건설의 새로운 폭풍이 거세게 몰아쳤다.

1000년 무렵에는 젊은 오토 3세가 중부 유럽을 다스리고 있었다. 왕관의 8각형 테두리는 황제가 전 세계를 둘러싸고 있는 모습을 형상화하고 있었다. 숫자 8은 〈하늘〉과 〈땅〉의 상징이었고, 8각형 테두리의 보석은 각각 하나의 미덕을 의미했다. 오토 3세의 권력은 하늘을 찔렀고, 교황조차 그의 아랫사람이었다. 당시 교황은 황제의 과거 멘토로서 영리하고 눈치 빠른 학자 오리악의 제르베르였는데, 지금은 실베스테르 2세라 불리고 있었다. 그는 수학자로서 주판을 발명했고, 아라비아 숫자를 최초로 사용한 사람들 중 하나였다. 또한 천체 관측기 제작에 힘을 쏟고 천구의(天球儀)를 만들기도 했다. 그러나 그런 황제와 교황도 짧은 재임 기간 끝에 세상을 떠났다.

그사이 유럽 문화권의 북쪽과 동쪽에서는 저마다 〈대왕〉과 〈성왕(聖王)〉을 자처하는 왕들이 자기들만의 대국을 세우고 있었다. 지역별로는 노르망디, 스칸디나비아, 폴란드, 보헤미아, 헝가리, 러시아, 불가리아였고, 군주별로는 영국의 정복왕 윌리엄 1세, 노르웨이의 성왕 올라프 2세, 덴마크의 성왕 크누드 4세, 폴란드의 대왕 볼레슬라프, 키예프의 성왕 블라디미르, 보헤미아의 성왕 바츨라프, 헝가리의 성왕 이슈트반, 불가리아의 대왕 시메온이었다. 그들은 모두 10세기와 11세기에 살았고, 교회와 절묘하게 협정을 맺어 자신들의 영토에서 처음으로 민족 국가와 비슷한 나라를 세웠다.

국가 건설에는 당연히 희생이 따랐다. 전쟁의 불편은 확산되었고, 무거운 방패와 장창, 투구, 쇠 미늘 갑옷으로 무장한 전사들은 국토를 유린했다. 전장에서의 잔혹한 죽음은 일상적인 죽음의 한 변형일 뿐이었다. 죽음은 늘 사람들 곁에 있었다. 당시 평균 기대 수명은 약 30~35세였다. 유럽에서는 19세기까지, 다른 지역에서는 20세기 들어서도 기대 수명이 이처럼 무척 짧았다. 그래서 마흔이 되면 벌써 노인 취급을 받았다. 1195년 교황 인노켄티우스 2세는 시편 90장 10절의 구절, 즉 인간은 일흔에서 여든까지 살 거라는 대목을 이렇게 수정하도록 했다. 〈이제 예순이 넘는 이는 드물고, 일흔이 넘는 이는 더욱 드물지니.〉 그 역시 56세에 죽었다.

이젠 죽음의 일상성이 삶을 지배했다. 병이 들면 얼마 안가 죽음을 맞았다. 생에 대한 이러한 태도는 철학과 신학에도 흔적을 남겼다. 12세기부터 도시에서는 주로 시골에 위치한 수도원들과의 경쟁 속에서 주교좌성당 학교가 생겨났다. 도시화가 한창 급속하게 진행되던 시기였다. 시골에서는 농부들이 봉건제하에서 신음하는 동안 도시에서는 새로운 형태의 공동체들이 형성되고 있었다. 특히 도시에서는 상인과 수공업자들이 세력을 넓혀가고 있었다. 1,500년 전의 아테네와 유사하게 도시들에서는 낡은 봉건제와 새로운 유산자 시민들 간에 갈등이 생겨났다. 한쪽에는 성직자와 귀족, 다른 한쪽에는 자의식 강한 새로운 시민 계급이 대치하면서 가끔 피비린내 나는 권력 투쟁을 벌였다. 상인과 자영업자의 새 계층은 고대 그리스와 마찬가지로 이성적 합목적성에 따라 움직였다. 또한 구매와 판매, 상업과 이익이 논리적으로 계획되고 산정되는 것처럼 사회도 그런 이성적인 방식으로 작동되길 기대했다.

이로써 논리학과 이성, 투명성에 대한 요구가 거세졌다. 일례로 신성 로마 제국의 독일 황제가 〈성직자 서임권 논쟁〉(1076~1122)을 통해 교황과 유럽의 패권적 지위를 다투는 동안 정복왕 윌리엄은 1086년부터 국내의 토지 소유 현황을 조사하게 했다. 이렇게 작성된 토지 장부Domesday Book는 토지의 권리 관계를 이론적으로 영구히 확정지었다. 약 50년 뒤 볼로냐의 대학 교수이자 카말돌리회의 수도사인 그라티아누스는 보편적 교회법인 『그라티아누스 교령집Decretum Gratiani』을 편찬했다. 이제부터는 소유의 문제, 행정과 정치의 문제에서 무엇이 정의이고 불의인지를 밝히기 위해서는 〈논거〉를 대거나, 똑똑한 문서적 지침에 따라 〈근거〉를 밝혀야 했다.

교회는 상인과 법률가들의 이런 점진적인 이성의 비상에 거의 어떤 조처도 취할 수 없었다. 교회의 전 체계는 논리학과 이성이 아닌 비합리성과 믿음에 기초하고 있었기 때문이다. 교회 내에서 믿음과 논리학을 연결시킬 능력이 있고 그것을 소명으로 느낀 사람은 별로 없었다. 하지만 어쨌든 있기는 했다. 그중에서 가장 중요한 인물이 이탈리아 알프스 자락에 위치한 아오스타 출신의 한 귀족 후예였다.

캔터베리의 안셀무스(1033?~1109)는 이름에서 짐작할 수 있듯이 영국인이 아니다. 사부아 백작령에서 성장한 그는 스물세 살 때 프랑스 이곳저곳을 떠돌다가 노르망디에 있는 르 베크 베네딕트 수도원에 들어갔다. 이 수도원의 란프랑크 부원장도 이탈리아인이었고, 아주 유명한 인물이었다. 다수의 성직자들이 그렇게 생각했듯 란프랑크 역시 신앙을 〈변증법적〉으로 파헤치는 것에 부정적이었다. 중세에서 변증법은 상반된 주장 간의 논쟁, 즉 논거와 논리학이 주로 사용되는 이성적 숙고를 의미했다. 변증법은 문법, 수사학, 산술, 기하학, 음악, 천문학과 함께 〈자유칠과(自由七科)〉*에 속했다. 그런데 교회는 자유칠과를 받아들이는 문제를 두고 깊이 분열되어 있었다. 한편에서는 이것을 모든 성직자가 포기해서는 안 될 것으로 여긴 반면에 다른 편에서는 악마의 작품으로 극구 배척했다.

란프랑크는 보수적 입장이었다. 그의 적 투르의 베렝가르와 정반대 입장이었다. 두 사람은 샤르트르에서 같은 스승, 즉 퓔베르 밑에서 공부했지만, 변증법과 관련해서는 치열하게 대립했다. 구체적으로 두 사람 사이에 논쟁의 불을 붙인 것은 성찬식 때 빵과 포도주가 〈물질적으로〉 그리스도의 살과 피가 되는지, 아니면 〈정신적으로〉만 변하는지의 문제였다. 란프랑크는 그 음식들이 정말 물질적으로 변한다고 생각했다. 빵과 포도주가 더 이상 빵과 포도주가 아닐 정도로 물질적인 변신을 거쳐 그리스도의 살과 피가 된다고 확신한 것이다. 반면에 베렝가르는 이를 믿음이 아니라 미신이라 여겼다. 성찬 때 빵과 포도주는 정신적으로만 그 의미가 바뀔 뿐이라는 것이다. 물질적인 실체는 전혀 바뀌지 않으면서 말이다.

둘 중에서 주류가 된 쪽은 란프랑크의 좀 더 소박한 입장

* 시대를 살아가는 교양인으로서 공통적으로 갖추어야 할 기본 소양과 학문을 의미한다.

이었다. 그런데 베렝가르의 변증법적 논증은 안셀무스에게 큰 영향을 준 것이 분명해 보인다. 믿음과 이성을 화해시키고 신학을 논리적으로 만드는 것이 그의 지상 과제가 되었기 때문이다.

신을 증명할 수 있을까?

안셀무스는 르 베크 수도원에 들어간 지 3년이 안 돼 부수도원장 자리에 올랐다. 그사이 란프랑크는 노르망디의 캉으로 옮겨 갔다. 1070년 안셀무스는 새로 영국 왕좌에 앉은 정복왕 윌리엄의 부름을 받아 캔터베리의 대주교가 되었다. 베크 수도원에 있을 때는 아무 방해 없이 신앙을 변증법적으로 논구하는 데 시간을 다 쏟았다. 그러기에 여건도 좋았다. 사실 11세기의 중세에서 수도원이 아니면 어디서 철학적으로 사유할 공간을 찾겠는가? 그 옛날 카롤루스 대제의 아헨 궁정도 지적으로는 이미 오래전부터 더 이상 아무 역할을 하지 못했다. 그래서 모든 지적 작업은 수도원으로 집중되었다. 하지만 수도원에 있는 철학적 보고는 보잘것없었다. 고대 그리스의 전통은 거의 완전히 끊긴 상태였다. 안셀무스 같은 사상가가 학문적 토대로 접할 수 있는 것이라고는 아우구스티누스와 보이티우스, 그리고 아리스토텔레스의 논리학 저술뿐이었다. 그는 이런 토대로 기독교적 믿음을 논리적이고 이성적으로 파헤치고자 했다. 그가 보기에, 논리학과 이성은 인간이 신적인 것을 공유할 수 있기 위해 신이 인간에게 내려 준 아주 훌륭한 선물이었기 때문이다.

서양 문화사에서 중세 절정기와 후기로 넘어가면서 고대의 합리성이 다시 서서히 태동하기 시작한 것을 아는 철학사 독자라면 안셀무스의 철학이 하나의 당연한 논리적 발걸음처럼 보일 것이다. 물론 안셀무스가 살고 생각했던 세계는 아직 그것을 알아챌 수 없는 단계였다. 현재 우리 삶의 세계를 지배하는 합리성은 문 밑으로 새어 나오는 가느다란 빛줄기처럼 아주 멀리 떨어져 있었다. 시간과 공간을 바라보고 관측하는 시각도 오늘날과 같지 않았다. 14세기까지 인간은 시간을 측정할 일이 있으면 해시계와 모래시계, 물시계를 이용했다. 한 세기, 또는 한 천년기의 시간 단위는 중세의 인간들에게는 낯선 것이었다. 시간을 뜻하는 〈템푸스tempus〉는 날씨를 뜻하는 〈템페스타스tempestas〉와 같은 개념이었다. 시간 계산은 봄의 시작이나 달의 위치, 또는 일출같이 늘 반복되는 자연 현상에 기반하고 있었다. 조부모의 생애를 넘어서면 그 뒤부터는 바로 위대한 영웅과 성자들의 신화적인 세계가 펼쳐졌다. 수백 년의 세월과 왕정들의 복잡한 실타래 속에 뒤엉킨 세계가.

우주의 역사적 시간대를 고민한 것은 성직자들이 유일했다. 베네딕트회의 수도사 베다는 8세기에 세계의 기원을 놀랄 정도로 꼼꼼하게 기원전 3952년 3월 18일로 못 박았고, 그로써 기원전 5198년으로 산정한 교부 히에로니무스의 시간 계산을 수정했다. 그런데 베다가 오늘날까지도 햇수 계산에 통상적으로 사용되는 〈예수 탄생〉을 역사 시간의 척도로 도입했음에도 중세에는 수백 년이 넘는 시간대에 대한 사유는 의미 없는 일이었다.

안셀무스 시대의 인간들이 시간에 대해 갖고 있던 이미지는 추상적이라기보다 구체적이었다. 희망과 소망, 걱정이 향한 것은 단순한 숫자가 아니라 누구나 떠올릴 수 있는 사건들이었다. 예를 들어 〈최후의 심판〉이나 〈그리스도 재림〉 같은 개념들은 일상의 한 부분이었다. 역사에 관한 관념이 별로 없던 시대에는 실재와 허구가 신속하게 섞였다. 한 시대를 겪었던 마지막 생존자가 사라지면 그 시대는 박쥐의 접힌 날개처럼 그 시간대를 잃어버렸다. 중세의 판타지를 지배했던 것은 시간이 아니라 공간이었다. 생활 태도의 변화는 낙원으로 들어가는 문 앞에서 일어났고, 낙원의 모습은 중세의 일상적인 풍경과 비슷했다. 즉 당시 사람들은 낙원이 과수원이나 성곽으로 둘러싸인 도시일 거라고 상상했다.

　　수도원의 지도 제작자들조차 지도가 측량, 즉 하찮은 경험 세계와 정확히 일치하는지를 거의 문제 삼지 않았다. 지표면의 자연 상태는 중요하지 않았다. 그들의 지도는 상징적인 지도였다. 척도에 대한 충실은 전혀 고려 대상이 아니었다. 그래서 멸망한 카르타고가 새로 세워진 뤼네부르크처럼 중세에도 여전히 지도에 표기되어 있었다. 그리스 신화에서 님프들이 지키는 신들의 정원은 아프리카 뒤편의 남서쪽 어딘가에 있었고, 〈축복받은 자들의 섬〉은 아일랜드 서쪽에 있었다. 그리고 도처에 교회들이 솟아 있었다. 지도의 세계는 꿈과 현실이 나누어지지 않은 인간들의 경험 세계였다.

　　이렇듯 신화와 종교가 뒤섞인 세계를 향해 안셀무스는 이성의 해부칼을 들이댔다. 르 베크 수도원의 부원장이었다가 나중에 원장에 오른 그는 진리와 정의, 악의 기원, 의미와 지시체의 차이에 대한 글을 썼다. 그때 다른 작품들은 거의 인용하지 않았다. 다른 성직자들이 하나같이 전래된 텍스트들에 대한 〈주석〉을 썼다면 안셀무스는 마치 그전에 어떤 철학적·신학적 전통도 없는 것처럼 글을 썼다. 그의 저서 중에 특히 유명한 것은 초기 두 작품 『모놀로기온 *Monologion*』과 『프로슬로기온 *Proslogion*』이다. 심지어 두 번째 책은 철학사에까지 당당히 이름을 올렸다. 안셀무스가 이 책에서 이성과 믿음의 관계에 대해 다음과 같은 새로운 명언을 남겼기 때문이다. 〈나는 알기 위해 믿는다 *Credo ut intelligam*.〉 성서에서 예수는 믿음이 부족한 도마에게 이렇게 말한다. 〈나를 보지 않고도 믿는 자는 행복하다〉(「요한의 복음서」 20장 29절).

이렇듯 안셀무스도 결국 믿음이 자신을 확고한 앎과 통찰력으로 인도할 것이라고 기대했다.

안셀무스가 『프로슬로기온』에서 변증법적 수단으로 진리를 드러내고자 했던 것은(당대로선 큰 사회적 물의를 일으킬 일이었다) 신의 실존에 대한 증명이었다. 그런데 그에 관한 기본적인 생각은 이미 플로티노스에 의해 만들어져 있었다. 물론 플로티노스의 생각은 기독교 신이 아닌 모든 것을 아우르는 〈일자〉를 향한 것이었지만. 그에 따르면, 일자는 절대적인 완전체이기에 존재할 수밖에 없다. 존재하지 않으면 완전하지 않기 때문이다. 이 생각은 보이티우스에게 큰 영향을 끼쳤는데, 그는 자기 입장에서 〈신의 증명〉을 반복하면서 중세의 세계로 진입시켰다. 안셀무스는 보이티우스의 논증을 알고 있었고, 그 논증을 토대로 네 단계로 진행되는 사유의 길을 열었다. 그전에 플로티노스와 보이티우스처럼 신을 〈더 위대하고 더 완전한 것은 생각할 수 없는 존재quo nihil maius cogitare potest〉로 정의 내렸다. 오늘날 우리의 시각에서 보면 이 역시 무조건적인 전제가 아니다. 이미 이 전제 속에 신의 본질에 대한 특정한 상이 담겨 있기 때문이다. 다신론자라면 신을 그런 식으로 정의하지는 않을 것이다. 어쨌든 안셀무스의 등장 700년 전에 이미 기독교 신학 속에 스며들어 있었던 것은 플로티노스의 완전한 일자에 대한 관념이었다.

안셀무스도 신의 완전성에 대해서는 추호도 의심하지 않았다. 그런데 그보다 더 큰 것을 생각할 수 없는 완전한 존재로서의 신은 처음엔 내 생각, 즉 오성 속의 관념일 뿐이다. 나는 완전한 신에 관한 이 관념이 내 생각 밖의 실제 신과 일치하는지 어떻게 알까? 안셀무스의 논증은 아주 간단하다. 만일 신이 존재하지 않는다면 우리가 상상할 수 있는 최고로 완전한 존재가 아니다. 완전함의 모든 속성을 지닌 것만이 가장 완전한 존재이기 때문이다. 만일 신이 사고의 대상으로만 존재한다면 우리는 사고와 실제의 영역에서 동시에 존재하는 더 완전한 것을 다시 생각해 낼 수 있다. 그리되면 신은 우리가 생각할 수 있는 가장 완전한 존재가 아니다. 따라서 신이 존재한다는 것도 논리적으로 그 완전함의 일부여야 한다.

안셀무스의 신 증명은 철학사에서는 기념비적인 일이었다. 이후 비슷한 증명이 여럿 나왔다. 예를 들어 토마스 아퀴나스나 르네 데카르트에게서 말이다. 그런데 안셀무스의 동시대인들 중에서 이미 그의 이론적 허점을 꿰뚫어 본 사람들이 더러 있었다. 그들의 반론은 이렇다. 신이 더 완전한 것을 생각할 수 없을 정도로 완전한 존재라는 것은 〈내 생각〉이다. 신이 존재한다는 것이 그 완전함에 속한다는 것도 〈마찬가지로 내 생각〉이다! 그렇다면 신에 관한 내 관념이 아무리 논리적이라고 하더라도 외부 세계에 그런 신과 일치한다는 것은 어떻게 알까? 꼭 존재할 거라는 내 생각 속의 신은 정말로 존재해야 하는 실재 세계 속으로 어떻게 뛰어내릴까? 내 머릿속의 정의라는 것은 결국 〈내 머릿속〉의 정의로만 남을 수밖에 없지 않을까!

안셀무스는 자신의 신 증명을 여러 차례 변호했지만 다른 이들의 의심은 가시지 않았다. 그사이 란프랑크가 1089년에 죽었다. 그 뒤 4년이 흘러 정복왕 윌리엄의 아들 윌리엄 2세가 르 베크의 그 똑똑한 합리주의자를 캔터베리로 불러 대주교에 임명했다. 당시 그 성직은 점점 영향력이 커지는 자리였다. 란프랑크 당시에는 별로 볼품없었던 대성당도 확장 공사를 통해 웅장한 성전으로 거듭날 채비를 하고 있었다. 그런데 안셀무스의 이름에 빠지지 않고 붙어 다니는 캔터베리의 대주교 자리는 그에게 별로 행복을 안겨 주지 않았다. 서임권 다툼, 즉 교회 권력과 세속적 권력의 이 싸움은 영국에서도 거세게 소용돌이쳤다. 이 문제에서만큼은 결코 타협을 모르던 안셀무스는 결국 그 소용돌이에 휘말려 몇 년에 걸쳐 두 번이나 망명을 떠나야 했다. 이로써 로마의 이익을 당당하게 옹호하던 이 남자는 영국에서의 주교직 기간만큼이나 오랜 시간을 외국에서 보내야 했다.

그럼에도 안셀무스는 대주교 재임 초기에 짬을 내 신앙의 한 까다로운 문제를 정면으로 다룬 책을 썼다. 『하느님은 왜 사람이 되었는가*Cur deus homo*』가 바로 그것이다. 신이 인간에게 원죄의 짐을 벗겨 주려고 자신의 아들을 희생했다고 믿는 것은 예부터 기독교의 가장 중차대한 요구였다. 그런데 파울루스와 아우구스티누스 같은 이들이 완전히 다른 시대사적 환경에서 설득력 있게 제시했던 이 믿음이 긴 세월 뒤 안셀무스에게는 더 이상 쉽게 이해되지 않았다. 특히 그에게 낯선 것은 조로아스터교와 마니교의 유산, 즉 근원적 원칙으로서 선과 악의 끊임없는 싸움이었다. 파울루스와 아우구스티누스는 아담의 원죄를 악마의 작품으로 해석했지만, 이것은 안셀무스의 사유 세계와 융합할 수 없었다. 그의 사유 세계에서는 에리우게나(안셀무스는 그를 몰랐다)와 마찬가지로 악마가 존재하지 않기 때문이다.

안셀무스가 예수의 십자가 죽음과 원죄의 관련성에 대해 새롭게 제시한 상은 중세의 삶과 연관이 깊다. 그에 따르면 아담은 원죄로 신을 모욕했다. 마치 가신이 불충으로 봉건 영주를 모욕한 것처럼 말이다. 이 경우 가신은 영주에게 합당한 보상을 해야만 속죄받을 수 있는데, 신과 인간의 관계에서도 똑같은 일이 일어난다. 즉, 인간은 예수의 십자가 죽음으로 신에게 속죄한 것이다. 그런데 왜 하필 예수일까? 인간은 모두 원천적으로 죄인이기에 그런 죄인이 그런 영웅적 행위를 할 수는 없기 때문이다. 그래서 신이 직접 개입한다. 즉, 죄악에 물든 인간들을 벌주는 대신 용서하기 위해 죄악에서 자유로운 예수를 인간 대신 죽게 한 것이다. 선과 악의 오래된 싸움이 이제 봉건 시대의 사회적 문제, 즉 명예와 모욕이라는 중세의 옷을 갈아입고 나타난다. 중요한 것은 더 이상 인간 내부와 외부 힘들의 싸움이 아니라 보상이었다(〈보상 속죄론〉).

안셀무스는 1109년에 죽었다. 원죄와 십자가 죽음에 관한 그의 해석은 당대엔 무시당했다. 좀 더 오래 논란이 지속된 신 증명도 마찬가지다. 그러나 오늘날의 우리에게 그 똑똑한 북이탈리아인은 〈스콜라 철학〉이라 불리는 새로운 사유의 시작으로 여겨진다. 중세에는 〈스콜라〉라는 말이 지금과 같은 의미로 사용되지 않았지만,* 오늘날에는 중세의 신학 영역에서 서서히 개선가를 올리는, 변증법적으로 논증하는 〈과학적〉 증명 방식을 가리킨다. 그런데 안셀무스는 〈스콜라 철학의 아버지〉라는 칭호를 당대의 또 다른 싸움꾼 학자와 나누어야 했다. 이 인물과 그 세계를 이해하기 위해 이제 우리는 12세기의 새로운 문화 중심지로 옮겨야 한다. 힘차게 날갯짓하며 부상하던 다채롭고 활기찬 대도시 파리로!

* 〈스콜라〉는 고대 그리스어로서 〈여유〉, 〈짬〉, 또는 〈짬을 내서 학문에 전념한다〉는 뜻을 담고 있다.

아벨라르

1130년경의 파리는 중부 유럽의 당시 상황에서 보면 대도시였다. 파리의 발상지인 센강의 시테섬에서는 주거지가 강변을 넘어 뭍으로 계속 불어났고, 인구도 3만 명에 육박했다. 이는 아테네와 알렉산드리아, 카르타고, 로마 같은 고대 대도시들과 비교해도 적고, 주민 수가 수십만 명에 이르는 바그다드와 콘스탄티노플에 비해서도 결코 많은 수가 아니었지만 12세기 중부와 북부 유럽의 상황에 비추어 보면 많은 편이었다.

9세기에 노르만족이 이 도시를 유린하고 대머리왕 카롤루스와 뚱보왕 카롤루스 두 황제가 도시에 과도한 세금을 강요하던 시절은 이미 오래전의 일이었다. 10세기 이후 파리는 위그 카페왕에서부터 출발한 카페 왕조의 왕들이 특히 왕궁을 지어 머물길 좋아하던 도시였다. 센강 변의 이 도시가 프랑스 수도가 되려면 12세기 말까지 기다려야 했지만 이미 그전에 이 나라에서는 가장 중요하고 세련된 주거지로서의 명성을 누리고 있었다. 오래 지속된 평화 시기로 말미암아 도시에서는 상업이 융성했다. 특히 센강의 하천 무역으로 부유한 상인 계층이 생겨났다. 식료품과 포도주, 소금, 무기, 옷감을 파는 상인들로 도시의 부는 나날이 증가했다. 도시의 많은 항구들에는 배들이 쉴 새 없이 석탄과 목재, 벽돌을 내려놓았다. 한창 집을 짓던 시절이었다. 1137년에는 처음으로 상설 시장까지 생겨났다. 〈파리의 배〉에 해당하는 유명한 〈레알Les Halles〉 시장이다.

시민 계급의 부상과 함께 왕가와 고위 귀족들은 도시와 지방의 하위 귀족들을 무력화했다. 그런 힘의 공백으로 학자들이 치고 들어왔다. 왜냐하면 왕가나 고위 귀족의 입장에서는 도시와 국가의 많은 중요 기능들을 위해 좋은 교육을 받은 사람들, 연설문 작성자, 공증인, 세금 전문가, 금융인들이 필요했기 때문이다. 새로 설립된 노트르담 대성당 학교를 비롯해서 수도원들에서는 지적 활동이 만개하고 있었다. 12세기 초 파리로 공부하러 온 사람은 대성당 학교의 유명한 샹포의 기욤에게서 강의를 들어야 할지, 생빅토르 수도원의 성직자 학교를 다녀야 할지, 아니면 생제르맹데프레 성당의 글쓰기 학교를 다녀야 할지, 센강 변 좌측의 몽탕 생트주느비에브에 있는 학교에서 수업을 들어야 할지 행복한 마음으로 선택할 수 있었다. 여기서 마지막으로 거론된 학교가 훗날 파리 대학으로 발전했다. 신학 학부의 창설자인 로베르드 소르본의 이름을 딴 소르본 대학이다.

당시 가장 뜨겁고 흥미로운 선생은 의심할 바 없이 아벨라르였다. 1079년 브르타뉴의 낭트 근처에서 태어난 그는 당대에 가장 저명한 변증론자들에게서 수학했다. 마지막에 만난 스승은 샹포의 기욤이었다. 그런데 재능이 출중한 아벨라르는 곧 스승의 가르침을 반박했을 뿐 아니라 심지어 스승의 콧대까지 꺾어 버렸다. 그 뒤 그는 자신의 학교를 설립했다. 처음엔 믈룅에서, 나중에는 코르베이에서. 1108년에 다시 파리로 돌아오지만 기욤과 재차 사이가 틀어졌다. 안셀무스를 자신의 새 멘토로 삼으려고 했을 때도 상황은 더 나아 보이지 않았다. 이전에 기욤한테 그랬듯이 새 스승에게도 곧 격렬한 공격을 퍼부은 것이다. 1114년에는 스무 살 연하의 여학생 엘로이즈에게 폭 빠져서 임신까지 시켰다. 엘로이즈는 노트르담 성당의 참사회원인 삼촌 퓔베르가 이 사실을 알게 될까 두려워 아벨라르의 시골 고향집으로 피신했고, 거기서 아들을 낳았다. 결혼을 원했던 아벨라르와 엘로이즈는 퓔베르와 상의 끝에 비밀리에 결혼식을 올리기로 했다. 그러나 결혼 뒤 엘로이즈가 아르장퇴유 수녀원으로 들어가자 퓔베르는 아벨라르가 자신의 조카딸을 배신했다고 생각하고 사람을 시켜 한밤중에 자고 있던 아벨라르를 급습해서 거세해 버렸다.

이후 아벨라르는 참담하고 고통스러운 심정으로 정처 없이 유랑 생활을 했다. 그러다 파리의 생드니 수도원에 수사로 들어갔다. 여기서도 또다시 다른 성직자들과 시비가 붙었고, 결국 도시를 떠나 샹파뉴 지방에서 세상과 등진 채 은둔 생활에 들어갔다. 그 후 1127년에 브르타뉴의 생질다드뤼 수도원 원장으로 부임했다. 수도원 형제들이 여러 차례 흉계를 꾸며 그의 목숨을 노렸지만, 무사히 위기를 넘기고 6년 뒤 다시 파리로 돌아갔다. 이제 그의 거처는 몽탕 생트주느비에브에 있는 신학교였다. 그는 생일레르 교회에서 수업을 했다. 무수한 학생들이 그의 강의에 매료되었고, 삶에 큰 영향을 받았다. 그 제자들 가운데 솔즈베리의 요하네스와 프라이징의 오토는 나중에 국가 이론가와 역사 기술가로 이름을 날렸고, 셀의 피에르는 샤르트르의 주교가 되었다. 게다가 나중에 교황직에 오를 세 사람도 여기서 아벨라르의 강의를 들었다.

그들은 어떤 강의를 들었을까? 싸움을 좋아하고 잘 하는 그 변증론자의 사유에서는 무엇이 새로웠고, 무엇이 이색적이었을까? 일단 당시로선 이례적으로 비칠 만큼 철학적 소양을 쌓고 있었던 점이 눈에 띈다. 그는 플라톤과 보이티우스뿐 아니라 아리스토텔레스의 논리학 저술과 포르피리오스의 책도 읽었다. 이런 식으로 앎에 대한 철학적 추구와 친숙한 상태에서 아벨라르는 교회만이 진리를 소유하고 있다는 사실을 반박했다. 이유는 이렇다. 생각하는 자의 머릿속이 차츰 환하게 밝혀지는 것이 진리가 아니고 무엇이겠는가? 따라서 진리와 앎을 얻고자 하는 사람은 숙고하고 토론하고 싸워야 한다. 또한 자신의 관점을 논리학적 규칙에 따라 규명하고 펼쳐야 하고, 변증법적 기술에 따라 표방하고 변호해야 한다. 안셀무스의 합리적 프로그램은 아벨라르에 이르면 더 한층 과격해진다. 따라서 그의 신앙 고백은 〈나는 알기 위해서 믿는다〉가 아니라 〈알지 못하면 어떤 것도 믿지 않는다〉이다.

아벨라르의 생각은 당대의 교회 입장에서는 상당히 위험했다. 그의 생각 속에는 영구히 확정된 것이라고는 아무것도 없었기 때문이다. 모든 것은 그의 논리학적 심사를 거쳐야 했고, 전래되어 오는 것들도 모두 이제 근거가 필요해졌다. 이와 관련해서 아벨라르는 시민들의 새로운 자의식을 신학으로 갖고 들어갔고, 견해와 입장, 가치들의 근거와 정당성을 물었다. 단지 오래됐다는 이유만으로 전통을 존중하지는 않았고, 누군가에게 힘이 있다는 이유만으로 그 사람의 권위를 인정해 주지도 않았다. 중요한 건 〈합리적인 근거rationes〉이지 〈권위autoritates〉가 아니었던 것이다.

아벨라르의 이런 〈혁명적인〉 생각들은 당연히 힘 있는 사람들을 도발하기에 충분했다. 결국 1121년 그가 쓴 『최고선의 신학Theologia summi boni』(신의 일체성과 삼위일체에 관한 논문)은 수아송 공의회에서 유죄 판결을 받았다. 아벨라르가 신의 삼위일체론을 너무 자유분방하게 플라톤적으로 해석한 것이 화근이었다. 그에 따르면 성부는 선의 힘과 동일시되고, 성자는 세계의 근거를 밝히는 지혜와 일치하고, 성령은 사랑이었다. 이것들이 다 합쳐져서 신적인 것을 만든다는 것이다. 신앙을 좀 더 이성적으로 비치게 하기 위해 플라톤의 이론을 빌려오는 것은 아벨라르 시대엔 그렇게 이례적인 일이 아니었다. 그러나 교회의 권위를 존중하지 않고 싸움만 하려는 태도가 문제였다. 결국 그는 이단 판정을 받은 논문을 자기 손으로 불태울 수밖에 없었다.

이런 판결을 받았다고 해서 아벨라르의 기세가 꺾인 것은 아니었다. 그는 기독교를 시대의 꼭대기에 올려놓고 싶어 했고, 권위 대신 토론의 문화를 꽃피우고 싶어 했다. 1122년 혹은 1123년에 쓴 대표작 『긍정과 부정Sic et non』에서 그는 교회의 권위 있는 문장을 2,000개 정도 인용했다. 성서와 교부의 말은 물론이고 당대 교황과 신학자들의 말까지 총망라했는데, 185개의 신앙 문제 하나하나에 완전히 반대되는 견해들을 대립시키는 방식으로 인용문을 모아 놓았다. 이러고 보니 전통은 한마디로 거대한 모순 덩어리였다! 지금이야말로 전통의 모순성을 변증법적으로 꼼꼼하게 조사하기 좋은 시기처럼 비쳤다. 물론 수도원 학교에서 신의 계시로 가르친 지식들을 상대화하고, 많은 모순들 속에 숨겨진 진리를 찾아 자발적으로 나아갈 때만 가능한 일이었다. 결국 성서와 교부들의 말을 〈자구 그대로〉가 아니라 그저 〈진지하게〉만 받아들이면 된다는 것이 그의 주장이었다.

이 같은 강의로 아벨라르는 1130년대에 지식욕으로 불타던 파리의 청중들을 뜨겁게 사로잡았다. 우선 원죄를 개인 한 사람 한 사람의 책임으로 돌리는 것을 거부했다. 아담이 저지른 죄를 어떻게 남들이 짊어져야 한단 말인가? 죄는 유전되지도 않고 전이되지도 않는다. 안셀무스의 보상 속죄론도 납득이 안 가기는 마찬가지였다. 인간들이 예수를 십자가에 못 박았다고 해서 신의 명예가 정말 회복될까? 아벨라르가 보기에 예수의 죽음은 속죄가 아니라 신적인 사랑의 표시이자 새로운 연대의 상징이었다. 왜냐하면 인간과 신의 관계는 원죄와 속죄의 노예적 채무 관계가 아니라 신적인 사랑의 힘에 동참하겠다는 개인들의 자유로운 결정에 뿌리를 두고 있기 때문이다.

다른 종교들에 대한 아벨라르의 태도는 개방적이었다. 그는 기독교를 유일한 진리 종교로 여겼지만 유대교와 이슬람도 진리에 동참하고 있음을 인정했다. 신적인 지혜란 로고스가 아니면 무엇이겠는가? 이 점에서 브르타뉴의 이 변증론자는 플라톤의 어깨 위에 확실히 올라타 있었다. 그가 보기에 로고스란 익히 알려진 대로 기독교에만 독점적으로 존재하는 것이 아니라 그리스 철학을 비롯해서 그것에 영감 받은 모든 유일신 종교에 깃들어 있었다.

장미의 이름

중세 내내 학자들을 치열한 논쟁으로 내몰았고, 철학사에도 〈보편 논쟁〉이라는 항목으로 이름을 올린 문제에 대한 아벨라르의 견해는 특히 날카로웠다. 잘 알려진 대로 플라톤은 감각적 세계의 모든 사물들에 각각 그에 해당하는 이데아가 존재한다는 데서 출발했다. 이 이데아들은 천체 밖에 존재하는 원형이고, 현실 속의 구체적 감각적 현상들은 그 원형에 대한 모사에 불과하다. 예를 들어 구체적인 개 한 마리는 〈개〉 이데아의 개별적 모사이고, 한 인간은 〈인류〉라는 이데아의 구체적 모사다. 두 이데아는 다시 〈생물〉이라는 상위 이데아에 속하고, 생물 이데아는 또 그 위의 이데아로 올라간다. 그런데 앞서 보았듯이 아리스토텔레스는 이 문제에서 의견이 달랐다. 우선 그는 천체 외부에 있다는 이데아의 세계를 거부한다. 물론 그에게도 〈인류〉나 〈생물〉 같은 개념은 존재한다. 하지만 그것들은 결코 추상적인 〈사물이 아닐뿐더러〉 구체적인 개나 인간으로부터 〈따로 떨어져서 존재하는 것도 아니다〉.

　　우리가 앞서 살펴보았듯이 초기와 중기의 중세는 무엇보다 플라톤의 발자국을 따르는 길이었다. 이로써 이데아론은 기독교 신학의 일부가 되었고, 중세 학자들은 신의 삼위성이 성부와 성자, 성령이라는 세 가지 정신적 실체의 형태로 존재한다고 가정했다. 이 셋은 실재했다. 〈선〉, 〈악〉, 〈최악〉, 〈은총〉, 〈정의〉, 〈사랑〉 같은 보편적 개념이 실재하는 것처럼. 안셀무스 같은 똑똑한 논리학자이자 변증론자조차 그것을 의심하지 않았다. 그런데 당시의 학자들 사이에서는 그에 대해 몇 가지 의심을 일깨우는 책한 권이 널리 유포되고 있었다. 아리스토텔레스가 범주에 관해 쓴 글에 대해 포르피리오스가 서문을 달았는데, 다시 그 서문에 대해 보이티우스가 주석을 단 글이었다. 포르피리오스와 보이티우스는 〈속genera〉이 실제로 존재하는지, 아니면 〈종species〉만 존재하는지의 문제를 미제로 열어 둔 인물들이었다.

아벨라르의 스승 요하네스 로스켈리누스(1050?~1124)는 최초의 위대한 회의론자로 간주된다. 그의 반대파들이 쓴 저술에 따르면 그는 깊은 고민 끝에 보편적인 개념(보편)이 실재하지 않는다는 비판적 결론에 도달했다고 한다. 그에게 보편은 단순히 머릿속의 관념에 지나지 않는다. 인간은 실제로 존재하는 반면에 인류는 인간의 상상 속에서만 존재한다. 보편적인 개념은 구체적 사물이 아니라 그저 〈이름nomen일 뿐이기 때문에 이런 입장을 〈유명론(唯名論)〉이라 부른다.

그에 반해 아벨라르의 두 번째 중요한 스승 샹포의 기욤(1070?~1121)은 전통적인 견해를 지지했다. 대부분의 동시대인들처럼 보편적 개념이 실재한다고 생각한 것이다. 이렇듯 보편이 완벽하게 실재한다고 해서 사람들은 이 입장을 〈실재론realism〉*이라 불렀다(여기서의 실재론을 오늘날 우리가 사용하는 리얼리즘과 혼동해서는 안 된다. 현대적 리얼리스트는 〈사랑〉과 〈인류〉 같은 개념을 실재하는 것으로 여기지 않는다. 그러니까 리얼리즘에 대한 중세적 의미는 오늘날과는 정반대였다).

오늘날의 관점에서 보면 이런 문제를 두고 수백 년간 싸운 것이 의아할 수 있다. 중세에는 이 문제가 왜 그렇게 중요했을까? 이건 사실 논리학자들에게나 특별하고 중요한 문제가 아닐까? 그

---

* 우리나라에서는 대개 실념론(實念論)이라 부르지만 원어가 〈realism〉이기에 본문의 맥락을 살리기 위해 실재론으로 옮겼다. 정확히 말하자면 〈개념 실재론〉이라는 뜻이다.

렇지 않다. 이건 모두가 걸린 문제였다. 중세의 인간들, 그러니까 소박한 농부에서부터 수공업자, 성직자들에 이르기까지 당시의 모든 사람은 자신들이 살아가는 이승을 〈비본래적인〉 세계라고 생각했다. 그러니까 저승의 전 단계나 구원의 자격 심사 라운드 정도로만 생각했다. 그들은 그렇게 교육받았고, 거의 모든 사람이 그렇게 생각했다. 이것은 인간의 인식에 무슨 의미가 있을까? 지상의 현실은 얼마큼 현실적일까? 어쨌든 모든 것 위에는 더 본래적인 제2의 현실이 있다. 인간은 이 신적인 현실을 얼마만큼 경험할 수 있을까? 그리고 어떤 방식으로 경험할 수 있을까? 이 현실은 논리적으로 해독할 수 있을까, 아니면 계시적 영감만 내리길 기다려야 하는 것일까?

추상적 보편적 관념들이 얼마만큼 실재하는지를 두고 학자들이 논쟁을 벌였다면 그 배후에는 위와 같은 의문들이 깔려 있었다. 교회의 정통 대변자들은 자신들이 대중에게 전하는 모든 것이 실제로 존재한다는 사실을 기회 있을 때마다 강조했다. 진리, 정의, 세상의 신적인 질서는 정말 존재하고, 이 모든 것은 실재라는 것이다. 교회가 세상에 대해 지배권을 가질 수 있었던 것은 비본래적인 세계 속에서 본래적인 것을 담고 구현하는 개념들을 그들이 갖고 있었기 때문이다. 그것도 일반인들은 모르는 라틴어 개념들로 말이다.

반면에 똑똑한 회의론자들은 논리적 수단을 가진 지성인들에게는 접근이 허락되지 않는 본래적인 현실에 오직 교회만 접근할 특권이 있다는 사실에 의구심을 떨치지 못했다. 그래서 보편 개념 속에 존재하는 언어적 관습을 지적하고 나섰다. 교회로서는 당연히 물리칠 수밖에 없는 관점이었다. 회의론자들은 이렇게 주장했다. 사실 보편 개념은 인간 관념의 다른 말이 아닐까? 그렇다면 신 역시 인간의 관념이 아니라고 누가 장담할 수 있겠는가? 또한 이 세상에 죄악이 존재하는 것이 아니라고, 정의가 지배하는 것이 아니라고, 신의 사랑이 있는 것이 아니라고 누가 보장할 수 있겠는가?

보편 개념에 대한 의심은 중세 신학에는 강력한 타격이었다. 의미와 지시체에 관한 논리적 숙고의 결과는 분명 교회가 절대 받아들일 수 없는 지점이었다. 아벨라르가 그 길을 걸었을 때는 도처에 지뢰가 깔려 있었다. 그는 조심스럽게 〈실재론〉을 비판했다. 인간과 동식물이 실체적으로 다른 존재라면 어떻게 보편적 실체로서 〈생물〉이 존재할 수 있는가? 인간은 한낱 풀줄기와 같을 수 없고, 식물이나 동물과 달리 이성의 축복을 받은 존재다. 따라서 보편 개념은 로스켈리누스가 올바로 인식한 것처럼 일단 단어들이다. 우리의 정신은 감각적으로 지각한 것들을 추상한 뒤 공통된 특성의 토대 위에서 자동으로 추상적 의미를 만들어 낸다.

여기까지는 유명론적이다. 하지만 이게 정말 급진적인 유명론의 손을 들어 주는 결정이었을까? 로스켈리누스는 이렇게 확고하게 주장했다. 우리 관념의 본질은 오직 말에 지나지 않는다고. 우리는 사물을 보고 상상력의 도움으로 보편 개념을 만든다. 그로써 보편 개념은 단지 순수 생각으로만 존재하고, 플라톤이나 실재론자들과는 달리 〈사물 이전〉이 아닌 〈사물 이후〉에 있다. 그렇다면 보편 개념은 실재한다고 할 수 있지 않을까? 내가 보편 개념을 이용해 세계를 적확하게 인식할 수 있도록 신의 정신이 돕는 것일 수도 있지 않을까? 그렇지 않다면 내가 내 정신 속에서 〈인류〉의 개념은 무언가 실재적인 것, 즉 모든 인간의 총합을 뜻하지만 내가 상상하는 괴물 키메라는 어디에도 존재하기 않기에 실재적이지 않다는 사실을 어떻게 구분해서 알 수 있겠는가? 아벨라르는 이렇게 결론 내린다. 보편 개념의 타당성은 명백히 〈사물 자체에〉 있다. 〈장미〉의 이름은 이 세상에 실제로 장미가 한 송

이도 없더라도 의미를 만들어 낸다. 마찬가지로 〈꽃〉이라는 개념에도 하나의 의미가 있다. 결국 장미의 이름은 내 상상력의 산물이기는 하지만, 결단코 우연의 산물은 아닌 사물 속에 그 토대가 있는 산물이다.

아마 독자들은 이 꼭지의 제목을 보면서 혹시 움베르토 에코의 소설 『장미의 이름』과 뭔가 관련이 있는 게 아닐까 짐작했을지 모른다. 실제로 이 소설에는 나중에 우리가 좀 더 자세히 살펴보게 될 보편 논쟁에 관한 한 구절이 나온다. 소설 주인공 바스커빌의 윌리엄은 아벨라르나 오컴의 윌리엄처럼 개념론자다. 에코가 주인공의 모델로 삼은 것도 바로 이 오컴의 윌리엄이었다. 아무튼 개념론자들은 보편 개념을 말로 여기고 실재적인 것으로 여기지 않지만, 그렇다고 임의적인 것으로 여기지도 않는다. 소설의 끝 문장도 결국 모든 것은 언어일 뿐 더 이상은 그리 많지 않음을 상기시켜 주는 듯하다. 〈지난날의 장미는 이제 그 이름뿐, 우리에게 남은 것은 그 덧없는 이름뿐.〉* 그런데 이 문장은 원래 아벨라르나 오컴의 윌리엄이 아닌 클뤼니의 수도사 베르나르의 한 문학 작품에 나오는 대목이다.

아벨라르의 개념론적 해결책은 당연히 보편 논쟁이라는 복잡한 문제를 일거에 해결해 주는 완결판이 아니다. 이 논쟁은 앞으로도 수백 년 동안 인식론에서 마치 라이트모티프처럼 반복해서 등장한다. 오늘날에도 예를 들어 물리학의 자연법칙이 정말 실재하는지, 아니면 이해 안 되는 것을 이해시키기 위해 만들어 놓은 인간의 이론일 뿐인지를 두고 얼마든지 치열한 논쟁이 가능하다.

어쨌든 아벨라르는 이것으로 적 진영에 화해의 해결책을 제시했다. 그러나 오래지 않아 스캔들이 터졌다. 1130년대 중반

* 움베르토 에코, 『장미의 이름』(하), 이윤기 옮김(열린책들, 2009), 4판, 836면.

부터 말까지 쓴 저서 『윤리학*Ethica*』(또는 『너 자신을 알라*Scito te ipsum*』)이 문제였다. 이 책에는 폭발성이 강한 내용이 담겨 있었다. 저자가 교회의 공식 입장을 단호하게 부인했기 때문이다. 무언가가 좋거나 나쁘다는 것은 단순히 옳고 그른 가치의 문제가 아니다. 예를 들어 〈악한〉 쾌락이나 〈나쁜〉 의지는 없다. 아벨라르에게 결정적으로 중요한 문제는 내가 어떤 식으로 내 행동을 양심과 일치시키느냐다. 양심에 따른 행동은 윤리적으로 선하고, 반대로 양심에 어긋난 행동은 나쁘다. 따라서 윤리의 핵심적 문제는 외적인 문제가 아니라 내적인 문제다.

돌아보면 이미 스토아학파에서도 이성적 숙고를 거쳐 동의할 수 있는 행동이 선하다고 했다. 아벨라르 역시 그런 동의를 알고 있었고 윤리학적 성찰의 중심축으로 삼았다. 그의 윤리학은 주관적 동의에 뿌리를 둔 심정 윤리학이었는데, 이런 유형의 윤리학들이 다 그렇듯 분열과 갈등에 빠져 있으면서도 양심을 가진 개인이 중심에 서 있다. 윤리학의 무기고에도 절대적으로 따르기만 해야 하는 확고하고 성스러운 규칙은 없었다.

윤리적으로 좋은 삶을 살려면 일단 자신의 약점과 결점을 깨달아야 한다. 그것을 깨닫고 나면 나는 나 자신을 통제하고 제어하는 법을 연습할 수 있다. 그 뒤 내 행동이 나쁜 결과로 나타나더라도 그건 내 탓이 아니다. 내가 〈의도적으로〉 나쁜 행동을 하기로 마음먹었을 경우에만 내 책임이 된다. 행동의 도덕적 가치를 결정하는 것은 내 심정과 양심이고, 내 행위의 도덕적 판관 역시 나 자신이다. 이런 점에서 아벨라르는 플라톤과 스토아학파를 따르고 있고, 그로써 불가피하게 교회와 또 다른 갈등에 빠진다. 생각해 보라. 신자들이 자기 자신과 양심에만 따를 의무가 있다면 교회가 신도들의 영혼에 대해 할 수 있는 일이 뭐가 있겠는가?

이제 아벨라르가 더는 교회에 대항하지 못하도록 제대로

손을 보려고 나선 위험한 남자가 있었다. 클레르보의 베르나르 (1090?~1153)였다. 중부 유럽에서 영향력이 컸던 그는 교회의 쟁점들에서 대개 보수적인 편에 섰다. 역사책에는 교회의 무자비한 정치 권력자이자, 기독교인들에게 무슬림과 벤드족(엘베강과 잘레강 동쪽에 살았던 슬라브 계열의 민족이다)에 대한 성전을 부르짖은 강렬한 선동가로 이름을 올린 인물이다.

1141년 베르나르는 아벨라르를 상스 공의회로 소환해 이단으로 고소했다. 판결은 피고인이 변론을 시작하기도 전에 이미 정해져 있었다. 궁지에 몰린 아벨라르는 교황에게 달려갔다. 그러나 인노켄티우스 2세도 브르타뉴 출신의 이 뻬딱한 사상가에게 이미 질린 상태였다. 그래서 그에게 종신 수도원 연금형과 함께 영원한 침묵형을 내렸다. 아벨라르는 유죄 판결에 상심하고 중병까지 걸린 상태로 클뤼니 수도원으로 갔고, 이어 샬롱쉬르손 인근의 생마르셀로 옮겼다. 여기서 1142년 4월에 숨을 거두었다. 그사이 샹파뉴의 파라클레 수도원의 부원장이 된 엘로이즈는 연인의 시신을 거두어 매장했다. 활발한 편지 교환이 증명하듯 두 사람의 사랑은 끝난 것이 아니었다. 22년 뒤 엘로이즈도 연인 곁에 묻혔다. 그러다 1817년, 살아서는 비정한 운명에 의해 갈라져야 했던 두 사람이 파리 페르라셰즈 공동묘지 내의 신고딕풍 예배당에 합장되었다.

아벨라르와 엘로이즈는 오늘날의 시각에서 보면 중세의 사랑 이야기다. 아벨라르의 전기 『재앙의 역사Historia calamitatum』는 13세기에 벌써 프랑스어로 번역되어 큰 인기를 끌었다. 그 후 이 연애담은 중세의 가장 성공적인 연애 소설인 『장미 이야기Le roman de la rose』의 모델이 되었다. 그사이 같은 소재를 여러 버전으로 가공한 소설이 500편 넘게 나왔는데, 그중에는 장자크 루소의 작품도 하나 있다. 철학사적으로 보면 아벨라르는 중세의 위대한 사상가였다. 그것도 교회의 권위에 대항해 주체의 자유를 옹호하고 이성적 사유에 그 합당한 권리를 찾아준 철학자였다. 그런데 당시 그가 의지한 책은 아리스토텔레스의 논리학 저술뿐이었다. 아리스토텔레스의 존재론과 자연 철학은 맛도 보지 못했다. 보이티우스가 더 이상 번역을 하지 않았기 때문이다. 그런 점에서 아벨라르의 반역적인 사유도 오늘날에는 그보다 훨씬 더 큰 지진에 앞서 찾아오는 전진(前震)처럼 느껴질 뿐이다. 더 큰 본진은 바로 아리스토텔레스의 자연 철학 및 형이상학과의 재회였다. 그러나 이 귀환은 직접적으로 이루어지지 않고 아라베스크의 구불구불한 길을 돌고 돌아 이루어진다.

창조의 의미와 목적

아리스토텔레스가 돌아오다! / 기독교적 시간, 물리학적 공간 /
알베르투스 마그누스 / 토마스 아퀴나스 / 새로운 신 증명

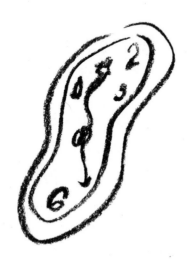

아리스토텔레스가 돌아오다!

953년 독일의 오토 대제는 쉽지 않은 결정을 내린다. 막강한 힘과 부를 자랑하는 종교적·세속적 경쟁자인 아랍인들과 교류하기로 결정한 것이다. 그사이 무어 전사들은 프로방스의 프락시네툼을 끊임없이 넘보며 제국의 남쪽을 위협하고 있었다. 그러다 9세기 말 마침내 이곳에 교두보를 마련한 뒤 노예와 목재를 바꿔 싣는 환적장으로 사용했다. 이런 상황에서 자신의 보호를 받던 부르군트 왕국의 평온을 원했던 오토는 로렌 지방의 수사인 고르즈의 요하네스를 협상가로 코르도바의 칼리프에게 보냈다.

꼬박 2년 뒤에 돌아온 요하네스는 모든 영역에서 우월한 아랍의 문명에 놀라움을 금치 못했다. 목조 건물 대신 현대적인 석조 건축물, 획기적인 운하 시스템과 관개 기술, 고도로 발달한 수학, 당시의 기독교 세계와 비교하면 학문으로서 확고한 입지를 다진 의학 등 그들의 문명은 눈부셨다. 요하네스는 코르도바의 칼리프 왕국에서 이슬람과 유대교, 기독교의 대표적인 지식인들을 만났다. 956년에 다시 로렌으로 돌아갈 때는 온갖 영역의 아랍 서적을 셀 수 없이 많이 가져갔다. 기독교 세계가 발굴해 주기를 기다리는 보물이었다.

그런데 이 보물을 발굴할 능력이 있는 사람이 나오기까지는 100년이 넘는 시간이 걸렸다. 보통 〈아프리카누스〉라 불리는 콘스탄티누스는 카르타고 출신의 베르베르인이었다. 40년 가까운 세월을 오리엔트에서 보냈는데, 그중에는 바그다드와 카이로에서 지낸 시간도 있었다. 그는 의학을 비롯해 많은 영역을 공부했고, 언어도 몇 가지 습득했다. 카르타고로 돌아온 그는 단시간에 큰 명성을 얻었고, 아울러 그를 질시하는 사람들도 많아졌다. 결국 그는 1077년에 이탈리아의 살레르노 학교로 도주했다. 베네딕트회의 의과 대학이던 이 학교는 이미 당시에 상당한 명성을 누리고 있었지만 콘스탄티누스의 뛰어난 의학 지식에는 입을 다물지 못했다고 한다. 그는 인근의 몬테카시노 수도원에서 히포크라테스와 갈레노스 같은 그리스 의사들의 아랍어본을 라틴어로 번역했다. 번역 목록 중에는 아랍인들이 쓴 의학서도 있었다.

그로부터 또다시 몇 십 년이 지나 마침내 상당수의 아랍어 텍스트들이 라틴어로 번역되었다. 번역의 중심지는 12세기의 톨레도였다. 1085년 알폰소 6세는 과거 서고트 왕국의 영토였던 이 도시를 무어인들에게서 다시 빼앗았다. 도시의 문화 재건에는 이슬람 지배자들 밑에서 살았던 많은 기독교인들이 큰 힘이 되었다. 〈모사라베〉라 불리는 이 이슬람화한 기독교인들이 두 문화를 잇는 핵심적인 역할을 한 것이다. 이러한 교류는 무엇보다 톨레도의 라이문도 대주교에 의해 장려되었다. 이제 아랍인과 유대인, 모사라베가 함께 손잡고 일했다. 그들은 코란과 신학서를 우선 번역했지만, 수학과 천문학, 의학에 관한 저술도 당연히 뒤따랐다. 그런데 중세 기독교 세계를 가장 뒤흔든 것은 뭐니 뭐니 해도 아리스토텔레스의 수많은 저술들, 그중에서도 형이상학과 자연학, 윤리학, 정치학에 관한 텍스트들의 발견이었다. 한마디로 미지와의 조우라고 할 만했다.

아랍 학자들은 아리스토텔레스를 아주 잘 알고 있었다. 물론 주로 시리아어와 페르시아어로 옮긴 번역본들로만 알고 있었지, 그리스어 원본으로 아는 건 아니었다. 641년, 그러니까 무함마드가 죽은 지 9년 후 이슬람 전사들이 페르시아를 침략했을 때 고대 그리스의 귀중한 문헌들은 고스란히 그들의 손에 들어갔고, 전혀 손상되지 않은 채 그대로 페르시아에 보관되었다. 무슬림들은 이 텍스트들을 체계적으로 번역했고, 그 작업을 통해 플라톤과 아리스토텔레스, 플로티노스 같은 철학자들을 알게 되었다. 히포크라테스와 갈레노스 같은 의사들을 포함해서 말이다.

동로마 제국이 아리스토텔레스를 대개 신플라톤주의적 색채가 입혀진 상태로만 알고 있으면서 대수롭지 않은 철학자로 여긴 반면에 그의 저술 전체를 읽은 아랍인들은 그를 고대의 가장 중요한 철학자로 평가했다. 물론 아랍에서도 아리스토텔레스의 저술들에는 신플라톤주의적 사상이 많이 섞여 있었다. 그러나 아랍 학자들은 그런 것에 개의치 않았다. 나중의 많은 플라톤주의자들과 비슷하게 그들도 플라톤과 아리스토텔레스의 사상을 결합할 수 있다고 생각한 것이다. 그들이 찾으려 한 것은 두 철학자의 차이가 아니라 공통점과 보완점이었다. 그런 그들에게 특히 도움이 되었던 것은 익명의 아랍인이 쓴 것으로 알려진 『기원의 서Liber de Causis』 같은 텍스트였다. 이 책은 아리스토텔레스의 신학을 담고 있는 것으로 전해지지만 실제로는 신플라톤주의적 저술이었다.

이 모든 것에도 불구하고 원본으로서의 아리스토텔레스는 암모나이트 화석과 비슷한 상태였다. 전래된 문화들의 수많은 퇴적층과 번역 과정상의 수많은 오염 속에서 그저 불완전한 모습으로만 빠끔 내비치고 있었던 것이다. 거기다 9세기와 10세기에 알킨디와 알파라비 같은 아랍 학자들은 아리스토텔레스를 해석하면서 자신들의 생각을 가미하기도 했다. 예컨대 알킨디는 지성에 관한 아리스토텔레스의 이론을 네 부분으로 쪼갰고, 알파라비는 지성에 관한 아리스토텔레스의 관념을 점성술적 우주론과 연결시켰다. 그에 따르면 지성은 달의 세계를 조종하고, 이 달은 다시 자연의 과정을 조종했다. 예전에는 명확했던 그리스 사유가 이제 사막의 주민들을 만나면서 신화로 바뀌어 버렸다. 아리스토텔레스로서는 답답해서 가슴을 칠 노릇일 것이다.

아리스토텔레스의 해설과 관련해서 특히 영향력이 컸던 이는 페르시아인 이븐시나였다. 철학사에 아비센나라는 이름으로 등재된 인물이다. 아마 노아 고든의 성공한 소설 『메디쿠스』를 읽은 독자라면 이븐시나라는 이름이 낯설지 않을 것이다. 아비센나는 11세기 초 반평생을 떠돈 끝에 이스파한에서 유명한 의사로 활동했다. 이슬람 세계의 다른 많은 철학자들처럼 그도 아리스토텔레스를 천문학과 연결시켰고, 이 천문학을 다시 신비학과 일치시키려 했다. 하늘 아래 지평선이 무한하게 펼쳐진 환경에 살던 아랍인들은 언덕과 산, 숲으로 둘러싸인 중부 유럽의 도시민들보다 별과 태양, 달의 세계가 훨씬 가깝게 느껴졌을 것이다. 그래서 아랍 학자들은 다음 두 가지의 매력에 푹 빠져 버렸다. 하나는 실질적인 물질에 고도의 관심을 보인 아리스토텔레스의 백과사전식 설명과 체계화였고, 다른 하나는 신플라톤주의의 우주적 침잠과 명상이었다. 아비센나 같은 남자에게 신은 한편으론 플로티노스처럼 모든 것을 아우르는 일자였다. 하지만 다른 한편으로 이 일자는 단순히 우주적 실체가 아니라 모든 사물 속에 실제로 내재하는 존재였다.

아비센나의 핵심 개념은 〈필연성〉이다. 절대 존재, 즉 신만이 절대적인 필연성을 갖는다. 신 속에서만 〈본질〉과 〈존재〉가 하나로 합쳐지기 때문이다. 우주의 나머지 것들은 필연적인 것에서 파생되어 나온 것들로 이루어져 있다. 이것들은 필연적인 파생과 우연적인 파생으로 구분된다. 필연적이고 중심적인 파생은 지성이다. 지성은 신에게서 흘러나와 세계의 다양성을 창출한다. 인간도 생각을 하는 한 이런 신적인 이성에 동참할 수 있기에 신과 내적으로 끈끈하게 연결되어 있다. 그것은 인간이 사물들에서 항상 보편적인 것을 먼저 인지하고 나중에야 개별적인 것을 인지하는 것에서 알 수 있다. 아비센나는 아리스토텔레스의 인식과 보조를 맞추어 이렇게 말한다. 우리는 누군가가 사람이라는 것을 즉각 알아본다. 그런 다음 좀 더 자세히 관찰할 때에야 그가 어떤 사람인지 알아차린다.

절대적 필연성의 존재로 상정된 신은 물리학적 관점으로 보면 상당히 매력적이다. 다른 모든 것들을 좌우하는 불변의 영원한 상수 같은 것일 테니까 말이다. 그런데 아브라함 종교들의 시각에서 보면 그런 신은 도발일 수밖에 없었다. 신이 필연적인 존재라면 신의 창조뿐 아니라 신플라톤적 의미에서 신에게서 흘러나오는 다른 모든 것도 필연적이어야 한다. 그렇다면 신의 창조처럼 인간에게 그렇게 웅장하고 자비로운 행위를 신이 결정할 자유는 어디에 있단 말인가? 신은 물리학적으로 그 의미가 점점 커질수록 심리학적으로는 점점 작아진다. 왜냐하면 〈물리학적인〉 신은 아리스토텔레스의 〈부동의 동자〉처럼 인간 삶에 개입하지 않고, 인간 영혼을 인도하거나 심판하지도 않기 때문이다. 아비센나의 이런 생각은 이슬람의 도덕적 수호자들에게는 상당한 도발이었다. 물론 그건 나중의 기독교에도 마찬가지였다. 그의 저술들은 12세기 중반에 벌써 톨레도에서 상당수 번역되어 중세의 사유에 심대한 영향을 끼쳤다.

신앙의 수호자들에게 이보다 훨씬 더 큰 도발로 비친 것은 이븐루시드였다. 서양에서는 아베로에스라는 이름으로 알려진 이 인물은 12세기 후반기에 코르도바에서 의사와 법률가로 활동했고, 오랫동안 칼리프의 은총을 누렸다. 그는 아리스토텔레스의 확고한 지지자로서 그의 전 작품에 해설을 달았고, 그러다 마침내 1195년에 무슬림 성직자들에게 고소당해 유죄 판결을 받았다. 그

사이 정복자들의 군대로부터 심한 압박감을 받고 있던 무어 권력자들은 이런 정치적 위기 상황에서 더 이상 이해와 관용의 태도를 보이지 않았다. 그들의 세계에서도 부적절한 견해를 제시하는 사람은 그에 마땅한 화를 입었다. 아베로에스는 2년 뒤 사면을 받았지만 곧 마라케시에서 숨을 거두었다.

그의 유죄 판결 이유는 분명했다. 그가 아비센나보다 더 철저하게 종교를 철학에서 분리시킨 것이다. 아베로에스는 철학과 자연 연구만이 정신을 계속 발전시키고 진실을 드러낸다는 사실을 조금도 숨기려 하지 않았다. 반면에 그에게 종교란 철학이 면도칼처럼 날카롭게 분석한 것을 다채로운 그림과 상상으로 변용한 일종의 상징 예술이었다. 그러다 보니 종교의 위상은 어렵고 고급스러운 철학의 통속적인 대중판 정도로 추락하고 말았다. 소박한 대중들을 위한 유익한 믿음이라는 것이다. 같은 시대를 살았던 유대인 모세스 마이모니데스도 생각이 다르지 않았다. 그는 12세기 중반 젊은 나이에 코르도바에서 도망쳤고, 나중에 카이로에서 『망설이는 자들의 인도자』라는 책을 썼다.

대중에겐 종교, 학자에겐 철학, 이렇게 생각하면 간단할 수도 있는 일이지만 이슬람 신앙의 수호자들이 보기엔 그게 그렇게 간단치 않았다. 왜냐하면 아베로에스도 아비센나와 마찬가지로 이슬람 신앙과는 도저히 합치될 수 없는 많은 주장을 펼쳤기 때문이다. 무엇보다 창조에 대한 의문은 싸움을 부를 수밖에 없었다. 아베로에스도 세계를 영원하다고 보았지만, 신이 납득할 수 없는 이유로 이런 세상을 만들지는 않았을 거라고 생각했다. 그는 창조와 구원, 부활의 옛 이야기들로 가는 길을 아리스토텔레스의 사유들로 차단해 버렸다. 그로써 개인적인 구원사는 갑자기 일반적인 자연사로 바뀌었고, 신학은 우주론이 되어 버렸다.

아베로에스가 자신의 자연사 이론에서 신의 실존을 부정

하지 않은 것도 소용이 없었다. 이슬람 성직자들이 보기에 그의 이론에서는 신의 역할이 너무 미미했던 것이다. 게다가 그에게는 아비센나와 마찬가지로 〈영혼〉의 개념이 없었다. 상당히 당혹스러운 일이었다. 의사이자 철학자인 이 두 아랍인은 인간을 우주적인 것, 절대적인 것, 신적인 것과 연결시키는 지성에 대해 이야기했다. 여기서 지성은 그리스의 로고스와 똑같은데, 그럼에도 플라톤과 아리스토텔레스는 모든 사람에게 개인적인 영혼이 있다고 생각했다. 사람에 따라 영혼의 불멸성이 부정되기도 하고 긍정되기도 하지만 말이다. 심지어 플로티노스의 밀교적 철학조차 일자의 세계를 동경하는 영혼 없이는 돌아가지 않았다. 그러나 아비센나와 아베로에스에게는 영혼이 더는 등장하지 않았다. 그로써 개인을 품고 피안의 세계로 떠나가는 질료, 실체 또는 정기는 없어졌다.

구원사 대신 자연사라니? 또 영혼 없는 불멸이라니? 아베로에스의 이런 글을 기독교 성직자들이 처음 읽었을 때 어떤 기분이었을지는 충분히 상상이 간다. 아마 외부와 완벽하게 차단된 독재 체제에서 살아가는 사람이 처음으로 인터넷 서핑을 할 때의 충격보다 결코 적지 않았을 것이다. 1230년경 이후 아베로에스의 라틴어 번역본은 파리의 공부방들과 살레르노 대학교나 볼로냐 대학교의 강의실로 파고들었다. 번역가는 황제 프리드리히 2세의 주문으로 팔레르모에서 작업을 시작한 미카엘 스코투스(스코틀랜드인 아니면 아일랜드인)였다.

물론 그전에 부지런한 번역가들이 아리스토텔레스의 자연 철학 저술과 윤리학 서적들을 하나씩 번역해 둔 상태였다. 그래서 1210년 이전에 벌써 파리에서는 아리스토텔레스의 자연 철학에 관한 강의가 개설되어 있었다. 우리가 그 사실을 정확히 아는 이유는 그해에 상스의 주교 회의에서 그 책들을 개인적으로 읽거나 공공장소에서 토론하는 것을 명시적으로 금지했기 때문이다. 그러나 파리의 교양학부(훗날 법학자나 의학자, 신학자가 되려는 사람들이 기본적으로 들어야 한 기초 분과들)는 그런 조치에 별로 개의치 않았다. 그러자 5년 뒤 교황 사절이 다시 한 번 이 금지 조치를 반복했다.

아리스토텔레스가 재발견된 시기는 서유럽의 초기 대학들, 그러니까 파리와 툴루즈, 옥스퍼드, 나폴리, 파도바 대학들에서 철학이 자리 잡기 시작하던 시기와 정확히 맞아떨어졌다. 전 유럽에서 새로 발견된 이 옛 문헌에 대한 학자들의 호기심은 제어되지 않았다. 아마 지금까지 성서 해석과 알레고리, 교부들의 말씀, 교리 같은 것들에만 묶여 있던 학자들로서는 크나큰 충격이었을 것이다. 사람들은 파리에서 아리스토텔레스의 형이상학과 자연 철학 강의를 들을 수 없으면 곧장 좀 더 자유롭고 대담한 도시였던 툴루즈로 향했다. 결국 1231년 교황도 해당 텍스트를 단순히 이전처럼 계속 금지만 할 수는 없었고, 그래서 검열본을 내기 위해 텍스트를 꼼꼼히 검사하기 시작했다. 그리고 1245년에 새로운 금지령이 떨어졌다. 그러나 이 싸움은 1255년에 이미 기독교 도덕 수호자들의 패배로 돌아갔다. 파리의 교양학부는 아리스토텔레스의 논리학과 윤리학, 형이상학, 자연 철학을 필독서로 지정했고, 이후에도 이 결정을 철회할 기미를 보이지 않았다. 옥스퍼드 대학교도 곧 그 정책을 따라갔다. 주전자 속의 압력은 갈수록 높아졌다. 이제부터는 어떤 사유도 아리스토텔레스와 그 아랍 해설자들을 그냥 지나치고 넘어갈 수 없었다. 이로써 기독교적 색채가 뚜렷하던 중세 철학 앞에 완전히 새로운 시작이 기다리고 있었다.

기독교적 시간, 물리학적 공간

새로운 철학의 유령이 떠도는 것 같은 형국이었다. 공부방과 강
의실 밖의 세계는 여전히 똑같았다. 빠르게 커져 나가는 도시들,
시장의 시끌벅적한 목소리, 불결함, 하수구, 부의 증가에 발맞추
어 나타난 가난의 증가…… 사람들은 무수한 질병에 시달렸고,
역병으로 숨졌고, 끊임없는 약탈과 전쟁으로 죽어 갔고, 집을 짓
고 땔감을 얻기 위해 점점 더 많은 숲을 개간했고, 대성당을 점점
확장해 나갔다. 반면에 사회는 거의 하룻밤 새에 기존의 세계관
적 토대를 잃어버렸다. 인간이 신의 자비로운 창조 목표라는 사
실, 또 신의 은총 속에서 살다가 죽고 자기 의지에 따라 부활한다
는 사실, 그리고 교회가 이러한 구원사의 세속적 대리인이라는
사실, 이 모든 것들 중에서 어느 것도 이젠 더 이상 자명하게 느껴
지지 않았다. 유럽에 살건 다른 지역에 살건 기독교인들은 700년
동안 이런 아우구스티누스적 확신 속에서 살았다. 그들은 삶의
방향을 그런 믿음에 맞추면서 하늘로 올라가려는 희망을 키웠다.
그런데 지성인들에게는 그렇게 자명하던 것들이 이제는 설득력
이 없어 보였다. 오히려 1,600년 전에 살았던 한 그리스인의 사유
가 훨씬 이성적이고 논리적이고 진실하게 느껴졌다. 지금껏 그들
의 머리 위를 덮고 있던 신앙의 경건한 구름을 아리스토텔레스가
무자비한 계몽가처럼 치워 버렸다고나 할까!

13세기의 철학자들에게 아리스토텔레스의 사상과 활동은
오늘날 우리가 아우구스티누스나 보이티우스에 대해 느끼는 만

큼이나 아득한 과거였다. 더구나 그들은 오늘날의 우리와는 달리 아리스토텔레스가 살았던 시대의 문화나 정치 환경, 삶에 대해 아는 것이 거의 없었다. 그럼에도 그의 형이상학과 자연 철학이 중세에 영향력을 확대해 나갈 수 있었던 것은 그전에 신앙의 들보가 삐걱거리지 않았다면 불가능했을 것이다. 아벨라르가 파리와 다른 곳에서 도그마적 신앙에 이성적 칼을 들이대던 시기에 콩슈의 기욤과 샤르트르의 티에리, 베르나르두스 실베스트리 같은 남자들은 기독교 역사상 처음으로 창조를 수학적이고 인과적으로 설명하는 일에 매달렸다.

콩슈의 기욤의 삶에 대해서는 알려진 것이 거의 없다. 샤르트르와 파리에서 학생들을 가르쳤을 것으로 추정될 뿐이다. 그는 이미 1120년대에 아리스토텔레스처럼(기욤은 아리스토텔레스의 자연 철학적 저술들에 대해 아직 모르던 상태였다) 시대의 지식을 백과사전식으로 정리해서 숙고했다. 그 결과가 플라톤의 『티마이오스』에 의거한 세계의 물리적·영적 기원에 관한 이야기였다. 여기서 〈성령〉은 플라톤의 세계영혼이 되었고, 자연 과학적 구상에 맞지 않는 것은 단순한 상상으로 치부되었다. 기욤에 따르면, 신은 당연히 여자를 아담의 갈비뼈로 만들지 않았다. 콘스탄티누스 아프리카누스의 의학서를 읽었던 기욤 같은 사람으로선 그런 생각을 도저히 용인할 수 없었다. 그래서 기욤도 아벨라르처럼 성서를 자구 그대로 받아들이기를 거부하고, 대신 그저 진지하게만 받아들이기로 결정했다.

샤르트르의 티에리 역시 비슷한 길을 걸었다. 신의 창조를 합리적인 시각으로 바라본 것이다. 그도 기욤처럼 파리에서 학생들을 가르쳤다. 하지만 그의 이름에 항상 따라붙는 샤르트르에서는 한 번도 강의를 하지 않은 것으로 보인다. 티에리는 자기보다 어린 아베로에스(서로 아는 사이가 아니다)와 상관없이 1140년과 1150년 사이에 성서의 다채로운 상상적 세계와 냉철한 철학적 인식의 세계를 분리했다. 그에 따르면(콩슈의 기욤도 비슷한 생각이었다) 신은 세계를 엿새 만에 무(無)에서 만든 것이 아니라 불과 물, 공기, 흙이라는 네 가지 원소만 기증했고, 거기서 다른 모든 것이 생겨났다는 것이다. 엠페도클레스는 쌍수를 들고 환영할 일이었지만 성서의 설명에는 정면으로 반하는 이야기였다. 아무튼 티에리는 스토아학파의 자연학적 생각에서 많은 도움을 받았다. 게다가 인간을 주저 없이 동물 세계로 편입시켰고, 창조가 엄격한 수학 법칙과 이상적인 수에 따라 이루어졌다고 생각했다. 오늘날의 수학자와 물리학자들이 들으면 감격할 대목이다. 하지만 12세기에도 분명 세상을 그렇게 해석하려는 움직임이 있었다. 그렇지 않다면 자연 연구에 별 관심이 없던 아벨라르조차 어떻게 신이 〈기하학적〉 구조로 세상을 만들었다고 말할 수 있겠는가!

　　12세기의 〈합리적 자연 설명가 동맹〉에 세 번째 이름을 올린 인물은 베르나르두스 실베스트리다. 투르 출신으로 짐작되는 그는 샤르트르 대성당 학교에서 공부하고 가르쳤던 것으로 보인다. 물론 잘못된 추측일 수도 있다. 그의 대표작 『우주론Cosmographia』은 형식 면에서 보면 철학 논문이라기보다 문학 작품에 가깝다. 1147년에 집필된 이 책은 알레고리의 형식 속에서 세계의 기원을 이야기한다. 이 작품에 깊은 영향을 끼친 것은 기욤과 티에리의 경우와 마찬가지로 신플라톤주의적 사상이 대량으로 섞인 플라톤의 『티마이오스』다. 그에 따르면 신에 의해 창조된 세계는 우주적 차원의 지성적인 기원을 늘 그리워한다. 세상의 현재적 혼돈에는 한결 더 높은 우주적 질서가 배후에 깔려 있다. 이러한 지성적 창조 이야기의 특이점은 베르나르두스가 인간의 성기와 성욕을 번식의 완벽한 생물학적 수단으로 명확하게 인정했다는 사실이다. 그래서 이제 인간은 아우구스티누스처럼 번식 과정에서 원죄의 그림자나 수치심에 시달리지 않고 마음껏 성적 쾌락을 즐겨도 된다는 것이다. 12세기 중반임을 감안하면 대담한 주장이 아닐 수 없다.

중세 세계에 아리스토텔레스라는 폭탄이 떨어졌을 당시 기독교 사상 중에서 가장 진보적인 자연학적 사상의 현황은 이 정도였다. 그렇다면 아리스토텔레스의 형이상학과 자연 철학의 재발견이 뜻했던 바는 정확히 무엇일까? 그 속엔 세계의 기원 및 법칙들과 관련해서 어떤 충격적인 발언들이 담겨 있었을까?

이제 기독교 세계의 사상가들은 인간이 학문적 수단으로 자연의 비밀을 풀 수 있다는 글을 읽게 되었다. 그것도 정교한 경험적 자연 연구로 말이다. 그에 비하면 기욤과 티에리, 베르나르두스의 자연학적 설명은 플라톤적 사변에 머물러 있었다. 지금까지 교회는 아우구스티누스의 전통 속에서 자연의 경험적 연구를 거부했다. 인간은 신의 작품을 꿰뚫어 볼 수 없다는 것이다! 예컨대 아랍 의사들처럼 시체를 해부하는 사람은 사도(邪道)에 빠졌다는 의심을 샀다. 그러나 아랍 의학의 우수성뿐 아니라 새 원칙에 따라 치료하는 살레르노 의사들의 성공도 부인할 수 없었다. 하지만 몸과 마음에 좋은 것이 늘 교회와 수도원의 윤리와 일치하는 것은 아니었다. 〈목욕과 포도주, 사랑은 우리의 진을 빼지만, 그 뒤엔 우리를 얼마나 생기 있게 하는지 모른다!〉 살레르노의 한 규정에 나오는 대목인데, 아마 아우구스티누스가 알았다면 격노했을 것이다.

기독 세계의 사상가들이 읽은 아리스토텔레스 저작들의 내용을 좀 더 따라가 보자. 세계는 영원하다. 이 세계 속의 모든 것 속엔 절대 타당한 자연법칙이 스며들어 있다. 게다가 창조도 없고, 신적인 기적을 위한 자리도 없다. 이미 아비케나와 특히 아베로에스가 이런 주장으로 종교적 수호자들의 눈 밖에 나고 의심을 받은 바 있다. 영원히 지속되는 창조는 시간에 관한 기독교적 관념과 모든 면에서 모순되기 때문이다.

중세의 독자들은 이런 주장을 어떻게 느꼈을까? 앞서 언급했듯이 중세의 시간 관념은 오늘날과 비교할 수 없다. 아랍인들이 기계식 물시계를 발전시켰지만 톱니 장치로 돌아가는 시계는 14세기에야 종탑에 걸렸다. 시간 측정은 주로 하루하루와 한 시간 두 시간처럼 비교적 작은 단위로 이루어졌다. 더 먼 시간은 의미가 없었다. 만일 사람들이 함께 무슨 일을 한다면 일어나는 사건이 곧 시간이었다. 세계는 시작점이 없음에도 시간적으로 계속 뻗어 나갈 뿐 아니라 하나의 흐름이 있다는 아리스토텔레스의 생각은 중세 인간들에게는 상상조차 못할 일이었다. 초인적인 시간에 대한 그들의 유일한 기대는 이르든 멀든 도래할 새로운 신적 시대에 대한 희망이었다. 그래서 피오레의 요아힘은 사람들에게 〈세 번째 나라〉가 임박했음을 부르짖었다. 그에 따르면 구약 성서의 시대인 아버지의 나라에 이어 그리스도의 탄생과 함께 아들의 나라가 시작되었다. 하지만 이제 그 시간도 곧 끝나고, 진리와 사랑의 시간으로서 성령의 시대가 동틀 것이다. 이로써 낙원 역시 예수와 그 제자들의 생각과 비슷하게 피안의 세계가 아닌 세속에서 실현되는 세계로 받아들여진다. 요아힘의 이런 생각은 전 유럽에서 선풍적인 인기를 끌었고, 많은 사람들이 믿고 싶어 했다. 다만 은총과 구원의 압력 수단이 없어지면 자신들의 권력을 염려해야 할 교회만 무척 곤혹스러운 처지가 되었다.

요아힘의 이런 생각을 믿는 사회에서는 특정한 목표나 의미가 없고, 인간들의 운명에도 전혀 관여하지 않는 자연사 이야기는 생경할 수밖에 없었다. 게다가 원소와 운동, 생물의 물리학적 세계, 그리고 믿음과 사랑, 희망, 개별적 구원의 기독교적 세계, 이 둘은 결코 합치될 수 없었다. 그럼에도 중세의 박식하고 명민한 사상가들은 스스로에게 엄청난 과제를 던졌다. 아리스토텔레스를 기독교와 어떻게 일치시킬 수 있을까? 아리스토텔레스의 이론 중에서 인정할 수 있는 것은 무엇이고 인정할 수 없는 것은 무엇인가? 믿음은 객관적 냉철함을 어느 선까지 받아들일 수 있을까? 새로운 〈자연 과학적〉 세계관과 기독교적 구원 사이에는 화해가 가능할까? 13세기에 많은 지성인들이 이런 물음들에 답을 찾아 나섰다. 그중에서 특히 유명한 두 사람이 도나우강 변의 슈바벤 지방 출신인 알베르투스 마그누스와 이탈리아 아퀴노 출신의 귀족 토마스 아퀴나스였다.

알베르투스 마그누스

프랑스에는 파리, 영국에는 옥스퍼드가 있었지만, 독일에는 오랫동안 최고 수준을 자랑할 만한 지성의 중심지가 없었다. 13세기 초에는 그나마 쾰른이 면적이나 인구 면에서 대도시였다. 약 4만 명이 400헥타르의 도시에서 살았는데, 당시 가장 큰 요새로 간주되는 웅장한 성곽으로 둘러싸여 있었다. 이 도시의 발전에 특히 중요하게 작용한 것은 황제가 내린 한 선물이었다. 즉 신성 로마 제국의 프리드리히 1세가 밀라노 침략으로 약탈한 세 동박 박사의 유해를 1164년 쾰른에 선사한 것이다. 물론 유해는 진짜가 아니었지만, 그런 것과 상관없이 순례자들이 소문을 듣고 줄지어 몰려들었다. 이로써 라인강 변의 이 도시는 하룻밤 사이에 산티아고데콤포스텔라와 로마 같은 최고의 순례지로 떠올랐다. 그러자 쾰른은 더더욱 열심히 유해들을 끌어모았고, 마지막에는 800구라는 말도 안 되는 수의 성인 유해를 수집하기에 이르렀다. 1248년에는 오늘날까지도 유명한 쾰른 대성당의 주춧돌이 놓여졌다. 1259년 적재권*을 획득한 뒤로는 라인강을 지나가는 모든 배들이 강제로 이 도시에 짐을 풀어야 했다.

　　이 시기에 쾰른이 경제의 중심지뿐 아니라 학문의 중심지로 부상한 데에는 한 남자의 역할이 결정적이었다. 바로 그 유명한 〈위대한 알베르트〉, 라틴어 이름으로는 알베르투스 마그누스

---

*　도시를 지나가는 상인들에게 일정 기간 동안 상품을 도시에 풀어 적재하거나 팔 것을 요구할 중세 도시의 권리. 이 권리를 얻은 도시는 세금 수입 외에 상업을 촉진할 수 있었다.

가 그 주인공이다. 1200년경 도나우강 변의 라우인겐에서 태어난 그는 1223년 파도바의 자유칠과 학부를 다닌다. 여기서 그의 삶을 변화시킨 두 가지 사건이 일어난다. 즉 1215년에 창설된 도미니크회의 카리스마 넘치는 새 수도회장 요르단 폰 작센(수도회 창설자 도미니크의 후계자다)에게서 가르침을 받은 것과 함께 즉시 수도회에 가입한 것이 한 사건이라면, 그의 학문적 삶에서 가장 중요한 스승이 될 아리스토텔레스의 저작을 처음 읽은 것이 두 번째 사건이었다. 알베르투스는 퀼른에선 수련 수사로, 나중에 프라이부르크에선 신학 강독사로 학문에 심취했다. 1243년 무렵 그의 명성은 벌써 상당해져서 이를 발판으로 파리 소르본 대학교에서 5년간 학문을 이어갈 수 있었다. 여기서 그는 석사 학위를 취득한 뒤 아리스토텔레스와 아랍 철학자들에 대해 강의했다. 그의 삶에서 별로 칭찬하고 싶지 않은 일이 있다면 1248년 유대교의 탈무드를 불태우라는 문서에 서명했다는 사실이다.

같은 해 알베르투스는 퀼른으로 돌아와 도미니크회의 일반 교양 학부를 개설했다. 나중에 퀼른 대학교의 토대가 되는 교육 시설이다. 그사이 그는 교회의 중요 인물로 자리 잡았고, 퀼른 시민들과 대주교 사이의 격한 싸움을 두 번이나 중재했다. 이 싸움은 그가 죽자 걷잡을 수 없이 확대되어 보링겐 전투로 이어졌다. 1254년 알베르투스는 도미니크회의 교구장이 되었고, 이어 감찰관 신분으로 지방을 돌아다녔다. 3년 뒤 퀼른으로 돌아오지만 이번에도 짧게 머물 수밖에 없었다. 레겐스부르크 주교에 임명된 것이다. 2년간의 주교 재임에 이어 이번에는 교황 우르바누스 4세의 부름을 받고, 그사이 7차까지 진행된 성지로의 십자군 원정에 〈증오 선동 설교사〉로 참전하였다. 1264년 교황의 죽음과 함께 알베르투스도 그 임무에서 해방되었고, 이제부터는 대부분의 시간을 학문 탐구에 쏟을 수 있었다. 처음에는 뷔르츠부르크와 슈트라스부르크에서, 1269년부터는 다시 쾰른에서 말이다. 이 도시에서 그는 천수를 누린 뒤 1280년 숨을 거두었다.

알베르투스가 철학적으로 중요한 이유는 무엇일까? 우선 논문 70편이 넘는 엄청난 양의 작품만으로도 충분히 주목받을 만하다. 그는 아리스토텔레스의 거의 모든 작품들을 해설하고 주석을 달았다. 그중에는 그가 위대한 스승의 작품으로 착각하고 해설한 『기원의 서』도 포함되어 있다. 알베르투스는 이제껏 기독 세계에서는 없었던 방식으로 신학과 자연 탐구의 영역을 구분했다. 그에게 이 둘은 도저히 합치될 수 없는 평행한 영역이었다. 신학자로서 그는 상징과 기적, 증명될 수 없는 것들을 인정하지만, 자연 연구자로서는 철저히 배격했다.

그럼에도 알베르투스는 당시의 관습처럼 천문학과 점성술을 연결시켰다. 별자리에서 미래를 읽어 낼 수 있다고 믿은 것이다. 화학과 연금술의 영역에서도 그는 선구자적 역할을 했다. 화학적 지식을 이용해 황금을 만들지는 못했으나, 화학적 성분들을 증류하고 승화하고 분리시키는 기술을 발전시켰다. 또한 늘 자신의 스승 아리스토텔레스와 아랍 학자들의 지식에 근거해서 광물들의 구조를 연구하기도 했다. 이 분야에서도 초창기 멤버라고 할 수 있었다. 게다가 그는 로마인 플리니우스 이후 유럽인으로는 최초로 동물계와 식물계에 대한 지식을 실증적으로 정리했고, 아리스토텔레스적 분류에 따라 동물을 477종으로 구분했다.

하지만 알베르투스는 자연 연구자로만 이름을 얻은 것이 아니었다. 당시의 철학적 신학적 문제들에 대한 탐구 열정 역시 뜨거웠다. 아리스토텔레스적 자연 철학의 재발견이 그 시대에 던진 거의 모든 문제들이었는데, 정리하면 이렇다. 세계는 영원한가, 아니면 창조의 산물인가? 우리의 지성은 우주의 보편적 원칙인가, 아니면 한 사람 한 사람 속에 개인적 지성 같은 것이 존재하는가? 영혼은 비물질적이고 우주적인가, 아니면 물질적이고 무상한가? 인간은 신의 은총으로 행복해지는가, 아니면 올바르게 사는 것으로 행복해지는가?

이중 대부분의 문제들에서 알베르투스는 절충안을 찾는다. 예를 들어 세계가 영원한지 아닌지의 문제에서는 그걸 누가 알겠느냐는 식의 호기로운 태도로 답을 내리지 않고 넘어간다. 영혼과 지성의 문제에서는 혼합적 해결책을 내놓는다. 그에게 지성은 영혼의 일부이고, 그래서 개인적이다. 하지만 개인적인 지성을 관장하는 건 그와 결코 혼동될 수 없는 보편성이다. 만일 그렇지 않다면 우리가 일반 보편적인 것에 대해 이야기할 때 서로 이해하는 것이 어떻게 가능하겠는가? 따라서 우리의 지성은 개인적인 동시에 비개인적이고, 개별적인 동시에 보편적이다. 우리는 지성의 보편적 차원 속에서 우리 자신의 한계를 뛰어넘어 보편적인 것과 신적인 것의 영역에 동참하는 듯하다. 그전에 아비센나는 그리스 전통 속에서 우리의 지성을 신적인 것으로 간주했는데, 알베르투스도 그에 동의했다. 다만 그는 지성을 영혼과 연결시켰고, 그로써 아비센나와 아베로에스에게서는 다루어지지 않았던 불멸성을 영혼에 보장했다.

이런 성찰들의 도움을 받아 알베르투스는 인간이 어떻게, 무엇으로 행복해지는지에 대한 답을 찾는다. 우리의 활동 지성은 우리의 이해 지성에 에너지를 공급하고, 이해 지성이 타인들과의 대화를 통해 세상사를 좀 더 쉽게 이해하도록 돕는다. 그 과정에서 지성이 보편적인 것을 향해 더 높이 올라갈수록, 또 우리가 그로 인해 우리 속에서 신적인 것을 더 많이 느끼고 받아들일수록 삶은 행복해진다. 따라서 인간은 아우구스티누스의 생각과는 달리 신의 은총으로 행복해지는 것이 아니라, 지성적 활동이 신적인 영역과 점점 더 깊이 융합함으로써 행복해진다. 현명하고 올바른 생각과 이해가 말 그대로 인간을 복되게 한다는 것이다.

알베르투스는 아리스토텔레스의 자연 철학적 저작들이 중세 세계에 입궐할 자격을 갖추는 데 누구보다 크게 기여했다. 그러나 그 과정에서는 신중하고도 외교적으로 처신해야 했다. 도미니크 수도회가 급속도로 보수적인 기관으로 변해 있었던 것이다. 아리스토텔레스주의자들과 아베로에스 추종자들은 공공연히 매장당하는 일이 드물지 않았다. 인간을 처형하고 책들을 불태우는 일도 있었다. 예를 들어 1270년과 1277년 파리에서 자유칠과 학부의 가장 유명한 교수 브라반트의 시게루스와 다키엔의 보이티우스에게 그런 일이 일어났다. 두 사람은 〈아베로에스주의자〉라는 혐의로 고소되어 교수직을 잃고 나중에는 로마에서 뭔가 수상한 냄새가 나는 상황에서 목숨을 잃었다.

교회 수뇌부의 의구심은 근거가 없지 않았다. 아리스토텔레스와 아베로에스의 추종자들이 기독교의 구원사를 터무니없는 것으로 만들어 버렸기 때문이다. 그들에게 자연사는 피오레 요아힘의 생각처럼 결코 천년의 3막으로 이루어진 드라마가 아니라 영구적인 변화의 연속, 혹은 요즘 경제학자들의 표현을 빌리자면 안정된 불균형의 연속이었다. 만일 이 말이 맞다면 신앙은 어떻게 되는 것일까? 환상이나 망상으로 치부되지 않을까? 아니면 기껏해야 아베로에스의 주장처럼 단순한 대중들을 위한, 진실한 핵심을 가진 다채로운 그림책 묶음밖에 안 되지 않을까?

아리스토텔레스 철학을 다룰 가능성의 폭은 상당히 크다. 브라반트의 시게루스와 다키엔의 보이티우스는 그 과정에서 기독교 신학을 거의 고려하지 않았다면 알베르투스는 성직자들을 달래고 나섰다. 13세기에 그가 이 문제에 대해 내놓은 해결책은 신적인 계시와 아리스토텔레스 형이상학, 기독교 신학과 철학적 냉철함의 화해라는 난해한 곡예였다. 결과는 신통치 않았다. 원래 그는 신학과 철학, 신앙과 자연 연구를 융합하려는 뜻이 전혀 없었기 때문이다. 그가 원했던 것은 둘의 자리를 따로따로 찾아 주려 한 것뿐이었다. 그런데 두 영역의 그런 분리도 그가 황제의 부름으로 아랍 이교도들을 향해 십자군 원정에 나가는 것을 막지는 못했다. 아랍의 지식 때문에 그가 그렇게 경탄하던 문화권이 아니었던가! 그러나 동전의 한 면은 종교와 정치이고, 다른 면은 철학과 자연 연구라는 사실에 강력하게 반발한 사람이 있었으니, 그는 곧 알베르투스의 가장 중요한 제자 토마스 아퀴나스였다.

토마스 아퀴나스

중세 전체에서는 아니더라도 많은 사람들이 13세기 가장 탁월한 철학자로 꼽는 토마스 아퀴나스는 1225년 이탈리아의 아퀴노 인근에서 태어났다. 귀족 가문의 막내아들이었던 그는 다섯 살에 벌써 유명한 베네딕트회의 몬테카시노 수도원에 들어갔다. 1239년부터 1244년까지는 황제 프리드리히 2세가 막 설립한 나폴리 대학교의 자유칠과 일반 교양 과정을 마쳤다. 열아홉 살에는 도미니크 수도회로 바꾸었는데, 그런 그를 가족들은 무척 싫어해서 한동안 아퀴노에서 멀지 않은 가족 성에 감금시키기도 했다. 1245년 토마스는 파리로 가서 3년 동안 알베르투스 밑에서 배웠다. 그 뒤 알베르투스가 1248년 쾰른으로 돌아가자 토마스도 스승의 조교 자격으로 따라갔다.

1252년 그는 파리 대학교에서 학생들을 가르칠 자격을 얻었다. 그 뒤 아주 탁월한 방식으로 복잡한 문제들을 일목요연하게 설명할 줄 아는 변증론자라는 사실이 금세 확인되었다. 스승 알베르투스가 도미니크회의 감찰관으로 독일 각지를 떠도는 동안 토마스는 파리의 대학생들을 강의로 사로잡았다. 그는 아리스토텔레스의 매혹적인 생각들을 가능한 한 완벽하고 모순 없이 기독교 신학과 통합하기로 일찌감치 마음먹었다. 그의 머릿속에 어른거린 것은 아베로에스나 마이모니데스, 알베르투스처럼 신학과 철학을 둘로 나눈 이분법적 세계 모델이 아니라 그 둘의 최상의 융합이었다.

그런데 토마스의 저술들은 워낙 방대하고 다양해서 여기서는 몇 가지 중요한 포인트만 서술할 수밖에 없다. 그는 인간이 원칙적으로 세계를 완전히 꿰뚫어 볼 수 있다는 데서 출발한다. 그가 보기에 세상 만물은 합리적이고 슬기롭게 서로 조율되어 있다. 신이 부여한 인간 지성은 그 이성적인 세상 질서를 파악하기 위한 특출한 도구다. 우리는 이 세계를 받치고 있는 비가시적인 원칙들을 알지 못하지만 가시적인 세계 안에서 그 원칙들의 결과와 작용을 인식할 수 있다. 이로써 〈학문으로서 신학〉의 과제는 명확하다. 가시적인 사물들에서 그 뒤에 깔린 일반적인 원칙들과 숨겨진 필연성을 추론해 내는 것이다.

토마스가 이해하는 학문은 경험적 관찰과 실험이 필요 없다. 학문은 측정하지도 않고 연역하지도 않는다. 그는 아리스토텔레스와 연결된 논문 「존재와 본질에 관하여De ente et essentia」에서 〈존재자〉의 세계를 철학적으로 정리한다. 일단 〈존재하는 것〉에는 두 가지 형태가 있다. 하나는 〈논리적 존재〉이다. 예를 들면 누구나 동의할 수 있는 명제 같은 것이다. 우리의 정신이 사물의 실상을 올바로 인식한다는 것은 우리의 오성이 신적인 오성과 완벽하게 맞아떨어져서 참된 판단을 내리고 있다는 것을 의미한다.

존재자의 두 번째 형태는 〈실제적 존재〉이다. 실제적인 존재자는 논리적 존재자와는 달리 특정한 크기와 양, 장소 등을 갖는다. 토마스는 여기서 아리스토텔레스의 형이상학을 따른다. 실제적인 존재자는 하나의 〈본질essentia〉을 가지는데, 〈실체적〉 성격 또는 파생된 〈우연적〉 성격 둘 중 하나다. 다음 단계에서 토마스는 실제적인 존재자의 세 가지 실체를 구분한다. 우선 단순한 실체가 있다. 더 이상 나누어지지 않고 소멸되지 않는 무제한의 순수한 실체로서 곧 신을 가리킨다. 즉 절대적 형태 속의 존재다. 반면에 다른 모든 실체는 절대 존재가 아니라 저급하다. 합성되어 있기 때문이다. 합성된 것 중에는 죽지 않는 천사와 영혼처럼 〈비물질적인〉 합성이 있고, 계속 변하고 해체되거나 죽는 인간과 동물, 돌 같은 〈물질적〉 합성이 있다.

이러한 사고 틀의 핵심은 명확하다. 토마스에게는 오직 하나의 절대 존재, 즉 신만이 있다. 다른 모든 것은 절대적인 속성 없이 그저 다양한 방식으로 존재할 뿐이다. 이런 식으로 그는 아리스토텔레스의 사고 체계 속에서 신의 특별한 위상을 확보한다. 그에 반해 존재자의 세계는 비본질적이다. 아리스토텔레스에게는 〈실제적 존재〉에만 본질이 있었다면 토마스의 경우는 천사에게도 본질이 있다. 종으로서의 〈인간〉도 마찬가지다. 그런 점에서 본질에 관한 토마스의 관념은 아리스토텔레스보다 훨씬 넓다. 내가 개념화할 수 있는 것, 즉 내가 〈정의내릴〉 수 있는 모든 것은 존재하는 것이자 본질적인 것이다.

이로써 토마스는 신의 역할 및 신학의 역할을 이른바 아리스토텔레스적 방식으로 깔끔하게 부각시켰다고 믿었다. 고대의 아리스토텔레스에게든 중세의 토마스에게든 신은 〈부동의 동자〉이자 〈세계의 원인causa efficiens〉이었다. 그러나 아리스토텔레스와는 달리 토마스는 이 〈부동의 동자〉에게서 세계의 〈최종 목적 causa finalis〉도 보았다. 아리스토텔레스의 경우, 전체로서의 세계가 철두철미하게 슬기롭게 자기 일을 해나간다는 말은 전혀 나오지 않는다. 다만 개별 생물의 삶만 하나의 목표를 향해 나아간다. 전체 세계는 그렇지 않다는 것이다. 그런데 아리스토텔레스에게는 〈목적론〉이었던 것이 토마스에게는 〈신학〉, 즉 모든 것을 아우르는 목표 지향적인 구원 계획이 되었다. 결국 그에게 〈부동의 동자〉는 아리스토텔레스와 아우구스티누스처럼 상반된 두 정신을 현란한 개념의 곡예 속에서 강제 결혼시킨 계시의 일부였다.

파리에서 자신의 능력을 입증한 토마스는 나폴리에서 강

의를 이어갔고, 그 뒤 1261년부터 1265년까지 오르비에토에서 도미니크 수도회의 강독사로 일했다. 그다음에는 3년 동안 로마와 비테르보에서 교수로 강단에 섰다. 이 시기 동안 그는 계속 아리스토텔레스에 대한 주석을 내놓았고, 인식의 문제들을 연구했다. 이 시기에 그가 쓴 윤리적 정치적 작품들에 대해선 나중에 언급할 기회가 있을 것이다. 1268년 파리로 돌아온 토마스는 집필 활동에 전념했다. 우선 아베로에스주의자들을 논박하는 글을 썼다. 지성은 모든 개별 영혼과 불가분의 관계로 연결되어 있다고 주장하면서 그들을 공격한 것이다. 사실 아베로에스에게는 개인적 지성이 없고, 신적인 보편적 이성에 대한 인간의 동참만 있다. 반면에 토마스에게 지성은 개인적 영혼과 떼어놓을 수 없다. 지성은 〈영혼의 일부〉로서 영혼을 형성한다. 영혼이 육신을 형성하는 것처럼 정신은 영혼을 형성하고, 이 모두가 합쳐 하나의 전체를 이룬다. 모든 인간의 개인적 영혼이 불멸이라는 것은 토마스에게는 오직 이렇게만 설명될 수 있을 뿐이다. 왜냐하면 만일 영혼이 신적인 지성에서 분리되어 있다면 어떻게 되겠는가? 그 영혼은 천사처럼 불멸하지 않고 동물처럼 소멸하고 말 것이다.

그런데 놀랍게도 토마스는 아리스토텔레스도 그렇게 생각했다고 주장한다. 그러나 이 그리스 철학자는 개인적 영혼의 불멸성에 대해 언급한 적이 없다. 그가 토마스와 비슷하게 정신의 일을 영혼의 일과 연결시키기는 했지만, 지성을 영혼과 불가분의 관계로 융합시키지는 않았다. 아베로에스도 그렇지만 아리스토텔레스도 오직 보편적 지성만 불멸이고 개별적 영혼은 그렇지 않다고 생각했다.

토마스의 야망은 정말 끝이 없었다. 그는 불멸을 증명하려 했을 뿐 아니라 생애 마지막 20년 동안 격한 논쟁이 벌어진 문제도 해결하려 나섰다. 그 문제는 이렇다. 세계는 영원한가, 아니면 신의 창조물인가? 아리스토텔레스는 세계가 무에서 생겨난 시점은 없다고 생각했다. 토마스는 〈생성〉의 의미에 대한 깊은 성찰로 이 문제를 풀어 나간다. 생성이란 보통 예전에 없던 무언가가 생겨나는 것을 의미한다. 아리스토텔레스에게도 생성은 하나의 질료를 변화시킬 작용인(因)이 있는 시간적 과정이었다. 여기선 필연적으로 이전과 이후가 있을 수밖에 없다. 마찬가지로 기독교도 자연스레 유대교의 창조를 떠올렸다. 처음에는 아무런 세계가 없었는데, 이후 신이 이 세계를 엿새 만에 만들었다는 것이다. 반면에 토마스는 시간이 흐르지 않는 생성, 즉 창조에 대해 말한다. 뭔가가 있었을까? 인간의 경험 세계에서는 어쨌든 아무것도 없었다. 하지만 신의 전능함이 인간의 상상력과 일치해야 할 이유가 있을까? 토마스는 신에게는 인간들이 알 수 없는 무언가를 창조 행위 속에서 완수할 능력이 있다고 생각했다. 여기서 인간들이 알지 못하는 것은 〈이전〉이라는 것이 없고 영원하지도 않은 상태에서 무언가가 생성된다는 사실이다. 우리는 당연히 그런 실상을 이해할 수 없다. 다만 이 문제 속으로 깊이 침잠해 들어가면 그것을 경험할 수는 있다. 따라서 우리는 이제 철학을 떠나 믿음의 세계로 들어가야 한다. 지식의 세계를 훨씬 뛰어넘는 믿음의 예감 속으로.

새로운 신 증명

이와 같은 생각들은 토마스의 대표작『신학대전Summa theologica』에 나온다. 그는 1266년부터 1273년까지 7년 동안 이 작품에 매달렸는데, 그러고도 결국 끝을 내지 못했다. 그가 이 책을 쓰면서 자주 활용한 것은 디오니시우스 아레오파기타의 작품『하나님의 이름에 관하여De divinis nominibus』에 담긴 신플라톤주의적 사유다. 형식 면에서『신학대전』은 토마스의 다른 많은 저술들처럼 대학생들을 위한 교재였다. 그는 세계의 내적 구조에 대한 물음을 건조하면서도 명확하게 100가지가 넘는 개별 문제들Quaestiones로 분해했다. 당시 대학에 있던 신학자들도 그런 식으로 토론했다. 즉 여러 입장을 대립시켜 놓고 돌아가면서 해명했던 것이다. 그와 관련해서 토마스도『토론 문제들Quaestiones disputatae』이라는 책을 썼다.

『신학대전』에서 토마스는 두 전선에서 싸웠다. 첫 번째 전선은 교리에만 얽매인 성직자들을 세상과 유리된 사변으로부터 해방시켜 세계의 본질을 사실적으로 파악하게 하는 것이었다. 창조는 타락하고 역겨운 사안이 아니라 신의 섬세한 건축술이 만들어 낸 결과다. 인간의 인식은 신의 빛을 통해 얻어지는 것이 아니라 자연의 법칙과 합법칙성을 정신적으로 강렬하게 탐구함으로써 얻어진다. 두 번째 전선은 너무 유물론적으로 느껴지는 아리스토텔레스의 지지자들, 즉 파리 대학교와 다른 곳의 아베로에스주의자들로부터 기독교를 지키는 것이었다.『신학대전』이 목표한 바는 이보다 크지 않을 것이다. 토마스는『신학대전』의 서두에서 밝혔듯이 철학적 논증에 기대 신학을 학문으로 확립하고자 했다.

신학이 학문이 되어야 한다는 것은 믿음과 지성이 서로 모순되어서는 안 된다는 것을 의미한다. 신적인 보편 지성, 즉 토마스도 신플라톤적인 사유에 따라 신에게서 흘러나오는 것으로 본 보편 지성의 의미는 결국 인간을 감각적으로 인지된 것들 너머로 끌어올려 진리로 인도하는 데 있다. 그런 지성은 계시된 믿음과 모순을 일으킬 수 없다. 믿음과 지성은 똑같이 신적인 뿌리에서 나왔기 때문이다. 그럼에도 믿음과 지성 사이에 모순이 있는 것처럼 보인다면 그건 그냥 겉으로만 그렇게 비칠 뿐이다. 그래서 이러한 가상적(假象的) 모순을 해소하는 것이 토마스의 과제였다.

토마스에게 철학적으로 세계에 접근한다는 것은 부단한 훈련을 뜻했다. 나는 내 지성을 이용해 감각적으로 지각된 사물들에서 보편성을 추출해 내고, 그로써 내 오성을 점점 벼려 나간다. 그렇게 시간이 흐르면 세계의 자연스러운 질서가 인식되고, 내 오성은 감각적 파악과 정신적 가공의 상호 작용 속에서 세계의 자연스러운 질서를 찾아낸다. 이때 특별히 필요한 기술이 추상이다. 개별 사물들에서 일반적인 형식을 〈뽑아내는〉 기술이다. 아리스토텔레스와 비슷하게 토마스에게도 플라톤적 이데아는 감각 세계 밖에 있는 것이 아니라 감각 세계 내에 신적인 형태로 담겨 있고, 거기서 감지된다. 그러다 나는 마침내 신이 만든 개별 사물과 종(種)의 건축술, 즉 특수한 것과 보편적인 것의 건축술을 꿰뚫어 볼 눈을 얻는다.

그렇다면 세계라는 이 건축물을 신이 지었다는 것을 우리는 어떻게 알 수 있을까? 토마스는 다섯 편의 논문에서 세계가 신 없이는 설명될 수 없음을 입증한다. 신의 존재에 관한 첫 번째 논거는 〈운동〉이다. 세계 곳곳에서는 무언가가 끊임없이 생겨나고 소멸되고, 가능성은 현실이 된다. 그렇다면 이러한 운동의 기원은 무엇일까? 이 운동의 유발자는 누구인가? 이 대목에서 토마스는 아리스토텔레스와 마찬가지로 〈부동의 동자〉를 거론한다. 신 말고는 다른 어떤 것도 대신할 수 없는 존재다. 토마스의 두 번째 논거인 〈인과성〉도 이와 매우 유사하다. 세상 만물은 원인과 결과의 법칙에 따라 일어나는데, 여기서 맨 최초의 원인은 무엇일까? 모든 것의 원인이지만 정작 자신을 일으킨 원인은 없는 제1원인 말이다. 토마스는 그 역시 신일 수밖에 없다고 결론 내린다.

　　세 번째 논거는 〈우연적인 것의 실존〉에 관한 문제다. 세상의 수많은 우연적인 것들은 대체 어디서 생겨나는 것일까? 원래는 그런 게 없는 것이 더 맞지 않을까? 하지만 그런 것들은 실제로 존재하고, 거기엔 이유도 없지 않다. 모든 우연적인 것은 자신을 파생시키는 다른 것으로 인해 존재한다. 여기서도 결국 우리는 다른 모든 것들이 자신의 실존에 대해 감사해야 할 우연하지 않은 한 존재를 만난다. 그것은 곧 신이다. 네 번째 논거에서 토마스는 세상 만물이 선함과 아름다움, 진실함에 따라 〈등급〉이 매겨진다고 말한다. 그런데 각 영역에서 최상의 것이 존재하지 않는다면 우리는 세상 만물을 등급화할 수 없다. 기준이 없기 때문이다. 이 최상의 것은 우리의 감각 세계에서는 찾을 수 없다. 그래서 이것도 신일 수밖에 없다.

　　이 모든 논거들은 우주, 그러니까 현존하는 그대로의 이 우주가 왜 신 없이는 결코 존재할 수 없는지를 설명하고 있다. 때문에 우리는 토마스의 이 네 가지 논거를 〈우주론적 신 증명〉이라 부른다. 그런데 그는 아리스토텔레스에게로 다시 돌아가 일보 더 전진한 또 다른 논거를 생각해 낸다. 〈목적론적 신 증명〉이 그것이다. 아리스토텔레스의 견해에 따르면 자연은 〈합목적적으로〉

설비되어 있다. 생물은 환경에 완벽하게 적응하고, 물리학과 화학은 이지적 법칙과 조율로 가득 차 있다. 만일 이 모든 것을 슬기롭게 설계한 탁월한 지성이 없다면 그런 질서는 어떻게 가능하겠는가? 토마스에 따르면, 목적과 목표, 발전, 완벽함을 규정하는 정리의 정신이 없으면 그건 불가능할 것이고, 그 정리의 정신을 우리는 신이라 부른다.

이후의 신학과 철학에서는 토마스의 신 증명을 오랫동안 다루었다. 고트프리트 빌헬름 라이프니츠나 이마누엘 칸트 같은 위대한 정신들도 그의 신 증명에 천착했다. 그러나 『신학대전』을 신 증명의 책으로만 여겨서는 안 된다. 이 작품의 3부 중 첫 두 부분에서는 철학적으로 중요한 사유들이 많이 담겨 있다. 형이상학뿐 아니라 인간학까지 포함해서 말이다. 또한 윤리학과 도덕철학도 상당히 자세히 다루어지고 있다. 방향은 보편적인 철학적 문제에서 사회의 많은 실질적인 문제로 넘어간다. 이와 관련해서는 나중에 좀 더 상세히 언급할 기회가 있을 것이다.

지금은 일단 철학과 신학의 융합이라는 토마스의 생각에 회의를 품고, 각자 방식대로 믿음과 지식을 구분한 사람들을 살펴볼 것이다. 그들의 기질과 열정은 개인별로 편차가 무척 크다. 그중에는 기술의 선구자도 있고, 급진적 회의론자나 경험론자 또는 논리학자도 있다. 하지만 토마스 학당의 높은 담벼락을 끌과 망치로 서서히 구멍을 내어 마침내 완전히 무너뜨린 사람들이었다는 점에서는 모두 한결같다.

세계의 탈주술화

기술의 찬양

파리나 쾰른과는 달리 옥스퍼드는 왕실 직속의 조그마한 지방 행정 도시일 뿐이었다. 그런데 헨리 2세가 1167년 영국인들에게 파리 유학을 일시적으로 금지하자 옥스퍼드는 비약적으로 발전하기 시작했다. 얼마 지나지 않아 미래의 법률가를 꿈꾸는 각지의 사람들이 대학에서 공부하기 위해 종교 재판소가 있는 이 도시로 몰려들었다. 더구나 옥스퍼드 대학교는 1214년부터 파리에 비견될 만한 자유도 누리고 있었다. 노르만족 출신의 초대 총장 로버트 그로스테스트는 프란체스코회 소속의 신학자였지만 자연 연구자로도 이름을 날렸다. 뛰어난 논리학자이자 수학자였던 그는 아리스토텔레스의 저서들을 번역했고, 광학과 천문학, 점성술을 연구했다. 이렇게 해서 전반적으로 신학으로부터 자유로운 자연 연구의 기풍이 옥스퍼드에 확립되었다.

　　로버트 그로스테스트가 총장이 되던 해에 그의 가장 중요한 제자가 세상에 태어났다. 로저 베이컨(1214~1292)이다. 베이컨은 옥스퍼드 대학교에서 수학했는데, 아리스토텔레스를 제대로 이해하려면 그리스어를 알아야 한다는 것이 그로스테스트의 생각이었기에 그 역시 그리스어를 배웠다. 나중에 그는 파리의 자유칠과 학부에서 한동안 학생들을 가르쳤다. 1245년 옥스퍼드로 다시 돌아와서는 수학과 천문학, 점성술, 광학을 공부했고 독자적으로 자연 과학 연구에 몰두했다.

　　1257년 베이컨은 프란체스코회에 들어갔다. 하지만 수도회에 대한 기대는 실망감으로 돌아왔다. 열정적인 자연 연구자였던 베이컨은 인류에 봉사하고, 수학과 자연학, 기술을 통해 인류를 발전시키길 원했다. 그는 아리스토텔레스나 아랍 철학자들의 자연 연구를 경험적 연구에 기초한, 인류에 대한 실질적 봉사로 이해했다. 그런데 창립된 지 채 50년이 지나지 않은 프란체스코회는 과거 아시시의 프란체스코를 그렇게 가슴 뛰게 했던 위대한 개혁의 열정과는 거리가 한참 멀어져 있었다. 동료 수사들의 눈에 베이컨은 교회의 구원사를 의심하는 수상쩍은 인물로 비쳤다. 거기다 1260년 이후에는 프란체스코회 내의 모든 저술들은 고위 성직자들의 검열을 거쳐야 하는 조처까지 더해졌다. 베이컨이 그해부터 체류한 파리의 상황도 옥스퍼드와 다르지 않았다. 프란체스코회의 보나벤투라 수도회장은 베이컨에게 친히 강의 금지령을 내렸다. 이제 이 수도회 내에서는 자연 과학적 지식을 위한 자리는 전혀 없는 것처럼 보였다.

그러나 겉으로만 그랬다. 1265년 깊이 좌절한 경험주의자 베이컨에게 뜻밖의 소식이 날아들었다. 기 르 그로 드 풀크 추기경이 그의 연구에 관심을 표명한 것이다. 감격한 베이컨은 남몰래 서둘러 추기경을 위해 글을 쓰기 시작했다. 그로부터 얼마 뒤 풀크 추기경이 교황으로 선출되면서 상황은 훨씬 나아졌다. 베이컨은 교황 클레멘스 4세에게 자신이 쓴 책을 바쳤다. 그것이 바로 『대저서Opus maius』와 그에 대한 요약본인 『소저서Opus minus』, 그리고 서론인 『제3저서Opus tertium』였다.

베이컨의 대표작 『대저서』는 특히 주목할 만하다. 베이컨도 그로스테스트와 마찬가지로 전래된 지식 세계를 제대로 이해하려면 최대한 많은 언어, 특히 그리스어를 알아야 한다는 입장이었다. 그에 반해 그에게 자연의 문법은 수학이었다. 수학이 모든 논리적 사고를 결정하고, 수학만이 깨어 있는 정신에 명확한 인식과 궁극적 확신을 제공한다. 그로써 수학은 〈신적인 사고〉와 유사한 것으로 간주된다.

당시 이런 생각을 한 사람은 베이컨 혼자만이 아니었다. 1263년부터 또 다른 선지자가 유럽과 아랍 세계를 떠돌고 있었다. 다방면으로 박식한, 팔마 데 마요르카 출신의 카탈루냐인 라몬 율(1232~1316?)이었는데, 모국어 외에 히브리어와 칼데아어, 아랍어까지 할 줄 아는 사람이었다. 그 역시 만국 공통의 언어인 수학과 논리학에 열광했다. 참과 오류가 명확하게 구분되는 유일한 언어였다. 프란체스코회 수도사 베이컨과 정신적 형제였던 율은 〈논리 기계〉까지 고안했다. 상이한 크기의 일곱 개 회전판으로 이루어진 기계인데, 각 회전판의 가장자리에는 판을 돌릴 때마다 서로 논리적 연결이 이루어지는 개념들이 적혀 있었다. 언어의 논리학을 명쾌하게 정리하려는 최초의 시도였다.

다시 베이컨과 그의 『대저서』로 돌아가 보자. 교단으로부터 박해를 받은 이 자연 철학자는 840쪽 분량의 책에서 논리학과 문법, 외국어, 수학, 자연학, 광학, 연금술에 관한 기존의 모든 지식을 요약 정리했다. 물론 거기다 자신의 생각과 실험을 반복적으로 덧붙이기도 했다. 〈자연법〉의 개념을 처음 정리한 것도 그였다. 그는 그리스 철학에 기대어 지구가 구의 형태라고 설명했고, 예수의 탄생 연도가 잘못 계산되었음을 밝혀냈으며, 천문학적으로 올바른 숙고를 통해 율리우스력을 개혁할 것을 주장했다. 광학의 영역에서는 오목 거울에 광학적 복사 오류가 있음을 확인했고, 신기루와 빛의 굴절, 무지개, 썰물과 밀물에 대한 적절한 설명을 찾아냈다. 화학에서는 불이 원소가 아니라 연료와 산소의 작용으로 생겨나는 것임을 증명했다. 의학에서는 아라비아 의학의 지식을 정밀하게 다듬고 직접 수은과 혈액으로 실험해서 약을 만들었다. 생물학에서는 시력과 눈의 해부학을 연구했다. 그 밖에 훗날 흑색 화약이라고 부르는 화약이 나오기 몇 년 전에 벌써 그 물질에 폭발력이 있음을 간파했고, 안경 만드는 방법을 고민했다. 또한 현미경과 수리학, 증기선, 다이빙 벨, 비행기를 내다본 선견지명은 가히 전설적이었다.

이 모든 지식과 연구가 베이컨에게 의미하는 바는 단 하나였다. 기독교를 발전시키고, 보통 사람들의 삶을 개선하고, 타 종교와 적대 민족들에 대한 교회의 국경선을 확고하게 다지는 것이었다. 특히 절실했던 것은 마지막 부분으로 보인다. 베이컨이 『대저서』를 집필하던 시기에 칭기즈 칸의 후예 킵자크 칸국이 지금의 루마니아와 폴란드 동쪽까지 깊숙이 밀고 들어오면서 곳곳에서 임박한 종말에 관한 이야기가 나돌았기 때문이다. 〈타타르족〉에 의한 기독교 문명권의 멸망을 포함해서 말이다. 베이컨도 그 말을 믿었다. 다만 가까워진 게 분명한 이 임박한 시대 전환이 어떤 방식으로 이루어질 것인지만 의문일 뿐이었다. 모든 것이 완벽하게 파괴되어 버릴까? 아니면 피오레의 요아힘이 설파한 것처럼 천년 제국이 시작되는 것일까?

베이컨은 도발하려고 했던 것이 아니라 그저 돕고 싶었을 뿐이다. 그는 기독교 신학이 경험적 진리를 무시하지 않고, 잘못된 권위에 따르지 않고, 예부터 내려오는 것이라고 해서 무작정 고수하지 않고, 외부에 귀 닫은 채 설익은 지혜로 도망치지 않는 한 그것을 최고의 분과로 인정하는 데 전혀 이의를 달지 않았다. 그러나 자연 과학의 진보로 인류를 구원하려는 그의 원대한 계획은 실현되지 못했다. 교황 클레멘스 4세가 철학적 문제들에 전반적으로 열린 태도를 보이기는 했으나(토마스 아퀴나스를 로마에서 북쪽으로 80킬로미터쯤 떨어진 비테르보의 교황 궁으로 부른 것도 그런 태도의 일환이었다) 그에게는 대대적인 개혁을 위한 시간이 많이 남아 있지 않았다. 교황이 1268년, 그러니까 권좌에 오른 지 3년 만에 세상을 떠났기 때문이다. 이후 베이컨의 저서는 지하로 사라졌다. 세상을 구하려 했으나 결국 좌절할 수밖에 없었던 베이컨은 그때부터 통한에 사로잡혀 스콜라학파에 맹공을 퍼부었고 수많은 적을 만들어 냈다. 결국 1278년 〈아베로에스주의〉를 추종한다는 혐의로 재차 가택 연금을 당했다. 죽기 직전인 1292년에야 밖으로 나올 수 있었지만, 이미 찾는 이 하나 없는 상태에서 곧 사람들의 뇌리에서 잊혔다.

의식이 존재를 규정하다

베이컨이 가장 많이 다룬 자연 과학적 물음은 광학 문제였다. 이 문제들은 어떤 점에선 최소한 은유적으로는 물리학과 형이상학의 연결 고리를 나타낸다. 중세 신학은 모든 것을 보는 신의 눈에서부터 정신과 영혼에 깨달음의 빛을 던지는 것에 이르기까지 빛의 은유로 가득 차 있었다. 그래서 존재와 가상, 가시적인 것과 비가시적인 것은 광학의 문제인 동시에 철학의 문제였다.

학자들이 하늘의 대기 현상에 그렇게 많은 관심을 보인 것은 이상한 일이 아니다. 베이컨은 묻는다. 무지개란 무엇인가? 가상인가, 존재인가? 거짓 현상인가, 실체가 있는 것인가? 베이컨이 죽은 지 몇 년 뒤 작센인 프라이베르크의 디트리히(1240/1245~1310?)는 그때까지 나온 것 중에서 최고의 대답을 내놓는다. 그는 말년에 6각으로 된 수정 하나와 유리구슬 두 개, 그리고 이슬 방울로 실험을 해서 올바른 대답에 상당히 근접한다. 즉 무지갯빛의 순서를 자연법적으로 만들어 내는 건 광선의 굴절이라는 것이다.

그런데 디트리히는 물리학자로 역사에 이름을 올리지 못했다. 그의 저술은 곧 잊혔고, 광학 발전에도 거의 영향을 끼치지 못했다. 그의 원소론과 우주론 역시 마찬가지로 별반 성공적이지 않았다. 다만 천체 이론은 주목할 만했다. 디트리히는 아리스토텔레스와 신플라톤주의적인 『기원의 서』를 집중 연구한 끝에 당시에 꼭 필요한 것을 제시했다. 천체 역학에 관한 중세의 지식을 고대의 우주 기원론과 융합한 것이다.

천체 물리학의 영역에서 토마스 아퀴나스가 거둔 성취는 기껏해야 아마추어적인 수준에 지나지 않았다. 그의 강점과 관심사는 다른 데 있었기 때문이다. 디트리히는 토마스가 천체를 움직이는 동력이라고 여겼던 천사들과 허깨비 형상들을 하늘에서 모두 치워 버렸다. 그에게는 전무후무한 창조에 관한 관념도 헛소리에 지나지 않았고, 오히려 플로티노스와 그 제자들이 가르친 〈유출설〉, 즉 우주의 일자로부터 만물이 흘러나온다는 지속적인 창조설이 더 논리적으로 비쳤다. 디트리히는 대체로 교회에서 용인할 수 있는 최대치까지 신플라톤주의에 열광했다. 그에게도 신은 〈일자〉였고, 우주는 오로지 그 일자에게서 흘러나왔다. 그러므로 이렇게 철저하게 논리적인 세계를 관장하는 것은 우연적인 요소가 아니었고, 설명될 수 없는 그 무엇도 아니었다. 행성들의 궤도에서부터 인간의 정신까지 세상 만물엔 신의 완전한 지성이 가득 차 있다. 플로티노스와 그 제자들이 주장했던 것처럼 인간 정신은 자신의 신적인 근원으로 돌아가기를 갈망하고, 신에게서 생명을 얻었기에 부단히 신에게로 나아간다. 여기까지는 아우구스티누스 및 교회의 의견과 합치한다. 그런데 아우구스티누스의 경우 누가 신의 곁으로 올라갈지는 우리가 가늠할 길 없는 신의 뜻인 은총에 전적으로 달려 있었다면 디트리히는 지복의 상태에 이르는 문은 누구에게나 열려 있다고 보았다. 그러니까 자기 안에 오래전부터 있는 이 지복의 상태에 오직 생각의 힘으로 다가가면 된다는 것이다.

디트리히는 광학을 연구하건, 아니면 우주론이나 인식론, 신학을 연구하건 항상 중요한 혁신을 도입했다. 아리스토텔레스의 중심적인 사유를 강력하게 반박한 것도 그중 하나다. 그는 오래된 한 물음을 다시 제기한다. 나는 내가 한 사물에 대해 생각하는 것이 그 사물의 본질과 정말 일치하는지 어떻게 알까? 아리스토텔레스는 이렇게 대답한다. 사물들의 감각적인 면이 내 지성을 직접적으로 건드리고 내가 받아야 할 올바른 인상을 내 지성 속에 미리 〈규정해 놓았기〉 때문이라는 것이다. 거기다 토마스는 한가지를 덧붙인다. 신은 나를 속이지 않기 때문이라는 것이다.

그러나 디트리히는 좀 더 정확히 알고자 했다. 그는 자연에 있는 사물들이 조금이라도 우리의 지성에 뭔가 규정할 힘과 능력을 갖고 있다는 사실을 믿지 않았다. 여기서 어느 하나가 다른 하나를 규정하고 묘사하고 정의 내린다면 그것은 〈지성〉이지 자연 사물이 아니라는 것이다. 우리의 정신에 감각적 인상을 제공하는 것은 돌이나 시간, 프랑스 왕이 아니라 우리의 정신이 돌이나 시간, 프랑스 왕이 무엇인지 규정한다. 이 사고는 철학사의 가장 중요한 구상 중 하나였다. 디트리히보다 유명한 많은 사상가들이 이 오솔길을 따라 계속 걸어갔고, 훗날 철학에서 운명적인 전환을 불러일으켰다.

중세 교회의 관점에서 이 전환은 다이너마이트였다. 교회수장들이 그 폭발력을 깨닫기까지는 시간이 좀 걸렸지만. 어쨌든 그들이 마침내 그것을 간파했을 때 그들의 분노는 디트리히가 아닌 그의 가장 가까운 한 동료로 향했다. 반면에 디트리히 자신은 조금도 피해를 입지 않았을 뿐 아니라 1277년의 〈아베로에스주의〉 금지령을 둘러싼 야단법석에도 불구하고 파리 대학의 강단에 계속 섰고, 심지어 아무 질책도 받지 않은 채 도미니크회 독일 분파의 최고 직책에 오르기도 했다.

이례적인 일이었다. 그것은 디트리히가 저서에서 선행자들과 동시대 학자들을 혹독하게 비판했던 일만 생각해 봐도 알수 있다. 논리와 무모순성에 대한 그의 엄격한 요구를 충족시키지 못하는 진술은 거의 모든 학자들에게서 나타났다. 그 비판의 칼날이 어떤 때는 아리스토텔레스에게로, 어떤 때는 아베로에스에게로 향했던 것은 교회 수뇌부의 마음에 들었을 것이다. 그런데 디트리히가 선호한 스파링 파트너는 하필 토마스 아퀴나스였다. 다시 말해 그가 교구장의 총대리로서 옹호해야 했던 도미니코회의 존경받는 최고 이데올로그를 표적으로 삼은 것이다.

토마스의 전 체계는 신이 모든 개인에게 있는 것과 똑같은 이성으로 세계를 창조했다는 주장의 진위 여부에 따라 그 성패가 좌우된다. 디트리히는 이 주장에 회의적이었다. 그에게 사물의 〈본질〉은 인간 지성이 자연에서 〈발견하는〉 무언가가 아니라 지성이 머릿속에서 〈만들어 내는〉 무언가다. 내 정신은 사물을 인식하는 순간 그것을 자신에게 의미가 있는 무언가로 만든다. 정신은 사물의 특성을 정의 내린다. 그것도 오직 신적인 영감을 받은 이성의 규칙에 따라. 디트리히는 아리스토텔레스와 토마스 같은 사상가들을 향해 이렇게 포문을 연다. 실재reality란 실제 〈사물들〉이 존재하는 모습이 아니다. 실재란 사물들이 〈실제로〉 존재하는 모습이고, 사물들이 실제로 존재하는 모습은 오직 우리의 지성으로만 규정될 수 있다는 것이다.

철학 수업을 듣지 않은 사람에게는 이런 사고가 생경할 것이다. 어쨌건, 달에 있는 돌들은 인간이 그걸 보고 돌로 인식하고, 달 표면의 암석으로 정의 내리지 않았다고 해서 달에 있는 돌이 아닐까? 디트리히도 그렇다고는 말 못할 것이다. 다만 그 돌은 인간 정신과 관계를 맺음으로써 비로소 인식의 대상이 되었다고 나름 타당하게 반박할 수 있을 것이다. 본래적인 의미에서 돌들은 인간 정신과의 관계를 통해서야 이지적 세계의 일부가 된다. 이런 시각과 함께 디트리히는 철학의 새로운 주관적 차원으로 들어가는 문을 대담하게 열어젖혔다. 비록 자신은 그 문 안으로 완전히 걸어 들어가지 않았지만.

혹자들은 주관성으로의 전환을 근거로 디트리히를 신비주의자로 오해한다. 그러나 그건 틀린 말이다. 그는 스스로를 오직 올바른 결론만을 끄집어내려는 냉철한 논리학자로 여긴다. 이 세계의 사물들은 우리에게 아무 말도 할 수 없기에 우리가 대신 그 사물들에게 그것들이 무엇인지 말해 준다. 이런 식으로 디트리히는 세계 속의 실상을 드러낼 수 있다고 생각한다. 토마스가 자기만의 수단으로 추구했던 목표와 다르지 않다. 그런데 이 선행자가 세계와 지성의 대화를 가정한 지점에서 디트리히는 정신의 독백만을 강조한다. 그것을 인정해야만 세계의 숨겨진 법칙을 인식할 수 있다는 것이다.

디트리히의 정신과 세계에 관한 이론도 당연히 신 없이는 불가능하다. 논리학자로서 그는 철학을 신학과 엄격하게 분리하지만, 그것을 통해 신에게서 벗어나려고 한 것이 아니다. 토마스와 달리 디트리히에게 신은 내 지성이 인식한 것이 실제 사실과 일치하는 것에 대한 보증이 아니다. 오히려 내 지성은 굳이 일치가 필요 없을 정도로 탁월한 도구이고, 그런 사실에 대한 보증으로서 필요한 것이 신이다. 능동적 인식 도구로서 지성은 논리학의 원칙을 엄격하게 지킬 경우 사물들의 세계를 올바로 〈구축할〉 수 있을 만큼 신과 유사하다.

그런데 신이 모든 인간 속에 불어넣어 준 지성이 세상 만물을 인식하고 파악할 수 있다면 왜 모든 인간이 세상일에 통달한 현인이거나 천재가 아닐까? 왜 세상에는 그토록 많은 어리석음과 무지와 어설픈 앎이 존재할까? 그것은 분명 대부분의 인간이 자신의 지성을 함양하고, 세계를 이해하고, 자신이 아는 것을 알리려 노력하지 않기 때문이다. 사고는 지속적인 논리적 작업이다. 우리의 지성이 신적인 영감으로 생긴 것일지라도 진리가 그저 우리 품으로 날아들지는 않는다. 우리는 그 보물을 〈정신의 은 신처〉에서 힘겹게 꺼내야 한다.

철학적 자기 인식의 보물을 끄집어내는 것은 특히 어렵다. 지성이 탁월한 도구가 되려면 자기 자신을 인식해야 한다. 디트리히가 보기에 대부분의 인간은 이러한 일에서 특히 성공적이지 못하다. 그랬다면 토마스 아퀴나스가 지성을 물질적 영혼에 대한 영적인 첨가물로 여기지는 않았을 것이다. 엄격하게 논리적으로 생각해 보면 우리는 지성을 〈갖고 있는〉 것이 아니라 우리가 곧 지성〈이다〉라는 사실을 깨닫게 된다. 우리는 탁월한 지성에다 무언가를 추가로 더 갖고 있는 영혼이 아니다. 생각해 보라. 지성이 없는 영혼은 무엇이고, 영혼이 없는 지성은 무엇이겠는가? 영혼은 사물도 아니고 지성도 아니다. 디트리히에게 이 둘은 불가분의 관계로 연결되어 있다. 또한 둘 다 비육체적이고 비물질적이며, 오직 주관적으로만 파악할 수 있다. 지성이 자기 자신을 탐구한다고 해서 스스로를 대상으로 인식한다는 뜻이 아니다. 지성은 자기 자신을 비물질적 현실로, 모든 의식 내용의 주관적인 기원으로 인식한다.

디트리히의 견해는 논리적이고, 동시에 급진적이다. 그는 시간조차 주어진 자연 사물로 보지 않는다. 아리스토텔레스가 암시했고 아우구스티누스가 보강했던 것이 디트리히에 이르러 끝까지 사유된다. 우리는 〈시간〉 속에서 사는 것이 아니다. 시간은 우리의 의식이 상상력의 도움으로 펼쳐 놓은 것이다. 그리고 500년 뒤 이마누엘 칸트가 (디트리히와 상관없이) 쓴 것처럼 시간은 존재의 범주가 아니라 〈관조의 범주〉다.

디트리히는 별로 성공하지 못했다. 그의 사유는 그와 같이 생각하는 학파가 탄생하기까지 수백 년이 걸릴 만큼 시대에 맞지 않았다. 실제로 그는 수도회의 높은 직위에도 불구하고 죽은 지 50년 뒤에는 로저 베이컨처럼 잊히고 말았다. 어쨌든 그의 사고

에 내재한 혁명적인 요소가 그를 위험하게 만들지는 않았다. 아
마 그런 혁명적 요소에서 정치적 결론을 끌어내지 않았기 때문이
리라.

의지와 개성

디트리히에게 자연학과 형이상학은 동전의 양면이었다. 그런데 그가 광학을 연구하고 무지개의 원리를 설명하던 시기에 두 분야는 분리된다. 로저 베이컨의 원대한 계획은 실패했을지라도 최소한 옥스퍼드 대학교에서는 자연 연구에 대한 비중은 점점 높아졌다. 1300년경에는 영국뿐 아니라 여러 지역에서 수학과 자연학, 의학이 중요 분과로 떠올랐다. 거기엔 많은 대학에서 철학이 신학으로부터 분리된 것이 특히 유리한 환경으로 작용했다. 그로써 토마스 아퀴나스가 몇 년 전에 영원히 메우고자 했던 둘 사이의 간극이 제도적으로 공고화되었다.

이 두 세계가 더 이상 서로 맞지 않다는 사실은 신학자와 철학자들의 연구실과 강의실에서만 확인된 것이 아니라 좀 더 큰 정치 영역에서도 나타나는 듯했다. 전 유럽이 갑자기 내부적으로 갈라졌다. 우선 정치의 중심이라고 할 독일 민족의 신성 로마 제국이 붕괴되었다. 1250년 이탈리아에서 제국을 통치하던 프리드리히 2세가 죽었다. 이후 황제의 자리가 공석으로 남은 대공위 시대(大空位時代)가 시작되었다. 1312년 하인리히 7세가 다시 독일 황제에 올랐지만 권력은 더 이상 세습되지 않았다. 이제부터는 선제후*들이 황제를 선출했고, 이는 황제의 권력이 지방 영주들에게로 옮겨간 것을 보여 주는 뚜렷한 징표였다.

잠깐 동안은 세속과 종교 권력의 영원한 싸움에서 교황이

* 독일 황제의 선거권을 가진 일곱 명의 제후.

큰 승리를 거둔 것처럼 보였다. 그러나 실상은 달랐다. 황제와 교황이 반목하는 사이 프랑스에서는 왕권이 강화되었다. 그런 상황에서 교황 보니파키우스 8세가 교서 「우남 상탐」*을 통해 모든 군주들에 대한 교황권의 우위를 주장한 것은 더더욱 이상하게 비쳤을 것이다. 교서의 핵심은 이렇다. 〈이로써 우리는 선언하노라. 모든 인간 피조물은 영혼의 복됨을 잃을 시 로마의 교황에게 복종해야 한다. 우리는 이렇게 말하고 결정하노라.〉 그러나 교황의 조치는 종이호랑이였다. 프랑스의 미남왕 필리프 4세가 즉각 교황을 체포해서 이단 혐의로 재판에 회부한 것이다. 교황이 이단이라니? 결국 보니파키우스 교황은 얼마 뒤, 그러니까 1303년에 로마에서 죽었다. 그 이후엔 필리프 4세가 자기 마음에 드는 사람을 교황 자리에 앉혔다. 보니파키우스의 후임자 클레멘스 5세는 당연히 프랑스인이었고, 로마가 아닌 리옹에서 교황에 즉위했다. 이로써 로마는 시효를 다했고, 이제는 아비뇽이 교황들의 도시가 되었다.

14세기 초 유럽 정치의 판도는 급작스럽게 바뀌었다. 황제건 교황이건 양측에선 더 이상 예전의 모습은 남아 있지 않았다. 또한 기존의 성스럽고, 건드릴 수 없고, 소멸되지 않을 것처럼 보이던 것들도 증발했다. 지속성 대신 변화가 시대의 동력으로 떠오른 것이다. 프랑스가 신흥 강국으로 자리 잡았지만, 그 그늘에선 이미 영국이 경쟁자로 부상했다. 영국의 인구는 근 600만 명에 달했고, 상업은 번창했으며, 옥스퍼드와 케임브리지 대학교는 벌써 빛나는 명성을 구가하고 있었다.

중세의 가장 예리한 사상가 중 하나인 요하네스 둔스 스코투스는 이러한 역사적 배경에서 활동했다. 언제 태어났는지는 알려져 있지 않지만 〈스코투스〉라는 별칭에서 알 수 있듯이 스코틀

* Unam sanctam, 1302년. 하나의 거룩한 교회라는 뜻.

랜드 출신이다. 그는 1291년 노스 햄턴의 프란체스코 수도회의 사제가 되었다. 같은 시기에 옥스퍼드에서 공부했는데, 케임브리지에서도 수학했을 가능성이 있다. 그는 당시의 유행에 따라 아리스토텔레스를 집중 연구했다. 교황이 「우남 상탐」 교서를 발표한 1302년에 파리로 갔지만, 미남왕 필리프 4세에 맞서 교황 편에 서는 바람에 그곳을 떠나야 했다. 1년 뒤 다시 파리로 돌아가 3년 동안 학생들을 가르쳤다. 그의 마지막 체류지는 독일 쾰른이었고, 거기서 잠시 머물다가 1308년에 죽었다. 그때 나이가 마흔 내지 마흔다섯으로 추정된다.

둔스 스코투스는 이른 나이에 세상을 떠난 바람에 위대한 저서를 남기지 못했다. 그럼에도 철학사는 그에게 명예로운 자리를 마련해 두었다. 비록 둔스 스코투스 본인은 철학자가 아닌 신학자로 남고 싶어 했음에도. 하지만 곧 보게 되겠지만, 바로 이 점이 그를 그때까지의 중세에서 가장 지적인 아리스토텔레스 비평가로 만들었다. 둔스 스코투스는 종교적 열정을 벗어던진 냉철한 즐거움으로 아리스토텔레스 형이상학의 약점들을 지적했다. 그 전의 프라이베르크의 디트리히처럼 그도 아리스토텔레스와 그 신봉자들을 향해 이렇게 묻는다. 그들은 자신들이 안다고 생각하는 것을 어떻게 알게 되었을까? 아리스토텔레스주의자들의 올바른 지적처럼 세상의 모든 지식은 경험에서 유래한다. 그러나 내가 지금 나의 구체적 지각과 관찰 들에서 지금껏 모르고 있던 보편적인 것, 종과 속, 보이지 않는 세계의 구조와 질서를 추론해 낸다면 그것은 앎이 아니라 사변이다. 왜냐하면 나는 보편 개념들에 대해서는 결코 확실히 알 수 없기 때문이다. 따라서 둔스 스코투스가 볼 때 아리스토텔레스 철학은 마치 보이지 않는 세계에 하나의 분명한 받침대라도 있는 것처럼 사실들의 확고한 토대에서 벗어나 공중에 둥둥 떠 있다. 이 받침대는 우리가 아는 것이 아니고 불확실하다. 나는 그것을 하나씩 단계적으로 연역할 수 없다. 또한 보편 개념과 추상적 표상의 이 세계 속에서 무언가가 필연적으로 어떠어떠하다고 결코 말할 수도 없다.

둔스 스코투스의 논증 방식은 특이했다. 지금껏 신학자들은 많은 점에서 아리스토텔레스주의자들을 비난했지만, 감각적으로 경험할 수 없는 것은 우리가 알 수 없을 거라는 견해에 대해서만큼은 결코 비난하지 않았다. 전체 신학조차 보이지 않는 보편적 사물들에 대한 대담하고 도그마적인 주장들로 이루어져 있었으니 말이다. 이런 상황에서 둔스 스코투스는 누구도 예상치 못한 일을 했다. 아리스토텔레스주의자들이 신학을 공격할 때와 똑같은 논거들을 들어 아리스토텔레스를 공격한 것이다. 그는 그들이 안다고 생각하는 것에 대해 납득할 만한 증거를 제시할 수 있을지 의심했다. 그리고 아리스토텔레스의 형이상학을 사변의 영역으로 보내 버렸다. 이제 아리스토텔레스주의자들은 둔스 스코투스에게 자신들이 자연의 감각적인 현상들과 관계하고 있다는 사실에 대해 더 이상 변명할 필요가 없었다. 대신 그 현상들 뒤에 어떤 존재의 법칙이 숨겨져 있는지 안다고 믿는 것에 대해 그 정당성을 입증해야 했다.

이런 식으로 논증하면 결국 앎은 경험적으로 검증할 수 있는 것밖에 남지 않는다. 그러나 둔스 스코투스가 노린 것은 그것이 아니었다. 그는 이 세상 모든 것을 있게 한, 보이지 않는 위대한 건축술이 존재한다고 믿었다. 다만 그것을 어떻게 정확히 인식하느냐가 문제였다. 둔스 스코투스는 신학자와 아리스토텔레스주의자들이 서로의 무지를 비난하기만 하는 무승부 상태를 원한 것도 아니었다. 그가 원한 것은 개인과 영혼 구원의 〈기능〉 면에서 철학과 신학의 역할을 구분하는 것이었다.

둔스 스코투스의 경우 아리스토텔레스에게서 자극받은 철

학은 무엇보다 자연 연구였다. 물론 신학도 진리의 연역이 아니다. 반대로 신학은 그에게 인생의 조력자 같은 것이었다. 인간에게는 동물로서의 생물학적 목적 규정을 훨씬 뛰어넘는 의미와 목적을 향한 갈망이 있다. 아리스토텔레스에게는 구원뿐 아니라 구원에 대한 욕구조차 없다. 반면에 둔스 스코투스는 구원에 대한 갈망이 항시적인 화두인 세계에 살고 있다. 그 시대 사람들은 천상의 삶을 바라보면서 세속에서 어떻게 올바르게 살 수 있을지 알고 싶어 한다. 하지만 철학은 그런 물음에 확실한 대답을 주지 못한다. 그에 대해 아는 것이 없기 때문이다. 따라서 인간에게는 믿음만 남는다. 이 믿음은 인간 지성이 신적인 지성과 직접 연결되어 있다는 생각과는 한참 거리가 멀다. 그런 것은 아라비아의 동화와 토마스 아퀴나스에게서나 나올 이야기다. 그렇다. 믿음은 지성과는 동떨어져 있다. 오히려 믿음은 직관적 지식이고, 신에 대한 사랑이고, 지극히 실용적이다. 내가 믿는 가치들은 내가 삶을 올바르게 형성하고 이끌어 나가게 도와준다. 또한 내게 존재 및 구조, 의미에 대한 사랑을 준다. 이 모든 것을 성서보다 더 잘 찾을 수 있는 곳이 어디 있겠는가?

중세의 신학자에게 이것은 자기 분야에 대한 대담한 규정이었다. 둔스 스코투스는 철학자들에게서 제거한 형이상학의 동일한 영역을 신학에도 더는 용인하지 않았다. 다만 뒷문은 하나 열어 두었다. 이유는 하나다. 하늘과 땅 사이의 일에 대한 인간의 현재적 무지가 앞으로 멈출지 누가 알겠는가? 인간이 더 높이 발전할 수도 있지 않을까? 신이 언젠가 인간을 위해 자신의 외투 주름을 하나씩 들추어 주지 않을지 누가 알겠는가? 아리스토텔레스에게 인간은 영원히 확정된 동물이다. 인간 문화에 대한 그의 그런 생각에는 역동성이 없다. 그가 말하는 〈정치적 동물〉도 미래의 변화 가능성이 전혀 없는, 유리병 속의 박제된 동물처럼 보인다.

그러나 둔스 스코투스는 시대의 소란에 자극받아 인간을 발전 능력이 있는 존재로 여겼다. 특히 인식 능력의 계속적인 완전화 면에서.

둔스 스코투스는 프라이베르크의 디트리히와는 정반대 방향으로 움직였다. 디트리히는 인간 지성에 세계의 설계자라는 지위를 부여했다. 반면에 둔스 스코투스는 인간 지성의 능력 범위에 대해 근본적인 회의를 품었다. 그는 우리의 정신이 생각을 통해 사물의 질을 만들어 낸다는 점을 부정했다. 그 과정에서 아벨라르의 전통과 만난다. 둔스 스코투스는 〈인류〉니 〈동물〉이니 〈선〉이니 하는 보편 개념이 우리가 정확히 아는 무언가를 가리킨다는 것에 지극히 회의적이다. 그에 따르면 우리는 개별 사물들에 대해서만 무언가를 말할 수 있을 뿐 보편적인 것에 대해서는 말할 수 있는 것이 없다. 그는 〈인류〉와 〈선〉이 언어로만 존재한다고 생각한 〈유명론자들〉만큼이나 멀리 나가지는 않았다. 다만 인류와 〈선〉에 대해 구속력 있는 진술을 하는 것이 어떻게 가능한지 의문을 품는다. 우리는 개별적 인간과 특수한 선행만 인식할 뿐이라는 것이다.

둔스 스코투스는 우리가 개별적인 것과 특수한 것만 인식한다는 사실을 깨달으면서 개인을 좀 더 면밀히 들여다보게 된다. 실제로 중세의 사상가들 중에서(혹시 아벨라르는 여기서 제외할 수 있을지 모른다) 〈인간의 개성〉을 그만큼 강조하고 조명한 인물은 없어 보인다. 그는 인간이 일상에서 논리적 합리성을 거의 사용하지 않는다는 사실을 많은 논리적 합리성을 사용해서 밝혔다. 삶에서 대부분의 사물은 우리에게 명료하고, 증명할 필요가 없을 만큼 분명하고 자명하다. 인간 〈의지〉의 상황도 달라 보이지 않는다. 인간의 의지는 모든 논리와 객관적 예측에서 벗어난다.

아리스토텔레스에게 인간 의지는 하나의 목표를 지향한

다. 즉, 최대한 도덕적이고 행복한 삶을 사는 것이다. 토마스 아퀴나스는 이 목표로 신적인 프로그램을 만든다. 모든 인간이 신을 닮으려 애쓰고 그에 걸맞게 완전해지려고 노력하는 프로그램이다. 그에 반해 둔스 스코투스는 우리의 의지가 지성과는 다른 길을 갈 때가 많다고 지적한다. 게다가 의지는 편안한 것에 대한 갈망과 옳고 선한 것에 대한 갈망 사이에서 분열되어 있는 것처럼 보인다. 온갖 회의에도 신의 사람인 스코투스는 편안한 것보다는 옳고 선한 것에 대한 애착을 더 높이 평가한다. 노력하는 인간은 플라톤과 다른 많은 그리스 철학자들이 설파한 것처럼 편한 것을 추구하려는 의지를 억제하려 한다. 모두가 그래야 하지만, 특히 신을 사랑하는 사람은 절제하고 자제하고, 편안한 것에 대한 욕망에 무분별하게 굴복하지 않아야 한다. 물론 둔스 스코투스도 이전의 아우구스티누스처럼 그것이 영속적인 싸움이라는 걸 안다. 토마스 아퀴나스에겐 인식과 욕망을 결합하는 게 아무 문제가 되지 않았다면 둔스 스코투스에겐 힘겨운 과제가 된다. 또한 그의 경우, 절정기 스콜라주의의 냉철한 논리학은 심리 논리학이된다.

오컴의 면도날

둔스 스코투스가 파리에서 아리스토텔레스와 신학자들의 형이상학에 의심을 품는 동안 350킬로미터 떨어진 런던에서는 한 남자가 첫 서품을 받는다. 신과 세계에 대한 앎의 가능성에 한층 급진적으로 의문을 품은 오컴의 윌리엄이다. 젊은 프란체스코회 수사 윌리엄은 1306년 지금은 런던 중심지의 일부인 서더크의 옛 습지에서 차부제(次副祭) 서품을 받았다.

카타르 왕가 소유의 유럽 최고층 사무실 건물인 더 샤드 옆에는 고딕 양식의 왜소한 대성당 하나가 서 있다. 현대의 금융 중심지인 시티 오브 런던의 그늘에 푹 가려진 이 그림처럼 아름다운 성당이 한때 서양을 지배한 신앙 카르텔의 일부라고는 상상하기 어려워 보인다. 대성당과 금융 타워의 이 비교되는 모습은 합리적이고 효율적인 사고의 개선 행진이 불러온 권력의 거대 이동을 선명하게 보여 준다. 더 샤드에서 일하는 금융 매니저들 중에서 〈사고의 경제성〉 구상이 오컴의 윌리엄을 빼고는 생각할 수 없을 뿐 아니라 바로 그에게서 시작되었다는 사실을 아는 사람이 과연 몇이나 될까!

둔스 스코투스가 세상을 떠난 1308년에 윌리엄은 옥스퍼드 대학교로 옮겼다. 1317년 신학 학사 과정을 마쳤지만 석사 과정을 밟을 생각은 없었다. 대학 재학 시절에 벌써 〈신학은 학문이 아니다〉라고 쓴 사람이었으니까 말이다. 14세기 초의 신학자에게는 위험한 말이었다. 하지만 신학자들이 신학을 잘못된 방식이나 부실하게 다루고 있다는 뜻으로 한 말은 아니었다. 그런 말을 한 이유는 훨씬 더 근본적이다. 윌리엄이 볼 때, 인간은 그 시대의 정신적 발전 수준에 따르면 신학의 대상들, 즉 신과 창조, 세계의 근원을 올바르게 파악할 능력이 없었다. 그래서 신학이 학문이 아닌 것을 신학자들의 책임으로 돌릴 수는 없었다. 그것은 인간의 인식 능력의 한계와 초감각적인 것에 대한 무지에서 비롯된 논리적 귀결이었다. 이렇게 해서 피론과 아르케실라오스 이후 1,300년이 지나 철학은 다시 인간의 인식 가능성에 대한 의심과 회의에 이르게 되었다.

1320년 윌리엄은 다시 런던의 프란체스코회 수도사들에게로 돌아갔다. 여기서 논리학과 자연 철학에 전념하면서 이 두 영역의 근본을 이루는 테제들을 만들어 나갔다. 첫 번째 테제는 논리학에 관한 것이었다. 맙소사, 윌리엄의 선행자들은 그동안 얼마나 많은 개념들을 불필요하게 낭비했고, 얼마나 허황한 형이상학적 사상누각을 세계에 지었던가! 토마스 아퀴나스 같은 사람들은 자신이 안다는 것을 어떻게 알까? 그들의 내적 확신은 어디서 오는 것일까? 그들은 단지 그런 말들이 있기에 그렇게 많은 개념들을 사용한 것은 아니었을까? 〈필연성〉에 대해 말하는 것이 필요할까? 우리가 일반화하는 이유를 설명하려면 〈일반 보편적인 것〉이 실제로 존재한다는 데서 출발해야 하지 않을까? 아랍의 철학자들 이후 스콜라 학자들이 말하는 그 모든 다양한 지성은 실제로 존재할까? 나는 감각적으로 전혀 경험할 수 없는데도 플라톤의 이데아가 존재한다는 걸 어떻게 알까? 그 많은 〈원칙들〉, 그러니까 인간의 언어 외에는 어디에도 거처가 없을지도 모르는 전해 내려오는 것들, 사변적이고 근거가 없는 것들은 그냥 내다버리는 편이 낫지 않을까?

윌리엄의 제안은 급진적이다. 그는 사고 경제성의 원리에 따라 〈구체적인 경험〉과 관련되지 않거나 〈모순으로부터 자유롭지〉 않은 것들은 모두 버리라고 요구한다. 이것이 바로 훗날 17세기에 〈오컴의 면도날〉이라는 이름으로 철학사에 오른 방법론이다.

사고의 경제성을 따르게 되면 현실에 대한 우리의 관념에도 막대한 결과가 초래된다. 우리는 어떤 현실에 살고 있는가? 그와 관련해서 우리는 세계를 어떻게 표상해야 하는가? 윌리엄이 보기에, 인간이 파악할 수 있는 한 세상에 〈필연적인 것은 아무것도 없다〉. 우리가 이해할 수 있는 모든 것은 필연적이지 않고 우연적이다. 그러니까 모든 것이 어쩌면 다르게 될 수도 있었다. 이는 철학자들에겐 가혹한 인식이다. 플라톤과 아리스토텔레스 이후 거의 모든 철학자들이 세계의 수많은 개별 사물들 뒤에 숨겨진 보이지 않은 필연성과 질서를 찾으려 애쓰지 않았던가? 또한 그 질서가 이성적이거나, 적어도 합목적적이라는 데서 출발하지 않았던가? 그런데 인간의 인식 능력이 더는 세계의 감추어진 대들보를 밝혀 낼 수 없다고 한다면 이제 무엇이 남는단 말인가?

그래도 윌리엄은 신이 합리적 관점에 따라 세계를 설계했고, 세계가 논리적이라는 사실을 의심하지 않았다. 이런 점에서는 그도 어쩔 수 없는 중세의 성직자였다. 어쨌든 윌리엄이 생각하는 신은 결코 비논리적으로 행동할 수 없다. 논리학은 신적이다. 그리고 신이 자기만의 논리학을 따른다는 것이 출발점이 될 수 있다. 그렇다면 이제 신이 자신의 논리적 이성을 따르고 어떤 모순적인 것도 행하지 않는다는 것이 흡사 필연적인 것처럼 비친다면 신이 전능한지를 두고 분명 의문이 생길 수 있다. 전능한 신은 당연히 자신의 논리도 무력화시킬 수 있기 때문이다. 물론 그것은 논리적이지 않은 행동이겠지만, 아무튼 여기선 개가 제 꼬리를 무는 악순환이 반복된다. 그래서 윌리엄은 신이 논리적이고 자연학적으로 불합리한 행동을 하는 것보다 차라리 죄를 저지르는 것을(!) 더 상상 가능한 일로 여긴다. 그러니까 신이 시간을 정지하거나 되돌리는 일은 일어나지 않을 거라고 믿어도 된다는 말이다. 또한 물질로 이루어지지 않은 몸이나 기체 형태의 척추동물도 창조하지 않을 것이다.

그렇다면 나는 이런 전제 조건들 아래서 무언가를 어떻게 인식할 수 있을까? 아리스토텔레스나 토마스 아퀴나스의 경우, 인간은 세계의 사물들에 동화하면서 그것들을 인식한다. 즉, 우리는 하나의 대상과 관계를 맺고, 내면의 눈으로 이 대상의 대표적 특성을 담은 정신적인 상을 그린다. 우리의 지성이 대상에 동화됨으로써 우리는 그 대상을 꿰뚫어 보고, 그와 함께 대상의 보편성을 인식한다. 토마스 아퀴나스에게 그것은 신의 지성이 인간의 지성과 결합되어 머릿속이 환하게 밝혀지는 것과 비슷하다. 다시 말해 신의 전기가 우리 머릿속의 전구를 밝힌 것이다.

프라이베르크의 디트리히는 인간 정신과 외부 세계의 이러한 일치를 부정했다. 그의 생각에 인식의 드라마가 일어나는 현장은 지성과 사물 사이가 아니라 신적이면서 인간적인 지성 그 자체 안이다. 윌리엄은 다른 측면에서 이 입장을 비판한다. 디트리히가 지성을 대단한 것으로 떠받들었다면 윌리엄은 앵글로색슨의 냉철함으로 지성을 별로 대단치 않게 생각한다. 그에게는 어떤 형태로건 인간이 신의 지성과 실제로 접촉한다는 것은 상상할 수 없는 일이다. 둔스 스코투스도 지성의 그러한 정신적인 불밝힘을 믿지 않았다. 신이 인간 속의 뭔가에 반짝 불을 밝혀 준다면 그것은 감정과 상상력과 희망이지 오성은 아니라는 것이다. 이런 이유에서 윌리엄은 사물의 보편적인 면도 인식할 수 없다고 생각한다. 우리는 감각적으로 경험할 수 있는 개별 사물만 파악할 수 있을 뿐이다. 이것을 뛰어넘어 우리가 할 수 있는 유일한 것은 이 사물들을 논리적, 즉 모순되지 않는 문장들로 연결하는 것이다. 바로 이것은 학문의 본령이기도 하다. 모순 없는 논리적 연결로 인식을 창출하는 것 말이다.

과거와의 단절은 무작정 과대평가될 순 없다. 철학적·신학적 전통에서 한 진술은 있는 그대로의 현실과 일치해야만 참이다. 그런데 윌리엄의 경우 우리는 개별 사물들 속에서 감각적으로 파악할 때만 그 실재성과 일치한다. 반면에 보편적 진술일 경우 실재성은 우리에게 숨겨져 있다. 우리는 논리학의 보편적 법칙에 따르고, 논리 정연한 문장들을 만들어 내는 것 말고는 할 수 있는 것이 없다. 우리가 실재성 그 자체를 반쯤이라도 포착할 수 있을 거라는 검증되지 않은 희망 속에서 말이다.

이를 보면 윌리엄이 여전히 끝나지 않은 보편 논쟁에서 어느 편에 서 있는지 명확히 드러난다. 그 역시 해답을 갖고 있지는 않았지만, 그가 감탄한 것은 지금껏 주어진 모든 대답들보다 오히려 문제 그 자체였다. 그의 생각에 이 문제의 본질은 우리가 알 수 있는 것과 알 수 없는 것 사이의 메울 수 없는 간극이었다.

우리의 지성이 보편적인 것을 적합하게 파악하지 못한다면 〈인류〉니 〈선〉이니 하는 것들은 실재한다고 말할 수 없다. 우리는 〈인류〉나 〈선〉에 대해 실제로 아는 것이 없기 때문이다. 〈인류〉의 실재성을 믿는 〈실재론자들〉은 본인들도 결코 〈가질 수 없는〉 앎을 요구한다. 윌리엄은 우리가 세계 속의 개별 사물들만 실제로 파악할 수 있다고 생각한다. 물론 우리는 이 개별 사물들을 우리의 지성으로 총괄할 수 있다. 예를 들어 많은 공통점을 근거로 개별 인간들의 총합을 〈인류〉라고 말할 수 있다. 윌리엄은 유명론자들과는 달리 〈인류〉를 단순히 하나의 단어가 아니라 있는 그대로의 모습과 결코 다르게 될 수 없는 이성적인 구상으로 본다. 따라서 윌리엄은 아벨라르와 비슷한 방식으로 〈개념론자〉에 넣을 수 있다. 즉, 보편 개념은 언어로만 존재하지만 결코 언어 속에서 우연히 존재하는 것은 아니라는 것이다.

사물에 대한 윌리엄의 냉철한 관점은 당시 교회 수뇌부의 입장과 같지 않았다. 토마스 아퀴나스는 신의 존재만 증명한 것이 아니라 학식 있는 성직자가 어떻게 세계의 진리를 손에 넣고 설교할 수 있는지를 설명한 경이로운 체계를 만들지 않았던가? 그런데 이제 윌리엄이 그런 앎은 근본적으로 불가능하다고 설명하지 않는가? 이런 문제들을 비롯해 옥스퍼드 대학교 총장과의 몇 가지 개인적인 불화로 인해 윌리엄은 1324년 그에겐 무척 위험할 수밖에 없는 곳으로 원치 않는 여행을 떠나야 했다. 아비뇽으로 소환되어 자신의 이단적 테제들에 대해 교황 앞에서 직접 설명해야 하는 상황에 처한 것이다.

필연적인 것은 없다

윌리엄의 운명을 계속 따라가기 전에 다른 이들이 그의 사유를 어떻게 계속 이어 갔는지 살펴보도록 하자. 그중 한 사람이 오트르쿠르의 니콜라우스였다. 그는 1300년 직전에 태어나 1320년부터 1327년까지 파리에서 신학을 공부했다. 둔스 스코투스와 오컴의 윌리엄 전통을 따르는, 중세 후기의 세 번째 위대한 인식 비판론자였다. 니콜라우스는 개인적으로는 한 번도 윌리엄을 만난 적이 없지만 그의 사상을 아주 잘 이해하고 있었다. 그에겐 논리적으로 모순이 없는 것만이 참이었다. 그러다 보니 문제는 비논리적인 문장뿐 아니라 우리의 일상적 경험에 대한 신뢰성까지 배제되었다는 사실이다.

윌리엄은 우리가 감각적 확실성으로 개별 사물들을 인식할 수 있다는 사실을 별로 의심하지 않는다. 그러나 니콜라우스는 그러한 확실성조차 회의적으로 생각한다. 내 감각이 나를 속일 수 있기 때문이다. 나는 내가 착각하는지 아닌지조차 모를 때가 많다. 성찬례를 생각해 보라. 교회는 성체가 빵으로 변하는 것을 믿으라고 요구한다. 그 믿음이 모든 감각적 명증성에 위배되더라도 말이다. 만일 개별 사물들의 감각적 지각에서 진실의 빛이 반짝거린다면 둘 중 하나는 거짓이다. 즉, 성체가 빵으로 변하는 것을 내 감각이 이해하지 못해서 내가 성찬례에서 착각을 한 것이거나, 아니면 교회가 주장하는 〈성체 변화〉 자체가 틀렸다는 것이다.

내게는 개별 사물들의 감각적 인식이 참인지 거짓인지 판단할 기준이 없다. 모순 없는 문장이란 논리적으로 연결된 문장에만 해당된다. 그런데 내가 뭔가를 희거나 회색이거나 붉다고 인식할 경우 나는 그것을 논리적으로 검증할 수 없다. 모순적인 문장은 내 감각적 지각을 건드리지 못하고 제대로 표현도 하지 못한다.

그렇다면 남는 것은 논리다. 하지만 문장들의 영역에서만 이루어지고, 실재성과 확실하게 일치하는 것이 아무것도 없다면 논리가 무슨 소용이 있을까? 어떤 논리적 귀결과 어떤 인과적 추론도 우리 인간에게 확실한 진리를 드러내지는 못한다. 〈어떤 사물의 실존에 대한 인식에서 그것이 실제로 존재한다는 사실을 명증하게(최고의 인식 원리나 최고 인식 원리의 확실성에 뿌리를 둔 명증성으로) 추론할 수는 없기〉[154] 때문이다.

니콜라우스는 인과성을 의심한다. 이는 철학사에서 머잖아 큰 성공을 거두게 될 생각이다. 스코틀랜드 철학자 데이비드 흄은 18세기에 다음과 같이 묻는다. 나는 두 개의 사물이 인과적으로 결합되어 있다는 것을 안다. 하지만 그 결합이 〈필연적〉이라는 것은 어떻게 알까? 우리가 원인과 결과의 필연성이라고 부르는 것도 실은 경험적 관찰에 불과한 것은 아닐까? 나는 그저 특정한 인과가 순서적으로 반복되는 것을 보는 것뿐이지 않을까? 심지어 이마누엘 칸트조차 시간적 순서에 따라 일어나는 것도 논리적이라는 니콜라우스와 흄의 말을 증명하기 위해 많은 노력을 기울인 바 있다.

니콜라우스는 14세기에 벌써 우리가 인과율이라고 부르는 것이 실은 규칙적으로 확인되는 경험, 즉 습관에 근거한 무언가에 지나지 않는다고 암시한 바 있다. 그런 점에서 그는 〈규칙성 이론〉, 즉 원인과 결과는 필연적이지 않고 오직 습관적 상호 작용일 뿐이라고 보는 이론의 선조라고 할 만하다. 하지만 니콜라우스는 실제로 철학사에서 그 이론의 선조로 인정받지 못했다.

1340년 니콜라우스는 이전의 윌리엄처럼 아비뇽으로 소환되면서 사회적 경력도 급작스럽게 끝나고 말았다. 필연성이 없는 세계는 결코 성서와 교회의 세계일 수가 없었던 것이다. 니콜라우스의 주장은 교황과 교황청의 앙심을 샀다. 수년간의 피 말리는 검증과 변호 끝에 그는 결국 기소되었다. 그러자 두려움에 사로잡혀 자신은 변증법적 성찰을 제시했을 뿐이라고 한발 물러서더니 자신의 모든 테제를 공개적으로 철회해 버렸다. 그러나 교황은 그를 믿지 않았고, 1346년 종신 강의 금지령을 내렸다. 니콜라우스는 자신의 저서를 파리에서 공개적으로 불태워야 했다. 실제로 그의 저서 중에서 지금껏 전해지는 것은 질문서와 논문 각각 한 편과 편지 세 통뿐이고, 나머지는 모두 사라졌다. 그는 은퇴 후 메스에서 조용히 살다가 1369년 세상을 떠났다.

아리스토텔레스는 1세기 넘게 철학자의 전형으로 찬양받기도 하고 축출되기도 했다. 그의 신봉자와 해석자들은 신학 안에 그가 자리 잡을 권리를 보장하거나, 아니면 신학적 문제를 철학적 문제로 바꿈으로써 신학의 탈주술화에 기여하거나 둘 중 하나였다. 어찌됐건 아리스토텔레스 사유의 개선 행진은 놀라웠다. 14세기 초 현세는 다시 현실의 위상을 되찾았고, 반면에 내세는 저 멀리 물러났다. 이제 죽음 이전의 삶이 탐구 대상이 되었고, 죽음 이후의 삶은 점점 철학적 관심에서 멀어졌다.

그런데 아리스토텔레스는 큰 승리를 거둔 것과 동시에 빛이 바래기 시작했다. 그의 형이상학과 자연학은 후기 중세 학자들에게 당연시될수록 더욱더 비판적으로 다루어졌다. 둔스 스코투스와 오컴의 윌리엄, 오트르쿠르의 니콜라우스는 아리스토텔레스 형이상학의 사변적인 측면을 폭로했고, 거기다 니콜라우스 같은 학자들은 아리스토텔레스의 자연학에까지 비판의 잣대를 들이댔다. 그에겐 시간과 공간을 천체의 연속성으로 보는 아리스토텔레스의 생각이 자연 과학적으로 비치지 않았다. 시간과 공간은 끊임없는 운동 속에 있지 않은가? 시간과 공간이 움직이려면 어떤 식으로건 물질, 가령 아주 미세한 원자 같은 것들로 이루어져야 하지 않을까? 최소한 공간만이라도 원자로 이루어진 것이 맞다면 그 공간 밖에도 무언가가 있어야 하고, 그 무언가는 무(無)다. 그런데 아리스토텔레스는 이 무를 배제했다. 반면에 니콜라우스는 그것을 생각할 수 있는 것으로 여겼다. 그러나 무가 물리학에서 합당한 자리를 차지하기까지는 앞으로 수백 년의 시간과 아인슈타인의 상대성 이론이 더 필요해 보인다.

니콜라우스에게 자연에 관한 물리적 설명들은 너무 정적(靜的)으로 비쳤다. 아리스토텔레스의 자연학에서는 모든 것의 중심에 운동이 있지만, 좀 더 자세히 들여다보면 이 운동 역시 별로 역동적이지 않다. 대신 자연 사물들은 마치 프램그램화되어 있는 것처럼 보인다. 그것들에 어느 정도 변화의 가능성은 있다. 그것들이 이 변화를 실현함으로써 목표에 도달하면 아리스토텔레스는 그걸 운동이라고 부른다. 그렇다면 이 운동을 유발하는 동인은 무엇인가? 아리스토텔레스는 그 물음에 제대로 답하지 못했다. 물론 니콜라우스도 답을 찾지 못했다. 다만 운동이 일어나도록 분명 무언가 동기를 제공하는 압력이 있을 거라고 주장했다.

니콜라우스는 비록 물리학에 관한 새로운 이론을 정립하지는 못했지만 중세 물리학에 완전히 새로운 두 가지 생각을 추가한 최초의 학자들 중 하나였다. 두 생각 중 하나는 이렇다. 물체의 움직임을 야기하는 것이 아리스토텔레스의 경우처럼 내적인 프로그램이 아니라면 과연 무엇일까? 르네상스의 새로운 물리학은 여기서 출발한다. 그 못지않게 중요한 또 한 가지는 다음의 물음이다. 시간과 공간이 원자로 이루어져 있다면 사실 모든 것이 원자로 이루어져 있는 것은 아닐까? 우리 정신을 이루는 질료는 무엇일까? 아마 물질적인 질료가 아닌 영적인 질료일 것이다. 그런데 그런 영적인 질료도 어떤 형태로건 물질적이고, 원자로 이루어져 있지 않을까? 니콜라우스는 『보편 논문*Exigit ordo*』에서 사고의 〈원자적 영적 질료*entia atomalia spiritualia*〉에 대해 이야기했다.[155] 여기서 니콜라우스는 비록 초기 자연 철학자들과 데모크리토스, 스토아학파, 에피쿠로스학파처럼 무언가 독창적인 주장을 내놓지는 못했지만, 그 단초만으로도 중세에는 새로웠다. 즉 우리 정신의 물질적 탈주술화가 승리의 진군을 시작한 것이다.

우리 안에서 생각하는 질료

오트르쿠르의 니콜라우스의 길을 일관되게 걸은 사람은 프랑스 북부 피카르디에서 농부의 아들로 태어난 장 뷔리당이었다. 그는 1320년경 장학생으로 파리 르무안 칼리지를 다니다가 이어 종합 대학으로 옮겼다. 1327년에는 자유칠과에서 석사 과정을 마쳤고, 그와 동시에 학장으로 선출되었다. 역사상 처음 있는 일이었다. 뷔리당은 아리스토텔레스 해석자로 이름을 날렸다. 중세의 어떤 철학자도, 예를 들어 알베르투스 마그누스, 토마스 아퀴나스, 둔스 스코투스, 오컴의 윌리엄 같은 어떤 이도 뷔리당만큼 아리스토텔레스를 잘 알지 못했다.

뷔리당은 파리에서 윌리엄의 신봉자 그룹에 들었다. 그러나 그가 아리스토텔레스의 저술에 첨가한 해설과 질문은 이미 스승을 훨씬 뛰어넘었다. 다만 보편 논쟁에서는 윌리엄의 입장과 매우 비슷했다. 뷔리당도 윌리엄처럼 개별 사물들의 실재성만 인정한다. 그가 볼 때 보편 개념은 〈실재적〉인 것이 아니라 언어적 추상화일 뿐이다. 아리스토텔레스는(아비센나를 포함해서) 개별 사물들의 인식에 대한 보편 개념의 우위성을 설명하는 한 관찰을 제시한 바 있다. 우리의 지성은 무언가를 멀리서 보면 그것이 인간인지 동물인지 즉시 알아차린다. 그리고 나중에야 개별 사물, 즉 특정한 인물이나 특정한 개를 인식한다. 이처럼 아리스토텔레스에게 〈동물〉과 〈인간〉은 더 높은 개념 영역이고, 개별 사물들보다 〈더 본래적〉이다.

그런데 아리스토텔레스의 관찰은 전혀 다르게 해석될 수도 있다. 즉 우리가 개별 사물을 정확하게 인식하지 못해서 보편 개념을 사용하는 일이 얼마나 많은가? 뷔리당은 바로 그런 식으로 논박했고, 움베르토 에코도 『장미의 이름』에서 주인공 윌리엄의 입을 빌려 똑같은 설명을 한다. 〈어떤 사물을 먼 거리에서 볼 경우, 우리는 그게 무엇인지 알지 못한다. 그래서 우리는 처음에는 그게 어떤 공간을 점유하는 물체로 정의하는 것으로 만족하는 것이야. 조금 더 가까이 가면, 글쎄, 그게 말인지 당나귀인지는 모르겠지만 동물이라는 것만은 알 수 있게 될 테지. 자, 조금 더 다가가면 어떻게 될까? 조금 더 다가가면 그게 말이라는 것을 확실하게 알 수 있게 되겠지? 하지만 그 말이 브루넬로인지 니게르인지는 여전히 알 수 없어. 자, 여기에서 또 조금 더 다가간다. 그러면 비로소 그게 브루넬로인지 니게르인지도 알 수 있게 된다. 그렇게 말 한 마리의 고유한 속성까지 알게 되었을 때 우리가 알아야 할 것은 다 알게 된 셈이 아니냐.〉[156]

　　중세 철학을 아는 독자라면 아마 에코가 이 설명을 할 때 뷔리당을 염두에 두고 있었다는 사실을 짐작했을 것이다. 〈브루넬루스〉라는 특정한 말을 등장시킨 것은 결코 우연이 아니기 때문이다. 이 이름은 뷔리당의 저술에서도 나온다. 그것도 우리가 어떻게 개별 사물에서 보편 개념으로 나아가는지 설명하는 대목에서 말이다. 그의 설명은 이렇다. 플라톤과 아리스토텔레스는 서로 비슷하기 때문에 우리는 그들을 〈철학자〉와 〈인간〉으로 일반화할 수 있다. 그러나 플라톤과 〈당나귀 브루넬루스〉는 서로 덜 비슷하기 때문에 둘은 더 높은 〈생물〉의 영역으로 올라가서야 만날 수 있다. 뷔리당이 이것으로 말하고자 하는 바는 전체 서양 형이상학의 탈주술화에 가깝다. 즉, 보편 개념은 결코 더 높은 지식이 아니고, 더 높은 이성의 일부도 아니다. 또한 그것은 플라톤의 이데아도 아니고, 아리스토텔레스에 나오는 세계 구조의 지침도 아니며, 아비센나나 토마스 아퀴나스의 경우처럼 신적인 지성의 표현 수단도 아니라는 것이다.

뷔리당은 사람들이 추상화하고 사물을 일반화하는 것이 편리해서 보편 개념이 존재한다고 여긴다. 가령 우리는 서로 비슷한 것들을 포괄적인 단어로 묶는다. 뷔리당에 따르면 사물들의 이러한 유사성은 우연이 아니다. 대개 똑같은 원인이나 비슷한 원인으로 생겨난 사물들이 특히 서로 비슷하기 때문이다. 사물에 대한 이런 관점은 신으로까지 높이 올라가지는 않는다. 대신 18세기의 자연 연구자들이 그때까지 분류에 넣지 않았던 동식물들에 대해 그랬던 것처럼 〈자연적 질서 체계〉로 폭이 넓어진다. 그 시대에도 동물계의 종, 속, 과, 목 같은 분류가 자연의 진정한 질서에 일치하는지, 아니면 단지 유익한 관습일 뿐인지를 두고 격론이 벌어진다. 19세기에 진화론이 나온 뒤에야 그 부분에 대해 많은 것들이 분명해지고, 분류의 토대를 위한 실재적 친족 관계가 만들어진다. 그러나 오늘날의 생물학자들조차 〈인간〉과 〈맹금류〉, 〈나무〉 같은 것들은 실제로 존재하지 않고 단지 〈인간〉과 〈맹금류〉, 〈나무〉의 특징에 일치하는 개별 종만 있다는 점을 인정할 수밖에 없을 것이다.

따라서 뷔리당에게 보편 개념은 원래부터 존재하는 것이 아니라 인간의 목적에 맞게 고안된 것이다. 유명론자들의 주장도 이와 다르지 않았다. 하지만 뷔리당의 주장은 그들보다 한층 더 멀리 나간다. 우리가 신적인 지성에서 영감을 받아 보편적인 것을 인식하는 것이 아니라면 신적인 지성이라는 것은 애초에 존재하지 않을지도 모른다는 것이다. 사실 대부분의 유명론자들은 이 지점에서 상당히 신중했다. 이유는 분명하다. 어떤 형태로건 신적인 것이 스며들어 있지 않거나 신적인 지성의 빛을 받지 않는다면 비물질적인 인간 지성이라는 것이 뭐란 말인가? 이 정신적 기운도 분명 어디선가에서 온 것이 분명하다. 자연에서는 인간 지성과 비교할 만한 것이 전혀 없기 때문이다.

유명론자들의 이런 입장에 반해 뷔리당은 이 문제를 놀라울 정도로 냉철하게 바라본다. 우선 인간의 지성에서 초감각적인 것은 모두 배제한다. 심지어 경륜 있는 물리학자로서 지성을 질료적인 것으로 여긴다. 그는 불행했던 오트르쿠르의 니콜라우스보다 더 철저하게 순수 물질적인 영혼과 순수 물질적인 지성에 대해 말한다. 이를테면 우리의 정신은 생각을 만들어 내는 기계라는 것이다.

사물에 대한 이런 시각의 도발적인 면은 분명하다. 단순히 육체만 질료로 이루어진 것이 아니라 정신도 질료적인 것이라면 정신은 불멸일 수 없다는 것이다. 이는 이미 2~3세기 전환기에 소요학파의 일원인 아프로디시아스의 알렉산드로스가 주장한 내용이다. 뷔리당은 일관되게 그 길을 나아간다. 그런데 고대 세계에서 누군가 정신이 물질적이고 유한하다고 말하는 것과 14세기에 그런 말을 하는 것은 다르다. 중세에 그런 견해를 내놓는 것은 위험했다. 그래서 그런 생각은 최대한 지적으로 세심하게 가다듬는 것이 필요했다.

어쨌든 뷔리당은 질료적 지성이 어떻게 보편 개념과 같은 비질료적인 것과 추상적인 것을 생각해 낼 수 있는지를 설명해야 했다. 그에게 그건 어려운 일이 아니었다. 불은 무엇을 열망하는가? 특정한 나무 조각을 비롯해서 일반적으로 불을 붙일 수 있는 연료를 갈망한다. 목마른 말은 자기 앞에 마실 게 없을 때 무엇을 갈망하는가? 당연히 물이다. 즉, 보편적으로 갈증을 해소시켜 주는 대상이자, 감각적으로 지금 눈앞에 없는 것을 갈망한다. 영혼이 없는 불과 비교적 지성이 부족한 말도 불특정한 것과 보편적인 것을 지향하는데, 인간 정신이 그리하지 못할 이유가 어디 있 단 말인가? 핵심은 명확하다. 보편적인 것을 추구하기 위해 좀 더 높은 지성과 비물질적인 도구는 필요하지 않다는 것이다!

뷔리당은 하필 자신의 것이 아닌 비유로 사후 명성을 얻었 다. 〈뷔리당의 당나귀〉라는 이름이 붙은 비유인데, 똑같은 거리에 똑같은 양의 건초더미가 양쪽에 놓여 있을 경우 당나귀는 어느 쪽을 먹기로 결정하고, 그 결정은 어떻게 이루어질까 하는 내용 이었다. 그런데 이 당나귀는 사실 뷔리당의 것이 아니었고, 300년 뒤에나 철학에 진입했다. 물론 이 비유와 중세 후기 철학자 뷔리 당 사이에는 느슨하지만 관련성이 존재한다. 뷔리당은 이성과 의 지가 서로 얼마만큼 의존되어 있는지를 밝히고 싶어 했다. 둔스 스코투스는 의지와 이성이 현관에서 슬쩍 지나치듯이 마주치는 사이일 뿐이라고 말하지 않았던가? 게다가 의지에는 자기 고유의 영역이 있다고 했다. 반면에 뷔리당은 일단 아리스토텔레스의 입 장을 끄집어낸다. 아리스토텔레스는 의지와 이성이 서로 얼마나 의존되어 있는지를 보여 주었다. 만일 인간(당나귀가 아니다!)이 이성적 판단으로 동등한 가치가 있는 것으로 보이는 두 가능성 중에서 하나를 선택해야 한다면 우리의 의지는 어떻게 해야 할지 갈피를 잡지 못한다. 이렇게 보자면 우리의 의지에 경계를 설정 하는 것은 우리의 이성, 즉 지성이다. 그런데 뷔리당은 아리스토 텔레스보다 한걸음 더 나아가 자기만의 결론을 내린다. 무언가에 찬성하거나 반대할 인간의 자유는 무한하지도 전능하지도 않다. 그런 점에서 인간의 자유는 신적이지 않고 매우 세속적이며, 항 상 구체적인 가능성들에 제약받는다.

아리스토텔레스에게는 형이상학이었던 모든 것이 뷔리당 에게는 물리학이 되었다. 그런 점에서 그가 현대 경험적 사유의 선조로 간주되는 것은 타당하다. 뷔리당은 아리스토텔레스의 『영혼에 관하여』에 주석을 달면서 몇몇 동물에게도 지능이 있다고 언급했다. 그러면서 인간과 더불어 원숭이를 특히 이지적인 동물로 분류했다. 한쪽에는 인간과 원숭이 같은 이지적 동물이 있고, 다른 쪽에는 지적으로 열등한 동물들이 있다는 것이다. 14세기의 교회 수뇌부로서는 아마 이보다 더 대담한 도발은 없었을 것이다.

뷔리당이 그런 위기에서 어떻게 무사히 빠져나올 수 있었는지 우리는 그 배경이나 과정을 모른다. 심지어 그는 니콜라우스가 아비뇽으로 숙명적인 여행을 떠나야 했던 1340년 파리 대학교의 총장에 재선되기도 했다. 그러고는 1360년에 평화롭게 세상을 떠났다. 그는 살아서건 죽어서건 세상에 막대한 영향을 끼쳤고, 수많은 제자들에게 영감을 주었다. 동시대 철학자 중에 아카데미 세계에서 그에 비견될 만큼 영향력이 큰 사람은 없었다.

뷔리당은 시종일관 철저하게 경험적으로 철학에 접근했다. 그 과정에서 오트르쿠르의 니콜라우스처럼 그에게도 아리스토텔레스의 자연학은 오히려 방해가 되었다. 니콜라우스와 뷔리당 같은 학자들은 이전의 성직자들이 신의 계시를 믿은 것처럼 아리스토텔레스를 더 이상 진리로 믿지는 않았다. 그들에게 이제 아리스토텔레스는 학자들을 위한 대체 메시아가 아니었다. 그래서 뷔리당 역시 이 고대 스승의 운동론, 즉 모든 운동은 자연적으로 그 목표에 도달하도록 프로그램되어 있다는 이념에 회의를 표했다. 니콜라우스와 마찬가지로 뷔리당도 모든 운동은 운동을 야기하는 외부의 충격, 즉 〈추동력〉이 필요하다는 데서 출발했다. 그래서 〈부동의 동자〉가 먼 옛날 세계에 충격을 가해 운동이 시작되었고, 그 운동이 지금도 천체와 지구상에서 계속 진행되고 있다. 한번 운동을 시작한 팽이는 오랫동안 저절로 계속 돈다. 풍차 바퀴 역시 바람이 멈춘 뒤에도 한동안 계속 도는 것처럼.

뷔리당의 새 역학은 물리학에서 결코 궁극적인 해답이 아니었다. 하지만 르네상스, 즉 니콜라우스 코페르니쿠스와 갈릴레오 갈릴레이의 이름과 연결시킬 수밖에 없는 새로운 사고의 발판이 된 것은 사실이다. 그 밖에 중세의 세계에는 많은 변화가 있었다. 지성은 물질화되면서 영성을 잃었고, 구원사는 개인적인 믿음의 세계로 퇴출당했다. 또한 자연은 관심의 가시권으로 성큼 들어온 반면에 초자연은 주변으로 밀려났다.

이런 모든 변화는 교회의 자기 이해에 심대한 타격을 준 동시에 새 시대의 개막을 알렸다. 물론 이것들은 더 광범한 변혁의 징후에 지나지 않았다. 하늘과 인간의 새로운 물리학은 거대한 사회적 변혁의 일부였던 것이다. 로저 베이컨도, 오컴의 윌리엄이나 장 뷔리당도 자신들의 자연 철학이 시대의 사회 정치적 요구로 바뀌는 것을 경험하지 못했다. 그들은 지독한 빈곤과 탐욕스러운 부, 전쟁, 역병으로 피폐해진 시대에서 인간의 삶을 개선하고자 했다. 그러나 사회 비판은 교회 수뇌부에게는 당연히 환영받지 못하는 일이었고, 그에 관한 논쟁조차 칼과 쇠사슬로 대가를 치러야 했다. 이런 시대에는 천국을 약속하는 사람만이 제격이었다. 지상의 삶을 조금이라도 더 인간적으로 바꾸려는 사람은 지극히 위험에 빠질 수밖에 없었다.

신들의 황혼

권력의 그늘

아비뇽의 교황궁은 두려움을 자아내는 성이다. 처음 볼 때만, 특히 여행자의 눈에만 이 환한 사암 건축물은 지중해의 도시 위로 온화하게 솟은 성처럼 보인다. 아프리카 속담 중에 이런 말이 있다. 〈거대한 바오밥나무가 쓰러지면 작은 염소들이 그 위를 기어오르고 뛰어다닌다.〉 이와 마찬가지로 해마다 7월에 개최되는 아비뇽 페스티벌에서는 수많은 연극배우와 무용수, 곡예사, 무언극 배우, 가수 들이 교황궁과 그 일대를 껑충껑충 뛰어다니며 소리 지르고 노래 부른다. 하지만 그런 첫인상과는 달리 깎아지른 성벽을 좀 더 가까이서 보고, 이 건물의 역사를 좀 더 자세히 알게 되면 웅장한 벽과 철문은 여전히 무언가 어두운 분위기를 풍기는 듯하다. 그럴 만도 한 게 아비뇽 교황청의 역사는 기독교 문화와 역사의 암울한 시기와 일치하기 때문이다.

1309년 미남왕 필리프 4세가 교황청을 아비뇽으로 옮긴 이후 기독교 세계의 지배자였던 교황은 프랑스 왕들의 하수인으로 전락하고 말았다. 필리프 4세는 자신이 템플 기사단을 무자비하게 탄압하는 것에 교황이 간섭하지 못하도록 압박을 가했다. 템플 기사단은 십자군 전쟁의 최대 수혜자였다. 엄정한 조직의 권력 기구를 갖추고 막대한 부까지 손에 넣은 그들은 어떤 세속의 통치자에게도 무릎을 꿇지 않았다. 또한 대부업으로 많은 통치자들을 손아귀에 틀어쥐고 있었다. 필리프 4세도 그들에게 상당한 빚을 지고 있었다. 그런 그가 템플 기사단을 해체하고 단원

중세 철학 신들의 황혼

607

606

들을 처형한 뒤 재산을 몰수하기까지는 5년의 시간과 자신의 뜻을 거스르지 않는 고분고분한 교황이 필요했다.

반대급부로 프랑스 왕은 교황들에게 사치와 족벌 정치를 허용했다. 급기야 1348년에는 교황 클레멘스 6세가 아비뇽 도시 전체를 사들였다. 그러나 이러한 외적 화려함은 동전의 양면 중 한 면일 뿐이었다. 왜냐하면 굴욕감에 젖은 교황들이 예전과는 비교도 안 되게 변덕스럽고 위험하고 비타협적인 자세로 교회 정책을 펼쳐 나갔기 때문이다. 아비뇽의 교황청은 외적인 화려함에도 불구하고 세상의 변두리로 밀려났다고 느끼고 있었다.

이것이 오컴의 윌리엄이 1324년 아비뇽에 당도했을 때의 상황이었다. 옥스퍼드 대학교 총장 존 루터렐은 오래전부터 그곳에 머물면서 윌리엄에 대한 고발장을 준비하고 있었다. 그가 윌리엄을 이단으로 낙인찍기 위해 상대방의 저서에서 뽑은 테제는 총 56개였다. 교황청의 이단 심사 위원회는 오류 목록을 51개로 줄였고, 그중 29개를 이단으로, 22개는 논란의 여지가 있는 것으로 판단했다. 심사 위원회의 이러한 판단은 윌리엄에게는 굉장히 위험한 일이었다. 윌리엄이 펠라기우스파로 간주되고 있다는 증거였기 때문이다. 펠라기우스파는 아우구스티누스의 은총론을 인정하지 않고 개인의 노력만으로 구원받을 수 있다고 주장하는 바람에 이단으로 낙인찍힌 집단이었다. 교황의 사람들이 누군가를 매우 위험한 인물로 여기면 그것은 실제적인 위험을 의미했다.

교회는 이미 수많은 이단자를 공개적으로 화형에 처했다. 그런데 윌리엄에 대해서는 아비뇽의 프란체스코회 수도원을 자유롭게 드나들게 허용하면서 몇 년 동안 판결을 미루었다. 그러다 윌리엄이 아비뇽에 머문 지 2년 6개월이 되던 1327년 5월에 그보다 더 유명한 혐의자가 도착했다. 독일 튀빙겐 지역의 호호하임에서 태어난 도미니코회의 고위 수사이자 파리 대학교의 존경받는 석사 에크하르트였다. 오늘에는 보통 마이스터 에크하르트라는 이름으로 알려진 인물이다. 쾰른 대주교의 사람들에게 고발당한 그는 윌리엄처럼 교황 앞에서 자신을 변호해야 했다. 그러나 그가 가진 패도 좋지 않았다.

1327년 12월 프란체스코회의 총회장인 체세나의 미켈레가 아비뇽에 도착했을 때도 상황은 나아지지 않았다. 미켈레는 교황의 강력한 적이었다. 수도회 창립자인 아시시의 프란체스코(1181/1182~1226)를 수도자의 표상으로 삼은 미카엘은 지난 100년 동안 지극히 세속적이고 물질적으로 변해 버린 수도회를 초창기의 가난과 절제의 삶으로 되돌리려 했다. 수도사들은 그 옛날 사도들처럼 청빈하게 살아야 한다는 것이, 아니 거기서 더 나아가 교회 전체가 그리스도의 무소유를 본보기로 삼아야 한다는 것이 그의 믿음이었다. 그런 그가 이제 교황 요한 22세의 소환을 받고 아비뇽의 교황궁에 온 것이다. 도둑처럼 남의 재산을 가로채길 잘하는 것으로 악명 높았던 교황은 18년의 재임기에 유럽 대륙 최고의 부자로 떠올랐다. 그런 사람이었기에 정직한 기독교인이라면 무소유의 삶을 살아야 한다고 주장하는 사람들을 이단으로 판결하는 데도 주저하지 않았다.

지배의 정당성

윌리엄과 미켈레는 원래 교회를 모든 세속적인 사치와 허영으로부터 정화하려는 뜻을 품은 수도회 수사들이었다. 수입이 없는 탁발 수도회인 프란체스코회 수사들은 시골과 도시의 수많은 빈자들을 보살펴야 했다. 또한 〈사도와 같은〉 삶을 살아야 했고, 예수와 그 제자들처럼 겸손해야 했다. 베네딕트회와 카르투시오회, 시토회와는 달리 아시시의 프란체스코를 따르는 프란체스코회는 특정한 수도원에 머물지 않았다. 그보다는 설교자로서, 또 영혼을 돌보는 사제로서 도시에 거주하면서 언제든 다른 곳으로 옮겨 다녔다.

탁발 수도회들의 급속한 개선 행진은 놀라웠다. 프란체스코회 이전에는 도미니크회가 이미 세워져 있었다. 프란체스코회와 더불어 카르멜회도 수도회 규칙을 확립했고, 나중에는 아우구스티누스회가 추가로 설립되었다. 하지만 이 중에서 가장 성공을 거둔 것은 단연 프란체스코회와 도미니크회였다. 그들은 서유럽과 중유럽 곳곳에서 거리의 빈자들을 돌보았다. 특히 프란체스코회는 인간 세상에 곧 도래할 구원을 설파했고, 도미니크회는 여자들도 수도회에 받아들였다. 탁발 수도회들은 평범한 사람들에게 다가가 원래적인 종교성을 그들의 가슴속에 깊이 심어 주었다. 얼마 지나지 않아 그들을 빼놓고는 발전하는 중세 도시들의 모습을 상상할 수 없게 되었다. 그와 함께 부지런히 일하는 수사들은 경제의 한 축이 되었고, 도시에 땅을 마련해서 학교를 세우기도 했다.

그런데 경제적으로 성공을 거두고 사회적으로 인정을 받을수록 수도회들은 점점 교회와 타협하기 시작했다. 그래서 수도회가 창립된 지 수십 년도 채 지나지 않아 프란체스코회와 도미니크회의 반항적이고 개혁적인 추진력은 벌써 소진되었다. 이제는 그들 스스로 그들이 원래 제거하고자 했던 기득권층이 되었다. 바티칸과 지역 교회 사이의 끊임없는 권력 투쟁에서 탁발 수도회 일원들은 스스로를 교황의 사람들이라고 생각했다. 이렇듯 현실의 삶이 지극히 편하고 좋다 보니 프란체스코회는 지상에 곧 도래할 새 시대에 대한 설파도 그만두었다. 이제 그들의 유토피아는 점점 무해한 쪽으로 퇴색되어 갔다. 게다가 처음에는 대학에서 학문적 삶에 전념하는 것에 반대했지만 지금은 너도나도 대학으로 몰려갔다. 그러다 제도의 긴 변화 과정을 거쳐 도미니크회와 프란체스코회는 직접 강단에서 신학을 가르치게 되었다. 이후 특히 파리에서는 수도회들 사이에 교직을 놓고 격한 싸움이 수차례 벌어지기도 했다.

이것이 도미니크회의 수사 토마스 아퀴나스가 보수적 신학과 〈새로운〉 아리스토텔레스 철학의 위대한 종합을 구상할 당시의 시대적 배경이었다. 토마스는 이 구상을 세우면서 지금껏 거론된 인식론적·자연 철학적 물음에만 국한하지 않았다. 1260년경 마침내 도미니크회 수사 뫼르베크의 윌리엄이 아리스토텔레스의 『정치학』을 라틴어로 번역했다. 이제 중세의 지식인들도 인간이 본래 정치적 동물이라는 내용을 읽으면서 흥분을 감추지 못했다. 또한 스스로 공익을 추구해야 할 의무를 느끼고, 정치인을 선출하고 스스로 선출될 수 있는 폴리스의 성숙한 시민에 관한 이야기도 읽었고, 이성적인 사람들이 통치하는 공동체, 즉 국가에 관한 이야기도 접했다. 이 모든 이야기는 중세 독자들에게 무척 다양한 감정을 불러일으켰을 게 분명하다. 예컨대 도시의 시민들에게는 매우 유혹적으로 들렸을 것이다. 자기 결정권을 얻기 위해 늘 교회와 봉건 군주들을 상대로 싸워 온 이들이 아니던가? 그렇다면 그들도 아리스토텔레스의 폴리스 시민들처럼 온갖 〈비이성적인〉 피지배 상태로부터 해방되어야 하지 않을까?

토마스 아퀴나스는 이 책에 얼마나 위험한 인화 물질이 도사리고 있는지 재빨리 알아차렸다. 정치 이야기를 하면서 봉건 군주들에 대한 언급도 없었고, 주교나 사제들에 관한 이야기도 나오지 않았다. 심지어 좋은 국가를 만드는 데 기독교조차 불필요한 것처럼 보였다. 왜냐하면 정의로운 질서가 무엇인지 결정하는 것은 신이 아니라 인간의 본성, 즉 국가를 만들고 행복을 추구하는 동물로서의 생물학적 정치적 본성이기 때문이다.

토마스는 이 폭발성 강한 텍스트에 대해 하루빨리 권위 있는 해석을 내놓아야 한다는 사실을 인지하고 있었다. 그래서 교황의 고문으로 일하면서 『신학대전』을 집필하는 동안 시간을 내어 키프로스 왕에게 한 권의 정치 지침서를 써 주었는데, 그것이 바로 『군주 통치론De regimine principum』이다. 이 텍스트는 대개 학계에서 시간에 쫓겨 쓴 실패한 논문으로 간주되지만, 그럼에도 스콜라 철학의 줄타기 곡예가 돋보이는 작품으로 볼 수 있다. 전체적으로는 아리스토텔레스에 토대를 두고 있으면서도 종국적으로는 교황의 절대적 통치권을 정당화하고 있으니 말이다.

토마스는 『니코마코스 윤리학』과 『정치학』 중에서도 특히 오늘날의 아리스토텔레스 숭배자들조차 고대 그리스 문화의 문제점 많은 유산으로 인정하는 대목들에 의지한다. 즉 노예제의 정당성과 여성에 대한 억압이 그것이다. 『신학대전』에서 토마스는 여성을 생물학적으로만 필요할 뿐 나머지 영역에서는 저급한 존재로 여긴다. 아리스토텔레스의 행복에 대한 추구도 신에 대한 추구로 바뀐다. 그리스 철학에서는 남자들이 평생을 수양해야만 얻을 수 있었던 미덕도 토마스에게서는 그저 받아들이기만 하면 되는 신의 선물로 변질된다. 우주의 신적인 질서도 마찬가지다. 그것은 인간에게 자연법칙의 형태로 주어져 있다. 최고 입법자인 신이 모든 것을 처음부터 정하고 위계적으로 구조화해 놓았다. 인간이 이 질서를 받아들이면 선하고 올바르게 사는 것이다. 그렇지 않으면 죄를 짓는 것이고, 반드시 벌을 받게 되어 있다.

그런데 안타깝게도 인간은 신의 영원한 자연법칙을 이성적으로 완전히 파악하지 못한다. 그 때문에 우리는 신이 구약과 신약에서 우리에게 계시해 놓은 것을 지켜야 한다. 비록 그 속의 많은 행동 규범과 제식 규정, 법 규정이 우리 눈에 비논리적으로 비치더라도.

토마스는 인식론과 자연 철학뿐 아니라 인간 공동체와, 법, 정치, 경제 문제에서도 신적인 질서를 전제한다. 최상의 것은 이미 주어져 있고, 이제는 그것을 깨닫고 실현하는 것이 중요하다. 신은 모든 인간에게 세계 속에서 각자의 자리를 미리 마련해 놓았다. 그래서 농부와 수공업자, 상인, 봉건 군주, 성직자의 자리는 지금 상태 그대로 신의 〈자연법〉에 의해 결정된 것이다. 토마스가 키케로에서 차용한 인간의 〈만민법ius gentium〉도 이 자연법에 따라 공법과 사법(私法)으로 나뉜다. 개별 공동체, 즉 도시나 국가에는 〈시민법ius civile〉이 적용되는데, 이것은 만민법을 그때그때 필요에 따라 특수하게 해석한 것이다.

토마스는 이 모든 것을 유스티니아누스 황제 때 성문화된 로마법에 연결시켰다. 하지만 법과 정의에 관한 그의 생각은 인간의 결정이 아닌 신의 뜻이어야 했다. 그 시대 사람들에게 토마스는 단순히 한 사람의 신학자나 철학자가 아니라 더 높은 것에 접근할 정신을 소유한 신의 사람이었다. 따라서 토마스가 표명하는 것은 단순한 의견이나 관점, 입장이 아니라 신의 숨은 뜻을 밝히는 논리적 추론 체계였다. 플라톤을 비롯해 고대의 어떤 철학자도 토마스와 몇몇 스콜라 철학자만큼 동시대인들에게 강한 권위를 누리지는 못했을 것이다. 또한 루소와 칸트, 헤겔 같은 근세 철학자들도 훗날 세계에 대한 해석적 권위와 정치적 영향력 면에서 토마스를 따라가지 못했다.

이유는 간단하다. 볼로냐에서 새로 부상한 법률가들을 빼면 교육을 담당한 것은 신학자들이었기 때문이다. 거의 모든 학교와 대부분의 대학을 교회가 운영하고 있었다. 파리와 옥스퍼드 및 다른 대학들에서 교수들이 하는 일은 한가한 지식인들에게 비종교적인 사유 기술을 가르치는 것이 아니었다. 교육은 교회의 통치에 기여해야 했고, 교회의 권력을 공고히 하고 강화해야 했다. 또한 군주와 권력자들에게 조언하는 역할을 하면서 교회의 충고와 지혜를 세속의 권력 중심지에 우뚝 세워야 했다. 보편 논쟁과 같은 크나큰 분쟁도 이런 배경하에서 매듭지어졌다. 〈인류〉가 실제로 존재하는지는 결코 쓸데없는 논쟁이 아니었다. 〈인류〉와 〈원죄〉가 단지 단어에 불과하다면, 즉 언어적 관습에 지나지 않는다면 〈인류〉가 어떻게 〈원죄〉 때문에 타락했다고 주장할 수 있겠는가? 결국 내가 어떤 철학적 관점으로 세상을 보느냐가 세계가 무엇인지를 결정한다. 의식이 존재를 규정하는 것이다!

따라서 토마스가 수많은 저술에서 개진했던 윤리적 정치적 법률적 사유는 단순히 지혜에 대한 사랑에서 비롯된 것이 아니라 실용적인 목적이 컸다. 그러다 보니 토마스의 결론은 냉엄하고 무자비하다. 그의 지성이 천사와 같다고 해서 〈천사 박사 Doctor Angelicus〉라는 별칭이 붙여진 사람이 말이다. 아무튼 그가 내린 결론은 이렇다. 이단자와 유대인들에게는 인정사정없는 조처를 취하라! 토마스는 『신학대전』에서 세례를 받은 기독교인이 신앙을 버리면 죽음을 얻을 거라고 썼다. 또한 그가 볼 때 이 세상에서 유대인의 자리도 가진 것 없는 영원한 노예의 삶뿐이었다. 그는 「유대인 정책」이라는 논문에서 이렇게 말한다. 기독교 통치자들은 단지 전략적 차원에서 좀 덜 가혹한 조처를 취하는 것일 뿐이라고.

막강한 권력을 자랑하던 보나벤투라(1221~1274)도 토마스에 못지않게 비타협적이었다. 토마스가 도미니크회였다면 보나벤투라는 프란체스코회를 위해 일했다. 그는 청빈한 아시시의 프란체스코가 창설한 탁발 수도회를 놀랄 만큼 빠른 시간 안에 엄격한 교회 통치 기구 및 번창하는 경제 기업으로 탈바꿈시켰을 뿐 아니라 파리 대학을 프란체스코회의 영향력하에 두었다. 보나벤투라는 토마스와 비슷한 시기인 1250년대에 파리에서 학생들을 가르쳤다. 그런데 파리에서 막 여러 교수 자리를 확보한 프란체스코회는 극심한 혼란에 빠졌다. 파르마의 조반니 총회장과 교황 사이에 시비가 붙은 것이다. 사정은 이렇다. 수도회 회칙은 교황청이 제정하는 것이 아니라 성 프란체스코의 정신에 따라 정해져야 하고, 수도회는 돈도 총회도 필요 없다고 대든 것이다.

프란체스코회의 정체성을 지키기 위한 노력이었을까, 종교적 세속적 권력 다툼의 일환이었을까? 문제는 바로 그것이었다. 이런 상황에서 교황은 보나벤투라를 자기편으로 생각했다. 1257년 조반니의 후임으로 총회장에 오른 보나벤투라는 즉시 전임자를 향해 칼을 빼들었고, 교황청은 보나벤투라의 경쟁자에게 금고형을 내렸다. 이로써 조반니는 정치적으로 거세당했다. 보나벤투라는 즉각 성 프란체스코에 관한 전기를 쓰면서 그의 삶을 재해석했다. 앞으로 이 수도회 창설자를 거론하는 사람은 엄벌에 처해질 수 있었다. 예수의 가르침이 파울루스라는 이데올로그를 통해 정반대로 바뀐 경우가 많았던 것처럼 청빈한 프란체스코도 보나벤투라를 통해 똑같은 일을 겪어야 했다. 이제부터 성 프란체스코는 사회 윤리학자가 아닌 비정치적 성담(聖譚)에나 나오는 대중적 인물로 기록되었다.

철학자로서 보나벤투라는 아리스토텔레스의 자연 철학이 학계에 끼치는 영향력을 차단하려고 애썼다. 그에게 영웅은 아우구스티누스와 보이티우스, 디오니시우스 아레오파기타뿐이었다. 토마스와는 달리 프란체스코회 총회장은 기독교와 아리스토텔레스의 자연관을 절대 화합할 수 없는 것으로 여겼다. 아리스토텔레스에게는 구원의 역사가 없었던 것이다. 구원 이야기는 오히려 플라톤의 이데아론과 신플라톤주의에서 쉽게 찾을 수 있었다. 아우구스티누스와 마찬가지로 보나벤투라도 세상 사물이 아닌 자기 자신 속에서 진리를 찾아야 한다고 요구했다. 그에게도 요체는 〈신의 빛에 의한 깨달음〉이었다. 그래서 인간은 자연을 연구하는 대신 자신의 내면과 신에 대한 감각을 벼려야 했다.

보나벤투라는 최소한 토마스만큼이나 보수적이었지만 그가 내린 정치적 결론은 완전히 달랐다. 아우구스티누스와 보조를 맞추어 인간 의지력에 호소하고, 신적인 로고스의 빛이 깜박거리는 개인들의 개성을 강조한 것이다. 프란체스코회 수사들은 영혼의 목자이자 교사로서 도시가 삶의 터전이었다. 그래서 수공업자, 상인, 지역 정치인들과 함께 시민들의 자치권을 위해 싸웠다. 토마스와는 달리 보나벤투라는 선출되지 않은 왕과 군주들을 정당한 통치자로 여기지 않았다. 그래서 교황의 권위에 대해서는 한 치의 의심도 제기하지 않았지만 세속의 권력에 대해서는 지배의 정당성을 요구했다.

정체된 사회

신에게는 어떤 것이 정의로운 지배일까? 신학자와 철학자들은 13세기 내내 지배자와 부자들의 부침을 신의 뜻에 따른 결과로 해석하려고 애썼다. 세계는 끊임없이 새로 설명되고 해석되어야 했고, 이 해석들은 신적인 자연법칙과 조화를 이루어야 했다. 그래서 정치적 변화가 일어날 때마다 전체 세계에 대한 해석도 새롭게 만들어졌다.

그래서 영원한 법칙을 신봉하는 토마스 아퀴나스 같은 사상가들이 변화를 그리 반기지 않은 건 이상한 일이 아니다. 그러나 싫든 좋든 변화는 왔다. 그것도 지배자들의 교체와 전쟁으로 찾아온 것이 아니라 무엇보다 도시들의 활력에서 왔다. 상업과 변화는 동서고금을 막론하고 서로 하나인 것처럼 굳건히 연결되어 있는데, 상업의 발달과 함께 정체 상태에 근거를 둔 낡은 교회적 봉건적 질서 체계에 대한 근본적인 의문이 제기되기 시작했다.

상업의 번창, 도시 경제의 활성화, 그리고 대형 탁발 수도회들의 경제력으로 인해 스콜라 신학자들은 곤혹스러운 경제 문제에 직면했다. 즉 사유 재산에 대한 당신들의 입장은 무엇이냐는 것이다. 기독교 초창기에는 〈공산주의적〉 흐름이 주를 이루었다. 사유 재산은 최소한으로 제한되고, 개인이 벌어들인 소득은 상당 부분 공동체의 몫으로 돌아갔다. 교회는 이런 식으로 점점 더 많은 세속적 권력을 얻었고, 그와 함께 토지와 부동산도 늘렸다. 게다가 교회와 대성당의 건축 붐이 불자 1139년의 제2차 라테란 공의회에서는 교회 재산이 사적으로 상속되는 것을 막기 위해 모든 교회 고위층의 독신을 의무화하기도 했다.

그런데 부자 성직자들이 이끄는 부유한 교회는 초창기 사도적 생활 방식과는 완전히 동떨어져 있었다. 심지어 기독교회는 여기서 한걸음 더 나아가 5세기 이후 〈공산주의적〉 생활 방식으로 보이는 모든 것들을 철저히 탄압하고 박멸하기까지 했다. 특히 혹독한 탄압을 받은 것은 가톨릭교회가 카타리파라고 부른 중세 기독교의 한 교파였다. 12세기에는 유럽 전역에 이 교파의 신봉자들이 널리 퍼져 있었다. 카타리파는 자기들만의 교리와 제식, 신앙 고백이 있었고, 마니교와 그노시스파처럼 세계를 순결한 내세와 타락한 현세로 엄격하게 구분했다. 또한 현세의 더러움을 정화하고자 노력했고, 금욕과 채식 생활을 했으며, 영혼 이동을 믿었고, 무엇보다 자신들의 믿음 공동체를 가장 우선시했다. 이것들도 적에게는 눈엣가시였을 텐데 거기다 막대한 경제적인 성공까지 거두자 카타리파는 유럽 전역에서 박해를 받았고, 전장에서 죽고, 공개 화형을 당했다. 그러다 결국 1244년에는 프로방스의 몽세귀르, 1276년에는 가르다 호숫가의 시르미오네에 있던 그들의 마지막 성까지 함락당했다.

교회 권력이 자신들과 노선이 다른 이들을 무자비하게 박해하고, 프란체스코회처럼 교황에게 충성을 다하고 소극적인 〈공산주의자〉들만이 유익한 도구로 허용되는 동안 기독교 신학자들은 사유 재산의 정당성을 뒷받침하는 이론 작업에 매달렸다. 이미 아우구스티누스도 〈공산주의〉가 이상적인 사람들을 위한 것일 뿐이라는 의견을 피력한 바 있었다. 그런데 원죄 이후에는 그런 사람들이 존재하지 않기에 공산주의적 생활 방식도 세상에서 추방되었다. 그 뒤로 사유 재산과 관련해서는 신의 법이 아닌 인간의 법만이 적용되었다. 이런 측면에서 토마스 아퀴나스는 인간

들의 다툼을 조정하기 위해 만든 로마의 만민법과 시민법을 내세
웠다. 누가 무엇을 얼마큼 소유할지는 신이 결정할 문제가 아니
라는 것이다. 둔스 스코투스는 여기서 한층 더 멀리 나아간다. 그
가 볼 때, 재화의 〈공산주의적〉 분배는 인간의 원죄로 인해 애초
에 불가능해졌을 뿐 아니라 신 자신에 의해 새로운 자연법적 질
서, 즉 사유 재산으로 대체되었다는 것이다.

사유 재산 다음으로 스콜라 철학자들이 집중한 것은 사물
들의 가치에 관한 문제였다. 13세기의 기독교 사상가라면 그것
역시 신의 자연법칙에 따라 미리 정해져 있음을 믿어 의심치 않
았다. 사물들의 가치에 대한 첫 번째 대답은 성서의 「창세기」에
있었다. 여기선 신이 맨 처음 창조한 것이 가장 가치가 떨어진다.
공기, 물, 흙 등이다. 이후 사물들의 가치는 매일 높아져 마지막에
최고 가치의 대상에 이른다. 바로 인간이다. 이렇듯 스콜라 철학
자들은 자신이 찾고자 했던 것, 즉 자연에 맞는 계급 분류와 가치
체계를 성서에서 찾았다.

그런데 토마스처럼 똑똑한 사상가들은 이 체계가 인간들
에게 중요한 많은 사물들에 도움이 되지 않는다는 사실을 빠르게
간파했다. 가령 신이 해양생물을 먼저 만들고 그다음에 육상동물
을 만들었음에도 바다의 진주는 쥐보다 더 가치가 있다. 그렇다
면 가치도 법과 마찬가지로 매우 정밀하게 구분해야 한다. 세계
의 본래적인 신적 질서는 무엇이고, 인간 세계에서 중요하게 여
겨지는 것은 무엇일까? 인간의 일상적인 삶에서는 신의 가치 등
급뿐 아니라 실질적인 인간 등급도 중요하다. 그리고 상품 세계
에서 가장 중요한 가치는 바로 유용성이다.

토마스의 설명에 따르면 인간은 자신에게 필요한 것을 필
요하지 않는 것보다 더 높이 평가한다. 그런데 무척 그럴듯해 보
이는 이 설명도 곧 벽에 부딪힌다. 인간의 필요라는 관점에서 보

자면 값비싼 진주와 보석이 훨씬 값싼 빵보다 유익하지 않기 때문이다. 따라서 신이 왜 빵보다 진주에 더 높은 가치를 부여했느냐에 대한 물음에 그런 식으로 답할 수는 없다. 다만 사물들의 가치가 신의 가치 등급과 관련이 있는 것만은 분명하다. 그렇지 않다면 인간은 왜 진주와 귀금속처럼 아무 쓸모없는 것들을 갈망하겠는가?

토마스의 견해에 따르면 신이 내적 가치를 집어넣지 않은 유일한 것이 돈이다. 토마스가 볼 때 돈은 아리스토텔레스의 말처럼 유용성을 위해 고안된 인간의 산물이다. 그런 점에서 토마스는 마음대로 돈을 주조하고 주화의 종류를 바꾸는 군주들의 방식을 용인했다. 이런 방식으로 세속의 권력자들만이 아니라 성직의 권력가들도 동전의 액면가를 바꾸지 않으면서 거기에 들어가는 금과 은의 함량을 계속 줄여 나갔고, 이렇게 화폐 생산에 투입되지 않은 금과 은은 장신구나 장식품으로 바뀌어 수도원과 교회를 치장하는 데 쓰였다.

중세의 일상생활에서 동전은 어차피 부차적인 역할만 했다. 당시에 화폐 경제보다 더 중요한 것은 물물 교환이었다. 특정 물품들에 대한 총수만 기입해 놓았다가 나중에 다른 곳에서 지불할 때가 많았다. 보조 수단으로는 대개 엄대가 쓰였다. 채무 관계를 빗금으로 표시해 놓은 막대기인데, 채권자와 채무자는 엄대에 채무를 표시한 뒤 엄대를 길게 둘로 쪼갰다. 그러니까 엄대에 표시된 만큼 빚이 있었다. 빚을 갚을 때는 일단 막대기를 서로 맞추어 본 뒤 채무 금액에 이상이 없는지부터 확인했다. 그런데 이런 물물 교환과는 달리 화폐 경제는 의심의 눈초리를 받을 때가 많았다. 화폐 경제는 무엇보다 일반 상인과 대상인들의 영역이었다. 아라비아 상인들과는 달리 기독교 중세의 상인들은 오랫동안 평판이 좋지 않았다. 기독교 중세의 주인공은 신드바드처럼 배를 타고 세계 전역을 돌아다니는 상인이 아니라 우아한 예의범절과 궁정의 기품, 대범한 용기를 갖춘 기사들이었다. 물론 그런 사람은 안타깝게도 현실에선 거의 존재하지 않았지만.

물건 값을 돈으로 지불하건 하지 않건 중세 학자들은 한 물건에 대한 적당한 가격이 얼마인지를 두고 골머리를 앓았다. 둔스 스코투스는 원칙적으로 생산에 들어간 비용만큼 가격을 정하면 된다고 보았다. 하지만 필요 시 물건을 좀 더 비싸게 팔거나 저렴하게 내놓는 것을 문제로 보지는 않았다. 그로써 그는 토마스가 다른 모든 영역들처럼 경제에도 확고하게 정해 놓은 중세의 기본 틀을 벗어났다. 토마스에게 유동적인 가격은 한마디로 공포였다. 그건 수공업자 조합도 마찬가지였다. 그들에게 모든 가격은 반드시 고정 가격이어야 했다. 신과 유용성이 사물의 가치를 결정한다면 가격 변화는 일어날 수 없었다. 신은 자신의 가치 평가를 바꾸지 않을 것이고, 유용한 것은 또 유용한 대로 계속 남을 것이기 때문이다.

이 이상적 틀에서 벗어난 사람은 〈폭리〉 혐의를 받았다. 상당한 중죄에 해당하는 범죄였다. 시장에 나오지도 않은 상품을 미리 사는 일이 있어서도 안 되었고, 이익을 남기기 위해 가격을 올려서도 안 되었다. 물건은 사들인 가격 그대로 팔아야 했다. 또한 어떤 형태의 독점도 허용되지 않았다. 이런 행위들은 이미 아우구스티누스 때부터 공동선에 어긋나는 짓이었다. 중세의 이상적인 경제는 플라톤의 환상 도시 칼리폴리스나 마그네시아의 경제처럼 정체되어 있었다. 그러니까 도시의 수공업자 수에서 견습공들의 교육에 이르기까지 모든 것이 미리 정해져 있었다. 사람들의 욕구는 이런 식으로 알맞게 〈충족되어야지〉, 그 이상으로 〈부추겨져서는〉 안 되었다.

하지만 현실은 이상과 맞지 않을 때가 드물지 않다. 그래서 기독교회가 공식적으로 금지했음에도 중세 내내 유럽에서도 아라비아에서와 마찬가지로 돈놀이 사업이 번창했다. 앞서 보았 듯이 돈으로 돈을 버는 것은 플라톤과 아리스토텔레스에게도 비 도덕적이고 비자연적인 일로 받아들여졌다. 하지만 실제로는 이 탈리아 북부 도시들, 특히 제노바와 베네치아는 12세기에 이미 상당한 규모로 돈놀이를 하고 있었다. 군주들은 출정을 위한 자 금을 이탈리아의 도시들이나 유대인에게서 빌렸다. 당시 유대인 들의 경우, 수공업이 금지되었고 이자 놀이만 가능했다. 중세에 는 유대인들에 대해 특히 이중 잣대가 적용되었다. 돈을 빌려주 는 존재로서는 군주들에게 매우 유용했지만, 그와 동시에 돈놀이 로 인해 사람들에게 경멸의 대상이 되었다. 유대인에 대한 박해 와 탄압은 중세의 어두운 일상이었다. 특히 빚을 진 왕들이 자신 들을 짓누르는 짐에서 벗어나기 위해 유대인들에게 몹쓸 짓을 많 이 했다.

사물들의 내적 가치에서부터 적정 가격, 적절한 임금, 〈폭 리〉의 금지에 이르기까지 중세의 경제 질서는 신이 그 규칙을 미 리 정해 놓았다는 생각에서부터 시작했다. 그런데 그 규칙을 의 심하면 어떻게 될까?

피지배자들의 권리

체세나의 미켈레와 오컴의 윌리엄이 아비뇽의 교황 앞에서 자신들을 변호했던 것은 토마스 아퀴나스가 죽은 지 50년이 훌쩍 지났을 때였다. 그사이 중세 세계에는 많은 변화가 있었다. 아비뇽의 도둑 같은 교황들은 별로 기독교적이라고 할 수 없었던 로마와 비테르보의 전임자들과도 비교가 되지 않을 정도로 추악했다. 게다가 중세 사람들의 머릿속에 변하지 않는 〈보편적 요소〉로 자리 잡고 있던 신성 로마 제국도 일시적으로 붕괴되었다. 세계가 신의 법칙에 따라 변하지 않게 설계되었다는 13세기 토마스의 설명은 경험 앞에서 산산이 부서졌다. 모든 것이 끊임없이 변했기 때문이다.

앞서 보았듯이 철학에서도 세 가지 큰 흐름은 막을 수 없는 성난 파도처럼 새롭게 밀려왔다. 하나는 프라이베르크의 디트리히와 함께 찾아온 〈선험 철학〉이다. 모든 존재는 의식 속에서만 실재한다는 것이다. 이 철학에 따르면 의식 속에서 신을 경험하지 못하면 신조차 존재할 공간이 없다. 신과 인간 사이의 중개자로서 교회의 자리는 말할 것도 없다. 18세기 말과 19세기 초의 독일 관념론이 이 선험 철학의 토대 위에서 구축되었다. 두 번째 흐름은 개념들의 관계를 수학적으로 표현할 수 있다는 라몬 율의 사유다. 과거에는 성직자들이 교회의 입맛에 맞게 세계를 해석했다면 이제는 독립적이고 정확한 논리학이 해석을 지배해야 한다는 것이다. 훗날 라이프니츠에게 영감을 준 사유다. 마지막으로 윌리엄, 니콜라우스, 뷔리당 같은 사상가들이 주창한 논리적·경험적 프로그램을 꼽을 수 있다. 모든 사변적인 것을 철학에서 배제하는 이 프로그램은 훗날 20세기 초에 옥스퍼드 철학이라는 이름으로 철학을 완전히 뒤집어엎는다.

　　이런 사유의 변화는 사상가와 정치의 관계도 바꾸었다. 지극히 당연시되어 온 교황의 자리는 더 이상 존재하지 않았다. 미켈레와 윌리엄이 볼 때 이미 오래전 내부에서부터 무너져 내리기 시작한 옛 질서는 시급한 개정이 필요했다. 그러나 열망하던 교황과의 면담은 성사되지 않았다. 오히려 미켈레는 감옥에 갇혔고, 윌리엄은 수도회 총회장 미켈레와 그의 사회적·정치적 입장을 열정적으로 변호했다. 하지만 그들이 이 일에서 무사히 빠져나올 마지막 기회는 도주뿐이었다. 1328년 5월 26일 미켈레와 윌리엄, 그리고 아비뇽의 다른 두 동반자는 배를 타고 피사로 도주했다. 거기서 그들을 기다리고 있었던 것은 바로 바이에른의 루트비히 4세였다. 자신이 임명한 교황에 의해 일주일 전 로마에서 신성 로마 제국 황제로 즉위한 인물이었다.

　　루트비히 4세에게 교황 요한 22세는 불구대천의 원수였다. 요한 22세가 수년 전 공개적으로 왕에게 반기를 들면서 왕을 파문했기 때문이다. 신성 로마 제국의 새 황제는 교회의 청빈 운동이 교황의 통치권에 의문을 제기하고 교황청의 비기독교적인 면면을 까발리기에 무척 효과적인 수단임을 간파했다. 이런 상황에서 미켈레와 윌리엄 같은 비판적 인물들이 제 발로 찾아와 줬으니 이보다 반가운 일은 또 없었을 것이다. 황제에게 프란체스코회는 교회 수뇌부의 세속적 통치권에 공격을 가할 날카로운 창처럼 비쳤다.

　　미켈레와 윌리엄은 루트비히의 궁이 있는 뮌헨으로 향했고, 거기서 파도바의 마르실리우스(1280?~1342/1243)를 만났다. 그 또한 3년 전 교황청의 주구들을 피해 루트비히가 있는 곳으로 도주한 인물이었다. 그의 사상은 미켈레나 윌리엄보다 한층 급진적이었다. 마르실리우스는 이탈리아의 독립적인 대학 도시이자 상업 도시인 파도바 출신이었다. 1312년에는 파리 자유칠과의 학장이 되었고, 거기서 아리스토텔레스의 철학, 특히 정치학에 천착했다. 이 연구로 그가 도출한 결론은 토마스 아퀴나스보다 훨씬 광범했다.

마르실리우스는 저서 『평화의 수호자Defensor pacis』에서 교황의 영역을 단호하게 거부했다. 교황 요한 22세가 1324년에 출간된 이 책을 괘씸하게 생각한 건 당연했다. 심지어 그는 이 책을 천인공노할 이단의 정점이라고 선언했다. 마르실리우스는 단순히 교황에게 원한이 많은 루트비히에게 헌정하려고 이 책을 쓴 것이 아니었다. 그런 뜻 말고도 통치자들 위에 법을 세우려는 대담한 포부를 품고 있었다. 마르실리우스가 볼 때 통치의 유일한 정당성은 공정한 법을 통한 인간의 보호에 있었다. 그 외 다른 것은 모두 불의였다. 그중에서도 가장 큰 불의는 권력과 땅, 종교 때문에 전쟁을 하는 것이었다.

마르실리우스는 루트비히에게 큰 영향을 끼쳤다. 루트비히가 로마에서 황제로 등극하게 된 데에도 그의 도움이 컸다고 한다. 또한 황제가 과감하게 교황을 이단으로, 폐위된 교황으로 선언하게 된 배경에도 마르실리우스가 있었다. 그런데 미켈레와 윌리엄이 뮌헨에 오면서 그의 무게감은 줄어드는 듯했다. 이제 왕은 새로 온 두 사람에게 관심을 보였다. 그런 면에선 윌리엄을 즉각 파문한 교황도 마찬가지였다. 미켈레는 쟁점이 되는 문제들, 즉 교황의 권한과 빈부에 관한 문제를 다룰 공의회 개최를 강력히 요구했다. 그러나 교황은 공의회를 열 생각이 없었고, 오히려 새 동맹군을 찾았다. 그는 미켈레를 몰아내고 프란체스코회의 새

총회장에 오른 인물이었다. 이후 미켈레와 교황은 서로를 파문하고 이단이라 비난했다. 그사이 윌리엄은 국가와 교회를 위해 새 윤리학을 정립하는 데 매진했다. 무엇보다 인간을 부당한 통치자의 예속에서 해방시키고 공동선을 장려하는 윤리학이었다.

보나벤투라가 죽은 지 반세기가 더 지나 윌리엄이 군주 통치의 정당성에 의문을 제기한 것은 프란체스코회의 좋은 전통에 따른 것이었다. 그러나 교황의 정당성에 회의를 표한 것은 보나벤투라 이후 통용되던 프란체스코회의 상궤에서 벗어난 것이었다. 하지만 아무리 교황권이라고 하더라도 윌리엄에겐 영원한 상수(常數)란 없었고, 오직 기능 가치밖에 없었다. 앞서 살펴보았듯이 윌리엄은 인간 사고의 규칙이 세계의 규칙과 일대일로 대응하지는 않는다고 생각했다. 우리가 추상화를 통해 드러내는 것은 신적인 세계 구조가 아니라 우리의 정신이 만들어 낸 순수 언어적 표상일 뿐이다. 신은 결코 세계를 언어로 표현해 놓지 않았다는 것이다.

그게 맞다면 인간 이성은 극단적으로 무력화된다. 논리학자는 더 이상 신의 도움으로 자신의 정신에서 현실을 추론하지 못하고 자신 안에 갇히고 만다. 토마스 같은 남자들이 법과 국가, 경제에 대해 확정해 놓은 것들도 모두 다시 유동적으로 변한다. 이제는 얼마든지 다른 것을 주장할 수 있다. 미리 〈확정된〉 법이나 국가, 경제는 더는 존재하지 않는다. 중세 사람들이 믿었던 것처럼(지금도 많은 사람이 믿고 있다) 그것들은 대안이 없는 것이 아니다. 윌리엄에 따르면 모든 국가 제도는 개인과 개인의 필요에서 출발하는 것이지, 보편적인 것에서 출발하지 않는다. 윌리엄은 플라톤과 아리스토텔레스, 제논 모두가 똑같이 생각한 질문을 던진다. 국가와 국법, 국가 경제는 인간에게 유익하고 개인의 발전을 장려하는가? 공동선에 도움이 되는 것은 정당하다. 그러나 공동선에 부합하지 않는 것은 정당성이 없고 바뀌어야 한다.

윌리엄은 뮌헨의 망명지에서 모든 통치자에게 공동선을 추구하는 정치를 펼칠 의무를 지우고 싶어 했다. 그 의무를 어기는 사람은 통치권에 대한 정당성을 잃는다. 통치자가 백성을 위해 있는 것이지 백성이 통치자를 위해 있는 것이 아니다. 또 어떤 사람도 전제 군주에게 복종할 의무는 없다.

마지막 말은 토마스 아퀴나스도 동의했을 것이다. 그러나 바로 이어진 결론을 보고는 아마 깜짝 놀라 뒤로 넘어갔을지 모른다. 세속의 통치자들에게 해당되는 것은 종교 지도자들에게도 해당되어야 한다는 것이다. 이로써 교황도 신도들에게 유익한 존재여야 하고, 신도들의 요구에 따라야 한다. 그렇지 않으면 모든 기독교인은 단순히 교황의 노예에 불과하다. 이것으로 이제 절대적 교황권은 제한적 교황권으로 전락했다. 남용할 경우 얼마든지 박탈될 수 있는 자리가 된 것이다! 윌리엄이 실제로 당시 아비뇽의 교황들을 싸잡아 이단자로 간주한 것을 감안하면 그의 말은 굉장한 폭발력을 가질 수밖에 없었다. 그는 체세나의 미켈레와는 달리 교황의 영역을 내부에서부터 개혁할 수는 없다고 생각했다. 대신 대중 운동으로서 교회의 힘에 희망을 걸었다. 그러니까 공직자와 전문가 들이 아닌 수많은 기독교 신자들이 교황을 심판해야 한다는 것이다.

윌리엄의 혁명적 제안은 실현 가능성이 전혀 없었다. 대체 누가 그 일을 한단 말인가? 미켈레는 교회를 기독교적으로 개혁하려는 시도가 성공하지 못한 상태에서 1342년에, 윌리엄은 그로부터 5년 뒤에 죽었다. 하지만 인간의 사고와 행위를 미리 규정해 놓은 질서란 결코 존재하지 않는다는 강렬한 사상은 세상에 남았다. 이는 사고와 기질에서 윌리엄과 별반 다르지 않은 또 한 명의 남자에게서도 발견된다. 바로 마이스터 에크하르트다.

인간 속의 신적인 것

그는 큰 인물이 될 수도 있었을 것이다. 교회 조직 내에서가 아니면 최소한 수도회 내에서는 최고위직을 차지할 가능성이 확실했거나, 아니면 무척 컸다. 그러나 호흐하임의 에크하르트는 출세보다 자신의 생각에 충실하기로 결심했다. 그것이 비록 그에게 비극을 안기기는 했지만 다른 한편으론 철학사에 영예로운 자리를 부여하기도 했다.

고타 인근 지역 출신의 소년은 재능이 아주 뛰어났다. 1275년 열다섯 살에 도미니크회에 들어갔고, 쾰른의 알베르투스 마르누스 대학에서 공부한 뒤 1293년 파리로 갔다. 서른세 살에 대학 강사의 나이 제한에 걸려 1년 뒤 튀링겐으로 돌아가 도미니크회의 에어푸르트 수도원 원장이 되었다. 튀링겐의 수도회 관구장은 다름 아닌 프라이베르크의 디트리히였다. 그는 젊은 에크하르트의 재능을 즉각 알아보고 그를 자신의 대리자로 임명했다. 두 남자의 관계에서 가장 중요한 것은 활발한 사상적 교류였는데, 그를 넘어 둘 사이에 우정이 싹텄을 수도 있다.

하지만 에크하르트는 파리로 돌아가 1302년에 신학 석사 학위를 받았고, 그때부터 이름 앞에 〈마이스터〉라는 별칭이 붙었다. 1년 뒤에는 중부와 북부 독일의 도미니크 수도회 관구장이 되었다. 그 뒤 독일어권의 수도회에서 몇 가지 지도적인 역할을 맡았다. 1311년에는 도미니크회 학자로서는 가장 큰 영예를 누렸다. 파리 대학에서 도미니크회 역사상 두 번째로 강좌를 맡은 것이다. 이어 1323년 혹은 1324년에 쾰른으로 돌아가기 전까지는 주로 스트라스부르에 체류한 것으로 추정된다.

에크하르트가 60대 초의 나이에 쾰른의 수도회 형제들에게로 돌아간 것은 신학자이자 교회 정치인으로서 최고의 명성을 누리던 때였다. 그러나 젊은 시절의 추억이 깃든 곳으로 간 것은 치명적인 실수였다. 평소에 평판이 좋지 않던 수사 두 명이 그를 이단 혐의로 대주교에게 고발한 것이다. 몹시 보수적인 성향의 대주교는 섬세한 감각의 에크하르트를 종교 재판에 세웠다. 그가 쓴 글 중에서 문제가 되는 문장은 100개가 넘었다. 북부와 중부 독일 교구 총대리가 나서서 에크하르트 사건은 대주교 관할이 아니라고 선포했지만 문제는 해결되지 않았다. 에크하르트는 이단적인 것은 생각조차 한 적이 없다는 해명서를 발표했다. 그러다 결국 1327년에 교황에게 문의했다. 이것이 두 번째 중대 실수였다. 당시 그리스도의 대리자는 그전에 오컴의 윌리엄을 소환한 바 있는 요한 22세였다. 에크하르트는 교구 총대리와 두 지지자와 함께 쾰른에서 아비뇽까지 900킬로미터에 이르는 긴 여정에 올랐다. 거기서는 어떤 비난이 그를 기다리고 있었을까? 그처럼 교양 있고 섬세한 인물의 어떤 점이 적들의 눈에 그렇게 위험해 보였을까?

첫눈에 보기에 에크하르트의 사고는 특별히 위험해 보이지 않았다. 그의 저술도 대부분 인식론적 문제와 성서 해석을 다루었다. 원래 계획한 대작 『3부작Opus tripartitum』은 미완으로 남았다. 에크하르트는 인간의 영혼과 신적인 것의 영역이 서로 어떤 관계인지 명확하게 규명하고자 했다. 또한 다른 비판적 동시대인들과는 달리 철학과 신학을 분리하려고 하지도 않았고, 오컴의 윌리엄처럼 냉철한 합리주의자가 아니라서 신학의 논리적 한계를 제시하고 신학을 〈직관〉으로 제한하려고 하지도 않았다. 그의 출발점은 한결 전통적이었고, 그런 점에서 교회의 시각으로 볼 때 훨씬 덜 혁명적이었다.

그런데 통찰력이 있는 다른 동시대인들과 마찬가지로 그 역시 순진하기 짝이 없는 신학적 발언들을 못마땅하게 생각했다. 무에서 세상과 인간을 창조하고, 아담의 죄를 원죄로 설정하고, 기분 내키는 대로 누구는 구원하고 누구는 구원하지 않는 오리엔트의 옛 창조주 이야기는 둔스 스코투스와 오컴의 윌리엄뿐 아니라 에크하르트도 도저히 받아들일 수 없었다. 대신 다른 많은 사람들처럼 신플라톤주의를 우주와 지구, 인간의 문제에 대한 훨씬 더 지적인 대답으로 여겼다. 때문에 그는 〈인격체(페르소나)〉로 상정된 성서의 신에게서 벗어나고자 애썼다. 모든 것을 창조하고 꿰뚫어 보고 깨달음을 주는 무언가가 실제로 인간처럼 존재할 수는 없다고 생각한 것이다. 그에게 신은 결코 존재자가 아니었다.

플로티노스와 그 제자들처럼 에크하르트도 〈일자〉를 순수 우주적인 것, 즉 〈신적인 것〉으로 여겼다. 또한 디오니시우스 아레오파기타처럼 이 신적인 것에서 존재자들에게나 있을 법한 속성을 모두 박탈해 버렸다. 일자는 언제나 지혜와 선, 정의 같은 개념을 훌쩍 넘어서기 때문이다. 인간의 정신을 무한히 넘어서는 것으로 정의된 무언가는 인간의 언어로는 표현할 수 없다. 〈영원한 신성의 보이지 않는 빛 뒤에 숨겨진 암흑은 인식될 수 없고, 앞으로도 영원히 인식되지 않을 것이다.〉[157]

이 내용은 기독교적이라 보기 어려웠다. 그래서 에크하르트는 신플라톤주의의 이런 〈신〉 개념을 교회의 〈신〉과 연결시키려고 했다. 이렇게 해서 기독교의 삼위일체 창조주는 세계 무대에서 〈신적인 것〉보다 한 차원 아래로 내려왔다. 여기서 신은 좀 더 작은 존재 형태, 즉 〈신적인 것〉의 사적인 버전으로 보인다. 신은 기독교 신앙의 실질적인 기준점이기는 하지만, 자신의 신앙을 완성한 사람은 신을 지나 신적인 것으로 다가간다.

　　이로써 에크하르트에게 신은 캔터베리의 안셀무스가 말한 〈더 위대한 것은 생각할 수 없는 존재〉가 아니었다. 신에 대해 말할 때 에크하르트는 항상 신적인 것을 뭔가 더 위대한 것으로 덧붙여 생각한다. 그걸 넘어 그의 신적인 세계 질서는 창세기의 창조 행위를 완전히 포기한다. 그 질서는 오히려 「요한의 복음서」와 연결되고, 중세의 독자들에게 순수한 신플라톤주의를 선보인다. 〈태초에 말씀이 있었다.〉 이 말은 에크하르트에게 다음과 같은 뜻이다. 〈원형〉으로서의 이데아가 신적인 것에서 흘러나와 신적인 지혜와 함께 삼라만상으로 스며든다. 신은 이데아의 도움으로 세상에 자신을 펼쳐 나간다. 그것도 창세기처럼 일회적이 아니라 꾸준히. 신플라톤주의자들과 마찬가지로 에크하르트에게도 세계는 철저히 영적이고, 질료적인 것은 부차적이고 저급하다.

　　바로 이것이 에크하르트의 스승 프라이베르크의 디트리히의 정신이 작용한 지점이다. 스승의 생각이 제자에게 얼마만큼 영향을 미쳤는지는 정확히 알 수 없지만, 에크하르트가 신적인 지성을 〈존재〉를 포함한 모든 것 위에 놓은 것은 디트리히의 생각과 다르지 않다. 신은 순수 지성이다. 그 밖에 다른 무엇이 아니다. 또한 신은 돌이나 행성처럼 존재하는 것이 아니다. 세계 내에 있는 것도 아니다. 오히려 세계 자체가 오직 신을 통해 존재한다. 불완전하기는 하지만 어떤 측면에서는 인간의 지성도 마찬가지다. 인간 지성도 세계 내에서 다른 사물들 가운데 하나가 아니라 사유 속에서 자기만의 방식으로 세계를 펼쳐 나간다.

　　아비센나와 토마스, 디트리히가 그랬듯이 에크하르트도 인간 지성이 원래 신에게서 왔다고 생각한다. 하지만 중세의 어떤 사상가도, 심지어 디트리히조차 에크하르트만큼 인간을 신 근처로 바짝 당겨 놓지 않았다. 이는 훗날 젊은 헤겔에게 강한 영향을 준 생각이다. 어쨌든 에크하르트에 따르면 신은 모든 인간의 영혼 속에, 그것도 〈영혼 깊은 곳〉에 확고한 거처를 마련해 두고 있다. 이 영혼 깊은 곳이 인간의 가장 본래적 지점이다. 이곳은 신에 의해 창조된 것이 아니면서도 영원히 신적이다. 마치 바다의 가장 깊은 곳처럼 고요한 우리 영혼의 가장 깊숙한 이곳에서는 신의 불꽃이 반짝거린다. 여긴 가장 깊으면서 가장 높다. 우리 내면의 하늘이 있는 곳도 여기고, 우리가 욕구와 욕망, 불안에서 벗어나 우리 자신과 온전히 함께 있는 것도 여기다. 신에게 다가가고자 한다면 우리는 우리 내면의 이 중심점으로 여행을 떠나야 한다. 다시 말해 우리 자신 속에 몰입하고 침잠해야 한다는 뜻이다.

에크하르트는 모든 존재가 우리의 의식 속에 있다는 점에서는 스승의 생각을 따랐다. 하지만 그런 그가 이제 다른 길을 걷는다. 형이상학자의 옷을 입은 물리학자인 디트리히는 인간을 자기 자신에게로 이끄는 것이 정확한 관찰과 날카로운 논리적 사고라고 보았다. 반면에 에크하르트는 다른 중재 수단 없이도 궁극적 인식과 자기 인식이 가능하다고 생각했다. 그는 플라톤처럼 우리의 감각이 사물을 새로 인식하는 것이 아니라 우리가 뭔가를 인식할 때는 우리 영혼이 이전에 보았던 것을 기억하는 것이라고 믿었다. 이렇게 상기한 것을 우리의 내적 감각은 정리하고, 우리의 이성은 판단한다. 그런데 우리 자신에게로 이르는 궁극적인 길은 이성의 사용과 우리 영혼 깊숙한 곳으로의 침잠, 이 둘의 떼어 놓을 수 없는 상호 작용이다. 우리 자신으로의 이 근본적인 몰두를 통해 우리는 에크하르트의 표현대로 하자면 신을 〈낳는다〉. 영혼의 심원을 찾아내고, 그것과 완전히 하나 되는 것은 모든 인간의 신적이고 자연스러운 목표다. 그 목표를 완성한 것이 바로 그리스도다. 때문에 우리는 그를 〈신의 아들〉이라 부른다.

늦어도 이 대목에서는 고위 성직자들의 얼굴에 웃음기가

싹 달아났을 것이다. 예수가 우리 같은 인간에 비해 그렇게까지 신적인 존재는 아니라고 말하고 있지 않은가? 그러니까 자기 영혼의 심원으로 들어가 그것이 살라는 대로 사는 인간은 누구나 신적이라는 것이다. 이는 예수를 유일한 신의 아들로 숭배하는 것을 신앙의 토대로 깔고 있는 기독교로서는 도저히 묵과할 수 없는 불온한 내용이었다. 특히 에크하르트는 〈신의 아들〉이라는 말 자체를 민주화했다. 이제는 평범한 인간도 누구나 예수처럼 신의 아들이 될 수 있었기 때문이다. 에크하르트에게 이 평범한 백성들은 성직자와 다를 것이 없었다. 그래서 당시로서는 매우 드문 일이지만 자신의 글을 라틴어뿐 아니라 독일어로도 썼고, 수많은 아름다운 단어와 전문 용어들로 독일어를 풍성하게 했다.

모든 사람이 그리스도처럼 신적인 존재가 될 수 있다? 에크하르트는 그렇게 확신했다. 게다가 그렇게 되기 위해서는 따로 공부를 많이 할 필요도 없고, 신을 만나거나 신의 말씀을 듣는 것 같은 특별한 체험이 필요하지도 않다. 그저 〈자기 삶의 주인〉이 되는 법을 배우기만 하면 된다. 그러려면 우선 스토아학파처럼 자신의 욕망을 통제하고 그릇된 갈망을 극복해야 한다. 또한 삶의 표면을 쫓으면서 자신을 잃지 말고 영혼 깊은 곳에서 〈은둔하며〉 살아야 한다. 신을 낳는 인간은 낙원을 기대하지도, 천상에서의 보답을 갈망하지도 않는다. 자기 속에 이미 오래전부터 신이 있고 신의 불꽃이 반짝이는데 굳이 무엇을 더 기대한단 말인가? 그런 사람은 내세를 목표로 살지 않는다. 대신 선량하고 다정하고 〈초연하게〉 살아간다.

늦어도 이 대목에 이르러서는 에크하르트도 자신이 장차 큰 화를 입게 될지도 모른다는 사실을 깨달은 게 분명하다. 『3부작』 서문에서 자신의 사유 중 많은 것들이 첫눈에 볼 때는 언어도 단처럼 비칠 수 있을 거라고 쓴 것도 아마 그런 이유 때문이었을 것이다. 물론 그의 사유는 단순히 그렇게 비친 것이 아니라 실제로 도발적이었다. 그가 쓴 문장들을 보자. 〈일부 단순한 사람들은 마치 신은 저기에, 자신들은 여기에 있는 것처럼 신을 보아야 한다고 착각한다. 그러나 그렇지 않다. 신과 나, 우리는 하나다.〉[158] 그가 말한 〈단순한 사람들〉은 누구일까? 신이 마치 인간에게 벌을 주고 상을 주는 인격체인 것처럼, 그것도 자기 멋대로 행동하는 폭군인 것처럼 말하는 주교와 사제들이 아니면 누구겠는가? 에크하르트는 신과 교회 사이의 거리를 아주 멀리 벌려 놓았다. 그의 사유 체계에는 원죄도 없다. 믿음에 대한 천국의 보상도 없다. 단지 이성의 사용과 자기 속으로의 침잠을 통한 자기 보상만 있을 뿐이다. 거기다 〈초연하게〉 살아가면서 교회 없이도 신적인 존재가 될 수 있다고 믿는 수백만 명의 신도만 있다. 이는 모든 교회의 권력과 영향력의 종말을 알리는 서막이 아니었을까?

새로운 좌표들

에크하르트가 모든 계층의 사람들에게 자신의 사상을 불어넣는 것을 얼마나 현실적인 것으로 여겼는지는 알 수 없다. 아무튼 농부나 수공업자, 혹은 주교가 일상적인 직업 활동을 하면서 그렇게 초연하게 살 수 있는 방법을 상세하게 묘사한 글은 없다. 오컴의 윌리엄처럼 실용적이고 정치적인 사람이 볼 때, 대중을 위한 에크하르트의 영적 프로그램은 완전히 정신 나간 짓이었다. 사실 에크하르트가 자기 사유의 정치적 결과들에 대해 얼마나 깊이 숙고했는지는 우리로선 알 길이 없다. 다만 다툼을 원하지 않은 건 분명하다. 하지만 다툼이 그를 찾아왔다. 비록 사건의 발단은 파렴치한 쾰른 수도회 형제들의 음모에서 비롯된 일이지만 아비뇽의 교황청 역시 에크하르트의 사상에 얼마나 위험한 사상이 내포되어 있는지는 즉시 간파했을 것이다.

교황청 사람들은 28개의 발언을 처벌 없이 넘길 수 없는 문제로 판단했다. 에크하르트는 거기에 나쁜 의도는 전혀 없었다고 다시 한 번 자신을 변호했다. 악의가 없는 사람은 악한 행동을 하지 않는다는 것이 그의 깊은 확신이었다. 그러나 교황의 심사위원회는 그런 심정 윤리학적 성찰에는 조금도 관심이 없었다. 에크하르트가 아비뇽의 도미니크회 수도원에서 초조한 마음으로 기다리는 동안 심판관들은 시간을 끌었다. 어차피 오컴의 윌리엄에 대한 고발 사건도 함께 다루어야 했다. 사실 인류를 순수 영적인 삶으로 유혹하려고 했던 에크하르트의 이단 행위보다 정치적으로 훨씬 폭발력이 컸던 사건은 당연히 체세나의 미켈레 문제를 놓고 벌어진 프란체스코회와의 갈등이었다. 에크하르트는 60대 말이었고, 건강도 좋지 않았다. 여전히 자신의 죄를 부인하기는 했으나, 잔뜩 위축된 상태에서 자신의 생각이 보기에 따라 그렇게 오인될 수도 있다는 점을 인정했다. 그는 판결을 기다리던 중에 세상을 떠났고, 그래서 1329년 3월의 선고를 듣지 못했다. 교황은 에크하르트가 악마의 유혹에 빠졌지만 자신의 학설을 철회했다고 선언했다. 28개 문장들을 모두 이단이거나 이단 혐의가 있는 것으로 판정한 것이다.

교황청은 중부와 북부 유럽 전역에 에크하르트의 테제들이 유죄 판결을 받았음을 공포했다. 그중 단 한 문장이라도 포함된 저서는 모두 없애야 했다. 특히 독일어로 쓴 저서들은 유포가 금지되었다. 교황으로선 일반 백성들에 대한 권력을 상실하는 것이 몹시 두려웠던 것이다. 그러나 에크하르트의 신봉자들은 무수히 많았다. 그들은 그의 유물을 몰래 보관했고, 그의 저술을 익명으로 출간했다. 죽은 학자는 순교자이자 민중의 영웅이 되었다. 범인(凡人)을 교회 수뇌부와 동등하게 바라본 사고는 에크하르트 소송을 통해 진짜 정치 운동이 되었다. 사람들은 교회 수뇌부의 사치와 낭비, 거만함을 비판하면서 종교 재판까지 격하게 비난했고, 에크하르트처럼 모국어로 쓴 저서로 평범한 동시대인들을 계몽하고자 애썼다.

성직자들의 모국어 발견은 의심할 바 없이 교회의 무제한적 권력 지도에 생긴 또 하나의 균열이었다. 라몬 율도 이미 많은 글을 카탈루냐어로 썼다. 이탈리아에서는 철학자이자 작가인 단테 알리기에리(1265년~1321년경)가 그 시대의 철학적·문학적 풍속화에 해당하는 『코메디아Commedia』를 썼다. 단테의 숭배자 보카치오가 그 위대성에 매료되어 『디비나 코메디아La Divina

Commedia』(신의 희극, 즉 『신곡』)라 부른 작품이다. 여기서 단테는 시적인 이탈리아어로 지옥과 천국, 연옥의 여행을 다룬 모험적인 이야기를 그렸다. 이 작품은 일대 선풍을 불러일으키며 저자를 일약 시대의 유명인으로 만들었다. 이 작품에 담긴 철학적 성찰도 꽤 눈여겨볼 만하다. 어쨌든 단테는 고향 도시 피렌체의 운명으로 시련을 겪으면서 정치에 개입했다. 부유한 상인들의 도시 피렌체는 교황과 황제가 서로 차지하려고 싸우는 〈불화의 사과〉였다. 단테는 이 사과를 잡으려는 교황의 손길에 맞섰다. 또한 『제왕론Monarchia』이라는 제목으로 세 권의 책을 써서, 신에 의해 세계 통치의 사명을 부여받은 사람은 가까이 있는 교황이 아니라 저 멀리 있는 신성 로마 제국의 황제뿐이라고 선포했다.

　　단테는 부유한 상인이자 대부업자의 아들이었다. 비약적으로 발전하는 북부 이탈리아의 도시들에서는 도시 귀족과 대부업은 서로 배척의 대상이 아니라 긴밀한 관계로 엮여 있었다. 상업에 뿌리를 둔 이 도시들의 새로운 부는 교황권을 위협하는 요소로 드러났을 뿐 아니라 중세 권력 구조의 해체에 기여한 많은 원인들 중에서도 가장 중요한 원인이었다. 돈의 무자비한 합리성 속에서 교황의 무자비한 권력과 동등한, 아니 그것을 넘어서는 적이 등장한 것이다. 그런 점에서 이탈리아 북부와 중부는 중세라는 시대에 가장 깊은 균열을 낸 장소로 보인다. 더구나 이제 상인들의 도시에서는 신학자보다 볼로냐의 법률가들이 더 중요한 인물로 부상했다.

　　그런 법률가 중의 하나가 시인으로 알려진 프란체스코 페트라르카(1304~1374)였다. 아레초에서 태어난 그는 태어나면서부터 단테의 반대편에 서 있었다. 부친이 교황 편에 선 피렌체인이었기 때문이다. 그는 상인들의 새로운 시대정신에 대해 회의적이었다. 그렇다고 영국과 파리, 이탈리아에서 교회의 교리를 해부하고 무력화하는 합리주의자 계열에 속하지도 않았다. 그러나 합리주의의 개선 행진은 이미 제지할 수 없는 상황이었다. 페트라르카는 오컴의 윌리엄이나 오트르쿠르의 니콜라우스와 동시대인이었음에도 불구하고 그들의 냉철한 통찰력에 감탄하지 않았고, 오히려 냉정한 새 철학에 수반한 것처럼 보이는 마음 수양의 상실 현상을 애석하게 생각하고 있었다. 그는 이렇게 탄식했다. 〈왜 그대들은 사물 자체를 잊고 단순 단어들에만 집중하며 늙어 가는가?〉[159]

페트라르카는 논리학을 폐지하려 하지 않았다. 그렇다고 그것을 인식의 유일한 복된 수단으로 여기지도 않았다. 그는 스무 살에 논리학을 공부하지 않은 사람은 지성이 떨어진다고 말했다. 하지만 마흔 살에 논리학을 공부해도 마찬가지라고 했다. 페트라르카에게 진정한 인식은 개념들과 논리적 연관에 있지 않았다. 진정한 인식은 자기 경험이자 세계 경험이다. 인간은 개념들의 현란한 곡예술이 아닌 삶을 통해서만 현명해질 수 있다는 것이다. 페트라르카는 아우구스티누스의 『참회록』에도 비슷한 입장이 담겨 있다고 생각했다. 그러나 법률가이자 동시에 시인인 그는 교회 학설의 수호자가 아니었다. 그래서 키케로와 세네카, 플라톤을 아우구스티누스와 같은 급으로 보았다. 또한 냉철한 아리스토텔레스의 윤리학에서도 삶의 지혜를 찾았다. 이러한 이유로 사람들은 페트라르카를 개성의 자유로운 발현을 중요하게 여기는 정신적인 태도인 〈인본주의〉의 아버지라고 불렀다. 이상적으로 보면 인본주의는 세심하게 다듬어진 고대 저술들과 삶 속에서 지혜를 구하는, 선입견과 도그마, 이데올로기로부터 자유로운 입장이다.

이 정신적 입장이 하필 페트라르카의 친구 조반니 데돈디 같은 이탈리아 기술자들이 최초로 기계 장치로 작동하는 시계를 만들어 교회 탑에 내건 시기와 겹치는 것은 과연 우연일까? 외부 세계에 대한 정확한 측정이 한창이던 시기에 인간 내면성에 대한 새로운 연구도 시작되었다. 당시 세계 측정의 영역에서 가장 똑똑한 두뇌 중 한 사람은 니콜 오렘(1330 이전~1382)이었다. 그는 고위 성직을 수차례 거치다가 마지막에 리지외의 주교가 되었다. 게다가 프랑스 왕의 자문 역을 맡았고, 아리스토텔레스의 저서를 프랑스어로 번역하고 수학과 자연 과학을 연구했다. 중세에 우주를 온전히 기계 공학적으로만 설명한 사람은 그가 처음이었다. 그 과정에서 지구가 태양 주위를 도는 것도 그 반대 경우처럼 설득력이 있다고 여겼다. 수학에서 그의 가장 큰 업적은 좌표계였다. 그때부터 수량의 모든 질적 변화를 양적으로 표시할 수 있게 되었다. 그는 이와 똑같은 합리적인 시각으로 군주들의 악습, 즉 화폐를 새로 주조해 돈의 가치를 마음대로 높이거나 내리는 악습을 비판하는 책도 썼다. 궁정에 대한 영향력을 감안하면 그는 모든 시대를 통틀어 정치적으로 가장 힘 있는 철학자라고 할 수 있다.

그런데 인본주의는 측정과 측량의 아름다운 신세계에 대한 단순한 반작용만이 아니었다. 인간에게 닥친 많은 재앙도 인본주의의 태동에 영향을 주었다. 14세기 중반 전 유럽에 서양 역사상 가장 참혹한 페스트가 창궐했다. 〈검은 죽음〉은 일상이 되었고, 개인들의 삶은 하루아침에 고통과 불안에 빠졌다. 아울러 스콜라 철학자들이 그간 쌓아 놓았던 개념의 성들이 갑자기 이 세상과 동떨어진 이야기로 느껴졌다. 페스트는 사람들을 의심으로 몰아갔다. 교회 수뇌부가 볼 때 페스트는 신앙에 너무 많은 의심을 갖고 있는 인간들에 대한 신의 형벌이었다. 반면에 비판론자들은 페스트를 교회의 경이롭고 신적인 세계 질서에 뭔가 처음부터 이상이 있었을지도 모른다는 신호로 보았다.

이 세계 질서는 실제로 해체되었다. 그로써 중세의 세계상도 무너졌다. 경제적으로 볼 때, 점점 더 많은 독립과 자유를 바라는 성공한 상업 도시들의 파괴력은 굉장했다. 고인 물처럼 정체되어 있던 경제가 무역과 변화의 역동적인 세계로 변했다. 지금까지의 공급 경제는 점점 경계도 없고 경계도 알지 못하는 화폐경제로 넘어갔다. 이러한 발전에 발맞추어 물리적 세계상도 바뀌었다. 이젠 자연과 우주도 움직였다. 그것들은 지금껏 알려진 궤도에서 벗어났고, 아리스토텔레스의 자연학처럼 더는 이상적인계획에 따라 〈목표로〉 나아가지 않았다. 상업의 자유와 함께 신적인 세계 법칙의 엄격한 논리학도 해체되었다. 그리고 갑자기 〈의지〉가 다시 등장해 인간과 인간의 운명을 움직였다. 여기서 인간은 단순히 〈인류〉의 개별 표본에 그치지 않고 고유한 개성을 가진개인이었다. 심지어 프라이베르크의 디트리히와 마이스터 에크하르트의 사유를 통해 〈물(物) 자체〉의 객관성도 멀찍이 물러났다. 갑자기 이제는 세계가 중심이 아니라, 인간이 세계에 대해 갖고 있는 의식이 중심을 차지했다.

이 모든 변화는 커다란 양탄자처럼 씨줄과 날줄이 서로 정교하게 짜인 것이 아니었다. 물론 그렇게 짜인 부분이 일부 있기는 했지만. 어쨌든 서양에서 이 변화들은 교회에 의한 세계 통치의 종말을 의미했다. 그리고 무척 놀랍게 들리겠지만 그 종말을알린 것은 교회 탑에 걸린 새로운 시계들이었다. 철학은 이 시계탑의 종소리와 함께 신학에서 떨어져 나왔고, 그때부터 다시 독자적인 분과로 인정받았다. 그 과정에서 잃은 것보다 얻은 것이더 많은지는 단정하기 쉽지 않다. 자유와 독자성은 얻었지만 직접적인 정치적 영향력은 잃었기 때문이다. 예전에 토마스 아퀴나스, 오컴의 윌리엄, 파도바의 마르실리우스, 니콜 오렘이 그랬던것처럼 통치자들에게 강력한 영향을 끼쳤던 철학자는 이제 소수에 그쳤다. 어쨌든 이 철학자들이 중세에서 큰소리를 치던 남자들의 어깨 위에 서서 〈근세〉라고 불리우는 시대의 기초를 놓았던 것이다.

주

1 플라톤, 『프로타고라스』, 314d~315b.

2 헤로도토스, 『역사』, I, 74.

3 디오게네스 라에르티오스, 『고대 그리스 철학자들의 삶과 학설』, I, 23~24.

4 아리스토텔레스, 『정치학』, 1259a.

5 한스 볼슐래거, 『정신과 거리가 먼 시대들』, 1988년, p. 21.

6 플라톤, 『테아이테토스』, 174a.

7 아리스토텔레스, 『형이상학』, 983b20f.

8 아리스토텔레스, 『영혼에 관하여』, 411a8f.

9 아리스토텔레스, 같은 책, 405a19f.

10 심플리키오스(아리스토텔레스 저작의 주석자), 『물리학』, 24, 13ff.

11 플루타르코스, 『도덕론집』, 947f.

12 아에티오스, 『자연학 명제들에 관하여』, I 3, 4.

13 아리스토텔레스, 『형이상학』, 981b.

14 필로라오스, 9 fr 4.

15 같은 책, 12 fr. 11.

16 헤라클레이토스, 단편집, 121.

17 같은 책, fr. 89.

18 같은 책, fr. 32.

19 같은 책, fr. 114.

20 같은 책, 같은 곳.

21 같은 책, 80.

22 같은 책, fr. 53.

23 같은 책, fr. 126.

24 같은 책, fr. 8.

25 같은 책, fr. 88.

26 같은 책, fr. 63-66 = 히폴리투스 IX 10.

27 같은 책, fr. 114.

28 같은 책, fr. 94.

29 같은 책, fr. 90.

30 파르메니데스, 1 fr. 1.

31 헤라클레이토스, 86 fr. 115.

32 같은 책, 84 fr. 45.

33 같은 책, 80 fr. 27.

34 아낙시만드로스, 12 A 29.

35 아낙시메네스, 13 B 2.

36 같은 책, 같은 곳.

37 엠페도클레스, 59 fr. 78.

38 엠페도클레스, 197 fr. 130.

39　엠페도클레스, 196 fr. 128.

40　엠페도클레스, 194 fr. 138. 그리고 196 fr. 128.

41　엠페도클레스, 192 fr. 136.

42　엠페도클레스, 193 fr. 137.

43　엠페도클레스, 19 fr. 8.

44　엠페도클레스, 35 fr. 22.

45　엠페도클레스, 44 fr. 35.

46　엠페도클레스, 50 fr. 27.

47　엠페도클레스, 31 A 72.

48　엠페도클레스, 95 fr. 60. 그리고 94 fr. 57.

49　엠페도클레스, 181 fr. 117.

50　엠페도클레스, 152 fr. 107.

51　엠페도클레스, 148 fr. 105.

52　엠페도클레스, 167 fr. 110.

53　엠페도클레스, 165 fr. 102.

54　엠페도클레스, 172 fr. 115.

55　엠페도클레스, 183 fr. 127.

56　엠페도클레스, 184 fr. 146.

57　플라톤, 『티마이오스』, 89b.

58　테오프라스토스, 『감각적 지각에 관하여』, 25.

59　아에티오스 IV 2.

60　아낙사고라스, 101/102 fr. 21.

61　아낙사고라스, 24 fr. 17.

62　아낙사고라스, 55 fr. 12.

63　아낙사고라스, 66 fr. 12

64　아리스토텔레스, 『동물들의 분류에 관하여』, IV 10. 687a 7ff.

65　크세노폰, 『소크라테스에 관한 회상』, I. 1, 10.

66　플라톤, 『테아이테토스』, 151e-f.

67　크세노파네스, 43 fr.

68　같은 책, 22 fr. 11~25 fr. 15.

69　아리스토텔레스, 『정치학』, 1266a.

70　프로타고라스, 18 fr. 4.

71　플라톤, 『일곱 번째 편지』, 325d-e.

72　플라톤, 『파이돈』, 78a.

73　플라톤, 『국가』, 473e-d.

74　플라톤, 『일곱 번째 편지』, 326a-b.

75　플라톤, 『법률』, IV 705a.

76　같은 책, 587e.

77　플라톤, 『일곱 번째 편지』, 326b.

78　세스 노테봄, 『무(無)에서. 두 도시 이야기』, 라르스 뮐러 출판사 2012, p. 22.

79　플라톤, 『국가』, 556a.

80　같은 책, 556b.

81　플라톤, 『법률』, 741e~742a.

82 같은 책, 896a.

83 갈레노스, 『히포크라테스의 원소들에 관하여』, I 2.

84 데모크리토스, 116 fr. 10.

85 같은 책, 117 fr. 11.

86 플라톤, 『티마이오스』, 90a.

87 아리스토텔레스, 『니코마코스 윤리학』, 1096a 11~17.

88 같은 책, 1145b 2~7.

89 아리스토텔레스, 『형이상학』, 1부 서문 II. A.

90 헤라클레이토스, 102 fr. 82, 그리고 103 fr. 83.

91 아리스토텔레스, 『동물들의 역사』, 690a 27.

92 아리스토텔레스, 『동물들의 분류에 관하여』, 687a 8~10,

93 아리스토텔레스, 『니코마코스 윤리학』, 1094b.

94 아리스토텔레스, 『정치학』, 1252b 30.

95 아리스토텔레스, 『니코마코스 윤리학』, 1099b.

96 같은 책, 같은 곳.

97 아리스토텔레스, 『정치학』, 1292a.

98 같은 책, 1260a.

99 같은 책, 1262b 22~23.

100 아리스토텔레스, 『니코마코스 윤리학』, 1123a 6~10.

101 아리스토텔레스, 『정치학』, 1280b 33.

102 같은 책, 1267a 39~41.

103 같은 책, 1258b 2~3.

104 같은 책, 1258b 34~35.

105 같은 책, 1327b.

106 키케로, 『아카데미카 프리오라』, II, 72.

107 섹스투스 엠피리쿠스, 『수학자에 대한 반박』, 11. 19~20.

108 플루타르코스, 『콜로테스에 대한 반박』, 1120C, 1121E~1122A.

109 키케로, 『최고의 선과 악에 관하여』, 2.2.

110 섹스투스 엠피리쿠스, 『수학자에 대한 반박』, 7.1 58.

111 플루타르코스, 『콜로테스에 대한 반박』, 1120C, 1121E~1122A.

112 루크레티우스, I. 958~997.

113 에피쿠로스, 『헤로도토스에게 보낸 편지』, 63~67.

114 키케로, 『신들의 본질에 관하여』, I. 43~49.

115 에피쿠로스, 『자연에 관하여』, 34. 21~22.

116 에피쿠로스, *Sent. Vat.* 40.

117 키케로, 『최고의 선과 악에 관하여』, I. 29~32.

118 에피쿠로스, 『메노이케우스에게 보낸 편지』, 127~132.

119 같은 책, 124~127.

120 같은 책, 127~132.

121 아에티오스, 4.21.i~4.

122 락탄티우스, 『신학체계』, 7.23.

123 심플리키오스, 『아리스토텔레스의 자연학에 관하여』, 886, 12~16.

124 오리게네스, 『켈소스에 대한 반박』, 4.68, 34~35.

125 키케로, 『투스쿨룸 대화』, 4.68, 5.20.

126 갈레노스, 『히포크라테스와 플라톤의 이론에 대하여』, 5.2.3~7.

127 참조, 슈토바에우스, 2.90, 19-91.9.

128 디오게네스 라에르티오스, 7.32~33.

129 같은 책, 같은 곳.

130 플루타르코스, 『알렉산드로스 대왕의 운명에 관하여』, 6, 329A~B.

131 에픽테토스, 『논구』, 2.10.1~12.

132 키케로, 『신들의 본질에 관하여』, 2, 160.

133 아이네이스 IV, 853ff.

134 『초기 스토아학파의 단편집』 III, 371.

135 루크레티우스, 『사물의 본질에 관하여』, V 834~836.

136 세네카, 『편지들』, 90, 8.

137 마르쿠스 아우렐리우스, 『명상록』, VII. 17.

138 같은 책, VIII. 50.

139 같은 책, IV. 3.

140 같은 책, V. 16.

141 같은 책, IX. 29.

142 플라톤, 『테아이테토스』, 170B; 법률, 500C.

143 플루타르코스, 『육식에 관하여』. 재인용: 하이케 바란츠케 외 공저, 『생명-죽임-먹음』, 2000, p.138.

144 플로티노스, IV. 3. 27. 143~144.

145 『테오도시우스 법전』, XVI. 1, 2.

146 『요세푸스의 예수』, 18권, 63~64.

147 그에 관한 대표적인 연구서로는 다음 책을 꼽을 수 있다. Leon Festinger, Henry W. Riecken and Stanley Schachter, *When Prophecy Fails*, University of Minnesota Press, 1956.

148 아우구스티누스, 『참회록』, 레클람 출판사 1977년, p. 217.

149 같은 책, p. 227f.

150 같은 책, p. 331.

151 같은 책, p. 340.

152 아우구스티누스, 『신국』, 26.

153 같은 책, IV. 4.

154 요제프 라페의 책 재인용, p. 9.

155 오트르쿠르의 니콜라우스: *Exigit ordo*, in: 『편지들』, p. 88.

156 움베르토 에코, 『장미의 이름』, (주)열린책들, 2009, p. 58.

157 마이스터 에크하르트, 『설교문 51』, 독일어 전집 2권, p. 476f.

158 마이스터 에크하르트, 『설교문 6』, 독일어 전집 1권, p. 111.

159 페트라르카, 『나의 비밀』, I 78.

참고 문헌

참고 문헌은 이 책의 개별 장별로 표준이 될 만한 텍스트만 정선해서 뽑았다. 플라톤, 아리스토텔레스, 아우구스티누스, 토마스 아퀴나스 같은 위대한 철학자들과 관련해서는 수많은 텍스트들 가운데 유명하거나 쉽게 접근할 수 있는 소수 입문서와 문헌들만 적시했다. 그 외의 참고 문헌들은 좀 더 정밀한 연구와 심화 학습에 도움이 될 것이다.

철학사

수많은 철학사 가운데 정선한 책은 다음과 같다. Bertrand Russell: *Philosophie des Abendlandes* (1945), Anaconda 2012; François Châtelet u. a.: *Geschichte der Philosophie*, 8 Bände, Ullstein 1975; Rüdiger Bubner (Hrsg.): *Geschichte der Philosophie in Text und Darstellung*, 9 Bände, Reclam 2004, 2. Aufl.; Franz Schupp: *Geschichte der Philosophie im Überblick*, 3 Bande, Meiner 2005; Anthony Kenny: *Geschichte der abendlandischen Philosophie: Antike - Mittelalter - Neuzeit - Moderne*, 4 Bände, Wissenschaftliche Buchgesellschaft 2014, 2. 특히 방대하고 상세한 철학사는 여러 저자들이 공동 집필하고 볼프강 뢰트Wolfgang Röd가 편찬한 다음 철학사다. *Geschichte der Philosophie*, Bd. 1 - 14, Beck 1976 - 2015 f. 우리의 이 책에서 다루어지는 시기는 1~5권에 해당한다. 이보다 더 방대한 매머드급 프로젝트는 여러 편찬인들이 참여한 다음의 책이다. *Grundriss der Geschichte der Philosophie*, Schwabe 1983 - 2015 f. 총 30권 중 지금까지 14권이 출간되었고, 우리의 이 철학사에 해당되는 시기는 1~5권이다.

아테네 학당

라파엘로의 생애에 대해서는 동시대인 조르조 바사리Giorgio Vasari(1511~1574)가 1550년에 처음 발표한 책을 참조. *Lebensbeschreibungen der beruhmtesten Maler, Bildhauer und Architekten*. 바사리는 라파엘로 평전도 썼다. *Das Leben des Raffael*, Wagenbach 2004. 라파엘로에 대해서는 다음 책을 참조. Jürg Meyer zur Capellen: *Raffael*, Beck 2010. 「아테네 학당」에 대해서는 다음 책들을 참조. Giovanni Reale: *La Stanza della Segnatura*, Bompiani 2010; Konrad Oberhuber: *Polarität und Synthese in Raphaeles "Schule von Athen"*, Urachhaus 1983; Glenn W. Most: *Raffael und die Schule von Athen. Über das Lesen der Bilder*, Fischer 1999. 르네상스 시기에 플라톤 초상화에 관한 부분은 다음 책들을 참조. Enno Rudolph: *Die Krise des Platonismus in der Renaissance-Philosophie*, in: ders.: *Polis und Kosmos*.

Naturphilosophie und politische Philosophie bei Platon, Wissenschaftliche Buchgesellschaft 1996, S. 108 – 122.

고대 철학

옛날 옛날 이오니아에서는

일식에 관한 탈레스의 계산에 대해서는 다음 책을 참조. Willy Hartner: *Eclipse Periods and Thales'Prediction of the Solar Eclipse. Historic Truth and Modern Myth*, in: Centaurus, Bd. 14, 1969, S. 60 – 71, 그리고 Otto Neugebauer: *The Exact Sciences in Antiquity*, Dover Publications 1969, 2. Aufl. 초기 그리스 철학에 대해서 는 다음 책을 참조. Bruno Snell: *Die Entdeckung des Geistes. Studien zur Entstehung des europaischen Denkens bei den Griechen* (1946), Vandenhoeck & Ruprecht 2011, 9. Aufl.; Eric Robertson Dodds: *The Greeks and the Irrational* (1951), University of California Press 1997. 한스 블루멘베르크Hans Blumenberg는 탈레스에 관한 플라톤의 일화들을 숙고의 출발점으로 삼았다. *Das Lachen der Thrakerin. Eine Urgeschichte der Theorie*, Suhrkamp 1987. 초기 그리스의 종교에 대해서는 다음 책 을 참조. Walter Burkert: *Griechische Religion der archaischen und klassischen Epoche*, Kohlhammer 2010, 2. Aufl. 초기 그리스의 문학적 세계에 대해서는 다음 책을 참조. Welt siehe Hermann Fränkel: *Dichtung und Philosophie des fruhen Griechentums. Eine Geschichte der griechischen Epik, Lyrik und Prosa bis zur Mitte des fünften Jahrhunderts*, Beck 1962, 2. Aufl. 이 장과 다음 장들에 나오는 소크라 테스 이전 철학자들의 단편은 다음 책들에서 인용했다. Wilhelm Capelle (Hrsg.): *Die Vorsokratiker*, Kröner 2008, 9. Aufl.; M. L. Gemelli: *Die Vorsokratiker*, 3 Bände, Artemis & Winkler 2000, 2009, 2010; Jaap Mansfeld und Oliver Primavesi: *Die Vorsokratiker*, Griechisch/ Deutsch, Reclam 2011; Carl-Friedrich Geyer: *Die Vorsokratiker zur Einführung*, Junius 1995; Christof Rapp: *Vorsokratiker*, Beck 2007, 2. Aufl.; William K. C. Guthrie: *A History of Greek Philosophy*, Bd. 1. *The Early Presocratics and the Pythagoreans*, Cambridge University Press 1962. 아낙시만드로스에 관한 부분은 다음 책들을 참조. Dirk L. Couprie, Robert Hahn und Gerard Naddaf: *Anaximander in Context. New Studies in the Origins of Greek Philosophy*, State University of New York Press 2003. 신화 의 의미와 해석에 관한 부분은 다음 책들을 참조. Christoph Jamme: *"Gott an hat ein Gewand". Grenzen und Perspektiven philosophischer Mythos-Theorien der Gegenwart*, Suhrkamp 1999; Helmut Heit: *Der Ursprungsmythos der Vernunft. Zur philosophiehistorischen Genealogie des griechischen Wunders*, Königshausen & Neumann 2007.

만물의 척도

그리스 채무 경제의 배경에 대해서는 다음 책들을 참조. Fritz Gschnitzer: *Griechische Sozialgeschichte*, Franz Steiner Verlag 2013, 2. Aufl.; Karl-Wilhelm Welwei: *Ursachen und Ausmaß der Verschuldung attischer Bauern um 600 v. Chr.*, in: Hermes 133, 2006, S. 29 – 43; John Lewis: *Slavery and Lawlessness in Solonian Athens*, in: Dike, 2004, S. 19 – 40; David Graeber: *Schulden. Die ersten 5000 Jahre*, Klett-Cotta 2012, S. 195 – 208. 돈의 이론에 관해 표준적이고 빼어난 논문이 있다. Georg Simmel: *Philosophie des Geldes* (1900), Anaconda 2009. 최근에는 다음의 책들이 주목을 끈다. Karl-Heinz Brodbeck: *Die Herrschaft des Geldes. Geschichte und Systematik*, Wissenschaftliche Buchgesellschaft 2011, 2. Aufl.; Christoph Türcke: *Mehr! Philosophie des Geldes*, Beck 2015. 피타고라스에 대해서는 다음 책들을 참조. Walter Burkert: *Weisheit und Wissenschaft. Studien zu Pythagoras, Philolaos und Platon*, Hans Carl Verlag 1962; James A. Philipp: *Pythagoras and Early Pythagoreanism*, University of Toronto Press 1966; Christoph Riedweg: *Pythagoras. Leben, Lehre, Nachwirkung. Eine Einführung*, Beck 2002; Leonid Zhmud: *Pythagoras and the Early Pythagoreans*, Oxford University Press 2012. 초창기의 수학과 수에 대해서는 다음 책들을 참조. Heilmuth Gericke: *Geschichte des Zahlbegriffs*, Bibliographisches Institut 1970; ders.: *Mathematik in Antike und Orient*, Springer 1984. 합리성과 수의 관계에 대해서는 다음 책을 참조. Silvio Vietta: *Rationalität. Eine Weltgeschichte*, Fink 2012, hier S. 69 – 124. 헤라클레이토스에 대해서는 다음 책을 참조. Hans-Georg Gadamer: *Der Anfang des Wissens*, Reclam 1999. 로고스의 발전에 끼친 법의 중요성에 대해서는 다음 책들을 참조. Tobias Reichardt: *Recht und Rationalität im frühen Griechenland*, Königshausen & Neumann 2003. 파르메니데스에 대해서는 다음 책들을 참조. Uvo Hölscher (Hrsg.): *Parmenides. Vom Wesen des Seienden. Die Fragmente griechisch und deutsch*, Suhrkamp 1986, 2. Aufl.; Ernst Heitsch: *Parmenides. Die Anfänge der Logik, Ontologie und Naturwissenschaft; die Fragmente*, Heimeran 1974; Karl Reinhardt (1916): *Parmenides und die Geschichte der griechischen Philosophie*, Klostermann 2011, 5. Aufl.

인간의 본성

남부 이탈리아의 그리스 철학에 대해선 다음 책들을 참조. Günther Zuntz: *Persephone. Three Essays on Religion and Thought in Magna Graecia*, Clarendon Press 1971; James Luchte: *Early Greek Thought: Before the Dawn*, Bloomsbury Publishing 2011. 그리스권에서의 영혼 개념에 대해선 다음 책들을 참조. Franz Rüsche: *Blut, Leben und Seele. Ihr Verhältnis nach Auffassung der griechischen und hellenistischen Antike, der Bibel und der alexandrinischen Theologen. Eine Vorarbeit zur Religionsgeschichte des Opfers* (1930), Johnson Reprint 1968. 특히 초기 그리스에서 영혼의 관념에 대해선 다음 책들을 참조. Jan Nicolaas Bremmer: *The Early Greek Conception of the Soul*, Princeton University Press 1987, 2. Aufl.; Claudia Frenzel: *Tier, Mensch und Seele bei den Vorsokratikern*, in: Friedrich Niewöhner und Jean-Loup Seban: *Die Seele der Tiere*, Harrassowitz 2001, S. 59 - 92. 그리스의 영혼 구상, 특히 식물의 영혼에 관한 부분은 한스 베르너 인겐지프Hans Werner Ingensiep의 책을 참조. *Geschichte der Pflanzenseele*, Kröner 2001. 오르페우스교와 피타고라스학파의 영혼 이동설에 대해선 다음 책들을 참조. Helmut Zander: *Geschichte der Seelenwanderung in Europa. Alternative religiöse Traditionen von der Antike bis heute*, Wissenschaftliche Buchgesellschaft 1999; Radcliffe G. Edmonds III: *Redefining Ancient Orphism. A Study in Greek Religion*, Cambridge University Press 2013. 엠페도클레스에 대해선 다음 책들을 참조. Walther Kranz: *Empedokles. Antike Gestalt und romantische Neuschöpfung*, Artemis 1949; M. Rosemary Wright (Hrsg.): *Empedocles. The Extant Fragments*, Yale University Press 1981; Peter Kingsley: *Ancient Philosophy, Mystery, and Magic. Empedocles and Pythagorean Tradition*, Clarandon Press 1995. 아낙사고라스에 대해선 다음 책들을 참조. Felix M. Cleve: *The Philosophy of Anaxagoras. An Attempt at Reconstruction*, King's Crown Press 1949; Malcolm Schofield: *An Essay on Anaxagoras*, Cambridge University Press 1980.

한 방랑자와 그의 제자, 그리고 아테네의 공공질서

소크라테스에 관해선 다음 책들을 참조. Andreas Patzer(Hrsg.): *Der historische Sokrates*, Wissenschaftliche Buchgesellschaft 1987; ders.: *Studia Socratica. Zwölf Abhandlungen über den historischen Sokrates*, Narr 2012; Gregory Vlastos: *Socrates. Ironist and Moral Philosopher*, Cambridge University Press 1991; Gernot Böhme: *Der Typ Sokrates*, Suhrkamp 1992; Wolfgang H. Pleger: *Sokrates. Der Beginn des philosophischen Dialogs*, Rowohlt 1998; Ekkehard Martens: *Sokrates. Eine Einführung*, Reclam 2004; Günter Figal: *Sokrates*, Beck 2006, 3. Aufl.; Robin Waterfield: *Why Socrates Died. Dispelling the Myths*, Norton 2009. 아테네 민주주의의 구축과 발전에 대해서는 다음 책을 참조. Jochen Bleicken: *Die athenische Demokratie*, UTB 1995, 4. Aufl. 소피스트에 관한 가장 중요한 텍스트는 다음과 같다. Thomas Schirren und Thomas Zinsmaier (Hrsg.): *Die Sophisten. Ausgewählte Texte. Griechisch/Deutsch*, Reclam 2003. 또한 다음 책도 참조. Carl Joachim Classen: *Sophistik*, Wissenschaftliche Buchgesellschaft 1976; George B. Kerferd: *The Sophistic Movement*, Cambridge University Press 1981; Helga Scholten: *Die Sophistik. Eine Bedrohung für die Religion und Politik der Polis?*, Akademie Verlag 2003. 프로타고라스에 대해선 다음 책들을 참조. Karl-Martin Dietz: *Protagoras von*

649

648

Abdera. Untersuchungen zu seinem Denken, Habelt 1976; Johannes M. Ophuijsen: *Protagoras of Abdera*, Brill Academic Publishers 2013. 플라톤의 작품들 중 가장 표준적인 번역으로 꼽히는 작품은 다음과 같다. *Platon. Sämtliche Werke*. 3 Bände, Wissenschaftliche Buchgesellschaft 2014. 독일어권에서 플라톤과 그의 사상에 대해 가장 훌륭한 입문서는 다음과 같다. Michael Erler: *Platon*, Beck 2006. Siehe ferner Michael Bordt: *Platon*, Herder 1999; Uwe Neumann: *Platon*, Rowohlt 2001; Barbara Zehnpfennig: *Platon zur Einführung*, Junius 2011, 4. Aufl.

가상과 실재

플라톤의 대화편 및 대화 철학에 대해서는 다음 책들을 참조. Walter Bröcker: *Platos Gespräche* (1964), Klostermann 1999, 5. Aufl.; Hermann Gundert: *Dialog und Dialektik. Zur Struktur des platonischen Dialogs*, Gruner 1971; Thomas Szlezák: *Platon und die Schriftlichkeit der Philosophie. Interpretationen zu den frühen und mittleren Dialogen*, De Gruyter 1985; ders.: *Das Bild des Dialektikers in Platons späten Dialogen. Platon und die Schriftlichkeit der Philosophie. Teil II*, De Gruyter 2004; Diskin Clay: *Platonic Questions. Dialogues with the Silent Philosopher*, Pennsylvania State University Press 2000; Ernst Heitsch: *Platon und die Anfänge seines dialektischen Philosophierens*, Vandenhoeck & Ruprecht 2004. 데모크리토스에 대해선 다음 책들을 참조. Gred Ibscher: *Demokrit. Fragmente zur Ethik:Griechisch/Deutsch*, Reclam 1995; Rudolf Löbl (Hrsg.): *Demokrit. Texte zu seiner Philosophie*, Rodopi 1989; ders.: *Demokrits Atomphysik*, Wissenschaftliche Buchgesellschaft 1987; Georg Rechenauer: *Demokrits Seelenmodell und die Prinzipien der atomistischen Physik*, in: Dorothea Frede und Burkhard Reis (Hrsg.): *Body and Soul in Ancient Philosophy*, De Gruyter 2009, S. 111 – 142. 플라톤의『테아이테토스』에 대해선 다음 책들을 참조. John McDowell: *Plato's Theaetetos*, Clarendon Press 1973; Ernst Heitsch: *Überlegungen Platons im Theaetet*, Steiner 1988; Jörg Hardy: *Platons Theorie des Wissens im "Theaitet"*, Vandenhoeck & Ruprecht 2001. 플라톤과 신화의 관계에 대해선 다음 책들을 참조. Markus Janka und Christian Schäfer (Hrsg.): *Platon als Mythologe. Neue Interpretationen zu den Mythen in Platons Dialogen*, Wissenschaftliche Buchgesellschaft 2002; Dirk Cürsgen: *Die Rationalität des Mythischen. Der philosophische Mythos bei Platon und seine Exegese im Neuplatonismus*, De Gruyter 2002; Catherine Collobert, Pierre Destrée und Francisco J. Gonzalez: *Plato and Myth. Studies on the Use and Status of Platonic Myths*, Brill Academic Publishers 2012. 플라톤 철학에서 선의 이데아에 대해선 다음 책을 참조. Marcel van Ackeren: *Das Wissen vom Guten. Bedeutung und Kontinuität des Tugendwissens in den Dialogen Platons*, Grüner 2003. 플라톤 철학의 전체 관련성에 대해선 다음 책들을 참조. Franz von

Kutschera: *Platons Philosophie*, 3 Bände, Mentis 2002. 〈이데아론〉에 대해선 다음 책을 참조. Gottfried Martin: *Platons Ideenlehre*, De Gruyter 1973; Andreas Graeser: *Platons Ideenlehre. Sprache, Logik und Metaphysik. Eine Einführung*, Haupt 1975; Knut Eming: *Die Flucht ins Denken. Die Anfänge der platonischen Ideenphilosophie*, Meiner 1993.

돈이냐 명예냐? 플라톤의 국가

플라톤의 〈정치적〉 영혼 구상에 대해선 다음 책들을 참조. Andreas Graeser: *Probleme der platonischen Seelenteilungslehre. Überlegungen zur Frage der Kontinuität im Denken Platons*, Beck 1969; Thomas M. Robinson: *Plato's Psychology*, University of Toronto Press 1970. 플라톤의 정치 철학에 대해선 다음 책들을 참조. Reinhart Maurer: *Platons "Staat" und die Demokratie. Historisch-systematische Überlegungen zur politischen Ethik*, De Gruyter 1970; George Klosko: *The Development of Plato's Political Theory*, Oxford University Press 2006, 2. Aufl. 『국가』에 대해선 다음 책들을 참조. Olof Gigon: *Gegenwärtigkeit und Utopie. Eine Interpretation von Platons "Staat"*, Artemis 1976; Jacob F. M. Arends: *Die Einheit der Polis. Eine Studie über Platons Staat*, Brill Academic Press 1988; Otfried Höffe (Hrsg.): *Platon. Politeia*, Akademie Verlag 1997. 『국가』와 『법률』의 비교에 대해선 다음 책을 참조. Andreas Markus: *Philosophen- oder Gesetzesherrschaft? Untersuchungen zu Platons Politeia und den Nomoi*, Tectum 2006. 플라톤의 정치 철학이 중기에서 후기로 변하는 과정에 대해선 다음 책을 참조. Christopher Bobonich: *Plato's Utopia Recast. His Later Ethics and Politics*, Oxford University Press 2004. 플라톤의 『법률』에 대해선 다음 책들을 참조. Herwig Görgemanns: *Beiträge zur Interpretation von Platons Nomoi*, Beck 1960; Ernst Sandvoss: *Soteria. Philosophische Grundlagen der platonischen Gesetzgebung*, Musterschmidt 1971; Richard F. Stalley: *An Introduction to Plato's Laws*, Basil Blackwell 1983; Seth Benardete: *Plato's "Laws". The Discovery of Being*, University of Chicago Press 2000; Barbara Zehnpfennig (Hrsg.): *Die Herrschaft der Gesetze und die Herrschaft des Menschen – Platons "Nomoi"*, Dunker & Humblot 2008; Christoph Horn (Hrsg.): *Platon. Gesetze/Nomoi*, Akademie Verlag 2013.

사물의 질서

『티마이오스』에 나타난 플라톤의 자연 철학에 대해선 다음 책들을 참조. Dana R. Miller: *The Third Kind in Plato's Timaeos*, Vandenhoeck & Ruprecht 2003; Mischa von Perger: *Die Allseele in Platons Timaios*, Teubner 1997; Filip Karfík: *Die Beseelung des Kosmos. Untersuchungen zur Kosmologie, Seelenlehre und Theologie in Platons Phaidon und Timaios*, Saur 2004; Lothar Schäfer: *Das Paradigma am*

Himmel. Platon über Natur und Staat, Alber 2005; Ernst A. Schmidt: *Platons Zeittheorie. Kosmos, Seele, Zahl und Ewigkeit im Timaios*, Klostermann 2012. 아리스토텔레스의 전집으로는 다음 작품이 있다. Ernst Grumach, Hellmut Flashar (Hrsg.): *Aristoteles. Werke in deutscher Übersetzung*. 20 Bände, Akademie Verlag 1956 f. 개별 낱권은 수많은 출판사에서 출간되었다. 아리스토텔레스에 관한 입문서 중에는 다음 책들이 적당하다. Otfried Höffe: *Aristoteles*, Beck 2006, 3. Aufl.; David Ross: *Aristotle*, Routledge 1995, 6. Aufl.; Wolfgang Detel: *Aristoteles*, Reclam 2005; Christof Rapp: *Aristoteles zur Einführung*, Junius 2012, 4. Aufl.; Christopher Shields: *Aristotle*, Routledge 2007; Hellmut Flashar: *Aristoteles. Lehrer des Abendlandes*, Beck 2013.

종에 적합한 도덕

『니코마코스 윤리학』에 관한 문헌은 수없이 많다. William F. R. Hardie: *Aristotle's Ethical Theory*, Oxford University Press (1968), 2. Aufl. 1981; Fritz-Peter Hager (Hrsg.): *Ethik und Politik des Aristoteles*, Wissenschaftliche Buchgesellschaft 1972; Douglas Hutchinson: *The Virtues of Aristotle*, Routledge (1986), 2. Aufl. 2015; Richard Kraut: *Aristotle on the Human Good*, Princeton University Press 1989; Sarah Broadie: *Ethics with Aristotle*, Oxford University Press 1991; Anthony Kenny: *Aristotle on the Perfect Life*, Clarendon Press 1992; Otfried Höffe (Hrsg.): *Nikomachische Ethik*, Akademie Verlag 1995; David Bostock: *Aristotle's Ethics*, Oxford University Press 2000; Ursula Wolf: *Nikomachische Ethik*, Wissenschaftliche Buchgesellschaft 2002. 아리스토텔레스의 『정치학』에 대해선 다음 책들을 참조. Günther Bien: *Die Grundlegung der politischen Philosophie bei Aristoteles*, Alber 1985, 2. Aufl.; Otfried Höffe (Hrsg.): *Aristoteles. Politik*, Akademie Verlag 2001. 정치와 경제에 대해선 다음 책을 참조. Peter Koslowski: *Politik und Ökonomie bei Aristoteles*, Mohr Siebeck 1993, 3. Aufl.

이단자와 회의론자

헬레니즘 철학에 대해선 다음 책을 참조. Malte Hossenfelder: *Antike Glückslehren. Kynismus und Kyrenaismus, Stoa, Epikureismus und Skepsis. Quellen in deutscher Übersetzung und Einführungen*, Kröner 1996. 표준적인 주석이 달린 헬레니즘 철학의 텍스트 모음으로는 다음 책이 있다. Arthur Long und David Sedley: *Die hellenistischen Philosophen. Texte und Kommentare* (1987), Metzler 2006, 2. Aufl. 견유학파에 대해선 다음 책들을 참조. Georg Luck: *Die Weisheit der Hunde. Texte der antiken Kyniker in deutscher Übersetzung und Erläuterungen*, Kröner 1996; Margarethe Billerbeck (Hrsg.): *Die Kyniker in der modernen Forschung*, Grüner 1991; Michel Onfray: *Der Philosoph als Hund: vom Ursprung des subversiven*

Denkens bei den Kynikern, Campus 1991; Klaus Döring: *Die Kyniker*, C. C. Buchner 2006. 고대의 회의주의에 대해선 다음 책들을 참조. Friedo Ricken: *Antike Skeptiker*, Beck 1994; Robert J. Fogelin: *Pyrrhonian Reflections on Knowledge and Justification*, Oxford University Press 1994; R. J. Hankinson: *The Sceptics. The Arguments of the Philosophers*, Routledge 1995; Robert W. Sharples: *Stoics, Epicureans and Sceptics*, Routledge 1996; Julia Annas, Jonathan Barnes: *The Modes of Scepticism. Ancient Texts and Modern Interpretations*, Cambridge University Press 2008, 2. Aufl.; Markus Gabriel: *Antike und moderne Skepsis zur Einführung*, Junius 2008.

잘못된 사회에서의 올바른 삶

아리스티포스에 대해선 다음 책을 참조. Klaus Döring: *Der Sokratesschüler Aristipp und die Kyrenaiker*, Franz Steiner Verlag 1988. 에피쿠로스에 대해선 다음 책들을 참조. Heinz-Michael Bartling: *Epikur: Theorie der Lebenskunst*, Junghans 1994; Michael Erler: *Epikur*, in: Friedo Ricken (Hrsg.): *Philosophen der Antike*, Bd. 2, Kohlhammer 1996; Carl-Friedrich Geyer: *Epikur zur Einführung*, Junius 2015, 3. Aufl.; Katharina Held: *Hedone und Ataraxia bei Epikur*, Mentis 2007; Malte Hossenfelder: *Epikur*, Beck 2006. 스토아학파와 관련해서 권위 있는 문헌은 다음 과 같다. Max Pohlenz: *Die Stoa. Geschichte einer geistigen Bewegung* (1949), 2 Bände, Vandenhoeck & Ruprecht 1992, 7. Aufl. 그 외에 다음 책들도 참조하기 바 란다. Samuel Sambursky: *The Physics of the Stoics*, Routledge 1959; John Michael Rist: *Stoic Philosophy*, Cambridge University Press 1969; Francis Henry Sandbach: *The Stoics*, Duckworth 1994, 2. Aufl.; Maximilian Forschner: *Die stoische Ethik*, Wissenschaftliche Buchgesellschaft 1995, 2. Aufl.; Susanne Bobzien: *Determinism and Freedom in Stoic Philosophy*, Oxford University Press 1998; Brad Inwood (Hrsg.): *The Cambridge Companion to the Stoics*, Cambridge University Press 1999; Robert Bees: *Die Oikeiosislehre der Stoa*, Bd. 1. *Rekonstruktion ihres Inhalts*, Königshausen & Neumann 2004; Barbara Guckes (Hrsg.): *Zur Ethik der älteren Stoa*, Vandenhoeck & Ruprecht 2004; Tad Brennan: *The Stoic Life. Emotions, Duties, and Fate*, Clarendon Press 2007, 2. Aufl.

정당성과 매혹

에라토스테네스와 당시 알렉산드리아를 중심으로 일어난 철학에 대해선 다음 책을 참조. Klaus Geus: *Eratosthenes von Kyrene. Studien zur hellenistischen Kultur- und Wissenschaftsgeschichte*, Beck 2002. 에라토스테네스의 지리학에 관한 단편들을 묶 어 낸 책은 다음과 같다. Duane Roller(Hrsg.): *Eratosthenes' Geography: Fragments collected and translated, with commentary and additional material*, Princeton

Universitiy Press 2010. 폴리비오스의 로마사는 다음과 같이 출간되었다. Polybios: *Der Aufstieg Roms*, Marix 2010. 폴리비오스에 대해선 다음 책들을 참조. Frank W. Walbank: *Polybius, Rome, and the Hellenistic World. Essays and Reflections*, Cambridge University Press 2006, 2. Aufl.; Boris Dreyer: *Polybios. Leben und Werk im Banne Roms*, Olms 2011. 포세이도니오스의 단편들은 다음과 같이 출간되었다. Willy Theiler (Hrsg.): *Poseidonios. Die Fragmente*, 2 Bände, De Gruyter 1982. 그 외에 다른 책들을 참조. Jürgen Malitz: *Die Historien des Poseidonios*, Beck 1983. 파나이티오스와 포세이도니오스의 문화 이론에 관한 부분은 다음 책을 참조. Reimar Müller: *Die Entdeckung der Kultur. Antike Theorien von Homer bis Seneca*, Artemis & Winkler 2003, S. 336-364. 키케로의 저술들을 묶은 도서는 다음과 같다. Manfred Fuhrmann(Hrsg.): *Cicero. Ausgewählte Werke*, 5 Bände, Akademie Verlag 2011. 이 저자는 키케로의 전기도 펴냈다. *Cicero und die römische Republik. Eine Biographie*, Artemis & Winkler 2011, 5. Aufl. 키케로에 대해선 다음 책들도 참조. Klaus Bringmann: *Cicero*, Wissenschaftliche Buchgesellschaft 2014, 2. Aufl.; Wilfried Stroh: *Cicero. Redner, Staatsmann, Philosoph*, Beck 2010, 2. Aufl. 로마에서 에피쿠로스학파가 부흥 및 유지되는 과정에 대해서는 다음 책을 참조. Howard Jones: *The Epicurean Tradition*, Routledge 1992. 세네카의 저술들을 묶은 책은 다음과 같다. Manfred Rosenbach (Hrsg.): *Seneca. Philosophische Schriften*, 5 Bände, Wissenschaftliche Buchgesellschaft 2010, 2. Aufl. 세네카에 대해선 다음 책을 참조. Gregor Maurach: *Seneca. Leben und Werk*, Wissenschaftliche Buchgesellschaft 2013, 6. Aufl. 에픽테토스의 저술들은 킨들 에디션으로 출간되었다. Berthold Schwamm: *Epiktet. Das Gesamtwerk. Völlig neu überarbeitete Fassung*. 에픽테토스에 대해선 다음 책을 참조. Anthony Arthur Long: *Epictetus. A Stoic and Socratic Guide to Life*, Clarendon Press 2002. 마르쿠스 아우렐리우스의 준칙과 성찰은 다음 책으로 출간되었다. Mark Aurel: *Selbstbetrachtungen*, marix Verlag 2011. 아스칼론의 안티오코스에 대해서는 다음 책들을 참조. John Glucker: *Antiochus and the Late Academy*, Vandenhoeck & Ruprecht 1978; David Sedley (Hrsg.): *The Philosophy of Antiochus*, Cambridge University Press 2012. 에우도로스에 대해선 다음 논문을 참조. John Dillon: *Eudoros und die Anfänge des Mittelplatonismus*, in: Clemens Zintzen (Hrsg.): *Der Mittelplatonismus*, Wissenschaftliche Buchgesellschaft 1981, S. 3-32. 필론에 대해서는 다음 책들을 참조. Peder Borgen: *Philo of Alexandria. An Exegete for His Time*, Brill Publishers 1997; Otto Kaiser: *Philo von Alexandrien. Denkender Glaube. Eine Einführung*, Vandenhoeck & Ruprecht 2014. 플루타르코스에 대해선 다음 책을 참조. Timothy E. Duff: *Plutarch's Lives. Exploring Virtue and Vice*, Oxford University Press 1999. 플로티노스의 저술들은 다음과 같이 출간되었다. Richard Harder u. a. (Hrsg.): *Plotins Schriften*, 12 Bände, Meiner 2004. 그 외에 다른 책들도 참조. Jens Halfwassen:

Plotin und der Neuplatonismus, Beck 2004; Karin Alt: *Plotin*, Buchner 2005. 기독교를 향한 포르피리오스의 논박에 대해선 다음 책을 참조. Detlef Weigt (Hrsg.): *Gegen die Christen*, Superbia 2004. 채식주의에 관한 포르피리오스의 저술들을 묶은 책도 있다. Detlef Weigt (Hrsg.): *Über die Enthaltsamkeit von fleischlicher Nahrung*, Superbia 2004.

아우구스티누스, 또는 신의 은총

역사 인물로서 예수에 관해선 다음 책들을 참조. Gerd Theißen und Annette Merz: *Der historische Jesus. Ein Lehrbuch*, Vandenhoeck und Ruprecht 2011, 4. Aufl.; John Dominic Crossan: *Der historische Jesus*, Beck 1994. 시대사적인 배경에 대해선 다음 책을 참조. Werner Dahlheim: *Die Welt zur Zeit Jesu*, Beck 2015, 4. Aufl. 예수의 초기 신도들에 대해선 다음 책들을 참조. Gerd Theißen: *Die Jesusbewegung. Sozialgeschichte einer Revolution der Werte*, Gütersloher Verlagshaus 2004; ders.: *Die Religion der ersten Christen. Eine Theorie des Urchristentums*, Gütersloher Verlagshaus 2000. 사도 바울에 관한 참고 도서는 다음과 같다. E. P. Sanders: *Paulus. Eine Einführung*, Reclam 2009; Udo Schnelle: *Paulus. Leben und Werk*, De Gruyter 2014, 2. Aufl.; Eduard Lohse: *Paulus*, Beck 2009, 2. Aufl. 기독교의 초기 역사에 대해선 다음 책들을 참조. Jaroslav Pelikan: *The Emergence of the Catholic Tradition (100-600)*, University of Chicago Press 1971; Robin Lane Fox: *Pagans and Christians in the Mediterranean World from the Second Century to the Conversion of Constantine*, Penguin 2006, 2. Aufl.; Peter Brown: *Die Entstehung des christlichen Europa*, Beck 1996; Jörg Lauster: *Die Verzauberung der Welt. Eine Kulturgeschichte des Christentums*, Beck 2015, 2. Aufl. 아우구스티누스의 저술들을 묶은 책은 다음과 같다. Wilhelm Geerlings (Hrsg.): *Augustinus. Opera - Werke*, Schöningh 2002 ff. 지금까지 12권이 출간되었다. 아우구스티누스에 대해선 다음 책들을 참조. Peter Brown: *Der heilige Augustinus. Lehrer der Kirche und Erneuerer der Geistesgeschichte*, Heyne 1973; Christoph Horn: *Augustinus*, Beck 2012, 2. Aufl.; Kurt Flasch: *Augustin. Einführung in sein Denken*, Reclam 1994; Wilhelm Geerlings: *Augustinus. Leben und Werk. Eine bibliographische Einführung*, Schöningh 2002. 아우구스티누스와 마니교도에 대해선 다음 책을 참조. Volker Henning Drecoll und Mirjam Kudella: *Augustin und der Manichäismus*, Mohr Siebeck 2011. 아우구스티누스 시대와 그 이후의 역사적 배경에 대해선 다음 책들을 참조. Hartwin Brandt: *Das Ende der Antike. Geschichte des spätrömischen Reiches*, Beck 2010, 4. Aufl.; Peter Dinzelbacher und Werner Heinz: *Europa in der Spätantike, 300-600. Eine Kultur-und Mentalitätsgeschichte*, Primus 2007. 보이티우스가 쓴 『철학의 위안』은 다음과 같이 출간되었다. Kurt Flasch: *Boethius. Trost der Philosophie*, DTV 2005. 보이티우스에 대해선 다음 책들을 참조. Henry

Chadwick: *Boethius. The Consolations of Music, Logic, Theology and Philosophy*, Oxford University Press 1990, 2. Aufl.; Margaret Gibson (Hrsg.): *Boethius. His Life, Thought and Influence*, Blackwell Publishers 1982; Manfred Fuhrmann und Joachim Gruber: (Hrsg.): *Boethius*, Wissenschaftliche Buchgesellschaft 1984; Joachim Gruber: *Boethius. Eine Einführung*, Hiersemann 2011. 디오니시우스 아레오파기타에 대해선 다음 책들을 참조. Paul Rorem: *Pseudo-Dionysius. A Commentary on the Texts and Introduction to their Influence*, Oxford University Press 1993; Beate Regina Suchla: *Dionysius Areopagita. Leben - Werk - Wirkung*, Herder 2008.

중세 철학

교회의 그림자

중세 철학에 대해선 표준적인 책이 하나 있다. Kurt Flasch: *Das philosophische Denken im Mittelalter. Von Augustin bis Machiavelli*, Reclam 2013, 3. Aufl. 비잔티움 제국에 대해선 다음 책을 참조. Ralph-Johannes Lilie: *Byzanz. Geschichte des oströmischen Reiches 326 -1453*, Beck 2014, 6. Aufl. 대교황 그레고리우스에 대해선 다음 책을 참조. Carole Straw: *Gregory the Great. Perfection in Imperfection*, University of California Press 1991, 2. Aufl. 이슬람 팽창기에 기독교와 이슬람의 관계에 대해선 다음 책을 참조. Michael Gervers und Ramzi Jibran Bikhazi (Hrsg.): *Conversion and Continuity. Indigenous Christian Communities in Islamic Lands*, Pontifical Institute of Mediaeval 1990. 카롤루스 왕조의 문화 혁명에 대해선 다음 책을 참조. Rosamond McKitterick (Hrsg.): *Carolingian Culture. Emulation and Innovation*, Cambridge University Press 1993. 중세 철학의 사회사적 배경에 대해선 다음 책들이 대표적이다. Arno Borst: *Lebensformen im Mittelalter* (1973), Nikol 2013; Aaron J. Gurjewitsch: *Das Weltbild des mittelalterlichen Menschen*, Beck 1997, 5. Aufl.; Hans-Werner Goetz: *Leben im Mittelalter*, Beck 2002, 7. Aufl. 에리우게나의 주저는 다음과 같이 출간되었다. *Johannes Scottus Eriugena. Über die Einteilung der Natur*, Meiner 1994. 에리우게나에 대해선 다음 책을 참조. Dermot Moran: *The Philosophy of John Scottus Eriugena. A Study of Idealism in the Middle Ages*, Cambridge University Press 2008, 2. Aufl. 안셀무스의 프로슬로기온은 다음과 같이 출간되었다. Robert Theis (Hrsg.): *Anselm von Canterbury. Proslogion/Anrede*, Reclam 2005. 안셀무스에 대해선 다음 책들을 참조. Rolf Schönberger: *Anselm von Canterbury*, Beck 2004; Hansjürgen Verweyen: *Anselm von Canterbury. 1033-1109. Denker, Beter, Erzbischof*, Pustet 2009. 아벨라르에 대해선 다음 책들을 참조. Michael T. Clanchy: *Abaelard. Ein mittelalterliches Leben*,

Primus 1999; Stephan Ernst: *Petrus Abaelardus*, Aschendorff 2003; Ursula Niggli (Hrsg.): *Peter Abaelard. Leben - Werk - Wirkung*, Herder 2004.

창조의 의미와 목적

중세에 아리스토텔레스의 수용 문제에 대해선 다음 책을 참조. Ludger Honnefelder (Hrsg.): *Albertus Magnus und die Anfänge der Aristoteles-Rezeption im lateinischen Mittelalter*, Aschendorff 2005. 콘스탄티누스 아프리카누스에 대해선 다음 책을 참조. Charles Burnett und Danielle Jacquart (Hrsg.): *Konstantin der Afrikaner und Ali ibn al-Abbas Al-Magūsī. Die Pantegni und verwandte Texte*, Brill Publishers 1995. 아비센나에 대해선 다음 책을 참조. Gotthard Strohmaier: *Avicenna*, Beck 2006, 2. Aufl. 아베로에스에 대해 가볍게 검토하려면 다음 책을 참고. in Patric O. Schaerer (Hrsg.): *Averroes. Die entscheidende Abhandlung. Die Untersuchung über die Methoden der Beweise*, Reclam 2010. 아베로에스에 대해 더 깊이 알고자 하면 다음 책들을 참조. Oliver Leaman: *Averroes and his Philosophy*, Clarendon Press 1988; Anke von Kügelgen: *Averroes & die arabische Moderne*, Brill Publishers 1994. 알베르투스 마그누스의 가장 중요한 저술들은 알베르투스-마그누스 재단에서 편찬했다. Albertus-Magnus-Institut (Hrsg.): *Albertus Magnus und sein System der Wissenschaften. Schlüsseltexte in Übersetzung Lateinisch/Deutsch*, Aschendorff 2011. 그 밖에 알베르투스 마그누스와 관련해선 다음 책들을 참조. Albert Zimmermann: *Albert der Große. Seine Zeit, sein Werk, seine Wirkung*, De Gruyter 1981; Ingrid Craemer-Ruegenberg: *Albertus Magnus*, St. Benno 2005, 2. Aufl.; Ludger Honnefelder: *Albertus Magnus und die kulturelle Wende im 13. Jahrhundert. Perspektiven auf die epochale Bedeutung des großen Philosophen und Theologen*, Aschendorff 2012; Hannes Möhle: *Albertus Magnus*, Aschendorff 2015. 토마스 아퀴나스의 주저는 요제프 베른하르트Joseph Bernhart가 편찬 출간했다. *Summe der Theologie*. 3 Bände, Kröner 1985. 그 외에 토마스 아퀴나스에 대해선 다음 책들을 참조. Leo Elders: *Die Metaphysik des Thomas von Aquin*, Pustet 1987, 2. Aufl.; ders.: *Die Naturphilosophie des Thomas von Aquin*, Gustav- Siewerth- Akademie 2004; Maximilian Forschner: *Thomas von Aquin*, Beck 2006; Rolf Schönberger: *Thomas von Aquin zur Einführung*, Junius 2012, 4. Aufl.; Volker Leppin: *Thomas von Aquin*, Aschendorff 2009; Josef Pieper: *Thomas von Aquin. Leben und Werk*, Topos 2014.

세계의 탈주술화

로저 베이컨의 『대저서』에서 발췌한 내용은 다음 책에 실린 것들이다. Pia A. Antolic-Piper (Hrsg): *Roger Bacon. Opus maius. Eine moralphilosophische Auswahl. Lateinisch/Deutsch*, Herder 2008. 그 외 베이컨에 대해선 다음 책을 참조.

Jeremiah Hackett: *Roger Bacon and the Sciences. Commemorative Essays*, Brill Publishers 1997. 프라이베르크의 디트리히에 대해선 다음 책들을 참조. Kurt Flasch (Hrsg.): *Von Meister Dietrich zu Meister Eckhart*, Meiner 1984; ders.: *Dietrich von Freiberg. Philosophie, Theologie, Naturforschung um 1300*, Klostermann 2007. 둔스 스코투스의 대표적인 텍스트들은 다음 책에 실려 있다. *Johannes Duns Scotus. Über die Erkennbarkeit Gottes. Texte zur Philosophie und Theologie. Lateinisch/Deutsch*, Meiner 2002. 둔스 스코투스에 대해선 같은 저자가 쓴 다음 책들을 참조. Ludger Honnefelder: *Johannes Duns Scotus*, Beck 2005; ders. u. a. (Hrsg.): *Duns Scotus. 1308-2008. Die philosophischen Perspektiven seines Werkes*, Aschendorff 2011. 오컴의 대표적인 저술들은 다음 책에 실려 있다. Ruedi Imbach (Hrsg.): *Wilhelm von Ockham. Texte zur Theorie der Erkenntnis und der Wissenschaft. Lateinisch/Deutsch*, Reclam 1984. 그 외에 오컴에 대해서는 다음 책들을 참조. Wilhelm Vossenkuhl und Rolf Schönberger (Hrsg.): *Die Gegenwart Ockhams*, VCH 1990; Volker Leppin: *Wilhelm von Ockham. Gelehrter. Streiter. Bettelmönch*, Primus 2003; Jan P. Beckmann: *Wilhelm von Ockham*, Beck 2010, 2. Aufl. 오트르쿠르 니콜라우스의 편지들은 편집된 상태로 다음 책에 실려 있다. Ruedi Imbach (Hrsg.): *Nicolaus von Autrecourt. Briefe. Lateinisch/Deutsch*, Meiner 2013. 니콜라우스에 관한 표준적인 책은 다음과 같다. Joseph Lappe: *Nicolaus von Autrecourt. Sein Leben, seine Philosophie, seine Schriften* (1921), Reprint Nabu Press 2010. 뷔리당에 관한 표준적인 책은 다음과 같다. Jack Zupko: *John Buridan. Portrait of a Fourteenth-Century Arts Master*, University of Notre Dames Press 2003, 2. Aufl.; Gyula Klima: *John Buridan*, Oxford University Press 2008.

신들의 황혼

아비뇽에 있는 교황들에 대한 정보는 마르틴 그레샤트의 다음 책이 제공해 준다. Martin Greschat: *Das Papsttum. Teil 1. Von den Anfängen bis zu den Päpsten in Avignon*, Kohlhammer 1986. 교황과 오컴 사이의 갈등에 대해서는 다음 책을 참조. Takashi Shogimen: *Ockham and Political Discourse in the Late Middle Ages*, Cambridge University Press 2010. 13세기에서 14세기로 넘어가는 시기에 종교 권력과 세속 권력의 정당성 문제에 대해서는 다음 책을 참조. Jürgen Miethke: *Politiktheorie im Mittelalter. Von Thomas von Aquin bis Wilhelm von Ockham*, UTB 2008. 탁발 수도회의 역할에 대해선 다음 책을 참조. Dieter Berg: *Armut und Geschichte. Studien zur Geschichte der Bettelorden im Hohen und Späten Mittelalter*, Butzon & Bercker 2001. 보나벤투라에 대해서는 다음 책을 참조. Christopher M. Cullen: *Bonaventure*, Oxford University Press 2006. 중세의 경제와 경제 이론에 대해서는 다음 책들을 참조. Alfred Burgin: *Zur Soziogenese der politischen Ökonomie. Wirtschaftshistorische und dogmengeschichtliche Betrachtungen*, Metropolis 1996, 2.

Aufl.; Jacques le Goff: *Wucherzins und Höllenqualen. Ökonomie und Religion im Mittelalter*, Klett-Cotta 2008, 2. Aufl.; ders.: *Geld im Mittelalter*, Klett-Cotta 2011. 교황권을 부정하고 시민의 자기 결정권을 옹호한 파도바의 마르실리우스가 쓴 대표작은 다음과 같은 제목으로 출간되었다. Marsilius von Padua: *Der Verteidiger des Friedens*, Reclam 1997. 마르실리우스에 대한 참고 문헌으로는 다음의 책이 있다. Frank Godthardt: *Marsilius von Padua und der Romzug Ludwigs des Bayern. Politische Theorie und politisches Handeln*, Vandenhoeck & Ruprecht 2011. 마이스터 에크하르트의 저술들은 니클라우스 라르기어가 다음과 같은 제목으로 펴냈다. Niklaus Largier (Hrsg.): *Meister Eckhart. Werke in zwei Bänden*, Deutscher Klassiker Verlag 2014. 에크하르트에 대해서는 다음 책들을 참조. Kurt Ruh: *Meister Eckhart. Theologe, Prediger, Mystiker*, Beck 1989, 2. Aufl.; Kurt Flasch: *Meister Eckhart. Philosoph des Christentums*, Beck 2011, 3. Aufl.; Dietmar Mieth: *Meister Eckhart*, Beck 2014. 군주들이 화폐를 마음대로 주조해 화폐 가치를 평가 절하하는 것을 비판한 오렘 니콜의 입장은 다음 책에 자세히 실려 있다. *Nicolas von Oresme. Traktat über Geldabwertungen. De mutatione monetarum*, Kadmos 2001. 페트라르카에 대해선 다음 책들을 참조. Gerhart Hoffmeister, *Petrarca*, Metzler 1997; Florian Neumann: *Petrarca*, Rowohlt 1998, 2. Aufl.

옮긴이 **박종대** 성균관대학교 독어독문학과와 동 대학원을 졸업하고 독일 쾰른에서 문학과 철학을 공부했다. 사람이건 사건이건 겉으로 드러난 것보다 이면에 관심이 많고, 환경을 위해 어디까지 현실적인 욕망을 포기할 수 있는지, 그리고 어떻게 사는 것이 진정 자신을 위하는 길인지 고민하는 제대로 된 이기주의자가 꿈이다. 『마약 중독과 전쟁의 시대』, 『인공 지능의 시대, 인생의 의미』, 『앙겔라 메르켈』, 『의무란 무엇인가』, 『미친 세상을 이해하는 척하는 방법』, 『사냥꾼, 목동, 비평가』, 『콘트라바스』, 『승부』, 『성욕에 관한 세 편의 에세이』, 『농담과 무의식의 관계』, 『너 자신을 알라』, 『어느 독일인의 삶』 등 100권이 넘는 책을 우리말로 옮겼다.

세상을 알라

발행일 2018년 5월 15일 초판 1쇄
       2023년 12월 5일 초판 5쇄

지은이 리하르트 다비트 프레히트
옮긴이 박종대
발행인 홍예빈 · 홍유진
발행처 주식회사 열린책들

경기도 파주시 문발로 253 파주출판도시
전화 031-955-4000 팩스 031-955-4004
홈페이지 www.openbooks.co.kr 이메일 humanity@openbooks.co.kr

이 도서의 국립중앙도서관 출판예정도서목록(CIP)은 서지정보유통지원시스템 홈페이지(http://seoji.nl.go.kr)와 국가자료공동목록시스템(http://www.nl.go.kr/kolisnet)에서 이용하실 수 있습니다.(CIP제어번호:CIP2018010043)